Fortgeschrittene Perl-Programmierung

Fortgeschrittene
Perl-Programmierung

Sriram Srinivasan

Deutsche Übersetzung von
Matthias Kalle Dalheimer

Cambridge · Köln · Paris · Sebastopol · Tokyo

Kommentare und Fragen können Sie gerne an uns richten:
O'Reilly Verlag
Balthasarstraße 81
50670 Köln
Tel.: 0221/9731600
Fax: 0221/9731608
E-Mail: kommentar@oreilly.de

Copyright der deutschen Ausgabe:
© 1998 by O'Reilly Verlag
1. Auflage 1998

Die Originalausgabe erschien 1997 unter dem Titel
Advanced Perl Programming im Verlag O'Reilly & Associates, Inc.

Die Deutsche Bibliothek - CIP - Einheitsaufnahme

Srinivasan, Sriram:
Fortgeschrittene Perl-Programmierung / Sriram Srinivasan.
[Übers. und dt. Bearb. : Matthias Kalle Dalheimer]. - Köln : O'Reilly, 1998
        Einheitssacht.: Advanced Perl programming <dt.>
        ISBN 3-89721-107-6

Übersetzung und deutsche Bearbeitung: Matthias Kalle Dalheimer, Meilsdorf b. Hamburg
Korrektorat: Friederike Daenecke, Eike Grote, Andreas Karrer, Matthias Ulrich Neeracher, Ulrich Pfeifer
Lektorat: Michael Gerth, Boris Karnikowski, Köln
Satz: Stefan Göbel, Reemers EDV-Satz, Krefeld
Umschlaggestaltung: Edie Freedman & Hanna Dyer, Boston
Produktion: TYP*isch* Müller, München
Belichtung, Druck und buchbinderische Verarbeitung: Druckerei Kösel, Kempten

ISBN 3-89721-107-6

Dieses Buch ist auf 100% chlorfrei gebleichtem Papier gedruckt.

Inhalt

Vorwort

Errors, like straws, upon the surface flow;
He who would search for pearls must dive below.
John Dryden,
All for Love, Prologue

Dieses Buch hat zwei Ziele: Zum einen möchte es Sie zu einem Perl-Experten machen und zum anderen Ihren Vorrat an Techniken und Werkzeugen zum Programmieren von Anwendungen erweitern. Das Buch behandelt fortgeschrittene Merkmale der Programmiersprache Perl, zeigt Ihnen, wie der Perl-Interpreter arbeitet, und stellt Ihnen wichtige Bereiche moderner Software-Technologie, wie Netzwerke, Benutzerschnittstellen, Persistenz und Codegenerierung, vor.

Sie werden sich nicht nur mit der Sprachsyntax oder den Programmierschnittstellen der verschiedenen Module beschäftigen, während Sie dieses Buch lesen. Genausoviel Zeit werden Sie auch mit »echten« Problemen verbringen, zum Beispiel damit, wie man Deadlocks in entfernten Funktionsaufrufen vermeidet und reibungslos zwischen flachen Dateien und einer Datenbank zur Datenspeicherung hin- und herschaltet. Dabei werden Ihnen Perl-Techniken wie Laufzeitauswertung, verschachtelte Datenstrukturen, Objekte und Closures geläufig.

Dieses Buch geht davon aus, daß Sie über grundlegende Perl-Kenntnisse verfügen – eigentlich wird aber nur ein kleiner Teil des gesamten Perl-Sprachschatzes vorausgesetzt. Sie sollten die einfachen Datentypen (Skalare, Arrays und Hashes) genauso beherrschen wie reguläre Ausdrücke, Subroutinen, grundlegende Kontrollstrukturen (if, while, unless, for, foreach), Datei-I/O und Standardvariablen wie @ARGV und $_. Falls Sie hier noch unsicher sind, empfehle ich Ihnen Randal Schwartz' und Tom Christiansens hervorragende *Einführung in Perl,* 2. Auflage.

In diesem Buch – und insbesondere in diesem Vorwort – manifestieren sich zwei meiner Überzeugungen.

Die erste ist die, daß ein zweisprachiger Ansatz für die meisten größeren Programmierprojekte am geeignetsten ist: eine Skriptsprache (wie zum Beispiel Perl, Visual Basic, Python oder Tcl) und eine Sprache zur Systemprogrammierung (C, C++ oder Java). Eine

Skriptsprache hat eine schwache Typprüfung zur Übersetzungszeit, komplexe Daten-strukturen (beispielsweise ist in Perl eine Hashtabelle ein fundamentaler Typ; C kennt so etwas nicht) und üblicherweise keine getrennte Kompilier- und Linkphase. Eine Sprache zur Systemprogrammierung steht dem Betriebssystem nahe, hat sehr fein abge-stufte Datentypen (C kennt short, int, long, unsigned int, float, double und so weiter, während Perl nur den skalaren Datentyp kennt) und führt normalerweise zu schnelle-ren Programmen als interpretierte Sprachen. Perl deckt einen weiten Bereich des Spra-chenspektrums ab: Es ist eine äußerst gute Skriptsprache, gibt Ihnen aber auch einen Zugriff auf das Betriebssystem auf niedriger Ebene; Perl ist sehr viel schneller als Java (zumindest während dieses Buch in den Druck geht) und kann optional auch kompi-liert werden.

Die Unterscheidung zwischen Skriptsprachen und Sprachen zur Systemprogrammie-rung ist umstritten, hat mir aber in der Praxis gut geholfen. Wir werden diesen Punkt in den letzten drei Kapiteln des Buches (Perl erweitern, Perl einbetten und Perl-Interna) besonders hervorheben.

Ich bin der Meinung, daß keiner der beiden Sprachtypen allein geeignet ist, um ein um-fangreiches und schwieriges Applikationsprogrammierprojekt hinreichend zu bewälti-gen, und hoffe, daß ich Sie von der Nützlichkeit von Perl und C/C++ als bereits ange-sprochene Kombination von zwei Sprachen überzeugen kann. Natürlich wäre es am schönsten für mich, oder *echt abgespaced*, wie die Jugendlichen in der Nachbarschaft zu sagen pflegen, wenn die Entwurfsmuster und Lektionen, die Sie in diesem Buch ler-nen, Ihnen auch helfen, wenn Sie andere Sprachen auswählen sollten.

Meine zweite Überzeugung ist die, daß es nicht reicht, die Syntax einer Sprache zu ken-nen, um effektive Anwendungen zu entwickeln. Sie müssen außerdem auch die Interna der Umgebung kennen und solide Grundlagenkenntnisse in technologischen Bereichen wie Netzwerken, Benutzerschnittstellen, Datenbanken und so weiter haben (insbeson-dere in den Bereichen, die über sprachspezifische Bibliotheken hinausgehen).

Lassen Sie mich etwas genauer auf diese beiden Punkte eingehen.

Ein Plädoyer für Skriptsprachen

Mein Berufsleben begann damit, ganze Anwendungen in Assembler zu schreiben, wo-bei ich mich gelegentlich sehr bemühte, hundert Bytes an Platz zu sparen und eine ein-zige Maschineninstruktion wegzuoptimieren. C und PL/M änderten meine Sicht der Welt. Ich hatte auf einmal die Möglichkeit, die Applikation als ganzes zu betrachten, den Lebenszyklus des Projektes und wie es vom Anwender benutzt werden würde. Gleichwohl arbeitete ich weiter mit Assembler, wenn die Effizienz höchste Priorität hat-te. (Im Rückblick vermute ich, daß der PL/M-Compiler weitaus besseren Assemblercode generieren konnte als ich, aber meine Eitelkeit hätte mich das nie zugeben lassen.)

Die Komplexität der Anforderungen an meine Applikationen wuchs weiter an; außer daß ich mich mit grafischen Benutzerschnittstellen, Transaktionen, Sicherheit, Netzwerktransparenz und heterogenen Plattformen beschäftigen mußte, hatte ich jetzt mit dem Entwurf von Software-Architekturen für Probleme wie Flugzeug-Leitsysteme und Netzwerkmanagement zu tun. Meine eigene Effizienz war ein weitaus mehr einschränkender Faktor als die Effizienz der Applikationen geworden. Obwohl die Objektorientierung mir auf Entwurfsebene zu größerer Effizienz verhalf, trugen die Implementierungssprache, C++ und die verfügbaren Bibliotheken und Werkzeuge nicht gerade dazu bei, das Niveau meiner Programmierarbeiten zu heben. Ich mußte mich immer noch mit auf niedriger Ebene angesiedelten Aufgaben wie dynamischen Arrays, Metadaten, Textmanipulation und Speicherverwaltung beschäftigen. Unglücklicherweise waren Umgebungen wie Eiffel, Smalltalk und das NeXT-System, die effektive Lösungen für diese Probleme boten, nie eine praktisch verwendbare Alternative. Möglicherweise verstehen Sie jetzt auch, warum ich ein eifriger Anhänger von Java als Programmiersprache für Anwendungen geworden bin. Die Geschichte endet hier aber noch nicht.

In letzter Zeit ist mir langsam klar geworden, daß ich zwei große Zeitfresser an beiden Enden des Software-Lebenszyklus bisher ignoriert habe. Am Entwurfsende ist der manchmal einzige Weg, um ein Problem zu verstehen, der, einen Prototyp zu erstellen. Und später, wenn die Software implementiert worden ist, sind Benutzer immer pickerig (äh, wählerisch) mit allem, was sie *sehen* können, weswegen auch die einfachsten formularbasierten Benutzerschnittstellen ständig verändert und neue Berichtstypen verlangt werden. Darüber hinaus möchten die intelligenteren Entwickler natürlich so schnell es geht zum nächsten Projekt übergehen, sobald die Software implementiert ist. Hier liegen Anwendungen, bei denen Skriptsprachen sich hervortun können. Sie bieten schnelle Turnaround-Zeiten[1], ausgezeichnete Möglichkeiten zur Textbearbeitung, Auswertung zur Laufzeit und gute Verbindungen zu Datenbanken und Netzwerken. Aber das beste ist, daß Sie nicht super-gute Programmierer benötigen, um diese Anwendungen zu pflegen. Sie können sich darauf konzentrieren, Ihre Applikation benutzerzentrierter zu machen, anstatt daß Sie versuchen müssen, ein Tortendiagramm mit den Linien und Kreisen von Xlib[2] zu zeichnen.

Natürlich ist es nicht praktikabel, komplexe Applikationen nur mit einer Skriptsprache zu entwickeln. Sie wollen schließlich Vorteile wie Performanz, fein abgestufte Datentypen und Typsicherheit (ein kritisches Feature, wenn viele Programmierer an einem Problem arbeiten) nicht aufgeben. Darum bin ich inzwischen ein enthusiastischer Anhänger der Verwendung von Skriptsprachen *und* C/C++ (oder Java, wenn die Performanz für praktische Anwendungen ausreicht) geworden. Viele Leute haben gewaltige Vorteile aus diesem *komponentenbasierten* Ansatz gezogen, in dem die Komponenten in C geschrieben und dann mit einer Skriptsprache verbunden werden. Fragen Sie nur die Fantastillionen an Visual Basic-, PowerBuilder-, Delphi-, Tcl- und Perl-Programmierern – oder auch Microsoft Office- oder Emacs-Benutzer.

---

1 Umlaufzeiten
2 X Windows-Bibliothek. Es wurde einmal gesagt, daß Programmieren mit X Windows vergleichbar ist mit der Aufgabe, die Quadratwurzel einer Zahl mit römischen Ziffern zu berechnen.

Ein sehr viel fundierteres und beredteres (um nicht zu sagen kontroverseres) Plädoyer für Skriptsprachen finden Sie in dem Papier von Dr. John Ousterhout[3], das Sie unter der URL *http://www.sunlabs.com/people/john.ousterhout* finden.

Um diese Argumente noch besser nachvollziehen zu können, spielen Sie mit dem Tcl-Plug-In für Netscape (unter derselben Adresse), schauen Sie sich die Sourcen von Tcl-Applets (»Tclets«) an und beachten Sie, wie kompakt man einfache Probleme lösen kann. Nur einhundert Zeilen für ein Taschenrechner-Applet inklusive Benutzerschnittstelle? Ein entsprechendes Java-Applet würde vermutlich nicht weniger als achthundert Zeilen benötigen und weitaus weniger flexibel sein.

Warum Perl?

Warum also Perl und nicht Visual Basic, Tcl oder Python?

Obwohl Visual Basic eine ausgezeichnete Wahl auf einem Wintel[4]-PC ist, gibt es diese Sprache auf keiner anderen Plattform, weswegen es für mich keine Alternative gewesen ist.

Tcl zwingt mich dazu, früher auf C auszuweichen, als ich eigentlich möchte, insbesondere im Bereich der Daten- und Codestruktur. Die Performanz von Tcl-Anwendungen ist für mich nie kritisch gewesen, weil ich darauf immer Rücksicht genommen und nur den nicht-performanzkritischen Code in Tcl geschrieben habe. Ich empfehle Brian Kernighans Abhandlung »Experience with Tcl/Tk for Scientific and Engineering Visualization«, die seine Kommentare zu Tcl und Visual Basic enthält. Den Text finden Sie unter *http://inferno.bell-labs.com/cm/cs/who/bwk*.

Die meisten Tcl-Benutzer verwenden Tcl hauptsächlich wegen des Schnittstellen-Toolkits Tk; ich gehöre auch dazu. Tk funktioniert auch mit Perl, daher kann ich den besten Teil aus dieser Programmierumgebung zusammen mit meiner bevorzugten Programmiersprache benutzen.

Ich bin ein unerschütterlicher Anhänger von Python, einer Skriptsprache, die von Guido van Rossum entwickelt wurde (siehe *http://www.python.org/*). Sie hat eine saubere Syntax und ein schönes objektorientiertes Modell, ist thread-sicher, verfügt über große Mengen an Bibliotheken und läßt sich extrem gut mit C verbinden. Ich ziehe Perl Python mehr aus praktischen denn aus technischen Gründen vor. Auf der technischen Seite ist Perl schnell und unschlagbar, wenn es um die Verarbeitung von Text geht. Perl ist auch sehr idiomatisch, was bedeutet, daß Perl-Code üblicherweise kompakter ist als Code in irgendeiner anderen Sprache. Dieser letzte Punkt ist nicht notwendigerweise ein Vorteil, abhängig davon, auf welchem Standpunkt man steht (und insbesondere

---

3 Der Erfinder von Tcl (Tool Command Language, ausgesprochen »Tickel«).

4 Wintel: Die Kombination aus Microsoft Windows und Intel. Ich werde von nun an den Begriff »PC« für diese eine Kombination verwenden und ausdrücklich Linux oder den Mac erwähnen, wenn ich über solche PCs spreche.

nicht, wenn das der Python-Standpunkt ist), aber alle diese Kriterien machen Perl zu einer exzellenten Sprache, um Werkzeuge zu programmieren. (Ein Beispiel finden Sie beispielsweise in Kapitel 17.) Auf der anderen Seite spricht auch eine ganze Menge für Python, und ich würde Ihnen dringend raten, sich diese Sprache einmal anzusehen. Eine gute Beschreibung der Sprache und der Bibliotheken finden Sie in dem Buch *Programming Python* (O'Reilly 1996) von Mark Lutz.

Auf der praktischen Seite aber sind Ihr lokaler Buchhändler und die Stellenanzeigen in den Zeitungen ein gutes Anzeichen für die Popularität von Perl. Das heißt im Prinzip, daß es leicht ist, einen Perl-Programmierer einzustellen oder jemanden zu finden, der die Sprache schnell lernt. Ich möchte einmal behaupten, daß mehr als 95% aller Programmierer nicht einmal von Python *gehört* haben. Das ist nicht schön, aber wahr.

Es ist sehr wichtig, daß Sie sich mit diesen Sprachen beschäftigen und Ihre eigenen Schlüsse ziehen, schließlich sind die Beobachtungen auf den vorhergehenden Seiten von meinen persönlichen Erfahrungen und Erwartungen beeinflußt. Oder wie es Byron Langenfeld einmal bemerkte: »Es gibt nur wenige Menschen, die die Fehler anderer Leute messen können, ohne selbst den Daumen auf die Waage zu legen.« Wo es angemessen ist, vergleiche ich in diesem Buch Perl mit Tcl, Python, C++ und Java hinsichtlich spezieller Merkmale, um klarzumachen, daß die Auswahl einer Sprache oder eines Werkzeugs nie eine Schwarz-Weiß-Entscheidung ist, und um Ihnen zu zeigen, daß Sie das meiste, was Sie mit einer Sprache tun können, auch mit einer anderen bewältigen.

Was muß ich schon wissen?

Um Perl effektiv bei der Entwicklung einer Applikation einsetzen zu können, müssen Sie sich in drei Gebieten auskennen:

- Mit der *Syntax der Sprache* und ihren *Idiomen*.
- Mit dem *Perl-Interpreter*, um Erweiterungen in C für Ihre Perl-Skripten schreiben oder den Perl-Interpreter in Ihre C/C++-Applikationen einbetten zu können.
- Mit *technologischen Themen* wie Netzwerken, Benutzerschnittstellen, dem World Wide Web und der Persistenz.

Abbildung 1 zeigt eine Darstellung der in diesem Buch behandelten Themen. Jeder der oben aufgeführten großen Bereiche ist weiter aufgeschlüsselt. Der Rest dieses Abschnitts gibt zu jedem Thema eine kurze Information und nennt das zugehörige Kapitel, in dem das Thema detailliert besprochen wird. Diese Besprechung ist nach Themen und nicht nach der Kapitelreihenfolge sortiert.

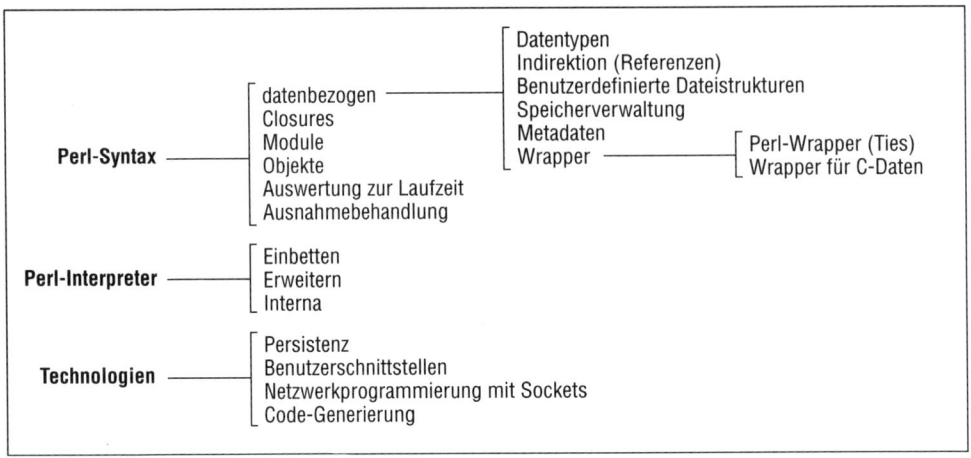

Abbildung 1: Klassifikation der in diesem Buch behandelten Themen

Sprachsyntax

Zeiger oder Referenzen sind ein großer Vorteil hinsichtlich der Arten von Datenstrukturen, die Sie in einer Sprache entwerfen können. Die Unterstützung von Perl für Referenzen und die Möglichkeit, Perl-Programme zu schreiben, ohne jeden einzelnen Schritt ausformulieren zu müssen, machen Perl zu einer besonders mächtigen Sprache. So können Sie zum Beispiel etwas so Komplexes wie ein Array von Hashes von Arrays[5] in einer einzigen Zeile anlegen. Kapitel 1 führt Sie in Referenzen ein und erklärt, wie die interne Speicherverwaltung von Perl funktioniert. Kapitel 2 verwendet die in Kapitel 1 vorgestellte Syntax an einigen praktischen Beispielen.

Perl unterstützt Referenzen auf Subroutinen sowie ein mächtiges Konstrukt namens Closures, die, wie LISP-Programmierer wissen, im wesentlichen unbenannte Subroutinen sind, die ihre Umgebung mit sich herumtragen. Dieses Merkmal und die dazugehörigen Idiome werden in Kapitel 4 erläutert und zur Anwendung gebracht.

Referenzen sind nur eine Möglichkeit, um Indirektionen zu erreichen. Skalare können eingebettete Zeiger auf native C-Datenstrukturen enthalten. Dieses Thema wird in Kapitel 20 besprochen. Ties sind noch eine weitere Möglichkeit der Indirektion: Alle Perl-Werte können optional auch spezielle Perl-Subroutinen aufrufen, wenn sie angelegt, abgefragt oder zerstört werden. Dieses Thema wird in Kapitel 9 besprochen.

Dateihandles, Verzeichnishandles und Formate sind nicht ganz Datentypen erster Ordnung. Sie können einander nicht zugewiesen werden, nicht als Parameter übergeben werden, und sie können nicht lokal angelegt werden. In Kapitel 3 untersuchen wir, warum wir diese Möglichkeiten dennoch benötigen, und besprechen Wege, sie doch zu erreichen. Dieses Kapitel beschäftigt sich hauptsächlich mit einem ziemlich unbekann-

---

5 Wir sprechen von nun an von indizierten Listen/Arrays als »Arrays« und von assoziativen Arrays als »Hashes«, um Verwirrung zu vermeiden.

ten Datentyp namens Typeglob und seiner internen Repräsentation. Das Verständnis der Funktion dieses Typs ist wichtig, um Informationen über den Zustand des Interpreters (*Metadaten*) abfragen und bequeme Aliasnamen anlegen zu können.

Lassen Sie uns jetzt zu Sprachmerkmalen kommen, die nicht direkt mit Perl-Datentypen verknüpft sind.

Perl unterstützt die Ausnahmebehandlung einschließlich asynchroner Ausnahmen (erlaubt also das Auslösen benutzerdefinierter Ausnahmen in Signalhandlern). Interessanterweise wird `eval` sowohl zum Abfangen von Ausnahmen als auch zur Auswertung zur Laufzeit verwendet, so daß in Kapitel 5 diese beiden zwar unterschiedlichen, aber doch verknüpften Themen behandelt werden.

Kapitel 6 beschäftigt sich eingehend mit der Unterstützung der modularen Programmierung durch Perl einschließlich der Merkmale wie Laufzeitbindung (d.h. die aufzurufende Prozedur ist erst zur Laufzeit bekannt), Vererbung (die Fähigkeit von Perl, eine Subroutine aus einer anderen Klasse transparent zu benutzen) und automatisches Laden (Autoloading, Abfangen von Zugriffen auf nicht existierende Funktionen und Durchführen einer sinnvollen Aktion). Kapitel 7 führt das Thema Module einen logischen Schritt weiter: Module werden nicht aus der Sicht eines Benutzers einer Bibliothek wiederverwendbar gemacht, sondern auch aus der Sicht des Entwicklers, der weitere Funktionalität zu einer Bibliothek hinzufügt.

Perl unterstützt die Auswertung zur Laufzeit, d.h. die Möglichkeit, Zeichenketten als kleine Perl-Programme zu betrachten und sie dynamisch auszuwerten. Kapitel 5 führt das Schlüsselwort `eval` ein und bringt einige Beispiele, wie es benutzt werden kann. Aber die wahre Bedeutung wird erst in späteren Kapiteln klar, wo es in so verschiedenen Bereichen wie der Auswertung von SQL-Abfragen (Kapitel 11), der Codegenerierung (Kapitel 17) und der dynamischen Generierung der Zugriffsfunktionen auf Objektattribute (Kapitel 8) verwendet wird.

Der Perl-Interpreter

Drei Kapitel dieses Buches beschäftigen sich damit, wie der Perl-Interpreter arbeitet und wie man ihn benutzt. Es gibt zwei Gründe dafür, sich näher mit diesem internen Aspekt von Perl zu beschäftigen. Der eine ist es, Perl zu erweitern, was für mich bedeutet, ein C-Modul hinzuzufügen, das Dinge tun kann, für die Perl nicht gut geeignet oder nicht schnell genug ist. Der zweite Grund ist die Einbettung von Perl in C, so daß ein C-Programm Perl für bestimmte Aufgaben wie beispielsweise Suchen und Ersetzen mit regulären Ausdrücken, die man ungern in C programmieren möchte, aufrufen kann.

Kapitel 18 stellt zwei Werkzeuge (`xsubpp` und `SWIG`) vor, mit denen eigene, dynamisch nachladbare C-Bibliotheken zur *Erweiterung* des Perl-Interpreters entwickelt werden können.

Kapitel 19 stellt eine Programmierschnittstelle vor, die für dieses Buch entwickelt wurde, um es Ihnen zu ermöglichen, den Perl-Interpreter einzubetten, ohne sich mit den Interna von Perl beschäftigen zu müssen.

Aber wenn Sie wirklich wissen wollen, was unter der Haube passiert, oder mächtige Erweiterungen entwickeln wollen, dann sollte Kapitel 20 Ihren Wissensdurst stillen (oder Sie in Details ertränken, das kommt ganz auf Ihren Standpunkt an).

Technologische Bereiche

Ich bin der Meinung, daß ein Anwendungsentwickler mindestens die folgenden sechs Technologiebereiche beherrschen sollte: Benutzerschnittstellen, Persistenz, Interprozeßkommunikation und Netzwerke, Parsing und Codegenerierung, das World Wide Web und das Betriebssystem. Dieses Buch erläutert die ersten vier Themen detailliert (in den Kapiteln 10 bis 17). Anstatt nur die Programmierschnittstelle (API) der allgemein verfügbaren Module vorzustellen, beginnt dieses Buch mit echten Problemen, zu denen nützliche Lösungen entworfen werden, einschließlich passender Perl-Packages. Beispielsweise wird in Kapitel 13 erklärt, wie ein RPC-Toolkit entwickelt werden kann, das Deadlocks auch dann vermeidet, wenn zwei Prozesse einander zur selben Zeit aufrufen. Und noch ein Beispiel: In Kapitel 11 wird ein »Adapter« entwickelt, um eine Ansammlung von Objekten transparent in einem Datenspeicher Ihrer Wahl (relationale Datenbanken, Textdateien oder DBM-Dateien) abzulegen; außerdem werden dort Abfragen für alle diese Speichermöglichkeiten implementiert.

Dieses Buch beschäftigt sich nicht mit betriebssystemspezifischen Themen, zum einen, weil Perl einen gewaltigen Anteil dieser Differenzen vor Ihnen versteckt, und zum anderen, weil diese Details uns von den Hauptthemen dieses Buches ablenken. Fast der gesamte Code des Buches ist betriebssystemneutral.

Ich habe mich entschieden, Web-relevante Themen und speziell CGI nicht zu behandeln, weil es viele Bücher[6] und Tutorials zum Thema CGI-Skripten mit Perl gibt, die dem Thema gerechter werden, als es der beschränkte Platz in diesem Buch könnte. Außerdem werden die Entwickler der interessantesten CGI-Anwendungen ohnehin mehr Zeit mit den in diesem Buch vorgestellten Konzepten verbringen als mit den einfachen Details des CGI-Protokolls selbst.

Der Ansatz dieses Buches

Sie hätten dieses Buch nicht gekauft, wenn Sie nur eine Menge von Features sehen wollten. Dazu reicht auch die Online-Dokumentation aus. Ich möchte praktische Problemlösungstechniken behandeln, die angemessene Sprachmerkmale verwenden, zusammen mit den Grundlagen der technologischen Bereiche, die ich im letzten Abschnitt erwähnt habe.

---

6 Lesen Sie zum Beispiel das Buch *CGI-Programmierung im World Wide Web* (O'Reilly) von Shishir Gundavaram.

Ein Hinweis an die Experten

Dieses Buch verwendet einen Lehrbuchansatz, um die einzelnen Elemente der Syntax von Perl zu verwenden, indem es zunächst erklärt, warum ein bestimmtes Konzept oder ein Sprachmerkmal benötigt wird, bevor es darauf eingeht, wie Perl diese Bedürfnisse erfüllt. Erfahrene Programmierer, die die Begründungen für ein Sprachmerkmal oder die ausführlichen Beispiele nicht benötigen, profitieren wahrscheinlich am meisten, wenn sie zunächst in Anhang B schauen, um schnell alle syntaktischen Konstrukte und Idiome, die in diesem Buch beschrieben werden, kennenzulernen; springen Sie dann zu den jeweiligen Erklärungen, wenn der Bedarf dafür da ist.

Ich hoffe sehr, daß die Kapitel über Technologie, Einbettungen, Erweiterungen und die Interna des Perl-Interpreters (diejenigen, die nicht mit der Syntax in Verbindung stehen) sowohl für den gelegentlichen Benutzer als auch für den Perl-Experten nützlich sind.

Systemsicht

Dieses Buch versucht, die Systemsicht der Dinge einzunehmen; in den meisten Kapiteln finden Sie einen Abschnitt, der erklärt, was unter der Haube passiert. Ich bin der Meinung, daß Sie nie ein guter Programmierer werden können, wenn Sie nur die Syntax einer Sprache kennen, aber nicht wissen, wie die Kompilation oder die Laufzeitumgebung implementiert ist. Beispielsweise muß ein C-Programmierer wissen, daß es keine gute Idee ist, wenn eine Funktion die Adresse einer lokalen Variable zurückgibt (und auch, warum das so ist), und ein Java-Programmierer sollte wissen, warum ein Thread auf einer Einprozessor-Maschine auch dann möglicherweise nicht an die Reihe kommt, wenn er nicht blockiert ist.

Darüber hinaus führt das Wissen um die Funktion der Dinge im Inneren zu einem dauerhaften Verständnis der einzelnen Möglichkeiten. Leute, die die Etymologie von Wörtern kennen, haben sehr viel weniger Schwierigkeiten, sich eine Vielzahl von Vokabeln einzuprägen.

Beispiele

Perl ist eine in hohem Maße idiomatische Sprache, die voll von redundanten Sprachmerkmalen ist.[7] Obwohl ich genauso gern wie die meisten anderen Leute coole und merkwürdige Möglichkeiten finde, um eine Sprache auszunutzen,[8] ist dieses Buch kein Kompendium abgefahrener Sprach-Features; es hält sich vielmehr an die minimale Teilmenge von Perl, die erforderlich ist, um mächtige Applikationen zu entwickeln.

---

7 Es gibt Hunderte von Varianten, den Text »Just Another Perl Hacker« auszugeben; die meisten stammen von Randal Schwartz. Siehe dazu *http://www.perl.com/CPAN/misc/japh*.

8 Als einer der Preisrichter im »Obfuscated C Code«-Wettbewerb habe ich wahrscheinlich mehr überkomplizierten, kryptischen und spektakulären Code gesehen als viele andere. Wenn Sie diesen Wettbewerb nicht kennen, sollten Sie einmal unter *http://www.reality.sgi.com/~ioccc* nachsehen. Und übrigens, wenn Sie der Meinung sind, daß Perl noch nicht verwirrend genug ist, dann lesen Sie auch die WWW-Seite zum »Obfuscated Perl Contest« unter *http://tpj.com/tpj/tpj/contest*.

Bei der Ausarbeitung der Codebeispiele habe ich auch Effizienz und Kompaktheit zugunsten von Lesbarkeit geopfert.

FTP

Wenn Sie eine Internetverbindung (permanent oder Dialup) haben, ist der einfachste Weg, FTP zu benutzen, die Verwendung Ihres Web-Browsers oder Ihres Lieblings-FTP-Clients. Um die Beispiele (*examples.tar.gz* oder *examples.zip*) herunterzuladen, gehen Sie mit Ihrem Browser zu:

ftp://ftp.oreilly.de/pub/ora/nutshell/advanced_perl/

So sieht eine Beispielsitzung aus:

```
% ftp ftp.oreilly.de
Connected to orade.ora.de
220 orade.ora.de FTP server (Version wu-2.4(1) Wed Dec 20 20:41:40 MET 1995) ready.
Name (ftp.oreilly.de:Ihr_Benutzername): anonymous
331 Guest login ok, send your complete e-mail address as password.
Password: benutzername@hostname        Geben Sie hier Ihre E-Mail-Adresse an
230 Guest login ok, access restrictions apply.
Remote system type is UNIX.
Using binary mode to transfer files.
ftp> cd /pub/ora/nutshell/advanced_perl
250 CWD command successful.
ftp> binary
200 Type set to I.
ftp> get examples.tar.gz
local: examples.tar.gz remote: examples.tar.gz
200 PORT command successful.
150 Opening BINARY mode data connection for examples.tar.gz (43370 bytes).
226 Transfer complete.
43370 bytes received in xxx seconds (xxx bytes/s)
ftp> quit
221 Goodbye.
%
```

FTPMAIL

FTPMAIL ist ein Mail-Server für jeden, der E-Mail ins Internet schicken und daraus empfangen kann.

Sie schicken eine E-Mail an *ftpmail@online.oreilly.com*. Im Nachrichtentext geben Sie die FTP-Befehle an, die Sie ausführen wollen. Der Server führt den anonymen FTP-Zugriff für Sie aus und schickt Ihnen die Dateien zurück. Um eine vollständige Hilfedatei zu bekommen, schicken Sie eine Nachricht ohne Betreffzeile und nur mit dem Wort »Help« im Nachrichtentext. Im folgenden sehen Sie eine beispielhafte E-Mail, die die Beispiele aus diesem Buch abholt. Mit diesen Befehlen erhalten Sie ein Listing der Dateien im ausgewählten Verzeichnis und die angeforderten Beispieldateien. Das Listing ist interessant, wenn Sie sich für eine neuere Version der Beispiele interessieren.

```
Subject:
reply-to benutzername@rechnername    (Nachrichtentext) Wohin die Dateien geschickt werden
                                     sollen
open
cd /published/oreilly/nutshell/advanced.perl
dir
get README
mode binary
uuencode
get examples.tar.gz
quit
.
```

Eine Signatur am Ende der Datei ist in Ordnung, solange sie nach dem »quit« steht.

Konventionen

In diesem Buch werden die folgenden typographischen Konventionen verwendet:

Kursive Schrift
> wird für Dateinamen, E-Mail-Adressen und URLs verwendet.

`Nichtproportionalschrift`
> wird für Codebeispiele und Namen von Codeelementen verwendet.

`Nichtproportionalschrift fett`
> wird in Codeabschnitten verwendet, um die Aufmerksamkeit auf die Schlüsselbestandteile des Programms zu lenken. Außerdem werden so in Beispielen die Benutzereingaben gekennzeichnet.

`Nichtproportionalschrift kursiv`
> wird in Codeabschnitten verwendet, um die Aufmerksamkeit auf automatisch von Werkzeugen generierte Codeteile zu lenken.

Ressourcen

Diese folgenden Bücher sind für mich in meinem Berufsleben äußerst nützlich gewesen, insbesondere bei der Entwicklung von Applikationen. Vielleicht helfen Sie Ihnen genauso.

1. *Entwurfsmuster. Elemente wiederverwendbarer objektorientierter Software.* Erich Gamma, Richard Helm, Ralph Johnson und John Vlissides. Addison-Wesley (1996)
2. *Programming Pearls.* Jon Bentley. Addison-Wesley (1986)
   Besorgen Sie sich das einfach und lesen Sie es auf dem Weg nach Hause.
3. *More Programming Pearls.* Jon Bentley. Addison-Wesley (1990)

4. *Design and Evolution of C++*. Bjarne Stroustrup. Addison-Wesley (1994)

    Eine faszinierende Studie über die Überlegungen, aus denen der Entwurf einer Sprache entsteht.

5. *The Mythical Man-Month*. Frederick P. Brooks. Addison-Wesley (1995)

    Eine der am besten lesbaren Sammlungen von Essays zum Thema Software-Projektmanagement und -Entwicklung.

6. *Bringing Design to Software*. Terry Winograd. Addison-Wesley (1996)

    Worüber wir uns in einer Applikation üblicherweise keine Gedanken machen – obwohl wir es sollten.

7. *BUGS in Writing*. Lyn Dupré. Addison-Wesley (1995)

    Sehr empfehlenswert für Programmierer, die technische Dokumentationen schreiben.

Perl-Ressourcen

Hier folgt eine Liste von Büchern, Zeitschriften und Web-Seiten zum Thema Perl:

1. *Programmieren mit Perl*. Larry Wall, Tom Christiansen und Randal Schwartz. O'Reilly (1997)

2. *Einführung in Perl*, 2. Auflage. Randal Schwartz und Tom Christiansen. O'Reilly (1998)

3. *The Perl Journal*. Herausgegeben von Jon Orwant. Zu finden unter *http://www.tpj.com/*

4. Tom Christiansens Perl-Web-Server, *http://www.perl.com/perl/index.html*

5. Clay Irvings Perl-Referenz-Web-Server, *http://www.panix.com/~clay/perl/*

Danksagungen

An meine liebe Frau, Alka, die mir während dieses Projekts die Anforderungen des täglichen Lebens vom Leibe gehalten hat und dafür, daß sie geradezu verrückt-guter Laune ist, seit ich sie kenne.

An unsere Eltern für alles, was wir haben und sind.

An meine Lektoren Andy Oram und Steve Talbott, die meinen Schreibstil während der endlosen Überarbeitungen dieses Buches ausgehalten haben und mir Stück für Stück beigebracht haben, ein Buch zu schreiben. An O'Reilly & Associates dafür, daß sowohl die Autoren als auch die Leser Spaß haben dürfen.

An Larry Wall für Perl und dafür, daß er so großzügig und leicht zugänglich im Netz präsent ist. An diejenigen, die regelmäßig zur Perl 5 Porters List beigetragen haben (und insbesondere an Tom Christiansen) dafür, daß sie Perl erweitern, dokumentieren und unermüdlich propagieren, alles in ihrer Freizeit. Ich beneide ihre Energie und Hingabe.

An die Korrektoren dieses Buches, die es mit geradezu erschreckender Gründlichkeit durchgegangen sind. Tom Christiansen, Jon Orwant, Mike Stok und James Lee haben das ganze Buch durchgesehen und mir großartige Einblicke und Ermutigungen gegeben. Ich stehe außerdem tief in der Schuld von Graham Barr, David Beazley, Peter Buckner, Tim Bunce, Wayne Caplinker, Rajappa Iyer, Jeff Okamoto, Gurusamy Sarathy, Peter Seibel und Nathan Torkington, weil sie Abschnitte dieses Buches gelesen haben und mir eine Vielzahl unschätzbarer Anregungen gegeben haben. Alle verbliebenen Fehler und Versäumnisse gehen zu meinen Lasten. Ein aus dem Herzen kommendes Dankeschön an Rao Akella, den bewundernswerten Meister der Zitate dafür, daß er für dieses Buch so passende Zitate gefunden hat.

An meine Kollegen bei WebLogic und TCSI dafür, daß sie so eine wunderbare Arbeitsumgebung bieten. Es erstaunt mich immer wieder, daß ich tatsächlich dafür bezahlt werde, Spaß zu haben. (Da geht meine Gehaltserhöhung dahin ...)

An die Mannschaft bei O'Reilly, die an diesem Buch gearbeitet hat. Dazu gehören Jane Ellin, die Herstellerin, Mike Sierra, der die Satzwerkzeuge bereitgestellt hat, Robert Romano, der die Grafiken zeichnete, und Seth Maislin, der den Index schrieb. Nicole Gipson Arigo, David Futato und Sheryl Avruch übernahmen die Qualitätssicherung, Nancy Priest und Edie Freedman das Design und Madeleine Newell die Unterstützung bei der Produktion.

Schließlich an alle meine Freunde für die endlosen Cappuccino-Spaziergänge, Billiard-Runden, für ihre Ermutigungen und ihre Geduld, während ich von diesem Buch besessen war. Ich kann mich wirklich glücklich schätzen.

1

Referenzen auf Daten und unbenannte Speicherbereiche

If I were meta-agnostic, I'd be confused over whether I'm agnostic or not – but I'm not quite sure if I feel that way; hence I must be meta-meta-agnostic (I guess).
Douglas R. Hofstadter,
Gödel, Escher, Bach

Zwei Aspekte (von vielen) machen den Unterschied zwischen Spielzeug-Programmiersprachen und solchen Sprachen aus, mit denen wirklich komplexe Systeme gebaut werden. Die robusteren Sprachen verfügen unter anderem über:

- die Fähigkeit, dynamisch Datenstrukturen zu allozieren, ohne daß diesen Variablennamen zugewiesen werden müssen. Wir werden diese Strukturen »anonyme« Datenstrukturen nennen.

- die Fähigkeit, auf jede Datenstruktur verweisen zu können, unabhängig davon, ob diese dynamisch oder statisch alloziert wurde.

COBOL ist die eine große Ausnahme: Es ist trotz des Fehlens dieser Merkmale ein großer kommerzieller Erfolg geworden. Aber Sie würden auch nicht gerade Flugzeugleitsysteme in COBOL implementieren wollen.

Betrachten Sie die folgenden Aussagen, die ein viel einfacheres Problem beschreiben:

Sandra ist 23 Jahre alt und mit Horst, 24, verheiratet.
Markus, Horsts Bruder, studiert Informatik an der Universität Hamburg. Er ist erst 19.
Ihre Eltern, Helga und Friedrich, sind beide sechzig und leben auf Amrum.
Helga und Sandras Mutter, Christiane, waren schon als Kinder Freunde.

Ertappen Sie sich dabei, wie Sie im Geiste ein Diagramm mit Kreisen zeichnen, die die Personen darstellen, und Pfeilen für die Verbindungen zwischen ihnen? Stellen Sie sich vor, wie bequem es wäre, wenn Sie solche Informationen in Ihrer bevorzugten Programmiersprache darstellen könnten. Wenn Sie ein C- (oder Algol-, Pascal- oder C++-) Programmierer wären, würden Sie dynamisch allozierte Datenstrukturen für die Daten zu jeder Person (Name, Alter und Wohnort) und Zeiger für die Verbindungen zwischen den Leuten verwenden.

Ein Zeiger ist einfach nur eine Variable, die den Ort eines anderen Datenstücks enthält. Dieser Ort kann eine Maschinenadresse wie in C oder ein Begriff aus einer höheren Ebene wie ein Name oder ein Arrayindex sein.

C unterstützt beide Aspekte äußerst effizient: Sie verwenden `malloc(3)`[1] um Speicher dynamisch zu allozieren. Zeiger verweisen auf dynamisch und statisch allozierte Speicherblöcke. Dies ist zwar das höchstmögliche Maß an Effektivität, aber Sie müssen sich einen großen Teil Ihrer Zeit mit Speicherverwaltungsfragen beschäftigen und die komplexen Beziehungen zwischen den einzelnen Daten sorgfältig aufbauen und verwalten – und später doch die fatalen Fehler finden, die aus »hängenden Zeigern« (Zeiger, die auf Speicherblöcke verweisen, die schon wieder freigegeben worden oder nicht mehr im Gültigkeitsbereich sind) resultieren. Das Programm mag effizient sein, der Programmierer aber ist es nicht.

Perl unterstützt beide Konzepte, und das recht gut. Mit Perl ist es möglich, anonyme Datenstrukturen anzulegen; es gibt einen fundamentalen Datentyp namens »Referenz«, der entfernt mit den C-Zeigern verwandt ist. Genau wie C-Zeiger auf Daten wie auch auf Funktionen zeigen können, können Perl-Referenzen auf konventionelle Datentypen (Skalare, Arrays und Hashes) und andere Entitäten wie Subroutinen, Typeglobs und Dateihandles verweisen.[2] Anders als in C können Sie damit aber nicht direkt in bestimmte Speicheradressen schauen oder dort hineinschreiben.

Perl zeichnet sich besonders im Bereich der Programmierereffizienz aus. Wie wir schon gesehen haben, können Sie komplexe Strukturen mit wenigen Codezeilen anlegen, weil Sie in Perl – anders als in C – nicht alles ausbuchstabieren müssen. Eine Zeile wie

```
$zeile[19] = "hallo";
```

erledigt in einer Zeile, wofür man in C eine ganze Reihe bräuchte – ein dynamisches Array mit zwanzig Elementen anlegen und dem letzten Element einen (dynamisch allozierten) String zuweisen. Was genauso wichtig ist: Sie müssen sich überhaupt nicht mit Speicherverwaltungsfragen auseinandersetzen. Perl stellt sicher, daß Daten gelöscht werden, wenn niemand mehr auf sie zeigt (das heißt, daß Perl Speicherlecks verhindert) und – andersherum – daß die Daten nicht gelöscht werden, wenn jemand noch auf sie zeigt (keine hängenden Zeiger).

---

1   Die Zahl in Klammern ist eine Unix-Konvention, die den zugehörigen Abschnitt in der Dokumentation (Man-Pages) angibt. Die Zahl 3 steht für den Abschnitt, der die C-Programmierschnittstelle beschreibt.

2   Mit den letzteren werden wir uns in Kapitel 3 beschäftigen.

Natürlich wird nur auf Grund dieser Möglichkeiten Perl noch nicht automatisch zur richtigen Wahl, um komplexe Applikationen wie Flugzeugleitsysteme zu entwickeln. Es mangelt jedoch nicht an anderen, weniger komplexen Applikationen (und das sind nicht nur »Wegwerfskripten«), die in Perl leichter als in anderen Sprachen zu realisieren sind.

In diesem Kapitel werden Sie die folgenden Dinge lernen:

- Wie man Referenzen auf Skalare, Arrays und Hashes anlegt und wie man über sie auf Daten zugreift (dereferenzieren).
- Wie man anonyme Datenstrukturen anlegt und anspricht.
- Was Perl intern macht, damit Sie nicht über die Speicherverwaltung nachdenken müssen.

Bereits existierende Variablen referenzieren

Wenn Sie sich ein bißchen in C auskennen (zum Verständnis dieses Kapitels nicht notwendig), dann wissen Sie, daß es zwei Möglichkeiten gibt, um in C einen Zeiger zu initialisieren. Sie können sich auf eine bereits existierende Variable beziehen:

```
int a, *p;
p = &a;  /* p enthält jetzt die »Adresse« von a */
```

Der Speicherplatz wird *statisch*, das heißt vom Compiler, alloziert. Alternativ dazu können Sie auch malloc(3) verwenden, um einen Speicherblock zur Laufzeit zu allozieren und dessen Adresse zu erhalten:

```
p = malloc(sizeof(int));
```

Dieser dynamisch allozierte Speicherblock hat keinen Namen (im Gegensatz zu dem, der mit einer Variablen verbunden ist); es kann nur indirekt über den Zeiger auf ihn zugegriffen werden. Deswegen nennen wir so etwas »unbenannte Speicherbereiche«.

Perl kennt sowohl Referenzen auf statisch allozierten als auch auf dynamisch allozierten Speicherplatz. In diesem Abschnitt werden wir uns eingehend mit ersterem beschäftigen. So können wir die beiden Konzepte Referenzen und unbenannte Speicherbereiche getrennt voneinander behandeln.

Sie können eine Referenz auf eine existierende Perl-Variable anlegen, indem Sie ihr einen Backslash voranstellen:

```
# Einige Variablen anlegen
$a      = "Mamma mia";
@array  = (10, 20);
%hash   = ("laurel" => "hardy", "nick" =>  "nora");

# Referenzen darauf anlegen
$ra      = \$a;          # $ra "bezieht sich" jetzt auf (zeigt auf) $a
$rarray = \@array;
$rhash  = \%hash;
```

Auf ähnliche Art und Weise können Sie Referenzen auf konstante Skalare anlegen:

```
$ra    = \10;
$rs    = \"Hallo Welt";
```

Das ist auch schon alles. Weil Arrays und Hashes nur Ansammlungen von Skalaren sind, können Sie auch genau so eine Referenz auf ein einzelnes Element anlegen: Stellen Sie dem Element einfach einen Backslash voran:

```
$r_array_element = \$array[1];        # Referenziert den Skalar $array[1]

$r_hash_element  = \$hash{"laurel"}; # Referenziert den Skalar
                                     # $hash{"laurel"}
```

Eine Referenz ist auch nur ein Skalar

Eine Referenzvariable wie $ra oder $rarray ist ein gewöhnlicher Skalar, deswegen auch der Präfix $. Ein Skalar kann also mit anderen Worten eine Zahl, ein String oder eine Referenz sein und auch beliebig einem anderen dieser Untertypen zugewiesen werden. Wenn Sie einen Skalar ausgeben, während er eine Referenz ist, erhalten Sie etwas in der Art von:

```
SCALAR(0xb06c0)
```

Während ein String und eine Zahl eine direkte druckbare Repräsentation haben, gibt es so etwas für eine Referenz nicht. Also gibt Perl das aus, was es kann: den Typ des Wertes, auf den gezeigt wird, sowie seine Speicheradresse. Es gibt selten gute Gründe, eine Referenz auszugeben, aber wenn es nötig ist, dann stellt Perl einen sinnvollen Default zur Verfügung. Dies ist eines der Dinge, die die Arbeit mit Perl so produktiv machen. *Sitz da nicht einfach herum und beklag Dich; tu etwas.* Perl nimmt diesen mütterlichen Ratschlag ernst.

Wo wir gerade bei dem Thema sind: Es ist wichtig, daß Sie verstehen, was passiert, wenn Referenzen als Schlüssel in Hashes verwendet werden. Perl verlangt, daß die Schlüssel von Hashes Strings sind; wenn Sie also eine Referenz als Schlüssel verwenden, dann nimmt Perl die String-Repräsentation (die eindeutig ist, schließlich handelt es sich um einen Zeiger). Aber wenn Sie später den Schlüssel wieder aus diesem Hash herausholen, dann bleibt es ein String und ist nicht mehr als Referenz benutzbar. Möglicherweise wird eine zukünftige Version von Perl die Beschränkung, daß Hashschlüssel Strings sein müssen, aufheben, aber im Moment ist die einzige Lösung, das in Kapitel 9 vorgestellte Modul Tie::RefHash zu verwenden. Ich muß allerdings hinzufügen, daß diese Einschränkung im großen und ganzen kaum störend ist. Es gibt nur wenige Algorithmen, bei denen Referenzen als Hashschlüssel abgelegt werden müssen – und noch weniger, die mit dieser Einschränkung nicht leben könnten.

Dereferenzieren

Unter Dereferenzieren versteht man das Abfragen des Wertes, auf den eine Referenz zeigt.

Wenn in C p ein Zeiger ist, dann bezeichnet *p den Wert, auf den der Zeiger zeigt. Wenn in Perl $r eine Referenz ist, dann bekommen Sie den Wert, auf den sie zeigt, mit $$r, @$r oder %$r, abhängig davon, ob $r auf einen Skalar, ein Array oder einen Hash zeigt. Es ist sehr wichtig, daß Sie den richtigen Präfix für den entsprechenden Typ verwenden; wenn $r auf ein Array zeigt, dann müssen Sie @$r verwenden, nicht %$r oder $$r. Die Verwendung des falschen Präfix führt zu einem fatalen Laufzeitfehler.

Sie können sich das so vorstellen: Immer wenn Sie eine gewöhnliche Perl-Variable verwenden wollen ($a, @b oder %c), können Sie den Namen der Variablen (a, b oder c) durch eine Referenzvariable ersetzen (solange die Referenz den richtigen Typ hat). Eine Referenz kann überall da verwendet werden, wo auch ein normaler Datentyp verwendet werden kann. Die folgenden Beispiele zeigen Ihnen, wie die einzelnen Datentypen dereferenziert werden.

Referenzen auf Skalare

Die folgenden Ausdrücke mit Skalaren:

```
$a += 2;
print $a;          # Den Inhalt von $a normal ausgeben
```

können auf die Verwendung einer Referenz umgestellt werden, indem der String a durch den String $ra ersetzt wird:

```
$ra = \$a;         # Referenz auf $a anlegen
$$ra  += 2;        # anstelle von $a += 2
print $$ra;        # anstelle von print $a
```

Sie müssen natürlich sicherstellen, daß $ra eine Referenz ist, die auf einen Skalar zeigt; ansonsten beendet Perl sich mit dem Laufzeitfehler »Not a SCALAR reference«.

Referenzen auf Arrays

Sie können normale Arrays auf drei verschiedene Weisen benutzen:

*   Zugriff auf *das ganze Array* mit der Notation @array. Beispielsweise können Sie ein Array ausgeben oder Elemente hineinschieben.

*   Zugriff auf *einzelne Elemente* mit der Notation $array[$i].

*   Zugriff auf *Bereiche von Elementen* (Slices) mit der Notation @array[index1,index2,...].

In allen drei Situationen können auch Referenzen verwendet werden. Die folgenden Codeschnipsel zeigen für jede Verwendung ein Beispiel und stellen die normale Verwendung von Arrays der Verwendung von Referenzen auf Arrays gegenüber.

```
$rarray = \@array;

push (@array , "a", 1, 2);     # Das Array als ganzes verwenden
push (@$rarray, "a", 1, 2);    # Indirekte Verwendung mit einer Referenz

print $array[i] ;              # Zugriff auf einzelne Elemente
print $$rarray[1];             # Indirekter Indexzugriff über eine
                               # Referenz: array wird durch $rarray ersetzt

@sl = @array[1,2,3];           # Normaler Array-Slice
@sl = @$rarray[1,2,3];         # Array-Slice mit einer Referenz
```

Beachten Sie, daß wir in all diesen Fällen einfach nur den String `array` durch `$rarray` ersetzt haben, um die richtige Indirektion zu erreichen.

Anfänger machen oft den Fehler, Arrayvariablen und Aufzählungslisten (durch Kommata getrennt) zu verwechseln. Beispielsweise erhalten Sie keine Referenz auf eine solche Aufzählungsliste, indem Sie einen Backslash davor setzen:

```
$s = \('a', 'b', 'c');     # WARNUNG: Das ist vermutlich nicht das, was Sie denken.
```

Das ist nämlich identisch mit:

```
$s = (\'a', \'b', \'c');     # Liste von Referenzen auf Skalare
```

Eine Aufzählungsliste gibt in einem skalaren Kontext immer das letzte Element zurück (wie in C). Das bedeutet, daß `$s` eine Referenz auf den konstanten String `c` enthält. Die richtige Lösung sind anonyme Arrays, die wir weiter unten im Abschnitt »Referenzen auf anonyme Speicherbereiche« behandeln.

Referenzen auf Hashes

Referenzen auf Hashes sind genauso einfach:

```
$rhash = \%hash;
print $hash{"schluessel1"};       # Normaler Hashzugriff
print $$rhash{"schluessel1"};     # hash wurde ersetzt durch $rhash
```

Hash-Slices funktionieren genauso:

```
@slice = @$rhash{'schluessel1', 'schluessel2'}  # anstelle von @hash{'schluessel1',
                                                 #           'schluessel2'}
```

Noch ein guter Rat: Sie müssen der Versuchung widerstehen, grundlegende Datenstrukturen wie verkettete Listen und Bäume zu implementieren, nur weil es ein zeigerähnliches Sprachmerkmal gibt. Bei einer kleineren Anzahl von Elementen haben die Standard-Arrays eine ziemlich gute Performanz-Charakteristik beim Einfügen und Entfernen und verwenden deutlich weniger Ressourcen als verkettete Listen, die mit Perl-Primitiven aufgebaut werden. (Auf meinem Rechner hat ein kleiner Test ergeben, daß es bei bis zu etwa 1250 Elementen schneller geht, diese am Kopf eines Perl-Arrays einzufügen als eine äquivalente verkettete Liste aufzubauen.) Und wenn Sie B-Bäume haben wollen, dann sollten Sie einen Blick auf die Berkeley Datenbank-Bibliothek werfen (Näheres dazu in Kapitel 10), bevor Sie diese in Perl selbst nachbauen.

Präzedenz-Verwirrungen

Die Ausdrücke, bei denen Schlüssel nachgeschlagen werden, könnten zu Verwirrung führen. Ist `$$rarray[1]` als `${$rarray[1]}`, als `{$$rarray}[1]` oder als `${$rarray}[1]` zu lesen?

(Machen Sie hier eine Pause, um Ihren Augen ein wenig Erholung zu gönnen!)

Tatsächlich ist die letzte Lösung die richtige. Perl folgt beim Parsen von Ausdrücken zwei einfachen Regeln: (1) Schlüssel- und Indexzugriffe erfolgen am Ende und (2) das am dichtesten bei einem Variablennamen stehende Präfix bindet am stärksten. Wenn Perl auf etwas wie `$$rarray[1]` oder `$$rhash{'browns'}` stößt, spart es sich die Indexzugriffe (`[1]` und `{'browns'}`) bis zum Ende auf. Damit bleiben `$$rarray` und `$$rhash`. Das dichter am Variablennamen stehende `$` hat Präferenz. Damit ergeben sich: `${$rarray}` und `${$rhash}`. Eine andere Möglichkeit, sich die zweite Regel vorzustellen, ist es zu sagen, daß die Präferenz der Symbole von rechts nach links geht (die Variable steht immer ganz rechts von einer Reihe von Symbolen).

Beachten Sie, daß wir hier nicht wirklich über Operator-Präzedenzen gesprochen haben, denn `$`, `@` und `%` sind keine Operatoren; die oben genannten Regeln zeigen lediglich an, wie ein Ausdruck geparst wird.

Abkürzungen mit der Pfeilnotation

Perl stellt eine einfachere und leichter lesbare Syntax für den Zugriff auf Arrays und Hashes zur Verfügung: die `->[ ]`-Notation. Wenn Sie beispielsweise eine Referenz auf ein Array haben, dann können Sie das zweite Element aus dem Array folgendermaßen bekommen:

```
$rarray = \@array;
print $rarray->[1];     # Der optisch schönere Weg
```

anstelle der Möglichkeiten, die wir schon gesehen haben.

```
print $$rarray[1];      # Häßlich, und man muß über die Präferenzen nachdenken
print ${$rarray}[1];    # So bekommt man Tendinitis!
```

Ich ziehe die Pfeilnotation vor, weil sie optisch weniger unruhig ist. Abbildung 1-1 zeigt, wie diese Notation dargestellt werden kann.

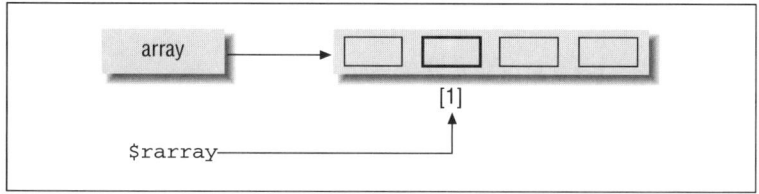

Abbildung 1-1: Grafische Darstellung von $rarray–>[1]

Entsprechend können Sie auch die ->{ }-Notation verwenden, um auf ein Element einer Hashtabelle zuzugreifen:

```
$rhash = \%hash;
print $rhash->{"s1"};

#anstelle von ........
print $$rhash{"s1"};
# oder
print ${$rhash}{"s1"};
```

Achtung: Diese Notation funktioniert nur für einfache Indizes, nicht für Slices. Betrachten Sie folgendes Beispiel:

```
print $rarray->[0,2]; # Achtung: Dies ist KEIN indirekter Array-Slice
```

Perl behandelt den Text zwischen den eckigen Klammern als einen durch Kommata getrennten Ausdruck, der zum letzten Term im Array, nämlich 2, evaluiert. Dieser Ausdruck ist also äquivalent mit `$rarray->[2]`, also ein normaler Indexzugriff, aber kein Slice. (Erinnern Sie sich an die weiter vorn aufgestellte Regel: Eine Aufzählungs- oder durch Kommata getrennte Liste gibt in einem skalaren Kontext immer das letzte Element zurück.)

Kein automatisches Dereferenzieren

Perl übernimmt keinerlei automatisches Dereferenzieren für Sie.[3] Sie müssen ausdrücklich mit eben beschriebenen Konstrukten dereferenzieren. Das ist ähnlich wie in C, wo Sie auch *p schreiben müssen, um das Objekt, auf das p zeigt, ansprechen zu können. Betrachten Sie:

```
$rarray = \@array;
push ($rarray, 1, 2, 3);    # Falsch: $rarray ist ein Skalar, kein Array
push (@$rarray, 1, 2, 3);   # OK
```

push erwartet ein Array als erstes Argument, nicht eine Referenz auf ein Array (was ein Skalar wäre). Entsprechend werden auch bei der Ausgabe eines Arrays keine Referenzen dereferenziert, wie in dem folgenden Beispiel zu sehen ist:

```
print "$rarray, $rhash";
```

Damit wird folgendes ausgegeben:

```
ARRAY(0xc70858), HASH(0xb75ce8)
```

Das scheint vorteilhaft zu sein, hat aber in zwei Fällen häßliche Konsequenzen. Der erste Fall ist die fälschliche Verwendung einer Referenz in einem arithmetischen oder Bedingungsausdruck. Wenn Sie beispielsweise `$a += $r` schreiben, wenn Sie eigentlich `$a += $$r` meinten, dann bekommen Sie einen nur schwer zu findenden Fehler. Der zweite häufige Fehler ist die Zuweisung eines Arrays anstelle der Referenz auf das Array

---

3 Außer für Dateihandles, wie wir in Kapitel 3 sehen werden.

an einen Skalar ($a = @array anstelle von $a = \@array). Perl warnt Sie in beiden Fällen nicht, und unter Berücksichtigung von Murphys Gesetzen werden Sie dieses Problem erst dann entdecken, wenn Sie gerade eine Vorführung bei einem Kunden machen.

Referenzen verwenden

Referenzen sind bei der Erzeugung komplexer Datenstrukturen absolut unentbehrlich. Weil das nächste Kapitel sich ausschließlich mit diesem Thema beschäftigt, werden wir hier keine weiteren Worte darüber verlieren. In diesem Abschnitt nennen wir die anderen Vorteile, die Perl bei der Unterstützung von Indirektionen und zur Speicherverwaltung bietet.

Arrays und Hashes an Subroutinen übergeben

Wenn Sie mehr als ein Array oder einen Hash an eine Subroutine übergeben, dann führt Perl alle diese in dem Array @_ innerhalb der Subroutine zusammen. Das kann nur verhindert werden, indem Referenzen auf die Hashes und Arrays übergeben werden. Hier ist ein Beispiel, bei dem die Elemente eines Arrays zu den korrespondierenden Elementen eines anderen hinzuaddiert werden:

```
@array1 = (1, 2, 3); @array2 = (4, 5, 6, 7);
AddiereArrays (\@array1, \@array2); # Arrays als Referenzen übergeben
print "@array1 \n";
sub AddiereArrays {
    my ($rarray1, $rarray2) = @_;
    $laenge2 = @$rarray2;  # Laenge von array2
    for ($i = 0 ; $i < $laenge2 ; $i++) {
        $rarray1->[$i] += $rarray2->[$i];
    }
}
```

In diesem Beispiel werden zwei Arrayreferenzen an AddiereArrays übergeben. Dort werden dann die beiden Arrays dereferenziert, die Länge bestimmt und die einzelnen Elemente addiert.

Performanzüberlegungen

Mit Referenzen können Sie große Datenstrukturen effizient in und aus Subroutinen übergeben.

Referenzen auf Skalare zu übergeben bringt jedoch normalerweise überhaupt keinen Performanzvorteil. Ich habe oft solchen Code wie den folgenden gesehen, in dem der Programmierer beabsichtigt, die Kopieroperationen beim Einlesen von Zeilen aus einer Datei zu minimieren.

```
while ($ref_zeile = NaechsteZeile()) {
    .....
    .....
}
sub NaechsteZeile () {
    my $zeile = <F> ;
    exit(0) unless defined($zeile);
    .....
    return \$zeile;     # Rückgabe als Referenz, um Kopien zu vermeiden
}
```

`NaechsteZeile` gibt die Zeile als Referenz zurück, um ein Kopieren der Zeile zu vermeiden.

Es würde Sie möglicherweise überraschen, was für einen geringen Effekt diese Strategie mit Blick auf die Gesamtperformanz hat, denn die meiste Zeit geht beim Einlesen der Datei und der späteren Weiterverarbeitung von `$zeile` verloren. Dazu kommt der Nachteil, daß der Benutzer von `NaechsteZeile` jetzt mit Indirektionen (`$$ref_zeile`) anstelle des einfacheren `$line` umgehen muß.[4]

Sie können übrigens das Standardbibliotheksmodul Benchmark verwenden, um die benötigte Zeit verschiedener Implementierungen zu messen:

```
use Benchmark;
timethis (100, "NaechsteZeile()"); # NaechsteZeile 100 Mal aufrufen und Zeit stoppen
```

Das Modul Benchmark definiert eine Subroutine namens `timethis`, die ein Stückchen Code erwartet, dieses so oft wie angegeben ausführt und die verstrichene Zeit ausgibt. Wir werden uns in Kapitel 6 näher mit der Anweisung `use` beschäftigen.

Referenzen auf anonyme Speicherbereiche

Bisher haben wir Referenzen auf bereits existierende Variablen angelegt. Als nächstes werden wir lernen, wie man Referenzen auf »anonyme« Datenstrukturen anlegt, also auf Werte, die nicht mit einer Variablen verbunden sind.

Um ein anonymes Array anzulegen, benutzen Sie eckige Klammern anstelle von runden:

```
$ra = [ ];       # Legt ein leeres, anonymes Array an
                 # und gibt eine Referenz darauf zurück
$ra = [1,"Hallo"]; # Legt ein initialisiertes anonymes Array an
                 # und gibt eine Referenz darauf zurück
```

Diese Notation alloziert nicht nur einen anonymen Speicherbereich, sondern gibt auch eine Referenz darauf zurück, genauso wie `malloc(3)` in C einen Zeiger zurückgibt.

Was passiert, wenn Sie runde anstelle von eckigen Klammern verwenden? Denken Sie wieder daran, daß Perl den rechten Teil als durch Kommata getrennten Ausdruck

---

4   Das wichtige Wort hier ist »normalerweise«. Die meisten Applikationen lesen Zeilen mit einer Länge von 60 bis 70 Zeichen ein.

auswertet und den Wert des letzten Elements zurückgibt. $ra enthält dann den Wert »Hallo«, was Sie vermutlich nicht wollten.

Um einen anonymen Hash anzulegen, verwenden Sie geschweifte anstelle von eckigen Klammern:

```
$rh = { };                    # Legt einen leeren Hash an
                              # und gibt eine Referenz darauf zurück
$rh = {"k1", "v1", "k2", "v2"}; # Ein initialisierter anonymer Hash
```

Diese beiden Notationen sind leicht zu merken, weil sie die Klammersymbole benutzen, die die beiden Datentypen verwenden: eckige Klammern für Arrays und geschweifte Klammern für Hashes. Vergleichen Sie das mit dem Verfahren, nach dem normalerweise ein benannter Hash angelegt wird:

```
# Ein gewöhnlicher Hash verwendet das Präfix und wird mit einer
# Liste in runden Klammern initialisiert
%hash = ("schwarm" => "voegel", "rudel" => "loewen");

# Ein anonymer Hash ist eine Liste in geschweiften Klammern.
# Das Ergebnis des Ausdrucks ist eine skalare Referenz auf diesen Hash.
$rhash = {"schwarm" => "voegel", "rudel" => "loewen"};
```

Und was ist mit dynamisch allozierten Skalaren? Es stellt sich heraus, daß Perl keine Notation für so etwas hat, vermutlich weil man es ohnehin fast nie braucht. Im Notfall können Sie den folgenden Trick verwenden: Legen Sie eine Referenz auf eine existierende Variable an, und lassen Sie dann diese Variable aus dem Gültigkeitsbereich verschwinden.

```
{
    my $a = "Hallo Welt";  # 1
    $ra = \$a;             # 2
}
print "$$ra \n";           # 3
```

Der Operator my kennzeichnet eine Variable als privat (oder, in Perl-Sprache, *lokalisiert* sie). Sie können statt dessen auch den Operator local verwenden, es gibt jedoch einen kleinen, aber sehr wichtigen Unterschied zwischen den beiden, den wir in Kapitel 3 erläutern werden. In diesem Beispiel funktionieren beide gleich gut.

Jetzt ist $ra eine globale Variable, die auf die lokale Variable $a verweist. Normalerweise würde $a am Ende des Blocks gelöscht werden, aber weil $ra weiterhin darauf zeigt, wird der für $a allozierte Speicher nicht freigegeben. Wenn Sie aber $ra einen neuen Wert zuweisen, dann wird der frühere Speicherplatz von $a freigegeben, bevor $ra einen neuen Wert aufnehmen kann.

Sie können auch Referenzen auf konstante Skalare anlegen:

```
$r = \10;  $rs = \"Hallo";
```

Konstanten werden statisch alloziert und sind anonym.

Eine Referenzvariable muß sich nicht darum kümmern oder sich merken, ob sie auf einen anonymen Wert oder auf den einer existierenden Variable zeigt. Das entspricht dem Verhalten von Zeigern in C.

Mehrfach-Indirektionen dereferenzieren

Wir haben gesehen, wie Referenzen sich auf andere Entities beziehen, einschließlich anderer Referenzen (die ja auch wieder nur normale Skalare sind). Das bedeutet, daß wir auch mehrere Indirektionsebenen haben können:

```
$a    = 10;
$ra   = \$a;    # Referenz auf den Wert von $a
$rra  = \$ra;   # Referenz auf eine Referenz auf den Wert von $a
$rrra = \$rra;  # Referenz auf eine Referenz auf eine Referenz...
```

Jetzt werden wir diese dereferenzieren. Die folgenden Anweisungen geben alle denselben Wert (nämlich den von $a) aus:

```
print $a;       # gibt 10 aus, genau wie die folgenden Anweisungen
print $$ra;     # $a aus der Sicht einer Indirektionsebene
print $$$rra;   # Auch nach dem Ersetzen von ra durch {$rra}
                # beziehen wir uns immer noch auf den Wert von $a
print $$$$rrra; # ... und so weiter
```

Interessanterweise illustriert dieses Beispiel eine Konvention, die unter Microsoft Windows-Programmierern als »ungarische Notation«[5] bekannt ist. Jedem Variablennamen wird sein Typ vorangestellt (»r« für Referenzen, »rh« für Referenzen auf Hashes, »i« für Integer, »d« für double und so weiter). Ein Ausdruck wie der folgende würde sofort Argwohn hervorrufen:

```
$$rh_sammlungen[0] = 10; # ROTE LAMPE: 'rh' wird als Array verwendet?
```

Sie haben hier eine Variable namens `rh_sammlungen`, die vermutlich wegen der Namenskonvention (genauer gesagt wegen des Präfixes `rh`) eine Referenz auf ein Hash ist, aber Sie verwenden diese Variable als Referenz auf ein Array. Natürlich wird Perl Sie mit einer Laufzeitausnahme (»Not an ARRAY reference at–line2«) darauf hinweisen; aber es ist natürlich einfacher, den Code schon beim Schreiben zu überprüfen, als mühsam während des Testens durch alle Programmverzweigungen hindurchzulaufen, um alle möglichen Laufzeitfehler auszuschließen.

Eine allgemeinere Regel

Als wir Präzedenzen besprochen haben, haben wir gezeigt, daß `$$rarray[1]` das gleiche ist wie `${$rarray}[1]`. Die geschweiften Klammern haben wir nicht völlig

---

5 Nach Charles Simonyi, der diese Konvention bei Microsoft eingeführt hat. Diese Konvention ist immer wieder das Thema heftiger Debatten im Internet; man liebt sie oder haßt sie. Offensichtlich benutzen selbst bei Microsoft nur die Systemprogrammierer diese Konvention, die Anwendungsprogrammierer aber nicht. In einer Sprache ohne erzwungene Typprüfung wie Perl empfehle ich die Verwendung, wo es sinnvoll und bequem genug erscheint.

zufällig gewählt, um die Gruppierung anzuzeigen. Wie das Leben so spielt, gibt es eine allgemeinere Regel.

Die geschweiften Klammern bezeichnen einen Codeblock, und es ist Perl egal, was darin steht, solange eine Referenz des geforderten Typs herauskommt. Ein Ausdruck wie {$rarray} ist ein einfacher Ausdruck, der eine Referenz ergibt. Dagegen wird in dem folgenden Beispiel eine Subroutine im Block aufgerufen, die wiederum eine Referenz zurückgibt:

```
sub test {
    return \$a;        # gibt eine Referenz auf eine skalare Variable zurück
}
$a = 10;
$b = ${test()};        # Ruft die Subroutine test innerhalb
                       # des Blocks auf, die eine Referenz auf $a
                       # zurückgibt. Diese Referenz wird dereferenziert.
print $b;              # gibt "10" aus
```

Um das noch einmal zusammenzufassen: Ein Block, der zu einer Referenz ausgewertet wird, darf überall da stehen, wo der Name einer Variablen stehen darf. Anstelle von $a können Sie auch beispielsweise ${$ra} oder ${$array[1]} einsetzen (sofern $array[1] eine Referenz auf $a enthält).

Erinnern Sie sich daran, daß ein Block eine beliebige Anzahl von Anweisungen beinhalten kann und daß die letzte im Block ausgewertete Anweisung das Ergebnis des Blocks darstellt. Wenn Sie nicht gerade ein aussichtsreicher Bewerber beim Obfuscated Perl Contest werden wollen, sollten Sie Codeblöcke vermeiden, die mehr als zwei Ausdrücke enthalten und die obengenannte allgemeine Dereferenzierungsregel verwenden.

Trojanische Pferde

Wo wir gerade über unverständlichen Code reden, sollten wir auch noch über eine ziemlich gemeine Möglichkeit reden, ausführbaren Code in Strings unterzubringen. Wenn Perl einen String wie »$a« antrifft, führt es normalerweise eine Variableninterpolation durch. Aber Sie wissen jetzt ja, daß »a« auch durch einen Block ersetzt werden kann, sofern dieser eine Referenz auf einen Skalar zurückgibt. Damit ist der folgende Ausdruck völlig in Ordnung, selbst in einem String:

```
print "${foo()}";
```

Ersetzen Sie jetzt foo() durch system ('/bin/rm *') und Sie haben ein unangenehmes Trojanisches Pferd:

```
print "${system('/bin/rm *')}"
```

Perl behandelt das wie jede andere Funktion und verläßt sich darauf, daß system eine Referenz auf einen Skalar zurückgibt. Die Parameter von system richten ihren Schaden an, bevor Perl herausfinden kann, daß system überhaupt keine skalare Referenz zurückgibt.

Und die Moral von der Geschicht': Seien Sie vorsichtig mit Strings, die Sie aus ungesicherten Quellen bekommen. Verwenden Sie den Taint-Modus (rufen Sie dazu Perl als `perl -T` auf), oder benutzen Sie das Modul Safe aus der Perl-Distribution. Die Perl-Dokumentation enthält Informationen zum Taint-Modus, der Index einige Verweise auf das Modul Safe.

Verschachtelte Datenstrukturen

Erinnern Sie sich daran, daß Arrays und Hashes nur Skalare enthalten; sie können nicht direkt ein anderes Array oder einen Hash enthalten. Aber wenn wir bedenken, daß Referenzen auf ein Array oder einen Hash verweisen können und daß Referenzen Skalare sind, dann können Sie schon sehen, wie ein oder mehrere Elemente in einem Array oder Hash auf andere Arrays oder Hashes zeigen können. In diesem Abschnitt werden wir uns damit beschäftigen, wie man verschachtelte, heterogene Datenstrukturen aufbaut.

Lassen Sie uns annehmen, daß wir über eine Person und deren Nachkommen einige Daten verwalten wollen. Eine Möglichkeit ist es, getrennte *benannte* Hashtabellen für jede Person anzulegen:

```
%susanne = (          # Mutter
    'name'   => 'Susanne',
    'alter'  => '45');
%joachim = (          # Kind
    'name'   => 'Joachim',
    'alter'  => '20');
%petra = (            # Kind
    'name'   => 'Petra',
    'alter'  => '16');
```

Die Strukturen für Joachim und Petra können nun mit der von Susanne folgendermaßen verknüpft werden:

```
@kinder = (\%joachim, \%petra);
$susanne{'kinder'} = \@kinder;

# Oder
$susanne{'kinder'} = [\%joachim, \%petra];
```

Abbildung 1-2 zeigt den Aufbau dieser Struktur.

Wenn `%susanne` gegeben ist, können Sie wie folgt auf Petras Alter zugreifen:

```
print $susanne{kinder}->[1]->{alter};
```

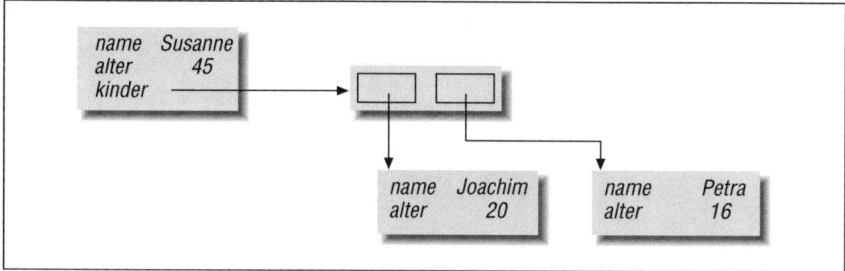

Abbildung 1-2: Skalare mit Arrays und Hashes mischen

Implizites Anlegen komplexer Strukturen

Angenommen, die erste Zeile in Ihrem Programm sieht wie folgt aus:

```
$susanne{kinder}->[1]->{alter} = 10;
```

Perl legt automatisch den Hash %susanne an, weist ihm ein Hashelement zu, das den Schlüssel kinder hat, und läßt diesen Eintrag auf ein neu angelegtes Array zeigen, dessen zweites Element auf einen neu allozierten Hash zeigt, der wiederum einen Eintrag mit dem Schlüssel alter erhält. Wenn das nicht effizient für den Programmierer ist!

Die letzte Abkürzung: Pfeile zwischen Indizes weglassen

Und wo wir gerade bei Programmierereffizienz sind, lassen Sie uns noch eine weitere Optimierung beim Tippen ansehen. Sie können -> dann (und nur dann) weglassen, wenn der Pfeil zwischen Indizes steht. Damit sind die beiden folgenden Ausdrücke gleichbedeutend:

```
print $susanne{kinder}->[1]->{alter};
print $susanne{kinder}[1]{alter};
```

Ähnlich sind in C mehrdimensionale Arrays implementiert, bei denen sich jeder Index mit Ausnahme des letzten wie ein Zeiger auf die nächste Ebene (oder Dimension) verhält und der letzte Index den eigentlichen Daten entspricht. Der Unterschied zwischen dem Perl- und dem C-Ansatz – der für den Programmierer aber unbedeutend ist – ist der, daß C ein *n*-dimensionales Array als fortlaufenden Strom von Bytes betrachtet und keinen Platz für die Zeiger auf die Subarrays alloziert, während Perl durchaus Speicherplatz für die Referenzen auf die dazwischenliegenden eindimensionalen Arrays alloziert.

Wenn wir da weitermachen, wo wir aufgehört haben, können wir feststellen, daß selbst ein einfaches Beispiel von *anonymen* Arrays und Hashes anstelle von benannten profitieren kann, wie man in dem folgenden Codeschnipsel sieht:

```
%susanne = (                          # Mutter
    'name'      => 'Susanne',
    'alter'     => '45',
    'kinder'    => [                   # Anonymes Array mit zwei Hashes
```

```
                   {                    # Anonymer Hash 1
                 'name'  => 'Joachim',
                 'alter' => '20'
                   },
                   {                    # Anonymer Hash 2
                 'name'  => 'Petra',
                 'alter' => '16'
                   }
                 ]
     );
```

Dieser Codeschnipsel enthält nur eine einzige benannte Variable. Das Attribut »kinder« ist eine Referenz auf ein anonymes Array, das selbst wiederum Referenzen auf anonyme Hashes mit den Daten über die Kinder enthält. Diese Verschachtelung kann so tief gehen, wie Sie möchten; beispielsweise könnten Sie Joachims Schulbildung mit einer Referenz auf ein anonymes Array von Hash-Datensätzen (die alle Details über seine Schulbildung, die Zeugnisnoten und so weiter enthalten) dokumentieren. In keinem dieser Arrays oder Hashes werden die Hashes oder Arrays der nächsten Ebene eingebettet; denken Sie daran, daß die Syntax für anonyme Arrays und Hashes zu Referenzen führt – und genau das ist es, was die umgebenden Strukturen zu sehen bekommen. Mit anderen Worten beschreibt eine solche Verschachtelung keine *enthält*-Hierarchie. Überzeugen Sie sich mit `print values(%susanne)` selbst.

Es ist beruhigend zu wissen, daß Perl automatisch alle verschachtelten Strukturen löscht, sobald die Top-Level-Strukturen (`%susanne`) gelöscht werden oder einen anderen Wert zugewiesen bekommen. Interne Strukturen oder Elemente, die noch an einer anderen Stelle referenziert werden, werden nicht gelöscht.

Eine Referenz abfragen

Die Funktion `ref` fragt einen Skalar ab, ob er eine Referenz enthält und, falls dem so ist, auf was für eine Art von Daten die Referenz verweist. `ref` gibt »falsch« (einen Booleschen Wert, keinen String) zurück, wenn das Argument eine Zahl oder einen String enthält. Wenn es sich aber um eine Referenz handelt, dann gibt `ref` einen der Strings »SCALAR«, »HASH«, »ARRAY«, »REF« (Referenz verweist auf eine andere Referenz), »GLOB« (Referenz verweist auf einen Typeglob), »CODE« (Referenz verweist auf eine Subroutine) oder »*Package-Name*« (Referenz verweist auf ein Objekt aus diesem Package, dazu später mehr) zurück.

```
     $a = 10;
     $ra = \$a;
```

`ref($a)` ergibt FALSE, weil $a keine Referenz ist.

`ref($ra)` gibt den String »SCALAR« zurück, weil $ra auf einen skalaren Wert zeigt.

Symbolische Referenzen

Normalerweise weist ein Konstrukt wie $$var darauf hin, daß $var eine Referenzvariable ist und der Programmierer erwartet, daß dieser Ausdruck den Wert zurückgibt, auf den $var zeigte, als die Referenzen angelegt wurden.

Was passiert aber, wenn $var überhaupt keine Referenzvariable ist? Anstatt sich laut zu beschweren, überprüft Perl, ob $var einen String enthält. Wenn dem so ist, dann wird dieser String als normaler Variablenname betrachtet, und Perl arbeitet mit dieser Variable! Betrachten Sie dazu das folgende Beispiel:

```
$x = 10;
$var = "x";
$$var = 30;    # Setzt $x auf 30, weil $var eine
               # symbolische Referenz ist!
```

Wenn Perl $$var auswertet, überprüft es zunächst, ob $var eine Referenz ist. Das ist hier nicht der Fall, $var ist ein String. Daher entscheidet Perl sich, dem Ausdruck noch eine letzte Chance zu geben: Es behandelt den Inhalt von $var als einen Variablenbezeichner. Im Beispiel erhält deswegen $x den Wert 30.

Es ist wichtig zu wissen, daß symbolische Referenzen nur mit globalen Variablen funktionieren, aber nicht mit denen, die mit my als privat markiert worden sind.

Symbolische Referenzen funktionieren genauso mit Arrays und Hashes:

```
$var = "x";
@$var = (1, 2, 3);    # @x erhält die Aufzählungsliste auf der rechten Seite als Wert
```

Beachten Sie, daß das Symbol vor $var den Typ der Variable, auf die zugegriffen werden soll, bestimmt: $$var ist äquivalent mit $x und @$var mit @x.

Dieses Feature ist ziemlich mächtig, und – für diejenigen, die solche Sachen schon mit früheren Perl-Versionen angestellt haben – deutlich effizienter als eval. Nehmen wir an, Ihr Skript soll Kommandozeilenoptionen wie beispielsweise »-Ddebug_level=3« verarbeiten und entsprechend die Variable $debug_level setzen. Hier ist eine Möglichkeit, das zu bewerkstelligen:

```
while ($arg = shift @ARGV){
    if ($arg =~ /-D(\w+)=(\w+)/) {
        $var_name = $1; $wert = $2;
        $$var_name = $wert;        # Oder noch kompakter, $$1 = $2;
    }
}
```

Auf der anderen Seite sind Perls Bemühungen, einen Ausdruck auf jeden Fall auszuwerten, nicht immer hilfreich. Wenn Sie in den vorangegangenen Beispielen eigentlich vorhatten, eine richtige Referenz anstelle eines Strings zu verwenden, dann wäre es Ihnen sicherlich lieber, daß Perl Bescheid sagt, anstatt Vermutungen über die richtige Verwendung anzustellen. Glücklicherweise gibt es eine Möglichkeit, Perls Eifer abzustellen. Perl kennt eine Reihe von Compiler-Anweisungen oder Pragmas. Das Pragma strict teilt Perl mit, eine strenge Fehlerprüfung vorzunehmen. Sie können sogar bestimmte Bereiche angeben, in denen Perl streng sein soll, einer davon ist »refs«:

```
use strict 'refs';  # Teilt Perl mit, keine symbolischen Referenzen zuzulassen
$var = "x";
$$var = 30;
```

Dies führt zu einem Laufzeitfehler, wann immer Sie versuchen, eine symbolische Referenz zu benutzen:

```
Can't use string ("x") as a SCALAR ref while "strict refs" in use at try.pl line 3
```

Die Anweisung `strict` bleibt bis zum Ende des Blocks gültig. Sie kann mit `no strict` – oder spezifischer `no strict 'refs'` – abgeschaltet werden.

Ein Blick in die Interna

Lassen Sie uns jetzt einen Blick in Perl hinein werfen, um zu verstehen, wie Perl Speicher verwaltet. Sie können diesen Abschnitt auch überspringen, ohne daß Ihnen später im Buch Informationen fehlen werden.

Eine Variable repräsentiert eine Bindung zwischen einem *Namen* und einem *Wert*, wie in Abbildung 1-3 dargestellt.[6]

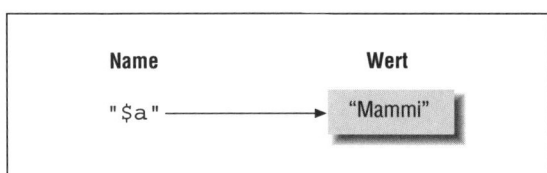

Abbildung 1-3: Eine Variable ist ein Paar aus einem Namen und einem Wert

Ein Array oder ein Hash ist nicht einfach nur eine Ansammlung von Zahlen oder Strings. Es ist vielmehr eine Ansammlung von *skalaren Werten*. Dieser Unterschied ist – wie man in Abbildung 1-4 sieht – wichtig.

Jeder Kasten in Abbildung 1-4 stellt einen eigenen Wert dar. Jedes Array hat einen Wert, der *die Ansammlung* skalarer Werte repräsentiert. Jedes Element im Array ist ein eigener skalarer Wert. Das entspricht einem Rudel Löwen, das als ein Ganzes behandelt wird (weswegen wir auch den Singular verwenden) und Eigenschaften hat, die von jedem der individuellen Löwen verschieden sind.

Beachten Sie auch, daß zwar ein Name immer auf einen Wert zeigt, ein Wert aber nicht immer einen zugehörigen Namen haben muß, wie man an den Arrayelementen in Abbildung 1-4 oder den anonymen Arrays und Hashes sehen kann.

---

6   Das ist wahr unabhängig davon, ob die Variable global ist oder dynamischen (mit `local()`) oder lexikalischen Gültigkeitsbereich (mit `my()`) hat. Mehr dazu in Kapitel 3.

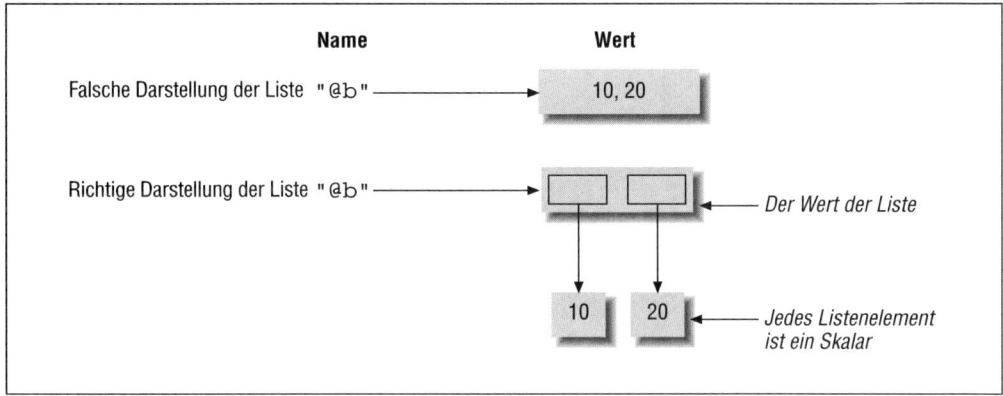

Abbildung 1-4: Ein Arraywert ist eine Ansammlung von skalaren Werten

Referenzzähler

Um eine problemlose und transparente Speicherverwaltung zu gewährleisten, verwaltet Perl für jeden *Wert* einen Referenzzähler, unabhängig davon, ob ein Name auf den Wert zeigt oder nicht. Wenn wir diese Information der schon bekannten Grafik hinzufügen, dann erhalten wir Abbildung 1-5.

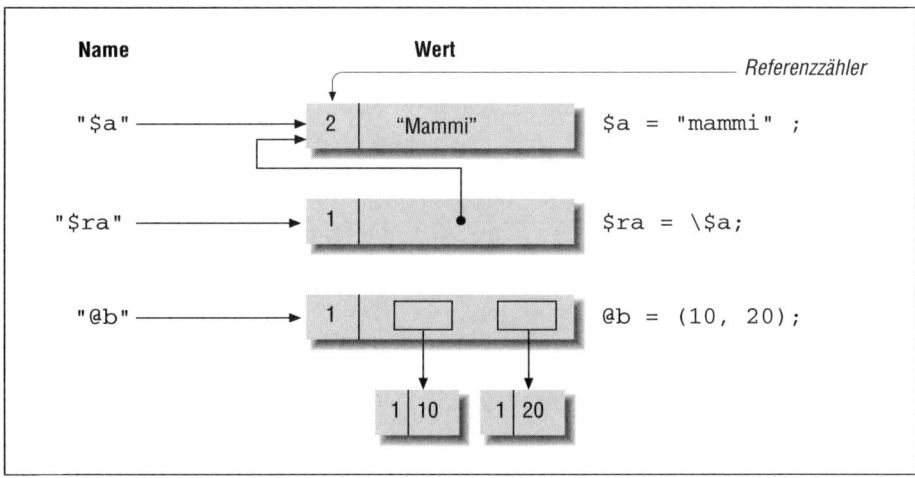

Abbildung 1-5: Allen Werten werden Referenzzähler hinzugefügt

Wie Sie sehen, gibt der Referenzzähler die Anzahl der Pfeile, die auf den Werte-Teil einer Variablen zeigen, wieder. Weil es immer einen Pfeil vom Namen auf den zugehörigen Wert gibt, ist der Referenzzähler einer Variablen immer mindestens eins. Wenn Sie sich eine Referenz auf eine Variable geben lassen, dann wird der Referenzzähler des zugehörigen Wertes um eins erhöht.

Es muß betont werden, daß $ra auf den *Wert* von $a zeigt, auch wenn wir uns lieber vorstellen würden, daß es auf $a zeigt. Tatsächlich weiß $ra aber nicht einmal, ob der Wert, auf den es zeigt, auch einen zugehörigen Eintrag in der Symboltabelle hat. Der Wert einer Referenzvariable ist die *Adresse* eines anderen skalaren Wertes, der sich nicht verändert, auch wenn der Wert von $a selbst sich ändert.

Perl löscht einen Wert automatisch, wenn der Referenzzähler auf Null fällt. Wenn Variablen (benannte Werte) aus dem Gültigkeitsbereich verschwinden, dann wird die Bindung zwischen dem Namen und dem Wert entfernt, wodurch der Referenzzähler des Wertes um eins vermindert wird. In dem typischen Fall, daß dieser Wert 1 ist, wird der Wert gelöscht (*Garbage Collection*).[7]

Die Technik des Referenzzählens wird manchmal auch als »Garbage Collection des kleinen Mannes« bezeichnet, um sie von den sehr viel ausgefeilteren Techniken, die Umgebungen wie LISP, Java oder Smalltalk verwenden, abzusetzen (auch wenn frühe Versionen von Smalltalk ebenfalls Referenzzähler benutzt haben). Das Problem liegt darin, daß die Referenzzähler selbst ebenfalls Platz benötigen, wobei einiges zusammenkommt, wenn Sie bedenken, daß jedes Stückchen Daten in Ihrer Applikation eine zusätzliche Integer-Zahl mit sich herumträgt.

Und dann gibt es noch das Problem der zirkulären Referenzen. Der einfachste Fall ist der folgende:

```
$a = \$a;
```

Ein klassischer Fall von Narzißmus. Der Referenzzähler von $a zeigt an, daß etwas darauf zeigt, so daß der Wert von $a nie freigegeben werden wird. Ein mehr aus der Praxis stammender Fall von zirkulären Referenzen finden wir in Netzwerkgraphen (in denen jeder Knoten seine Nachbarn verwaltet) oder Ringpuffern (in denen das letzte Element auf das erste zeigt). Moderne Algorithmen zur Garbage Collection wie die, die in Java oder Smalltalk implementiert sind, können zirkuläre Referenzen entdecken und entfernen die gesamte zirkuläre Struktur, wenn keines der Elemente mehr von anderen Variablen erreicht werden kann.

Andererseits ist die Technik des Referenzzählens leicht zu verstehen und zu implementieren, und sie macht es leicht, Perl mit C- oder C++-Code zu integrieren. Im zweiten Eintrag der Ressourcen-Liste am Ende dieses Kapitels finden Sie eine ausführliche Behandlung von Techniken zur Garbage Collection.

Beachten Sie, daß symbolische Referenzen es Ihnen zwar ermöglichen, indirekt auf Variablen zuzugreifen, daß aber keine echten Referenzvariablen angelegt werden. Das bedeutet, daß der Referenzzähler einer Variable, auf die symbolisch zugegriffen wird, nicht verändert wird. Deswegen werden symbolische Referenzen auch *weiche* Referen-

---

7 Aus Effizienzgründen löscht Perl den Wert nicht direkt, sondern stellt ihn in seinen eigenen Pool aus freigegebenem Speicher. Der Speicherplatz wird dann wiederverwertet, wenn Sie einen neuen Wert brauchen. *Logisch* wird der Wert natürlich gelöscht.

zen genannt, um sie von *harten* Referenzen abzuheben, bei denen wirklich Speicher alloziert wird, um die Indirektion zu verwalten.

Das ist ähnlich wie das Konzept der symbolischen (weichen) und harten Links im Unix-Dateisystem. Der Referenzzähler einer I-Node einer Datei wird jedesmal erhöht, wenn jemand einen harten Link auf diese Datei anlegt, so daß man nicht den *Inhalt* einer Datei löschen kann, bevor nicht der Referenzzähler wieder bei Null angelangt ist. In einem symbolischen Link wird dagegen nur der Name der Datei abgelegt. Daher kann ein symbolischer Link auch auf eine nicht-existierende Datei zeigen; Sie erfahren das erst, wenn Sie versuchen, über den symbolischen Link eine Datei zu öffnen.

Array-/Hashreferenzen und Elementreferenzen

Erinnern Sie sich noch einmal daran, daß es einen Unterschied zwischen dem Array als Ganzem und jedem seiner skalaren Werte gibt. Die Werte des Arrays haben alle ihren eigenen Referenzzähler, genauso wie das Array auch selbst. Wenn Sie eine Referenz auf ein Array anlegen, wird der Referenzzähler des Arrays erhöht, der der Elemente im Array aber nicht. Das ist in Abbildung 1-6 dargestellt.

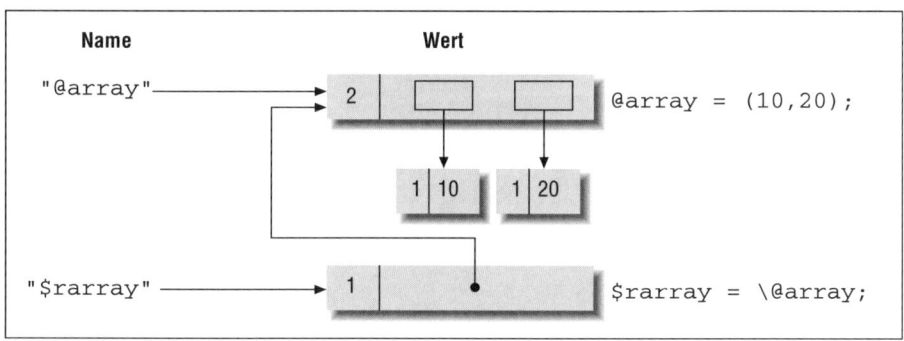

Abbildung 1-6: Anlegen einer Referenz auf ein Array

Im Gegensatz dazu zeigt Abbildung 1-7 das Bild, das entsteht, wenn Sie eine Referenz auf ein *Element* eines Arrays oder Hashes anlegen.

Wenn Sie eine Referenz auf ein Element eines Arrays (oder eines Hash) anlegen, inkrementiert Perl den Referenzzähler des skalaren Wertes. Entfernen Sie dann beispielsweise das Element mit pop aus dem Array, wird der Referenzzähler um 1 heruntergezählt, weil das Array nichts mehr von dem skalaren Wert wissen will. Aber weil noch eine Referenz auf das Arrayelement besteht (und damit der Referenzzähler auf 1 steht), wird das Element nicht zerstört. Abbildung 1-8 zeigt die Situation, nachdem eine pop-Operation auf @array einmal ausgeführt worden ist.

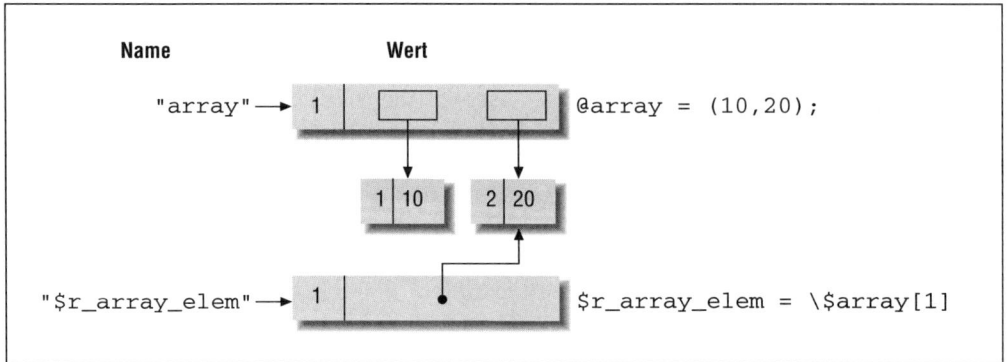

Abbildung 1-7: Referenzen auf ein Listenelement

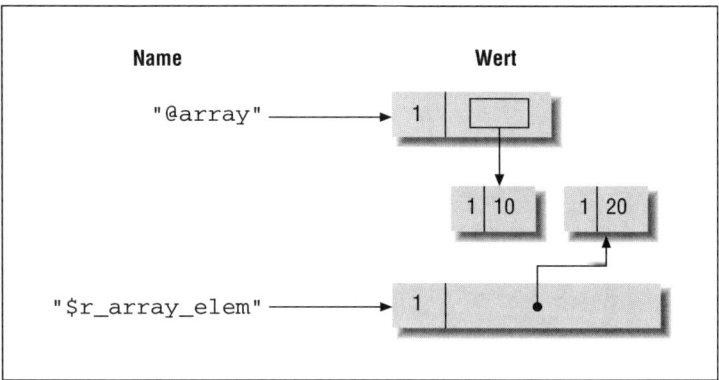

Abbildung 1-8: Ein Element wurde aus @array entfernt, $r_array_elem hält den entfernten Skalar noch fest

Referenzen in anderen Sprachen

Tcl

Tcl kennt keine Möglichkeit, dynamisch unbenannte Datenstrukturen anzulegen, unterstützt aber als dynamische Sprache das Anlegen von neuen Variablen zur Laufzeit (die Namen werden automatisch zugewiesen). Diese Herangehensweise ist nicht nur langsam, sondern auch sehr fehlerträchtig. Außerdem besteht die einzige Möglichkeit, eine Variable als Referenz zu übergeben, darin, den tatsächlichen Namen der Variable zu übergeben – äquivalent zu Perls symbolischen Referenzen. All das macht es sehr schwierig, komplexe Datenstrukturen anzulegen (und selbst, wenn man es hinbekommt, sind die Programme kaum wartbar). Der Fairneß halber muß aber auch gesagt werden, daß Tcl als Bindegliedsprache zwischen Applikationen und Toolkits gedacht ist; die komplexesten Verarbeitungen sollen in der C-basierten Applikation durchgeführt werden und nicht im Skript. Tcl ist nicht als vollständige Skript- oder Entwicklungssprache entworfen worden (obwohl ich gehört habe, daß der eigentlich beschränkte Anwendungsbereich Leute nicht davon abgehalten hat, 50.000-Zeilen-Skripten zur Steuerung von Bohrinseln zu programmieren).

Python

Python ähnelt Java in der Hinsicht, daß außer fundamentalen Typen alle Objekte als Referenzen herumgereicht werden. Das bedeutet, daß die Zuweisung einer listenwertigen Variable an eine andere lediglich dazuführt, daß die zweite Listenvariable ein anderer Name für die erste ist; wenn Sie eine Kopie benötigen, dann müssen Sie das ausdrücklich anfordern und den daraus resultierenden Performanznachteil hinnehmen. Ich ziehe diesen Stil dem von Perl vor, weil man sich typischerweise sehr viel mehr auf Strukturen bezieht, als eine Kopie davon zu machen, und es angenehm ist, einen Default zu haben, der effizient ist und Tipparbeit spart.

Wie Perl verwaltet Python Referenzzähler für jeden seiner Datentypen, einschließlich benutzerdefinierter Datentypen in C/C++-Erweiterungen.

C/C++

C und C++ unterstützen Zeiger, deren Typsicherheit zur Kompilierzeit entdeckt werden kann. Da ein Zeiger die rohe Adresse der Daten enthält, ist eine Referenz so effizient und kompakt, wie es nur möglich ist. Auf der anderen Seite wird damit die gesamte Verantwortung für die Speicherverwaltung auf den Programmierer abgeschoben. Es lohnt sich, die Implementierung von Interpretern wie denen von Tcl, Perl und Python (die alle in C implementiert worden sind) zu untersuchen, um einiges über Speicherverwaltungsstrategien zu lernen.

C++ kennt zusätzlich den Begriff der Referenz, mit der Aliasnamen auf existierende Variablen angelegt werden können. Dieses Feature erinnert an das Typeglob-Feature für Aliasnamen in Perl (das wir in Kapitel 3 besprechen werden), hat aber keine Ähnlichkeit mit Referenzen in Perl.

Java

In Java wird alles außer fundamentalen Typen wie `int` und `float` als Referenz herumgereicht. Der Programmierer muß sich nicht mit der Speicherverwaltung beschäftigen, weil die Java-Umgebung Garbage Collection (die in einem eigenen Thread läuft, um den Applikations-Thread nicht zu blockieren) unterstützt. Da Java so reich wie C++ an Datentypen ist und nicht dessen Speicherverwaltungsprobleme hat, ist es sehr vielversprechend für »Programming-in-the-large«.

Ressourcen

1. *perlref* (Perl-Dokumentation)

2. *Uniprocessor Garbage Collection Techniques*. Paul Wilson. International Workshop on Memory Management, 1992.

    Dieser Text stellt eine ausführliche Abhandlung von Fragen der Garbage Collection da. Es kann von *ftp://ftp.cs.utexas.edu/pub/garbage/gcsurvey.ps* heruntergeladen werden.

2

Komplexe Datenstrukturen

Don't worry, spiders,
I keep house
casually.
Kobayashi Issa

Der Erfolg von Perl rührt zu einem großen Teil daher, daß man bei der Lösung vieler Probleme mit den eingebauten fundamentalen Datentypen auskommt. Die Bücher *Programming Pearls* und *More Programming Pearls* von Jon Bentley zeigen ebenfalls, wieviel man erreichen kann, wenn die grundlegenden Datenstrukturen dynamisch und die Speicherverwaltung automatisch sind. Aber wenn die Programme komplexer werden und sich aus dem Bereich der Skripten in den der Applikationen bewegen, dann steigt der Bedarf, Daten komplexer darzustellen, als es manchmal mit den grundlegenden Datentypen möglich ist.

In diesem Kapitel werden wir die Syntax und die Konzepte, die wir in Kapitel 1 kennengelernt haben, an einigen wenigen »echten« Beispielen erproben. Wir werden Codestücke schreiben, die komplexe Datenstrukturen aus dateibasierten Daten aufbauen und Folgen aus $s und @s aufbauen, ohne mit der Wimper zu zucken. Zu jedem Problem werden wir die verschiedenen Möglichkeiten untersuchen, die gleichen Daten zu repräsentieren, und die Vor- und Nachteile hinsichtlich der Programmierer- und Programmeffizienz untersuchen. Um die Beispiele klar zu halten, werden wir uns hier keine großen Gedanken um Fehlerbehandlungen machen.

Tom Christiansen hat eine exzellente Reihe von Tutorials namens FMTEYEWTK (Far More Than Everything You've Ever Wanted to Know!) geschrieben [Ressource 1]. Diese Reihe enthält eine bunt gemischte Sammlung von Themen, die in den Perl-Usenet-Gruppen auftauchen. Ich bewundere sie wegen ihrer anschaulichen, geduldigen und detaillierten Erklärungen und empfehle Ihnen, daß Sie diese irgendwann einmal lesen. (Jetzt wäre allerdings am besten!) Einige dieser Tutorials sind inzwischen Bestandteil der Perl-Distribution; insbesondere das Dokument *perldsc* (Data Structures Cookbook) ist ein gutes Tutorial zum Aufbauen und Verwalten komplexer Strukturen.

Bevor wir mit den Beispielen anfangen, sehen wir uns noch an, wie man Strukturen à la C oder C++ anlegt.

Benutzerdefinierte Strukturen

Die *struct*-Deklaration in C stellt eine Art benutzerdefinierten Datentyp bereit (allerdings sind dies keine richtigen Datentypen erster Klasse wie beispielsweise *int*). Mit einer *typedef*-Anweisung wird dann ein Alias auf den neuen Typnamen angelegt. In Java und C++ wird die *class*-Deklaration verwendet, um neue Datentypen aus den vorhandenen zusammenzusetzen. Diese Konstrukte erlauben es Ihnen, einen Haufen benannter Attribute unter einer einzelnen Bezeichnung zusammenzufassen, aber trotzdem noch den Zugriff auf die individuellen Attribute zu gewährleisten.

In Perl gibt es so ein eingebautes Template-Feature nicht.[1] Eine oft genutzte *Konvention* ist es, Strukturen mit einer Hashtabelle zu simulieren, wie in Abbildung 2-1 gezeigt.

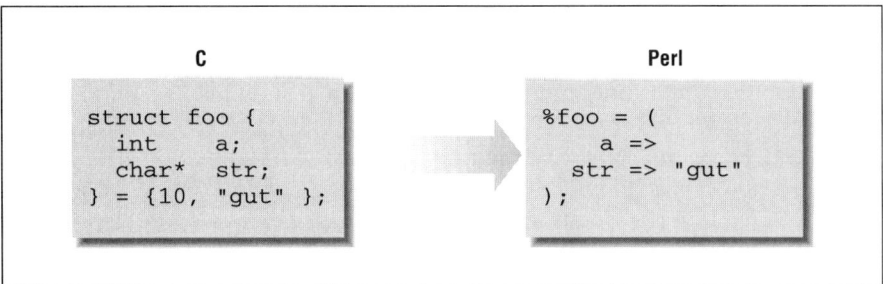

```
         C                              Perl

   struct foo {                   %foo = (
      int    a;                       a =>
      char*  str;                    str => "gut"
   } = {10, "gut" };               );
```

Abbildung 2-1: C-Strukturen mit Perl-Hashes simulieren

Perls Implementierung der Hashtabellen ist ziemlich effektiv, sowohl, was Zeit, als auch, was Platz angeht. Weil die Hashschlüssel unveränderbare Strings sind, hält Perl nur eine systemweite Kopie eines Hashschlüssels. Das verhindert, daß beim Anlegen von hundert Kopien der Strings a und str auch hundert foo-Strukturen angelegt werden.

Eine andere Möglichkeit, eine benutzerdefinierte Sammlung von Attributen anzulegen, besteht darin, ein Array @foo zu benutzen. Das ist etwas effizienter, aber auch etwas umständlicher:

```
$a = 0; $str = 1;      # Indizes
$foo[$a]    = 10;      # Äquivalent mit foo.a = 10 in C.
$foo[$str] = "Hallo";  # Äquivalent mit foo.str = "Hallo" in C.
```

---

1 Wir werden ein Modul namens ObjectTemplate in Kapitel 7 vorstellen, das dieses bereitstellt.

Vergessen Sie auch nicht, daß es immer noch möglich ist, eine Datenstruktur in C/C++ zu halten, anstatt sie in Perl zu duplizieren, wenn diese Datenstruktur in C leichter repräsentiert werden kann als in Perl und häufig manipuliert werden muß. Sie benötigen dann eine Reihe von C-Prozeduren, die diese Daten manipulieren können. Ein sehr einfach zu benutzendes Werkzeug namens SWIG (wird in Kapitel 18 besprochen) macht Ihnen das leicht.

Sie können auch `pack` oder `sprintf` verwenden, um eine Reihe von Werten in einer zusammengesetzten Entität zu repräsentieren, aber der Zugriff auf die einzelnen Elemente ist weder bequem noch (zeit)-effizient. `pack` ist eine gute Wahl, wenn Sie sehr sparsam mit dem Platz umgehen müssen, weil es eine Liste von Werten in einen skalaren Wert konvertiert, ohne notwendigerweise die Maschinenrepräsentation jedes einzelnen Elements zu ändern. `sprintf` ist in dieser Hinsicht weniger effizient, weil es alles in eine druckbare Repräsentation konvertiert.

Beispiel: Matrizen

Bevor wir mit diesem Beispiel anfangen, sollten Sie noch wissen, daß Sie sich das PDL-Modul (Perl Data Language) aus dem CPAN ansehen sollten, wenn Sie eine wirklich gute und effiziente Matrizenimplementierung benötigen.

Um verschiedene Matrixrepräsentationen besser verstehen zu können, werden wir Routinen schreiben, die diese Strukturen aus einer Datendatei einlesen und aufbauen und anschließend zwei Matrizen multiplizieren. Die Datei soll folgendermaßen aussehen:

```
MAT1
1  2  4
10 30 0

MAT2
5  6
1  10
```

Jede Matrix besteht aus einem Namen und einigen Daten. Wir benutzen die Namen dazu, globale Variablen gleichen Namens (@MAT1 und @MAT2) anzulegen.

Ein Array von Arrays ist die intuitivste Matrixrepräsentation in Perl, da es keine direkte Unterstützung von zweidimensionalem Arrays gibt.

```
@matrix = (
    [1, 2, 3],
    [4, 5, 6],
    [7, 8, 9]
);
# Die 6, das Element in Reihe 1, Spalte 2 wird auf 100 geändert
$matrix[1][2] = 100;
```

Beachten Sie, daß @matrix ein einfaches Array ist, dessen Elemente Referenzen auf anonyme Arrays sind. Denken Sie außerdem daran, daß $matrix[1][2] nur eine vereinfachte Schreibweise für $matrix[1]->[2] ist.

Beispiel 2-1 liest die Datei ein und legt für jede Matrix die Struktur von Arrays aus Arrays an. Beachten Sie besonders die (hervorgehobene) push-Anweisung; hier werden symbolische Referenzen verwendet, um Variablen anzulegen, (@{$matrix_name}) und in jedem Durchlauf wird eine Referenz auf eine neue Reihe angehängt. Wir können sicher sein, daß in jedem Schleifendurchlauf eine neue allozierte Zeile verwendet wird, weil @zeile lokal in diesem Block ist und nach der Ausführung der if-Anweisung der Wert erhalten bleibt, weil wir eine Referenz auf den Arraywert zurückbehalten haben. (Erinnern Sie sich daran, daß der Wert referenzgezählt wird, nicht der Name.)

Beispiel 2-1: Eine Matrix aus einer Datei einlesen

```perl
sub matrix_einlesen {
    my ($dateiname) = @_;
    open(F, $dateiname) || die "Konnte $dateiname nicht öffnen: $!";
    while($zeile = <F>) {
        chomp($zeile);
        next if $zeile =~ /^\s*$/; # Leerzeilen überspringen
        if ($zeile =~ /^([A-Za-z]\w*)/) {
            $matrix_name = $1;
        } else {
            my (@zeile) = split (/\s+/,$zeile);
            push (@{$matrix_name}, \@zeile;)      # Zeilenarray in das
                                                   # äußere Matrixarray einfügen
        }
    }
    close(F);
}
```

Als nächstes verwenden wir diese Struktur aus Arrays von Arrays, um zwei Matrizen zu multiplizieren. Falls Sie vergessen haben, wie Matrizenmultiplikation funktioniert: Das Produkt von zwei Matrizen A_{mn} (*m* Zeilen, *n* Spalten) und B_{np} ist definiert als:

$$X_{ij} = \sum_{k=1}^{n} A_{ik} \cdot B_{kj} \qquad \text{mit } i = 1 \ .. \ m, \ j = 1 \ .. \ p$$

Das Element (i, j) des Matrixprodukts ist die Summe der aufeinanderfolgenden Elementpaare aus der *i*-ten Reihe von A und der *j*-ten Spalte von B. Wenn man das in Perl übersetzt, sieht das in etwa so aus wie in Beispiel 2-2.

Beispiel 2-2: Matrizenmultiplikation

```perl
sub matrizen_multiplikation {
    my ($r_mat1, $r_mat2) = @_;         # Matrizen als Referenz nehmen
    my ($r_produkt);                     # Produkt als Referenz zurückgeben
    my ($r1, $c1) = matrix_zeilen_spalten_zaehlen ($r_mat1);
    my ($r2, $c2) = matrix_zeilen_spalten_zaehlen ($r_mat2);
    die "Matrix 1 hat $c1 Spalten und Matrix 2 $r2 Zeilen."
        . " Kann nicht multiplizieren\n" unless ($c1 == $r2);
    for ($i = 0; $i < $r1; $i++) {
        for ($j = 0; $j < $c2; $j++) {
```

```
            $summe = 0;
            for ($k = 0; $k < $c1; $k++) {
                $summe += $r_mat1->[$i][$k] * $r_mat2->[$k][$j];
            }
            $r_produkt->[$i][$j] = $summe;
        }
    }
    $r_produkt;
}

sub matrix_zeilen_spalten_zaehlen {  # Anzahl der Zeilen und Spalten zurückgeben
    my ($r_mat) = @_;
    my $anzahl_zeilen = @$r_mat;
    my $anzahl_spalten = @{$r_mat->[0]}; # Nimm an, dass alle Zeilen die gleiche
                                         # Anzahl an Spalten haben.
    ($anzahl_zeilen, $anzahl_spalten);
}
```

matrizen_multiplikation nimmt zwei Matrizen als Referenz entgegen. Auf ein einzelnes Element wird mit $r_mat->[$i][$j], auf eine einzelne Zeile als $r_mat->[0] zugegriffen.

Repräsentation mit Hashes von Hashes

Wenn die Matrix groß und nur spärlich besetzt ist (d.h. nur wenige Elemente haben von Null verschiedene Werte), dann ist ein Hash von Hashes normalerweise eine platzeffizientere Implementierung. Beispielsweise kann die Matrix

$$\begin{bmatrix} 0 & 0 & 100 \\ 200 & 0 & 0 \\ 0 & 300 & 0 \end{bmatrix}$$

folgendermaßen aufgebaut werden:

```
$matrix{0}{2} = 100;
$matrix{1}{0} = 200;
$matrix{2}{1} = 300;
```

Dieser Code legt eine Hashtabelle %matrix an, die eine Zeilennummer auf einen eingeschachtelten Hash abbildet. Nur Zeilen mit von Null verschiedenen Elementen werden repräsentiert. Jeder eingeschachtelte Hash bildet eine Spaltennummer auf den tatsächlichen Wert des Elements in der Zeile und Spalte ab. Auch hier werden nur Spalten mit von Null verschiedenen Werten in der Zeile repräsentiert. Natürlich müssen wir die Gesamtzahl der Zeilen und Spalten separat abspeichern, weil – anders als bei einer Array-Repräsentation – diese Nummern nicht implizit sind. Weil %matrix ein Hash ist, können sie als $matrix{zeilen} und $matrix{spalten} abgespeichert werden. Da Hash-Indizes Strings sind, ist dieser Ansatz aber nur effizient, wenn die Matrix groß und spärlich besetzt ist.

Es sieht so aus, als könnte man die Matrixroutinen aus dem letzten Abschnitt an diese neue Repräsentation anpassen, indem man einfach nur alle eckigen Klammern in geschweifte Klammern ändert. Gut, das wird funktionieren, aber es gibt da ein subtiles Problem. Nehmen wir an, daß die gesamte dritte Zeile der Matrix nur Nullen enthält (es gibt also keinen Eintrag für `$r_mat->{2}`). Wenn Sie jetzt den folgenden Befehl ausführen:

```
$element = $r_mat->{2}{3};
```

dann legt Perl automatisch einen Eintrag für `$r_mat->{2}` an und hängt daran eine Hashreferenz. (Die verschachtelte Hashtabelle ist noch nicht angelegt.) Damit wird nur durch die Abfrage eines Elements Platz verschenkt, und genau das wollten wir ja vermeiden, als wir uns für die Hashrepräsentation entschieden haben. Um dieses Problem zu umgehen, müssen wir zunächst mit `exists` überprüfen, ob ein bestimmtes Hashelement existiert, bevor wir versuchen, darauf zuzugreifen:

```
if ((exists $r_mat->{$zeile})
&& (exists $r_mat->{$zeile}{$spalte}))
{
    ....
```

Andere Matrix-Repräsentationen

Wenn die Spalten spärlich, die Zeilen aber dicht besetzt sind, dann könnten Sie auch eine Struktur mit einem Array von Hashes wählen. Außerdem ist es möglich, eine Matrix noch sparsamer hinsichtlich des Platzverbrauchs in einer einzigen Hashtabelle abzulegen. Der Nachteil ist der komplexere Code, der dafür nötig ist. Wenn Sie sich die Matrix als Raster vorstellen und jede Zelle dieses Rasters fortlaufend numerieren, dann kann jede Zelle mit genau einer Zahl eindeutig identifiziert werden. In einer Matrix mit zehn Zeilen und fünf Spalten hätte das Element (8, 4) also die Nummer 38 (7 * 5 + 3), es kann also mit `$r_mat->{38}` darauf zugegriffen werden. Wir werden dieses Verfahren in Kapitel 15 benutzen (obwohl es da mehr auf die Bequemlichkeit als auf die Platzersparnis ankommt). Die Wahl der Datenstruktur hängt stark von der Größe der Matrizen, Performanz und der Bequemlichkeit beim Kodieren ab.

Wenn wir die Datenstruktur des Programms ändern, müssen wir natürlich auch allen Code ändern, der davon abhängt. Um die Anzahl der Änderungen in Grenzen zu halten (falls die Struktur geändert werden soll), ist es immer eine gute Idee, eine kleine Menge von Zugriffsprozeduren zu definieren, die die Datenstruktur »kennen«. Wenn Sie beispielsweise Prozeduren wie `matrix_anlegen`, `element_holen(mat,i,j)` und `element_setzen(mat,i,j)` haben, dann müssen andere Prozeduren nichts über die interne Repräsentation wissen. Es ist oft besser, den Code auf leichte Änderbarkeit hin zu optimieren, als auf hohe Laufzeiteffizienz. Wir werden in Kapitel 7 noch sehr viel mehr über diesen Ansatz reden.

Professoren, Studenten und Veranstaltungen

Dieses Beispiel zeigt Ihnen, wie Sie Daten über Professoren, Studenten und Veranstaltungen als hierarchische Datensätze abspeichern und diese miteinander verknüpfen können. Angenommen, die Datendateien sehen folgendermaßen aus:

```
#Datei: professor.dat
ID              : 42343              # Mitarbeiternummer
Name            : E.F.Schumacher
Sprechstunden   : Mo 15-16, Mi 8-9
Veranstaltungen : HS201, SS343       # abgehaltene Veranstaltungen
...


#Datei: student.dat
ID              : 52003              # Matrikelnummer
Name            : Garibaldi
Veranstaltungen: H301, H302, M201    # belegte Veranstaltungen
...
#Datei: veranstaltungen.dat
ID          : HS201
Beschreibung: Klein, aber oho
Stunden     : Mo 14-16, Mi 9-10, Do 16-17
...
```

Jede »ID:«-Zeile fängt einen neuen Datensatz an.

Nehmen wir an, daß es unter anderem unsere Aufgabe ist, herauszufinden, ob es einen Konflikt im Stundenplan der Studenten und der Professoren gibt. Weil wir uns hier zum einen auf die Repräsentation von Daten und zum anderen darauf konzentrieren wollen, ein Gefühl für die Referenzsyntax von Perl zu bekommen, werden wir hier nur einige Teile des Problems implementieren.

Repräsentation

Wie wir bereits erwähnt haben, ist eine Hashtabelle eine gute Repräsentation für einen heterogenen Datensatz. Eine Studentenstruktur könnte also folgendermaßen implementiert werden:

```
$student{42343} = {
    'Name'          => 'Garibaldi',
    'Veranstaltungen' => [ ]};
```

Hier ist eine Anzahl subtiler Entwurfsentscheidungen vorgenommen worden.

Wir hätten die »Fremdschlüssel« (um den Datenbankausdruck zu verwenden) wie »HS201« durch Referenzen auf die zugehörigen Veranstaltungsdatenstrukturen ersetzen können. Wir haben das nicht getan, weil es dann verlockend wäre, direkt auf diese Strukturen zuzugreifen, was aber dazu führen würde, daß der Studentencode wissen muß, wie die Veranstaltungsdaten strukturiert sind.

Wir verwalten separate globale Hashtabellen für Studenten, Veranstaltungen und Professoren – ein weiterer Versuch, weitgehend voneinander unabhängige Daten vollständig voneinander zu trennen und es so möglich zu machen, einen Teil des Systems zu verändern, ohne daß alle anderen Teile ebenfalls davon beeinflußt werden.

Eine Art von Daten haben wir bisher noch nicht besprochen: Zeitintervalle. Sowohl Professoren als auch Veranstaltungen haben bestimmte »belegte« oder »aktive« Stunden. Was wäre eine gute Repräsentation dafür? Vielleicht würden Sie die Zeile »Mo 14-15, Di 16-18« folgendermaßen darstellen:

```
$zeit_intervall = {
    'Mo' => [14,15],
    'Di' => [16,18]
};
```

Falls Sie noch nicht darauf gekommen sind: Es gibt noch eine viel einfachere Repräsentation. Der entscheidende Punkt ist es, daß wir nur an Zeitüberschneidungen interessiert sind; das System sollte uns schnell sagen können, ob ein Professor oder eine Veranstaltung zu einer gegebenen Stunde der Woche »aktiv« ist oder nicht. Wenn Sie sich klarmachen, daß es nur 24 * 7 = 168 Stunden in der Woche gibt, dann kann der gesamte Stundenplan einer Woche durch einen Bitmap-Vektor aus 21 Bytes (168/8) dargestellt werden. Wenn ein Bit gesetzt ist, dann wissen wir, daß der Professor in der Stunde gerade eine Veranstaltung abhält. Wir können die Speicheranforderungen sogar noch weiter verkleinern, wenn wir nur die normalen Arbeitszeiten in der Woche berücksichtigen (z.B. montags bis freitags von 7.00 bis 19.00 Uhr). Damit haben wir dann nur noch acht Bytes (12 Stunden * 5 Tage / 8). Das Schöne daran ist, daß eine ganze Folge von Zeitintervallen auf einen einzigen Skalar, der einen Bitmap-Vektor enthält, reduziert wird. Außerdem können Sie so Zeitkonflikte ermitteln, indem Sie die logische UND-Verknüpfung zweier Bitmaps bilden.

Da wir nun die Repräsentation festgelegt haben, können wir ein wenig Code schreiben, der die Datei *professor.dat* einlesen und die Datenstrukturen konstruieren soll.

Beispiel 2-3: professor.dat einlesen und die hierarchischen Datensätze im Speicher anlegen

```
my (%profs);  # prof_datei_einlesen() füllt die Datenstruktur mit den Daten aus der
              # Datei

sub prof_datei_einlesen {
    my ($dateiname) = @_;
    my ($zeile, $akt_prof);
    open (F, $dateiname) || die "Konnte $dateiname nocht öffnen";
    while ($zeile = <F>) {
        chomp($zeile);
        next if $zeile =~ /^\s*$/;        # Leerzeilen überspringen
        if ($zeile =~ /^ID.*:\s*(.*)/) {
            # Die Daten eines Professors werden in einem anonymen Hash abgelegt
            $profs{$1} = $akt_prof = {};
        } elsif ($zeile =~ /^Sprechstunden.*:\s*(.*)/) {
            # $1 enthält einen String wie 'Mo 14-15, Di 16-18'
```

Beispiel 2-3: professor.dat einlesen und die hierarchischen Datensätze im Speicher anlegen (Fortsetzung)

```
                $akt_prof->{Sprechstunden} = intervall_parser($1);
            } elsif ($zeile =~ /^Veranstaltungen.*:\s*(.*)/) {
                # $1 enthält Daten wie 'HS201, MA101'
                my (@abgehaltene_veranstaltungen) = split(/[\s,]+/, $1);
                $akt_prof->{Veranstaltungen} = \@abgehaltene_veranstaltungen;
            }
        }
    }
}
```

Beachten Sie, daß das Array `abgehaltene_veranstaltungen` in seinem Block lokal ist. Wenn der Block endet, verweist `$akt_prof->{Veranstaltungen}` immer noch auf dieses Array. Folgendermaßen könnten Sie noch einen Schritt einsparen:

```
$akt_prof->{Veranstaltungen} = [split(/[\s,]+/, $1)];
```

Ich ziehe die erste Version vor, weil sie besser lesbar ist.

Die Subroutine `intervall_parser` parst wie bereits besprochen einen String wie »Mo 15-17, Mi 14-18« in einen Bitstring. Der Code sieht folgendermaßen aus:

```
# Jede Stunde in der Woche (zwischen 7.00 Uhr und 19.00 Uhr) erhält ihr
# eigenes eindeutiges Bit in einem 8-Byte-String.
# Mo, 7-8 ist das 0. Bit, Mon 18-19 das 11., Fr 18-19 das 60.
my %basis_stunden = (
    mo => 0, di => 12, mi => 24 , do => 36, fr => 48
);
sub intervall_parser {
    my ($intervall_folge) = @_; # enthält "Mo 15-17, Di 14-18"
    my ($zeit_intervall) = "";
    foreach $tag_stunden (split /,/, $intervall_folge) {
        # $tag_stunden enthält "Mo 15-17" usw.
        my ($tag, $von, $bis) =
            ($tag_stunden =~ /([A-Za-z]+).*(\d+)-(\d+)/);
        # Reduziere $von und $bis auf eine Nullbasis durch Abziehen von 7.
        # (7.00 Uhr bis 19.00 Uhr wird also 0 - 12).
        # Dann wird jede Stunde im Hinblick auf die Wochenstunden normalisiert,
        # indem die 'Basisstunde' jedes Tages addiert wird.
        my $basis = $basis_stunden{lc $tag};
        $von += $basis - 7; $bis += $basis - 7;
        # Jetzt ist Di, 7.00 Uhr 12 und Di, 16.00 Uhr 21
        for ($i = $von; $i < $bis;  $i++) {
            # Entsprechendes Bit setzen
            vec($zeit_intervall, $i, 1) = 1;
        }
    }
    $zeit_intervall;
}
```

Um Zeitüberschneidungen im Stundenplan eines Professors zu suchen, müssen wir die überlappenden Stunden zwischen den Sprechstunden des Professors und jedem Kurs, den er oder sie hält, und zwischen den Kursen selbst berechnen, wie in Beispiel 2-4 gezeigt wird.

Beispiel 2-4: Zeitüberschneidungen im Stundenplan eines Professors überprüfen

```perl
sub prof_ueberpruefe_ueberschneidungen {
    my ($prof) = @_;my $r_prof =
    $profs{$prof};   # %profs wurde von prof_datei_einlesen angelegt
    my $sprechstunden = $r_prof->{Sprechstunden};
    my $rl_veranstaltungen = $r_prof->{Veranstaltungen};
    for $i (0 .. $#{$rl_veranstaltungen}) {
        $kurs_stunden = kurs_stunden_holen($rl_veranstaltungen->[$i]);
        if (intervall_ueberlappung($sprechstunden, $kurs_stunden)) {
            print "Prof. ", $r_prof->{name},
                " Sprechstunde überschneidet sich mit Kurs $kurs_abgehalten\n";
        }
        for $j ($i .. $#{$rl_veranstaltungen}) {
            my ($andere_kurs_stunden) = kurs_stunden_holen($rl_veranstaltungen->[$j]);
            if (intervall_ueberlappung ($kurs_stunden, $andere_kurs_stunden)) {
                print "Prof. ", $r_prof->{name},
                    ": Kurs-Überschneidung: ", $rl_veranstaltungen->[$i], " "
                                        $rl_veranstaltungen->[$j], "\n";
            }
        }
    }
}
```

Die Subroutine `intervall_ueberlappung` vergleicht einfach wie folgt zwei Bitmaps:

```perl
sub intervall_ueberlappung {
    my ($t1, $t2) = @_;
    my ($kombiniert) = $t1 & $t2;
    # Wenn es eine Überschneidung gibt, ist in $kombiniert mindestens ein Bit gesetzt
    my $offset = length($kombiniert) * 8;
    # mit dem letzten Bit anfangen und überprüfen, ob ein Bit gesetzt ist
    while (--$offset >= 0) {
        return 1 if vec($kombiniert,$offset,1);
    }
    return 0;
}
```

Beachten Sie, daß das gesamte Wissen über die interne Repräsentation eines Zeitintervalls in Funktionen, die mit dem Präfix `intervall_` beginnen, gekapselt ist. Diese Funktionen kapseln also einen *abstrakten Datentyp* namens »Intervall« ein. Wenn wir uns in späteren Kapiteln mit Modulen und Objekten beschäftigen, werden wir lernen, wie man solche Codestücke in wiederverwertbaren Einheiten organisieren kann.

Reichen Sie mir den Umschlag!

Nehmen wir an, wir hätten eine folgendermaßen formatierte Textdatei mit Oskar-Gewinnern, dem Jahr und der Sparte:

```
1995:Schauspieler:Nicholas Cage
1995:Film:Braveheart
1995:Nebenrolle:Kevin Spacey
1994:Schauspieler:Tom Hanks
1994:Film:Forrest Gump
1928:Film:WINGS
```

Sie möchten die folgenden Informationen ausgeben können:[2]

- Zu einem gegebenen Jahr und einer gegebenen Kategorie soll der zugehörige Eintrag ausgegeben werden.
- Zu einem gegebenen Jahr sollen alle Einträge dieses Jahres ausgegeben werden.
- Zu einer gegebenen Kategorie sollen Jahr und Titel aller Einträge dieser Kategorie ausgegeben werden.
- Alle Einträge sollen nach Kategorie oder nach Jahr sortiert werden.

Daten-Repräsentation

Weil wir auf Einträge anhand ihrer Kategorie oder ihres Jahres zugreifen wollen, verwenden wir ein doppeltes Indizierungsschema, wie es in Abbildung 2-2 gezeigt wird.

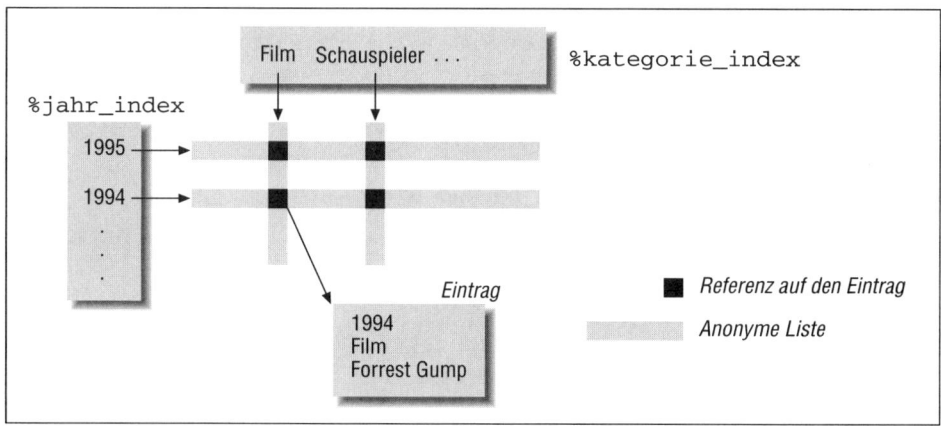

Abbildung 2-2: Die Datenstruktur, um Oskar-Preisträger zu repräsentieren

Jeder Eintrag enthält eine Kategorie, ein Jahr und den Namen des jeweiligen Gewinners. Wir haben uns entschieden, diese Information in einem anonymen Array zu

---

2 Die echten historischen Oskar-Datenbanken finden Sie unter *http://oscars.guide.com.* (Die eigentliche Arbeit hinter den Kulissen wird von Illustra, einer objektorientierten Datenbank von Informix, erledigt.)

halten (ein anonymer Hash wäre genauso gut). Die beiden Indizes %jahr_index und
%kategorie_index bilden das Jahr und die Kategorie auf die anonymen Einträge mit
ihren Referenzen auf Einträge ab. Eine Möglichkeit, diese Struktur aufzubauen, sieht so
aus:

```
open (F, "oscar.txt") || die "Konnte Datenbank $! nicht öffnen";
%kategorie_index = (); %jahr_index = ();
while ($zeile = <F>) {
    chomp $zeile;
    ($jahr, $kategorie, $name) = split (/:/, $zeile);
    eintrag_erzeugen($jahr, $kategorie, $name) if $name;
}

sub eintrag_erzeugen {              # eintrag_erzeugen (jahr, kategorie, name)
    my($jahr, $kategorie, $name) = @_;
    # Ein anonymes Array für jeden Eintrag anlegen
    $rlEintrag = [$jahr, $kategorie, $name];
    # Diesen Eintrag den beiden Indizes hinzufügen
    push (@{$jahr_index {$jahr}}, $rlEintrag);          # Jahr-Index
    push (@{$kategorie_index{$kategorie}}, $rlEintrag); # Kategorie-Index
}
```

Beachten Sie, daß die push-Anweisung eine ganze Menge Arbeit erledigen muß. Sie
legt einen Eintrag im Index an (wenn nötig), hängt ein anonymes Array an den Eintrag
an (wenn nötig) und schiebt die Referenz auf diesen Eintrag in das Array.

Ebenfalls wichtig ist es hier, wie die geschweiften Klammern verwendet worden sind,
um die richtige Präzedenz im Ausdruck @{$jahr_index{$jahr}} anzugeben. Wenn
wir die geschweiften Klammern weggelassen hätten, dann wäre der Ausdruck
@$jahr_index entsprechend den Regeln im Abschnitt »Präzedenz-Verwirrungen« in Ka-
pitel 1 zunächst ausgewertet und dann als Hash indiziert worden.

Alle Einträge zu einem gegebenen Jahr ausgeben

Dazu muß lediglich der Hash %jahr_index traversiert werden:

```
sub eintraege_fuer_jahr_ausgeben {
    my($jahr) = @_;
    print ("Jahr : $jahr \n");
    foreach $rlEintrag (@{$jahr_index{$jahr}}) {
        print ("\t",$rlEintrag->[1], " : ",$rlEintrag->[2], "\n");
    }
}
```

Alle Einträge nach dem Jahr sortiert ausgeben

Wir wissen bereits, wie wir alle Einträge eines gegebenen Jahres ausgeben können.
Jetzt müssen wir noch alle Jahre bestimmen, zu denen Daten vorliegen, diese sortieren
und eintraege_fuer_jahr_ausgeben aufrufen.

```
sub alle_eintraege_nach_jahr_ausgeben {
    foreach $jahr (sort keys %jahr_index) {
        eintraege_fuer_jahr_ausgeben($jahr);
    }
}
```

Einen bestimmten Eintrag mit gegebenem Jahr und gegebener Kategorie ausgeben

Wir können einen beliebigen der beiden Indizes traversieren und wählen hier den Index `%jahr_index`, weil es sehr viel weniger Kategorien pro Jahr als Jahre für jede Kategorie gibt (zumindest in realen Daten):

```
sub eintrag_ausgeben {
    my($jahr, $kategorie) = @_;
    foreach $rlEintrag (@{$jahr_index{$jahr}}) {
        if ($rlEintrag->[1] eq $kategorie) {
            print "$kategorie ($jahr), ", $rlEintrag->[2], "\n";
            return;
        }
    }
    print "Kein Eintrag zu $kategorie ($jahr) \n";
}
```

Pretty-Printing

Wenn man komplexe Datenstrukturen aufbaut, ist es immer praktisch, einen Pretty-Printer zur Fehlersuche zur Verfügung zu haben. Es gibt mindestens zwei Möglichkeiten, eine Datenstruktur ansprechend auszugeben. Zum einen kann der Perl-Debugger selbst verwendet werden. Er benutzt eine Funktion namens `dumpValue` in einer Datei namens *dumpvar.pl*, die im Standardbibliotheksverzeichnis steht. Wir können uns dieser Funktion bedienen, müssen aber bedenken, daß es sich dabei um eine undokumentierte Funktion handelt, die eines Tages verändert werden könnte. Um beispielsweise die folgende Struktur auszugeben:

```
@beispiel = (11.233,{3 => 4, "Hallo" => [6,7]});
```

geben wir folgendes ein:

```
require 'dumpvar.pl';
dumpValue(\@beispiel); # immer als Referenz übergeben
```

Das gibt etwa folgendes aus:

```
0  11.233
1  HASH(0xb75dc0)
   3 => 4
   'Hallo' => ARRAY(0xc70858)
      0  6
      1  7
```

Wir besprechen die Anweisung `require` in Kapitel 6. Jetzt reicht uns erst einmal die Vorstellung, daß `require` ein besseres `#include` ist (das die Datei nicht lädt, wenn sie bereits geladen ist).

Das Modul Data::Dumper vom CPAN ist eine andere Möglichkeit zum Pretty-Printing. In Kapitel 10 werden wir dieses Modul etwas genauer behandeln, weswegen wir hier nicht weiter darauf eingehen. Beide Module kommen auch mit zirkulären Referenzen und Referenzen auf Typeglobs und Subroutinen klar.

Es macht Spaß und ist lehrreich, selbst einen Pretty-Printer zu schreiben. Beispiel 2-5 ist ein Versuch, der zirkuläre Referenzen behandeln kann, aber keine Referenzen auf Typeglobs oder Subroutinen verfolgt. Dieses Beispiel wird folgendermaßen verwendet:

```
pretty_print(@beispiel); # Keine Referenz benötigt
```

Ausgegeben wird:

```
11.233
{ # HASH(0xb78b00)
:   3 => 4
:   Hallo =>
:   :   [ # ARRAY(0xc70858)
:   :   :   6
:   :   :   7
:   :   ]
}
```

Der folgende Code enthält spezialisierte Prozeduren (`print_array`, `print_hash` und `print_scalar`), die wissen, wie ein bestimmter Datentyp ausgegeben wird. `print_ref`, das eine Referenz ausgeben soll, delegiert die Aufgabe lediglich anhand des Typs des übergebenen Arguments an eine der genannten Subroutinen. Diese können wiederum `print_ref` ausgeben, wenn die Datentypen, die sie verarbeiten, eine oder mehrere Referenzen enthalten. Wann immer dabei auf eine Referenz gestoßen wird, wird auch der Hash `%schon_gesehen` überprüft, um festzustellen, ob eine Referenz bereits ausgegeben wurde. Das verhindert, daß die Routine bei zirkulären Referenzen in eine Endlosschleife gelangt. Alle Subroutinen manipulieren die globale Variable `$ebene` und rufen `print_indented` auf, das den übergebenen String korrekt einrückt und ausgibt.

Beispiel 2-5: Pretty-Printing

```
$ebene = -1; # Einrückungsebene
sub pretty_print {
    my $var;
    foreach $var (@_) {
        if (ref ($var)) {
            print_ref($var);
        } else {
            print_scalar($var);
        }
    }
}
```

Beispiel 2-5: Pretty-Printing (Fortsetzung)

```
sub print_scalar {
    ++$ebene;
    my $var = shift;
    print_indented ($var);
    --$ebene;
}

sub print_ref {
    my $r = shift;
    if (exists ($schon_gesehen{$r})) {
        print_indented ("$r (Schon vorgekommen)");
        return;
    } else {
        $schon_gesehen{$r}=1;
    }
    my $ref_type = ref($r);
    if ($ref_type eq "ARRAY") {
        print_array($r);
    } elsif ($ref_type eq "SCALAR") {
        print "Ref -> $r";
        print_scalar($$r);
    } elsif ($ref_type eq "HASH") {
        print_hash($r);
    } elsif ($ref_type eq "REF") {
        ++$ebene;
        print_indented("Ref -> ($r)");
        print_ref($$r);
        --$ebene;
    } else {
        print_indented ("$ref_type (nicht unterstützt)");
    }
}

sub print_array {
    my ($r_array) = @_;
    ++$ebene;
    print_indented ("[ # $r_array");
    foreach $var (@$r_array) {
        if (ref ($var)) {
            print_ref($var);
        } else {
            print_scalar($var);
        }
    }
    print_indented ("]");
    --$ebene;
}

sub print_hash {
    my($r_hash) = @_;
    my($schluessel, $wert);
    ++$ebene;
```

Beispiel 2-5: Pretty-Printing (Fortsetzung)

```
        print_indented ("{ # $r_hash");
        while (($schluessel, $wert) = each %$r_hash) {
            $wert = ($wert ? $wert : '""');
            ++$ebene;
            if (ref ($wert)) {
                print_indented ("$schluessel => ");
                print_ref($wert);
            } else {
                print_indented ("$schluessel => $wert");
            }
            --$ebene;
        }
        print_indented ("}");
        --$ebene;
    }

    sub print_indented {
        $leerraum = ":  " x $ebene;
        print "${leerraum}$_[0]\n";
    }
```

print_ref gibt einfach nur sein Argument (eine Referenz) aus und springt zurück, wenn diese Referenz bereits einmal vorgekommen ist. Wenn Sie die von diesem Code erzeugte Ausgabe lesen sollen, dann haben Sie möglicherweise Schwierigkeiten damit herauszufinden, welche Referenz auf welche Struktur zeigt. Als Übungsaufgabe können Sie probieren, einen besseren Pretty-Printer zu schreiben, der die zugehörigen Strukturen durch leicht erkennbare numerische Marken kennzeichnet wie etwa in folgender Beispielausgabe:

```
:  Hallo =>
:  :  [            # 10
:  :  :  6
:  :  :  7
:  :  ]
:  foobar => array-ref # 10
}
```

Die Zahl 10 ist eine automatisch generierte Marke, die leichter zu identifizieren ist als ein Ausdruck wie ARRAY(0xc70858).

Ressourcen

1. Die FMTYEWTK-Reihe (Far More Than You Ever Wanted To Know). Tom Christiansen. *http://www.perl.com/CPAN-local/doc/FMTYEWTK/index.html*

3

Typeglobs und Symboltabellen

> *We are symbols, and inhabit symbols.*
> Ralph Waldo Emerson

In diesem Kapitel besprechen wir Typeglobs, die Symboltabelle, Dateihandles, Formate und die Unterschiede zwischen dynamischem und lexikalischem Gültigkeitsbereich. Auf den ersten Blick scheinen diese Themen nichts gemeinsam zu haben, aber in Wirklichkeit sind sie eng miteinander verbunden.

Typeglobs sind ungeheuer nützlich. Sie ermöglichen es uns, effizient Aliasnamen von Symbolen anzulegen, was wiederum die Basis für ein sehr wichtiges Modul namens Exporter bildet, das in einer großen Zahl frei verfügbarer Module verwendet wird. Typeglobs können auch Aliasnamen auf normale Referenzen bilden, so daß Sie die Dereferenzierungssyntax nicht verwenden müssen. Das ist nicht nur angenehmer für das Auge, sondern auch schneller. Wenn Sie allerdings nicht verstehen, wie Typeglobs funktionieren, kann ihre Verwendung zu einem besonders häßlichen Problem namens *Variablenselbstmord* führen. Wahrscheinlich ist das der Grund, warum die meisten Perl-Bücher Typeglobs kaum erwähnen.

Eng verwandt mit Typeglobs und Symboltabellen ist das Thema des dynamischen und lexikalischen Gültigkeitsbereichs (also die Verwendung von `local` oder `my`). Es gibt eine Reihe nützlicher Idiome, die aus diesem Unterschied entstanden sind.

Dies hier ist das einzige Kapitel des Buches, in dem zunächst erklärt wird, was intern vorgeht, anstatt zunächst direkt verwendbare Beispiele zu bringen. Ich hoffe, daß Sie damit den nachfolgenden Erläuterungen um so leichter folgen können.

Perl-Variablen, Symboltabelle und Gültigkeitsbereich

Variablen sind entweder global oder *lexikalisch* (die, die mit my gekennzeichnet sind). Wir werden uns in diesem Abschnitt kurz ansehen, wie diese beiden intern repräsentiert sind, und fangen mit den globalen Variablen an.

Perl hat ein merkwürdiges Merkmal, das es in anderen Sprachen normalerweise nicht gibt: Sie können ein und denselben Namen für Daten- und Nicht-Datentypen verwenden. Beispielsweise können der Skalar $spam, das Array @spam, der Hash %spam, die Subroutine &spam, der Dateihandle spam und das Format spam zur gleichen Zeit existieren, und alle sind völlig unabhängig voneinander. Mit anderen Worten stellt Perl einen eigenen Namensraum für jede Art bereit. Ich kann Ihnen nicht sagen, warum es dieses Sprachmerkmal gibt. Tatsächlich halte ich es sogar für ein ziemlich dubioses Merkmal und empfehle Ihnen, unterschiedliche Namen für jede logische Entität in Ihrem Programm zu verwenden. Das sind Sie dem armen Kerl schuldig, der irgendwann Ihren Code pflegen muß (das könnten auch Sie selber sein!).

Perl benutzt eine Symboltabelle (die intern als Hashtabelle implementiert ist)[1], um Bezeichnernamen (wie den String »spam« ohne Präfix) auf die zugehörigen Werte abzubilden. Aber Sie wissen ja bereits, daß es in einer Hashtabelle nicht möglich ist, zwei Einträge mit gleichen Schlüsseln zu haben. Deswegen fügt Perl zwischen dem Symboltabelleneintrag und den anderen Datentypen eine Struktur namens Typeglob ein (siehe Abbildung 3-1). Das ist nichts anderes als ein Haufen Zeiger, auf die mit demselben Namen zugegriffen wird; für jeden Wertetyp gibt es einen solchen Zeiger. Im typischen Fall, d.h. wenn Sie eindeutige Bezeichnernamen verwenden, sind alle bis auf einen dieser Zeiger Null.

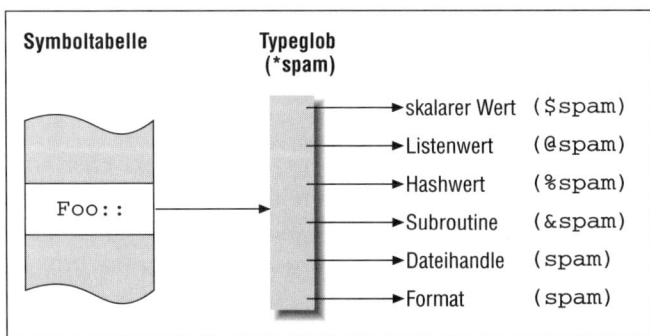

Abbildung 3-1: Symboltabelle und Typeglobs

---

1 Eigentlich ist es eine Symboltabelle pro Package; jedes Paket bildet einen eigenen Namensraum. Im Moment müssen wir diesen Unterschied aber nicht berücksichtigen. Wir kommen in Kapitel 6 wieder darauf zurück.

Ein Typeglob ist ein vollwertiger Datentyp, auf den Sie von Skripten aus zugreifen können und der den Präfix * hat. Sie können sich das als Jokerzeichen vorstellen, das alle Werte präsentiert, die den gleichen Bezeichnernamen haben; es findet kein Mustervergleich statt. Sie können Typeglobs zuweisen, in Arrays abspeichern, lokale Versionen davon anlegen oder sie ausgeben, genau wie jeden anderen Typ auch. Mehr dazu gleich.

Lexikalische Variablen

Lexikalische Variablen (also die, die mit my gekennzeichnet sind) stehen überhaupt nicht in der Symboltabelle. Jeder Block und jede Subroutine hat eine Liste mit einem oder mehreren Arrays von Variablen, die *Scratchpads* genannt werden (normalerweise eines; mehr, wenn die Subroutine rekursiv ist). Jede lexikalische Variable wird einem Platz auf dem Scratchpad zugewiesen; verschiedene Variablentypen mit dem gleichen Namen – zum Beispiel $spam und %spam – belegen verschiedene Plätze. Weil die lexikalischen Variablen einer Subroutine unabhängig von denen aller anderen sind, haben wir wirklich lokale Variablen. Wir werden darauf in Kapitel 20 noch näher eingehen.

Lexikalischer und dynamischer Gültigkeitsbereich

Es gibt zwei Möglichkeiten, innerhalb einer Subroutine oder einem Block private Variablen zu erhalten. Die eine ist der local-Operator, der nur auf globalen Variablen operiert; er speichert ihre Werte und sorgt dafür, daß sie am Ende des Blockes wieder restauriert werden. Die andere Möglichkeit ist die Verwendung von my, die nicht nur eine neue Variable anlegt, sondern diese auch als privat in diesem Block markiert.

Oberflächlich gesehen verhalten sich local und my identisch:

```
$a = 20;                    # globale Variable
{
    local ($a);             # alten Wert von $a speichern
                            # der neue Wert ist undef
    my (@b);                # Lexikalische Variable
    $a = 10;                # Neuen Wert von $a verändern
    @b = ("Goethe", "Schiller");
    print $a;               # gibt "10" aus
    print "@b";             # gibt "Goethe Schiller" aus
}
# Ende des Blocks. Zurück in den globalen Gültigkeitsbereich, wo nur $a gültig ist
print $a;                   # gibt den alten Wert "20" aus
print @b;                   # gibt eine Warnung aus, weil es kein globales @b gibt
```

Eine globale Variable, die aufgrund einer local-Anweisung angelegt wird, wird am Ende des Blocks wieder gelöscht.

Obwohl beide gleich verwendet werden, gibt es einen wichtigen Unterschied zwischen local und my. Die my-Anweisung legt echte lokale Variablen an, die sich wie Auto-Variablen in C verhalten. Dies wird *lexikalische* Bindung genannt. Die Variable ist privat in dem Block, in dem sie angelegt worden ist, und steht auch nur in diesem Block zur

Verfügung (was man *lexikalisch sehen* kann, definiert die Grenzen). Die Variable steht in Subroutinen, die aus dem Block heraus aufgerufen werden, nicht zur Verfügung.

Im Gegensatz dazu, legt der `local`-Operator *keine* neue Variable an. Wenn er auf globale Variablen angewendet wird, schafft er deren Werte in Sicherheit und restauriert sie am Ende des Blockes wieder. Weil die Variablen selbst global sind, steht ihr neuer Wert nicht nur in dem Block, in dem der `local`-Operator verwendet wurde, sondern auch in *allen aufgerufenen Subroutinen* zur Verfügung. Betrachten Sie folgendes Beispiel:

```
$x = 10;
eins();

sub eins {
    local ($x) = "Tiger";    # $x ist immer noch global und hat jetzt neuen Wert
    zwei();
}
sub zwei {
    print $x;    # Gibt "Tiger" aus, den aktuellen Wert der globalen Variablen $x
}
```

Aus dem globalen Gültigkeitsbereich wird zunächst `eins` aufgerufen, das die globale Variable `$x` *lokalisiert*, ihr den neuen Wert »Tiger« zuweist und schließlich `zwei` aufruft. `zwei` sieht den letzten Wert von `$x`, der von `eins` gesetzt wurde. Dieses Vorgehen wird *dynamische Bindung* genannt, weil der Wert von `$x`, den `zwei` zu sehen bekommt, von der jeweiligen Aufrufhierarchie abhängt. Dieses Merkmal kann in der Praxis verwirrend sein, denn wenn Sie eine andere Subroutine schreiben würden, die `local $x` deklarieren würde, und diese `zwei` aufriefe, dann würde letztere die neue Version von `$x` sehen.

Noch einmal anders formuliert: `local` weist einer Variablen temporär einen neuen Wert zu. Der Operator verändert die Art der Variablen selbst nicht (sie bleibt global). `my` dagegen legt eine echte lokale Variable an. Deswegen können Sie folgendes machen:

```
local $x{foo}; # $x{foo} in Sicherheit bringen
```

aber nicht das:

```
my $x{foo};    # Fehler! $x{foo} ist keine Variable
```

Es ist empfehlenswert, daß Sie, wo immer möglich, `my` verwenden, weil Sie fast immer lexikalischen Gültigkeitsbereich benötigen. Außerdem sind, wie wir in Kapitel 20 sehen werden, Variablen mit lexikalischem Gültigkeitsbereich schneller als solche mit dynamischem.

Wann braucht man local überhaupt?

Die Tatsache, daß `local` den Wert einer Variablen sichert und am Ende des Blocks wieder restauriert, führt zu einem netten Idiom: dem Lokalisieren vordefinierter Variablen. Beispielsweise könnten wir eine lokale Version des eingebauten Arrays `@ARGV` verwenden, das die Argumente des Programms repräsentiert:

```
{ # Neuen Block anfangen
    local(@ARGV) = ("/kevin/allein/zu/hause", "/Wassilij/Kandinski");
    while (<>) {
        # Durch alle Dateien laufen und alle Zeilen verarbeiten
        print; # zum Beispiel ausgeben
    }
} # Ende des Blocks. Das originale Array @ARGV wird restauriert.
```

Der Zeileneingabeoperator (<>) benötigt ein global definiertes Array @ARGV, damit er funktioniert. Daher schaut er sich den zum ARGV-Eintrag gehörenden Typeglob der Symboltabelle an.[2] Er weiß aber nicht, daß der local-Operator vorübergehend den Wert von @ARGV durch ein anderes Array ersetzt hat. Der Zeileneingabeoperator interpretiert jedes Element in diesem Array als Dateinamen, öffnet die Datei, liest in jedem Schleifendurchlauf eine Zeile ein und springt wenn notwendig zur ersten Zeile der nächsten Datei. Am Ende des Blocks wird das originale @ARGV-Array restauriert. Dieses Beispiel funktioniert mit my nicht, weil dieser Operator eine ganz neue Variable anlegt.

Diese Technik funktioniert auch mit anderen eingebauten Variablen. Denken Sie zum Beispiel an die Variable $/, die den Zeilentrenner für die Eingabe enthält (per Default »\n«). Der Zeileneingabeoperator verwendet dieses Trennzeichen, um den nächsten Stoß einzulesen (per Default also die nächste Zeile). Wenn Sie diese Variable auf undef setzen, dann wird die ganze Datei in einem einzigen Rutsch eingelesen. Um den alten Wert von $/ nicht zu sichern und später restaurieren zu müssen, können Sie statt dessen local verwenden:

```
{
    local $/ = undef;   # Speichert den vorherigen Wert von $/ ab
                        # und ersetzt ihn durch undef
    $a = <STDIN>;       # Alle Daten von STDIN nach $a einlesen
}
```

local wird auch verwendet, um Typeglobs zu lokalisieren, was übrigens der einzige Weg ist, lokale Dateihandles, Formate und Verzeichnishandles zu bekommen.

Typeglobs

Wie wir bereits erwähnt haben, können Typeglobs lokalisiert (nur mit local) und einander zugewiesen werden. Die Zuweisung eines Typeglobs hat den Effekt, daß ein Bezeichner einen Aliasnamen für einen anderen bildet.

```
$spam    = "Wow!";
@spam    = ("Monty", "Python");
*schinken = *spam;        # Typeglob-Zuweisung, schinken ist jetzt ein Alias für spam
print "$schinken\n";     # gibt "Wow!" aus
print @schinken, "\n";   # gibt "Monty Python" aus
```

---

2 Aus Effizienzgründen schlägt Perl nicht zur Laufzeit in der Symboltabelle nach. Während der Kompilationsphase stellt Perl sicher, daß die jeweiligen Opcodes wissen, welchen Typeglob sie benutzen müssen. Mehr dazu in Kapitel 20.

Nach der Typeglob-Zuweisung kann auf alle Entitäten namens »spam« auch als »schinken« zugegriffen werden – die Namen sind beliebig austauschbar. $spam und $schinken sind also das gleiche, ebenso die Subroutinen &spam und &schinken. Abbildung 3-2 zeigt eine grafische Darstellung der Lage nach der Typeglob-Zuweisung; beide Einträge in der Symboltabelle zeigen jetzt auf denselben Typeglob-Wert.[3]

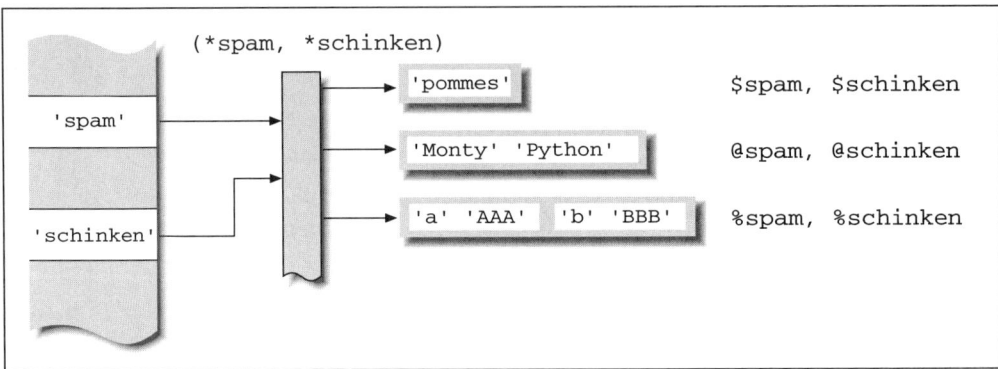

*Abbildung 3-2: Zuweisung von *spam an *schinken: beide Symboltabelleneinträge verweisen auf denselben Typeglob*

Dieser Alias ist so lange gültig, bis der Typeglob erneut zugewiesen oder entfernt wird. (Wir werden gleich sehen, wie man einen Typeglob entfernt.) Im Beispiel gibt es keine Subroutine namens spam, aber wenn wir eine definieren, *nachdem* die Typeglobs zugewiesen worden sind, dann kann diese Subroutine auch als schinken aufgerufen werden. Der Alias funktioniert übrigens auch andersherum: Wenn Sie @schinken eine neue Liste zuweisen, dann steht diese automatisch auch als @spam zur Verfügung.

Temporäre Aliasnamen

Bisher kennen wir keine einfache, intuitive Möglichkeit, einen Alias loszuwerden, der durch eine Typeglob-Zuweisung vorgenommen wurde (außer eine neue Zuweisung zu machen, versteht sich). Sie können aber temporäre Aliasnamen mit local anlegen, weil local die Werte des Typeglobs nach dem Ende des Blockes restauriert.

Betrachten Sie folgendes Beispiel:

```
$b = 10;
{
    local *b;      # Werte von *b sichern
    *b = *a;       # Alias von b nach a
    $b = 20;       # Das gleiche wie $a = 20
}                  # *b wird am Blockende restauriert
print $a;          # gibt "20" aus
print $b;          # gibt "10" aus
```

---

3 Das ist etwas vereinfacht dargestellt, wir gehen in Kapitel 20 noch einmal genauer darauf ein.

`local *b` lokalisiert alle Veränderungen an Variablen namens »b«, d.h. alle Zeiger auf Werte von *b werden in Sicherheit gebracht, statt dessen wird jeweils `undef` eingesetzt. Dies gilt bis zum Ende des Blocks, wo die früheren Werte von allem, was b heißt, restauriert werden ($b wird wieder zu 10). Wegen des Alias (*b = *a), verändert die Zuweisung $b = 20 sowohl $a als auch $b. Aber am Ende des Blockes wird nur $b restauriert, $a behält den neuen Wert.

Wo wir gerade dabei sind: Es ist wichtig, im Kopf zu behalten, daß lexikalische Variablen und die Symboltabelle nichts miteinander zu tun haben. Deswegen ist es ein Fehler zur Kompilierzeit, einen Typeglob mit `my` lokalisieren zu wollen:

```
my(*F);
```

Dieses Skript beendet sich mit dem Fehler »Can't declare ref-to-glob cast in my«.

Typeglob-Aliase verwenden

In diesem Abschnitt verwenden wir eine Reihe von Stellen, an denen Typeglob-Aliase nützlich sind.

Effiziente Parameterübergabe

Aliase sind ein ganzes Stück schneller als Referenzen, weil keine Dereferenzierungen vorgenommen werden müssen. Schauen Sie sich das folgende Beispiel an:

```
$a = 10;
*b = *a ; $b++ ;  # 1. $a indirekt durch den Typeglob inkrementieren
$r = \$a; $$r++;  # 2. $a indirekt durch die Referenz inkrementieren
```

Version 1 ist auf meinem PC etwa eineinhalbmal so schnell wie Version 2.

Das folgende Codebeispiel benutzt Typeglobs, um ein Array effizient als Referenz an eine Subroutine namens `EintraegeVerdoppeln` zu übergeben, die jedes Element im Array verdoppelt.

```
@array = (10,20);
EintraegeVerdoppeln(*array); # @array und @kopie sind identisch
print "@array \n"; # gibt 20 40 aus

sub EintraegeVerdoppeln {
    # $_[0] enthält *array
    local *kopie = shift;  # Lokalen Alias anlegen
    foreach $element (@kopie) {
        $element *= 2;
    }
}
```

Beachten Sie, daß nur ein Parameter an die Subroutine übergeben wird. Der Typeglob *kopie existiert, sobald er das erste Mal auftritt, aber weil er vor der `local`-Anweisung nicht existierte, werden der Typeglob und der zugehörige Eintrag in der Symboltabelle am Ende des Blockes wieder entfernt.

Interessanterweise macht der Code auch davon Gebrauch, daß die `foreach`-Anweisung intern für jedes Element von `@kopie` einen Alias auf `$element` anlegt, so daß eine Modifikation von `$element` auch die Elemente von `@kopie` (und damit auch die von `@array`) beeinflußt.

Sie können kein Array mit lexikalischem Gültigkeitsbereich als Parameter von `EintraegeVerdoppeln` verwenden, weil lexikalische Variablen keine zugehörigen Typeglobs haben. Diese Beschränkung kann man aber leicht umgehen. Wie sich herausstellt, sind Typeglobs und Referenzen auf eine merkwürdige Art und Weise äquivalent. Sie können eine normale Referenz an eine Subroutine übergeben, die einen Typeglob erwartet, und das ganze wird auch noch funktionieren. (Wir kommen darauf im Abschnitt »Typeglobs und Referenzen« noch einmal zurück.) Das bedeutet, daß Sie Arrays mit lexikalischem Gültigkeitsbereich folgendermaßen an `EintraegeVerdoppeln` übergeben können:

```
my @array = (1, 2, 3);
EintraegeVerdoppeln(\@array); # Anstelle von *array, was nicht funktionieren würde
```

Aliase auf der Kommandozeile

Ich bette den Perl-Interpreter oft in meine C/C++-Programme ein, um ein mächtiges, shell-ähnliches Frontend zu haben. Während ich gern lange und aussagekräftige Subroutinennamen in Perl-Skripten verwende, ist es mühsam, diese immer wieder an der Befehlsaufforderung des Frontends einzugeben. Hier sind Aliasnamen sehr nützlich:

```
sub ein_ziemlich_langer_subroutinen_name {
    print "Eine Subroutine mit einem anderen Namen ist immer noch eine Subroutine \n";
}
*f = ein_ziemlich_langer_subroutinen_name # Alias anlegen
```

Wenn Sie jetzt `f()` auf der Kommandozeile eingeben, passiert das gleiche wie beim ursprünglichen Namen der Subroutine, aber mit einer sehr viel geringeren Belastung Ihrer Handgelenke!

Benutzerfreundlich vordefinierte Variablen mit Aliasnamen

Aber denken Sie auch an die andere Richtung: Perl hat eine ganze Reihe von kryptischen eingebauten Variablen wie `$!`, `$/` oder `$@`. Viele Leute würden aber lieber mit längeren, aussagekräftigeren Namen arbeiten. Das Modul `English.pm` in der Standard-Perl-Bibliothek kommt Ihnen da zu Hilfe: Es stellt angenehme, lange Aliasnamen wie `$ERRNO`, `$INPUT_RECORD_SEPARATOR` und `$EVAL_ERROR` zur Verfügung. Versuchen Sie zum Beispiel folgendes:

```
use English;    # Moduldatei English.pm importieren
# Versuch, eine nicht vorhandene Datei zu löschen
unlink ('/tmp/foo');
if ($ERRNO) {   # ERRNO anstelle von $! verwenden
    print $ERRNO, "\n"; # Gibt "No such file or directory" aus
}
```

(Wir beschäftigen uns mit Packages und der `use`-Anweisung in Kapitel 6.) Ich bin der Meinung, daß diese seit langem bekannten Namen von Anfang an hätten verwendet werden sollen, damit man sich keine merkwürdig aussehenden Variablen und eine zugehörige Liste von mnemonischen Hilfen merken muß. Manche sagen sogar, daß das gleiche Schema für andere Sprachen verwendet werden könnte (»use Dutch;«, aber wenn man bedenkt, daß die anderen Systemaufrufe ohnehin in Englisch sind, macht es wohl wenig Sinn, Aliasnamen für eine kleine Teilmenge der Dinge, die man sich merken muß, zur Verfügung zu stellen.

Ein Problem mit Aliasen: Variablenselbstmord

Aliase führen – in Kombination mit der Tatsache, daß local keine neuen Variablen anlegt, sondern temporär einer globalen Variable einen neuen Wert verpaßt – oft zu merkwürdigen Werten in Variablen, die eigentlich gar nicht angesprochen worden sind. Betrachten Sie den folgenden einfachen Fall:

```
$x = 10;
foo(*x);
sub foo {
    local(*y) = @_;
    print "Wert von y davor: $y \n";
    local($x) = 100;
    print "Wert von y danach: $y \n";
}
```

Folgendes wird ausgegeben:

```
Wert von y davor: 10
Wert von y danach: 100
```

Können Sie das Geheimnis aufklären? Offensichtlich ist kein Zugriff auf $y zwischen den beiden print-Anweisungen erfolgt, aber der Wert hat sich trotzdem verändert. Tip: Er spiegelt den von $x wieder.

Lassen Sie uns die Ereignisse der Reihe nach nachvollziehen:

```
$x = 10;                # Zuweisung eines Wertes an die globale Variable $x
                        # Funktionsaufruf
local *y = *x;          # Globale Werte von *y sichern, Alias auf *x anlegen
print "Wert davor"      # Wegen des Alias ist $y das gleiche wie $x,
                        # also wird 10 ausgegeben
local $x = 100;         # WICHTIG: local speichert den Wert von $x (10)
                        # und ersetzt ihn durch 100. Es wird keine neue
                        # Variable $x angelegt, die den Wert 100 erhalten würde
print "Wert danach";    # Aber *y ist immer noch ein Alias zu *x.
                        # Deswegen enthält $y jetzt den Wert 100
```

Die Interaktion von Aliasnamen und local kann sogar noch subtiler sein. Schauen Sie sich das folgende Beispiel an:

```
foreach $f (10, 20, 30) {
    foo (*f);
}
```

```
sub foo {
    local (*g) = @_;
    $g++;
}
```

Das führt zu der Fehlermeldung: »Modification of a read-only value attempted at try.pl line 6.«

Hier läuft folgendes ab: Aus Effizienzgründen legt der `foreach`-Operator für das jeweilige Listenelement in jedem Durchlauf einen Alias auf `$f` an, die aber alle konstant sind. Die Subroutine `foo` legt einen Alias von `*g` auf `*f` an, was bedeutet, daß `$f` ein Alias auf eine Konstante ist. Deswegen kann die Operation `$g++` nicht durchgeführt werden.

Die Moral von der Geschicht´: Wenn Sie echte lokale Variablen benötigen, dann verwenden Sie `my`. Benutzen Sie Typeglob-Aliase und `local` nur sehr sparsam.

Typeglobs und Referenzen

Vielleicht ist Ihnen schon aufgefallen, daß sowohl Typeglobs als auch Referenzen auf *Werte* zeigen. Eine Variable `$a` kann auch einfach als Dereferenzierung eines Typeglobs `${*a}` betrachtet werden. Aus diesem Grund verweisen in Perl die beiden Ausdrücke `${\$a}` und `${*a}` beide auf denselben Wert. Diese Äquivalenz von Typeglobs und gewöhnlichen Referenzen hat einige interessante Eigenschaften und resultiert in drei nützlichen Eigenheiten, die ich hier beschreiben werde.

Selektive Aliase

Wir haben weiter oben gesehen, wie eine Anweisung wie `*b = *a` dafür sorgt, daß alles, was »a« heißt, auch mit »b« angesprochen werden kann. Es gibt eine Möglichkeit, selektive Aliasnamen anzulegen, wenn man die Referenzsyntax verwendet:

```
*b = \$a;     # Eine skalare Referenz an einen Typeglob zuweisen
```

Perl sorgt dann dafür, daß `$b` und `$a` Aliase sind, aber `@b` und `@a` (und auch `&b` und `&a` und so weiter) nicht.

Konstanten

Nicht schreibbare Variablen sind mit Referenzen auf Konstanten möglich:

```
*PI = \3.1415927;
# Jetzt versuchen wir, $PI zu modifizieren
$PI = 10;
```

Perl beschwert sich dann mit »Modification of a read-only value attempted at *try.pl* line 3«.

Anonyme Subroutinen benennen

Wir werden uns im nächsten Kapitel mit anonymen Subroutinen beschäftigen; Sie sollten also eventuell diesen Abschnitt später noch einmal lesen.

Wenn Sie es zu mühsam finden, eine Subroutine indirekt durch eine Referenz (`&$rs()`) aufzurufen, dann können Sie ihr aus Bequemlichkeit einen Namen zuweisen:

```
sub begruessung_anzeigen {
    my ($begruessung) = @_;
        sub { print "$begruessung Welt!\n";}
}
$rs = begruessung_anzeigen("Hallo");
# Eigener Name, anstelle von $&rs()
*gruesse = $rs;
gruesse();    # Äquivalent mit dem Aufruf $&rs(). Gibt "Hallo Welt!" aus
```

Natürlich können Sie auch anderen Arten von Referenzen entsprechend einen Namen geben.

Referenzen auf Typeglobs

Wir haben schon gesehen, in welchem Sinne Typeglobs und Referenzen äquivalent sind (in dem Sinne, daß Referenzen an Typeglobs zugewiesen werden können). Perl macht es auch möglich, Referenzen *auf* Typeglobs zu bilden, indem wie üblich ein Backslash vorangestellt wird:

```
$ra = \*a;
```

Referenzen auf Typeglobs werden in der Praxis nicht oft benutzt, weil es sehr effektiv ist, direkt Typeglobs zu übergeben. Das entspricht den normalen Skalaren, bei denen ebenfalls keine Referenzen benötigt werden, um sie effizient zu übergeben.

Dateihandles, Verzeichnishandles und Formate

Die eingebauten Funktionen `open` und `opendir` initialisieren einen Datei- bzw. einen Verzeichnishandle:

```
open(F, "/home/calvin");
opendir (D, "/usr");
```

Die Symbole F und D sind vom Benutzer definierte Bezeichner, tragen aber kein Präfixsymbol. Unglücklicherweise fehlen diesen Handles einige der grundlegenden Möglichkeiten, die die wichtigen Datentypen wie Skalare, Arrays und Hashes haben: Es ist nicht möglich, Handles zuzuweisen, und Sie können keine lokalen Handles anlegen.[4]

---

4   Ich weiß nicht, warum die Dateihandles kein Standardpräfixsymbol und die anderen Möglichkeiten bekommen haben wie die anderen Datentypen auch.

```
local (G);    # ungültig
G = F;        # auch ungültig
```

Bevor wir an dieser Stelle weitermachen, ist es wichtig zu wissen, daß die Standard-Perl-Distribution ein Modul namens FileHandle enthält, das eine objektorientierte Version von Dateihandles bereitstellt. Damit können Sie Dateihandle-»Objekte« anlegen, diese einander zuweisen und solche lokal in einem Block anlegen. Entsprechend werden Verzeichnishandles mit DirHandle manipuliert. Es wird allen Entwicklern inzwischen empfohlen, anstelle der im folgenden beschriebenen Techniken diese Möglichkeiten zu benutzen. Aber Sie sollten sich trotzdem noch durch die folgende Diskussion durchschlagen, weil es eine große Menge an frei verfügbarem Code gibt, in dem Sie diese Konstrukte sehen werden; auch die Standardmodule FileHandle, DirHandle und Symbol, wie auch die ganze IO-Modulhierarchie, sind hierauf aufgebaut.

Warum ist es so wichtig, Handles zuweisen und lokal anlegen zu können? Ohne Zuweisungen ist es nicht möglich, Dateihandles als Parameter an Subroutinen zu übergeben oder sie in Datenstrukturen zu verwalten. Ohne lokale Dateihandles können Sie keine rekursiven Subroutinen programmieren, die Dateien öffnen (beispielsweise zur Verarbeitung von Header-Dateien, die ihrerseits wiederum Header-Dateien einbinden).

Die einfache Lösung zu diesem Problem ist die Benutzung einer Typeglob-Zuweisung. Wenn Sie also folgendes ausdrücken möchten:

```
G = F;
# oder
local(F);
```

dann können Sie das mit Typeglobs formulieren:

```
*G = *F;
# oder
local (*F);
```

Entsprechend können Sie auch den entsprechenden Typeglob verwenden, wenn Sie Dateihandles in Datenstrukturen abspeichern oder Referenzen auf sie anlegen wollen. Alle I/O-Operatoren, die Dateihandles erwarten, akzeptieren auch Typeglob-Referenzen. Lassen Sie uns einen Blick darauf werfen, was wir mit der Zuweisung von Dateihandles und ihrer Lokalisierung (selbstverständlich unter Verwendung von Typeglobs) alles anfangen können.

I/O-Umleitung

Das folgende Beispiel zeigt, wie I/O einfach umgeleitet werden kann:

```
open(F, '>/tmp/x') || die;
*STDOUT = *F;
print "Hallo Welt\n";
```

Die print-Funktion glaubt weiterhin, sie würde die Ausgabe nach STDOUT schicken, die aber in Wirklichkeit an die geöffnete Datei geht, weil der mit STDOUT assoziierte

Typeglob jetzt ein Alias für F ist. Wenn Sie wollen, daß diese Umleitung nur vorübergehend ist, dann können Sie *STDOUT lokalisieren.

Dateihandles an Subroutinen übergeben

Das folgende Codestück übergibt einen Dateihandle an eine Subroutine:

```
open (F, "/tmp/sesam") || die $!;
lesen_und_ausgeben(*F);
sub lesen_und_ausgeben {
    local (*G) = @_;  # Der Dateihandle G ist derselbe wie der Dateihandle F
    while (<G>) { print; }
}
```

Sie fragen sich jetzt vielleicht, warum Sie bei open nicht das gleiche machen müssen, schließlich ist das doch auch eine Subroutine, die einen Dateihandle als Parameter erwartet. Nun, bei eingebauten Funktionen wie open, read, write und readdir übergibt Perl automatisch einen Typeglob auf das Symbol (zum Beispiel anstelle des Strings »F«).

Dateihandles lokalisieren

Lassen Sie uns jetzt eine Subroutine betrachten, die Include-Anweisungen in C-Header-Dateien traversiert. Die Subroutine DateiVerarbeiten untersucht jede Zeile einer Datei, und – wenn sie eine *#include*-Anweisung gefunden hat – extrahiert sie den Dateinamen und ruft sich selbst rekursiv damit auf. Weil in der ursprünglichen Datei noch weitere Zeilen zu verarbeiten sind, kann die Subroutine den Dateihandle F nicht mit close schließen. Wenn F global ist, kann es nicht verwendet werden, um eine andere Datei zu öffnen, weswegen wir local(*F) verwenden, um den Dateihandle zu lokalisieren. Auf diese Art und Weise bekommt jeder rekursive Aufruf von DateiVerarbeiten einen eigenen, einmaligen Dateihandle-Wert.

```
sub DateiVerarbeiten {
    my ($dateiname) = @_;
    my ($zeile);
    local (*F);            # Alten Wert des Typeglobs sichern (dazu
                           # gehören unter anderem auch die Dateihandles)
    open (F, $dateiname) || return;
    while ($zeile = <F>) {
      # wie oben
      ........
    }
    close(F);
}
```

Obwohl wir uns bisher noch nicht mit Packages beschäftigt haben, könnte es doch interessant sein zu sehen, wie wir hier das Modul FileHandle hätten benutzen können:

```
use FileHandle;
sub DateiVerarbeiten {
    my ($dateiname) = @_;
    my ($zeile);
```

```
    my $fh = new FileHandle; # Lokalen Dateihandle anlegen
    open ($fh, $dateiname) || return;
    while ($zeile = <$fh>) {
      ........
    }
    close($fh);
  }
```

Strings als Handles

Wie sich herausstellt, sind Typeglobs und Objekte aus dem FileHandle-Modul nicht die einzigen Lösungen. Alle Perl-I/O-Funktionen, die einen Handle akzeptieren, akzeptieren statt dessen auch einen String:

```
$fh = "foo";
open ($fh, "< /home/snoopy") ;
read ($fh, $buf, 1000);
```

Wenn die Funktion open ihre Parameter untersucht, findet sie einen String, wo sie eigentlich einen Typeglob erwartet hat. In diesem Fall legt sie automatisch einen Typeglob mit diesem Namen an und macht dann weiter wie bisher. Wenn an read ein String statt eines Typeglobs übergeben wird, dann schlägt read analog dazu den entsprechenden Typeglob in der Symboltabelle nach, bekommt so den internen Dateihandle und liest aus der zugehörigen Datei. Dieses zusätzliche Nachschlagen ist etwas langsamer als die direkte Verwendung eines Symbols, aber dieser Zeitverlust kann vernachlässigt werden, wenn Sie Ihre I/O-Operationen in größeren Blöcken vornehmen (die optimale Größe variiert von System zu System).

4

Referenzen auf Subroutinen und Closures

Many are called, but few are called back.
Sister Mary Tricky

Genau wie gewöhnliche Variablen können Subroutinen benannt oder anonym sein, und Perl kennt eine Syntax, von jedem dieser beiden Typen eine Referenz zu erzeugen. Solche Referenzen funktionieren wie Zeiger auf Funktionen in C und können verwendet werden, um so elaborierte Strukturen wie die folgenden zu erzeugen:

- *Sprungtabellen.* Datenstrukturen, die Ereignisse auf Subroutinenreferenzen abbilden. Wenn ein Ereignis eintrifft, wird die Sprungtabelle verwendet, um die zugehörige Subroutine zu suchen. Das ist nützlich für große und effiziente switch-Anweisungen, Endliche Automaten, Signalhandler und GUI-Toolkits.

- *Prozeduren höherer Ordnung.* Eine Prozedur höherer Ordnung akzeptiert andere Prozeduren als Argumente (wie beispielsweise die C-Bibliotheksroutine qsort) oder gibt neue Prozeduren zurück. Das letztgenannte Sprachmerkmal ist nur in interpretierten Sprachen wie Perl, Python und LISP (He, Ihr LISPer, da habt Ihr Eure Lambda-Funktionen!) verfügbar.

- *Closures.* Eine Closure ist eine Subroutine, die, wenn sie erzeugt wird, ihre gesamte Umgebung mit abspeichert (alle benötigten Variablen, die nicht lokal in der Subroutine sind).

In den folgenden Abschnitten schauen wir uns die Syntax an, mit der man Referenzen auf Subroutinen anlegt und verwaltet, und benutzen sie dann in den obengenannten Anwendungen.

Referenzen auf Subroutinen

Referenzen auf Subroutinen haben nichts besonders Interessantes oder Magisches an sich. In diesem Abschnitt werden wir untersuchen, wie man Referenzen auf benannte und anonyme Subroutinen anlegt und sie später wieder dereferenziert.

Referenzen auf benannte Subroutinen

Wir haben weiter oben schon gesehen, daß wir eine Referenz auf eine existierende Variable erhalten, indem wir einen Backslash vor die Variable setzen. Bei Subroutinen ist das nicht anders. \&mysub ist eine Referenz auf &mysub. Beispiel:

```
sub gruss {
    print "Hallo \n";
}
$rs = \&gruss; # Referenz auf die Subroutine gruss anlegen
```

Es ist wichtig, daß Sie verstehen, daß hier die Subroutine gruss nicht *aufgerufen* wird, genauso wie der Wert eines Skalars nicht ausgewertet wird, wenn wir eine Referenz darauf anlegen.

Vergleichen Sie das mit dem folgenden Code, der Klammern verwendet:

```
$rs = \&gruss();
```

Dieser Ausdruck macht vermutlich nicht das, was Sie erwarten. Er ruft gruss auf und erzeugt eine Referenz auf den *Rückgabewert* der Funktion. Weil die letzte Anweisung der Subroutine print war, die entweder 1 oder 0 zurückgegeben hat (abhängig davon, ob print den Wert erfolgreich ausgeben konnte), ist das Ergebnis dieses Ausdrucks eine Referenz auf einen Skalar, der 1 oder 0 enthält! Diese Art von Fehlern führt dazu, daß man sich ab und zu doch Typsicherheit wünscht!

Um es noch einmal zusammenzufassen: Verwenden Sie keine runden Klammern, wenn Sie eine Referenz auf eine Subroutine anlegen wollen.

Referenzen auf anonyme Subroutinen

Sie können eine anonyme Subroutine anlegen, indem Sie einfach den Namen bei der Deklaration der Subroutine weglassen. Ansonsten ist die Deklaration identisch mit der einer benannten:

```
$rs = sub {
        print "Hallo \n";
    };
```

Dieser Ausdruck gibt eine Referenz auf die neu angelegte Subroutine zurück. Beachten Sie, daß das Semikolon am Ende notwendig ist, weil es sich um einen Ausdruck handelt – im Gegensatz zur Deklaration einer benannten Subroutine.

Referenzen auf Subroutinen dereferenzieren

Beim Dereferenzieren einer Subroutine wird die Subroutine indirekt aufgerufen. Genau wie bei Datenreferenzen, ist es Perl egal, ob `$rs` auf eine benannte oder eine anonyme Subroutine zeigt; die Dereferenzierung funktioniert in beiden Fällen gleich.

Es sollte Sie nicht überraschen, daß Sie zur Dereferenzierung `$rs` den entsprechenden Präfix – in diesem Fall `&` – voranstellen müssen:

```
&$rs(10, 20);  # Ruft die Subroutine indirekt auf
```

Mehr ist da nicht dran.

Genauso, wie Sie die ->-Syntax bei Arrays und Hashes (`$ra->[10]` oder `$rh->{'k2'}`) verwenden können, können Sie Subroutinen indirekt durch Referenzen aufrufen:

```
$rs->(10);
```

Subroutinenaufrufe können auf diese Weise verkettet werden, wenn die in der Mitte liegenden Aufrufe wiederum Referenzen auf Subroutinen zurückgeben. Beispiel:

```
$rs = \&test1;
$rs->("Batman")->("Robin"); # Gibt "Batman und Robin" aus

sub test1 {
    my $arg = shift;
    print "$arg";
    return \&test2;
}
sub test2 {
    my $arg = shift;
    print " und $arg\n";
}
```

Symbolische Referenzen

Erinnern Sie sich daran, daß symbolische Referenzen Namen (Strings) enthalten, aber keine echten Referenzen. Es gibt keinen Unterschied in der Syntax zwischen echten und symbolischen Referenzen. Betrachten Sie dazu das folgende Beispiel:

```
sub foo { print "foo aufgerufen\n" }
$rs = "foo";
&$rs();  # Gibt "foo aufgerufen" aus
```

Die Verwendung symbolischer Referenzen ist ein kleines bißchen langsamer als die echter Referenzen.

Referenzen auf Subroutinen verwenden

Lassen Sie uns einige häufig vorkommende Beispiele anschauen, in denen Referenzen auf Subroutinen verwendet werden: Callback-Funktionen und Prozeduren höherer Ordnung.

Eine Callback-Funktion ist eine gewöhnliche Subroutine, deren Referenz herumgereicht wird. Der Aufrufer (der diese Referenz benutzt), muß nicht unbedingt wissen, welche Subroutine überhaupt aufgerufen wird. Schauen wir uns drei einfache Beispiele mit Callback-Funktionen an: Sprungtabellen, Signalhandler und Plotting-Funktionen.

Sprungtabellen

Eine Sprungtabelle ist ein Array von Referenzen auf Subroutinen. Das folgende Beispiel enthält die Sprungtabelle %optionen, die eine Reihe von Kommandozeilenoptionen auf verschiedene Subroutinen abbildet:

```
%optionen = (       # Für jede Option wird die passende Subroutine aufgerufen
    "-h"        => \&hilfe,
    "-f"        => sub {$nicht_nachfragen = 1},
    "-r"        => sub {$rekursiv = 1},
    "_default_" => \&default,
);

ArgumenteVerarbeiten (\@ARGV, \%optionen); # Beide als Referenzen übergeben
```

Einige der Referenzen in diesem Code verweisen auf benannte Subroutinen. Andere machen nicht so viel, deswegen ist es sinnvoller, sie als anonyme Inline-Subroutinen zu implementieren. ArgumenteVerarbeiten kann jetzt sehr allgemein programmiert werden. Diese Subroutine nimmt zwei Argumente entgegen: eine Referenz auf ein Array, das sie parst, und eine Tabelle von Optionen, die sie beim Verarbeiten des Arrays verwendet. Zu jeder Option ruft die Subroutine die zugehörige »abgebildete« Funktion auf; wenn eine ungültige Option in @ARGV vorkommt, wird die Funktion, die zum String _default_ gehört, aufgerufen.

Sie finden ArgumenteVerarbeiten in Beispiel 4-1.

Beispiel 4-1: ArgumenteVerarbeiten

```
ArgumenteVerarbeiten (\@ARGV, \%optionen); # Beide als Referenzen übergeben
sub ProcessArgs {
    # Beachten Sie die Notation: rl = Referenz auf ein Array, rh = Referenz auf einen Hash
    my ($rlArgs, $rhOptionen) = @_;
    foreach $arg (@$rlArgs) {
        if (exists $rhOptionen->{$arg}) {
            # Der Wert muß eine Referenz auf eine Subroutine sein
            $rsub = $rhOptionen->{$arg};
            &$rsub();   # Subroutine aufrufen
        } else {        # Option existiert nicht.
```

Beispiel 4-1: ArgumenteVerarbeiten (Fortsetzung)

```
        if (exists $rhOptionen->{"_default_"}) {
            &{$rhOptionen{"_default_"}};
        }
    }
}
}
```

Sie können einen Schritt einsparen, indem Sie die Blockform des Dereferenzierens verwenden (lesen Sie noch einmal in Kapitel 1 nach:):

```
if (exists $rhOptionen->{$arg}) {
    &{$rhOptionen->{$arg}}(); # Dereferenzieren und Aufrufen der Subroutine in einem
}
```

Ich ziehe die ausführlichere Version wegen ihrer Lesbarkeit vor.

Signalhandler

Normalerweise funktioniert ein Programm, indem es Funktionen aufruft, die vom Betriebssystem bereitgestellt werden und nicht umgekehrt. Eine Ausnahme von dieser Regel sind Fälle, in denen das Betriebssystem eine eilige Nachricht an das Programm weitergeben muß. In vielen Betriebssystemen wird das mit Signalen gemacht. Ein Signal könnte zum Beispiel abgeschickt werden, wenn der Benutzer Strg-C gedrückt hat, wenn die Hardware eine Fließkommaausnahme abgefangen hat oder wenn ein Kindprozeß beendet worden ist. Sie können eine Funktion angeben, die immer dann aufgerufen werden soll, wenn Ihr Programm ein Signal geschickt bekommt. In dieser Funktion können Sie dann die notwendigen Maßnahmen ergreifen. Ein Handler für Strg-C könnte beispielsweise noch aufräumen, bevor er das Programm beendet. Bei einer Fließkommaausnahme dagegen könnte eine Fehlermarke gesetzt werden und das Programm normal weiterlaufen.

Perl stellt eine bequeme Möglichkeit bereit, Signalhandler für jede Art von Signal anzugeben. Es gibt eine besondere Variable namens %SIG, deren Schlüssel die Namen der Signale sind und deren Werte Subroutinennamen oder -Referenzen entsprechen, die dann beim Auftreten der jeweiligen Signale aufgerufen werden.

```
sub strg_c_handler  {
        print "Strg-C gedrückt \n";
}
$SIG {"INT"} =
\&strg_c_handler;  # "INT" bezeichnet das  "Interrupt"-Signal.
```

Das Wort INT ist hier ein spezieller String, der Tastatur-Interrupts mit Strg-C bezeichnet. Die Dokumentation zu Ihrem Betriebssystem enthält die Namen der Signale, die an Ihr Programm oder Skript geschickt werden könnten. Auch Perl gibt Ihnen diese Information, wenn Sie es bitten, ein wenig von den Konfigurationsinformationen preiszugeben:

```
use Config; # Config-Modul laden
print $Config{sig_name};
```

Wenn Sie an `%SIG` Werte zuweisen, dann können Sie auch den *Namen* der Subroutine verwenden; Sie *müssen* also keine Referenz auf eine Subroutine übergeben:

```
$SIG {"INT"} = 'strg_c_handler';   # Name der Subroutine übergeben
```

Übrigens sind Signalhandler eine ziemlich gefährliche Sache. Perl verwendet intern C-Bibliotheksfunktionen wie `malloc`, die nicht *reentrant* sind. Wenn ein Signalhandler genau in dem Moment aufgerufen wird, in dem so eine Funktion ebenfalls aufgerufen worden ist, und der Signalhandler zufälligerweise die gleiche Funktion aufruft, dann gerät diese Funktion völlig durcheinander und wird möglicherweise das Programm zum Absturz bringen. Dieses Verhalten ist bei Skripten natürlich besonders hinterhältig, weil Sie keine Ahnung haben, wann Perl `malloc` aufrufen könnte. (Kapitel 20 sollte Ihnen aber eine Menge Ahnung verschaffen.) Die Moral von der Geschicht' ist die, daß Sie in einem Signalhandler so wenig wie möglich tun sollten, also beispielsweise nur eine vordefinierte globale Variable auf einen bestimmten Wert setzen und diesen Wert außerhalb des Signalhandlers abfragen.

Plotten von Ausdrücken

Nehmen wir an, wir wollten eine Vielzahl an Funktionen der allgemeinen Form

```
y = f(x)
```

plotten, wobei `f(x)` eine Funktion sei, die eine Zahl als Argument erwartet und eine andere Zahl zurückgibt. Dazu gehören beispielsweise `sin(x)`, `cos(x)` und `sqrt(x)`. Aber neben solchen einfachen Beispielen wollen wir auch beliebig komplexe Ausdrücke plotten können wie beispielsweise:

```
y = sin(2x) + cos2(x);
```

Es ist leicht, eine Subroutine `plot` zu definieren, die diesen Ausdruck im Bereich von 0 bis 2π plotten kann.

```
$PI = 3.1415927;
$rs = sub {                         # Anonyme Subroutine
    my($x) = @_;
    return sin (2*$x) + cos($x) ** 2; # Funktion, die geplottet werden soll
};
plot ($rs, 0, 2 * $PI, 0.01);
```

Dies ist ein Beispiel für eine Prozedur höherer Ordnung, die eine (Referenz auf eine) andere benutzerdefinierte Subroutine als Eingabeparameter erwartet und diese ein- oder mehrmals aufruft. `sort` ist ein Beispiel für eine *eingebaute* Prozedur höherer Ordnung; der Unterschied ist, daß sie *Namen* erwartet und keine benutzerdefinierten Referenzen.

Closures

Anstelle von *Daten* kann eine Subroutine in Perl auch eine Referenz auf eine *Subroutine* zurückgeben. Es gibt wirklich keinen Unterschied zu anderen Möglichkeiten, Referenzen auf Subroutinen herumzureichen, mit Ausnahme eines etwas versteckten Features, das mit anonymen Subroutinen und lexikalischen (my-) Variablen zu tun hat. Betrachten Sie das folgende Beispiel:

```
$begruessung = "Hallo Welt";
$rs = sub {
    print $begruessung;
};
&$rs();  # gibt "Hallo Welt" aus
```

In diesem Beispiel benutzt die anonyme Subroutine die globale Variable $begruessung. Nichts Besonderes, nicht wahr? OK, lassen Sie uns dieses harmlose Beispiel etwas verändern:

```
sub begruessung_erzeugen {
    my($begruessung) = "Hallo Welt";
    return sub {print $begruessung};
}
$rs = begruessung_erzeugen();
&$rs(); # Gibt "Hallo Welt" aus
```

Die Subroutine begruessung_erzeugen gibt eine Referenz auf eine anonyme Subroutine zurück, die wiederum $begruessung ausgibt. Das Interessante daran ist die Tatsache, daß $begruessung eine my-Variable ist, die zu begruessung_erzeugen gehört. Wenn begruessung_erzeugen beendet ist, würde man eigentlich erwarten, daß alle lokalen Variablen zerstört werden. Aber wenn Sie später die anonyme Subroutine mit &$rs() aufrufen, dann kann diese trotzdem noch $begruessung ausgeben. Wie funktioniert das?

Jeder andere Ausdruck an der Stelle der anonymen Subroutinendefinition hätte $begruessung direkt verwendet. Ein Subroutinenblock dagegen ist ein Stück Code, das *später* aufgerufen werden soll, daher merkt es sich alle Variablen, die es später brauchen wird. Wenn diese Subroutine dann aufgerufen wird und selbst print "$begruessung" aufruft, dann erinnert sich die Subroutine an den Wert, den $begruessung zu dem Zeitpunkt hatte, als die Subroutine *erzeugt* wurde.

Lassen Sie uns das Beispiel noch einmal verändern, um wirklich zu verstehen, wozu dieses Idiom in der Lage ist:

```
sub begruessung_erzeugen { my($begruessung) = @_;  # $begruessung wird aus den
Argumenten initialisiert
    return sub {
            my($person)= @_;
            print "$begruessung $person \n";
        };
}
```

```
$rs1 = begruessung_erzeugen("Hallo");
$rs2 = begruessung_erzeugen("My Fair");

# $rs1 und $rs2 sind zwei Subroutinen, die sich verschiedene $begruessung merken
&$rs1 ("Welt") ;    # gibt "Hallo Welt" aus
&$rs2 ("Lady") ;    # gibt "My Fair Lady" aus
```

Anstatt $begruessung hart zu codieren, bekommen wir den Wert aus den Argumenten von begruessung_erzeugen. Wenn begruessung_erzeugen das erste Mal aufgerufen wird, merkt sich die davon zurückgegebene Subroutine den Wert von $begruessung. Daher verhält sich die Subroutine, auf die $rs1 verweist, etwa so:

```
$rs1 = sub {
    my ($person) = @_;
    my $begruessung = "Hallo";
    print "$begruessung $person\n";    # der Wert von $begruessung ist "Hallo"
}
```

Die Subroutine nennt man auch *Closure* (der Begriff kommt aus der LISP-Welt). Wie Sie sehen können, merkt sie sich den Wert von $begruessung und braucht beim späteren Aufruf nur einen Parameter.

So wie einige Immigranten in einem Land die Kultur und die Gebräuche des Landes, in dem sie geboren wurden, beibehalten, sind Closures Subroutinen, die alle Variablen, die sie benötigen, aus dem Gültigkeitsbereich, in dem sie erzeugt wurden, mitnehmen.

Perl legt Closures nur bei lexikalischen (my-) Variablen an, nicht bei globalen oder lokalisierten (mit local markierten) Variablen. Lassen Sie uns ein wenig unter die Haube schauen, um zu verstehen, warum das so ist.

Im Räderwerk der Closures

Wenn Sie nicht an den Details, wie Closures funktionieren, interessiert sind, können Sie diesen Abschnitt überspringen, ohne daß Ihnen später etwas fehlen wird.

Erinnern Sie sich daran, daß der Name einer Variablen und ihr Wert zwei getrennte Dinge sind. Wenn Perl das erste Mal auf $begruessung stößt, dann bindet es den Namen »begruessung« an einen neu allozierten skalaren Wert und setzt den Referenzzähler des Wertes auf 1 (jetzt zeigt ein Pfeil auf den Wert). Am Ende des Blockes löst Perl die Bindung des Namens an den skalaren Wert wieder auf und dekrementiert den Referenzzähler des Wertes. In einem typischen Block, in dem Sie keine Referenzen auf diesen Wert abspeichern, würde der Wert dealloziert werden, weil der Referenzzähler auf Null fällt. In diesem Beispiel benutzt die anonyme Subroutine $begruessung, so daß sie den Referenzzähler des skalaren Wertes inkrementiert und so die automatische Deallozierung am Ende von begruessung_erzeugen vermeidet. Wenn begruessung_ erzeugen das zweite Mal aufgerufen wird, dann wird der Name »begruessung« an einen ganz neuen skalaren Wert gebunden, weswegen die zweite Closure sich *ihren eigenen* skalaren Wert merkt.

Warum funktionieren Closures nicht mit local-Variablen? In Kapitel 3 haben wir gesagt, daß Variablen, die mit local gekennzeichnet sind, einen dynamischen (oder »temporär globalen«) Gültigkeitsbereich haben. Der Wert einer `local`-Variable hängt von der Aufrufhierarchie in dem Moment ab, zu dem sie verwendet wird. Wenn $begruessung `local` deklariert worden wäre, würde Perl aus diesem Grund den Wert nachschlagen, wenn die anonyme Subroutine *aufgerufen* wird (eigentlich sogar erst, wenn darin wiederum `print` aufgerufen wird), nicht wenn sie *definiert* wird. Sie können das mit einem einfachen Test überprüfen:

```
sub begruessung_erzeugen {
    local ($begruessung) = @_;
    return sub {
        print "$begruessung \n" ;
    }
}
$rs = begruessung_erzeugen("Hallo");
$begruessung = "Tschüß";
&$rs();        # Gibt "Tschüß" aus, nicht "Hallo"
```

Die anonyme Subroutine ist in diesem Fall *keine* Closure, weil sie sich nicht den lokalen Wert von $begruessung (»Hallo«) merkt, wenn sie angelegt wird. Wenn begruessung_erzeugen beendet wird, erhält $begruessung seinen alten globalen Wert zurück, und genau diesen Wert sieht die anonyme Subroutine, wenn sie ausgeführt wird.

Es mag vielleicht so aussehen, als ob jedesmal, wenn begruessung_erzeugen eine anonyme Subroutine zurückgibt, ein neues Codepaket erzeugt wird. Dem ist aber nicht so. Der Code für die anonyme Subroutine wird nur einmal zur Kompilationszeit erzeugt. $rs ist intern eine Referenz auf einen »Codewert«, der wiederum nicht nur die Bytecodes selbst verwaltet (die diese Referenz mit allen anderen Referenzen auf Subroutinen teilt, die auf dasselbe Stück Code zeigen), sondern auch alle Variablen, die aus der Umgebung benötigt werden (jede Referenz auf eine Subroutine speichert ihren eigenen Kontext zur späteren Verwendung ab). Kapitel 20 ist weniger vage und erläutert Ihnen die exakten Details.

Um das Ganze noch einmal zusammenzufassen: Eine Closure ist ein Spezialfall einer anonymen Subroutine, in der die Daten, die während der Erzeugung der Subroutine im Gültigkeitsbereich waren, festgehalten werden.

Closures benutzen

Closures werden auf zwei verschiedene Weisen verwendet. Die gebräuchlichste Anwendung sind »intelligente« Callback-Prozeduren. Die andere Möglichkeit sind »Iteratoren« (oder »Streams«, wie sie in der LISP-Welt genannt werden).

Closures als »intelligente« Callbacks benutzen

Weil Closures Referenzen auf Subroutinen sind, die einige private Daten enthalten, kann man sie sehr bequem als Callback-Prozeduren in grafischen Benutzerschnittstellen verwenden.

Angenommen, Sie erzeugen einen Button mit dem Tk-Toolkit und weisen ihm eine Referenz auf eine Subroutine zu. Wenn der Button angeklickt wird, dann wird diese Subroutine aufgerufen. Wenn nun aber dieselbe Subroutine zwei verschiedenen Buttons zugewiesen wird, dann gibt es ein Problem: Woher soll die Subroutine wissen, welchen Button sie aufruft? Das ist einfach: Anstatt dem Button eine Referenz auf eine gewöhnliche Subroutine mitzugeben, übergeben wir eine »intelligente« Callback-Routine – eine Closure. Diese Closure speichert einige Daten ab, die spezifisch für den Button sind (wie zum Beispiel dessen Name), und wenn die Subroutine aufgerufen wird, hat sie wie durch Zauberei Zugriff auf diese Daten (siehe Beispiel 4-2).

In diesem Beispiel werden zwei Buttons angelegt, die ihre Beschriftungen ausgeben, wenn sie angeklickt werden. Obwohl wir erst einige Kapitel später über Packages und speziell das Tk-Modul reden werden, werden Sie vermutlich doch die Kernpunkte des Codes in Beispiel 4-2 verstehen. Achten Sie im Moment nur auf den Teil, der Closures verwendet (in Fettdruck), nicht darauf, wie das Tk-Modul verwendet wird.

`ButtonErzeugen` erzeugt einen GUI-Button und weist ihm eine Referenz auf eine anonyme Subroutine (`$callback_proc`) zu, die sich `$titel`, eine `$my`-Variable aus der umschließenden Umgebung, merkt. Wenn der Benutzer den Button betätigt, dann wird der Callback aufgerufen, der den abgespeicherten Wert von `$titel` verwendet.

Beispiel 4-2: Closures anstelle von gewöhnlichen Subroutinen übergeben

```
use Tk;
# Top-Level-Fenster erzeugen
$top = MainWindow->new();
# Zwei Buttons erzeugen. Die Buttons geben bei Betätigung ihre Namen aus.
ButtonErzeugen($top, "Hallo");
ButtonErzeugen($top, "Welt");
Tk::MainLoop();  # Ereignisse verarbeiten.
#-------------------------------------------------------------------
sub ButtonErzeugen {
    my ($parent, $titel) = @_;
    my($b);
    $callback_proc = sub {
                        print "Button $titel betätigt\n";
                     };
    $b = $parent->Button(
        '-text'    => "$titel",        # Button-Titel
        '-fg'      => 'red',           # Vordergrundfarbe
        '-command' => $callback_proc   # Subroutine, die aufgerufen wird,
                                       # wenn der Button betätigt wird
    );
    $b->pack();
}
```

Beachten Sie auch, daß es den Buttons völlig egal ist, ob sie Referenzen auf normale Subroutinen oder auf Closures bekommen.

Iteratoren und Streams

Ein Iterator führt darüber Buch, an welcher Stelle in einer »Folge« (Stream) von Entitäten er sich befindet, und gibt die logisch nächste Entität zurück, wann immer er aufgerufen wird. Iteratoren verhalten sich damit so ähnlich wie ein Datenbank-Cursor, der den nächsten Datensatz aus einer Folge von Datensätzen (der Datensätze, die auf eine gegebene Anfrage paßten) zurückgibt. Ein Stream kann beschränkt (zum Beispiel eine Folge von Datensätzen aus einer Datenbank) oder unbeschränkt (zum Beispiel ein Stream aus ganzen Zahlen) sein.

Schauen wir uns jetzt an, wie Closures verwendet werden können, um Streams und Iteratoren zu repräsentieren. Das erste Beispiel ist ein Stream aus geraden Zahlen; der Iterator auf diesem Stream gibt bei jedem Aufruf die nächste gerade Zahl zurück. Natürlich können wir nicht alle möglichen geraden Zahlen (wie im beschränkten Fall) erzeugen, aber es ist immer möglich, die nächste gerade Zahl zu berechnen, wenn wir uns an die vorherige erzeugte Zahl erinnern. Der Iterator merkt sich genau diese entscheidende Information.

Die Subroutine `gerade_zahlen_ausgabe_generator` akzeptiert eine Ganzzahl und gibt eine Subroutine zurück, die gerade Zahlen beginnend mit der an den Generator übergebenen Zahl erzeugt.[1] Sie finden das Programm in Beispiel 4-3.

Beispiel 4-3: Ein Generator für Streams aus geraden Zahlen

```
sub gerade_zahlen_ausgabe_generator {
    # Diese Funktion gibt eine Referenz auf eine anonyme Subroutine zurück.
    # Diese anonyme Subroutine gibt die geraden Zahlen ab $input aus.
    my($input) = @_;
    if ($input % 2) { $input++}; # Falls die übergebene Zahl ungerade ist,
                                 # die nächste gerade nehmen
    my $rs = sub {
            print "$input ";   # $input ist eine my-Variable
                               # aus dem äußeren Gültigkeitsbereich
            $input += 2;
        };
    return $rs;   # Gibt eine Referenz auf die obige Subroutine zurück
}
```

Jetzt zur Benutzung des Generators:

```
# Wir hätten gern die geraden Zahlen ab 30. gerade_zahlen_ausgabe_generator
# erzeugt uns einen speziellen Iterator, der genau das macht.

$iterator = gerade_zahlen_ausgabe_generator(30);
# $iterator zeigt jetzt auf eine Closure.
# Jedes Mal, wenn sie aufgerufen wird, gibt sie die nächste gerade Zahl aus.
```

---

1 Dieses Beispiel und die zugehörige Erklärung basieren auf Robert Wilenskys exzellentem Buch *LISPcraft* (W.W. Norton and Co.).

```
for ($i = 0; $i < 10; $i++) {
    &$iterator();
}
print "\n";
```

Die Ausgabe ist:

```
30 32 34 36 38 40 42 44 46 48
```

$iterator merkt sich $input und verwendet diese Variable danach als privaten Spei-cherbereich, in dem die letzte gerade Zahl abgespeichert wird. Natürlich können Sie so viele Iteratoren erzeugen, wie Sie wollen; jeder kann seinen eigenen Startwert haben:

```
$iterator1 = gerade_zahlen_ausgabe_generator (102);
$iterator2 = gerade_zahlen_ausgabe_generator (22);

&$iterator1(); # Gibt 102 aus
&$iterator2(); # Gibt 22 aus
&$iterator1(); # Gibt 104 aus
&$iterator2(); # Gibt 24 aus
```

Beachten Sie, wie jede Referenz auf eine Subroutine ihren eigenen privaten Wert für $input verwendet.

Können sich zwei Closures die gleichen Variablen teilen? Natürlich, solange sie in der gleichen Umgebung erzeugt werden. Beispiel 4-4 erzeugt zwei anonyme Funktionen – eine, die gerade Zahlen ausgibt, und eine, die ungerade Zahlen ausgibt. Jede dieser Funktionen gibt die gerade (bzw. ungerade) Zahl aus, die auf die zuletzt (von einer der beiden Funktionen) ausgegebene folgt, unabhängig davon, wie oft eine von beiden in Folge aufgerufen wird.

Beispiel 4-4: Closures, die sich Variablen teilen

```
sub gerade_ungerade_ausgeben_generator {
    # $letzte wird zwischen den beiden Prozeduren geteilt
    my ($rs1, $rs2);
    my ($letzte) = shift;  # Wird von den beiden unten stehenden Closures geteilt
    $rs1 = sub { # Gibt gerade Zahlen aus
        if ($letzte % 2) {$letzte++;}
        else { $letzte += 2};
        print "$letzte \n";
    };
    $rs2 = sub { # Gibt ungerade Zahlen aus
        if ($letzte % 2) {$letzte += 2 }
        else { $letzte++};
        print "$letzte \n";
    };
    return ($rs1, $rs2);  # Gibt zwei Referenzen auf anonyme Subroutinen zurück
}

($gerade_iterator,$ungerade_iterator) = gerade_ungerade_ausgeben_generator(10);
&$gerade_iterator ();    # gibt 12 aus
&$ungerade_iterator ();   # gibt 13 aus
```

Beispiel 4-4: Closures, die sich Variablen teilen (Fortsetzung)

```
&$ungerade_iterator  ();  # gibt 15 aus
&$gerade_iterator ();     # gibt 16 aus
&$ungerade_iterator  ();  # gibt 17 aus
```

Dieses Beispiel macht von der Tatsache Gebrauch, daß Perl mehrere Werte aus einer Subroutine zurückgeben kann, so daß es keine Schwierigkeiten gibt, Referenzen auf zwei anonyme Subroutinen zurückzugeben, die beide `$letzte` benutzen. Sie können `gerade_ungerade_ausgeben_generator` so oft, wie Sie wollen, aufrufen und bekommen jedesmal ein Paar von Subroutinen-Closures zurück. Wichtig an diesem Beispiel ist es, daß die anonymen Subroutinen im gleichen Gültigkeitsbereich angelegt werden müssen, damit sie die gleichen Daten teilen können. Dieses Beispiel macht auch noch einmal deutlich, daß eine Closure wirklich `my`-Variablen, die sie benötigt, festhält, anstatt die Werte der Variablen zu kopieren oder zu interpolieren.

Zufallszahlenerzeugung

Beschäftigen wir uns jetzt mit einem etwas nützlicheren Beispiel eines unbeschränkten Streams: einem Stream von Zufallszahlen. Die Strategie ist die gleiche wie im vorigen Beispiel: Der Iterator merkt sich die letzte generierte Pseudo-Zufallszahl.

Sie werfen jetzt vielleicht ein, daß die `rand()`-Funktion bereits einen Iterator darstellt, der mit einem Startwert (mit `srand`) versehen wird. Sie haben recht. Aber nehmen wir an, daß Sie ein Simulationsprogramm schreiben wollen, das zwei *unabhängige* Quellen von Zufallszahlen benötigt. Wenn Sie in beiden Quellen `rand` verwenden, sind sie nicht unabhängig voneinander, weil `rand` die nächste Zufallszahl basierend auf der letzten berechnet (die in einer globalen Variable abgelegt wird); der Aufruf von `rand` für einen Stream beeinflußt auch die nächste Zahl des anderen Streams.

Closures sind hier eine schöne Lösung, weil sie eine Kombination aus Code und *privaten* Daten sind. Anstelle von `srand` benutzen wir die Funktion `my_srand`, die eine zufallszahlenerzeugende Subroutine zurückgibt, die mit einem passenden Anfangswert initialisiert wurde. Mit anderen Worten: `my_srand` ist ein »Generator von Zufallszahlengeneratoren«, der eine spezielle anonyme Subroutine zurückgibt, die mit einem Anfangswert für `$rand` initialisiert wurde.

Schauen Sie in der Implementierung in Beispiel 4-5 nicht zu sehr auf den Algorithmus (die lineare Kongruenzmethode) selbst, weil die Zufallsverteilung mit den beiden Konstanten nicht getestet wurde (außerdem wiederholt sich die Folge alle tausend Zahlen). Es gibt außerdem viel bessere Algorithmen.

Beispiel 4-5: Ein Stream, der Zufallszahlen generiert

```
sub my_srand {
    my ($seed) = @_;
    # Gibt eine zufallszahlenerzeugende Funktion zurück
    # Der Algorithmus erwartet einen zufälligen Anfangswert.
```

Beispiel 4-5: Ein Stream, der Zufallszahlen generiert (Fortsetzung)

```
    my $rand = $seed;
      return sub {
            # Berechne eine neue Pseudo-Zufallszahl auf der Basis des alten Wertes.
            # Diese Zahl liegt zwischen 0 und 1000.
            $rand = ($rand*21+1)%1000;
      };
  }
```

Wir können jetzt my_srand so oft aufrufen, wie wir wollen, und bekommen Closures zurück, die völlig unabhängig voneinander sind; jede generiert Zufallszahlen von ihrem eigenen Anfangswert aus.

```
  $random_iterator1 = my_srand (100);
  $random_iterator2 = my_srand (1099);
  for ($i = 0; $i < 100; $i++) {
      print &$random_iterator1(), " ", &$random_iterator2(), "\n";
  }
```

Closures versus Objekte

Wenn Sie keine Hintergrundkenntnisse über objektorientierte Programmierung haben, dann verstehen Sie diesen Abschnitt möglicherweise besser, nachdem Sie Kapitel 7 gelesen haben.

Eine landläufige Definition eines Objekts ist die des Bündels aus Daten und Funktionen. Die Daten stellen den Kontext bereit, damit die Funktionen des Objekts korrekt arbeiten können. Wenn Sie beispielsweise $button->setForeground("yellow") benutzen, dann weiß die Funktion setForeground automatisch, um welchen Button es sich handelt.

In gewissem Sinne versuchen Closures das gleiche – auch Closures sind eine Bindung zwischen einer Subroutine und einigen privaten Daten, die nur dieser Subroutine zur Verfügung stehen. Wie wir schon im gerade_ungerade_ausgeben_erzeugen-Beispiel gesehen haben, kann sich eine beliebige Anzahl an Subroutinen auf dieselben Daten beziehen, sofern all diese Subroutinen in genau dem gleichen Gültigkeitsbereich erzeugt wurden. Das wunderbare Buch *Struktur und Interpretation von Computer-Programmen* von Abelson, Sussman und Sussman [2] zeigt, wie man solche Objekte in Scheme (einem LISP-Dialekt) erzeugen und benutzen kann.

Perl unterstützt eine Reihe von Sprachmerkmalen zur Objektorientierung (wie beispielsweise Vererbung und virtuelle Funktionen wie in C++), die es leichter machen, Iteratoren und Streams auf objektorientierte Art und Weise zu erzeugen, als durch Verwendung von Closures (die Attribute des Objekts geben den »Zustand« des Iterators wieder). Closures belegen auch *sehr* viel mehr Platz als Objekte, sind dafür aber ein kleines bißchen schneller; den Grund dafür werden wir in Kapitel 20 sehen.

Ich ziehe Objekte Closures in allen Fällen bis auf einen vor: Callback-Prozeduren. Ich finde es leichter, Callbacks mit einfachen Closures zu implementieren, als »Callback-Objekte« anzulegen, wie man es typischerweise in C++ tun würde (und in Java tun *muß*). Im obigen `ButtonErzeugen`-Beispiel hätten Sie ein Callback-Objekt mit genau einer »Methode«, z.B. `execute()`, anlegen müssen. Der Button hätte dann bei Betätigung die Methode `$callback_objekt->execute()` aufgerufen, und die Methode `execute` dieses Objekts hätte genau gewußt, was sie tun muß. Das Callback-Objekt kann den gesamten Kontext, den `execute` benötigt, abspeichern. Aber es ist viel einfacher und direkter, Closures anstelle all dieser Arbeit zu verwenden, weil diese automatisch den benötigten Kontext abspeichern.

Das Dokument *perltoot* von Tom Christiansen (*toot* steht für Toms objektorientiertes Tutorial [1]) implementiert Objekte *unter Verwendung von* Closures, um den Zustand des Objekts abzuspeichern. Das ist zwar ein interessanter Ansatz, aber es gibt leichtere Möglichkeiten, private Daten zu erhalten, die auch noch schneller sind. Mehr dazu in Kapitel 7.

Vergleiche mit anderen Sprachen

Tcl

Tcl-Programmierer verlassen sich massiv auf die dynamische Auswertung (mit `eval`), um kleine Codestückchen herumzureichen. Sie können das zwar auch in Perl tun, aber Perls anonyme Subroutinen sind Pakete vorkompilierten Codes, die sehr viel schneller ablaufen als mit dynamischer Auswertung. Perl-Closures haben auch noch einen anderen Vorteil, den es in Tcl nicht gibt: Sie können private Variablen zwischen verschiedenen Closures teilen (in Tcl müssen diese Variablen *global* sein, um geteilt werden zu können) und müssen sich keine Sorgen um Variablen-Interpolationsregeln machen (in Tcl müssen Sie selbst mit Interpolation alle Variablen vollständig expandieren, bevor Sie ein Stück Code an jemand anderen weitergeben).

Python

Python kennt eine schwache Form der Closures: eine Subroutine kann Variablen nur aus der unmittelbar umschließenden Umgebung aufnehmen. Dies wird »shallow binding« (»flache Bindung«) genannt, während Perl »deep binding« (»tiefe Bindung«) unterstützt. In *Programming Python* von Mark Lutz (O'Reilly, 1996) finden Sie ein Verfahren, um die tiefe Bindung zu bekommen, indem Default-Argumente auf Werte im unmittelbar einschließenden Gültigkeitsbereich gesetzt werden.

Mir ist es lieber, wenn die Umgebung so etwas automatisch für mich macht, so wie Perl eben.

C++

C++ unterstützt Zeiger auf Subroutinen, aber keine Closures. Sie müssen Callback-Objekte verwenden, wenn eine Callback-Subroutine Daten aus dem Kontext benötigt.

Wenn Sie kein separates Callback-Objekt anlegen wollen, kann Ihr Objekt von einer Standard-Callback-Klasse erben und eine Methode mit einem Namen wie »execute« überschreiben, so daß der Aufrufer einfach `callback_objekt->execute()` verwenden kann.

Java

Java kennt weder Closures noch Zeiger auf Subroutinen (Methoden). Man kann Interfaces benutzen, um eine standardisierte Callback-Schnittstelle zur Verfügung zu stellen, so daß der Aufrufer sich nicht um die genaue Klasse des Objekts kümmern muß (solange diese die Schnittstelle implementiert).

Ressourcen

1. *perlref, perlmod, perlsub, perltoot* (Perl-Dokumentation).

2. *Struktur und Interpretation von Computer-Programmen.* Harold Abelson, Gerald Jay Sussman, Julie Sussman. Springer, 1993.

    Dieses Buch benutzt LISP, um Prozeduren höherer Ordnung und Closures zu erklären. Ein Lesevergnügen!

5

Eval

One person's data is another person's program.
Programming Pearls,
Communications of the ACM, Sept. 1985

Vor Jahren zeigte mir ein Freund ein elegantes Programm auf einer winzigen 32K-Maschine, dem BBC Micro, das beliebige mathematische Ausdrücke wie `sin(x) + cos(x**2)` akzeptierte und den Funktionsgraphen darstellte. Ich hatte mich gerade mit Parsern beschäftigt und fragte mich, wie viele hundert Zeilen er für das Programm wohl benötigt hatte. Er zeigte mir den Code: Das ganze Programm paßte auf einen Bildschirm. Er hatte die `eval`-Anweisung von BASIC verwendet.

Die meisten Skriptsprachen, die etwas auf sich halten, wie BASIC (zumindest einige Versionen), Perl, Tcl, LISP und Python haben ein Merkmal, das sie deutlich von Systemprogrammiersprachen wie C absetzt: die Möglichkeit, Zeichen-Strings als kleine Programme anzusehen.[1]

Für mich ist Perls Fähigkeit zur Laufzeitauswertung einer der Hauptgründe, diese Sprache zu verwenden. (Der andere ist die äußerst gute Unterstützung regulärer Ausdrücke.) Ich verwende die Laufzeitauswertung, um kleine Codeschnipsel dynamisch zu erzeugen, die dann mit der typischen Perl-Geschwindigkeit ausgeführt werden (also schnell!), um raffinierte Interpreter für kleine Sprachen zu implementieren.[2] Die `eval`-Funktion ist der Schlüssel zu diesem mächtigen Feature. Wir werden sie in Kapitel 7 benutzen, um Objektzugriffsfunktionen zu implementieren, sowie in Kapitel 11, um unter anderem ein Auswertungsprogramm für SQL-Anfragen zu schreiben.

Wie sich herausstellt, hat Perls `eval`-Funktion zwei etwas verschiedene Arbeitsmodi, die vom Typ des übergebenen Arguments abhängen. Wenn ein *String* übergeben wird,

---

1   Im Abschnitt »Dynamisches Verhalten« in Anhang B finden Sie weitere Perl-Konstrukte, die Perl von Systemprogrammiersprachen unterscheiden.

2   Eine reizende Besprechung kleiner Sprachen finden Sie in Jon Bentleys *More Programming Pearls* [1].

dann behandelt `eval` den String wie ein kleines Programm und führt dieses aus (wie oben erwähnt); dies wird auch dynamische Auswertung von Ausdrücken (*dynamic expression evaluation*) genannt. Der Inhalt des Strings kann zur Kompilierzeit bekannt sein oder auch nicht. Wenn Sie aber einen Code*block* übergeben – d.h. der Code ist auf jeden Fall zur Kompilierzeit bekannt –, dann fängt `eval` Laufzeitausnahmen ab.

Die Auswertung dynamischer Ausdrücke und die Ausnahmebehandlung sind zwei völlig verschiedene Bereiche, und man würde eigentlich erwarten, daß dafür zwei verschiedene Schlüsselwörter zur Verfügung stünden. Larry Wall hat dazu einmal bemerkt, daß er mit der Idee herumgespielt hat, ein anderes Schlüsselwort namens `try` für die Ausnahmebehandlung zu verwenden, aber daß er an der Stelle sparsam mit Schlüsselwörtern sein wollte. Ich bin der Meinung, daß ein einziges Schlüsselwort ganz passend ist, weil Ausdrücke, die dynamisch ausgewertet werden, mit größerer Wahrscheinlichkeit Laufzeitfehler bzw. -ausnahmen erzeugen als Code, der zur Kompilierzeit bekannt ist.

In diesem Kapitel werden Sie einen tiefen Einblick in die Arbeitsweise der beiden Modi von `eval` bekommen und Ihrem Idiomschatz eine weitere wichtige Dimension hinzufügen.

Der String-Modus: Auswertung von Ausdrücken

Wenn Perl zur Ausführung eine Datei oder einen String als Kommandozeilenoption (mit *–e*) bekommt, dann muß es den Inhalt parsen, auf syntaktische Fehler überprüfen und, wenn alles in Ordnung ist, ausführen. Diese Funktionen stellt Perl dem Programmierer mit dem String-Modus von `eval` zur Verfügung. Das ist ein deutlicher Unterschied zu Sprachen wie C, C++ oder Java, wo der Compiler völlig von Ihrem Programm getrennt ist und zur Laufzeit nicht zur Verfügung steht. Anders formuliert funktioniert der Perl-Interpreter *in etwa* so:

```
# Ganze Datei einlesen
while ($zeile = <>) {
    $str .= $zeile;   # Datei ansammeln
}

# $str enthält jetzt die gesamte Datei. Und ausführen!
eval $str;
```

Wie Sie sehen, verarbeitet `eval` jedes übergebene Perl-Skript. Das Schöne daran ist, daß diese Funktionalität nicht nur Larry, sondern auch normalen Sterblichen wie Ihnen und mir zur Verfügung steht. Versuchen Sie zum Beispiel folgendes:

```
# ein wenig Code in $str stecken
$str = '$c = $a + $b'; # Perl ist es egal, was in $str steht
$a = 10; $b = 20;
eval $str;              # $str als Code interpretieren und ausführen
print $c;               # gibt 30 aus
```

In diesem Codeschnipsel wird `$str` zunächst als gewöhnlicher String betrachtet, denn genau das ist es ja auch. `eval` aber interpretiert diesen String als Programm und führt ihn aus. Wichtig daran ist, daß `eval` den String nicht als *separates* Programm ansieht, sondern so, als es ob es an genau der Stelle im originalen Code anstelle der `eval`-Anweisung stünde. Abbildung 5-1 zeigt das noch einmal.

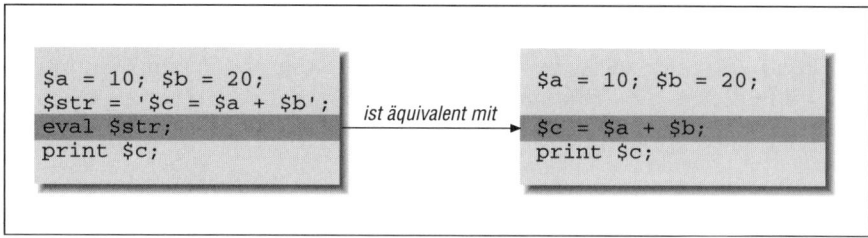

Abbildung 5-1: eval kompiliert und führt den String in seinem eigenen Kontext aus

Aus diesem Grund kann der an `eval` übergebene String Variablen – auch `my`- und `local`-Variablen – und Subroutinen, die an diesem Punkt zur Verfügung stehen, verwenden und auch neue in der gleichen Umgebung erzeugen. Im vorangegangenen Beispiel addiert der an `eval` übergebene String zwei initialisierte Variablen (`$a` und `$b`) und erzeugt eine neue Variable, `$c`.

Wenn Sie mehr als eine Anweisung in einem String haben (denken Sie daran, daß ein String so groß wie ein Programm werden kann, wenn Sie dies wünschen), dann führt `eval` alle aus und gibt das Ergebnis der letzten Auswertung zurück:

```
$str = '$a++; $a + $b'; # Enthält zwei Ausdrücke
$a = 10; $b = 20;
$c = eval $str; # $c erhält den Wert 31 (Ergebnis der 2. Auswertung, $a+$b)
```

Natürlich macht es wenig Sinn, wie im obigen Beispiel an `eval` ein Codestück zu übergeben, das Sie schon zu Kompilierzeit kennen. Interessant wird die Sache erst, wenn `$str` von irgendwo anders her kommt – von der Standardeingabe, einer Datei oder über das Netz. Wir werden uns in Kürze einige Beispiele ansehen, die davon Gebrauch machen.

HINWEIS   Der String-Modus von `eval` ist ein Sicherheitsrisiko. Wenn das String-Argument aus einer unbekannten Quelle kommt und beispielsweise `system('rm *')` enthält, dann würde dieser Code trotzdem fröhlich ausgeführt werden – was Ihre eigene Freude wiederum deutlich herabsetzen würde. In Situationen, in denen Sie der Eingabe nicht trauen, können Sie die Sicherheitsüberprüfungs-Option (*taint-checking*) von Perl verwenden, die verhindert, daß Daten von außerhalb des Programms Dateien oder andere Dinge außerhalb des Programms beeinflussen [3]. Außerdem können Sie das Modul Safe aus der Perl-Distribution verwenden, das sichere Abschnitte verwendet, in denen Strings mit `eval` ausgewertet werden, ähnlich wie die Umgebungen, die ein Web-Browser für Java- oder Tcl/Tk-Applets bereitstellt.

Was passiert, wenn `$str` keinen gültigen Perl-Ausdruck enthält? In diesem Fall schreibt Perl eine Fehlermeldung in eine spezielle Variable namens `$@` (oder `$EVAL_ERROR`, wenn Sie das Modul English benutzen). Weil `eval` den String kompiliert, bevor es ihn ausführt, kann dies entweder ein Kompilations- oder ein Laufzeitfehler sein. Es ist garantiert, daß `$@` auf `undef` gesetzt wird, wenn `$str` fehlerfreien Code enthält. (Nun, eigentlich sollte ich »syntaxfehlerfreien Code« sagen, denn `eval` kann Sie natürlich nicht wirklich vor Logikfehlern schützen.)

Weil `eval` vom Perl-Interpreter selbst verwendet wird, um ein übergebenes Skript zu parsen und auszuführen, sind die Fehlermeldungen (in `$@`) genau die gleichen wie die, die Sie bei der Standardfehlerausgabe sehen, wenn der Perl-Interpreter ein fehlerhaftes Skript abarbeitet.

Es gibt noch einen subtilen, aber wichtigen Punkt, der erwähnt werden muß. `eval` behandelt den String als einen Block, weswegen es auch eine Reihe von Anweisungen (und nicht nur Ausdrücke) verarbeiten und den Wert der letzten Anweisung zurückgeben kann. Das bedeutet aber auch, daß Sie keine Änderungen an lokalisierten oder lexikalischen Variablen im `eval`-String von außen sehen werden.

Der Blockmodus: Ausnahmebehandlung

In dieser Form folgt dem Schlüsselwort ein Codeblock und kein Skalar, der einen String enthält. Sie wird benutzt, um Laufzeitfehler oder *Ausnahmen* (*exceptions*) zu behandeln. Solche Fehler können entweder intern eingebaut (Speicher erschöpft, Division durch Null) oder benutzerdefiniert, ausgelöst durch `die`, sein.

Das folgende Beispiel zeigt Ihnen, wie Sie den Blockmodus von `eval` verwenden können, um einen Division-durch-Null-Fehler zur Laufzeit abfangen zu können:

```
eval {
    $a = 10; $b = 0;
    $c = $a / $b;      # Erzeugt einen Laufzeitfehler,
                       # der von eval abgefangen wird
};
print $@;   # Gibt "Illegal division by 0 at try.pl line 3" aus
```

Wenn das Skript kompiliert wird, prüft Perl die Syntax des Codeblocks und generiert Code dafür. Wenn ein Laufzeitfehler auftritt, überspringt Perl den Rest des `eval`-Blokkes und schreibt den entsprechenden Fehlertext nach `$@`.

Um eigene Fehler zu melden, verwenden Sie `die`. Perl weiß, ob ein Codestück gerade innerhalb eines `eval`-Blocks ausgeführt wird, übergibt deswegen beim Aufruf von `die` einfach den Fehlertext – das Argument von `die` – an die globale Variable `$@` und springt zu der auf den eval-Block folgenden Anweisung. Im folgenden Beispiel ruft datei_oeffnen die auf, wenn es Probleme hat, eine Datei zu öffnen. Um diese Funktion zu benutzen, wird sie in ein eval verpackt.

```
sub datei_oeffnen {
    open (F, $_[0]) || die "Konnte Datei nicht öffnen: $!";
}

$f = 'test.dat';
while (1) {
    eval {
        open_file($f); # wenn datei_oeffnen scheitert, wird Programm nicht beendet
    };
    last unless $@;      # kein Fehler: Schleife beenden
    print "$f existiert nicht. Bitte geben Sie einen neuen Dateinamen ein ";
    chomp($f = <STDIN>);
}
```

Java/C++-Programmierer erkennen natürlich die Parallele zu den *throw*-, *try*- und *catch*-Anweisungen, wobei *try* dem eval-Block entspricht, *catch* der Überprüfung von $@ und *throw* dem die. (Man kann sich das so vorstellen, als sagte der Aufrufer zur Laufzeitumgebung: »Here, *try* this code, and *catch* whatever errors are *thrown* by the callee.«)

Was mir sehr gut an der Java-Umgebung gefällt, ist die Tatsache, daß sowohl der Interpreter als auch die Standardbibliotheken ausführlichen und *konsistenten* Gebrauch von *try*, *throw* und *catch* für ihre Fehlerbehandlung machen. In gewissem Sinne ist die Verwendung dieser Konstrukte besser, als einfach nur einen Fehlercode zurückzugeben, denn der Programmierer *muß* so auf mögliche Fehler achtgeben (wenn er den Fehler ignoriert, beendet sich das Programm).

In C++ und Java kann eine Funktion eine Ausnahme erneut auslösen, wenn sie sie nicht selbst behandeln möchte. In Perl können Sie das machen, indem Sie die ohne Argumente aufrufen:

```
eval {
    ...
};
if ($@ =~ /was soll das/) {
    ....
} else {
    # Hmmm, ich weiß nicht, was ich damit machen soll.
    die; # Identisch mit die $@
}
```

Wenn es einen umschließenden eval-Block gibt, dann wird die Ausnahme dort abgefangen, sonst wird das Programm beendet.

Standardmodule

Weil C++ und Java über spezielle Konstrukte zum Abfangen und Behandeln von Fehlern verfügen, wünschen sich einige Perl-Programmierer das auch. Hier sind einige mögliche Optionen.

Exception.pm

Kürzlich ist ein neues Modul namens Exception, das auf eval und die aufbaut, im CPAN angekündigt worden. Sie müssen die Perl-Unterstützung zur Objektorientierung kennen, um das folgende Beispiel zu verstehen, weswegen Sie dieses Beispiel vielleicht später noch einmal durchlesen sollten.

Dieser Schnipsel löst Ausnahmen aus, wenn Sie versuchen, mehr als DM 300,– oder mehr als den aktuellen Saldo abzuheben:

```
use Exception;
package LimitUeberzogenAusnahme; # Benutzerdefinierte Ausnahme
@ISA = ('Exception');

package UeberziehungsAusnahme;    # Benutzerdefinierte Ausnahme
@ISA = ('Exception');

package BankKonto;
sub geld_abheben {
    my $betrag = shift;
    if ($betrag > 300) {
        throw new LimitUeberzogenAusnahme;
    }
    if ($betrag > $saldo) {
        throw new UeberziehungsAusnahme;
    }
    ...    # Saldo ändern
}

try {
    print "Wieviel wollen Sie?"; chomp($betrag = <STDIN>);
    geld_abheben ($betrag);
}
catch LimitUeberzogenAusnahme =>
            sub {print 'Kann nicht mehr als DM 300,- abheben'},
        UeberziehungsAusnahme      =>
            sub {print $_[0]->message},
        Default =>
            sub {print "Interner Fehler. Versuchen Sie es später noch einmal."};
```

exceptions.pl

Die Standard-Perl-Bibliothek enthält zur Zeit ein Modul namens *exceptions.pl*, das ebenfalls ein dünner Wrapper um eval und die ist und Subroutinen namens catch und throw zur Verfügung stellt. catch nimmt als Codestück einen *String* (im Gegensatz zu einem Block wie im vorigen Beispiel) und eine Liste regulärer Ausdrücke entgegen, mit denen der Fehlerstring verglichen wird, wenn eval den Code ausführt.

Dieses Modul hat ein ernsthaftes Problem, das von dem neueren Modul *Exception.pm* gelöst worden ist: Weil `catch` eine Subroutine ist, stehen lexikalische Variablen im aktuellen Gültigkeitsbereich (mit `my` lokalisiert) in der `catch`-Anweisung nicht zur Verfügung.

Ich vermute, daß Programmierer es verabscheuen, eine Sprache wie die andere aussehen zu lassen;[3] wenn man alles betrachtet, dann ist die rohe Verwendung von `eval` und `die` vermutlich immer noch am leichtesten.

Passen Sie auf Ihre Anführungszeichen auf

Es gibt einige Subtilitäten im Zusammenhang damit, wie Anführungszeichen und Blöke von Perl interpretiert werden. Betrachten Sie die Unterschiede zwischen den folgenden Anweisungen:

```
$str = '$c = 10';
#
eval  $str;       # 1
eval  "$str";     # 2
eval  '$str';     # 3
eval  { $str };   # 4
```

Die Fälle 1 und 2 und die Fälle 3 und 4 verhalten sich jeweils identisch. Können Sie sehen, wieso? Der Trick besteht darin, daß man wissen muß, was der Interpreter macht, *bevor* er den Code an `eval` weiterreicht.

Im ersten Fall gibt Perl den *Inhalt* von `$str` an `eval` weiter, genauso wie bei jeder anderen Funktion. `eval` sieht daher den String `'$c = 10'`, behandelt ihn wie ein kleines Programm und führt ihn aus.

Im zweiten Fall nimmt Perl eine Variableninterpolation im String in doppelten Anführungsstrichen vor, bevor es ihn an `eval` weiterreicht. Wieder sieht `eval` den Inhalt von `$str`, kompiliert ihn und führt ihn aus, wobei wiederum 10 an `$c` zugewiesen wird.

Im Fall 3 ist das Argument von `eval` ein String in einfachen Anführungsstrichen, der während der Variableninterpolation nicht expandiert wird. Aus diesem Grund sieht `eval` einen hart codierten String (mit den Zeichen »$«, »s«, »t« und »r«) und behandelt ihn wie sonst auch als kleines Programm. Als alleinstehendes Programm ist das natürlich ziemlich nutzlos. Weil `eval` das Ergebnis des letzten Ausdrucks zurückgibt, gibt es in diesem Fall den Wert von `$str` (also den String `$c = 10`) zurück. Wenn Sie also eingeben:

```
$s = eval '$str';
```

dann enthält `$s` den String `$c = 10`.

---

3   Das trifft allerdings nicht auf Larry Wall zu, wenn man bedenkt, daß er Perl so entworfen hat, daß es wie C, sh und awk aussieht!

Fall vier ist identisch mit Fall drei, außer daß der Code im Block zur Kompilierzeit auf syntaktische Fehler überprüft wird (zur gleichen Zeit wie der Rest des Skripts).

Das ist auch schon alles, was man über `eval` wissen muß. Lassen Sie uns daher jetzt untersuchen, wie man `eval` zur Auswertung von Ausdrücken, zur Ausnahmebehandlung und zur Effizienzsteigerung verwenden kann.

Eval zur Auswertung von Ausdrücken verwenden

Es gibt eine Reihe von Aufgaben wie Parsing und Auswerten von Ausdrücken, bei denen Sie Perl die ganze dreckige Arbeit überlassen können. Vorausgesetzt natürlich, daß Ihre Anforderungen an das Parsing denen von Perl entsprechen. Perl weiß schließlich einigermaßen Bescheid, wie man perlige Anweisungen parst und auswertet.

Lassen Sie uns annehmen, daß Ihre Eingabedaten aus einem Haufen von Strings in Anführungsstrichen bestehen, und Sie überprüfen wollen, ob die Anführungsstriche ausbalanciert sind:

```
'Er sagte: "Komm doch rüber"'
'Es gibt Zeiten, wenn "Peter" überhaupt nicht funktioniert.'
```

Anstatt über Backslash-Escape-Sequenzen zu schwitzen und Code zu schreiben, der überprüft, ob die Anführungsstriche korrekt ausbalanciert sind (also immer paarweise und nur korrekt ineinandergeschachtelt auftreten), können Sie den String einfach wie in Beispiel 5–1 an `eval` weitergeben. Erinnern Sie sich auch daran, daß ein String ebenfalls ein korrekter Perl-Ausdruck ist. Wenn Perl eine Fehlermeldung nach `$@` schreibt, dann können Sie sich ziemlich sicher sein, daß Ihre Eingaben fehlerhaft sind.

Beispiel 5-1: eval.pl

```
while (defined($s = <>)) {          # Eine Zeile nach $s einlesen
    $ergebnis = eval $s;            # Zeile auswerten
    if ($@) {                       # Auf Kompilier- oder Laufzeitfehler überprüfen
        print "Ungültiger String:\n $s";
    } else {
        print $ergebnis, "\n";
    }
}
```

Das Schöne an diesem Code ist, daß er genausogut als raffinierter Taschenrechner arbeitet, weil `$s` *jede* gültige Perl-Anweisung sein kann, mit arithmetischen Operatoren, Schleifen, Variablenzuweisungen, Subroutinen und so weiter. Sie könnten das Programm zum Beispiel so verwenden:

```
% perl eval.pl
2 * log (10);
4.60517018598809
$a = 10; $a += $a ** 2;
```

```
110
for (1..10) {print $_ , " " }
1 2 3 4 5 6 7 8 9 10
```

Zu jeder Zeile, die Sie eingeben, berechnet Perl das Ergebnis und gibt es aus (im Beispiel in magerer Schrift). Können Sie sich eine einfachere Shell vorstellen? Beachten Sie, daß der Code erwartet, daß jede Eingabezeile ein vollständiger Ausdruck ist; Sie können also so keine mehrzeiligen Ausdrücke schreiben, aber natürlich können Sie das Programm so anpassen, daß erst mit der Auswertung begonnen wird, wenn der Benutzer eine leere Zeile eingibt.

Es lohnt sich, diese wenigen Zeilen mit dem Aufwand, *lex* und *yacc* zu lernen, zu vergleichen – schauen Sie sich dazu beispielsweise den *yacc*-, *lex*- und C-basierten Taschenrechner (»hoc«) an, den Kernighan und Pike in ihrem Klassiker *The Unix Programming Environment* entwickelt haben. Andere statische Sprachen wie Java oder C++ bringen ähnliche Probleme mit sich: Sie müssen das Rad immer wieder neu erfinden, weil Sie keinen Zugang zu der Funktionalität des Compilers selbst haben.

Auswerten von Ausdrücken in Substitutionen

Der Substitutionsoperator in Perl hat normalerweise die Form s/regex/ersetzung/ und substituiert den Ersetzungsstring für das, was in der Eingabe auf den regulären Ausdruck paßt. Der Schalter /e macht das ganze etwas komplizierter: Er teilt dem Substitutionsoperator mit, daß der zweite Teil ein *Perl-Ausdruck* ist, kein normaler Ersetzungsstring. Statt dessen wird das *Ergebnis* des Ausdrucks als Ersetzungsstring verwendet. Betrachten Sie dazu folgendes Beispiel:

```
$zeile = 'Ausdrücke Auswerten';
$zeile =~ s/(\w+)/ scalar (reverse($1)) /eg;
print $zeile; # Gibt "ekcürdsuA netrewsuA" aus
```

Der zweite Parameter des Substitutionsoperators ist ein Ausdruck: reverse wird in einem skalaren Kontext verwendet, um den übergebenen String umzudrehen. Der Schalter /g sorgt dafür, daß jedes Wort verglichen und umgedreht wird.

Dieses Thema hat nur am Rande mit dem Schlüsselwort eval zu tun, paßt aber trotzdem zu unserer Diskussion über Auswertungen von Ausdrücken zur Laufzeit; /e steht in Wirklichkeit für »expression« (Ausdruck), nicht für eval. Dieser Ausdruck wird zur Kompilierzeit syntaktisch überprüft, so daß Sie trotzdem noch die ganze Anweisung in einen eval-Block stecken müssen, wenn Sie Laufzeitfehler abfangen müssen. Betrachten Sie noch ein anderes Beispiel, in dem in jedem String das Muster »Zahl/Zahl« durch die äquivalente Dezimalzahl ersetzt wird:

```
$l = 'Seine Chancen auf Sieg liegen zwischen 2/5 und 1/3';
eval {
    $l =~ s|(\d+)/(\d+)| $1 / $2 |eg;
};
print $l unless $@;
```

Damit wird »Seine Chancen auf Sieg liegen zwischen 0.4 und 0.333333333333333« ausgegeben. Der `eval`-Block fängt Divisionen durch Null ab.

Eval aus Effizienzgründen benutzen

Hier folgen einige Beispiele, in denen die Auswertung zur Laufzeit die Ausführungsgeschwindigkeit deutlich erhöhen kann.

Ein schnelles grep mit mehreren Suchmustern

Denken Sie an ein *grep*-ähnliches Skript, das eine beliebige Anzahl von Mustern suchen kann und nur die Zeilen ausgibt, die auf *alle* angegebenen Suchmuster passen (die Reihenfolge der Muster ist also unerheblich). Sie könnten den Code etwa so strukturieren:

```
while ($s = <>) {
    $alle_passen = 1;       # erst einmal annehmen, daß alle Muster auf $s passen
    foreach $muster (@muster) {
        if ($s !~ /$muster/) {
            $alle_passen = 0; # Nein, die Annahme war falsch
            last;
        }
    }
    print $s if $alle_passen;
}
```

Dieser Code hat aber ein Problem: Der reguläre Ausdruck (`/$muster/`) muß für jede Zeile und jedes Muster neu kompiliert werden. Wenn Sie beispielsweise 10.000 Textzeilen nach drei Mustern, `a.*b`, `[0-9]` und `[^def]`, durchsuchen müssen, dann werden die Muster 30.000mal kompiliert. Der Schalter `/o`, der Perl auffordert, die regulären Ausdrücke zu kompilieren, kann hier nicht verwendet werden, weil `$muster` sich während der Programmausführung verändern kann.

Der schnellste Ansatz besteht darin, die Muster wie im folgenden Beispiel gezeigt hart zu codieren, aber das ist auch der Ansatz, der am wenigsten wiederverwendbar ist.

```
while ($s = <> ) {
    if (  ($s =~ /a.*b/) &&
          ($s =~ /[0-9]$/) &&
          ($s =~ /[^def]/)) {
        print $s;
    }
}
```

Die gute Nachricht: Es ist möglich, diese Effizienz zu erreichen, ohne die Allgemeinheit zu beschränken. Dazu soll der oben gezeigte hart codierte Code zur Laufzeit zusammengebaut und dann an `eval` übergeben werden.

Die Strings, die den zu erzeugenden Code bilden, sind in Beispiel 5-2 fett dargestellt.

Beispiel 5-2: Hochgeschwindigkeit durch Kompilieren regulärer Ausdrücke

```
$code = 'while (<>) {';
$code .= 'if (/';
$code .= join ('/ && /', @muster);
$code .= '/) {print $_;}}';
print $code, "\n";
eval $code;   # Endlich!
# Überprüfen, ob in der Eingabe fehlerhafte reguläre Ausdrücke waren.
die "Fehler ---: $@\n Code:\n$code\n"    if ($@);
```

Wenn `@muster` die Strings »`^foo`«, »`bar$`« und »`ghi`« enthält, dann sieht der an `eval` übergebene Code so aus:

```
while (<>) {if (/^foo/ && /bar$/ && /ghi/) {print $_;}}
```

Dieses Beispiel kann noch effizienter gemacht werden, indem die Muster sortiert werden, so daß die Muster vorn stehen, die Zeilenanker (Zeilenanfang (`^`) oder Zeilenende (`$`)) enthalten. Ein Muster, das am Anfang oder Ende der Zeile verankert ist, kann sehr viel schneller überprüft werden als ein solches, bei dem der gesamte String abgesucht werden muß. Eine weitere Verbesserung bestünde darin, daß der Benutzer den Booleschen Operator angeben kann, anstatt an das hart codierte `&&` gebunden zu sein. Lesen Sie dazu das Dokument *perlfaq6* (die Perl-FAQ zu regulären Ausdrücken), das mit der Perl-Distribution geliefert wird.

Spalten aus einer Datei extrahieren

Lassen Sie uns jetzt ein anderes Beispiel ansehen, in dem aus Effizienzgründen Perl-Code dynamisch aufgebaut und evaluiert wird. Wir schreiben ein Programm namens `col`, das ähnlich dem Unix-Befehl `cut(1)` Spalten aus einer Datei extrahiert. Es wird wie folgt aufgerufen:

```
% col -s80 8-14 20+8 test.dat
```

Dieser Aufruf sieht *test.dat* als Datei mit festem Format und 80spaltigen Datensätzen an und schneidet zwei Spalten aus jedem Datensatz aus, eine, die an der Zeichenposition 8 beginnt und bei 14 aufhört (die am weitesten links stehende Spalte trägt die Nummer 1, nicht 0), und eine, die sich von 20 bis 28 erstreckt. Das Ganze ist in Abbildung 5-2 noch einmal bildlich dargestellt. Wenn die Option *-s* nicht auf der Kommandozeile angegeben wird, betrachtet das Skript Zeilenwechsel als Datensatztrenner und liest die Datei Zeile für Zeile ein. Spaltenbereiche dürfen sich überlappen.

Sie wissen ja schon, daß `substr` Substrings von einer gegebenen Startposition mit einer gegebenen Länge extrahiert. `col` kann daher einfach implementiert werden, indem `substr` in einer Schleife einmal für jeden auf der Kommandozeile übergebenen Bereich aufgerufen wird:

```
in jeder zeile in der datei {
    in jedem übergebenen Spaltenbereich {
        print substr( zeile, bereich );
    }
}
```

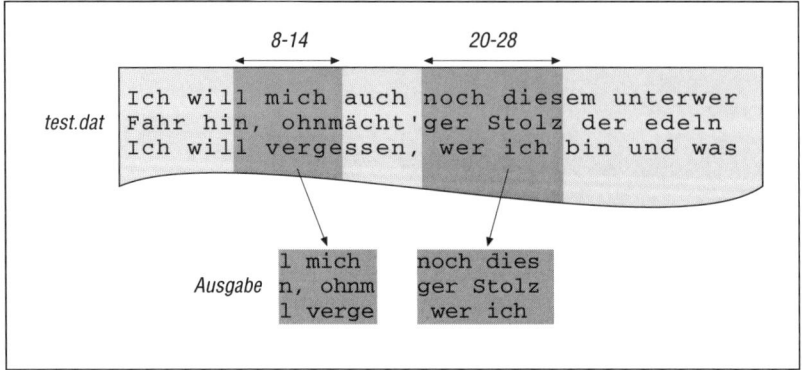

Abbildung 5-2: Spalten extrahieren mit col

Wir benutzen übrigens nicht unpack anstelle von substr, denn die Eingabebereiche sollen sich überlappen dürfen.

Effizienter als der angegebene Algorithmus ist es aber, »die Schleife einzuebnen« und wo immer möglich Konstanten zu verwenden, wie es in dem folgenden Codeschnipsel gezeigt wird (mit den oben genannten Kommandozeilenparametern). Zu jedem aus der Datei eingelesenen Datensatz schneidet dieser Code den durch den Eingabebereich angegebenen Substring aus und füllt ihn bei Bedarf mit Leerzeichen auf. Außerdem wird an jede ausgeschnittene Spalte ein Begrenzungszeichen (»|«) angehängt.

```
#TEIL 1 --------------------------------------------------------
sub col {
    my $tmp;
    while (1) {
        $s = naechste_zeile_einlesen();
        $spalte = "";

#TEIL 2 --------------------------------------------------------
        $s .= ' ' x (14 - length($s))  if (length($s) < 14);
        $tmp = substr($s, 7, 7);
        $tmp .= " " x (7 - length($tmp));
        $spalte .= '|' . $tmp;
        $s .= ' ' x (28 - length($s))    if (length($s) < (28));
        $tmp = substr($s, 19, 9);
        $tmp .= " " x (9 - length($tmp));
        $spalte .= '|' . $tmp;

#TEIL 3  --------------------------------------------------------
        print $spalte, "\n";
    }
}
```

$tmp enthält eine Spalte zur Zeit, $spalte sammelt jede dieser Spalten zur Ausgabe und wird dann schließlich ausgegeben.

Lassen Sie uns jetzt diese Subroutine zur Laufzeit anhand der obengezeigten Kommandozeile zusammensetzen. Beachten Sie, daß die Teile 1 und 3 von Kommandozeilenargumenten unabhängig sind. Teil 2, der alle Spalten in jeder Zeile extrahiert, ist der einzige, der von diesen beeinflußt wird.

Wie bereits erwähnt, müssen wir sorgfältig auf die Anführungszeichen achten. Angenommen, `$spalte1` und `$offset` enthalten 7 beziehungsweise 6, dann müssen wir die folgende Codezeile in den auszuführenden String einfügen:

```
$tmp = substr($s, 7, 6);
```

Diese Zeile kann folgendermaßen generiert werden:

```
$code = '$tmp = substr($s, ' . "$spalte1, $offset)";
```

Achten Sie darauf, wie wir hier einfache und doppelte Anführungsstriche eingesetzt haben, um die Variableninterpolation genau zu beeinflussen. In Beispiel 5–3 werden die drei Teile durch `teil1_erzeugen`, `teil2_erzeugen` und `teil3_erzeugen` generiert. Die Subroutine `naechste_zeile_einlesen` konvertiert Tabs in äquivalente Leerzeichen, um den optischen Effekt eines Tabulators zu erhalten. `teil3_erzeugen` übergibt den generierten Code auch an `eval` und erzeugt so die neue Subroutine `col`. Wie oben sind die Strings, aus denen der erzeugte Code zusammengesetzt wird, in Fettdruck gezeigt.

Beispiel 5-3: col: Ein Skript, um Spalten aus einer Datei zu extrahieren

```
# Extrahiert Textspalten aus einer Datei
# Aufruf : col [-<n>] spaltenbereich1 spaltenbereich2 dateien ...
# wobei die spaltenbereiche als spalte1-spalte2 (Spalte 1 bis Spalte 2)
# oder spalte1+n (wobei n die Anzahl der Spalten ist) angegeben wird
$groesse = 0;       # 0 => zeilenorientierte Eingabe, ansonsten festes Format
@dateien = ();      # Dateiliste
$neue_datei_oeffnen = 1; # erzwingen, dass naechste_zeile_einlesen die erste Datei oeffnet
$debugging = 0;     # kann mit -d von der Kommandozeile eingeschaltet werden
$spalte = "";
$code = "";
teil1_erzeugen();
teil2_erzeugen();
teil3_erzeugen();
col();              # die Subroutine col ist jetzt generiert worden, also aufrufen!
exit(0);


#-----------------------------------------------------------------
sub teil1_erzeugen; {
    # Den ersten, unveränderlichen Teil von sub col() generieren
    $code = 'sub col { my $tmp;';  # Beachten Sie die einfachen Anführungszeichen
    $code .= 'while (1) {$s = naechste_zeile_einlesen(); $spalte = "";';
    $begrenzung = '|';
}
```

Beispiel 5-3: col: Ein Skript, um Spalten aus einer Datei zu extrahieren (Fortsetzung)

```perl
#-----------------------------------------------------------------
sub teil2_erzeugen; {
    # Argumente verarbeiten
    my ($spalte1, $spalte2);
    foreach $arg (@ARGV) {
        if (($spalte1, $spalte2) = ($arg =~ /^(\d+)-(\d+)/)) {
            $spalte1--;# 0-basiert machen
            $offset = $spalte2 - $spalte1;
            bereich_hinzufuegen($spalte1, $offset);
        } elsif (($spalte1, $offset) = ($arg =~ /^(\d+)\+(\d+)/)) {
            $spalte1--;
            bereich_hinzufuegen($spalte1, $offset);
        } elsif ($groesse = ($arg =~ /-s(\d+)/)) {
            # nichts passiert
        } elsif ($arg =~ /^-d/) {
            $debugging = 1;
        } else {
            # Muß ein Dateiname sein
            push (@dateien, $arg);
        }
    }
}


#-----------------------------------------------------------------
sub teil3_erzeugen; {
    $code .= 'print $spalte, "\n";}}';

    print $code if $debugging; # -d schaltet Debugging ein
    eval $code;
    if ($@) {
        die "Fehler ..........\n $@\n $code \n";
    }
}


#-----------------------------------------------------------------
sub bereich_hinzufuegen {
    my ($spalte1, $anzahlZeichen) = @_;
    # substr beschwert sich (bei -w), wenn wir hinter das String-Ende schauen wollen
    # Um das zu vermeiden, füllen wir den String falls notwendig auf
    $code .= "\$s .= ' ' x ($spalte1 + $anzahlZeichen - length(\$s))";
    $code .= "    if (length(\$s) < ($spalte1+$anzahlZeichen));";
    $code .= "\$tmp = substr(\$s, $spalte1, $anzahlZeichen);";
    $code .= '$tmp .= " " x (' . $anzahlZeichen . ' - length($tmp));';
    $code .= "\$spalte .= '$begrenzung' . \$tmp; ";
}
```

Beispiel 5-3: col: Ein Skript, um Spalten aus einer Datei zu extrahieren (Fortsetzung)

```
#----------------------------------------------------------------
sub naechste_zeile_einlesen {
    my($buf);

    NAECHSTEDATEI:
    if ($neue_datei_oeffnen) {
        $datei = shift @dateien || exit(0);
        open (F, $datei) || die "$@ \n";
        $neue_datei_oeffnen = 0;
    }
    if ($groesse) {
        read(F, $buf, $groesse);
    } else {
        $buf = <F>;
    }
    if (! $buf) {
        close(F);
        $neue_datei_oeffnen = 1;
        goto NAECHSTEDATEI;
    }
    chomp($buf);
    # Tabs in Spaces konvertieren (Tabbreite wird als 8 angenommen)

    # zuerst voranstehende Tabs expandieren (der Normalfall)
    $buf =~ s/^(\t+)/' ' x (8 * length($1))/e;

    # Jetzt nach eingeschachtelten Tabs suchen. Einer nach dem anderen wird
    # expandiert, deswegen die while-Schleife. In jedem Schleifendurchlauf
    # wird ein Tabulatorzeichen durch die Anzahl der Zeichen, die bis zum
    # nächsten Tabstopp nachbleiben, ersetzt. Die Schleife endet,
    # wenn keine Tabstopps mehr übrig sind.
    1 while ($buf =~ s/\t/' ' x (8 - length($`)%8)/e);

    $buf;
}
```

`naechste_zeile_einlesen` benutzt die Option `/e` des Substitutionsoperators, um die Tabulatoren zu entfernen. Können Sie sich denken, warum wir die `while`-Schleife anstelle der Option `/g` verwendet haben? Der Grund dafür ist, daß wir wissen müssen, wo sich das Tabulatorzeichen und der nächste Tabstopp befinden, um das Tabulatorzeichen zu der richtigen Anzahl von Leerzeichen expandieren zu können. Das bedeutet, daß wir wissen müssen, wie viele Zeichen zwischen dem Zeilenanfang und dem Tabulatorzeichen liegen. Das bekommen wir mit `length($`)`. Im nächsten Schleifendurchlauf muß diese Länge auch das vorher expandierte Tabulatorzeichen berücksichtigen. `/g` führt zwar eine globale Ersetzung durch, schaut sich aber nie wieder einen bereits ersetzten Teil an (d.h. es bewegt sich immer nach vorn), mit dem Ergebnis, daß Sie bei Verwendung dieser Option nie wissen, wie lang ein teilweise substituierter String an einem beliebigen Punkt ist. Statt dessen verwenden wir die `while`-Schleife, um den String abzulaufen und nach Tabulatorzeichen zu suchen.

Eval für Timeouts benutzen

Wenn Sie `eval` aufrufen, merkt sich Perl die nächste auszuführende Anweisung, falls es irgendwo auf ein `die` stoßen sollte. Intern ruft `die` `longjmp` auf, so daß Perl keine Zeit damit verschwendet, die Kontrolle durch den gesamten Stack bis zur Anweisung, die auf `eval` folgt, zurückzugeben. (Alle temporären und lokalen Variablen, die im an `eval` übergebenen Code erzeugt worden sind, werden automatisch aufgeräumt.)

Die interne Verwendung von `setjmp` und `longjmp` ermöglicht uns eine neue Technik, nämlich blockierte Systemaufrufe und Endlosschleifen abzubrechen. Angenommen, Sie wollen höchstens zehn Sekunden darauf warten, daß der Benutzer etwas eingibt.[4] Wenn Sie `$buf = <>` verwenden, dann ist das Programm blockiert, bis der Benutzer sich herabläßt, die Eingabetaste zu betätigen, aber wir wollten ja eigentlich, daß Perl die Eingabe nach zehn Sekunden Wartezeit abbricht. Das Generieren von Timeouts ist kein großes Problem; Sie können die eingebaute Funktion `alarm()` verwenden, um ein ALRM-Signal nach einer gegebenen Anzahl von Sekunden zu generieren:

```
$SIG{ALRM} = \&timeout;
alarm(10);   # Sagt dem Betriebssystem, nach 10 Sekunden ein ALRM-Signal zu schicken
$buf = <>;   # Blockierendes Lesen
```

Die Prozedur `timeout()` wird (nach zehn Sekunden) aufgerufen, egal, was Perl sonst gerade gemacht hat, sei es ein blockierendes Lesen oder eine Endlosschleife. Das Problem ist nun aber, wie `timeout()` Perl veranlassen kann, das abzubrechen, was es zum Zeitpunkt des Aufrufs gerade gemacht hat. Hier kommen jetzt `eval` und `die` ins Spiel. Legen Sie ein `eval` um `$buf = <>` und setzen Sie ein `die` in `timeout()`. Damit wird die Kontrolle an die Anweisung zurückgegeben, die auf das `eval` folgt (im folgenden Beispiel die `if`-Anweisung):

```
$SIG{ALRM} = \&timeout;
eval {
    alarm (10);
    $buf = <>;
    alarm(0);              # Ausstehenden Alarm abbrechen
};
if ($@ =~ /KEINE LUST MEHR ZU WARTEN/) {
    print "Time out. Mache mit dem Defaultfall weiter.\n";
    ....
}

sub timeout {
    die "KEINE LUST MEHR ZU WARTEN";
}
```

Wenn der Benutzer nicht innerhalb von zehn Sekunden die Eingabetaste drückt, dann wird `timeout` vom Signalhandler gerufen und ruft selbst wiederum `die` auf, das intern mit `longjmp` auf die Anweisung springt, die dem innersten `eval` folgt. Wenn der Benut-

---

4 Ich danke Tom Christiansen für dieses Beispiel.

zer innerhalb der vorgesehenen Zeit die Eingabetaste gedrückt hat, wird `alarm(0)` aufgerufen, um den Alarm abzubrechen.

Beachten Sie, daß im Alarmfall `$@` etwas wie »KEINE LUST MEHR ZU WARTEN in *foo.pl* line 100« enthält, so daß Sie nicht `eq` verwenden können; Sie müssen einen Mustervergleich mit regulären Ausdrücken (oder den Operator `index`) verwenden.

Tom Christiansen machte mich noch auf einen subtilen und interessanten Punkt aufmerksam: Es ist wichtig, daß Sie `alarm` innerhalb des `eval`-Blocks aufrufen, denn auf einer ausgelasteten Maschine könnte sonst Ihre Zeitscheibe nach dem Aufruf von `alarm`, aber bevor der geschützte Abschnitt (also der `eval`-Block) betreten wird, beendet sein. Wenn das Programm dann später wieder den Prozessor zugeteilt bekommt, ist es möglich, daß der Timeout schon abgelaufen ist und das Programm sich beendet.

Eval in anderen Sprachen

Untersuchen wir jetzt, was andere Sprachen in Sachen Auswertung zur Laufzeit und Ausnahmebehandlung zu bieten haben.

Tcl

Der Tcl-Interpreter verwendet die typische Shell-Syntax: Jede Anweisung ist ein Befehl, dem eine Reihe von Argumenten folgt. Wenn der Befehl zur Kompilierzeit bekannt ist, erzeugt er Bytecodes und wird in der Folge ausgeführt; aber wenn er variabel ist, wartet der Interpreter bis zur Laufzeit mit der Kompilation und Ausführung dieser Anweisung. (Frühere Tcl-Versionen behandelten das Programm immer als Strings und parsten jede Anweisung, wann immer sie auftrat, selbst, wenn das in einer Schleife war. Inzwischen hat der Tcl-Interpreter gerade einige Schritte in Richtung eines Bytecode-Interpreters unternommen.) Tcl unterstützt den Aufruf `eval`, der den Parser rekursiv aufruft und den Inhalt des Strings als Befehl interpretiert, dem Parameter folgen.

Zur Fehlerbehandlung stellt Tcl die Anweisungen `catch` und `error` zur Verfügung, die äquivalent mit `eval` und `die` sind.

Python

Die `eval`-Funktion von Python ermöglicht es, einen String auszuwerten und auszuführen, dieser String darf aber keine Zeilenwechsel enthalten. Zwar gibt es eine Anweisung namens `exec`, die Zeilenwechsel zuläßt, aber da Python führenden Leerraum anstelle einer expliziten Blockstruktur verwendet, ist es wichtig, daß Sie in einem dynamisch konstruierten String, der an `exec` übergeben werden soll, die Leerzeichen richtig einsetzen. Das ist ein ganzes Stück mühsamer, als in Perl die Blöcke richtig aufzubauen.

Python hat ähnlich wie Perl eine Kompilierungs- und Ausführungsphase; zu jedem Modul namens *modul.py* wird der Bytecode in einer Datei namens *modul.pyc* abgelegt. Das nächste Mal, wenn diese Modul benutzt wird, wird automatisch die Bytecodedatei geladen. Auch Perl wird so eine Funktionalität in Zukunft haben; der Perl-Compiler von Malcolm Beattie befindet sich derzeit im Alpha-Test.

Zur Ausnahmebehandlung unterstützt Perl den Begriff der Ausnahmeklassen als Sprachbestandteil, genau wie Java und C++. Ausnahmen werden mit `raise` ausgelöst und mit `try/except/finally` abgefangen und behandelt. (`try` und `except` entsprechen dem Blockmodus von `eval`. Das Schlüsselwort `finally` kennzeichnet einen Default-except-Block, der aufgerufen wird, wenn keine der anderen `except`-Anweisungen die Ausnahme abfangen und behandeln konnte.) Es gefällt mir besonders, wie der Interpreter und die Python-Bibliothek konsistenten Gebrauch von diesem Sprachmerkmal machen.

C / C++

Es gibt in C und C++ keine Auswertung zur Laufzeit, aber es gibt eine Reihe von freien und kommerziellen Interpretern, die Sie in Ihre C-Applikationen linken können, um C- oder C++-ähnliche interpretierte Sprachen zu unterstützen. Suchen Sie C-Interp oder XCoral in der Liste freier Compiler unter *http://www.idiom.com/free-compilers*.

C hat keine Schlüsselwörter zur Ausnahmebehandlung. C++ hat `try/catch/throw` mit der gleichen Syntax wie Java. Ausnahmen können benutzerdefinierte Objekte sein und private Daten sowie ein eigenes Verhalten haben.

Java

Java verwendet die gleichen zwei Phasen wie Perl: (1) Kompilation in einen Bytecode und (2) Ausführung dieses Zwischencodes. Java erlaubt jedoch nicht die Erzeugung und Ausführung *neuen* Codes zur Laufzeit. Es gibt wirklich keinen Grund, warum dies technisch nicht möglich sein sollte, denn der Compiler `javac` ist selbst wiederum in Java geschrieben, und es sollte möglich sein, ihn als Bibliothek anstatt als ausführbares Programm auszuliefern, ohne Sicherheitsbeschränkungen zu verletzen.

Zur Fehlerbehandlung stellt Java die `try/catch`-Syntax bereit, die insofern äquivalent mit dem Blockmodus von `eval` in Perl ist, als der gesamte Code zur Kompilierzeit bekannt ist. Ausnahmen sind in Java echte Objekte erster Ordnung, weswegen man sehr viel besser zwischen ihnen unterscheiden kann als mit dem String-Vergleich, der in Perl verwendet wird. Um eine benutzerdefinierte Ausnahme auszulösen, kennt Java das Schlüsselwort `throw`, ähnlich wie `die` in Perl.

Java benutzt eine strenge Typprüfung und verlangt, daß eine Funktion die Ausnahmen, die sie auslösen könnte, aufzählt (dies wird als Teil der Signatur einer Funktion angesehen). Wenn Sie also eine Funktion aufrufen, die eine Ausnahme auslöst, dann erwartet Java entweder, daß Sie diese Ausnahme nicht weiterreichen oder sie als Teil der Funktionssignatur deklarieren. Auf diese Weise sehen Sie immer gleich, mit welchen Ausnahmen Sie es zu tun bekommen können, wenn Sie eine Funktion sehen. Das ist wichtig, wenn große Applikationen in einem Team von Entwicklern geschrieben werden. Je nach Ihrer Sichtweise kennt Perl dieses Feature oder diese Einschränkung nicht.

Ressourcen

1. *More Programming Pearls.* Jon Bentley. Addison-Wesley, 1990.
   Besonders relevant für dieses Kapitel ist Column 9, *Little Languages.*

2. *Codegenerierung zur Laufzeit.* Eine Sammlung von WWW-Links und Papieren von Don Pardo unter: *http://www.cs.washington.edu/homes/pardo/rtcg.d/index.html.*

3. *perlsec.* Perl-Dokumentation zu Sicherheitsfragen.

6

Module

Life is a struggle with things to maintain itself among them. Concepts are the strategic plan we form in answer to the attack.
Jose Ortega y Gasset,
The Revolt of the Masses[1]

Einer der Hauptgründe, warum Sprachen wie *awk* und die verschiedenen Unix-Shells nicht dazu verwendet werden, auch nur mäßig komplexe Systeme zu bauen, ist die fehlende Unterstützung der modularen Programmierung. Es gibt keine Codeteile, die man einfach nehmen und in seiner Applikation verwenden kann, statt dessen muß man Code aus anderen ebenso allein stehenden Skripten ausschneiden und einfügen. Dagegen haben Sprachen wie Perl unter anderem deswegen so einen Erfolg, weil eine große Anzahl von Modulen (Bibliotheken) Dritter zur Verfügung steht. Wenn ich Sprachen vergleiche, messe ich den verfügbaren Bibliotheken mehr Gewicht zu als den reinen Sprachmerkmalen.

Perl ermöglicht es Ihnen, Ihren Code in ein oder mehrere wiederverwendbare Module aufzuteilen. In diesem Kapitel werden wir uns damit beschäftigen, wie man

- Module mit dem Schlüsselwort `package` definiert,

- vordefinierte Module mit `use` und `require` lädt (`use` ist uns schon in ein paar Beispielen in früheren Kapiteln begegnet.),

- auf package-spezifische Variablen und Subroutinen mit der »::«-Notation zugreift und

- Funktionen zur Laufzeit nachlädt.

---

1   Deutsche Ausgabe: *Der Aufstand der Massen* (Anm. d. Ü.)

Das Schlüsselwort *package*

Das Schlüsselwort package kennzeichnet den Anfang eines neuen Namensraums. Alle globalen Bezeichner (Namen von Variablen, Subroutinen, Dateihandles, Formaten und Verzeichnishandles), die nach dieser Anweisung erwähnt werden, »gehören« in dieses Package. Beispiel:

```
package Bankkonto;
$total = 0;
sub einzahlen {
    my ($betrag)= @_;
    $saldo += $betrag;
    print "Sie haben jetzt $saldo Mark \n";
}
sub abheben {
    my ($betrag)= @_;
    $saldo -= $betrag;
    $saldo = 0  if $saldo < 0;
    print "Sie haben jetzt $saldo Mark \n";
}
```

Die benutzerdefinierten globalen Bezeichner $saldo, einzahlen und abheben gehören zum Package Bankkonto. Der Gültigkeitsbereich eines Packages erstreckt sich bis zum Ende des innersten umschließenden Blocks (wenn es in diesem Block deklariert wurde) oder bis zur nächsten package-Anweisung. Wenn kein Package explizit deklariert wurde, nimmt Perl an, daß der Name des aktuellen Packages main ist.

Und so benutzt man globale Symbole aus anderen Packages:

```
package Geldautomat;        # Neuen Namensraum anfangen
Bankkonto::einzahlen(10);   # Fremde Subroutine aufrufen
print $Bankkonto::total;    # auf eine fremde Variable zugreifen
```

Um auf einen Bezeichner in einem anderen Namensraum zuzugreifen, müssen Sie den Package-Namen vor den Variablennamen stellen; man nennt dies auch *den Namen voll qualifizieren*. Beachten Sie, daß es $Bankkonto::saldo heißt und nicht etwa Bankkonto::$saldo; das $-Zeichen steht vor dem voll qualifizierten Namen. Wenn ein Bezeichner nicht voll qualifiziert ist, sucht Perl ihn im aktuell aktiven Package.

Weil die package-Anweisung einfach nur den gerade aktiven Namensraum festlegt, können Sie beliebig zwischen Namensräumen wechseln:

```
package A;
$a = 10;        # Dieses $a ist in Package A
package B;
$a = 20;        # Dieses $a ist in Package B und völlig unabhängig
                # von dem anderen $a
package A;      # A ist jetzt das aktuelle Package
print $a;       # Gibt 10 aus
```

C++-Programmierern wird die Ähnlichkeit mit Namensräumen in dieser Sprache auffallen.

Packages und Variablen

Ich hatte in Kapitel 3 bereits erwähnt, daß alle globalen Namen in einer Symboltabelle abgespeichert werden. Das war aber nicht die ganze Wahrheit. Tatsächlich hat jedes Package seine *eigene* Symboltabelle, die sich von allen anderen unterscheidet. (Wir werden darauf im Abschnitt »Zugriff auf die Symboltabelle« weiter unten in diesem Kapitel noch einmal zurückkommen.) Benutzerdefinierte Bezeichner im Package `main` werden nicht gesondert behandelt, Sie können lediglich eine Variable wie `$x` in diesem Package auch als »`$::x`« ansprechen.

Die eingebauten Variablen wie `$|`, `$_`, `@ARGV` und `%ENV` gehören immer in das Package `main`, und Sie können diese Variablen von jedem anderen Package aus ohne das Präfix `main::` ansprechen. Diese Variablen sind die einzigen wirklich globalen in Perl.

Sie erinnern sich vielleicht noch daran, daß lexikalische (`my`-) Variablen nicht mit Symbolen und Typeglobs in Verbindung stehen und daher nichts mit Packages zu tun haben. Der folgende Ausdruck führt daher zu einem Kompilierfehler:

```
my $Bankkonto::saldo; # Fehler
```

Das bedeutet auch, daß Sie zwei Variablen desselben Typs und Namens haben können, wenn eine davon package-global und die andere lexikalisch ist. Das folgende Stück Code ist legal, ich rate aber dringend von solchem Code ab:

```
$x = 10 ;   # global im Package main
my $x = 20; # lexikalisch in der Datei
print $x;   # Gibt 20 aus. Lexikalische Variablen haben Vorrang.
```

Symbolische Referenzen

Wie wir schon gesehen haben, funktionieren symbolische Referenzen für Variablen wie für Funktionen:

```
package A;
$x = 10;

package B;
# Symbolischer Zugriff auf $A::x
print ${"A::x"};

# oder noch indirekter
$pkg      = "A";
$var_name = "x";
print ${"${pkg}::$var_name"};

# Subroutine indirekt aufrufen
&{"A::foo"}(10, 20); # Identisch mit A::foo(10,20);
```

Wir werden in Kapitel 8 noch ausführlichen Gebrauch von dieser Möglichkeit machen.

Packages und Dateien

Die gleiche Package-Deklaration kann in mehreren Dateien stehen; ebenso können mehrere Packages in einer Datei deklariert werden. Es gibt die Konvention, jedem Package normalerweise eine eigene Datei zu spendieren, die dann *package.pm* oder *package.pl* heißt. Dateien mit der Endung *.pm* werden Perl-*Module* und Packages in Dateien mit der Endung *.pl Bibliotheken* genannt. Der erste Name ist heute vorzuziehen, weil er, wie wir noch sehen werden, von der use-Anweisung verlangt wird.

Das Schlüsselwort `require` lädt einfach eine Datei in Ihr Programm (es »sourct« sie in Shell-Sprache). Die Idee ist etwa die gleiche wie die von #include in C, allerdings schert sich Perl um die Datei nicht, wenn sie bereits geladen ist:[2]

```
require "test.pl"; # lädt test.pl, wenn die Datei noch nicht geladen worden ist
```

Wenn Sie die Dateiendung und die Anführungsstriche weglassen, wird die Endung *.pm* angenommen. Die use-Anweisung ist in dieser Hinsicht ähnlich, akzeptiert aber nur Modulnamen, keine Dateinamen. Obwohl es keine notwendige Verbindung zwischen Modulnamen und Dateinamen im allgemeinen gibt, zwingt use Sie dazu, eine standardisierte Namenskonvention zu benutzen, was meiner Meinung nach eine sehr gute Sache ist. Aber use hat noch mehr zu bieten als nur syntaktischen Zucker.

Der große Unterschied zwischen use und `require` ist der, daß die use-Anweisung bereits beim Parsen ausgeführt wird. Aus diesem Grund schlägt der folgende Versuch, ein Modul dynamisch zu laden, fehl, weil die Zuweisungsanweisung erst ausgeführt wird, wenn alles andere geparst und kompiliert worden ist.

```
$pkg_name = "Konto";   # wird zur Laufzeit ausgeführt
use $pkg_name;         # wird zur Kompilierzeit ausgeführt
```

Das ist sogar ein syntaktischer Fehler; Sie müssen in diesem Fall `require` benutzen. Der Vorteil von use liegt darin, daß beim Programmstart garantiert ist, daß alle benötigten Module erfolgreich geladen werden konnten und es keine Überraschungen während der Laufzeit mehr geben kann.

Einen weiteren wichtigen Unterschied zwischen use und `require` beschreiben wir weiter unten im Abschnitt »Symbole importieren«.

Wenn eine Datei mit `require` oder use eingebunden wird, muß sie einen Booleschen Erfolgswert (Null bei einem Fehlschlag, von Null verschieden bei Erfolg) zurückgeben. Die letzte auszuführende Anweisung im globalen Gültigkeitsbereich sollte also etwas wie `return 1;` oder auch nur `1;` sein. Beachten Sie, daß das nicht unbedingt die letzte Anweisung in der Datei sein muß; es muß lediglich die letzte ausgeführte Anweisung sein.

---

2 Es gibt noch einen weiteren wichtigen Unterschied zu C oder C++: Module werden nicht in getrennte Deklarations- und Implementierungsdateien (Header-Dateien und ».c«-Dateien) aufgespalten; außerdem ist es nicht notwendig, einen Linker zu benutzen, um die Module einzubinden.

Ladepfad

Perl sucht die bei use oder `require` angegebenen Dateien in den Pfaden, die im eingebauten Array @INC stehen.[3] Per Voreinstellung enthält @INC einige wenige Standardver-
zeichnisnamen, die angegeben wurden, als der Interpreter gebaut und installiert wurde.
Auf meinem Rechner sieht @INC so aus:

```
% perl -e 'print "@INC \n";'
/opt/lib/perl5/sun4-solaris/5.004 /opt/lib/perl5 /opt/lib/perl5/site_perl/sun4-
solaris /opt/lib/perl5/site_perl .
```

Sie können auch perl -V benutzen, um diese und andere Konfigurationsinformationen
zu erhalten.

Wenn Sie zusätzliche eigene Verzeichnisse angeben wollen, haben Sie folgende drei
Möglichkeiten:

1. Benutzen Sie die Kommandozeilenoption -I, wie Sie es auch mit dem C-Präpro-
    zessor machen würden:

    ```
    % perl -I/home/sriram/perl -I/local/mylib script.pl
    ```

    Ich habe manchmal instrumentierte oder Entwicklungsversionen meiner Module in
    einem separaten Verzeichnis. Diese Option macht es einfach, diese Module zu ver-
    wenden, ohne den Code, der Sie benutzt, ändern zu müssen.

2. Setzen Sie die Umgebungsvariable PERL5LIB auf eine Reihe von Pfaden, die durch
    Doppelpunkte voneinander getrennt sind.

3. Verändern Sie @INC, bevor Sie `require` aufrufen:

    ```
    unshift (@INC, "/usr/perl/include"); # Verzeichnisnamen voranstellen
    require 'foo.pl';
    ```

Initialisierung und Zerstörung von Packages

Manchmal möchte man einige Initialisierungen vornehmen, bevor anderer Code ausgeführt wird. Perl geht noch weiter: Es gibt Ihnen die Chance, Code auszuführen, während Perl noch *kompiliert*.

Wenn Perl eine Datei parst, kompiliert es normalerweise den gesamten Code und beginnt die Programmausführung mit der ersten globalen Anweisung, wenn die Kompilation fehlerfrei durchgeführt werden konnte. Wenn Perl aber während des Parsens auf
eine Subroutine oder einen Block namens BEGIN stößt, dann wird dieser nicht nur
kompiliert, sondern auch direkt *ausgeführt*, bevor Perl mit der Kompilation der restlichen Datei weitermacht. Das kann man an einem kleinen Experiment zeigen:

```
sub BEGIN {   # nur BEGIN { }; reicht auch, "sub" ist optional
    print "Der Alte Fritz war hier \n";
}
foo***  ;      # Absichtlicher Fehler
```

---

3   Das aktuelle Verzeichnis ist normalerweise ebenfalls in @INC enthalten.

Folgendes wird ausgegeben:

```
Der Alte Fritz war hier
syntax error at x.pl line 4, near "**  ;"
Execution of x.pl aborted due to compilation errors.
```

Während ein Programm, das einen syntaktischen Fehler enthält, normalerweise überhaupt nicht ausgeführt wird, wird eine BEGIN-Subroutine, die vor dem Fehler steht, trotzdem ausgeführt.

Weil ein BEGIN-Block ausgeführt wird, noch bevor die Kompilationsphase vorbei ist, kann er den Rest der Kompilation beeinflussen. Wenn Sie einen Include-Pfad in Ihrem Programm hart codieren wollen, dann können Sie das so machen:

```
BEGIN {
    unshift (@INC, "../include");
}
use Foo;  # Sucht zuerst in "../include" nach Foo.pm
```

Noch einfacher ist es, das Modul lib zu verwenden, das zur Perl-Distribution gehört:

```
use lib qw(../include); # stellt das Verzeichnis @INC voran
```

Genauso, wie Sie manchmal Initialisierungen ausführen wollen, bevor irgendein anderer Code ausgeführt wird, wollen Sie manchmal Aufräumarbeiten durchführen, nachdem jeder andere Code ausgeführt worden ist. Der END-Block wird direkt, bevor das Programm sich beendet, ausgeführt, unabhängig davon, ob es sich um ein erfolgreiches Ende handelte oder nicht. Das bedeutet: Selbst wenn ein Programm wegen beispielsweise einer arithmetischen Ausnahme abbricht, wird der END-Block trotzdem noch ausgeführt. Der Block wird nicht aufgerufen, wenn das Programm wegen eines nicht abgefangenen Signals beendet wird.

BEGIN und END stammen aus *awk*, und wie in *awk* unterstützt auch Perl mehrere BEGIN- und END-Anweisungen. BEGIN-Anweisungen werden in der Reihenfolge ihres Auftretens ausgeführt, END-Anweisungen in der *umgekehrten* Reihenfolge ihres Auftretens (last in, first out). Wenn es mehrere Packages mit BEGIN- oder END-Blöcken gibt, dann wird die Reihenfolge, in der die Packages geladen wurden, berücksichtigt.

Zugriffsrechte

In Perl kann man auf alle Symbole frei zugreifen, es gibt keine privaten Symbole. In der Online-Dokumentation wird das ziemlich anschaulich beschrieben: »Perl erzwingt keine privaten und öffentlichen Teile eines Moduls, wie Sie das vielleicht aus anderen Sprachen wie C++, Ada oder Modula-17 gewöhnt sind. Perl ist nicht in erzwungene Zugriffsbeschränkungen vernarrt. Es zieht es vor, daß Sie nicht in sein Wohnzimmer kommen, weil Sie nicht eingeladen sind, und nicht, weil es ein Gewehr hat.«[4]

---

4 Ich habe einmal das folgende Prachtstück von C++-Code gesehen (direkt, bevor eine Header-Datei eingebunden wurde): »#define private public«. Jemand, der so dringend an irgendwelche Daten herankommen muß, schafft das auch.

Ein Package kommt nicht nur problemlos an die existierenden Variablen oder Subroutinen anderer Packages heran, es kann auch – wie wir schon gesehen haben – leicht neue Namen im Namensraum eines anderen Packages anlegen:

```
package Test;
# Eine Variable und eine Subroutine in einem anderen Package anlegen
$main::foo = 10;
sub main::myFunc {
    print "Hallo \n";
}

package main;
myFunc();   # gibt "Hallo" aus
```

Obwohl es nicht besonders sauber ist, so etwas in einer normalen Applikation zu machen, kann diese Möglichkeit gut eingesetzt werden, wenn das kontrolliert geschieht. Sie können damit beispielsweise Symbolnamen aus fremden Packages in Ihren eigenen Namensraum importieren; wir schauen uns das im nächsten Abschnitt an.

Private Symbole erzwingen

Sie können den Operator my auf Dateiebene verwenden, um von außen nicht erreichbare private Variablen zu erzeugen. Weil diese Variablen keine Verbindung mit einem Package haben, können sie auch nicht von einem anderen Gültigkeitsbereich (in diesem Fall von einer anderen Datei) aus angesprochen werden. Aber weil sie nichts mit Packages zu tun haben, sind sie (im äußersten Fall) auf Dateigrenzen beschränkt. Schauen Sie sich das folgende Beispiel an:

```
package A;
my $a = 10;    # Eine lexikalische Variable

package B;
print $A::a;   # Eine solche Variable existiert in Package A nicht
print $a;      # Gibt 10 aus, weil es die lexikalische Variable sehen kann
               # (obwohl wir gerade in Package B sind)
```

Wie können wir den Namen einer Subroutine privat machen? Sie können hier nicht my verwenden, um eine private Subroutine zu deklarieren, aber Sie können anonyme Subroutinen verwenden und Referenzen darauf in lexikalischen Variablen ablegen:

```
my $rs_func = sub {
                  ....
              };
```

Jetzt kann auf $rs_func von irgendwo in dem Gültigkeitsbereich zugegriffen werden (wenn es eine globale Variable irgendwo in der Datei ist), aber nicht aus einer anderen Datei heraus. Wann immer Sie diese Funktion aufrufen wollen, können Sie entweder &$rs_func verwenden, oder Sie benutzen aus Bequemlichkeits- und Effizienzgründen einen Typeglob-Alias, wenn Sie das öfter machen müssen.

```
{
    local (*func) = $rs_func;
    for (1..100) {func()};
}
```

Sie können zwar Ihre globalen Bezeichner verstecken, aber Sie können nichts dagegen tun, daß ein anderes Modul neue Namen in Ihrem Namensraum anlegt. Tatsächlich haben sich ältere Perl-Bibliotheken diese Freiheit öfter herausgenommen. (Schauen Sie sich beispielsweise das Package *bigint.pl* aus der Standard-Perl-Bibliothek an).

Symbole importieren

Manchmal möchten Sie vielleicht bestimmte Symbole in Ihren eigenen Namensraum importieren, einfach nur, um sich Tipparbeit zu sparen. Beispielsweise möchten Sie vielleicht `sqrt` anstelle von `math::sqrt` oder `einzahlen` anstelle von `Bankkonto::einzahlen` verwenden. Die use-Anweisung ermöglicht es Ihnen, eine optionale Liste von Funktionen, die importiert werden sollen, anzugeben:

```
use Bankkonto ('abheben', 'einzahlen');
abheben();  # Funktion kann jetzt aufgerufen werden, ohne sie voll zu qualifizieren
```

Das Modul selbst muß in der Lage sein, an jeden, der use aufruft, diese Namen (und nur diese) zu exportieren. Es sollte auch festlegen, was passiert, wenn der Benutzer keine Liste angibt. Diese Aufgaben erledigt ein Standardmodul namens Exporter für Sie. Das Package Bankkonto kann damit folgendermaßen implementiert werden:

```
package Bankkonto;
use Exporter;
@ISA = ('Exporter');      # Von Exporter erben
@EXPORT_OK = ('abheben', 'einzahlen');

sub abheben  { .... }
sub einzahlen { .... }
```

Dieser Code lädt das Exporter-Modul und erbt mit Hilfe des Arrays `@ISA` von diesem Modul. Im Moment müssen Sie mir glauben, daß das funktioniert; wir werden uns in Kürze mit der Vererbung beschäftigen. Das Array `@EXPORT_OK` gibt an, welche Symbole exportiert werden dürfen. Der Benutzer dieses Moduls kann wiederum eine Liste eines oder mehrerer der Symbole, die in `@EXPORT_OK` stehen, in der use-Anweisung angeben. Wenn der Benutzer

```
use Bankkonto ('einzahlen');
```

eingibt, dann kann die Funktion `einzahlen` verwendet werden, ohne den Namen voll zu qualifizieren – im Gegensatz zu `abheben`. Um dem Exporter-Modul mitzuteilen, daß keine Symbole in Ihren Namensraum exportiert werden sollen, lassen Sie die Liste leer.

Wenn das Modul `@EXPORT` anstelle von `@EXPORT_OK` verwendet wird, bekommt der Benutzer per Voreinstellung alle exportierten Symbole, es sei denn, die Importliste führt ein oder mehrere Symbole auf. Ich empfehle Ihnen, das höflichere @EXPORT_OK zu verwenden, wenn Sie Module schreiben.

Lesen Sie sich die Dokumentation von Exporter durch; es gibt viele andere Funktionen. So kann man dem Benutzer eines Moduls erlauben, Gruppen von Funktionen mit Tag-Namen zu importieren oder eine Gruppe mit einem oder mehreren regulären Ausdrükken anzugeben.

Wie funktionieren use und Exporter?

Wenn es Sie nicht interessiert, wie use und Exporter funktionieren, können Sie diesen Abschnitt überspringen, ohne daß Ihnen später etwas fehlt. Dies ist einer der Abschnitte mit »Wissen um des Wissens willen«.

Die Anweisung

```
use Bankkonto ('abheben', 'einzahlen');
```

macht genau das gleiche wie

```
BEGIN { require Bankkonto;
        Bankkonto::import('abheben', 'einzahlen');}
```

BEGIN stellt sicher, daß die Anweisung geparst und ausgeführt wird, sobald sie auftritt. require lädt die Datei *Bankkonto.pm*, falls sie noch nicht geladen worden ist. Schließlich wird die Subroutine import in diesem Modul aufgerufen.[5]

import ist kein Perl-Schlüsselwort, sondern einfach nur ein Aufruf einer benutzerdefinierten Subroutine namens import. Das Modul kann diese Subroutine definieren, wie es will und die Argumente auch beliebig verarbeiten. Wenn Bankkonto import nicht definiert und nicht erbt, dann gibt es keinen Unterschied zwischen use Bankkonto und require Bankkonto. Durch Verwendung von Exporter kann ein Modul einfach eine import-Methode erben, ohne sie implementieren zu müssen.

Um zu verstehen, wie Exporter funktioniert, bauen wir uns jetzt selbst eine import-Subroutine. Wir entwickeln ein einfaches Modul namens Umgebung, das uns schnellen Zugriff auf Umgebungsvariablen ermöglicht. Wir wollen es folgendermaßen verwenden können:

```
use Umgebung;
print $USER, $PATH;
```

Anstelle von $ENV{'USER'} können wir jetzt einfach $USER verwenden. Mit anderen Worten installiert das Modul Umgebung (oder genauer eine Funktion namens import in diesem Modul) Variablen wie $USER und $PATH im Namensraum des Aufrufers.

Beispiel 6-1 zeigt eine Möglichkeit, diese Subroutine zu schreiben.

---

5 Hier steckt noch eine kleine Notlüge. Tatsächlich wird Bankkonto->import (ein Pfeil statt ::) verwendet, eine etwas andere Methode, eine Subroutine aufzurufen. Wir werden uns mit dieser Notation detailliert in Kapitel 7 beschäftigen. Für jetzt reicht diese Erklärung.

Beispiel 6-1: Environment.pm: Variablen anlegen, die Umgebungsvariablen entsprechen

```
package Umgebung;
sub import {
    # Einige Informationen über den Aufrufer, seinen Package-Namen,
    # den aktuellen Dateinamen und die Zeilennummer sammeln
    my ($aufrufer_package) = caller;
    foreach $umg_var_name (keys %ENV) {
        *{"${aufrufer_package}::${umg_var_name}"} = \$ENV{$umg_var_name};
    }
}
1;  # Um die erfolgreiche Initialisierung zu kennzeichnen
```

Um dieses Beispiel klein zu halten, ignoriert `import` die Parameterliste. Die Subroutine verwendet die eingebaute Funktion `caller`, um den Package-Namen des Aufrufers herauszufinden, und legt auf diese Weise Aliasnamen in diesem Package an. Bei einer Umgebungsvariable namens USER sieht die Anweisung in der `foreach`-Schleife folgendermaßen aus:

```
*{"main::USER"} = \$ENV{USER};
```

wenn `main` das aufrufende Paket ist.

Dieses kleine Stückchen Code enthält fast das gesamte Wissen aus Kapitel 3. Die rechte Seite der Zuweisung gibt eine Referenz auf einen Skalar zurück, der den Wert der Umgebungsvariablen enthält. Diese Referenz wird einem Typeglob zugewiesen (erinnern Sie sich noch an unsere Diskussion des selektiven Bildens von Aliasnamen?). Der Typeglob-Ausdruck auf der linken Seite erzeugt einen Eintrag in der Symboltabelle von `main`, dessen skalare Komponente auf den Wert der rechten Seite zeigt. Exporter funktioniert ganz genauso, mit dem einzigen Unterschied, daß nur Aliasnamen auf Funktionsnamen angelegt werden.

Übrigens enthält die Standard-Perl-Distribution ein Modul namens Env, das unserem Package Environment ziemlich ähnlich sieht. Der einzige Unterschied ist der, daß Env keinen Alias auf die Umgebungsvariablen anlegt, sondern den `tie`-Mechanismus[6] verwendet, was viel ineffizienter als das Verfahren ist, das ich Ihnen gerade gezeigt habe.

Packages verschachteln

Weil alle Packages im globalen Namensraum liegen, wird die Schachtelung von Packages nicht unterstützt. Sie können jedoch zwei Packages namens A und A::B haben, um wenigstens die Illusion der Verschachtelung zu bekommen. Dies ist aber nur eine Benennungskonvention, die nicht notwendigerweise auch eine Beziehung zwischen den beiden Packages impliziert. Allerdings wird diese Konvention oft bei Gruppen von miteinander verwandten Packages benutzt; der Ausdruck »verschachtelte Packages« scheint in diesen Fällen nicht völlig falsch zu sein. Beispielsweise könnten Sie ein

---

6 Wir behandeln `tie` in Kapitel 9.

Modul zur Matrizenmanipulation namens Math::Matrix und ein anderes namens Math:: Poisson für die Infrastruktur der Simulation von Warteschlangenmodellen haben. Das einzige, was diese beiden Module verbindet, ist ihre mathematische Natur, sie haben überhaupt keine Implementierung gemeinsam.

Die ::-Notation wird – wie bereits beschrieben – benutzt, um auf Variablen und Subroutinen aus verschachtelten Subroutinen zugreifen zu können:

```
$p = Math::Poisson::Wahrscheinlichkeit_berechnen($lambda, $t);
print $Math::Constants::PI;
```

Denken Sie daran, daß Perl bei `use File` nach einer Datei namens *File.pm* sucht. Wenn Sie `use Math::Poisson` verwenden, dann sucht Perl nach einer Datei *Math/Poisson.pm* (Verzeichnis *Math*, Datei *Poisson.pm*). Der Doppelpunkt wird in ein Trennzeichen für Pfadkomponenten übersetzt, weil der Doppelpunkt in DOS-Dateinamen eine spezielle Bedeutung hat. Es gibt von Perl aus keine Begrenzung, wie tief eingeschachtelt werden darf.

Autoloading

Wenn Sie eine Funktion namens `Test::func()` aufrufen und die Funktion `func()` nicht im Modul Test definiert wurden ist, dann sucht Perl automatisch nach einer Subroutine namens `Test::AUTOLOAD()`. Wenn diese Subroutine existiert, dann ruft Perl sie mit den Argumenten auf, die an `func()` übergeben werden sollten. Zusätzlich wird die Variable `$AUTOLOAD` auf den vollen Namen der aufzurufenden Funktion (hier also `Test::func`) gesetzt. Objective-C-Programmierer werden die Ähnlichkeit zur »:forward«-Deklaration erkennen, die ein Objekt verwendet, um alle Prozeduraufrufe, die es nicht selbst bedienen kann, abzufangen und diese an ein anderes Objekt zu delegieren.

Die Subroutine `AUTOLOAD` kann so ziemlich machen, was sie will. Beispielsweise sind die folgenden Dinge denkbar:

- Sie kann den Aufruf selbst erledigen. Der Aufrufer von `Test::func` erfährt nicht, daß in Wirklichkeit `AUTOLOAD` den Aufruf bearbeitet hat.

- Sie kann automatisch mit `eval` eine Subroutine erzeugen, die das Richtige macht, und dann diese Subroutine aufrufen. Anstatt diese Subroutine *aufzurufen*, kann man auch einfach dahin springen:

```
sub AUTOLOAD {
    ... Subroutine erzeugen ...
    goto &$AUTOLOAD;  # und dahin springen
}
```

Das ist eine spezielle Form von `goto`, die den Stackframe der `AUTOLOAD`-Routine löscht, so daß `Test::func` nicht erfährt, daß es von `AUTOLOAD` aufgerufen worden ist.

- Sie kann mit dem Standardmodul Dynaloader dynamisch eine Objektdatei (oder eine DLL in Microsoft Windows) nachladen und dann den gewünschten Funktionsaufruf ausführen. Das ist eine der häufigsten Verwendungen von AUTOLOAD.

- Sie kann die system-Funktion verwenden, um ein anderes Programm desselben Namens zu starten. Die wirklich trickreiche Version dieses Prinzips ist *Shell.pm* in Ihrer Perl-Bibliothek. Hier eine vereinfachte Version:

```
#----------------------------------------------------------------
package Shell;
#----------------------------------------------------------------
sub AUTOLOAD {
    my($programm) = $AUTOLOAD;
    # Uns interessiert nur der Befehlsname, nicht der Package-Name
    $programm =~ s/^.*:://;
    system ("$programm @_");
}
#----------------------------------------------------------------
use Shell;
ls ('-lR'); # Löst einen Aufruf von AUTOLOAD aus, weil sub ls() nicht existiert
mail ('-s "Dies ist ein Test" joe@foo.com < brief.txt');
```

Autoloading kann auch verwendet werden, um das Laden von Subroutinen so lange zu verzögern, bis sie unbedingt gebraucht werden. Ein Modul namens Autosplit (in der Standarddistribution) wird benutzt, um ein Modul in mehrere Module aufzuteilen, die alle eine Subroutine des Originals enthalten. Damit kann das Autoloader-Modul verwendet werden, um in der Folge nur die Dateien zu laden, die zu der aufgerufenen Subroutine gehören.

Zugriff auf die Symboltabelle

Perl hat eine Reihe von Features zur Introspektion (Selbstprüfung). Das wichtigste von ihnen ist die Möglichkeit, Informationen über den Inhalt der Symboltabelle zu bekommen. Diese Eigenschaft wird manchmal *Reflektion* oder *Introspektion* genannt.

Reflektion macht es einfach, Werkzeuge auf Systemebene wie beispielsweise Debugger oder Profiler zu schreiben. Wir werden diese Eigenschaft auch in Kapitel 11 verwenden, um ein Modul zu entwickeln, das die Daten eines Objekts transparent in eine Datei oder eine Datenbank abspeichern (und später auch zurückholen) kann, ohne daß dazu applikationsspezifischer Code geschrieben werden müßte.

Wir haben weiter vorn in diesem Kapitel schon gelernt, daß jedes Package seine eigene Symboltabelle bekommt (auch *Stash* genannt, eine Abkürzung für »Symboltabellen-Hash«). Perl stellt diese Stashes als reguläre assoziative Arrays zur Verfügung. Der Stash eines Packages namens Foo kann über den Hash namens %Foo:: erreicht werden. Das Package main ist über %main:: erreichbar oder auch einfach als %::. Tatsächlich sind sogar die Hashtabellen aller anderen Packages vom main-Stash aus erreichbar (%main:: verweist also auf sich selbst), wie man in Abbildung 6-1 sehen kann.

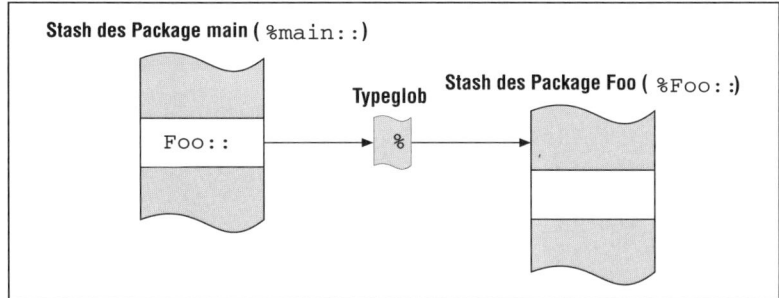

Abbildung 6-1: Die Stashes von Packages stehen auch im Namensraum von main zur Verfügung

Es ist einfach, alle symbolischen Namen in einem Package aufzuzählen:

```
foreach $name (keys %main::) {
    print "$name, \n";
}
```

Wie wir schon gesehen haben, verweist jeder dieser symbolischen Namen auf einen Typeglob, der wiederum auf einen oder mehrere Werte zeigt (einen oder mehrere jedes Typs: Skalare, Arrays, Hashes, Subroutinen, Dateihandles, Formatnamen und Verzeichnishandles). Unglücklicherweise gibt es keine direkte Möglichkeit herauszufinden, welcher der Werte tatsächlich existiert. Beispiel 6-2 zeigt eine Möglichkeit, alle Variablen eines gegebenen Packages auszugeben, und demonstriert auch, wie man herausfinden kann, welche Werte zu einem gegebenen Typeglob existieren.

Beispiel 6-2: Alle Symbole in einem Package ausgeben

```
package DUMPVAR;
sub dumpvar {
    my ($packageName) = @_;
    local (*alias);                  # lokaler Typeglob
    # Wir brauchen Zugriff auf den Stash der zum Package-Namen
    # gehört
    *stash = *{"${packageName}::"};  # %stash ist jetzt in der Symboltabelle
    $, = " ";                        # Ausgabetrenner für print
    # Die Symboltabelle durchlaufen, die die Glob-Werte,
    # durch Symbolnamen indiziert, enthält
    while (($varName, $globWert) = each %stash) {
        print "$varName =========================== \n";
        *alias = $globWert;
        if (defined ($alias)) {
            print "\t \$$varName $alias \n";
        }
        if (defined (@alias)) {
            print "\t \@$varName @alias \n";
        }
        if (defined (%alias)) {
            print "\t \%$varName ",%alias," \n";
        }
    }
}
```

Der folgende Codeschnipsel zeigt, wie man DUMPVAR benutzt:

```
package XX;
$x = 10;
@y = (1,3,4);
%z = (1,2,3,4, 5, 6);
$z = 300;
DUMPVAR::dumpvar("XX");
```

Das führt zu folgender Ausgabe:

```
x ===========================
          $x 10
y ===========================
          @y 1 3 4
z ===========================
          $z 300
          %z  1 2 3 4 5 6
```

dumpvar() legt der Reihe nach für jeden Typeglob einen Alias an und zählt dann alle Typen auf, um zu sehen, ob der jeweilige Wert definiert ist. Es ist wichtig, sich klarzumachen, daß einfach nur die globalen Daten der obersten Ebene ausgegeben werden, weil anonyme Datenstrukturen, die an diversen Referenzen hängen könnten, überhaupt nicht ausgegeben werden.

Sprachvergleiche

In diesem Kapitel haben wir gesehen, daß Perl eine Aufteilung des Namensraums, begrenzten Zugriffsschutz, Reflektion, das Nachladen von Subroutinen zur Laufzeit (Autoloading), Initialisierungs- und Zerstörungskonstrukte für Packages und den Export von Namen in andere Namensräume unterstützt. Lassen Sie uns nun untersuchen, was andere Sprachen in dieser Hinsicht leisten.

Tcl

Das »package«-Feature von Tcl ist im wesentlichen eine Möglichkeit, Code mit einer Versionsnummer zu versehen, so daß der Benutzer dieses Codes explizit angeben kann, welche Versionsnummer er benötigt. Tcl meldet einen Fehler, wenn die Versionsnummern nicht zusammenpassen. Perl unterstützt ebenfalls Versionsnummern (mehr dazu im nächsten Kapitel).

Packages funktionieren nicht wie in Perl als globale Namensräume. Statt dessen unterstützt Tcl das Konzept mehrerer Interpreter, die in einem Programm koexistieren und völlig getrennte Namensräume haben. Mit diesem Sprachmerkmal ist SafeTcl implementiert worden, mit dem sichere und unsichere Bereiche angelegt werden können, in denen Code ausgeführt wird. Das Perl-Package Safe verwendet intern einen völlig anderen Mechanismus (weder Packages noch mehrfache Interpreter), wie wir in Kapitel 20 noch sehen werden.

Zur Unterstützung der Reflektion hat Tcl den Befehl »info«, mit dem globale Symbole ermittelt werden können. Es gibt in Tcl keine Vererbung, aber mehrere freie Erweiterungen wie *[incr Tcl]* und *stoop* versuchen, diese Lücke zu füllen, indem sie über die Grundsprache eine objektorientierte Schicht legen.

Dynamische Funktionsaufrufe sind gang und gäbe und einfach zu implementieren; Sie müssen lediglich den Namen eines Befehls als Variable angeben. Er wird dann zur Laufzeit interpoliert und ausgeführt.

Python

Python kennt ähnliche Package-Möglichkeiten wie Perl. Jedes Python-Modul ist ein eigener Namensraum (ein Verzeichnis oder eine Hashtabelle mit den Namen als Schlüssel); Python ermöglicht es, dieses Verzeichnis zu durchlaufen und abzufragen. Wie Perl erzwingt auch Python keine Zugriffsbeschränkungen auf Namensräume und überläßt es dem Urteil des Programmierers, Modulgrenzen zu respektieren. Als Benutzer eines Moduls können Sie bestimmte Symbole in Ihren Namensraum importieren. (Es gibt keinen Mechanismus, der äquivalent zu @EXPORT wäre, was ich für eine gute Sache halte.) Python kennt nichts, was den lexikalischen Variablen auf Dateiebene von Perl nahekommen würde. Das bedeutet, daß Sie in Python – anders als in Perl – keine Möglichkeit haben, die Zugriffsrechte wirklich einzuschränken, wenn Sie das benötigen.

C/C++

Von allen hier erwähnten Sprachen sind C und C++ diejenigen, die am wenigsten dynamisch sind. Sie konzentrieren sich darauf, alles zur Kompilierzeit festzulegen, so daß der Code zur Laufzeit problemlos funktionieren kann.

Die virtuellen Funktionen von C++ ermöglichen die Bindung zur Laufzeit. Obwohl die Typüberprüfung zur Kompilierzeit dafür sorgt, daß die Bindung sicher ist, tendiert sie auch dazu, den Code im Vergleich zu dynamischeren Sprachen wie Objective-C oder sogar Java länger zu machen.

C++ unterstützt RTTI (Run Time Type Identification), aber dieses Feature beschränkt sich darauf, den tatsächlichen Typ eines Zeigers zu finden und dynamisch zu casten. (Die Laufzeitumgebung erzeugt eine Ausnahme, wenn ein Zeiger falsch gecastet wird.) Sie erfahren aber so nicht, worauf eine Variable wirklich zeigt.

Java

Java kennt zwei Stufen der Modularität: *Packages* und *Klassen*, wobei ein Package eine Sammlung von Klassen ist. (Wir lernen den Begriff der Klassen im nächsten Kapitel kennen.) Perls `package` entspricht beiden. Es ist in Java nicht erlaubt, daß ein Package den Namensraum eines anderen verändert (es gibt keine Exporte), aber ein Package kann die Klassen, die es benötigt, selektiv importieren. Sicherheit wird in Java sehr groß geschrieben, was aber entschlossene Cracker nicht abgeschreckt hat. Die Perl-Welt hat

Packages von Anbietern wie Safe und Penguin (das auf Safe aufbaut), die eine ähnliche Isolation bereitzustellen versuchen (und ebenfalls keine Sicherheitsgarantien abgeben.)

Mit der Veröffentlichung von Java Beans und der Version 1.1 des Java Development Kits (JDK), hat Java deutlich an Reflektionsmöglichkeiten gewonnen, wenn auch lange nicht so viele Informationen öffentlich verfügbar sind wie in Perl. Es gibt gute Gründe dafür und dagegen, diese Informationen bereitzustellen, letztendlich läuft alles auf verschiedene Programmiermodelle hinaus. Menschen flogen zum Mond, als FORTRAN und COBOL die Programmiersprachen der Wahl waren, was beweist, daß man eine ganze Menge erreichen kann, wenn man sich nicht in Sprachkriegen verliert.

Java erlaubt es, einen Funktionsaufruf »dynamisch« weiterzuleiten, in dem der Funktionsname als String angegeben wird. Wenn die Funktion nicht existiert, kann die daraus resultierende Ausnahme abgefangen werden; damit entspricht diese Funktionalität den symbolischen Referenzen in Perl.

7

Objektorientierte Programmierung

> *There was a child went forth every day,*
> *And the first object he look'd upon,*
> *that object he became.*
> Walt Whitman,
> *There Was a Child Went Forth*

Objektorientierung (OO) ist die neueste Software-Methodologie, über die überall geredet wird. Dabei wird in einem Maße übertrieben, daß manche Vertreter einen glauben machen wollen, »objektorientiertes Design« bedeute automatisch auch gutes Design. In diesem Kapitel werden wir uns damit auseinandersetzen, was hinter dem ganzen Getöse steckt, und Objekte mit Perl bauen. Ich überlasse es den Myriaden von Büchern über Objektorientierung, Sie davon zu überzeugen, daß es einen Mittelweg gibt und daß die Objektrevolution wirklich etwas Gutes ist.

Wenn Sie sich bereits sehr gut mit Objektorientierung auskennen, reicht es vielleicht, den Abschnitt »Objekte« in Anhang B zu lesen. Unter anderem finden Sie dort ein C++-Beispiel und die Übertragung in äquivalenten Perl-Code.

Objektorientierung: Eine Einführung

Fred Brooks schreibt in seinem Klassiker *The Mythical Man-Month* [6]:

> The programmer at wit's end for lack of space can often do best by disentangling himself from his code, rearing back, and contemplating his data. Representation *is* the essence of programming.[1]

Ihm ging es dabei um Platzersparnis, aber es ist trotzdem ein weiser Rat.

---

1 Inoffizielle Übersetzung: »Ein Programmierer, der nicht mehr weiter weiß, weil es ihm an Speicherplatz fehlt, kommt oft am ehesten voran, wenn er sich von seinem Code abwendet, einen Schritt zurück geht und seine Daten betrachtet. Die Repräsentation ist das Wichtigste bei der Programmierung.«

Komplexe Systeme sind von sich aus hierarchisch, und viele Abstraktionen und Methodologien sind erfunden worden, um aus diesem Aspekt Vorteile zu ziehen. Bis in die späten siebziger Jahre galt funktionale Dekomposition (Top-Down-Entwurf) als die Methode, um komplexe Systeme zu verstehen und zu implementieren. Ein Entwickler beginnt danach damit, auf relativ hoher Ebene Pseudocode zu schreiben, und verfeinert dann jeden Teil, bis alle detailliert genug sind, um in eine Implementierungssprache übersetzt zu werden. Niklaus Wirth nannte diesen Ansatz schrittweise Verfeinerung. Es folgten die strukturierten Methodologien, insbesondere SA/SD (strukturierte Analyse/strukturiertes Design), die viele Werkzeuge und Notationen wie Datenflußdiagramme, Prozeßspezifikationen, Datenverzeichnisse, Zustandsübergangs-Diagramme und Entitäten-Relationen-Diagramme verwendeten, um ein System zu entwerfen, zu dokumentieren und zu entwickeln. Die Betonung lag weiterhin auf der *prozeduralen* Seite der Systementwicklung und nicht auf der *dynamischen* (Zustandsübergänge) oder *strukturalen* (Daten).

Die wichtigste Erkenntnis der letzten fünfzehn Jahre ist die, daß die Funktionalität eines Systems sich sehr viel häufiger ändert als die Daten, mit denen das System arbeitet. Ein Personalinformationssystem, das Daten über Mitarbeiter verwaltet, weiß sehr bald alles über einen Mitarbeiter, was es überhaupt jemals wissen wird. Die Funktionalität ändert sich aber im Zuge von Managementumstellungen, Steuergesetzen, Änderungen in der Krankenversicherung und dem lauten Erscheinen und den stillen Abgängen von Personaldirektoren.

Diese Erkenntnis hat die Herangehensweise an ein Problem völlig umgedreht. Das Hauptaugenmerk wird jetzt auf die Daten gelegt und darauf, wie diese strukturiert werden können. Der Code wird in Modulen um die wichtigen Datenteile herum organisiert. Die Vorteile sind gewaltig und kommen unmittelbar zum Tragen.

Zunächst einmal sind die Datenbank und der Code synchronisiert, denn der Code wird entlang der Daten organisiert. Einige beklagen sich über die »Anpassungsschwierigkeiten« zwischen objektorientierten Programmen und relationalen Datenbanken (RDBMSs), aber das liegt nur daran, daß RDBMSs auf einfache Datentypen beschränkt geblieben sind; es gibt keine fundamentale Nichtübereinstimmung zwischen dem relationalen und dem Objektmodell. Hersteller wie Informix/Illustra und Oracle bieten seit kurzem auch abstrakte Datentypen in ihren RDBMSs an.

Die Konzentration auf Daten hat auch noch einen anderen wichtigen Vorteil: Datenstrukturen sind etwas, mit dem Sie sich identifizieren können. Beispielsweise hat eine Fluggesellschaft Flugzeuge, Flugrouten und Landerechte als wichtige Entitäten. Wenn Sie ein Flugplanungssystem entwerfen, dann bilden diese Entitäten einen guten Ausgangspunkt, um den herum sich Ihre Diskussionen, Ihre Analyse und Ihre Entwürfe drehen sollten. Jeder, der schon einmal eine Schreibblockade gehabt hat, als er ein nagelneues Entwurfsdokument anfangen sollte, würde sicherlich diesen Weg nehmen! Auch der letztendliche Entwurf und die Implementierung sind leichter verständlich (und damit auch leichter wartbar), weil sie leichter zu erklären sind. Fred Brooks bemerkt in *The Mythical Man-Month*: »Show me your flowcharts and conceal your tables, and I'll continue to be mystified. Show my your tables, and I won't usually need your flowcharts; they'll be obvious.«[2]

Schließlich kann ein System, das in datenzentrierte Module aufgeteilt ist, viel leichter von einem Team von Programmierern entwickelt werden. Alle Änderungen an einem Stück Daten oder an einer Menge verwandter Daten werden nur von deren »Besitzer« vorgenommen; dieser Entwickler stellt Komponenten für die anderen Mitarbeiter im Projekt bereit.

Objektorientierung ist der letzte Schritt auf diesem Weg. Nicht nur, daß der Code datenzentriert ist, er strebt auch danach, die eigentlichen Datenstrukturen *einzukapseln* (zu verstecken) und veröffentlicht statt dessen eine begrenzte, gut dokumentierte Schnittstelle: eine Menge von Funktionen, die wissen, wie diese Datenstrukturen manipuliert werden. Diese Datenstrukturen werden *Objekte* genannt. Videorecorder, Armbanduhren, Autos und andere Objekte der realen Welt sind ausgezeichnete Beispiele für die Art von Objekten, die wir emulieren wollen, weil sie erfolgreich all ihre inneren Komplexitäten hinter wirklich einfachen Schnittstellen verstecken. (Die Tatsache, daß auf den meisten Videorecordern immer die Uhrzeit »12:00« blinkt, zeigt allerdings, daß an den Benutzerschnittstellen noch einiges mehr an Vereinfachung zu erreichen ist.) Obwohl Sie sicherlich gut eingekapselte datenzentrierte Entwürfe in konventionellen Sprachen wie C oder COBOL – oder sogar Assembler – implementieren können, stellen objektorientierte Sprachen zwei Features bereit, die mehr als nur syntaktische Bequemlichkeiten sind: *Polymorphie* und *Vererbung*. Wir werden im folgenden lernen, wie diese Features die Konstruktion wiederverwendbarer Module erleichtern.

Es muß betont werden, daß objektorientierte Methodologien insofern SA/SD ähnlich sind, als daß beide die funktionalen, dynamischen und strukturellen Aspekte eines Systems berücksichtigen. Sie unterscheiden sich aber deutlich im Stil und im Schwerpunkt: Objektorientierte Entwurfsmethoden gehen als erstes auf Datenabstraktionen und erst viel später auf prozedurale Abstraktionen ein.

Objekte in Perl

Bevor wir anfangen, Objekte in Perl zu implementieren, sollten wir ein paar Begriffe definieren.

Ein *Objekt* (auch eine *Instanz* genannt) hat – wie ein gegebenes Auto – die folgenden Merkmale:

*   *Attribute* oder Eigenschaften (Farbe: rot, Sitzplätze: 4, Leistung: 180 PS)

*   *Identität* (mein Auto ist ein anderes als Ihr Auto)

*   *Verhalten* (es kann gesteuert und vor- und rückwärts bewegt werden)

---

2 Inoffizielle Übersetzung: Zeige mir Deine Flußdiagramme, aber nicht Deine Tabellen, und ich werde weiterhin nichts verstehen. Aber zeige mir Deine Tabellen, und ich brauche Deine Flußdiagramme normalerweise nicht mehr zu sehen, die ergeben sich dann von selbst.

Objekte eines bestimmten Typs gehören zu einer *Klasse*. Mein Auto und Ihr Auto gehören zur Klasse namens Auto, oder, wenn Sie sich nicht um spezielle Details kümmern wollen, zur Klasse Fahrzeug. Alle Objekte einer Klasse haben die gleiche Funktionalität.

In diesem Abschnitt werden wir untersuchen, wie man Objekte anlegt und die grundlegenden Entwürfe durch die Verwendung von Vererbung und Polymorphie verbessert.

Attribute

Ein Objekt ist eine Sammlung von Attributen. Wie wir in Kapitel 2 gesehen haben, kann ein Array oder ein Hash verwendet werden, um diese Attribute zu repräsentieren. Wenn Sie beispielsweise die Eigenschaften eines Mitarbeiters verwalten müssen, dann könnten Sie einen dieser Ansätze verwenden:

```
# Verwendung einer Hashtabelle, um die Mitarbeiterattribute abzuspeichern
%mitarbeiter = ("name"     => "Harry Hirsch",
                "alter"    => 32,
                "position" => "Softwareentwickler");
print "Name: ", $mitarbeiter{name};

# Oder ein Array
$namens_feld = 0; $alters_feld = 1; $positions_feld = 2;
@mitarbeiter = ("Harry Hirsch", 32, "Softwareentwickler");
print "Name: ", $mitarbeiter[$namens_feld];
```

Der Abschnitt »Effiziente Speicherung von Attributen« in Kapitel 8 beschreibt einen effizienteren Ansatz, um Attribute abzuspeichern. Bis dahin verwenden wir eine Hashtabelle für alle unsere Beispiele.

Einzigartigkeit

Natürlich reicht ein `%mitarbeiter` nicht. Alle Mitarbeiter benötigen eine unverwechselbare Identität und eigene Attribute. Sie können diese Struktur entweder dynamisch allozieren oder eine Referenz auf eine lokale Datenstruktur zurückgeben, wie unten gezeigt wird:

```
# Unter Verwendung eines anonymen Hash
sub new_mitarbeiter {
    my ($name, $alter, $anfangs_position) = @_;
    my $r_mitarbeiter = {            # Einmaliges Objekt unter Verwendung
        "name"      => $name,        # eines anonymen Hash anlegen
        "alter"     => $alter,
        "position"  => $anfangs_position
    };
    return
    $r_mitarbeiter;                  # "Objekt" zurückgeben
}

# Oder eine Referenz auf eine lokale Variable zurückgeben
sub new_mitarbeiter {
    my ($name, $alter, $anfangs_position) = @_;
```

```
    my %mitarbeiter = (
        "name"     => $name,
        "alter"    => $alter,
        "position" => $anfangs_position
    );
    return \%mitarbeiter;  # eine Referenz auf ein lokales Objekt zurückgeben
}
# Zwei Mitarbeiter damit anlegen
$mit1 = new_mitarbeiter("Max Mustermann", 32, "Softwareentwickler");
$mit2 = new_mitarbeiter("Gudrun Weizen", 25, "Geschäftsführerin");
```

`new_mitarbeiter` gibt in beiden Fällen eine Referenz auf eine einmalige Datenstruktur zurück.

Als *Benutzer* dieser Subroutine sollen Sie nicht wissen, ob dieser Skalar eine Referenz auf eine Perl-Datenstruktur oder einen String enthält (beispielsweise könnte er einfach nur einen Primärschlüssel einer Datenbank enthalten, während alle anderen Attribute in der Firmendatenbank abgespeichert sind). Die Details über den Mitarbeiter sind also gut eingekapselt. Kapselung sollte übrigens nicht mit erzwungenen Zugriffsrechten (oder gerade der Abwesenheit solcher Rechte) verwechselt werden.

Im vorangegangenen Beispiel ist die Hashtabelle das Objekt; die Referenz auf die Hashtabelle wird die *Objektreferenz* genannt. Beachten Sie, daß wir seit dem Anfang dieses Kapitels keine neue Syntax eingeführt haben.

Verhalten

Alle Funktionen, die auf eines oder mehrere Attribute eines Objekts zugreifen oder diese verändern, bilden zusammen das Verhalten des Objekts.

Betrachten Sie das folgende Beispiel:

```
sub befoerdern_mitarbeiter {
    my $r_mitarbeiter = shift;
    $r_mitarbeiter->{"position"} =
        naechste_position_suchen($r_mitarbeiter->{"position"});
}

# Funktion benutzen
befoerdern_mitarbeiter($mit1);
```

Solche Funktionen werden in objektorientierten Kreisen *Instanzmethoden* genannt, weil sie eine bestimmte *Instanz* eines Objekts – in diesem Fall einen Mitarbeiter – benötigen.

Um nicht an jede Methode das Suffix »_mitarbeiter« anhängen zu müssen, packen wir alle diese Funktionen in ein eigenes Package, das wir Mitarbeiter nennen:

```
package Mitarbeiter;
sub new {    # Kein Suffix benötigt
    ....
}
```

```
sub befoerdern {
    ....
}
```

Um dieses Modul zu benutzen, verwenden Sie:

```
$mit = Mitarbeiter::new("Harry Hirsch", 32, "Softwareentwickler");
Mitarbeiter::befoerdern($mit);
```

Wie Sie sehen können, kapselt dieser Code langsam eine Klasse namens `Mitarbeiter` ein: Der Benutzer dieses Codes ruft nur die *Schnittstellenfunktionen* `new` und `befoerdern` auf und kümmert sich nicht um die Art der Datenstruktur, die verwendet wird, um die Mitarbeiterdaten abzuspeichern, oder darum, ob hinter dem Vorhang eine Datenbank benutzt wird.

Polymorphie

Bisher haben wir etwa die Art von Code, die ein C-Programmierer schreiben würde, außer, daß dieser vermutlich die Attribute in einem *struct* halten würde. Genauso funktioniert beispielsweise die `stdio`-Bibliothek. `fopen()` ist ein Konstruktor, der einen Zeiger auf eine einmalige `FILE`-Struktur zurückgibt, die dynamisch alloziert wurde. Der Zeiger (die Objektreferenz) wird an andere Methoden wie `fgets()` und `fprintf()` weitergereicht.

Unglücklicherweise treten aber Komplikationen auf, wenn das Problem schwieriger wird. Nehmen wir einmal an, wir haben normale und stundenbasierte Mitarbeiter. Stundenbasierte Mitarbeiter werden pro Stunde bezahlt und bekommen eine Überstundenvergütung, während normale Mitarbeiter ein monatliches Gehalt bekommen. Eine Möglichkeit, dies zu implementieren besteht in der Verwendung von je einer `new`-Funktion pro Mitarbeitertyp:

```
package Mitarbeiter;
# Normale Mitarbeiter erzeugen
sub new_normal {
    my ($name, $alter, $anfangs_position, $monatliches_gehalt) = @_;
    my $mitarbeiter = {
        "name"                => $name,
        "alter"               => $alter,
        "position"            => $anfangs_position,
        "monatliches_gehalt"  => $monatliches_gehalt,
    };
    return $mitarbeiter;  # Objektreferenz zurückgeben
}
# Stundenbasierte Mitarbeiter
sub new_stundenbasiert {
    my ($name, $alter, $anfangs_position,
        $stunden_satz, $ueberstunden_satz) = @_;
    my $mitarbeiter = {
        "name"                => $name,
        "alter"               => $alter,
        "position"            => $anfangs_position,
```

```
            "stunden_satz"       => $stunden_satz,
            "ueberstunden_satz"  => $ueberstunden_satz
        };
        return $mitarbeiter;  # Objektreferenz zurückgeben
    }
```

Wenn wir jetzt das für dieses Jahr bis zum aktuellen Datum aufgelaufene Gehalt eines Mitarbeiters berechnen wollen, müssen wir zwischen den beiden Arten von Mitarbeitern unterscheiden. Wir könnten zwei Subroutinen `jahr_bis_jetzt_einkommen_stundenbasiert_berechnen` und `jahr_bis_jetzt_einkommen_normal_berechnen` zur Verfügung stellen, aber damit ist die Sache natürlich noch nicht erledigt. Andere Unterschiede zwischen stundenbasierten und normalen Mitarbeitern (wie die Anzahl der Urlaubstage, Krankenversicherung und so weiter) oder die Einführung anderer *Typen* von Mitarbeitern (wie Mitarbeiter auf Zeit) führen zu einer kombinatorischen Explosion der Funktionen. Schlimmer noch, die Schnittstelle verlangt vom *Benutzer* dieses Pakkages, daß er zwischen den einzelnen Mitarbeitertypen unterscheidet, um die richtige Funktion aufzurufen.

Um uns aus dieser mißlichen Lage zu befreien, stecken wir die unterschiedlichen Typen von Mitarbeitern in verschiedene Packages. Dann verwenden wir das Schlüsselwort `bless`, um die Objekte intern mit einem Zeiger auf die Packages, aus denen sie kommen, zu markieren. Die fettgedruckten Zeilen im folgenden Beispiel zeigen die Unterschiede gegenüber dem bereits gezeigten Code (Erklärungen folgen unten):

```
    #------------------------------------------------------------
    package NormalerMitarbeiter;
    sub new {
        my ($name, $alter, $anfangs_position, $monatliches_gehalt) = @_;
        my $r_mitarbeiter = {
            "name"               => $name,
            "alter"              => $alter,
            "position"           => $anfangs_position,
            "monatliches_gehalt" => $monatliches_gehalt,
            "monate_im_betrieb"  => 0,
        };
        bless $r_mitarbeiter, 'NormalerMitarbeiter'; # Objekt mit Package-Name markieren
        return $r_mitarbeiter;                       # Objekt zurückgeben
    }
    sub befoerdern {
        #...
    }
    sub aktuelles_jahres_einkommen_berechnen{
        my $r_mit = shift;
        # Wir nehmen an, daß monate_im_betrieb irgendwann verändert wurde
        return $r_mit->{'monatliches_gehalt'} * $r_mit->{'monate_im_betrieb'};
    }

    #------------------------------------------------------------
    package StundenbasierterMitarbeiter;
    sub new {
        my ($name, $alter, $anfangs_position,
```

```
                       $stunden_satz, $ueberstunden_satz) = @_;
        my $r_mitarbeiter = {
            "name"                          => $name,
            "alter"                         => $alter,
            "position"                      => $anfangs_position,
            "stunden_satz"                  => $stunden_satz,
            "ueberstunden_satz"             => $ueberstunden_satz,
            "stunden_gearbeitet"            => 0,
            "ueberstunden_stunden_gearbeitet => 0
        };
        bless $r_mitarbeiter, 'StundenbasierterMitarbeiter';
        return $r_mitarbeiter;
    }
    sub befoerdern {
        #...
    }
    sub aktuelles_jahres_einkommen_berechnen {
        my ($r_mit) = $_[0];
        return $r_mit->{'stunden_satz'} * $r_mit->{'stunden_gearbeitet'}
          +$r_mit->{'ueberstunden_satz'} * $r_mit->{'ueberstunden_stunden_gearbeitet'};
    }
```

An `bless` wird eine ganz normale Referenz auf eine Datenstruktur übergeben. Sie markiert die Datenstruktur (wichtig: nicht die *Referenz*[3]) als zu einem bestimmten Package gehörend. Damit erhält die Datenstruktur eine ganze Menge weiterer Fähigkeiten, wie wir in Kürze sehen werden. `bless` bedeutet für unsere Hashtabelle das gleiche, was die Taufe für ein Kind bedeutet. Die Datenstruktur ändert sich überhaupt nicht (sie bleibt eine Hashtabelle), genau wie die Taufe nicht die Person selbst ändert, sondern ihr nur eine zusätzliche Identität gibt.

Das Schöne an `bless` ist die Tatsache, daß wir damit eine direkte Möglichkeit bekommen, dieses Objekt zu benutzen. Das funktioniert so:

```
# Zunächst wie oben zwei Objekte erzeugen
$mit1 = NormalerMitarbeiter::new('Max Mustermann', 32,        # Polymorphie
                                 'Softwareentwickler', 5000);
$mit2 = StundenbasierterMitarbeiter::new('Gaby Seifert', 35,  # Polymorphie
                                 'Rechnungsprüferin', 65, 90);
```

Jetzt benutzen wir die *Pfeilnotation*, um direkt Instanzmethoden, oder, wie man im OO-Land sagt, Methoden *an dem Objekt* aufzurufen:

```
# Direkter Aufruf
$mit1->befoerdern();
$mit2->aktuelles_jahres_einkommen_berechnen();
```

Wenn Perl auf $mit1->befoerdern() stößt, bestimmt es, zu welcher Klasse $mit1 gehört (d.h. in welcher Klasse es »getauft« worden ist). In diesem Fall handelt es sich um NormalerMitarbeiter. Perl ruft dann die Funktion folgendermaßen auf: Normaler-

---

3   Die Referenz verhält sich wie ein `void *` in C. Das Objekt hat einen Typ, nicht der C-Zeiger oder die Perl-Referenz.

`Mitarbeiter::befoerdern($mit1)`. Mit anderen Worten wird das Objekt auf der linken Seite des Pfeils einfach nur als erster Parameter an die jeweilige Subroutine übergeben.

Im Gegensatz zu C++ ist sowohl die Notation `::` als auch die Notation `->` (Pfeilnotation) zulässig. Die erste ist flexibler, weil Perl die Klasse zur Laufzeit bestimmt, die zweite ist dagegen schneller, denn die aufzurufende Funktion ist zur Kompilierzeit bekannt. An einer Instanzmethode in Perl ist nichts Besonderes. Es ist eine normale Subroutine, deren erster Parameter zufällig eine Objektreferenz ist. (Ihnen ist vielleicht aufgefallen, daß sich die `befoerdern`-Methode im Vergleich zum vorangegangenen Abschnitt nicht geändert hat.)

Ist das also alles nur syntaktischer Zucker? Schließlich sieht es so aus, als ob alles, was wir erreicht haben, eine alternative Notation für den Aufruf einer Instanzmethode eines Objekts ist.

Das ist aber falsch; wir haben einen entscheidenden Vorteil errungen. Der Benutzer des Moduls muß nicht mit einer `if`-Anweisung zwischen den Objekttypen unterscheiden, sondern überläßt es Perl, die richtige Funktion aufzurufen. Anstatt also folgendes zu schreiben:

```
if (ref($mit) eq "StundenbasierterMitarbeiter") {
    $einkommen =
StundenbasierterMitarbeiter::aktuelles_jahres_einkommen_berechnen($mit);
} else {
    $einkommen = NormalerMitarbeiter::aktuelles_jahres_einkommen_berechnen($mit);
}
```

reicht viel einfacher:

```
$einkommen = $mit->aktuelles_jahres_einkommen_berechnen();
```

Diese Fähigkeit von Perl, die Funktion des richtigen Moduls aufzurufen, wird *Bindung zur Laufzeit* genannt. Erinnern Sie sich daran, daß wir in Kapitel 1 gesagt haben, daß die Funktion `ref` einen String zurückgibt, der den Typ der Entität angibt, auf die die Referenz zeigt. Im Falle einer mit `bless` markierten (»gesegneten«) Objektreferenz wird der Name der zugehörenden Klasse zurückgegeben.

Denken Sie auch daran, daß bei der Bearbeitung der Gehaltszahlungen `$mit` in einem Schleifendurchlauf ein normaler und im nächsten ein stundenbasierter Mitarbeiter sein kann. Dieses Merkmal wird *Polymorphie* genannt (poly + morph = die Fähigkeit eines Objekts, viele verschiedene Formen anzunehmen).

Polymorphie und Bindungen zur Laufzeit sind die wichtigsten Beiträge objektorientierter Programmiersprachen. Sie bilden ein System mit einer gewaltigen Flexibilität, weil Sie jetzt neue Mitarbeitertypen (mit der gleichen *Schnittstelle* wie die anderen Typen) hinzufügen können, ohne den Code für die Verarbeitung der Gehaltslisten ändern zu müssen. Das ist möglich geworden, weil jedes Objekt »weiß«, wie es sein aktuelles Jahreseinkommen berechnen muß.

Es lohnt sich, sich die folgende grundlegende Regel einzuprägen:

> *Es ist ein Merkmal inflexiblen prozeduralen Designs, wenn Sie sich dabei erwischen, Bedingungsanweisungen zu programmieren, um zwischen Objekttypen zu unterscheiden.*

Das Design ist auch deswegen flexibel, weil Sie jedem der Packages neue Methoden hinzufügen können, ohne den bereits bestehenden Code zu beschädigen.

Klassenmethoden und -attribute

Klassenattribute sind Eigenschaften, die allen Instanzen einer Klasse gemein sind, aber sich zwischen den einzelnen Objekten nicht unterscheiden. Beispielsweise könnte eine Krankenversicherung für sämtliche Mitarbeiter zuständig sein, so daß es keinen Sinn machen würde, den Namen dieser Versicherung bei jedem einzelnen Mitarbeiter abzuspeichern.

Klassenmethoden (auch als *statische Methoden* bekannt) sind Funktionen, die zu einer Klasse gehören, aber für ihre Arbeit keine spezifische Objektinstanz benötigen. Beispielsweise benötigt eine Subroutine namens `namen_mitarbeiter_ausgeben` kein Mitarbeiter-Objekt, um herauszufinden, was sie tun muß.

Perl hat im Gegensatz zu C++ und Java keine spezielle Syntax für Klassenattribute und -methoden. Klassenattribute sind einfach package-globale Variablen und Klassenmethoden normale Subroutinen, die nicht auf einer speziellen Instanz arbeiten. Perl unterstützt Polymorphie und Bindung zur Laufzeit für diese gewöhnlichen Subroutinen (und nicht nur für Instanzmethoden), was benutzt werden kann, um ein wirklich flexibles Design zu erreichen. Betrachten Sie das folgende Beispiel:

```
$datensatz = <STDIN>; # Mit Tabulatoren getrennter Datensatz, der die
                      # Mitarbeiterdetails enthält
($typ, $name, $alter, $position) = split(/\t/, $datensatz);
# Ein Mitarbeiter-Objekt der richtigen Klasse anlegen
$mit = $typ->new($name, $alter, $position);

# Jetzt dieses Objekt wie zuvor verwenden
$mit->aktuelles_jahres_einkommen_berechnen();
```

In diesem Beispiel kann `$typ` einen von zwei Strings enthalten: »NormalerMitarbeiter« oder »StundenbasierterMitarbeiter«. Beachten Sie, daß diese Variable kein Objekt ist, es handelt sich einfach nur um den Namen einer Klasse. Dieser Ansatz ist besser als das Beispiel im vorherigen Abschnitt, weil hier vermieden wird, den Namen des Packages hart zu codieren. Warum ist das überhaupt eine Verbesserung? Nun, wenn Sie diese Möglichkeit *nicht* hätten, würden Sie etwa den folgenden Code schreiben müssen, um ein Objekt mit dem richtigen Typ zu erzeugen:

```
if ($typ eq "StundenbasierterMitarbeiter") {
    $mit = StundenbasierterMitarbeiter->new(....);
} else {
    $mit = NormalerMitarbeiter->new(....);
}
```

Jedes Stückchen Code, in dem explizit die Klasse oder der Typ eines Objekts überprüft wird, benötigt zu viel Wartungsarbeit; wenn Sie morgen einen neuen Mitarbeitertyp einführen, müssen Sie an all diesen Codestellen den neuen Typ ergänzen.

Erinnern Sie sich daran, daß das Objekt links vom Pfeil im Falle von Instanzmethoden als erster Parameter an die Subroutine übergeben wird. Hier ist das nicht anders. Die Prozedur `StundenbasierterMitarbeiter::new` muß umgeschrieben werden, um mit diesem Parameter klarzukommen:

```
package StundenbasierterMitarbeiter;
sub new {
    my ($pkg, $name, $alter, $anfangs_position,
        $stunden_satz, $ueberstunden_satz) = @_;
```

Mit dem Wissen, daß sowohl Instanz- als auch Klassenmethoden normale Subroutinen sind, können Sie immer eine Subroutine schreiben, die als beides fungieren kann, indem Sie den Typ des ersten Parameters überprüfen. Schauen Sie sich den folgenden Konstruktor an, der abhängig davon, wie er aufgerufen wurde, ein neues Objekt oder einen Klon eines existierenden Objekts anlegt:

```
package Mitarbeiter;
sub new {
    $arg = shift;
    if (ref($arg)) {
        # Als $mit->new() aufgerufen: Übergebenen Mitarbeiter klonen
        #....
    } else {
        # Als Mitarbeiter->new() aufgerufen: Neuen Mitarbeiter anlegen
        #...
    }
}
```

Sie können diese Methode jetzt wie folgt verwenden:

```
# new() als Klassenmethode verwenden
$mit1 = Mitarbeiter->new("Harry Hirsch", 20, "stv. Geschäftsführer");

# new() als Instanzmethode verwenden, um Mitarbeiterdaten zu klonen
$mit2 = $mit1->new();
```

Ich überlasse es dem Leser als Aufgabe, sich zu überlegen, warum man einen Mitarbeiter klonen wollte!

Was haben wir in diesem Abschnitt gelernt? Wenn wir alle unsere Klassenmethoden so schreiben, daß sie den Namen des Moduls als ersten Parameter erwarten, machen wir es möglich, daß der Benutzer des Moduls die Bindung zur Laufzeit und Polymorphie benutzen kann. Wir werden uns diese Praxis im folgenden angewöhnen.

Sie möchten vielleicht wissen, warum einer Klassenmethode noch der Name des eigenen Moduls übergeben werden muß. Wir kommen darauf in Kürze zurück, wenn wir uns mit Vererbung beschäftigen.

Exkurs: Die indirekte Notation

Perl wäre nicht Perl, wenn es nicht eine Reihe von Möglichkeiten gäbe, um jedermanns Geschmack zu treffen. Perl unterstützt daher noch eine Alternative zur Pfeilnotation, die sogenannte *indirekte Notation*, in der ein Funktionsname dem Objekt- oder Klassennamen vorangeht. Ein Beispiel sollte das klar machen:

```
$mit = new Mitarbeiter ("Harry Hirsch", 20, "stv. Geschäftsführer");
```

C++-Leute werden sich mit dieser Notation identifizieren können. Dieser Ansatz kann auch für Objekte verwendet werden:

```
befoerdern $mit "Aufsichtsratsvorsitzender", 100000; # Beförderg. u. Gehaltserhöhg.
```

Beachten Sie, daß zwischen $mit und dem ersten Argument ("Aufsichtsratsvorsitzender") kein Komma steht. Damit teilen Sie Perl mit, daß Sie eine Methode mit der indirekten Notation und keine Subroutine im aktuellen Package aufrufen. Vielleicht können Sie sich mit dem folgenden Beispiel mehr identifizieren:

```
use FileHandle;
$fh = new FileHandle("> foo.txt");
print $fh "foo bar\n";
```

print ist eine Methode des Moduls FileHandle.

Zwar hat die indirekte Notation den gleichen Effekt wie die Pfeilnotation, sie kann aber nicht in einer Folge von Aufrufen verwendet werden. Der folgende Code ist nur mit der Pfeilnotation möglich:

```
use FileHandle;
$fh = FileHandle->new("> foo.txt")->autoflush(1); # Aufruffolge
```

Das Bedürfnis nach Vererbung

Perl erlaubt es einem Modul, eine Liste anderer Modulnamen in einem speziellen Array namens @ISA anzugeben. Wenn Perl in einem Modul eine bestimmte Klassen- oder Instanzmethode nicht findet, dann schaut es nach, ob das Array @ISA des betreffenden Moduls initialisiert ist. Falls ja, versucht Perl, in einem dieser anderen Module die fehlende Funktion zu finden, nimmt die erste, die es finden kann und übergibt die Kontrolle an diese Funktion. Dieses Sprachmerkmal wird *Vererbung* genannt. Beispiel:

```
package Mensch;
@ISA = qw(Saeugetier soziales_Tier);
```

Damit können wir aussagen: Ein Mensch ist-ein Saeugetier und ein Mensch ist-ein soziales_Tier. Alle Eigenschaften (lies: Methoden), die allen Säugetieren gemein sind, werden von der Klasse Saeugetier behandelt und müssen in Mensch nicht noch einmal implementiert werden. Lassen Sie uns dazu noch ein etwas praktischeres Beispiel ansehen.

Bei unseren Versuchen, zwischen normalen und stundenbasierten Mitarbeitern zu unterscheiden, haben wir das andere Extrem genommen und sie völlig unabhängig voneinander gemacht. Aber natürlich gibt es eine Reihe von gemeinsamen Attributen (Name, Alter, Position) und Verhaltensweisen (beispielsweise `befoerdern`), die allen Mitarbeitern gemein ist. Wir können also hier Vererbung benutzen, um die gemeinsamen Aspekte in eine *Superklasse* (oder *Basisklasse*) namens `Mitarbeiter` *auszuklammern*:

```perl
#--------------------------------------------------------
package Mitarbeiter; # Basisklasse
#--------------------------------------------------------
sub allozieren{
    my ($pkg, $name, $alter, $anfangs_position) = @_;
    my $r_mitarbeiter = bless {
        "name"      => $name,
        "alter"     => $alter,
        "position"  => $anfangs_position
    }, $pkg;
    return $r_mitarbeiter;
}
sub befoerdern {
    my $r_mitarbeiter      = shift;
    my $aktuelle_position  = $r_mitarbeiter->{"position"};
    my $naechste_position  = naechste_position_ermitteln($aktuelle_position);
    $r_mitarbeiter->{"position"} = $naechste_position;
}
#--------------------------------------------------------
package StundenbasierterMitarbeiter;
#--------------------------------------------------------
@ISA = ("Mitarbeiter"); # Erbt von Mitarbeiter
sub new {
    my ($pkg, $name, $alter, $anfangs_position,
        $stunden_satz, $ueberstunden_satz) = @_;
    # Das Mitarbeiter-Package legt das Objekt an und »tauft« es
    my $r_mitarbeiter = $pkg->allozieren($name, $alter, $anfangs_position);
    # Jetzt noch die spezifischen Merkmale stundenbasierter Mitarbeiter hinzufügen
    $r_mitarbeiter->{"stunden_satz"}                = $stunden_satz;
    $r_mitarbeiter->{"ueberstunden_satz"}           = $ueberstunden_satz;
    $r_mitarbeiter->{"stunden_gearbeitet"}          = 0;
    $r_mitarbeiter->{"ueberstunden_stunden_gearbeitet"} = 0;
    return $r_mitarbeiter; # Objektreferenz zurückgeben
}
sub aktuelles_jahres_einkommen_berechnen {
    ....
}
# ... Entsprechend für das Package NormalerMitarbeiter ergänzen
```

Was auch immer alle Mitarbeiter gemeinsam haben, wird in der Basisklasse implementiert. Weil sowohl `StundenbasierterMitarbeiter` als auch `NormalerMitarbeiter` eine Klassenmethode namens `new()` benötigen, um eine Hashtabelle zu allozieren, sie mit dem Package-Namen zu markieren und einige gemeinsame Attribute in diese Tabelle einzufügen, haben wir diese Funktionalität in eine vererbbare Subroutine namens `allozieren` im Modul Mitarbeiter ausgeklammert.

Beachten Sie, daß `allozieren` es vermeidet, den Namen einer Klasse hart zu codieren, um so eine maximale Wiederverwendbarkeit zu gewährleisten. `Stundenbasierter-Mitarbeiter::new()` ruft `$pkg->allozieren()` auf, was bedeutet, daß der erste Parameter von `allozieren`, `$pkg`, den Wert StundenbasierterMitarbeiter hat. `allozieren` benutzt das, um das Objekt direkt mit der ererbten Klasse zu markieren. `StundenbasierterMitarbeiter` muß dieses Objekt nicht mehr anlegen, es reicht, die eigenen spezifischen Attribute einzusetzen.

Aus Sicht des Benutzers hat sich nichts geändert. Sie schreiben immer noch:

```
$mit = StundenbasierterMitarbeiter->new(....);
```

Aber es ist uns jetzt gelungen, redundanten Code in den Modulen zu eliminieren und diese gleichzeitig für zukünftige Erweiterungen offenzuhalten.

Basisklassen überschreiben

Angenommen, wir wollten sichergehen, daß stundenbasierte Mitarbeiter nie höher als bis zur Position eines Abteilungsleiters kommen. Das folgende Beispiel zeigt, wie Sie die `befoerdern`-Methode der Basisklasse *überschreiben*, um diese Überprüfung einzubauen:

```
package StundenbasierterMitarbeiter;
sub befoerdern {
    my $obj = shift;
    die "Stundenbasierte Mitarbeiter können nicht weiter kommen als bis zum
        'Abteilungsleiter'"
            if ($obj->{position} eq 'Abteilungsleiter');
    # befoerdern-Methode der Basisklasse aufrufen
    $obj->Mitarbeiter::befoerdern(); # Package explizit angeben
}
```

Diese Syntax sagt Perl, daß es die Suche nach `befoerdern` in der `@ISA`-Hierarchie bei `Mitarbeiter` beginnen soll. Hier liegt aber noch ein kleines Problem: Das harte Codieren des Klassennamens (`Mitarbeiter`) macht es schwierig für uns, die Vererbungshierarchie zu ändern. Um dieses Problem zu vermeiden, stellt Perl wie Smalltalk eine Pseudoklasse namens `SUPER` bereit, so daß es möglich ist,

```
$obj->SUPER::befoerdern();
```

zu schreiben.

Damit wird die `ISA`-Hierarchie nach einer geeigneten `befoerdern`-Subroutine abgesucht. Wenn wir jetzt ein anderes Package in die Vererbungshierarchie zwischen `Mitarbeiter` und `StundenbasierterMitarbeiter` schieben wollen, müssen wir nur das `@ISA`-Array von `StundenbasierterMitarbeiter` verändern.

Zerstören von Objekten

Perl gibt den Speicher einer Datenstruktur automatisch wieder frei, wenn ihr Referenzzähler auf Null fällt. Wenn eine Datenstruktur mittels `bless` mit einem Modul markiert worden ist, dann kann dieses Modul noch Aufräumarbeiten vornehmen, bevor das Objekt zerstört wird. Dazu ruft Perl in diesem Modul eine spezielle Routine namens DESTROY auf und übergibt eine Referenz auf das zu zerstörende Objekt:

```
package Mitarbeiter;
sub DESTROY {
    my ($mit) = @_;
    print "Schade, ", $mit->{"name"}, " ist nicht mehr bei uns \n";
}
```

Das ist insofern den Destruktoren von C++ oder der `finalize()`-Methode von Java ähnlich, als Perl zwar die Speicherverwaltung automatisch übernimmt, aber Sie die Chance bekommen, noch irgendetwas zu tun, bevor der Speicher des Objektes zurückgewonnen wird. (Im Gegensatz zu `finalize()` in Java ist die Garbage Collection von Perl deterministisch; DESTROY wird aufgerufen, sobald keine Referenzen mehr auf das Objekt bestehen.)

Beachten Sie, daß Sie nicht verpflichtet sind, diese Subroutine zu deklarieren; Sie benutzen DESTROY nur, wenn Sie Aufräumarbeiten vornehmen müssen. In einem Modul wie Socket würden Sie die zugehörige Verbindung schließen, aber in einer Klasse wie Mitarbeiter, in der keine externen Systemressourcen belegt werden, müssen Sie keine DESTROY-Methode zur Verfügung stellen. Erinnern Sie sich aber daran, daß AUTOLOAD aufgerufen wird, wenn eine Funktion nicht gefunden werden konnte. Falls Sie eine AUTOLOAD-, aber keine DESTROY-Methode angeben wollen, sollten Sie vielleicht sicherstellen, daß AUTOLOAD darauf vorbereitet ist:

```
sub AUTOLOAD {
    my $obj = $_[0];
    # $AUTOLOAD enthält den Namen der fehlenden Methode

    # Nie DESTROY-Methoden weiterreichen
    return if $AUTOLOAD =~ /::DESTROY$/;
    # ....
}
```

Zugriffsmethoden

Rumbaugh u.a. schreiben [3]:

> Die Kapselung kann durchbrochen werden, wenn zu einer Klasse gehörender Code
> direkt auf die Attribute einer anderen Klasse zugreift. Direkter Zugriff macht Annahmen
> über das Datenformat und die Lage der Daten. Diese Details müssen innerhalb der
> Klasse versteckt werden. Der korrekte Zugriff auf ein Attribut eines anderen Objekts
> liegt darin, »nach dem Attribut zu fragen«, indem eine Operation auf dem Objekt ausge-
> führt wird, anstatt sich einfach das Attribut »zu holen«.

Das gilt sowohl für Klassen, die in einer Vererbungshierarchie zusammenhängen, als
auch für überhaupt nicht zusammenhängende Klassen.

Um Sie davon abzuhalten, direkt auf die Attribute eines Objekts zuzugreifen, stellen wir
»Zugriffsmethoden« zur Verfügung. Diese beiden Methoden lesen und aktualisieren das
»position«-Attribut eines Mitarbeiters:

```
$pos = $mit->get_position();          # Attribut lesen
$mit->set_position("Softwareentwickler"); # Attribut schreiben
```

Die populärere Konvention besteht darin, eine Methode zu haben, die sowohl den
Lese- als auch den Schreibzugriff implementiert:

```
$pos = $mit->position();              # Attribut lesen
$mit->position("Softwareentwickler"); # Attribut schreiben
```

Das Modul könnte das so implementieren:

```
package Mitarbeiter;
sub position {
    my $obj = shift;
    @_ ? $obj->{position} = shift # Attribut verändern
       : $obj->{position};        # Attribut abfragen
}
```

Beachten Sie, daß die Methode in beiden Fällen den letzten Wert des Attributs zurückgibt, denn in beiden Fällen (setzen und auslesen) ist der Ausdruck `$obj->{position}`
der letzte, der ausgewertet wird.

Es sieht wie Zeitverschwendung aus, jedesmal eine Methode aufzurufen, wenn auf ein
Attribut zugegriffen werden soll. Aber es stellt sich heraus, daß Zugriffsmethoden absolut unabdingbar sind, wenn man *für Veränderungen entwirft* (*designing for change*).

Kapselung

Zugriffsmethoden verstecken die Art und Weise, in der Objektattribute abgespeichert werden. Wenn Sie das Speicherlayout verändern, dann müssen nur diese Methoden verändert werden; der Rest des Codes, abgeleitete Klassen eingeschlossen,
bleibt unverändert. In Perl und in anderen objektorientierten Skriptsprachen, in denen eine Neuentwicklung aus Performanz- oder Speicherplatzgründen notwendig
sein kann, sind Zugriffsmethoden eine gute Sache. Smalltalk, CORBA (Common

Object Request Broker Architecture) und ActiveX sind andere bekannte Fälle, in denen der einzige Weg zu einem Attribut über die Zugriffsmethoden führt.

Seiteneffekte

Zugriffsmethoden werden manchmal benutzt, um außer der Abfrage oder der Aktualisierung eines Attributs andere Aktionen auszulösen. Speziell GUI-Toolkits verwenden dieses Idiom regelmäßig. Ein Beispiel:

```
$button->foreground_color('yellow');
```

Damit wird nicht nur der Wert des Attributs für die Vordergrundfarbe aktualisiert, sondern auch der Bildschirm neu gezeichnet.

Zugriffskontrolle

Zugriffskontrollen können auch so programmiert werden, daß Aktualisierungen nicht erlaubt sind. Beispielsweise sollten Primärschlüsselattribute wie der Name eines Mitarbeiters nicht mehr verändert werden können, nachdem sie einmal angelegt worden sind. Mit einer Zugriffsmethode kann diese Bedingung leicht erzwungen werden.

Berechnete Attribute

Das Einkommen eines Mitarbeiters kann als Attribut angesehen werden, obwohl es intern berechnet werden muß. Anstatt eine Methode wie `aktuelles_jahres_einkommen_berechnen()` zu schreiben, können Sie auch einfach `einkommen()` aufrufen. Diese Funktion sieht dann aus wie eine Zugriffsmethode, und Sie können auch Schreibzugriffe auf dieses Attribut unterbinden.

Die Moral der Geschicht': Gewöhnen Sie sich an, Zugriffsmethoden zu schreiben. Im nächsten Kapitel werden wir ein Modul namens ObjectTemplate, eine Standardbibliothek namens Class::Template und ein CPAN-Modul namens MethodMaker untersuchen, die alle automatisch Zugriffsmethoden anlegen, so daß es wirklich keinen Grund dafür gibt, diese Methoden nicht zu benutzen.

Warnung: Auch, wenn Ihre Attribute in Zugriffsmethoden verpackt sind, sollten Sie vorsichtig sein, wenn völlig unabhängige Klassen diese Methoden verwenden. Wenn Sie ein Stück Code lesen, fragen Sie sich immer, was die eigentliche Absicht hinter diesen Zugriffen ist. Beispielsweise sollte ein Benutzer immer `$mit->befoerdern()` benutzen, anstatt direkt `position` zu aktualisieren.

UNIVERSAL

Alle Module erben implizit von einem eingebauten Modul namens UNIVERSAL, wobei sie auch die folgenden drei Methoden erben:

`isa` (*packagename*)

Beispiel: `Rectangle->isa('Shape')` gibt wahr zurück, wenn das Rectangle-Modul (auch indirekt) vom Shape-Modul erbt.

can (*funktionsname*)

Rectangle->can('draw') gibt wahr zurück, wenn Rectangle oder eine seiner Basisklassen eine Funktion namens draw enthalten.

VERSION (*benoetigte_version*)

Wenn Sie

```
package Bank
$VERSION = 5.1;
```

verwenden und der Benutzer dieses Moduls

```
use Bank 5.2;
```

verwendet, dann ruft Perl automatisch Bank->VERSION(5.2) auf, was beispielsweise sicherstellen kann, daß alle für Version 5.2 benötigten Bibliotheken geladen sind. Die Defaultmethode von VERSION, die von UNIVERSAL bereitgestellt wird, bricht das Programm einfach ab, wenn die $VERSION-Variable von Bank einen niedrigeren Wert hat als den, den der Benutzer angefordert hat.

Weil Perl es allen Packages erlaubt, hemmungslos auf den Namensräumen anderer Packages herumzutrampeln, verwenden manche Packages das Modul UNIVERSAL als Speicherbereich für einige globale Subroutinen, die sie an alle exportieren wollen. Ich empfehle Ihnen jedoch, dieses »Feature« nicht zu verwenden (zumindest nicht in den Modulen, die Sie im CPAN zur Verfügung stellen wollen!).

Nach Methoden suchen

Wir haben bisher zwei Stellen erwähnt, an denen Perl nachschaut, wenn es eine Methode im gewünschten Modul nicht finden kann: die Vererbungshierarchie (@ISA) und AUTOLOAD. Während Perl die Vererbungshierarchie durchsucht, überprüft es auch die @ISA-Arrays der Basisklassen: Es wird eine Tiefensuche durchgeführt, und die erste gefundene Methode wird benutzt. Lassen Sie uns die genaue Reihenfolge untersuchen, in der all diese Subroutinen durchsucht werden. Gegeben sei:

```
package Mensch;
@ISA = qw(Saeugetier Soziales_Tier);
```

dann führt ein Aufruf von Mensch->froehn zu der folgenden Suchsequenz. Zuerst wird die normale Vererbungshierarchie durchsucht:

1. Mensch::froehn

2. Saeugetier::froehn

3. (rekursiv durch die Basisklassen von Saeugetier)::froehn

4. Soziales_Tier::froehn

5. (rekursiv durch die Basisklassen von Soziales_Tier)::froehn

6. UNIVERSAL::froehn (weil UNIVERSAL implizit am Ende des @ISA-Arrays jedes Moduls steht)

Danach wird AUTOLOAD in der gleichen Reihenfolge durchsucht:

7. Mensch::AUTOLOAD

8. Saeugetier::AUTOLOAD

9. (rekursiv durch die Basisklassen von Saeugetier)::AUTOLOAD

10. Soziales_Tier::AUTOLOAD

11. (rekursiv durch die Basisklassen von Soziales_Tier)::AUTOLOAD

12. UNIVERSAL::AUTOLOAD

Die Kontrolle wird an die erste gefundene Subroutine übergeben, und die Suche wird abgebrochen. Wenn alles andere fehlschlägt, löst Perl eine Laufzeitausnahme aus.

Wiederholung der Konventionen

Obwohl Perl uns eine geradezu unendliche Flexibilität in der Organisation unserer Module ermöglicht, sollten wir uns auf die Konventionen, die in diesem Kapitel eingeführt wurden, beschränken, so daß alle Entwickler Module konsistent verwenden. Lassen Sie mich diese Konventionen schnell noch einmal zusammenfassen:

*   Ein Modul soll in einer eigenen Datei namens *<modul>.pm* stehen. (Denken Sie daran, daß die letzte ausgeführte globale Anweisung 1 zurückgeben muß, um ein erfolgreiches Laden des Moduls anzuzeigen.)

*   Alle Subroutinen eines Moduls sollten als Methode implementiert sein, d.h. sie sollten als ersten Parameter den Namen einer Klasse oder eine Objektreferenz erwarten. Wenn Sie die Benutzung der Methode noch angenehmer machen wollen, sollte die Methode mit beidem klarkommen.

*   Package-Namen sollten nie hart codiert werden. Nehmen Sie immer den Package-Namen, den Sie als erstes Argument bekommen haben, um ihn als erstes Argument an bless zu übergeben. Auf diese Art und Weise kann der Konstruktor geerbt werden.

*   Stellen Sie immer Zugriffsmethoden für Klassen- und Instanzattribute zur Verfügung.

Das folgende Beispiel zeigt alle diese Techniken und Konventionen in der Praxis.

Beispiel

Wir modellieren jetzt ein Geschäft,[4] das Computer und Einzelteile dazu verkauft. Jede Komponente hat eine Artikelnummer, einen Preis und einen Rabattsatz. Ein Kunde kann individuelle Komponenten kaufen, aber auch einen speziellen Computer aus bestimmten Komponenten zusammenbauen lassen. Der Laden schlägt die Mehrwertsteuer

---

4   Das folgende Beispiel ist teilweise USA-spezifisch und läßt sich zum Beispiel auf Deutschland wegen anderer gesetzlicher Grundlagen nicht vollständig anwenden. (Anm. d. Ü.)

auf den Endpreis auf. Das Ziel dieses Beispiels wird es sein, den Bruttopreis jedes Gegenstands, der in diesem Laden gekauft werden kann, zu ermitteln.

Wir müssen berücksichtigen, daß ein Teil wiederum aus anderen Teilen bestehen kann, daß die Mehrwertsteuer von der Art des Teils und dem Wohnort des Kunden abhängen kann und daß eventuell noch der Zusammenbau des Computers berechnet werden muß.

Eine nützliche Technik, schnell zu einem Entwurf zu kommen, ist *Use Case Analysis*, die von Ivar Jacobson [Ressource 7] vorgeschlagen wurde. Sie schauen sich dabei die Schnittstelle aus der Sicht des Benutzers an, ohne sich um die einzelnen Objektattribute zu kümmern. Auf diese Weise können wir die Schnittstelle eines Objekts verstehen, ohne uns über Implementierungsdetails Gedanken machen zu müssen. Nehmen wir an, wir wollten das System folgendermaßen benutzen:

```
$cdrom   = new CDROM   ("Toshiba 5602");

$monitor = new Monitor ("Viewsonic 15GS");
print $monitor->netto_preis();

$computer = new Computer($monitor, $cdrom);
print $computer->netto_preis();
```

Abbildung 7-1 zeigt eine Möglichkeit, das Objektmodell zu entwerfen. Ich habe die Object Modeling Technique (OMT) von Rumbaugh verwendet, um Klassen, Vererbungshierarchien und Zusammenhänge zwischen den Klassen darzustellen. Das Dreieck bezeichnet ein Ist-ein-Verhältnis und die Linie mit dem 1+ ein Eins-zu-viele-Verhältnis. Der Computer *ist-ein* Lagerartikel und enthält andere Komponenten (Hat-ein-Verhältnis). Ein CD-ROM-Laufwerk oder ein Monitor sind Komponenten, die selbst wiederum Lagerartikel sind.

Alle Attribute, die allen Lagerartikeln gemein sind, werden in der `Lagerartikel`-Klasse abgelegt. Um den Bruttopreis einer Komponente zu berechnen, müssen wir den Rabatt und die Mehrwertsteuer berücksichtigen. Aber wenn wir die Komponenten zu einem Computer zusammenbauen, addieren wir die Mehrwertsteuer erst am Ende; wir können nicht einfach die Bruttopreise aller Komponenten addieren. Aus diesem Grund brechen wir die Preisberechnung in zwei Teile auf: `preis` zieht den Rabatt vom Preis ab und `brutto_preis` addiert die Mehrwertsteuer. Im Moment sind die Komponentenklassen völlig leer, weil die gesamte Funktionalität von `Lagerartikel` abgedeckt wird. Wenn das Problem an dieser Stelle schon gelöst wäre, würde dieser Entwurf natürlich unnötig komplex sein, wir könnten uns dann auf eine Tabelle beschränken, in der Preise und Rabatte stehen, sowie auf eine Funktion, die die Preise berechnet. Aber wir berücksichtigen hier gleich beim Entwurf spätere Veränderungen. Wir erwarten, daß unser Entwurf noch ausgebaut wird, wenn wir die Mehrwertsteuer nach dem Herkunftsland des Kunden berechnen, Komponenten, die andere Komponenten enthalten, berücksichtigen und die Arbeitszeit berechnen. Es ist besser, von Anfang an allgemeiner zu denken.

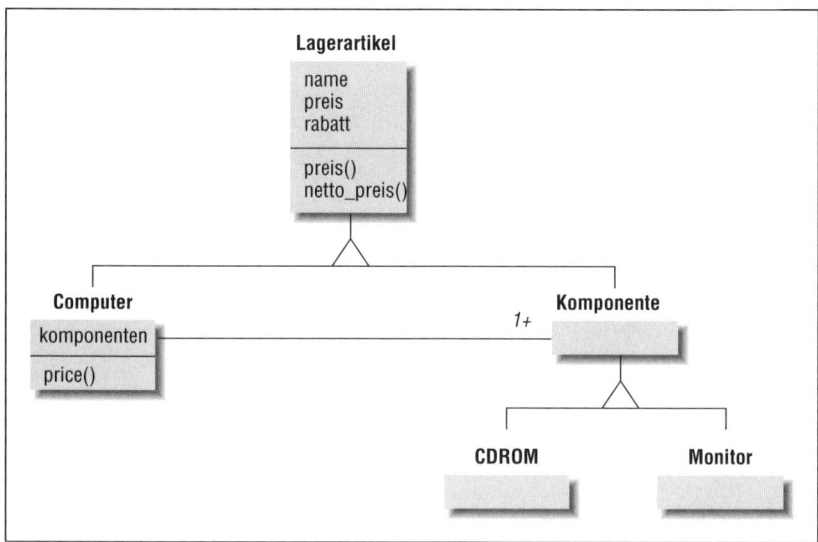

Abbildung 7-1: Objektmodell für das Computergeschäft-Beispiel

Die Klasse Computer benutzt ihr Preis-Attribut nicht, statt dessen addiert sie die Preise der Komponenten, aus denen das Objekt besteht. Sie muß die Funktion brutto_preis nicht überschreiben, weil diese Funktion einfach nur die Mehrwertsteuer zum Preis eines Objektes addiert, unabhängig davon, von welchem Typ das Objekt ist.

Beispiel 7-1 zeigt eine Übersetzung des Objektmodells in Code.

Beispiel 7-1: Beispielhafte Objekt-Implementierung

```
package Lagerartikel;

my $_mwst = 15;   # 15% werden auf alle Komponentenpreise (nach Abzug des Rabatts) addiert

sub new {
    my ($pkg, $name, $preis, $rabatt) = @_;
    bless {
        # Attribute werden mit einem führenden Unterstrich versehen, um
        # zu zeigen, daß sie privat sind (nur eine Konvention)
        $_name => $name, $_preis => $preis, $_rabatt => $rabatt
    }, $pkg;
}


# Zugriffsmethoden
sub mwst {shift; @_ ? $_mwst = shift : $_mwst}
sub name {my $obj = shift; @_ ? $obj->{$_name} = shift : $obj->{$_name}}
sub rabatt {my $obj = shift; @_ ? $obj->{$_rabatt} = shift
                          : $obj->{$_rabatt}}
sub preis  {my $obj = shift; @_ ? $obj->{$_preis} = shift
                          : $obj->{$_preis} - $obj->$_rabatt}
}
```

Beispiel 7-1: Beispielhafte Objekt-Implementierung (Fortsetzung)

```
sub netto_preis {
    my $obj = shift;
    return $obj->preis * (1 + $obj->mwst / 100);
}
#-------------------------------------------------------------------------
package Komponente;
@ISA = qw(Lagerartikel);


#-------------------------------------------------------------------------
package Monitor;
@ISA = qw(Komponente);
# Preise und Rabatte erst einmal hart codieren
sub new { $pkg = shift; $pkg->SUPER::new("Monitor", 400, 15)}


#-------------------------------------------------------------------------
package CDROM;
@ISA = qw(Komponente);
sub new { $pkg = shift; $pkg->SUPER::new("CDROM", 200, 5)}


#-------------------------------------------------------------------------
package Computer;
@ISA = qw(Lagerartikel);

sub new {
    my $pkg = shift;
    my $obj = $pkg->SUPER::new("Computer", 0, 0); # Dummy-Wert für den Preis
    $obj->{$_komponenten} = [];                   # Liste der Komponenten
    $obj->komponenten(@_);
    $obj;
}

# Zugriffsmethoden
sub komponenten {
    my $obj = shift;
    @_ ? push (@{$obj->{$_komponenten}}, @_)
       : @{$obj->{$_komponenten}};
}
sub preis {
    my $obj = shift;
    my $preis = 0;
    my $komponente;
    foreach $komponente ($obj->komponenten()) {
        $preis += $komponente->preis();
    }
    $preis;
}
```

Die Philosophie, zukünftige Veränderungen einzuplanen, ist hier offensichtlich. Alle Instanzvariablen haben Zugriffsmethoden, wodurch wir die Methode preis() in der Klasse Computer überschreiben können. Die Zugriffsmethode Computer::komponenten kann so später geändert werden, um die Kompatibilität der einzelnen Komponenten zu überprüfen. Selbst auf die package-globale Variable $mwst wird nur über eine Zugriffsmethode zugegriffen, weil wir einplanen, daß einzelne Komponenten vielleicht unterschiedliche Mehrwertsteuersätze haben werden (zum Beispiel könnten Handbücher einzeln verkauft werden), und deswegen das Objekt nach seinem Mehrwertsteuersatz fragen.

Beachten Sie auch, daß die Konstruktoren SUPER verwenden, um auf die new-Routinen ihrer Superklassen zuzugreifen. Dadurch müssen keine anderen Packages geändert werden, wenn Sie morgen eine Methode Komponente::new implementieren wollen. Lagerartikel::new markiert das Objekt mittels bless mit dem übergebenen Package, es verwendet seinen eigenen, nicht hart codierten Package-Namen.

Wenn Sie diese Packages in verschiedenen Dateien ablegen, dann erinnern Sie sich an Kapitel 6, und geben Sie den Dateien Namen, die der Konvention *<packagename>.pm* entsprechen. Zusätzlich sollten diese Dateien 1; oder return 1; als letzte ausgeführte Anweisung enthalten.

Vergleiche mit anderen objektorientierten Sprachen

Tcl

Die normale Tcl-Bibliothek hat keine objektorientierten Sprachmerkmale. Seit kurzem gibt es ein Package-Konstrukt, das einen Namensraum für Subroutinen und globale Variablen bereitstellt (zwischen den Packages besteht kein Zusammenhang). Tcl ist eine sehr wandelbare Sprache, und es gibt mehrere frei verfügbare Bibliotheken, die versuchen, der Sprache eine objektorientierte Struktur aufzusetzen. Ein Paket namens stoop enthält eine reine Tcl-Lösung für Einfach- und Mehrfachvererbung, dynamische Bindung, Typidentifikation zur Laufzeit und so weiter. Ein anderes Paket namens [incr Tcl] ist noch etwas ehrgeiziger und stellt eine C++-ähnliche Menge an Schlüsselwörtern und Funktionalitäten zur Verfügung. Für [incr Tcl] muß Tcl allerdings gepatcht werden.

Python

Python ist eine exzellente Programmiersprache, um Objektorientierung zu lernen. (Es ist auch meine bevorzugte objektorientierte Skriptsprache.) Alle Bestandteile, interne Datenstrukturen wie Listen und Dictionaries (Hashtabellen) und externe Bibliotheken eingeschlossen, haben konsistente objektorientierte Schnittstellen. Python stellt Klassenentwicklern eine Reihe von Eingriffpunkten (Hooks) bereit, um verschiedene Arten von Zugriffsmethoden zu schreiben, und unterstützt die Mehrfachvererbung. Alle Objekte in Python sind als Hashtabellen implementiert. Das ist anders als in Perl, wo Sie die Repräsentation selbst wählen müssen (oder wo es Ihnen freisteht, die Repräsentation selbst zu wählen, um das etwas positiver zu formulieren).

C++ und Java

Es gibt eine Reihe von bedeutsamen Unterschieden darin, wie Perl und C++ Objektorientierung verstehen.

- *Objektstruktur*: In C++ müssen Sie die Struktur Ihres Objektes mit dem Schlüsselwort `class` deklarieren. Perl ist es dagegen egal, wie Sie den Zustand Ihres Objekts abspeichern, ob nun als Hash, als Array oder als Skalar. Das einzige, was Perl von Ihnen verlangt, ist, eine »gesegnete« Referenz auf diese Daten zurückzugeben.

- *Zugriffsrechte*: In C++ gibt es Schlüsselwörter, um verschiedene Ebenen für Zugriffsrechte zu implementieren (`private`, `protected`, `public`). Perl erzwingt keine Zugriffsrechte. Wenn Sie private Variablen benötigen, können Sie lexikalische Variablen verwenden.

- *Konstruktoren/Destruktoren*: C++ verlangt, daß die konstruierende Subroutine eines Objektes den gleichen Namen wie die Klasse trägt. Perl kennt solche Regeln nicht – jede Subroutine kann ein Konstruktor sein (der Name `new` ist nur eine Konvention). Bei der Zerstörung eines Objektes auf der anderen Seite verlangen sowohl Perl als auch C++ bestimmte Namen für die Destruktoren. Ein C++-Konstruktor ist eigentlich eine Initialisierungsmethode. Der Speicher wird alloziert, bevor der Konstruktor abläuft. In Perl liegt es in der Verantwortung des Programmierers, sowohl die Allozierung als auch die Initialisierung sicherzustellen.

- *Statische und Instanzmethoden*: In C++ gibt es das Schlüsselwort `static`, um zwischen statischen Funktionen und Objektmethoden zu unterscheiden. Perl macht diese Trennung nicht – die Subroutinen können nicht voneinander unterschieden werden. Eine Perl-Subroutine kann ihre Argumente abfragen und dann sowohl als statische als auch als Instanzmethode fungieren.

- *Deklaration und Definition*: Im Gegensatz zu Perl verlangt C++, daß die Deklaration einer Klasse unabhängig von ihrer Implementierung ist (es sei denn, die Implementierung ist inline). Die typische C++-Konvention ist es, die Deklarationen in einer sogenannten Header-Datei und die Implementierung in einer anderen Datei abzulegen.

- *Kompilierzeit vs. Laufzeit*: C++ erwartet, daß alle Informationen über eine Klasse wie die Vererbungshierarchie, die Anzahl und Typen der Attribute und Methoden und so weiter zur Kompilierzeit bekannt sind. In Perl kann alles zur Laufzeit umdefiniert werden; Sie können Methoden hinzufügen, entfernen oder ändern und sogar die Vererbungshierarchie mittels `@ISA` ändern. Ich empfehle Ihnen allerdings, von diesen Möglichkeiten keinen Gebrauch zu machen.

- *Bindung zur Laufzeit*: Da C++ eine strenge Typprüfung vornimmt, funktioniert die Bindung zur Laufzeit nur, wenn die Objekte von einer gemeinsamen Basisklasse abgeleitet sind. Perl kennt diese Einschränkung nicht.

Vieles von dem, was wir in diesem Vergleich über C++ gesagt haben, gilt auch für Java.

Ressourcen

1. *perltoot* (Perl-Dokumentation). Tom Christiansen.

   »Toms objektorientiertes Tutorial« enthält eine hervorragende Behandlung der Objektorientierung unter besonderer Berücksichtigung von Perl. Ein Muß.

2. *comp.object FAQ*

   Erhältlich unter *ftp://rtfm.mit.edu/pub/usenet/comp.object*. Eine der besten FAQs überhaupt.

3. *Object-Oriented Modeling and Design.* J. Rumbaugh, M. Blaha, W. Premerlani, F. Eddy und W. Lorensen. Prentice-Hall, 1991.

   Eine ausgezeichnete Behandlung der Objektorientierung, speziell darüber, wie sie in eine Programmiersprache übersetzt wird. Enthält auch gute Vergleiche von Objektorientierung mit anderen Software-Methodologien.

4. *Entwurfsmuster: Elemente wiederverwertbarer objektorientierter Software.* Erich Gamma, Richard Helm, Ralph Johnson und John Vlissides. Addison-Wesley, 1996.

   Dieses Buch ist ein Katalog oft verwendeter Muster, nach denen Objekte interagieren (unabhängig von der Sprache). Auch wenn die Muster selbst manchmal intuitiv sind, wird allein dadurch, daß sie einen Namen erhalten, das Vokabular des praktizierenden objektorientierten Entwicklers erweitert.

5. *Bringing Design to Software.* Terry Winograd. Addison-Wesley, 1996.

   Unter anderem untersucht dieses Buch mehrere sehr erfolgreiche Software-Produkte und behauptet, daß benutzerorientiertes Design die beste Software-Methodologie ist. (Bei keinem der Produkte, die wirklich gut verkauft worden sind, haben sich die Entwickler besondere Gedanken um objektorientierte Programmierung gemacht.) Interessant und überzeugend.

6. *The Mythical Man-Month.* Frederick P. Brooks. Addison-Wesley, 1995.

7. *Object-Oriented Software Engineering: A Use Case Driven Approach.* Ivar Jacobson. Addison-Wesley, 1994.

8

Objektorientierung: Die nächsten Schritte

No ties bind so strongly as the links of inheritance.
Stephen Jay Gould

Dieses Kapitel ist größtenteils eine bunt gemischte Sammlung von Ideen, Techniken und Meinungen im Zusammenhang mit Perl-Objekten. Ich habe gar nicht erst versucht, diese einzelnen Themen zu eng miteinander zu verknüpfen. Die folgenden Themen werden behandelt:

Effiziente Speicherung von Attributen

Wir suchen nach einer anderen Möglichkeit als Hashtabellen, um Objektattribute zu repräsentieren. Die beiden Strategien, die wir in diesem Kapitel untersuchen, belegen weniger Speicherplatz und sind schneller.

Delegation

Wie AUTOLOAD verwendet wird, um Methodenaufrufe automatisch zu delegieren.

Vererbung und Komposition

Was ich an Vererbung ungünstig finde, außerdem andere Möglichkeiten, Klassen zu strukturieren.

Effiziente Speicherung von Attributen

Üblicherweise werden Hashtabellen verwendet, um Objektattribute abzuspeichern. Es gibt gute Gründe dafür:

- Jedes Attribut ist selbstbeschreibend (d.h. der Name und Typ jedes Attributs können leicht vom Objekt erfragt werden). Das macht es leicht, lesbaren Code zu schreiben. Das ist auch nützlich für Module, die Objekte automatisch persistent machen oder visualisieren, ohne daß das Objekt dazu explizit kooperieren muß.

- Jede Klasse einer Vererbungshierarchie kann beliebig und unabhängig von den anderen Attribute hinzufügen.

- Jede *Instanz* (und nicht nur die Klasse) kann eine eigene Menge von Attributen besitzen und diese Menge auch zur Laufzeit verändern. Die Leute aus dem Bereich der Künstlichen Intelligenz benutzen das oft für *slot-* oder *frame*-basierte Ansätze, weil es sich sehr leicht an neue Informationsstückchen anpassen läßt.

Natürlich benötigt nicht jedes Problem dieses Grad an Allgemeinheit. Und obwohl die Hashtabellen von Perl schnell (etwa 15% der Geschwindigkeit von Arrays) und ziemlich kompakt sind (Schlüsselstrings werden nicht dupliziert), sind sie nicht gerade billig. Das Anlegen von 100 Objekten zieht auch 100 Hashtabellen nach sich, die alle dazu tendieren, zusätzlichen Speicherplatz zu allozieren, um für zukünftige Einfügungen gerüstet zu sein.

Dieser Abschnitt illustriert zwei weitere Ansätze, einen mit Arrays und einen mit Typeglobs. Beide Ansätze sind weniger allgemein als der Hashtabellenansatz, aber dafür schneller und schlanker. Der erste besteht aus einem Modul namens ObjectTemplate, das für dieses Buch entwickelt wurde.[1] Der andere Ansatz benutzt Typeglobs und ist in einigen CPAN-Modulen wie IO und Net benutzt worden. Ich zögere ein wenig, diesen Ansatz zu empfehlen, weil er viel zu »hackig« ist, aber ich stelle ihn hier trotzdem vor, damit Sie diese Standardmodule verstehen können.

ObjectTemplate: Attribute in Arrays abspeichern

Das in diesem Abschnitt vorgestellte Modul benutzt Arrays, um Attribute zu speichern (aber nicht den Ansatz, ein Array pro Objekt zu verwenden). Lassen Sie uns kurz ansehen, wie es benutzt wird, bevor wir zur Implementierung übergehen.

Um die `Mitarbeiter`-Klasse mit den Attributen »name«, »alter« und »position« zu implementieren, erben Sie einfach von ObjectTemplate und übergeben eine Liste der Attributnamen an eine statische Methode namens *attributes* (die von `ObjectTemplate` exportiert wird):

```
package Mitarbeiter;
use ObjectTemplate;              # ObjectTemplate importieren
@ISA = qw(ObjectTemplate);       # Davon erben
attributes qw(name alter position);  # Attribute deklarieren
```

Das ist schon alles. Ein Benutzer dieses Moduls kann jetzt `Mitarbeiter`-Objekte mit der dynamisch generierten Methode new erzeugen und Attribute mit Zugriffsmethoden (die ebenfalls »automagisch« erzeugt wurden) anfragen und verändern:

```
use Mitarbeiter;
$obj = Mitarbeiter->new(
                  "name" => "Sonja Bauer",
                  "alter"  => 25
```

---

1 Ich hatte ursprünglich eine Testversion dieses Ansatzes als Modul namens ClassTemplate nach *comp.lang.perl.misc* gepostet. Die hier gezeigte Version ist eine deutliche Verbesserung.

```
                  );  # new() ist von ObjectTemplate erzeugt worden
$obj->position("Schauspielerin");
print $obj->name, ":", $obj->age, "\n";
```

Beachten Sie, daß Sie in Perl die runden Klammern in einem Methodenaufruf weglassen können, wenn es klar ist, was gemeint ist. Jedes Wort, das einem Pfeil folgt, wird wie oben gezeigt automatisch als Methode interpretiert.

ObjectTemplate stellt einer abgeleiteten Klasse die folgenden Features zur Verfügung:

1. Eine Allozierungsfunktion namens `new`. Diese alloziert ein Objekt, das mittels `bless` mit der abgeleiteten Klasse markiert (»gesegnet«) wird. `new` ruft die Subroutine `initialize` auf, was wiederum in der abgeleiteten Klasse überschrieben werden kann.

2. Zugriffsmethoden mit den gleichen Namen wie die Attribute. Diese Module werden im abgeleiteten Modul erzeugt und jeder, *auch die Methoden des Objekts selbst,* haben nur über diese Methoden Zugriff auf die Attribute. Das liegt daran, daß ObjectTemplate das einzige Modul ist, das weiß, wie die Attribute abgelegt sind.

```
package Mitarbeiter;
sub befoerdern {
    my $mit = shift;                        # $mit ist das Objekt
    my $aktuelle_position = $mit->position();   # Attribut holen
    my $naechste_position = naechste_position_suchen($aktuelle_position);
    $mit->position($naechste_position);         # Attribut ändern
}
```

3. Das Package des Benutzers kann eigene Zugriffsmethoden mit der gleichen Benennungskonvention wie oben anlegen. In diesem Fall erzeugt ObjectTemplate keine Zugriffsmethode automatisch. Wenn eine eigene Zugriffsmethode auf das von ObjectTemplate verwaltete Attribut zugreifen will, kann sie die Methoden `get_attribute` und `set_attribute` verwenden.

4. `new()` akzeptiert eine Initialisierungsliste, eine Folge von Name-Wert-Paaren für Attribute.

5. ObjectTemplate berücksichtigt die Vererbung von Attributen (`@ISA`), sowohl beim Speicherlayout als auch bei den Zugriffsmethoden. Betrachten Sie folgendes Beispiel:

```
package Mitarbeiter;
use ObjectTemplate;
@ISA = qw(ObjectTemplate);
attributes qw(name alter);

package StundenbasierterMitarbeiter;
@ISA = qw(Mitarbeiter);
attributes qw(stundensatz);
```

In diesem Beispiel enthält ein Objekt der Klasse `StundenbasierterMitarbeiter` zwei ererbte Attribute (`name` und `alter`), die alle Mitarbeiter haben, und zusätzlich `stundensatz`, das nur stundenbasierte Mitarbeiter haben.

6. Alle Attribute sind skalar; ein mehrwertiges Attribut wie `freunde` muß also als Referenz gespeichert werden:

```
attributes qw(freunde);
$obj->freunde(['Joachim']); # eine Arrayreferenz auf die Zugriffsmethode
```

Das gilt aber natürlich auch für die Implementierung mit Hashtabellen.

Überblick über die Interna von ObjectTemplate

In Abbildung 8-1 sehen Sie, wie ObjectTemplate seine Objektattribute organisiert.

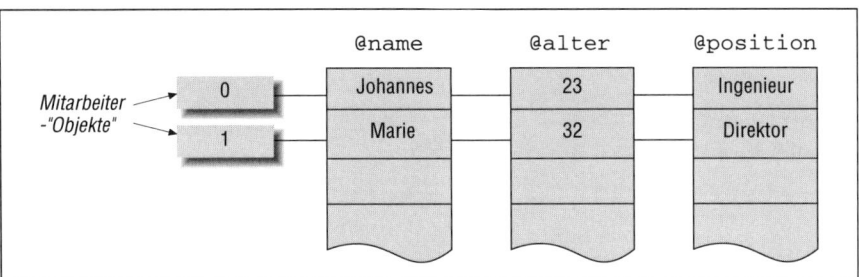

Abbildung 8-1: Die Attributspeicherverwaltung von ObjectTemplate

Die Datenstruktur ist ziemlich einfach. Anstatt ein Array oder einen Hash pro Objekt zu allozieren, legt ObjectTemplate nur so viele Arrays an, wie es Attribute gibt (die in der Abbildung gezeigten Spalten). Jedes Objekt ist einfach nur ein »horizontaler Schnitt« durch diese Attributspalten. Wenn `new()` aufgerufen wird, alloziert es eine neue logische Reihe und fügt jedes Element des initialisierenden Arrays in die zugehörige Attributspalte an der neuen Reihenposition ein. Das »Objekt« ist also nichts weiter als ein »gesegneter« Skalar, der den Reihenindex enthält. Dieses Verfahren verbraucht weniger Platz als der Ansatz mit Hashtabellen, weil weniger Container-Arrays angelegt werden (nur so viele, wie es Attribute gibt), und es ist auch schneller, weil Arrayzugriffe immer ein bißchen schneller als Hashzugriffe sind.

Beim Löschen von Objekten gibt es allerdings ein kleines Problem. Obwohl die zugehörige Reihe logisch frei ist, können wir nicht einfach den Rest der Reihen um eins heraufrutschen lassen, weil dann die anderen Objektreferenzen (die ja Indizes sind) und deren Daten nicht mehr zusammenpassen. ObjectTemplate benutzt daher deallozierte (freie) Reihen, indem es pro Package eine »Frei-Liste« namens `@_free` verwaltet. Dabei handelt es sich um eine verkettete Liste aller freien Zeilen. Ein Skalar namens `$_free` zeigt auf die Spitze der Liste. Jedes Element der Liste enthält den Reihenindex der nächsten freien Reihe. Wenn ein Objekt gelöscht wird, zeigt `$_free` auf diese Reihe; der zugehörige Index in der Frei-Liste zeigt auf den vorhergehenden Eintrag, auf den `$_free` zuvor verwiesen hat.

Weil die freien und aktiven Reihen disjunkt sind (d.h. es gibt keine Reihe, die sowohl frei als auch aktiv ist), nehmen wir uns die Freiheit heraus, eine der Attributspalten (die erste) zu verwenden, um `@_free` abzuspeichern. Dazu benutzen wir Typeglob-Aliase. Abbildung 8-2 zeigt einen Blick auf diese Struktur.

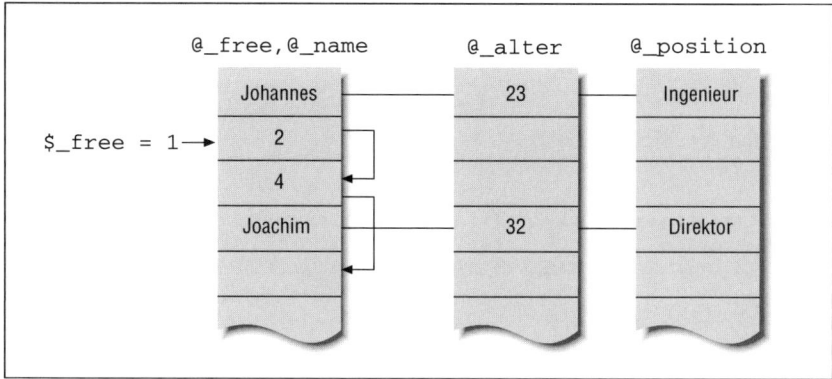

Abbildung 8-2: Das Verfahren, mit dem ObjectTemplate durch gelöschte Objekte entstandene Löcher verwaltet

Es ist Ihnen vielleicht aufgefallen, daß ich den gleichen Bezeichnernamen _free für zwei verschiedene Variablen, $_free und @_free, verwende. Obwohl ich so etwas normalerweise ablehne, mache ich das hier aus zwei Gründen: Zum einen werden beide für die gleiche Aufgabe benutzt, zum anderen bekommen wir so mit einem Typeglob-Alias Zugriff auf beide Variablen. Wie wir noch sehen werden, ist das wichtig für die Performanz.

Die Implementierung von ObjectTemplate

ObjectTemplate benutzt Objekte, Typeglob-Aliasing, symbolische Referenzen und `eval` ziemlich ausführlich. Wenn Sie also den untenstehenden Code verstanden haben, können Sie sich wirklich als Perl-Hacker betrachten. Eine Möglichkeit, diesen Code zu verstehen, besteht darin, die Beschreibungen in diesem Abschnitt zu lesen, während Sie mit dem Perl-Debugger durch ein kleines Beispiel durchgehen, in dem dieses Modul verwendet wird. Natürlich *müssen* Sie aber den Code nicht verstehen, um ihn zu benutzen.

```
package ObjectTemplate;
require Exporter;
@ObjectTemplate::ISA = qw(Exporter);
@ObjectTemplate::EXPORT = qw(attributes);

my $debugging = 0; # setzen Sie hier 1 ein, um den zur Laufzeit erzeugten Code zu
sehen

# Zugriffsmethoden und new() erzeugen
sub attributes {
    my ($pkg) = caller;
    @{"${pkg}::_ATTRIBUTES_"} = @_;
    my $code = "";
    foreach my $attr (get_attribute_names($pkg)) {
        # Wenn ein Feld namens »color« vorkommt,
        # legen wir im Package ein globales Array namens @color an
        @{"${pkg}::_$attr"} = ();
```

```
        # Zugriffsmethode nur definieren, wenn es noch keine gibt
        unless ($pkg->can("$attr")) {
            $code .= _define_accessor ($pkg, $attr);
        }
    }
    $code .= _define_constructor($pkg);
    eval $code;
    if ($@) {
        die  "ERROR defining constructor and attributes for '$pkg':"
            . "\n\t$@\n"
            . "----------------------------------------------------"
            . $code;
    }
}
```

attributes benutzt symbolische Referenzen, um ein globales Array namens @_ATTRIBUTES_ zu erzeugen, in dem die Attributnamen abgespeichert werden. Dieses Array wird dann von get_attribute_names verwendet, um auf alle Attribute zuzugreifen, die im aktuellen Package und allen Superklassen vorkommen. Zu jedem dieser Attribute legt attributes ein globales Array im aktuellen Package an, wie wir bereits in Abbildung 8-1 gesehen haben. Wenn für so ein Attribut noch keine Zugriffsmethode definiert war, wird _define_accessor aufgerufen, um die Methode dynamisch zu generieren. Schließlich wird _define_constructor aufgerufen, um die Subroutine new direkt im aufrufenden Package zu erzeugen.

```
sub _define_accessor {
    my ($pkg, $attr) = @_;

    # Dieser Code erzeugt eine Zugriffsmethode für einen gegebenen
    # Attributnamen. Diese Methode gibt den Attributwert zurück, wenn
    # keine Argumente übergeben wurden, und verändert das Attribut,
    # wenn ein Argument übergeben wurde. In beiden Fällen wird der
    # aktuellste Wert dieses Attributs zurückgegeben.

    # Durch qq verhält sich dieser Block wie ein String in
    # doppelten Anführungsstrichen.

    my $code = qq{
        package $pkg;
        sub $attr {                                  # Zugriffsmethode
            \@_ > 1 ? \$_${attr} \[\${\$_[0]}] = \$_[1]  # set
                    : \$_${attr} \[\${\$_[0]}];          # get
        }
        if (!defined \$_free) {
            # Alias von der ersten Attributspalte auf _free anlegen
            \*_free = \*_$attr;
            \$_free = 0;
        };

    };
    $code;
}
```

_define_accessor wird für jeden an `attributes` übergebenen Feldnamen und für jedes Attribut in Superklassen des Moduls aufgerufen. Bei einem Attribut namens `alter` im Mitarbeiter-Modul erzeugt es beispielsweise den folgenden Code:

```
package Mitarbeiter;
sub alter {                               # Zugriffsmethode
    @_ ? $_alter[$$_[0]] = $_[1];         # set
      : $_alter[$$_[0]];                  # get
}
if (!defined $_free) {
    *_free = *_alter; # Alias von der ersten Attributsspalte auf _free
    $_free = 0;
};
```

$_[0] enthält das Objekt und $_[1] den Attributwert. Daher enthält $$_[0] den Reihenindex und $_alter[$$_[0]] den Wert des Attributs `alter` in diesem Objekt. Außerdem legt _define_accessor den Alias von _free auf _alter an, wenn dieser Alias noch nicht existiert.

```
sub _define_constructor {
    my $pkg = shift;
    my $code = qq{
        package $pkg;
        sub new {
            my \$class = shift;
            my \$inst_id;
            if (defined(\$_free[\$_free])) {
                \$inst_id = \$_free;
                \$_free = \$_free[\$_free];
                undef \$_free[\$inst_id];
            } else {
                \$inst_id = \$_free++;
            }
            my \$obj = bless \\\$inst_id, \$class;
            \$obj->set_attributes(\@_) if \@_;
            \$obj->initialize;
            \$obj;
        }
    };
    $code;
}
```

_define_constructor erzeugt Code für einen Konstruktor namens `new`, der im aufrufenden Paket installiert wird. `new` überprüft die Frei-Liste und benutzt die erste Reihennummer dieser Liste, falls freie Reihen da sind. Dann wird `undef` auf den Kopf der Liste aufgerufen, weil die Frei-Liste ein Alias auf die erste Attributsspalte ist und wir nicht wollen, daß die Zugriffsmethode des Attributs auf Müll zugreift. Wenn die Frei-Liste keine Reihen enthält, die wiederverwendet werden können, dann wird dem Objekt der nächste logische Index zugewiesen.

```
sub get_attribute_names {
    my $pkg = shift;
    $pkg = ref($pkg) if ref($pkg);
```

```
    my @result = @{"${pkg}::_ATTRIBUTES_"};
    if (defined (@{"${pkg}::ISA"})) {
        foreach my $base_pkg (@{"${pkg}::ISA"}) {
            push (@result, get_attribute_names($base_pkg));
        }
    }
    @result;
}
```

get_attribute_names durchläuft rekursiv das Array @ISA des Packages, um alle Attributnamen zu bekommen. Das kann von jedem verwendet werden, der Objektmetada-
ten benötigt (beispielsweise Module zur Objektpersistenz).

```
# $obj->set_attributes (name =>'Joachim', alter => 23);
# Or, $obj->set_attributes (['alter','name'], [23, "sriram"])
sub set_attributes {
    my $obj = shift;
    my $attr_name;
    if (ref($_[0])) {
        my ($attr_name_list, $attr_value_list) = @_;
        my $i = 0;
        foreach $attr_name (@$attr_name_list) {
            $obj->$attr_name($attr_value_list->[$i++]);
        }
    } else {
        my ($attr_name, $attr_value);
        while (@_) {
            $attr_name = shift;
            $attr_value = shift;
            $obj->$attr_name($attr_value);
        }
    }
}
```

An set_attributes wird eine Liste von Name-Wert-Paaren der Attribute übergeben.
set_attributes ruft dann einfach die Zugriffsmethode für jedes Attribut auf. Es kann
auch mit zwei Parametern, einem Array mit Namen und einem Array mit Werten, aufgerufen werden.

```
# @attrs = $obj->get_attributes (qw(name alter));
sub get_attributes {
    my $obj = shift;
    my (@retval);
    map $obj->${ }(), @_;
}
```

get_attributes verwendet map, um alle Attributnamen zu durchlaufen. Dabei wird in
jedem Schleifendurchlauf $_ auf den jeweiligen Namen gesetzt. Der erste Teil von map
ruft einfach die zugehörige Zugriffsmethode mit einer symbolischen Referenz auf. Aufgrund merkwürdiger Rangstreitigkeiten können Sie die geschweiften Klammern in ${_}
nicht weglassen.

```
sub set_attribute {
    my ($obj, $attr_name, $attr_value) = @_;
    my ($pkg) = ref($obj);
    ${"${pkg}::_$attr_name"}[$$obj] = $attr_value;
}

sub get_attribute {
    my ($obj, $attr_name, $attr_value) = @_;
    my ($pkg) = ref($obj);
    return ${"${pkg}::_$attr_name"}[$$obj];
}
```

Das Paar `get/set_attribute` aktualisiert ein einzelnes Attribut. Im Gegensatz zum vorher gezeigten Methodenpaar benutzt dieses Paar keine Zugriffsmethode; es verändert das Attribut direkt. Wir haben schon gesehen, daß `attributes` nicht versucht, Zugriffsmethoden anzulegen, wenn diese schon existieren. Aber wenn die selbstgeschriebenen Zugriffsmethoden trotzdem noch das Attribut-Speicherverfahren von ObjectTemplate verwenden wollen, dann können sie `get/set_attribute` verwenden. Der Ausdruck `${pkg}::_$attr_name` repräsentiert das korrekte Spaltenattribut und `$$obj` die logische Reihe. (Erinnern Sie sich daran, daß das Objekt einfach nur eine Referenz auf den Arrayindex ist.) Diese Methode ist nicht natürlich nicht so schnell wie die generierte Zugriffsmethode, weil sie symbolische Referenzen benutzt (die wiederum Variableninterpolation in einen String und einen zusätzlichen Zugriff auf die Hashtabelle benötigen).

```
sub DESTROY {
    # ID an die Frei-Liste freigeben
    my $obj = $_[0];
    my $pkg = ref($obj);
    local *_free = *{"${pkg}::_free"};
    my $inst_id = $$obj;
    # Alle Attribute in der Reihe freigeben
    local(@attributes) = get_attribute_names($pkg);
    foreach my $attr (@attributes) {
        undef ${"${pkg}::_$attr"}[$inst_id];
    }
    $_free[$inst_id] = $_free;
    $_free = $inst_id;
}
```

DESTROY gibt alle Attributwerte frei, die zu diesem Objekt gehören. Das ist notwendig, weil das Objekt einfach nur eine Referenz auf den Arrayindex ist und dieser bei seiner Freigabe die Referenzzähler der Attribute nicht beeinflußt. Ein Modul, das seine eigene DESTROY-Methode definiert, muß sicherstellen, daß es immer `ObjectTemplate::DE-STROY` aufruft.

```
sub initialize { }; # Dummy-Methode, falls die Subklasse keine definiert
```

Wenn Module spezifische Initialisierungen benötigen, müssen Sie diese Methode überschreiben, zusätzlich zu dem, was die automatisch generierte Methode `new()` macht.

Mögliche Änderungen an ObjectTemplate

Es gibt mindestens zwei Bereiche, die deutlich verbessert werden könnten. Zum einen sind get_attributes und set_attributes langsam, weil sie immer Zugriffsmethoden aufrufen, selbst wenn sie wissen, welche Zugriffsmethoden künstlich zur Verfügung gestellt worden sind. Weil set_attributes vom automatisch generierten new() erzeugt wird, wird dadurch die Objekterzeugung dramatisch verlangsamt. (Unser new ohne Argumente ist doppelt so schnell wie das Allozieren eines anonymen Hashes, aber wenn set_attributes aufgerufen wird, ist es etwa dreimal so langsam.)

Zum zweiten sind auch selbstgeschriebene Zugriffsmethoden langsam, weil sie das andere langsame Paar, get_attribute und set_attribute aufrufen müssen. Es ist möglicherweise besser, dynamisch generierten Zugriffsmethoden ein »_« voranzustellen, so daß Entwickler normale Zugriffsmethoden (ohne das Präfix) schreiben können und trotzdem noch diese privaten Methoden aufrufen können.

Es könnte auch lohnend sein, das MethodMaker-Modul vom CPAN und das Class::Template-Modul, das zur Standarddistribution gehört, auszuprobieren. Diese Module erzeugen ebenfalls automatisch Zugriffsmethoden, gehen aber davon aus, daß die Repräsentation des Objektes eine Hashtabelle ist. Wenn Ihnen die Schnittstellen dieser Module gefallen, können Sie versuchen, deren Schnittstellen mit dem Attributspeicherverfahren von ObjectTemplate zusammenzubringen.

Attributspeicherung mit Typeglobs

Dieser Ansatz ist – wie wir bereits erwähnt haben – nicht gerade ein Vorbild an Lesbarkeit. Ich stelle ihn hier nur vor, weil er in manchen frei verfügbaren Bibliotheken im CPAN, wie den IO- und Net-Distributionen, verwendet wird. Wenn Sie nicht wissen wollen, wie diese Module arbeiten, dann können Sie diesen Abschnitt überspringen, ohne daß Ihnen später etwas fehlen wird.

Wir wissen aus Kapitel 3, daß ein Typeglob Zeiger auf die verschiedenen Wertetypen enthält. Wenn es uns gelingt, einen Typeglob zu einer Objektreferenz zu machen, dann können wir diese Wertezeiger als Attribute benutzen und sehr schnell darauf zugreifen. Schauen Sie sich den Typeglob foo im folgenden Beispiel an:

```
${*foo} = "Au weia!!" ;   # Im skalaren Teil wird ein String abgespeichert
@{*foo} = (10, 20);       # Im Arrayteil wird ein Array abgelegt
open (foo, "foo.txt");    # Als Dateihandle verwenden
```

Wir können also verschiedene Wertetypen (allerdings höchstens einen Wert pro Typ) an nur einen einzigen Bezeichner (hier foo) hängen. Wenn wir viele solche Objekte benötigen, können wir das Modul Symbol aus der Perl-Bibliothek verwenden, um Referenzen auf dynamisch angelegte Typeglobs zu erzeugen:

```
use Symbol;
$obj = Symbol::gensym(); # Referenz auf einen Typeglob
```

$obj enthält eine Referenz auf einen Typeglob. Die verschiedenen Teile eines Typeglobs können einzeln angesprochen werden (wir ersetzen quasi foo durch $obj):

```
${*$obj} = "Au weia!!" ;    # Im skalaren Teil wird ein String abgespeichert
@{*$obj} = (10, 20);        # Im Arrayteil wird ein Array abgelegt
open ($obj, "foo");         # Als Dateihandle verwenden
```

Für die meisten allgemeinen Objekte ist das ein ziemlich scheußlicher Ansatz, denn Sie müßten beispielsweise ein weiteres skalares Attribut in den Hashteil dieses Typeglobs stecken. Der Grund, warum die IO-Modulgruppe diesen Hack verwendet, ist der, daß eine Instanz eines dieser Module als Dateihandle benutzt und direkt (ohne Dereferenzierung) an die eingebauten I/O-Funktionen wie `read` und `write` übergeben werden kann. Beispiel:

```
$sock = new IO::Socket( ... diverse Parameter ...) ;
print $sock "Hallo, ist da jemand";
$message = <$sock>;
```

Wir werden das Modul IO::Socket in den Kapiteln über Netzwerkprogrammierung mit Sockets noch ausführlich verwenden.[2]

Lassen Sie uns ein kleines Modul namens Datei bauen, um diese Technik genauer zu untersuchen. Dieses Modul erlaubt es Ihnen, eine Datei zu öffnen und die nächste Zeile einzulesen. Außerdem können Sie eine Zeile zurücklegen, so daß beim nächsten Leseversuch diese Zeile gelesen wird.

```
package main;
$obj = Datei->oeffnen("Datei.pm");
print $obj->naechste_zeile();
$obj->zuruecklegen("----------------------\n");
print $obj->naechste_zeile(); # Sollte den eben zurückgelegten String ausgeben
print $obj->naechste_zeile();
```

Weil dieser Code das Datei-Modul selbst öffnet, sollte er folgendes ausgeben:

```
package Datei;
-----------------------
use Symbol;
```

Dieses Modul verwendet den skalaren Teil des Typeglob-Objekts als Puffer für zurückgelegte Zeilen, den Arrayteil, um alle aus der Datei eingelesenen Zeilen abzuspeichern und den Dateihandle-Teil, um den Dateihandle zu speichern. Die Implementierung des Datei-Moduls finden Sie in Beispiel 8-1.

Beispiel 8-1: Datei-Modul auf Basis einer Typeglob-Repräsentation

```
package Datei;
use Symbol;
sub oeffnen {
    my ($pkg, $dateiname) = @_;
    $obj = gensym();                 # Einen Typeglob allozieren
    open ($obj, $dateiname) || return undef; # Als Dateihandle verwenden
```

---

2 Sie müssen aber weder die hier vorgestellte Technik kennen noch wissen, wie das IO::Socket-Modul aufgebaut ist, um es zu verwenden.

Beispiel 8-1: Datei-Modul auf Basis einer Typeglob-Repräsentation (Fortsetzung)

```
    bless $obj, $pkg;                       # Zu einem Datei-Objekt machen
}

sub zuruecklegen {
    my ($r_obj, $zeile) = @_;
    ${*$r_obj} = $zeile;                    # Der skalare Teil enthält
}                                           # die aktuelle Zeile

sub naechste_zeile {
    my $r_obj = $_[0];
    my $rueck;
    if (${*$r_obj}) {                       # Zurücklege-Puffer überprüfen
        $rueck = ${*$r_obj};                # Ja, da war etwas
        ${*$r_obj} = "";                    # Ausleeren
    } else {
        $rueck = <$r_obj>;                  # Nein, da war nichts: aus der Datei lesen
        push(@{*$r_obj}, $rueck);           # Der History-Liste hinzufügen
    }
    $rueck;
}
1;
```

Delegation

Delegation ist eine Technik, bei der ein Objekt Methodenaufrufe an ein dazu ernanntes *Delegieren*-Objekt weiterleitet. Im folgenden Beispiel delegiert die Klasse `Mitarbeiter` einfach alle mit Steuern verbundenen Aufgaben an das Objekt `$buchhaltung`.

```
package Mitarbeiter;
sub einkommen_nach_steuern_berechnen {
    $ich = $_[0];
    return $buchhaltung->einkommen_nach_steuern_berechnen($ich);
}
```

Es gibt Fälle, in denen Sie es vorziehen würden, wenn alle Methodenaufrufe, die von einer Klasse nicht bearbeitet werden, automatisch an den Delegierten weitergeleitet werden. Das ist in Perl ein Klacks, weil die Funktion AUTOLOAD ohnehin aufgerufen wird, wenn eine Prozedur in einem Package oder seinen Basisklassen nicht gefunden wird.

```
package Mitarbeiter;
sub AUTOLOAD {
    my $obj = $_[0];
    # $AUTOLOAD enthält den Namen der fehlenden Methode

    # DESTROY nie weiterreichen
    return if $AUTOLOAD =~ /::DESTROY$/;

    # Den führenden Package-Namen (z.B. Mitarbeiter::) entfernen
    $AUTOLOAD =~ s/^.*:://;
```

```
        $obj->{delegierter}->$AUTOLOAD(@_);  # Beachten Sie, daß $obj immer noch ein
                                             # Teil von @_ ist, so daß die delegierte
                                             # Funktion das ursprüngliche Ziel kennt
    }
```

Beachten Sie, daß AUTOLOAD auch dann aufgerufen wird, wenn DESTROY nicht definiert ist. Es ist daher wichtig, daß Sie diese Nachricht nicht weiterleiten, weil der Delegierte sonst denkt, daß Perl ihn zerstören will und seine Ressourcen verfrüht freigibt.

Diese Technik wird oft tief unten in Client/Server-Bibliotheken benutzt. In einem typischen Client/Server-System hat der Server die »echten« Objekte. Das System ist aber so geschrieben, daß der Client auf seiner Seite eine Objektmethode in gewöhnlicher objektorientierter Syntax aufrufen kann. Wenn beispielsweise das Client-Programm eine Methode auf einem entfernten Bankkonto aufrufen will, sollte folgendes möglich sein:

```
    $konto->einzahlen(100);  # 100 Taler einzahlen.
```

Oberflächlich betrachtet sieht das wie ein ganz normaler Methodenaufruf aus. Die Bibliothek versteckt aber vor Ihnen, daß die Funktionalität von einzahlen() in Wirklichkeit auf einer ganz anderen Maschine ist. Wie macht man das? Nun, die Objektreferenz $konto ist in Wirklichkeit eine Referenz auf ein kleines *Proxy*-Objekt auf der Client-Seite. Die einzige Aufgabe dieses Objektes ist es, Methodenaufrufe an die entfernte Maschine weiterzuleiten (zum Beispiel indem Nachrichten über einen Socket geschickt werden) und auf die Antwort zu warten. Das konto-Objekt ist also mit anderen Worten gar nicht das richtige Konto, es ist nur ein Hilfsmittel, um Nachrichten weiterzuleiten. Es delegiert seine Funktionalität mit Hilfe des zugrundeliegenden Nachrichtensystems an das entfernte Objekt.

Vererbung

Es hat mir nie so recht gefallen, großzügig Vererbungen zu benutzen, und ich glaube der Theorie nicht, daß dieses Feature eine notwendige Voraussetzung für die Wiederverwendung von Software ist. Es gibt drei verwandte, aber unterschiedliche Arten von Vererbung. Ich werde in diesem Abschnitt darstellen, was mir an diesen Aspekten gefällt oder nicht gefällt. Die drei Arten von Vererbung sind die folgenden:

- Vererbung von Attributen
- Vererbung der Implementierung
- Vererbung der Schnittstelle

Vererbung von Attributen

Das Sprachmerkmal, daß eine Subklasse Attribute von einer Basisklasse oder -struktur erben kann, wird Vererbung von Attributen (*attribute inheritance*) genannt. Während C++ und Java dieses Sprachmerkmal unterstützen, tut Perl das nicht. Es ist die schwierige Aufgabe des Perl-Programmierers herauszufinden, wie die Superklasse und die

Subklasse sich auf eine gemeinsame vererbbare Repräsentation einigen können. Aus diesem Grund wird oft die Hashtabelle genommen, was aber, wie ich bereits beschrieben habe, nicht unbedingt besonders günstig ist.

Das Problem bei der Vererbung von Attributen sehe ich darin, daß dadurch eine starke Koppelung zwischen der Basisklasse und der abgeleiteten Klasse entsteht. Wenn das Layout der Basisklasse geändert wird, hat das drastische Konsequenzen für die abgeleitete Klasse. Das ist natürlich eine Verletzung der Kapselung. C++ behandelt alle Attribute per Default als privat, stellt dann aber ein Schlüsselwort namens »protected« bereit, mit dem diese Attribute den abgeleiteten Klassen zur Verfügung stehen, aber immer noch vor dem Zugriff durch die Allgemeinheit geschützt sind. Bjarne Stroustrup bedauert das in seinem exzellenten Buch *The Design and Evolution of C++* [Ressource 2]:

> One of my concerns about protected is exactly that it makes it too easy to use a common base the way one might sloppily have used global data....In retrospect, I think that protected is a case where »good arguments« and fashion overcame my better judgement and my rules of thumb for accepting new features.[3]

Es ist besser, Zugriffsmethoden zur Verfügung zu stellen und sich auf die Vererbung der Schnittstelle zu verlassen. Mehr dazu in Kürze.

Vererbung der Implementierung

Perl unterstützt nur diese Art der Vererbung. Die Vererbung der Implementierung zwingt wie die Vererbung der Attribute die Basisklasse und die abgeleiteten Klassen dazu, eine gemeinsame Auffassung über das Layout der Objektattribute zu haben; die Vererbung von Attributen ist fast immer notwendig, wenn die Vererbung der Schnittstelle benutzt werden soll.

Das Ableiten von einer Klasse ist nicht so einfach, wie Erich Gamma u.a. in *Entwurfsmuster* [1] bemerken:

> Die Definition einer Unterklasse benötigt weiterhin ein in die Tiefe gehendes Verständnis der Oberklasse. Das Überschreiben einer Operation erzwingt möglicherweise das Überschreiben einer weiteren Operation, oder eine überschriebene Operation muß möglicherweise eine geerbte Operation aufrufen. Weiterhin kann die Bildung von Unterklassen zur Explosion der Klassenanzahl führen, da Sie möglicherweise selbst für eine einfache Erweiterung viele neue Unterklassen einführen müssen.

Sie schlagen statt dessen vor, die Komposition zu verwenden, ein Thema, auf das wir in Kürze kommen werden

---

3 Inoffizielle Übersetzung: »Es hat mich an protected immer gestört, daß es damit zu einfach wird, eine gemeinsame Basisklasse genauso unkritisch wie globale Daten zu verwenden ... Wenn ich zurückblicke, dann scheint mir protected ein Fall zu sein, in dem »plausible Argumente« und Modetrends meine eigenen Überlegungen und Faustregeln für die Akzeptanz neuer Sprachmerkmale beiseite geschoben haben.«

Vererbung der Schnittstelle

Vererbung der Attribute und Vererbung der Implementation dienen der Bequemlichkeit des Klassen-Implementierers. Vererbung der Schnittstelle dient dagegen dem Benutzer eines Package. Perl unterstützt nur die Vererbung der Implementation.

Die Menge der öffentlich verfügbaren Methoden definiert die Schnittstelle eines Objektes. Eine abgeleitete Klasse kann diese Schnittstelle durch Hinzufügen neuer Methoden erweitern. Aber ob dabei die Implementierung der Basisklasse wirklich überschrieben wird, ist eine reine Implementierungssache; für den Benutzer bietet diese Klasse stets die gleichen Methoden an.

Das wichtige an einer Schnittstelle ist die Tatsache, daß sie einen Vertrag zwischen dem Benutzer und dem Objekt darstellt. Wenn zwei Objekte identische Schnittstellen haben, dann können sie auch austauschbar verwendet werden. Dieser Aspekt der Austauschbarkeit stellt das wichtigste Merkmal dar, das eine Sprache oder eine Menge von Komponenten bereitstellen kann.

Komposition statt Vererbung

Früher, als ich einige Widgets für Xt/Motif schrieb (GUI-Frameworks für das X-Window-System), war ich überzeugt, daß Vererbung der Implementierung notwendig ist. Dieses Framework unternimmt große Anstrengungen, eine Einfachvererbung (sowohl der Attribute als auch der Implementierung) in C bereitzustellen, aber es ist nicht einfach, damit zu arbeiten. Als C++ herauskam, war ich begeistert von dieser Sprache, die Vererbung unterstützte, und versuchte, das Widget Set in C++ zu implementieren. Als dann Tk von John Ousterhout erschien, war ich begeistert, wie einfach es war, neue Widgets anzulegen, auch wenn das in C geschah, und stellte all die Features bereit, die es in Motif gibt (und noch viel mehr). Die Architektur von Tk verwendete die Komposition anstelle von Vererbung. Ich bin zur Einsicht gebracht worden.

Die Idee, die hinter der Komposition steckt, ist die, daß ein Objekt aus anderen Objekten zusammengesetzt wird. Es bildet also mit anderen Klassen ein *Hat-ein-* oder *Benutzt-ein*-Verhältnis anstelle eines *Ist-ein*-Verhältnisses. Viele Beispiele in der Fachliteratur heben die Vererbung der Implementierung hervor, aber es stellt sich oft heraus, daß diese Beispiele viel besser für Komposition geeignet wären – sie werden dadurch einfacher und lesbarer. Nehmen Sie das häufig verwendete Beispiel einer Klasse namens `Geschaeftsfuehrer`, die von einer Klasse namens `Manager` erbt, die wiederum von einer Klasse namens `Mitarbeiter` erbt. Es ist tatsächlich wahr, daß ein Geschäftsführer *ein* Manager *ist* (*Ist-ein*-Verhältnis), dieser Fall ist also geeignet für die Vererbung von Attributen und Implementierung. Aber was passiert, wenn ein Mitarbeiter befördert wird? Das Objekt muß die Klasse wechseln – ein furchtbares Design. Der bessere Weg ist es, anzunehmen, daß ein Mitarbeiter eine oder mehrere Rollen in einer Firma innehat (die des Managers, Geschäftsführers oder eines leitenden technischen Ingenieurs) und daß lediglich diese Rolle aktualisiert wird, wenn der Mitarbeiter befördert wird. Mit anderen Worten, das `Mitarbeiter`-Objekt *benutzt* die Klasse `Rolle`, die ihrerseits wiederum alles beinhaltet, was zu der jeweiligen Rolle gehört, also beispielsweise die Stellenbeschreibung, der Gehaltsrahmen und die Voraussetzungen.

Komposition wird auch komponentengesteuerte Programmierung genannt. Der Schlüssel zu wiederverwendbarer Software liegt in der Entwicklung vollständig gekapselter Komponenten mit wohldefinierten und dokumentierten Schnittstellen.

Perl stellt die wichtigsten Features bereit, die zur Programmierung von Plug-and-Play-Komponenten notwendig sind: Polymorphie und Bindung zur Laufzeit. Sie können `$obj->zeichnen()` schreiben, und Perl wird die richtige `zeichnen()`-Methode aufrufen, abhängig von der Klasse von `$obj`. Weil Perl eine ungetypte Sprache ist, funktioniert diese Anweisung für grafische Formen, Anleihen und Verträge. Dieses Feature ist mir wichtiger als die Unterstützung der Vererbung der Implementierung.

Ressourcen

1. *Entwurfsmuster: Elemente wiederverwendbarer objektorientierter Software.* Erich Gamma, Richard Helm, Ralph Johnson und John Vlissides. Addison-Wesley, 1996.

2. *The Design and Evolution of C++.* Bjarne Stroustrup. Addison-Wesley, 1994.

9

Tie

Give me a wild tie brother,
One with a cosmic urge,
A tie that will swear and rip and tear,
When it sees my old blue serge.
Stoddard King,
The Ties That Bind

Wenn Sie einen Skalar, ein Array, einen Hash oder einen Dateihandle auslesen oder verändern, führt Perl die jeweilige Operation auf den zugehörigen internen Datenstrukturen durch. Alternativ dazu können Sie auch das Schlüsselwort `tie` verwenden, um den Wert (oder die Variable) an ein benutzerdefiniertes Objekt zu binden, so daß Perl einfach eine bestimmte Methode des Objektes, an das die Variable gebunden ist, ausführt, wenn Sie die Variable auslesen oder beschreiben wollen. Mit anderen Worten: Perl stellt zwar die Implementierung für eine »normale« Variable bereit, erwartet aber, daß ein benutzerdefiniertes Modul das Entsprechende tut, wenn es um eine mit `tie` gebundene Variable geht. Wenn eine Variable gebunden ist, werden selbst Zugriffe von der C-API der Perl-Bibliothek an das entsprechende gebundene Objekt weitergeleitet.

Dieser Ansatz sieht vielleicht wie syntaktischer Zuckerguß aus, aber wie Sie noch an den Beispielen in diesem Kapitel sehen werden, ist es die *Syntax*, die dem Verfahren seine Bedeutung verleiht: Eine gewöhnliche Variable kann veranlaßt werden, eine benutzerdefinierte Funktion aufzurufen, wann immer diese Variable manipuliert wird, ohne daß der Code des Benutzers dafür geändert werden muß, ja sogar, ohne daß der Code unbedingt davon weiß. Die gebräuchlichste Anwendung dieser Technik ist die Bindung einer Hashvariable an ein Modul, das DBM-Dateien manipulieren kann, bei denen es sich normalerweise um Hashtabellen auf der Festplatte handelt (DBM-Dateien können auch als B-Trees abgespeichert werden). Diese Technik erlaubt es Ihnen, einen Hashwert persistent zu machen, und kann viel mehr Informationen speichern, als in den verfügbaren Speicher passen, obwohl der Eindruck erhalten bleibt, daß Sie ein ganz normales assoziatives Array manipulieren.

Auf den folgenden Seiten werden wir untersuchen, wie `tie` mit den verschiedenen Datentypen funktioniert, und uns ein paar nützliche Anwendungsbeispiele anschauen.

Skalare binden

Auf der untersten Ebene gibt es nur vier Dinge, die man mit einem Skalar machen kann. Sie können ihn erzeugen und zerstören (entweder, indem er aus dem Gültigkeitsbereich verschwindet, oder mit `undef`) bzw. den Wert abfragen und ändern. Mit `tie` können Sie eine Subroutine für jede dieser Operationen angeben.

Die Syntax von `tie` sieht wie folgt aus:

```
tie variable, klassenname, liste;
```

Der erste Parameter sollte einer der vier oben genannten unterstützten Typen sein. Der zweite Parameter ist der Name einer benutzerdefinierten Klasse. Sie müssen bereits `use` `klassenname` oder `require klassenname` aufgerufen haben, bevor Sie `tie` aufrufen.

Wenn diese Anweisung ausgeführt wird, überprüft Perl den Typ der Variablen (des ersten Parameters). Dann ruft Perl entweder die Methode *klassenname*->TIE-SCALAR(*liste*) oder TIEARRAY, TIEHASH oder TIEHANDLE auf, je nachdem, ob die gebundene Variable ein Skalar, ein Array, ein Hash oder ein Dateihandle ist. Wenn diese Methode in der Klasse nicht vorhanden ist, ist das ein Laufzeitfehler. TIESCALAR() muß ein Objekt zurückgeben, das dann intern mit der angegebenen Variable verknüpft (*gebunden*) wird. Wenn Sie jetzt die Variable auslesen oder beschreiben, ruft Perl intern *objekt*->FETCH() resp. *objekt*->STORE(*neuer wert*) auf. Wenn schließlich die Variable aus dem Gültigkeitsbereich verschwindet, wird *objekt*->DESTROY() aufgerufen. Einfach, nicht wahr?

Die Namen FETCH, STORE und TIESCALAR ähneln AUTOLOAD und DESTROY darin, daß sie für Perl nur unter bestimmten Voraussetzungen eine besondere Bedeutung haben. Ein Modul kann also eine Methode namens FETCH haben, die ganz normal wie jede andere benutzerdefinierte Subroutine verwendet wird. Aber wenn Sie `tie` verwenden, dann bekommt diese Methode ihre Sonderbedeutung.

Perl kümmert sich nicht darum, was für eine Datenstruktur nun genau für das Objekt verwendet wird (zum Beispiel, ob Sie eine Hashtabelle oder ObjectTemplate verwenden). Tabelle 9-1 zeigt, wie eine Variable namens `$temperatur` an ein automatisches Temperaturregelsystem gebunden wird, das durch ein Perl-Modul namens *KA.pm*[1] repräsentiert wird. Ein Lesezugriff auf den Wert von `$temperatur` resultiert in einem Aufruf des Meßfühlers, und ein Schreibzugriff wird in einen Befehl an die Heizung übersetzt, die Temperatur entsprechend zu ändern.

---

1 Klimaanlage, nicht »keine Angabe«!

Tabelle 9-1: Kontrollfluß bei gebundenen Skalaren

Wenn Sie schreiben:	übersetzt Perl das in den Methodenaufruf:	Die Methode sieht so aus:

`tie $temperatur,`
`    'AC';`
	`$obj = AC->TIESCALAR()`
	Perl »bindet« jetzt
	`$temperatur` und `$obj`
	aneinander.
		`package KA;`
		`sub TIESCALAR {`
		`   ...`
		`   $ac = bless {...},`
		`          $pkg;`
		`   return $ac;`
		`}`

`$x = $temperatur;`	`$x = $obj->FETCH();`	`sub FETCH {`
		`   $ac->temp_abfragen();`
		`}`

`$temperatur = 20;`	`$obj->STORE(20);`	`sub STORE {`
		`  ($obj, $t) = @_;`
		`   $ac->temp_einstellen($t);`
		`}`

`untie $temperatur;`
`#oder`
`undef $temperatur;`
oder wenn $tempera-
tur den Gültigkeits-
bereich verläßt
	`$obj->DESTROY()`	`sub DESTROY { }`

Wie Sie sehen können, ist das Modul KA eine ganz normale Klasse mit einem Konstruktor und drei Objektmethoden (deren Namen eine Sonderbedeutung haben). Perl interagiert mit diesem Modul hinter den Kulissen und stellt dem Benutzer so eine viel einfachere Interaktion bereit. Das gebundene Objekt erhalten Sie entweder als Rückgabewert von `tie` oder zu jedem beliebigen anderen Zeitpunkt durch Aufruf von `tied`. Die Anweisung

```
$temperatur = 20;
```

ist also identisch mit

```
(tied $temperatur)->STORE(20);
```

Die Funktion `untie` restauriert den originalen Wert der Variablen und ruft auch die Methode `DESTROY` des Objekts auf.

Perl stellt keine weiteren Anforderungen an das Modul des Objekts, außer daß es die bereits genannten Methoden bereitstellen muß. Das Modul kann beliebige Daten abspeichern, weitere Methoden haben und auch außerhalb von Ties verwendet werden.

Beispiel: Stoppuhr

Lassen Sie uns ein einfaches Beispiel einer Stoppuhr ansehen, die einen gebundenen Skalar verwendet. Wenn Sie einen beliebigen Wert in der Variablen abspeichern, merkt sie sich die aktuelle Zeit (sie ignoriert also den Wert). Wenn Sie einen Wert aus der Variablen auslesen, wird die Zeit zurückgegeben, die verstrichen ist, seit zum letzten Mal etwas in der Variablen abgespeichert wurde. Die Stoppuhr wird folgendermaßen benutzt:

```
use Stoppuhr;
tie $s, 'Stoppuhr';

# $s ist ein Skalar, der transparent an ein Stoppuhr-Objekt gebunden ist
$s = 0;              # Schreibzugriff erzwingt eine Nullstellung
sleep(10);           # Zehn Sekunden warten
print "$s\n";        # Sollte 10 ausgeben
```

Wegen der Auflösung von `sleep` kann auch manchmal 9 herauskommen.

Beispiel 9–1 zeigt, wie die Stoppuhr implementiert worden ist.

Beispiel 9-1: Implementierung der Stoppuhr mit tie

```
package Stoppuhr;

sub TIESCALAR {
    my ($pkg) = @_;
    my $obj = time();  # $obj enthält Zeit beim letzten Schreibzugriff (Nullstellg.)
    return (bless \$obj, $pkg);
}

sub FETCH {
    my ($r_obj) = @_;
    # Rückgabe der abgelaufenen Zeit seit der letzten Nullstellung
    return (time() - $$r_obj);
}

sub STORE {
    my ($r_obj, $val) = @_;
    # Wert ignorieren. Jeder Schreibzugriff gilt als Nullstellung
    return ($$r_obj = time());
}

1;
```

TIESCALAR merkt sich die aktuelle Zeit und gibt eine Referenz auf einen »gesegneten« Skalar (mit der aktuellen Zeit als Wert) zurück. Wie wir bereits erwähnt haben, sind Sie nicht auf eine *skalare* Referenz festgelegt; Perl kümmert sich nicht darum, ob das Objekt ein Skalar, ein Array oder eine komplexe Datenstruktur ist. Die einzige Bedingung ist, daß es durch `bless` mit einem Modul markiert wird, das die Methoden FETCH und STORE enthält. In diesem Fall berechnet FETCH die Differenz zwischen der aktuellen Zeit (wie sie von `time` zurückgegeben wird) und der letzten Nullstellung.

Übrigens funktionieren die Zeitberechnungen in diesem Modul nur mit der Genauigkeit von einer Sekunde. Wenn Sie eine feinere Genauigkeit benötigen, können Sie das Modul Time::HiRes aus dem CPAN verwenden, mit dem Sie auf Unix-Systemen eine Mikrosekundenauflösung (durch Zugriff auf die Systemaufrufe usleep und ualarm) bekommen. Auf Microsoft-Windows-Systemen können Sie für eine Millisekundenauflösung `Win32::Timer` verwenden.

tie funktioniert auch mit anonymen Werten

Das erste Argument muß ein skalarer, Array-, Hash- oder Dateihandle-*Wert* sein, aber es muß *nicht* unbedingt eine Variable dazu geben. Der folgende Code zeigt zwei erlaubte Beispiele skalarer Ties:

```
$r = \$s;
tie $$r, 'Stoppuhr';  # Indirekter Tie auf $s

@foo = (1, 2);
tie $foo[1], 'Stoppuhr';
```

Wie Sie sehen, funktionieren Ties mit den zugrundeliegenden Werten und stehen nicht mit einem Variablennamen in Verbindung (im Gegensatz zum *trace*-Befehl in Tcl).

Arrays binden

Die Bindung eines Arrays an ein Modul funktioniert sehr ähnlich, wie in Tabelle 9-2 zu sehen ist. Es gibt zwei Ebenen, auf denen Sie mit einem normalen Array arbeiten können. Zum einen können Sie den Wert des gesamten Arrays und den Index des letzten Elements (mit #$array) lesen und setzen, zum anderen können Sie aber auch einzelne Elemente lesen und setzen sowie Arrayelemente mit splice, push, pop und so weiter erzeugen bzw. zerstören. Zum Zeitpunkt der Drucklegung dieses Buches kann tie nur mit Lese- und Schreibzugriffen auf Arrayelemente umgehen, das Array selbst darf nicht modifiziert werden. Diese Einschränkung wird aber voraussichtlich in nicht allzuferner Zukunft aufgehoben werden.

Tabelle 9-2: tie und Arrayzugriffe

Wenn Sie schreiben:	übersetzt Perl das in:
tie @array, 'Foo',1,2	$obj = Foo—>TIEARRAY (1,2);
$a = $array[5];	$obj—>FETCH(5);
$array[5] = "aa"	$obj—>STORE(5, "aa");
untie @array;	$obj—>DESTROY();

Ein nützliches Beispiel gebundener Arrays ist die Emulation einer Bitmenge. Wenn Sie das zweihundertste Element auf 1 setzen, kann das Modul mit vec() das zweihundertste Bit eines Bitarrays setzen.

Der nächste Abschnitt zeigt ein Beispiel gebundener Arrays, um eine Textdatei einzukapseln.

Ein Beispiel für TIEARRAY: Eine Datei als Array

Dieses Beispiel implementiert ein Modul namens TieDatei, das eine Textdatei wie ein Array aussehen läßt. Wenn Sie beispielsweise die zwanzigste Zeile der Datei *foo.txt* ausgeben wollen, schreiben Sie:

```
tie @zeilen, 'TieDatei', 'foo.txt';
print $zeilen[20];
```

Um das Modul einfach zu halten, ist die Aktualisierung von Elementen nicht implementiert.

Wenn Sie die *n*-te Zeile auslesen möchten, liest das Modul TieDatei aus Beispiel 9-2 die Datei, bis es die gewünschte Zeile erreicht hat, und gibt diese zurück. Weil es eine Verschwendung wäre, jedesmal die gesamte Datei zu durchlaufen, wenn eine Zeile angefordert wird, merkt sich TieDatei die Datei-Offsets von allen Zeilenanfängen, so daß es bereits den genauen Offset für seek kennt, wenn Sie eine Zeile anfordern, die das Modul bereits einmal eingelesen hatte. Das Objekt, das von TIEARRAY angelegt wird, hat zwei Felder: eines, um dieses Offset-Array abzuspeichern und ein anderes, um den Dateihandle der offenen Datei abzulegen. Diese beiden Felder werden wiederum in einem anonymen Array abgelegt. (Alternativ dazu könnten Sie auch einen Hash oder das Modul ObjectTemplate verwenden.)

Beispiel 9-2: TieDatei.pm: Eine Datei auf ein Array abbilden

```
package TieDatei;
use Symbol;
use strict;
# Das in TIEARRAY konstruierte Objekt ist ein Array mit den
# folgenden Feldern:
my $F_OFFSETS     = 0;  # Liste der Offsets für seek (einer pro Zeile)
my $F_DATEIHANDLE = 1;  # Geoeffneter Dateihandle

sub TIEARRAY {
    my ($pkg, $dateiname) = @_;
    my $fh = gensym();
    open ($fh, $dateiname) || die "Konnte die Datei nicht öffnen: $!\n";
    bless [ [0], # 0te Zeile hat den Offset 0
            $fh
          ], $pkg;
}
```

Beispiel 9-2: TieDatei.pm: Eine Datei auf ein Array abbilden (Fortsetzung)

```perl
sub FETCH {
    my ($obj, $index) = @_;
    # Haben wir diese Zeile schon gelesen?
    my $rl_offsets = $obj->[$F_OFFSETS];
    my $fh = $obj->[$F_DATEIHANDLE];
    if ($index > @$rl_offsets) {
        $obj->lesen_bis ($index);
    } else {
        # mit seek zum richtigen Offset springen
        seek ($fh, $rl_offsets->[$index], 0);
    }
    return (scalar <$fh>);   # Eine Zeile zurückgeben, indem <$fh>
                             # in einem skalaren Kontext ausgewertet wird.
}

sub STORE {
    die "Tut mir leid. TieDatei verarbeitet keine Schreibzugriffe.\n";
}

sub DESTROY {
    my ($obj) = @_;
    # Dateihandle schließen
    close($obj->[$F_FILEHANDLE]);
}

sub lesen_bis {
    my ($obj, $index) = @_;
    my $rl_offsets = $obj->[$F_OFFSETS];
    my $letzter_index = @$rl_offsets - 1;
    my $letzter_offset = $rl_offsets->[$letzter_index];
    my $fh = $obj->[$F_FILEHANDLE];
    seek ($fh, $letzter_offset, 0);
    my $buf;
    while (defined($buf = <$fh>)) {
        $letzter_offset += length($buf);
        $letzter_index++;
        push (@$rl_offsets, $letzter_offset);
        last if $letzter_index > $index;
    }
}

1;
```

Hashes binden

Zugriffe auf gebundene Hashtabellen werden im Gegensatz zu Arrays voll unterstützt. Mit Hash-Ties können Sie Operationen auf der gesamten Hashtabelle (`%h = ()`), Zugriffe auf einzelne Elemente und Abfragen (`exists`, `defined`, `each`, `keys`, `values`) abfangen. Tabelle 9-3 zeigt, wie diese Aktionen auf Methodenaufrufe am gebundenen Objekt umgesetzt werden.

Tabelle 9-3: tie und Hash-Zugriff

Wenn Sie schreiben:	übersetzt Perl das in:
`tie %h, 'Foo', 'a' => 1`	`$obj = Foo->TIEHASH('a',1);`
`$h{a}`	`$obj->FETCH ('a')`
`$h{a} = 1`	`$obj->STORE ('a', 1)`
`delete $h{a}`	`$obj->DELETE ('a')`
`exists $h{a}`	`$obj->EXISTS('a')`
`keys (%h), values(%h),` `each (%h)`	`$lk = $obj->FIRSTKEY ();` `do {` `    $val = $obj->FETCH{$lk};` `} while ($lk = $obj->NEXTKEY($lk));`
`%h = ()`	`$obj->CLEAR()`
`%h = (a=> 1)`	`$obj->CLEAR() $obj->STORE('a',1)`
`untie %h`	`$obj->DESTROY()`

`FIRSTKEY` und `NEXTKEY` müssen den nächsten Schlüssel in der Folge zurückgeben. Das ist ausreichend, wenn `keys` vom aufrufenden Code aufgerufen wird, aber wenn `values` oder `each` verwendet werden, wird für jeden Schlüssel `FETCH` aufgerufen.

Die häufigste (und am natürlichsten aussehende) Anwendung von `tie` ist die als Frontend für DBM-Dateien, die, wie bereits erwähnt, festplattenbasierte Hashtabellen sind. Perl unterstützt verschiedene Varianten von DBM-Dateien. Das folgende Beispiel verwendet das SDBM-Modul, das zur Standard-Perl-Distribution gehört:

```
use Fcntl;
use SDBM_File;
tie (%h, 'SDBM_File', 'foo.dbm', O_RDWR|O_CREAT, 0640)
    || die $!;                     # DBM-Datei öffnen
$h{a} = 10;                        # Transparent in Datei schreiben
while (($k, $v) = each %h) {       # Über alle Schlüssel der Datei iterieren
    print "$k,$v\n"
}
untie %h;                          # Puffer leeren und DBM-Datei schließen
```

Alte Perl-Hasen erkennen vermutlich die Ähnlichkeit mit der Funktion `dbm_open`. `tie` ist nur noch allgemeiner.

Gebundene Hashes haben wie Arrays das gleiche Problem, das wir bereits im letzten Abschnitt besprochen haben: Sie können keine Referenzen speichern, wenn Sie nicht ausdrücklich die referenzierten Strukturen in Form eines Streams (aus dem Sie später die Datenstruktur rekonstruieren können) serialisieren. Das Modul MLDBM, das wir in Kapitel 10 näher untersuchen werden, versucht, Hashes mit mehreren Ebenen an eine DBM-Datei zu binden.

Zwei andere Module der Standard-Perl-Distribution verwenden intern `tie`. Config stellt sämtliche Informationen aus der Übersetzungsumgebung (d.h. von `configure`) in einem Hash (`%Config`) im Namensraum des Aufrufenden zur Verfügung:

```
use Config;
while (($k, $v) = each %Config) {
    print "$k => $v \n";
}
```

Env ist eine weitere Standardbibliothek, die `tie` verwendet, um Umgebungsvariablen wie normale Variablen aussehen zu lassen. Wir haben eine Variante ohne `tie` von Env bereits im Abschnitt »Symbole importieren« in Kapitel 6 gesehen.

Dateihandles binden

Gebundene Dateihandles rufen ein benutzerdefiniertes Objekt auf, wann immer von dem Dateihandle gelesen oder auf den Dateihandle geschrieben wird (siehe Tabelle 9-4). Beachten Sie, daß die `tie`-Anweisung ein Typeglob erwartet, keinen nackten Bezeichner.

Tabelle 9-4: tie und Dateihandles

Wenn Sie schreiben:	übersetzt Perl das in:
`tie *FH, 'Foo', 'a','b'`	`$obj = Foo->TIEHANDLE('a','b');`
`<FH>`	`$obj->READLINE();`
`read (FH, $buf, $laenge, $offset)` `sysread (FH, $buf, $laenge, $offset)`	`$obj->READ($buf, $laenge, $offset)`
`getc(FH)`	`$obj->GETC()`
`print FH "Etwas Text"; # Kein Komma` `hinter FH`	`$obj->PRINT("Etwas Text");`
`untie *FH;`	`$obj->DESTROY();`

Diese Methode kann verwendet werden, um mit einem Testtreiber eine Datei oder einen Prozeß zu simulieren oder den Zugriff auf einen Dateihandle zu überwachen, um stillschweigend eine Konversation zu protokollieren (wie der Befehl `tee(1)`). Tk, das wir in Kapitel 14 genau untersuchen werden, unterstützt Ties, um I/O an sein Text-Widget umzuleiten. Wir werden uns ein kleines Beispiel dieses Features anschauen, wenn wir über das Text-Widget sprechen.

Beispiel: Variablen überwachen

tie macht es sehr bequem, eine Variable zu überwachen. In diesem Abschnitt werden wir ein Modul namens *Monitor.pm* entwickeln, das immer auf STDERR eine Meldung ausgibt, wenn auf eine Variable Ihrer Wahl zugegriffen wird.[2]

```
use Monitor;
monitor(\$x, 'x');
monitor(\%y, 'y');
```

Immer wenn %x und %y verändert werden, gibt dieses Modul etwa folgendes auf STDERR aus:

```
Geschrieben : $x ... 10
Gelesen     : $x ... 10
Zerstört    : $x
Geschrieben : $y{a} ... 1
Gelöscht    : %y
```

Dieses Modul ist beim Debuggen nützlich, wenn es nicht klar ist, an welchem Punkt sich eine bestimmte Variable ändert, insbesondere dann, wenn sie indirekt über eine Referenz verändert wird. Dieses Modul kann noch erweitert werden, um Ausdrücke wie print 'ah!' when $array[5] > 10 zu unterstützen. Weil man ja eval zur Verfügung hat, ist das ziemlich einfach.

monitor erwartet eine Variable als Referenz und einen Namen, der verwendet wird, wenn die Meldungen ausgegeben werden. Der erste Parameter wird benutzt, um die Variable mit tie zu binden. tie hat die unangenehme Eigenart, den ursprünglichen Wert der Variablen zu verbergen. (Der Wert wird bei einem untie restauriert.) Natürlich wollen wir nicht, daß uns hier die Heisenbergsche Unschärferelation in die Quere kommt – die Überwachung der Variablen sollte nicht die Sicht des Benutzers auf die Variable beeinflussen. Aus diesem Grund speichern wir den ursprünglichen Wert als Attribut des gebundenen Objekts ab und lassen FETCH und STORE auf diese Kopie zugreifen. Wenn wir an der Variablen nicht mehr interessiert sind, benutzen wir schließlich unmonitor, das intern untie aufruft.

Monitor (siehe Beispiel 9-3) delegiert die Verantwortung an eingeschachtelte Module weiter, die für je einen Werttyp (Skalar, Array oder Hash) zuständig sind. Die tie-Konstruktoren in diesen Modulen geben ein »gesegnetes«, anonymes Array (das gebundene Objekt) zurück, welches den vom Benutzer übergebenen Namen (den zweiten Parameter von monitor) und den aktuellen Wert der Variablen speichert.

---

2 Das ist eine vereinfachte Version eines CPAN-Moduls namens Tie::Watch von Stephen Lidie. Tie::Watch kann benutzt werden, um benutzerdefinierte Funktionen aufzurufen, wenn auf bestimmte Variablen zugegriffen wird.

Beispiel 9-3: Monitor.pm

```
#----------------------------------------------------------------------
package Monitor;
require Exporter;
@ISA = ("Exporter");
@EXPORT = qw(monitor unmonitor);
use strict;

sub monitor {
    my ($r_var, $name) = @_;
    my ($typ) = ref($r_var);
    if ($typ =~ /SCALAR/) {
        return tie $$r_var, 'Monitor::Scalar', $r_var, $name;
    } elsif ($typ =~ /ARRAY/) {
        return tie @$r_var, 'Monitor::Array', $r_var, $name;
    } elsif ($typ =~ /HASH/) {
        return tie %$r_var, 'Monitor::Hash', $r_var, $name;
    } else {
        print STDERR "Ich brauche eine Referenz auf einen Skalar, Array oder Hash." unless
            $typ;
    }
}
sub unmonitor {
    my ($r_var) = @_;
    my ($typ) = ref($r_var);
    my $obj;
    if ($typ =~ /SCALAR/) {
        Monitor::Scalar->unmonitor($r_var);
    } elsif ($typ =~ /ARRAY/) {
        Monitor::Array->unmonitor($r_var);
    } elsif ($typ =~ /HASH/) {
        Monitor::Hash->unmonitor($r_var);
    } else {
        print STDERR "Ich brauche eine Referenz auf einen Skalar, Array oder Hash." unless
            $typ;
    }
}
#----------------------------------------------------------------------
package Monitor::Scalar;

sub TIESCALAR {
    my ($pkg, $rval, $name) = @_;
    my $obj = [$name, $$rval];
    bless $obj, $pkg;
    return $obj;
}

sub FETCH {
    my ($obj) = @_;
    my $val = $obj->[1];
    print STDERR 'Gelesen      $', $obj->[0], " ... $val \n";
```

Beispiel 9-3: Monitor.pm (Fortsetzung)

```perl
        return $val;
    }
    sub STORE {
        my ($obj, $val) = @_;
        print STDERR 'Geschrieben $', $obj->[0], " ... $val \n";
        $obj->[1] = $val;
        return $val;
    }

    sub unmonitor {
        my ($pkg, $r_var) = @_;
        my $val;
        {
            my $obj = tied $$r_var;
            $val = $obj->[1];
            $obj->[0] = "_UNMONITORED_";
        }
        untie $$r_var;
        $$r_var = $val;
    }

    sub DESTROY {
        my ($obj) = @_;
        if ($obj->[0] ne '_UNMONITORED_') {
            print STDERR 'Zerstört      $', $obj->[0];
        }
    }
    #-----------------------------------------------------------------------
    package Monitor::Array;

    sub TIEARRAY {
        my ($pkg, $rarray, $name) = @_;
        my $obj = [$name, [@$rarray]];
        bless $obj, $pkg;
        return $obj;
    }

    sub FETCH {
        my ($obj, $index) = @_;
        my $val = $obj->[1]->[$index];
        print STDERR 'Gelesen      $', $obj->[0], "[$index] ... $val\n";
        return $val;
    }

    sub STORE {
        my ($obj, $index, $val) = @_;
        print STDERR 'Geschrieben $', $obj->[0], "[$index] ... $val\n";
        $obj->[1]->[$index] = $val;
        return $val;
    }
```

Beispiel 9-3: Monitor.pm (Fortsetzung)

```perl
sub DESTROY {
    my ($obj) = @_;
    if ($obj->[0] ne '_UNMONITORED_') {
        print STDERR 'Zerstört      %', $obj->[0];
    }
}


sub unmonitor {
    my ($pkg, $r_var) = @_;
    my $r_array;
    {
        my $obj = tied @$r_var;
        $r_array = $obj->[1];
        $obj->[0] = "_UNMONITORED_";
    }
    untie @$r_var;
    @$r_var = @$r_array;
}
#----------------------------------------------------------------------
package Monitor::Hash;
sub TIEHASH {
    my ($pkg, $rhash, $name) = @_;
    my $obj = [$name, {%$rhash}];
    return (bless $obj, $pkg);
}


sub CLEAR {
    my ($obj) = @_;
    print STDERR 'Gelöscht      %', $obj->[0], "\n";
}


sub FETCH {
    my ($obj, $index) = @_;
    my $val = $obj->[1]->{$index};
    print STDERR 'Gelesen       $', $obj->[0], "{$index} ... $val\n";
    return $val;
}


sub STORE {
    my ($obj, $index, $val) = @_;
    print STDERR 'Geschrieben $', $obj->[0], "{$index} ... $val\n";
    $obj->[1]->{$index} = $val;
    return $val;
}


sub DESTROY {
    my ($obj) = @_;
    if ($obj->[0] ne '_UNMONITORED_') {
        print STDERR 'Zerstört      %', $obj->[0];
    }
}
```

Beispiel 9-3: Monitor.pm (Fortsetzung)

```
sub unmonitor {
    my ($pkg, $r_var) = @_;
    my $r_hash;
    {
        my $obj = tied %$r_var;
        $r_hash = $obj->[1];
        $obj->[0] = "_UNMONITORED_";
    }
    untie %$r_var;
    %$r_var = %$r_hash;
}
1;
```

unmonitor ist ein bißchen trickreich. Wir wollen untie aufrufen, aber Perl restauriert
den Wert der Variablen auf den Wert, der unmittelbar vor der tie-Operation gültig war.
Das ist natürlich nicht wünschenswert. Wir möchten, daß diese Operation den Benutzer
der Variable in keiner Weise beeinflußt. Weil wir den aktuellen Wert der Variablen ja
als Attribut des gebundenen Objekts zur Verfügung haben, können wir versuchen, den
Wert nach dem Aufruf von untie zu restaurieren. Unglücklicherweise funktioniert der
folgende Code nicht:

```
# Bei einem gebundenen Skalar
my $obj = tied $$r_var;       # An die Variable gebundenes Objekt holen
$letzter_wert = $obj->[1];    # Letzten Wert herausholen
untie $$r_var;                # untie
$$r_var = $letzter_wert;      # Letzten Wert der Variablen restaurieren
```

Perl beschwert sich mit »Can't untie: 1 inner references still exist ...« wenn der Schalter
-*w* eingeschaltet ist. Das Problem ist, daß die lokale Variable $obj den Referenzzähler
des gebundenen Objekts um eins erhöht, so daß untie nicht DESTROY am gebundenen
Objekt aufrufen kann. Die Lösung ist ziemlich naheliegend: Wir holen den Wert in einem inneren Block heraus und lassen $obj aus dem Gültigkeitsbereich verschwinden:

```
my $letzter_wert;
{
    my $obj = tied $$r_var;
    $letzter_wert = $obj->[1]; # Letzten Wert herausholen
                               # Beachten Sie, daß $letzter_wert außerhalb
                               # dieses inneren Blocks definiert wurde
}
# $obj ist nicht länger im Gültigkeitsbereich, wir können in Ruhe untie aufrufen
untie $$r_var;
$$r_var = $letzter_wert;
```

Vergleiche mit anderen Sprachen

Wir haben `tie` auf zwei verschiedene Weisen benutzt. Die eine besteht darin, einem existierenden Package ein leicht zu benutzendes Frontend zu verschaffen (wie Perl es mit DBM-Dateien macht), die andere ist das Überwachen von existierenden Variablen. Lassen Sie uns jetzt untersuchen, was die anderen Sprachen in diesen Bereichen zu bieten haben.

Tcl

Tcl stellt einen Befehl namens `trace` bereit, mit dem Lese- und Schreibzugriffe auf Skalare und assoziative Arrays abgefangen werden können. (Skalare und Listen sind austauschbar, so daß es kein spezielles Verfahren für letztere gibt.) Das Toolkit Tk macht regen Gebrauch von `trace`, wie wir in Kapitel 14 sehen werden. `trace` versteckt den vorhergehenden Wert nicht, so daß es einfacher ist, ein Überwachungspaket zu schreiben.

Die C-API von Tcl ermöglicht es Ihnen, Traces sehr viel einfacher als mit Perl zu erzeugen. (Die leichtere Benutzung gilt auch für den Rest der Tcl-API, wie wir in Kapitel 20 noch sehen werden.)

Obwohl ein existierendes Tcl-Paket diese Funktionalität benutzen kann, um ein einfach zu benutzendes Frontend für ein Package zu implementieren, kenne ich kein Paket, das davon so Gebrauch macht wie Perl für DBM-Dateien.

Python

In Python können Sie spezielle Methoden namens __getattr__ und __setattr__ für eine Klasse schreiben, mit denen Sie Zugriffe auf Attribute abfangen (oder neue Attribute simulieren) können. Ähnlich können Sie auch eine Klasse schreiben, die ein Array simuliert, indem Sie spezielle Methoden namens __getitem__ und __setitem__ implementieren. Es gibt etwa vierzig dieser Methoden, um alle möglichen Funktionen zu überschreiben.

C++

In C++ kann eine Variable nicht dynamisch überwacht werden. Andererseits gibt es aber eine große Menge an Operatoren und syntaktischen Strukturen zum Überladen von Operatoren, so daß Sie ein Objekt einsetzen können, wo eigentlich fundamentale Datentypen oder andere Objekte verwendet werden.

Kommerzielle Werkzeuge und Bibliotheken wie Purify sind in der Lage, einen beliebigen Speicherbereich dynamisch zu überwachen. Sie stellen auch eine C-API zur Verfügung, mit denen Sie eigene Funktionen für solche Fälle schreiben können.

Java

In Java können Sie nicht beliebige Zugriffe abfangen. Einige kommerzielle Systeme zur Transaktionsverarbeitung gehen soweit, daß sie den Bytecode untersuchen, um Zugriffe auf Attribute einer Klasse zu finden und wo nötig Traces einfügen. Damit können sie ein Objekt Transaktionen unterstützen lassen, ohne daß das Objekt kooperieren muß. Dieser Ansatz ist allerdings nichts für Leute mit schwachen Nerven.

Auch der andere Aspekt – eine Klasse sich so verhalten zu lassen wie eine normale Variable – kann in Java nicht implementiert werden.

10

Persistenz

> *There must be at least 500.000.000 rats in the United States. Of course, I'm speaking only from memory.*
> Edgar Wilson Nye

Wir würden in einer perfekten Welt leben, wenn wir uns nie Sorgen über fatale Programmfehler oder Stromausfälle machen müßten.[1] Im Moment müssen wir uns aber damit abfinden, daß die Aufmerksamkeitsspanne eines Computers nicht länger als sein Stromkabel ist und daß unsere Daten zu wertvoll sind, um sie lediglich elektronischem Speicher anzuvertrauen. Die Fähigkeit eines Systems oder Moduls, die Daten einer Applikation über das Ende der Applikation hinaus zu erhalten, nennt man *Persistenz*.[2]

Wenn man bedenkt, daß Datenbanken ein viele Milliarden Mark schweres Geschäft sind und daß die DBI (Database Interfaces) und zugehörigen Perl-Module direkt nach CGI in der Zugriffsstatistik vom CPAN liegen, ist es nicht übertrieben zu sagen, daß Persistenz die wichtigste aller Technologien ist. In diesem Kapitel untersuchen wir zunächst die Myriaden an Faktoren, die berücksichtigt werden müssen, um unsere Daten persistent zu machen. Dann spielen wir mit den meisten frei verfügbaren Perl-Persistenzmodulen herum und messen diese an der vorher aufgestellten Checkliste, um ihre Stärken und Schwächen zu verstehen und um zu wissen, was die Module zur Verfügung stellen, und wo der Entwickler eingreifen muß. Im nächsten Kapitel werden wir einige dieser Module verwenden, um ein Objektpersistenz-Framework zu entwickeln, mit dem man ein Objekt transparent in Dateien und Datenbanken abspeichern kann.

---

1 Oder über Endbenutzer, wie sich einmal jemand in einem Leserbrief an die Zeitschrift *Byte* beschwerte.
2 Wir werden den Begriff »System« benutzen, um eine C-Implementierung wie eine DBM-Bibliothek oder eine Datenbank zu bezeichnen, und verwenden »Modul« für Perl-Module.

Fragestellungen der Persistenz

Daten können in vielen Formen vorkommen, von einfachen, durch Kommata getrennten Datensätzen bis zu komplexen, selbstreferentiellen Strukturen. Benutzer unterscheiden sich im Grad ihrer Paranoidität und ihrer Fähigkeit (und ihren Bedürfnissen), persistente Daten mit anderen zu teilen. Anwendungsprogrammierer jonglieren mit Lösungen, die sich im Spannungsfeld zwischen Einfachheit, Robustheit und Effizienz bewegen. Die folgende Liste untersucht diese Unterschiede etwas detaillierter:

Serialisierung

> Normale Arrays und Hashes können mit Tabulatoren, Kommata und so weiter in Dateien geschrieben werden. Verschachtelte Strukturen wie Arrays von Hashes oder Arrays von Arrays müssen zunächst flach gemacht oder *serialisiert* werden, bevor sie in eine Datei geschrieben werden können. Wenn Sie jemals Ihre elektrische Tannenbaumbeleuchtung verpackt haben, wissen Sie, daß es nicht allein auf eine platzsparende Packweise ankommt, sondern auch darauf, daß die Kette bei der nächsten Benutzung einfach und effizient wieder ausgepackt werden kann. Darüber hinaus können Datenelemente auch Typeglobs sein, Zeiger auf native C-Datenstrukturen enthalten oder Referenzen auf andere Datenelemente sein (wodurch die Strukturen zyklisch oder selbstreferentiell werden können). In diesem Kapitel werden wir uns mit drei Modulen zur Serialisierung von Daten beschäftigen: FreezeThaw, Data::Dumper und Storable.

Datengrenzen

> Normale Dateien, die ja nur Byte-Ströme sind, bieten weder irgendwelche Datengrenzen an, noch erzwingen sie sie. Sie müssen sich selbst überlegen, wie Sie die einzelnen Datenelemente auf der Festplatte voneinander unterscheiden können. DBM- und ISAM-Systeme erzwingen eine datensatzorientierte Struktur. Relationale Datenbanken stellen Grenzen zwischen Datensätzen und Spalten bereit; wenn Ihre Daten in so eine Rasterstruktur passen, haben Sie Glück, ansonsten haben Sie ein sogenanntes »Anpassungsproblem« (*impedance mismatch*). Neuere Technologien wie objektrelationale oder objektorientierte Datenbanken versuchen, diese »Einschränkung« oder diesen »Fehler« aufzuheben.[3]

Nebenläufigkeit

> Mehrere Anwendungen oder Benutzer wollen möglicherweise gleichzeitig auf persistente Datenspeicher zugreifen. Einige Systeme ignorieren dieses Problem ganz, andere bieten verschiedene Arten von Sperrsystemen.

Zugriffsrechte

> Viele Persistenzlösungen überlassen es dem Betriebssystem, die Zugriffsrechte auf Dateiebene zu verwalten (erzeugen, aktualisieren, lesen und löschen). Datenbanken bieten feinere Unterscheidungen bei den Zugriffsbeschränkungen.

---

3 E.F. Codd, der als Vater der relationalen Datenbanktheorie angesehen wird, hat immer den Standpunkt vertreten, daß diese Anpassungsschwierigkeiten nicht theorie-inhärent sind; sie seien vielmehr ein Resultat der Implementierungstechnologie von relationalen Datenbanksystemen.

Wahlfreier Zugriff und Einfügungen

Datenbanken machen es leicht, einen neuen Datensatz einzufügen oder ein einzelnes Attribut zu aktualisieren. Bei Streams haben Sie keine andere Möglichkeit, als die gesamten Daten zu serialisieren und erneut in die Datei zu schreiben.

Abfragen

DBM- und ISAM-Dateien ermöglichen es Ihnen, selektiv Datensätze auf Basis eines Primärschlüssels zu lesen; mit Datenbanken können Sie sogar Datensätze selektiv auf Basis eines beliebigen Feldes lesen. Je mehr Daten Sie haben, um so weniger können Sie es sich erlauben, jeden Datensatz zu untersuchen, ob er auf Ihre Kriterien paßt.

Transaktionen

Wichtige kommerzielle Applikationen erwarten die »ACID«-Eigenschaften von Persistenzlösungen [Ressource 1]:

Atomizität: Eine Reihe von Aktionen muß entweder als Ganzes (und ohne Unterbrechung) oder gar nicht passieren.

Consistency/Konsistenz: Die Transaktion muß das System in einem konsistenten Zustand lassen. Die Einhaltung der Konsistenz zu überwachen, ist Sache der Applikation; ein Transaktionsmonitor oder eine Datenbank wissen nichts über die Applikationsdomänen und können daher auch nicht beurteilen, was konsistent ist und was nicht.

Isolation: Lese- und Schreibvorgänge von unabhängigen Transaktionen müssen voneinander isoliert sein; das Resultat sollte das gleiche sein, als wenn die Applikationen gezwungen würden, seriell, d.h. eine nach der anderen, auf den Daten zu operieren.

Dauerhaftigkeit: Sobald eine Transaktion beendet ist, müssen die Ergebnisse sicher auf der Festplatte abgespeichert werden.

Zur Zeit gibt es diese Fähigkeiten nur in Datenbanken, und es gibt nur wenige transaktionsorientierte Dateisysteme. Die Version 2.0 der Berkeley-DB-Bibliothek bietet Nebenläufigkeit, Transaktionen und Datenrettung, aber die Perl-Wrapper sind bis zur Drucklegung noch nicht aktualisiert worden, um davon Gebrauch zu machen.

Metadaten

Wenn Sie Zugriff auf Informationen haben, die Ihre Daten beschreiben – sogenannte *Metadaten* –, dann müssen Sie weniger hart kodieren. Datenbanken stellen Metadaten explizit bereit, während die anderen Lösungen einfach nur zwischen Festplatten- und Perl-Datenstrukturen übersetzen und Perl die Metainformationen bereitstellen lassen.

Maschinenunabhängigkeit

Möglicherweise wollen Sie auf Daten aus einer Datei zugreifen, die auf einem anderen Rechnertyp geschrieben wurde. Sie müssen dann mit Unterschieden in der Repräsentation von Fließkomma- und Ganzzahlen rechnen, sowohl in der Größe als auch in der Bytereihenfolge.

Portabilität und Transparenz

Schließlich ändern sich die Anforderungen mit der Zeit, und eine Applikation, die einige der obengenannten Faktoren berücksichtigt, muß in Zukunft vielleicht noch weitere berücksichtigen, oder noch schlimmer: eine andere Menge von Faktoren. Es hat mehrere Versuche gegeben, eine vereinheitlichende Schicht für die einzelnen Lösungen zu bieten; DBI und ODBC sind zwei solche Versuche, eine konsistente API für mehrere mit einander konkurrierende relationale Datenbankimplementierungen spezifizieren. Wir werden uns im nächsten Kapitel ein noch ehrgeizigeres Ziel setzen: Wir werden eine Reihe von Modulen schreiben, die die Unterschiede zwischen der Speicherung in Dateien und Datenbanken verdecken. Allerdings ist es auch eine Tatsache, daß mehr Transparenz auch immer weniger Performanz bedeutet.

Auf den folgenden Seiten werden wir eine Vielzahl von Perl-Modulen untersuchen, mit denen wir unsere Daten persistent abspeichern können. Wir klassifizieren sie nach den Datengrenzen: datenstromorientiert (keine Grenzen), datensatzorientiert und rasterorientiert (relationale Datenbanken).

Datenströme

Wir werden uns in diesem Abschnitt drei Module ansehen: FreezeThaw, Data::Dumper und Storable. Alle serialisieren Perl-Datenstrukturen in ASCII- oder binäre Strings, aber nur Storable schreibt diese auch wirklich auf die Festplatte. Die anderen beiden Module sind wichtig, weil sie in Verbindung mit anderen Persistenzmechanismen wie Datenbanken und DBM-Dateien verwendet werden können. Alle drei behandeln mit »gesegnete« und selbstreferentielle Datenstrukturen korrekt, scheitern aber, wenn es um Typeglobs, mit `tie` gebundene Variablen und Skalare geht, die auf C-Datentypen zeigen (verständlicherweise). Darüber hinaus ist es für diese Module (wie für alle anderen) unmöglich, implizite Beziehungen zu verstehen. Wenn Sie beispielsweise den in Kapitel 8 beschriebenen ObjectTemplate-Ansatz verwenden, dann ist ein Objekt einfach nur ein Arrayindex, so daß nur ein Haufen von bedeutungslosen Arrayindizes ohne die zugehörigen Daten auf der Festplatte abgespeichert werden wird. Ein anderer subtiler Fehler tritt auf, wenn Sie Referenzen als Hashindizes verwenden und Perl diese in Strings konvertiert (wie beispielsweise `SCALAR(0xe3f434)`). Dies ist keine echte Referenz; wenn Sie also die Hashtabelle in einer Datei abspeichern und später wieder rekonstruieren, dann ist die implizite Referenz auf die ursprüngliche Struktur nicht mehr gültig.

Die Moral von der Geschichte': einfache Verschachtelungen von Perl-Strukturen werden problemlos behandelt, in allen anderen Fällen liegt es in Ihrer Verantwortung, die Daten Ihrer Applikation in gewöhnliche Perl-Elemente zu konvertieren, bevor Sie sie auf der Festplatte abspeichern.

FreezeThaw

FreezeThaw, geschrieben von Ilya Zakharevich, ist ein reines Perl-Modul (enthält also keine C-Erweiterungen) und enkodiert komplexe Datenstrukturen in druckbare ASCII-Strings. Es arbeitet nicht direkt mit Dateien und überläßt es Ihnen, den kodierten String in einer normalen Datei, einer DBM-Datei oder einer Datenbank abzuspeichern. Hier ein Beispiel, wie das Modul verwendet wird:

```
use FreezeThaw qw(freeze thaw); # freeze() und thaw() importieren
# Eine komplexe Datenstruktur erzeugen (ein Hash von Arrays)
$c = { 'gerade' => [2, 4, 6, 8],
       'ungerade' => [1, 3, 5, 7]};
# Testobjekt erzeugen
$obj = bless {'foo' => 'bar'}, 'Beispiel';
$msg = freeze($c, $obj);
open (F, "> test") || die;
syswrite (F, $msg, length($msg)); # write() und print() können auch verwendet werden.
```

Die Funktion `freeze()` akzeptiert eine Liste von Skalaren, die enkodiert werden sollen, und gibt einen String zurück. Die Methode `thaw()` nimmt einen solchen kodierten String und gibt die gleiche Listen von Skalaren zurück:

```
($c, $obj) = thaw ($msg);
```

Wir werden FreezeThaw in Kapitel 13 verwenden, um Datenstrukturen über eine Socket-Verbindung zu senden. Weil die Kodierung in ASCII stattfindet, müssen wir uns keine Gedanken über maschinenspezifische Details wie die Bytereihenfolge oder die Länge von Ganz- oder Fließkommazahlen machen.

Data::Dumper

Data::Dumper, geschrieben von Gurusamy Sarathy, hat ein ähnliches Ziel wie Freeze-Thaw, verfolgt aber einen ganz anderen Ansatz. Es konvertiert eine Liste von Skalaren, die der Funktion `Dumper` übergeben werden, in hübsch formatierten Perl-Code, der in einer Datei gespeichert und später mit `eval` wieder eingelesen werden kann. Ein Beispiel:

```
use Data::Dumper ;
# Eine komplexe Datenstruktur (ein Hash von Arrays) erzeugen
$c = { 'gerade' => [2, 4,],
       'ungerade' => [1, 3,]};
# Testobjekt erzeugen
$obj = bless {'foo' => 'bar'}, 'Beispiel';
$msg = Dumper($c, $obj);
print $msg;
```

Ausgegeben wird:

```
$VAR1 = {
        gerade => [
                    2,
                    4
```

```
                    ],
         ungerade => [
                           1,
                           3
                      ]
         };
    $VAR2 = bless( {
                     foo => 'bar'
                   }, 'Beispiel' );
```

Data::Dumper weist jedem Skalar einen willkürlichen Variablennamen zu, was nicht so nützlich ist, wenn Sie später mit `eval` die ursprünglichen Daten wiederherstellen wollen. Sie können aber mit der Methode `Dump` eigene Variablennamen zuweisen:

```
$a = 100;
@b = (2,3);
print Data::Dumper->Dump([$a, \@b], ["foo", "*bar"]);
```

Ausgegeben wird:

```
$foo = 100;
@bar = (
          2,
          3
       );
```

`Dump` erwartet zwei Parameter: eine Referenz auf eine Liste von Skalaren, die gespeichert werden sollen, und eine Referenz auf eine Liste mit dazugehörenden Namen. Wenn einem Namen ein »*« vorangeht, dann gibt `Dump` den korrekten Typ der Variablen aus, d.h. anstatt $b eine Referenz auf ein anonymes Array zuzuweisen, weist es @b eine richtige Liste zu. Sie können statt `Dump` auch `Dumpx` verwenden, das eine C-Erweiterung mit der gleichen Funktionalität verwendet und etwa vier- bis fünfmal schneller ist.

Data::Dumper gibt Ihnen die Möglichkeit, eigene Subroutinen zum Serialisieren und Deserialisieren anzugeben, so daß Sie einige der weiter oben benannten Probleme umgehen können. Details finden Sie in der Dokumentation.

Storable

Storable ist ein C-Erweiterungsmodul, das Daten direkt in Dateien hinein serialisiert und der schnellste der drei Ansätze ist. Die Funktion `store` erwartet eine Referenz auf eine Datenstruktur (die *Wurzel*) und den Namen einer Datei. Die Methode `retrieve` bildet das Gegenstück: Sie gibt die Wurzel zu einem gegebenen Dateinamen zurück:

```
use Storable;
$a = [100, 200, {'foo' => 'bar'}];
eval {
    store($a, 'test.dat');
};
print "Fehler beim Schreiben in die Datei: $@" if $@;
$a = retrieve('test.dat');
```

Wenn Sie mehr als eine Struktur in der Datei speichern wollen, dann können Sie einfach alle Strukturen in ein anonymes Array stecken und eine Referenz auf dieses Array an `store` übergeben.

Sie können einen offenen Dateihandle an `store_fd` anstelle eines Dateinamens an `store` übergeben. Die Funktionen `nstore` und `nstore_fd` können verwendet werden, um die Daten in »Netzwerk«-Reihenfolge zu speichern und die Daten so maschinenunabhängig zu machen. Wenn Sie `retrieve` oder `retrieve_fd` verwenden, werden die Daten automatisch in das native Maschinenformat konvertiert (beim Speichern speichert das Modul eine Markierung mit, die angibt, ob die Daten im maschinenunabhängigen Format gespeichert sind oder nicht).

Datensatzorientierte Ansätze

In diesem Abschnitt untersuchen wir drei Module, die alle auf der DBM-Bibliothek aufbauen. DBM ist eine festplattenbasierte Hashtabellenbibliothek, die ursprünglich für Ken Thompson für die Version 7 des Betriebssystems Unix geschrieben wurde. Aus dieser Bibliothek sind viele Varianten hervorgegangen: SDBM (Simple DBM, ein mit Perl mitgeliefertes Public Domain-Modul), NDBM (New DBM, das mit manchen Betriebssystem mitgeliefert wird) und GDBM (von der Free Software Foundation). Auf all diese Bibliotheken kann von äquivalenten Perl-Modulen zugegriffen werden, die den `tie`-Befehl verwenden, um transparenten Zugriff auf die festplattenbasierte Tabelle zu ermöglichen. Die einzigen Kriterien für die Auswahl eines dieser Systeme sind Performanz und Portabilität. Eine Warnung aber vorweg: Die von diesen Ansätzen erzeugten Dateien sind nicht austauschbar.

DBM

Wir verwenden hier SDBM, weil es mit Perl mitgeliefert wird.. Das Modul SDBM_File ist ein Wrapper um diese Erweiterung:

```
use Fcntl;
use SDBM_File;
tie (%hauptstadt, 'SDBM_File', 'hauptstaedte.dat', O_RDWR|O_CREAT, 0666)
    || die $!;
$hauptstadt{Schweden}          = "Stockholm";
$hauptstadt{Schleswig-Holstein} = "Kiel";
untie %hauptstadt;
```

Die Anweisung `tie` verknüpft die im Speicher liegende Hashvariable `%hauptstadt` mit der Hashdatei *hauptstaedte.dat* auf der Festplatte. Lese- und Schreibzugriffe auf `%hauptstadt` werden automatisch in die entsprechenden Dateizugriffe umgesetzt. `untie` löst diese Verknüpfung auf und speichert alle noch ausstehenden Veränderungen auf die Festplatte. Die »Konstanten« O_RDWR und O_CREAT, die aus dem Modul `Fcntl` importiert worden sind, geben an, daß *hauptstaedte.dat* zum Lesen und Schreiben geöffnet werden soll und angelegt wird, falls die Datei noch nicht existiert. Der Modus der

Datei (die Bitmaske für die Zugriffsrechte) wird hier auf 0644 gesetzt – das Ergebnis aus 0666 & ˜022, wobei 022 die Umask ist.

Das größte Problem mit den DBM-Ansätzen liegt wie bereits erwähnt darin, daß ein gebundenes Schlüssel-Wert-Paar ein String oder eine Zahl sein muß. Wenn es sich um eine Referenz handelt, wird sie von diesen Modulen nicht automatisch dereferenziert. Um also einen Schlüssel mit einer komplexen Datenstruktur zu assoziieren, müssen Sie die Struktur zunächst mit Data::Dumper oder FreezeThaw serialisieren. Genau das wird vom als nächstes beschriebenen Modul MLDBM gemacht.

MLDBM

MLDBM (Multilevel DBM) von Gurusamy Sarathy speichert komplexe Werte in einer DBM-Datei. Es verwendet Data::Dumper, um Datenstrukturen zu serialisieren, und ein von Ihnen gewähltes DBM-Modul (der Default ist SDBM_File), um die Daten dann abzuspeichern. Das Modul wird folgendermaßen benutzt:

```
use SDBM_File;
use MLDBM qw (SDBM_File);
use Fcntl;
tie (%h, 'MLDBM', 'bar', O_CREAT|O_RDWR, 0666) || die $!;
$beispiel  = {'rot' => 'grün', 'weiß' => 'schwarz'} ;
$h{paare} = $beispiel;   # Einen festplattenbasierten Hash von Hashes erzeugen
untie %h;
```

Alle Parameter von `tie` hinter dem String »MLDBM« werden einfach an das in der `use`-Anweisung angegebene Modul weitergereicht.

Berkeley DB

DB [Ressource 3], auch als *Berkeley DB* bezeichnet – ist eine Public-Domain-C-Bibliothek mit Datenbankzugriffsmethoden, darunter B+Tree, Extended Linear Hashing und Datensätze mit fester oder variabler Länge. Die neueste Version unterstützt auch nebenläufige Updates, Transaktionen und Datenrettung. Das zugehörige Perl-Modul, DB_File, legt einen DBM-Wrapper um die B-Tree- und Hashing-Implementierungen und einen gebundenen Array-Wrapper um die Datensätze fester oder variabler Länge (auch bekannt als `recno`-Zugriffsmethode).

Die Benutzung von DB ist identisch mit der der Module, die wir in den vorangegangenen Abschnitten betrachtet haben. Die `tie`-Anweisung sieht hier so aus:

```
use DB_File;
use Fcntl;     # Für die Konstanten O_RDWR und O_CREAT
tie (%h, 'DB_File', $datei, O_RDWR|O_CREAT, 0666, $DB_BTREE);
```

Die Konstante `$DB_BTREE` teilt der Bibliothek mit, das B-Tree-Format zu verwenden, mit dem Schlüssel-Wert-Paare in einem sortierten, balancierten und mehrästigen Baum gespeichert werden, d.h. die Schlüssel werden in lexikalischer Reihenfolge abgespeichert. Sie können auch eine eigene Subroutine angeben:

```
$DB_BTREE->{'compare'} = \&sort_ignorecase;
sub sort_ignorecase {
    my ($schluessel1, $schluessel2) = @_;
    $schluessel1 =~ s/\s*//g;               # Whitespace entfernen
    $schluessel2 =~ s/\s*//g;
    lc($schluessel1) cmp lc($schluessel2);  # Groß-/Kleinschreibung beim Vergleich
                                            # nicht berücksichtigen
}
```

Wenn Sie jetzt `keys`, `values` oder `each` verwenden, um die Daten aus dem gebundenen Hash zurückzuholen, bekommen Sie sie in der von Ihnen vorgegebenen Reihenfolge. Diese Funktionalität bietet ein normaler Hash oder ein anderes der DBM-Module nicht.

Sie können auch `$DB_RECNO` anstelle von `$DB_BTREE` verwenden. In diesem Fall wird `TIEARRAY` verwendet, um eine Datei als Sammlung von Datensätzen variabler Länge zu behandeln.

```
use Fcntl;
use DB_File;
tie (@l, 'DB_File', 'foo.txt', O_RDWR|O_CREAT,0666, $DB_RECNO);
print $l[1];                    # Zweite Zeile holen
$l[3] = 'Drei Musketiere';      # Vierte Zeile verändern
untie @l;
```

Wie in Kapitel 9 bereits erwähnt wurde, erlaubt die aktuelle Implementierung von `TIE-ARRAY` nur die Indizierung von Arrays; Operatoren wie `push` und `splice` werden nicht unterstützt. Das Modul DB_File stellt zusätzliche Methoden namens `push`, `pop`, `shift`, `unshift` und `length` bereit, die folgendermaßen verwendet werden können:

```
$db = tied @l;
$db->push($x);
```

Relationale Datenbanken

Relationale Datenbanken gibt es jetzt schon eine ganze Zeitlang, und während die meisten kommerziellen Implementierungen inzwischen den Standard SQL verwenden, unterscheiden sie sich signifikant in der nativen C-API. Für dieses Problem hat es mehrere Lösungsversuche gegeben. Microsoft hat die ODBC-(Open Database Connectivity-)-Initiative populär gemacht, die ein De-facto-Standard in der (Wintel-)PC-Welt geworden ist und ein standardisiertes Frontend für eine große Anzahl relationaler Datenbanken bereitstellt. Benutzer von Perl auf PCs können die Portierung von ActiveWare verwenden, um mit dem Win32::ODBC-Modul auf die ODBC-Bibliothek zuzugreifen.

Währenddessen haben Tim Bunce und andere Entwickler, die jeweils inkompatible Wrapper-Module für verschiedene Datenbanken geschrieben hatten, in der Perl/Unix-Welt die DBI-(Database Interface-)Spezifikation und -Implementierung entwickelt, um ihre Anstrengungen zusammenzuführen. Idee und Schnittstelle von DBI sind der ODBC-Spezifikation sehr ähnlich.

Die ODBC-Spezifikation ist kürzlich als Basis für den ISO-Standard SQL CLI (Call-Level Interface) angenommen worden, und es wird damit gerechnet, daß alle Datenbankhersteller irgendwann eine entsprechende Bibliothek zur Verfügung stellen. Wenn das der Fall ist, können Sie davon ausgehen, daß die DBI-Implementierung irgendwann entweder neu geschrieben wird, um von dieser Schnittstelle Gebrauch zu machen, oder ganz verschwinden wird.

In diesem Abschnitt werden wir uns sowohl mit DBI als auch mit Win32::ODBC beschäftigen.

DBI (Database Interface)

Zu der Zeit, als Perl noch keine Module und kein dynamisches Laden kannte, mußten die Datenbank-Wrapper mit dem Perl-Interpreter zusammengelinkt werden und bildeten so spezielle Perl-Interpreter mit Namen wie `sybperl` (für Sybase), `oraperl` (für Oracle) und so weiter. Diese Bibliotheken sind inzwischen neu geschrieben worden, um von den Features von Perl 5 Gebrauch zu machen, haben aber die alte API beibehalten, was bedeutet, daß Ihre Skripten, die Sie für eine Datenbank geschrieben haben, mit einer anderen nicht funktionieren. Wenn Sie Portabilität benötigen, ist das DBI-Modul die einzige Option. DBI ruft Module namens DBDs (Database Drivers, Datenbanktreiber) auf, die für jeweils einen Datenbankhersteller spezifisch sind und die native API des Herstellers ansteuern. Wenn Sie beispielsweise Oracle verwenden, können Sie entweder oraperl benutzen und bekommen eine etwas bessere Performanz, oder Sie benutzen die Kombination aus DBI und DBD::Oracle und bekommen statt dessen Portabilität. Oraperl und DBD::Oracle basieren beide auf dem gleichen zugrundeliegenden Code. Die folgenden, von Alligator Descartes verwalteten Web-Seiten sind eine wundervolle Sammlung zum Thema DBI: *http://www.hermetica.com/technologia/DBI/*.

Um DBI zu verwenden, müssen Sie nur eine Verbindung zur jeweiligen Datenbank aufbauen und SQL-Abfragen abschicken:[4]

```
use DBI;
$dbname = 'mitdb'; $benutzer = 'sriram';
$passwort = 'foobar'; $dbd = 'Oracle';
$dbh = DBI->connect ($dbname, $benutzer, $passwort, $dbd);
if (!$dbh) {
    print "Konnte keine Verbindung zur Datenbank aufbauen: $DBI::errstr\n";
}
```

connect gibt einen *Datenbankhandle* zurück, der die Verbindung mit einer bestimmten Datenbank repräsentiert. Der Parameter $dbd in diesem Beispiel gibt an, daß das Modul DBD::Oracle geladen werden soll. Nach diesem Parameter kann noch eine Referenz auf einen Hash mit treiber- oder verbindungsspezifischen Attributen folgen. Bei einigen Datenbanken können auch mehrere Verbindungen aufgebaut werden.

---

4 Ich nehme in diesem Abschnitt an, daß Sie sich mit SQL auskennen.

Alle DBI-Anweisungen geben im Fehlerfall `undef` zurück. Der Fehlercode und die Fehlerstrings können mit `$DBI:err` und `$DBI::errstr` abgefragt werden; diese beiden Variablen geben die in der letzten ausgeführten DBI-Anweisung aufgetretenen Fehler wieder.

Grundlegende SQL-Zugriffe

SQL-Anweisungen können folgendermaßen ausgeführt werden (das entspricht dem *execute immediate* in Embedded SQL):

```
$dbh->do("delete from mittable where status != 'aktiv'");
print "Fehler: $DBI::err .... $DBI::errstr" if $DBI::err;
```

Wenn Sie die gleiche oder eine ähnlich aussehende Abfrage mehrfach durchführen wollen, zwingen Sie das System, die Anfrage immer wieder zu parsen. Um diese überflüssige Arbeit zu vermeiden, können Sie eine parametrisierte Abfrage mit `prepare` kompilieren und mit `execute` beliebig oft ausführen.

An die Methode `prepare` wird eine Abfrage übergeben, bei der die Platzhalter für Parameter mit »?« markiert werden:

```
$anwh = $dbh->prepare ('insert into mittable (id, name, alter)
                                       values (?,  ?,    ?)');
```

Sie können diese Anweisung unter Verwendung des zurückgegebenen *Anweisungshandles* mit `execute` immer wieder ausführen und dabei jedesmal ein Array von Werten für die Platzhalter übergeben. Diese Werte werden manchmal als *Bindungs*parameter bezeichnet. Intern wird die Abfrage von `do` vorbereitet und ausgeführt.

Das folgende Stückchen Code liest die Namen und das Alter von Mitarbeitern aus der Standardeingabe und verwendet den oben erzeugten Anweisungshandle, um die Zeilen in die Tupel der Datenbank einzufügen:

```
while (defined($zeile = <>)) {
    chomp($zeile);

    # Nummer, Name und Alter, durch Tabulatoren getrennt
    ($id, $name, $alter) = split (/\t/, $zeile);
    $anwh->execute($id, $name, $alter);
    die "Fehler: $DBI::err .... $DBI::errstr" if $DBI::err;
}
```

Wenn das jeweilige Feld Null-Werte enthalten darf, dann können Sie Null-Werte in Form von `undef` an `execute` übergeben.

Select

Das folgende Beispiel zeigt, wie Sie größere Datenmengen mit der `select`-Anweisung von SQL aus der Datenbank abfragen können:

```
$cur = $dbh->prepare('select name, alter from mittable where alter < 40');
$cur->execute();
die "Prepare-Fehler: $DBI::err .... $DBI::errstr" if $DBI::err;
```

```
while (($name, $alter) = $cur->fetchrow) {
    print "Name:$name, Alter: $age \n";
}
$cur->finish();
```

Die Anweisung `prepare` gibt wie oben einen Anweisungshandle zurück. Wenn diese Anweisung ausgeführt wird, dann wird sie intern mit einem geöffneten Datenbank-Cursor assoziiert und dazu verwendet, um jedes von der Datenbank gelieferte Tupel abzuholen. `fetchrow` gibt die Werte der in der `select`-Abfrage angegebenen Felder zurück. `finish` schließt dann den Cursor.

Metadaten über Abfragen

Wenn eine Anweisung einmal vorbereitet und ausgeführt worden ist, stellt DBI die folgenden Informationen als Attribute des Anweisungshandles bereit:

`$DBI::rows`
> Die Anzahl der betroffenen oder zurückgegebenen Tupel

`$anwh->{NUM_FIELDS}`
> Die Anzahl der von einem select zurückgegebenen Felder

`$anwh->{NUM_PARAMS}`
> Die Anzahl der Parameter, die von einer beliebigen Abfrage zurückgegeben werden

Nach einer `select`-Abfrage enthalten die folgenden Attribute Referenzen auf Arrays mit feldspezifischen Informationen:

`$anwh->{NAME}`
> Die Namen der von der Abfrage zurückgegebenen Spalten

`$anwh->{NULLABLE}`
> Boolesche Werte, die angeben, ob die Felder Null-Werte enthalten dürfen oder nicht

`$anwh->{TYPE}`
> Feldtypen

`$anwh->{PRECISION}`
> Fließkommagenauigkeit der Felder

`$anwh->{SCALE}`
> Feldlängen

Lassen Sie uns das bisher Gelernte zur Anwendung bringen und einen Perl-Ersatz für die bei den meisten Datenbanken mitgelieferten interaktiven SQL-Frontends (Programme wie `sqlplus` oder `isql`) implementieren. Beispiel 10-1 zeigt, wie das aussehen könnte.

Beispiel 10-1: sql.pl: Interaktives SQL-Frontend

```
use DBI;
$dbname = 'DEMO732'; $benutzer = 'scott';
$passwort = 'tiger'; $dbd = 'Oracle';

$dbh = DBI->connect($dbname,$benutzer,$passwort,$dbd) ||
        die "Fehler beim Verbindungsaufbau $DBI::errstr\n";;

while(1) {
    print "SQL> ";                      # Prompt
    $anwsg = <STDIN>;
    last unless defined($anwsg);
    last if ($anwsg =~ /^\s*exit/);
    chomp ($anwsg);
    $anwsg =~ s/;\s*$//;

    $anwh = $dbh->prepare($anwsg);
    if ($DBI::err) {
        print STDERR "$DBI::errstr\n";
        next;
    }
    $anwh->execute() ;
    if ($DBI::err) {
        print STDERR "$DBI::errstr\n";
        next;
    }
    if ($anwsg =~ /^\s*select/i) {
        my $rl_namen = $anwh->{NAME}; # Referenz auf ein Array mit Spaltennamen
        while (@ergebnis = $anwh->fetchrow) {  # Ergebnisse abholen
            if ($DBI::err) {
                print STDERR $DBI::errstr,"\n";
                last;
            }
            foreach $feld_name (@$rl_namen) {
                printf "%10s: %s\n", $feld_name, shift @ergebnis;
            }
            print "\n";
        }
        $anwh->finish;
    }
}
$dbh->commit;
```

Das Skript bereitet alle Anweisungen vor und führt sie dann aus. Wenn die Anweisung eine `select`-Abfrage ist, holt es jedes Tupel ab und gibt jeden Wert zusammen mit dem zugehörigen Spaltennamen aus. Beachten Sie, daß `fetchrow` im skalaren Kontext eine Referenz auf ein Array von Werten zurückgibt.

Transaktionen

Wenn eine Datenbankverbindung mit `connect` aufgebaut wird, startet DBI (oder die Datenbank) automatisch eine Transaktion. Um eine Transaktion zu beenden, können

Sie die Methoden `commit` und `rollback` am Datenbankhandle aufrufen; eine neue Transaktion wird dann sofort implizit gestartet. Verteilte Transaktionen, wie sie im XA-Standard definiert sind, werden nicht unterstützt.

Spezielle Funktionen

Treiberspezifische Funktionen können mit der Methode `func` am Datenbankhandle aufgerufen werden. Beispielsweise stellt der Treiber für die Datenbank mSQL eine interne Funktion namens `_ListFields` bereit, die Informationen über die Spalten einer Tabelle zurückgibt. Diese Funktion wird folgendermaßen aufgerufen:

```
$ref = $dbh->func($tabelle, '_ListFields');
```

Die Verwendung von `func` ist natürlich nicht portabel.

Was DBI nicht bereitstellt

Es ist interessant, gewöhnliche Datenbankaufgaben aufzuführen, die von DBI nicht unterstützt werden. Das soll keine Kritik an den Implementierern von DBI und DBD sein, sondern nur andeuten, daß die Datenbanken sich in allen Aspekten, die nicht von den Standardisierungskomitees behandelt werden, gewaltig unterscheiden.

Metadaten

DBI stellt die Methode `$dbh->tables()` bereit, um eine Liste mit den Namen aller erreichbaren Tabellen zu bekommen. Es gibt aber keine Funktion, die die Namen der Spalten in einer Tabelle zurückgeben würde. Zum Glück gibt es eine einfache und portable Lösung. Weil die `select`-Abfrage Metainformationen zurückgibt, können wir einfach eine Dummy-Abfrage verwenden, bei der wir sicher sind, daß sie *keine* Tupel zurückgibt, auf jeden Fall aber erfolgreich ausgeführt werden kann:

```
select * from $tabelle where 1 = 0;
```

Die `where`-Klausel ist eindeutig gültig, aber die Bedingung kann nie erfüllt werden. Durch den »*« werden alle Spalten zurückgegeben, die wir dann mit den Attributen von `$anwh` untersuchen können, wie es bereits im Abschnitt »Metadaten über Abfragen« beschrieben wurde.

Datenbanken erzeugen

Die Datenbank-APIs unterscheiden sich stark darin, wie Datenbanken (nicht Tabellen) erzeugt werden; Sie müssen die herstellerspezifischen APIs oder Werkzeuge dafür verwenden. Wenn eine Datenbank einmal eingerichtet ist, können Sie aber DBI verwenden, um Tabellen in dieser Datenbank zu erzeugen und zu löschen.

Einfügung/Erzeugung aus Arrays

Die massenweise Einfügung oder Erzeugung aus Arrays ist kein standardisiertes Feature des SQL CLI[5]. Wenn Sie wirklich große Mengen an Daten einfügen wollen, ist es vermutlich besser, wenn Sie diese Daten in eine Datei schreiben und diese Datei mit dem passenden Massen-Kopierwerkzeug (wie `bcp` von Sybase) mit ho-

---

5   Call Level Interface – ein anderer Name für die standardisierte C-API, die alle RDBMS-Hersteller unterstützen sollen.

her Geschwindigkeit in die Datenbank übertragen. (Noch bessere Performanz erreichen Sie, wenn Sie die Indizes vor dem Laden der Daten löschen und später neu erzeugen.)

Stored Procedures und Trigger

Stored Procedures und Trigger unterscheiden sich von Hersteller zu Hersteller sehr. Alle Perl-Datenbankmodule wie oraperl oder sybperl unterstützen diese Features, aber DBI versucht nicht, irgendeines davon zu generalisieren. Details finden Sie in der Moduldokumentation, empfohlene Vorgehensweisen auf den DBI-Webseiten [Ressource 4].

Einheitliche Fehlernummern

DBI ist zwar portabel, aber es stellt keine portable Menge an allgemeinen Fehlercodes bereit. Nehmen Sie beispielsweise an, daß Sie eine Tabelle anlegen wollen, wenn es diese noch nicht gibt. Sie könnten folgendes versuchen:

```
$dbh->do("create table mittable (id  char(15), name char(40), alter  integer)");
```

Wenn `$DBI::err` einen Fehlercode enthält, dann wollen Sie diesen nicht beachten, wenn er etwa »Tabelle oder View schon vorhanden« aussagt. Unglücklicherweise lautet der Fehlercode von Oracle für diesen Fehler 955 und für Sybase völlig anders. Da geht die Portabilität verloren.

Win32::ODBC

Das Modul Win32::ODBC ist in der Portierung von ActiveWare auf Microsoft-Windows-Systemen verfügbar und ähnelt dem DBI-Ansatz. Betrachten Sie das folgende Skript, das alle Datensätze aus einer Mitarbeitertabelle ausliest:

```
use Win32::ODBC;
$dbh = new Win32::ODBC ($dbname);
if $dbh->Sql("select * from mittable") {
    print 'Fehler: ', $db->Error(), "\n";
    $dbh->Close();
    exit(1);
}
@namen = $dbh->FieldNames();
while ($dbh->FetchFrow()) {
    # Data gibt die Werte zurück
    @werte = $dbh->Data();
    ... irgendetwas mit @namen und @werte machen
}
```

Die Anweisung `Sql` entspricht dem `do` von DBI. ODBC kennt das Konzept der Anweisungshandles nicht, statt dessen wird der Datenbankhandle verwendet, um die Ergebnisse der letzten Abfrage abzuholen.

Metadaten stehen in Form zweier Methoden zur Verfügung: `TableList` gibt eine Liste von Tabellennamen zurück und `ColAttributes` das angegebene Attribut von jedem der im aktuellen Datensatz enthaltenen Feldnamen.

Ressourcen

1. *Transaction Processing: Concepts and Techniques*. Jim Gray und Andreas Reuter. Morgan Kaufman, 1992.

    Eines der informativsten und lesbarsten Computerbücher überhaupt. Wenn etwas zum Thema Transaktionen in diesem Buch nicht behandelt wird, dann existiert es vermutlich nicht!

2. *An Introduction to Database Systems, Volumes I and II*. C.J. Date. Addison-Wesley, 1994.

    Eine gründliche Behandlung von Fragen der Persistenz und Datenbanktechnologie.

3. Berkeley DB library, unter *http://mongoose.bostic.com/db/*.

4. DBI-Webseiten von Alligator Descartes: *http://www.hermetica.com/technologia/ DBI/*.

11

Objektpersistenz implementieren

> *God gave us our memories so that we might have roses in December.*
> James Matthew Barrie

Der Amazonas wird aus dem Zusammenfluß zweier anderer Flüsse gebildet: dem Solimões, einem gelben Fluß voller Schlick, und dem dramatischen Rio Negro, einem Fluß mit tiefschwarzem Wasser.[1] Zwölf Meilen nach der Vereinigung haben die beiden Flüsse immer noch ihre charakteristischen Farben, obwohl sie ein und dasselbe Flußbett benutzen. Irgendwie scheint das eine merkwürdige Verbindung zum Thema dieses Kapitels zu haben: Objektpersistenz.

Es gibt zwei wichtige Lager in der kommerziellen EDV-Welt: OO-Befürworter (Sprachdesigner, Objektprediger) und Persistenzhersteller (Entwickler von Datenbanken und TP[2]-Monitoren). Wie der Solimões und der Rio Negro haben die beiden Lager (und darin wiederum viele Teillager) eigene Pläne, selbst wenn sie vorhaben, irgendwann in der Zukunft zusammenzukommen.

Den OO-Leuten wäre nichts lieber als Persistenz kommerzieller Qualität (hinsichtlich Performanz, Stabilität und Skalierbarkeit), und sie schlagen Methoden vor, um die diversen Objektspeichersysteme an ein Objektmodell anzupassen. Einige der bekannteren Anstrengungen sind die CORBA Persistence Services Spezifikation der Object Management Group, Suns PJava (Persistent Java) und das OLE Persistence Framework von Microsoft. Währenddessen ergänzen die Datenbankleute ihre Produkte um OO-Features: RDBMS-Hersteller wie Informix und Oracle haben objekt-relationale Datenbanken (die abstrakte Datentypen, nicht nur einfache skalare Daten, unterstützen) angekündigt, und die verschiedenen TP-Monitor-Produkte von Tandem, IBM, Tuxedo und Encina erhalten objektorientierte Schnittstellen. Es gibt ein winziges Objekt-Persistenz-

---

1 Die Farbe kommt von aufgelösten Mineralien und organischem Material aus einigen wenigen Sümpfen.
2 Transaction Processing.

Lager, die Object Database Management Group, die OODB-Hersteller umfaßt, aber diese Gruppe ist noch (kommerziell gesehen) vernachlässigbar.

Eines der heißen Themen in all diesen Gruppen ist die »orthogonale« Persistenz, also die Fähigkeit, eine Applikation oder ein Objekt persistent zu machen, ohne daß viel (oder besser überhaupt kein) persistenzspezifischer Code im Objekt eingebettet werden muß. Die Idee ist verführerisch: Sie entwerfen Ihr Objektmodell, implementieren es im Speicher und hängen dann einfach Persistenz daran. Auf diese Art und Weise müssen Objekte nicht die Myriaden an Details (und Unterschieden) von Datenbanken berücksichtigen und sich auch nicht um Fehler im Dateisystem, die Datenformatierung und andere Probleme kümmern.[3] Sie können das folgendermaßen sehen: Wenn Sie nie benutzerschnittstellenspezifischen Code im Objekt einbauen, warum sollten Sie das dann für Persistenz tun?

Es hat traditionell zwei Ansätze gegeben, um die oben erwähnte Transparenz zu erreichen.

Der erste besteht darin, vom System Gebrauch zu machen, d.h. von der Hardware, vom Betriebssystem und vom Compiler. Beispielsweise verwenden objektorientierte Datenbanken wie Object Store und Texas Persistent Store (eine frei verfügbare Bibliothek) die Unix-Systemaufrufe `mmap` und `mprotect`, um Daten transparent vom Speicher auf die Festplatte und zurück zu transportieren. Ein anderer interessanter systemorientierter Ansatz kommt von einer Gruppe in den Bell Labs, die eine Bibliothek entwickelt hat, die kontrolliert einen Speicherauszug (Core Dump) veranlaßt und damit alle Datenstrukturen im Speicher zuverlässig auf der Festplatte speichert.[4] Die Entwickler haben dieses Verfahren um Datenrettung und Transaktionen erweitert und diesen Ansatz damit fast vollständig transparent für die Applikation gemacht.

Der zweite Ansatz, um transparente oder orthogonale Persistenz zu erreichen, besteht darin, Werkzeuge und Bibliotheken auf Applikationsebene bereitzustellen. Das ist natürlich sehr viel portabler als der Systemansatz. CASE-Werkzeuge erzeugen beispielsweise Code, um das Speichern von Objekten in einem persistenten Speicher (typischerweise einer Relationalen Datenbank) zu automatisieren, während Bibliotheken wie die Microsoft Foundation Classes die Objekte bitten, sich selbst in eine Datei zu schreiben. In beiden Fällen ist der Code, der *von Hand* geschrieben werden muß, ziemlich klein, so daß auch dieser Ansatz noch ziemlich transparent ist.

In diesem Kapitel beschäftigen wir uns mit einem Pilotprojekt namens Adaptor, ein Persistenz-Framework für Perl-Objekte (das natürlich in Perl geschrieben ist). Dies ist ein Ansatz auf Applikationsebene, der nicht erwartet, daß die Objekte persistenzspezifische Methoden implementieren. Im Gegensatz zu typischen CASE-Werkzeugen werden keine Codedateien erzeugt, weil Perl eine dynamische Sprache ist.

---

3 Eine ausgezeichnete Bibliographie zu diesem Thema finden Sie im Design-Papier von PJava [Ressource 4].

4 Der Operator `dump` in Perl erzeugt zwar so eine Core-Datei, beendet aber auch die Applikation, ein etwas unerfreuliches Verhalten.

Das Hauptziel des Adaptor-Projekts war es, orthogonale Persistenz zu untersuchen; ich dachte, daß man das erreichen könnte, indem man Objekte an bestimmte Typen von persistenten Speichern »anpaßt«, wobei man Informationen verwendet, die vollständig außerhalb des Objekts angesiedelt sind. Die in diesem Kapitel beschriebene Implementierung benutzt Konfigurationsdateien, um zu beschreiben, welche Attribute wie auf welche Datenbankspalten abgebildet werden.

Ein zweites Ziel dieses Projekts war es zu untersuchen, wie man eine Applikation anders programmieren könnte, wenn man sich *immer* darauf verlassen kann, daß Abfragen und Transaktionen atomar sind; d.h. selbst, wenn Sie überhaupt keine Datenbank hätten, könnten Sie sagen: »Nenne mir alle Mitarbeiter mit einem Gehalt von über DM 150.000«, und die Applikation würde von Anfang an Persistenz unterstützen. Ich bin der festen Überzeugung, daß man nicht einfach Persistenz in eine Applikation *einstöpseln* kann; die Objektimplementierungen sehen ganz anders aus, wenn sie *wissen*, daß irgendeine Art von Persistenz mit im Spiel ist (selbst, wenn sie keine konkreten Informationen haben, um was für eine Art von Persistenz es sich handelt). Das entspricht dem Fall einer Applikation, die weiß, daß in der Zukunft einmal eine grafische Benutzerschnittstelle implementiert wird und daß diese ereignisgesteuert sein wird. Beispielsweise würden Sie in so einem Fall keine Fehler nach STDERR ausgeben und sicherstellen, daß kein Code unendlich lange bei der Ein- und Ausgabe blockiert werden kann. (Wir werden diese Themen in Kapitel 14 besprechen.)

In diesem Kapitel sind die angesprochenen Probleme sicherlich wichtiger als die konkrete Implementierung; eine Implementierung ist allerdings wichtig, um das Problem voll zu verstehen.

Adaptor: Eine Einführung

Adaptor soll eine Gruppe von Modulen werden, die eine einheitliche Persistenzschnittstelle in spezifische Typen von persistenten Speichern, wie in Abbildung 11-1 gezeigt, abbildet. Dieses Kapitel beschreibt die beiden bereits implementierten Module: Adaptor::File, das Objekte in normalen Dateien speichern kann, und Adaptor::DBI, das das gleiche in Relationalen Datenbanken tut. Wir werden den Begriff »Adaptor« ab jetzt verwenden, um ein Objekt aus einem dieser Module zu bezeichnen.

Ein Adaptor repräsentiert einen typischen persistenten Speicher, der eine heterogene Sammlung von Objekten speichern kann; ein Adaptor::File-Objekt ist ein Wrapper um eine Datei, und ein Adaptor::DBI-Objekt ist ein Wrapper um eine Datenbankverbindung. Alle Adaptoren unterstützen einfache SQL-Anfragen[5] und Transaktionen.[6]

---

5 Nur SQL-`where`-Klauseln, nicht den gesamten `select`-Befehl; Joins werden ebenfalls nicht unterstützt.
6 Adaptor::File implementiert nur ein ziemlich eingeschränktes Modell, unterstützt aber die Schnittstelle.

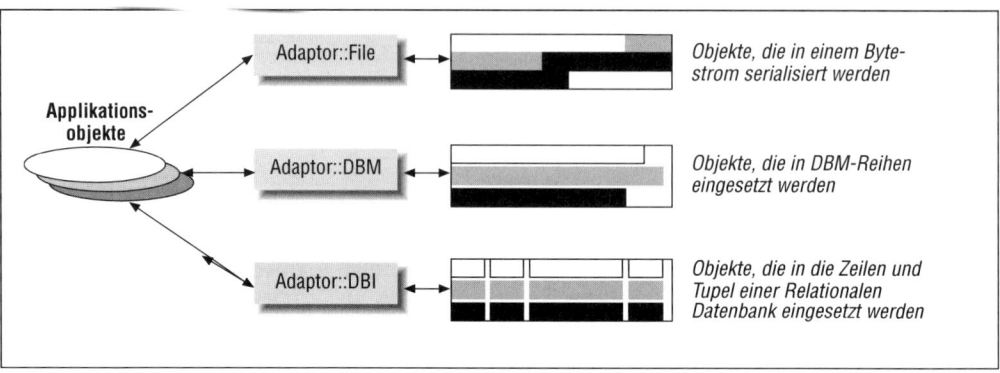

Abbildung 11-1: Adaptormodule

Lassen Sie uns vor der Verwendung dieser Module zunächst ein paar Applikationsobjekte zum Testen erzeugen. Wir benutzen dazu die in Kapitel 8 vorgestellte Bibliothek ObjectTemplate:

```
use ObjectTemplate;
#----------------------------------------
package Mitarbeiter;
@ISA = ('ObjectTemplate');
attributes qw(_id name alter abt);
#----------------------------------------
package Abteilung;
@ISA = ('ObjectTemplate');
@ATTRIBUTES = qw(_id name adresse);
#----------------------------------------
$abt = new Abteilung (name => 'Materialverwaltung');
$mit1 = new Mitarbeiter   (name => 'Joachim',  alter => 23, abt => $abt);
$mit2 = new Mitarbeiter   (name => 'Lars', alter => 45, abt => $abt);
```

Wir haben jetzt drei Objekte, die keinen datenbankspezifischen Code enthalten. Um diese Objekte in einem persistenten Speicher zu verstauen, legen wir zunächst eine Instanz eines Datei- oder Datenbankadaptors an:

```
$db = Adaptor::File->new('test.dat', 'mitdatei.cfg');
```

Das Adaptor-Objekt, $db, ist jetzt mit der Datei *test.dat* verknüpft und speichert alle übergebenen Objekte in dieser Datei ab. Ein Objekt kann auch Attribute haben, die nicht persistent gemacht werden sollen: Einige Attribute werden vielleicht berechnet (gehalt_nach_steuern), andere beziehen sich auf Dateihandles, Sockets oder GUI-Widgets. Aus diesem Grund erwartet der Adaptor, daß der Entwickler eine Konfigurationsdatei (in unserem Beispiel *mitdatei.cfg*) angibt, die besagt, welche Attribute persistent gemacht werden sollen. *mitdatei.cfg* sieht folgendermaßen aus:

```
[Mitarbeiter]
attributes = _id, name, alter
[Abteilung]
attributes = _id, name, adresse
```

Jetzt kann der Adaptor Objekte in seiner Datei *test.dat* abspeichern:

```
$db->store($abt);
$db->store($mit1);
$db->store($mit2);
```

Unsere »Datenbank« hat jetzt eine Anzahl von Objekten, und wir können diese Datenbank mit der Methode `retrieve_where` abfragen:

```
@mits = $db->retrieve_where ('Mitarbeiter', "alter < 40 && name != 'Joachim'");
foreach $mit (@mits) {
    $mit->print();
}
```

Diese Methode erwartet einen Klassennamen und einen Abfrageausdruck und gibt Objektreferenzen der angegebenen Klasse, die auf dieses Kriterium passen, zurück.

Die Methode `flush` stellt sicher, daß die Daten im Speicher auf die Festplatte geschrieben werden:

```
$db->flush();
```

Sie können Objekte auch im Rahmen einer Transaktion speichern:

```
$db->begin_transaction();
$db->store($mit1);
$db->store($mit2);
$db->commit_transaction(); # oder rollback_transaction
```

Der File-Adaptor merkt sich alle Objekte, die an seine `store`-Methode übergeben worden sind, und schreibt sie in `commit_transaction` auf die Festplatte. Wenn Sie statt dessen `rollback_transaction` aufrufen, werden einfach nur die internen Strukturen verworfen, und die Datei wird neu geladen, so daß alle Änderungen, die Sie an den Objekten vorgenommen haben, rückgängig gemacht werden. Das ist natürlich von einer richtigen Transaktion weit entfernt (die Daten werden nicht vor Systemausfällen geschützt), aber es unterstützt atomare Aktualisierungen, was wiederum zum automatischen Rückgängigmachen verwendet werden kann.

Um diese Objekte in einer Datenbank statt in einer Datei zu speichern, müssen wir nur $db zu einer Instanz der Klasse Adaptor::DBI machen. Alles andere bleibt unverändert, einmal abgesehen davon, daß Sie sich sehr viel sicherer mit Ihren Daten fühlen können, weil Sie jetzt richtige Transaktionen haben.

Die Argumente des Konstruktors Adaptor::DBI sind datenbankspezifisch:

```
$db = Adaptor::DBI->new($benutzer, $passwort, 'Sybase', 'mitdb.cfg');
```

Diese Methode ruft DBI::new mit den ersten drei Parametern auf. Der letzte Parameter ist wie vorher eine Konfigurationsdatei, die hier aber einige zusätzliche datenbankspezifische *Abbildungsinformationen* enthält:

```
[Mitarbeiter]
table    = mit
```

```
attributes = _id, name, alter
columns    = _id, name, alter
[Abteilung]
table      = abt
attributes = _id, name, adresse
columns    = _id, name, adresse
```

Der Parameter *attributes* gibt die Liste der Attribute an, die aus einer Instanz des jeweiligen Moduls extrahiert werden sollen, und *columns* bezeichnet die zugehörigen Spaltennamen in der Datenbank. Viele Adaptoren können die gleiche Konfigurationsdatei benutzen.

Anmerkungen zum Design

Die Schnittstelle von Adaptor ist zweifellos einfach. In diesem Abschnitt werden wir uns fragen, ob sie nicht vielleicht zu einfach ist. Die Implementierung von Adaptor ist immer noch auf dem Niveau eines Prototyps, aber – wie wir auf den nächsten paar Seiten sehen werden – signifikant genug, uns auf all jenen Gebieten herauszufordern, auf denen die Leute, die mit Objektpersistenz arbeiten, Probleme haben.

Entwurfsziele

Ich wollte, daß die API von Adaptor *transparent* ist, es sollte also möglich sein, den Typ des persistenten Speichers beliebig auszutauschen. Die Idee bestand darin, kleine Prototypen schreiben zu können, ohne sich mit Datenbanken herumschlagen zu müssen und später einfach durch Wechsel des Adaptors zu einer richtigen Datenbank wechseln zu können. Darüber hinaus wollte ich die Flexibilität erhalten, daß ein Objekt gleichzeitig in mehreren persistenten Speichern sein kann, denn nur so können Sie Objekte von einem Speicher in einen anderen kopieren.

Ich wollte auch die besten Merkmale speicherbasierter Datenstrukturen (Navigierbarkeit, Geschwindigkeit, leichte Benutzung) und die besten Merkmale von Datenbanken (Transaktionen, Nebenläufigkeit, Abfragen) beibehalten. Daher konnte die Implementierung keine Annahmen darüber machen, wie ein Modul instanzspezifische Informationen speichert und, subtiler, wie es seine Objekte konstruiert.

Objektkapselung

Ein wichtiger Punkt, den wir oft vergessen, ist der, daß ein Objekt nicht bloß aus Daten besteht. Die drei Module zur Serialisierung, die wir uns im letzten Kapitel angesehen haben, gehen alle von dieser Annahme aus. Sie schauen sich über eine Objektreferenz die zugrundeliegende Struktur an und serialisieren alles, was sie von da aus erreichen können. Dabei wird aber angenommen, daß alle instanzspezifischen Daten über die Referenz erreichbar sind: eine falsche Annahme. Beispielsweise ist eine Objektreferenz des Typs ObjectTemplate nichts weiter als eine Referenz auf einen Skalar. Nur durch eine Untersuchung dieser Referenz können Sie die Attribute des Objekts nicht herausbekommen.

Die drei obengenannten Module haben aber noch ein schwerwiegenderes Problem: Wenn Objekte aus einem Byte-Stream rekonstruiert werden, werden einfach nur die originalen Datenstrukturen im Speicher neu erzeugt und mit dem Zielmodul markiert, ohne daß das Modul daran beteiligt ist. Dabei können wichtige Initialisierungen ausgelassen werden.

Um diese Probleme zu vermeiden, erwartet Adaptor, daß jede Klasse, die Persistenz benötigt, die folgenden drei Methoden unterstützt: einen Konstruktor `new()` und zwei Zugriffsmethoden für Attribute: `get_attributes()` und `set_attributes()`, die wie folgt funktionieren müssen:

1. `new()`: Das Modul muß diesen Konstruktor (einen »Default-Konstruktor« in C++-Sprache) unterstützen, der in der Lage ist, ein Objekt oder jeden Parameter zu konstruieren. Der einfachste Default-Konstruktor für Objekte, die auf Hashtabellen basieren, sieht so aus:

    ```
    sub new {
        bless {}; # eine Hashtabellen-Referenz markieren und zurückgeben
    }
    ```

    Natürlich ist es noch einfacher, ObjectTemplate zu verwenden, das einen ererbbaren Default-Konstruktor bereitstellt; darüber hinaus bekommen Sie auch noch die beiden als nächstes aufgeführten Methoden dazu:

2. `get_attributes(LISTE)`: Dieser Methode wird eine Liste von Attributnamen übergeben, worauf eine Liste der zugehörigen Werte zurückgegeben wird. Wir führen jetzt die Beschränkung ein, daß diese Werte Skalare sein müssen (eine schwerwiegende Beschränkung, wir werden in Kürze darauf zurückkommen). Weil diese Methode effizient implementiert werden kann, ist es besser, wenn Adaptor diese anstelle von individuellen Zugriffsfunktionen aufruft. Wenn Sie beispielsweise eine Hashtabelle für Ihre Objekte verwenden, können Sie diese Methode als Hash-Slice implementieren:

    ```
    sub get_attributes {
        my $obj = shift; # @_ enthält die Namen der Attribute
        @{$obj}{@_};     # der Hash-Slice gibt die zugehörigen Werte zurück
    }
    ```

    Adaptor benutzt die Konfigurationsdatei, um die Liste der persistenten Attribute anzugeben.

3. `set_attributes(LISTE)`: Diese Methode bekommt eine Liste von Namen-Wert-Paaren und ändert die zugehörigen Attribute entsprechend. Sowohl diese Funktion als auch `get_attributes` müssen ein Attribut namens `_id` zulassen; auf die Gründe dafür komme ich in Kürze.

Diese Methoden sind wirklich allgemeine Funktionen, Sie stehen in keiner Weise mit Persistenz in Verbindung. Im Gegensatz dazu erwarten einige Bibliotheken, speziell in der C++-Welt (Microsoft Foundation Classes und die NIH-Bibliothek), daß das Objekt ein Streams-Interface unterstützt. Weil ein gestreamtes Objekt in einer Datenbank keinen Sinn macht, habe ich mich entschieden, die Attribute getrennt zu lassen. Außerdem können wir immer noch andere Module benutzen, wenn wir diese Attribute in einer Datei speichern wollten, ohne daß das wir das Objekt darum bitten müßten, das für uns zu tun.

Das Objekt-Adaptor-Protokoll

Wenn Sie ein Objekt speichern, ermittelt der Adaptor anhand der Konfigurationsinformationen eine Liste persistenter Attribute für diese Klasse. Diese Liste wird an `get_attributes` übergeben, um die zugehörigen Werte zu holen. Diese Werte werden dann je nach Adaptortyp in eine Datei serialisiert oder mit einer SQL-Abfrage in einer Datenbank aktualisiert.

Wenn Sie ein Objekt aus einer Datenbank zurückholen, ruft der Adaptor zunächst `new()` an der korrekten Klasse und dann `set_attributes` auf, um die Daten aus dem persistenten Speicher in das Objekt zu schreiben.

Mehrwertige Attribute und Datenbankabbildungen

Adaptor::DBI übersetzt ein Objekt einfach in ein Tupel einer RDBMS-Tabelle. Aus diesem Grund muß jeder Wert, der von `get_attributes` zurückgegeben wird, ein einfacher Skalar sein (eine Zahl oder ein String, keine Referenz). Ich hoffe, diese Einschränkung irgendwann mit Hilfe von *Typemaps* – Codestücken, die speziell angepaßte Übersetzungen von Datentypen durchführen können – aufheben zu können.[7]

Hier sind die zur Zeit verfügbaren Wahlmöglichkeiten, wie ein Objekt mit einem oder mehreren Attributen, die keine einfachen Skalare sind, verarbeitet werden kann:

1. *Angepaßte* `{get,set}_attributes`: Adaptor::DBI läßt mehrwertige Attribute im Speicher zu. Es verlangt lediglich, daß `get_attributes` diese Attribute so in einen einfachen Skalar übersetzt, daß `set_attributes` später in der Lage ist, diesen Skalar in die ursprüngliche Struktur zurückzukonvertieren. Diese Übersetzung kann mit FreezeThaw, Data::Dumper, `sprintf` oder `pack` erfolgen. Die letzteren beiden sind vermutlich die besten Lösungen, weil Sie die Länge des erzeugten Skalars beeinflussen können (das ist wichtig, weil die Datenbankspalten deklarierte maximale Größen haben). Dieser Skalar kann dann auf eine Datenbankspalte abgebildet werden, die eine variable Anzahl von Zeichen (wie *VARCHAR*) oder einen binären String (wie *RAW* oder *LONG RAW* in Oracle) aufnehmen kann. Interessanterweise gibt es noch eine ganze Reihe von Problemen mit BLOB-Spalten (Binary Large OBjects). Manche Datenbanken erlauben nur eine BLOB-Spalte, andere verwenden eine API, die sich völlig von der der konventionellen Datentypen unterscheidet.

2. *Dateien zur Speicherung verwenden* : Adaptor::File ist es egal, ob Attribute Referenzen oder normale Skalare sind, weil es diese Attribute einfach nur an Storable weitergibt. Mit anderen Worten, `{get,set}_attributes` müssen sich keine Sorgen um mehrwertige Attribute machen, wenn Sie Adaptor::File verwenden. Natür-

---

7 In Kapitel 18 werden wir sehen, wie das Konzept der Typemaps beim Erzeugen von Erweiterungen benutzt wird.

lich funktioniert diese Lösung nicht mehr, wenn Sie sich morgen entscheiden, einen Datenbankadaptor zu verwenden. Außerdem besteht die Gefahr, daß Sie unabsichtlich unabhängige Objekte mit speichern, weil diese zufällig von einem Attribut aus erreichbar sind.

3. *Separate Objektklassen*: Wenn ein Attribut eine Referenz auf eine Folge von homogenen Datensätzen ist (beispielsweise gehören zu einem Mitarbeiter mehrere Datensätze über seine Abschlüsse), dann kann dieses Attribut als separate Klasse mit eigener Tabelle modelliert werden. Dazu mehr, wenn wir uns mit Objektassoziationen beschäftigen.

Wie sollen `{get,set}_attributes` wissen, ob komplexe Attribute serialisiert werden müssen, wo sie doch allgemeine Methoden sind? Nun, sie wissen das auch nicht. Wenn Sie diese Unterscheidung machen wollen, können Sie entweder eine andere Menge von Attributnamen für Persistenzzwecke einführen (zum Beispiel `db_adresse`) oder die Sonderfälle von den Methoden entdecken lassen. Diese Strategie widerspricht aber unserem ursprünglichen Ziel, keinen datenbankspezifischen Code in einem Objekt zu haben, aber was soll's. Wie Jiri Soukup in seinem Buch *Taming C++: Pattern Classes and Persistence for Large Projects* [Ressource 6] schreibt: »It is popular to show elegant C++ programs, and elegance is not a feature of programs providing persistent data.«[8]

Vererbung und Datenbankabbildungen

Die übliche Strategie, Vererbungsbeziehungen in einer Datenbank abzubilden, besteht darin, die Superklasse und die abgeleitete Klasse jeweils in einer eigenen Tabelle abzubilden. Die Tabelle, die die abgeleitete Klasse repräsentiert, enthält alle Attribute aller Superklassen; mit anderen Worten wird die Vererbungshierarchie flach gemacht. Eine andere – seltener benutzte – Strategie ist es, eine Tabelle mit der *Vereinigungsmenge* aller Attribute einer Vererbungshierarchie anzulegen. Alle Objekte in dieser Vererbungshierarchie benutzen dann diese Tabelle. In einer zusätzlichen Spalte kann die spezifische Klasse des Objekts angegeben werden. Adaptor hat mit beiden Strategien kein Problem, weil es die Aufgabe, die Attributnamen zu interpretieren, auf die `get`/`set`-Methoden abwälzt.

Objektidentität

Ein Schlüsselbegriff in objektorientierten Kreisen ist es, daß die Eigenschaften eines Objekts getrennt von seiner Identität sind. Zwei Objekte können identische Eigenschaften haben, aber trotzdem verschiedene Adreßräume belegen. Die Objekte sind dann »äquivalent«, aber nicht »identisch«.

Im Speicher liefert die Adresse eines Objektes seine Identität, in einer Datenbank macht der Primärschlüssel das gleiche. Adaptor verlangt, daß jedes Objekt ein Attribut namens `_id` unterstützt, so daß eine zukünftige Implementierung automatisch Beziehungsattri-

---

8 Inoffizielle Übersetzung: Es ist in Mode, elegante C++-Programme vorzuführen, aber Eleganz ist nicht das, wodurch sich Programme mit persistenten Daten auszeichnen.

bute (also solche, die auf andere Attribute verweisen) in die _id-Attribute der Objekte am anderen Ende konvertieren kann. Wenn Sie beispielsweise ein Mitarbeiter-Objekt nach seinem abt-Attribut fragen, wird es das Abteilung-Objekt, auf das es zeigt, nach seiner _id fragen und diese zurückgeben. Beachten Sie, daß das Objekt nicht unbedingt Speicher für seine _id allozieren muß; die Methoden get_attributes und set_attributes können dieses Attribut auch dynamisch auf der Basis anderer Attribute generieren. Beispielsweise kann ein Mitarbeiter-Objekt die Sozialversicherungsnummer oder die Mitarbeiternummer zurückgeben, wenn es nach seiner _id gefragt wird.

Wenn store() aufgerufen wird, gibt Adaptor dem Objekt eine eindeutige Identität, wenn es noch keine hat. Diese Identität kann nicht einfach ein globaler Zähler sein, denn wenn das Programm neu gestartet wird, wird dieser Zähler auf 0 gesetzt, und der Adaptor würde Nummern verteilen, die in früheren Programmläufen bereits an andere persistente Objekte vergeben worden sind. Den letzten Wert des Zählers in einer Datei abzuspeichern, ist ein ziemlich langsames Verfahren, denn Sie müssen sicherstellen, daß der Wert auch wirklich jedesmal sofort auf die Festplatte geschrieben wird. (Man weiß schließlich nie, wann ein Programm abstürzt.) Die aktuelle Implementierung experimentiert mit einem anderen Ansatz. Wenn das Programm gestartet wird, merkt es sich die Zeit (mit der Funktion time, die die Anzahl der Sekunden seit dem 1. Januar 1970 zurückgibt) und hängt einen fünfstelligen Zähler daran. Die so entstandene Zahl kann als Objektidentifikator verwendet werden. Wenn der Zähler überläuft, wird wieder die Zeit bestimmt. Wenn das Programm abstürzt und neu gestartet wird, ist der Identifikator trotzdem eindeutig; es sei denn, Programmabsturz und -neustart finden innerhalb von einer Sekunde statt. Das Problem bei diesem Verfahren sind die dabei entstehenden langen Identifikatoren (acht Bytes, wenn pack() verwendet wird). Außerdem funktioniert das Verfahren in einem verteilten System nicht, denn es kann sein, daß zwei Programme time() in derselben Sekunde aufrufen und deswegen die gleichen Identifikatoren vergeben. Um das wiederum zu verhindern, müssen Sie einen noch größeren Identifikator benutzen, der die IP-Adresse des Rechners beinhaltet.

Objektassoziationen

Ein Attribut, das eine Referenz auf ein anderes Objekt ist, kann in den _id-Wert des anderen Objekts übersetzt werden (ein *Fremdschlüssel* in der Datenbanksprache), wenn es in einer Datenbank oder Datei gespeichert wird. Adaptor nimmt diese Übersetzung derzeit nicht automatisch vor, denn ich habe keine gute Lösung, um das folgende Problem zu umgehen.

Nehmen wir an, daß das abt-Attribut eines Mitarbeiter-Objekts auf ein Abteilung-Objekt zeigt. Wenn abt gespeichert wird, können wir einfach die Objekt-_id der Abteilung abspeichern. Bisher gibt es also noch kein Problem. Was machen wir aber mit dem kodierten abt-Attribut, wenn wir den Mitarbeiter-Datensatz wieder von der Festplatte einlesen? Legen wir sofort ein Abteilung-Objekt an, so daß das abt-Attribut im Speicher darauf verweisen kann? Wenn ja, welche Daten sollte es enthalten? Sollten wir die Datenbank nach dem benötigten Abteilung-Objekt absuchen? Das bringt das Problem mit sich, daß eine einfach aussehende Abfrage der Daten eines Mitarbeiters dazu führt, daß alle möglichen Objekte aus der Datenbank geladen werden müssen. Alternativ dazu könnten wir auch die Abteilung uninitialisiert lassen und erst dann mit den Daten füllen, wenn sie das erste Mal benutzt wird. Dann müssen wir aber sicherstellen, daß kein neues Objekt erzeugt wird, wenn die Abteilung-Daten von der Festplatte gelesen werden, weil schon eines mit der gleichen Identität im Speicher existiert. Wir werden im folgenden Abschnitt darauf noch näher eingehen. Im Moment mache ich es mir leichter, indem ich es den Objekten überlasse, ihre Fremdschlüsselattribute zu implementieren.

Lassen Sie uns jetzt untersuchen, wie Assoziationen mit unterschiedlichen Kardinalitäten in einer Datenbank implementiert werden können; unabhängig davon, wie sie im Speicher stehen.

Eins-zu-viele-Assoziationen wie eine Abteilung, die eine Liste ihrer Mitarbeiter enthält, können als Fremdschlüsselattribut auf der *viele*-Seite implementiert werden. Das bedeutet, daß in der Datenbank das Mitarbeiter-Objekt *zurück* auf das Abteilung-Objekt zeigt, anstatt daß in der Abteilung mehrwertige Attribute gespeichert werden müssen.

Viele-zu-viele-Assoziationen können als eigene Klasse modelliert werden; dabei wird dann jede Assoziation als ein Datensatz in der Datenbank dargestellt. Beispielsweise kann ein Mitarbeiter in vielen Projekten mitarbeiten, während wiederum viele Mitarbeiter an einem Projekt arbeiten. Diese Beziehung kann in einer eigenen Klasse namens `ProjektMitarbeiter` modelliert werden. Dieses Verfahren hat den zusätzlichen Vorteil, daß die Beziehungen unabhängig von den beiden Objekten, die sie verbinden, abgefragt und aktualisiert werden können. Assoziationen mit Kardinalitäten größer zwei (zum Beispiel ternäre Assoziationen) werden auf getrennte Tabellen abgebildet. Rumbaugh et al. [Ressource 1] enthält eine hervorragende Behandlung von Ansätzen zur Datenbankabbildung.

Alle diese Strategien (und Einschränkungen) werden sich drastisch ändern, wenn objekt-relationale Erweiterungen allgemein verfügbar werden.

Einzigartigkeit von Objekten im Speicher

Eng verwandt mit den Fragen der Objektidentität ist noch ein weiteres, sehr schwieriges Problem. Betrachten Sie die folgende Abfrage:

```
@mits = $db->retrieve_where ('Mitarbeiter', 'alter < 40');
```

Es wird eine Liste von Objektreferenzen, die auf die Abfragekriterien passen, zurückgegeben. Wenn Sie jetzt diese Abfrage noch einmal durchführen, dann ist es sicherlich nicht zu viel verlangt, eine identische Liste von Objekten (also die gleichen Objektreferenzen) zu erwarten. Das bedeutet, daß Adaptor im Speicher einen Cache der Objekte verwalten muß, die im Zuge von vorherigen Abfragen von der Festplatte eingelesen worden sind. Damit wird das zugehörige Objekt erneut verwendet, wenn ein Datenbanktupel noch einmal eingelesen wird. Wenn dieser Cache aber von einem Skript verwaltet wird, dann entsteht ein neues Problem: Die Referenzzähler aller Objekte im Cache werden inkrementiert, was wiederum bedeutet, daß ein Objekt, das einmal in den Cache geladen worden ist, nie wieder freigegeben werden kann, selbst wenn sich keiner mehr für das Objekt interessiert. Der Cache kann also nie kleiner werden und enthält im schlimmsten Fall eine Kopie eines jedes Objekts in der Datenbank.

Eine Lösung für dieses Problem besteht darin, den Cache in C zu implementieren und den Referenzzähler nicht zu erhöhen.[9] Wenn alle persistenten Objekte von einem Modul namens Persistent erben würden, dann könnte dieses Modul eine DESTROY-Methode bereitstellen, die nicht mehr benötigte Einträge aus dem Cache entfernt.

Das Modul Adaptor::DBI geht in der jetzigen Implementierung den einfachen Weg und erzeugt bei jeder Abfrage einen neuen Satz von Elementen und überläßt es Perl, diese automatisch zu entfernen, wenn kein anderes Objekt sich mehr darauf bezieht. Das bedeutet, daß der Anwendungsentwickler vorsichtig sein muß, wenn er ein Objekt verändert, das von einer Abfrage zurückgegeben wurde. Mir ist natürlich klar, daß das eine ungeschickte Lösung ist. Außerdem gibt es keine Lösung für *Cache-Inkonsistenzen*, d.h. Situationen, in denen der Cache nicht mehr gültig ist, weil jemand anders die Datenbank verändert hat.

Das Modul Adaptor::File hat dieses Problem nicht, weil es eine Liste *aller* Objekte verwaltet, die an seine store()-Methode übergeben wurden (aus Gründen, die im nächsten Abschnitt erklärt werden). Deswegen führen identische Abfragen auch zu identischen Listen.

Abfragen

Ein wichtiger Grund, warum objektorientierte Datenbanken sich bisher nicht durchsetzen konnten, ist das Fehlen einer Abfragesprache (oder zumindest einer standardisierten Abfragesprache). Wenn Sie eine Million Objekte in Ihrer Datenbank haben, dann wäre es ziemlich ungünstig, jedes einzelne Objekt in den Speicher laden zu müssen, um zu sehen, ob es den Kriterien entspricht; diese Aufgabe sollte besser bei der Datenbank verbleiben. Adaptor::DBI übersetzt Abfragen einfach in äquivalente SQL-Abfragen, während Adaptor::File ein ziemlich simples Verfahren für dateibasierte Objekte verwendet: Es konvertiert den Abfrageausdruck in einen mit eval auswertbaren Perl-Ausdruck und durchläuft alle Objekte, wobei jedes mit der Abfragespezifikation verglichen wird.

Schemaevolution

Angenommen, Sie haben die Daten Ihrer Objekte in einer Datei gespeichert, und morgen müssen der Objektimplementierung weitere Attribute hinzugefügt werden. Man spricht in diesem Fall von Schemaevolution. Das Framework muß in der Lage sein, alte Daten auch in neuen Objektimplementierungen verwenden zu können.

---

9 Wenn Sie Kapitel 20 gelesen haben, werden Sie wissen, wie man das macht.

Implementierung

In diesem Abschnitt beschreibe ich die Implementierung von Adaptor::DBI und Adaptor::File. Wir werden hier nur die wichtigsten Prozeduren besprechen, die die Verarbeitung von Abfragen und die Datei- und Datenbank-I/O betreffen. Achten Sie genauso sehr auf Probleme und Fallen beim Entwurf und auf die nicht implementierten Features wie auf den Code.

Adaptor::File

Eine Instanz von Adaptor::File repräsentiert alle Objekte, die in einer Datei gespeichert sind. Wenn dieser Adaptor (mit new) angelegt wird, liest er die gesamte Datei und übersetzt die Daten in Objekte im Speicher. Durch das Einlesen der gesamten Datei werden Schwierigkeiten wie ausgefeilte Zugriffsschemata auf Daten variabler Länge umgangen, denn das ist schließlich die Aufgabe von DBM und von Datenbankimplementierungen. Aus diesem Grund wird dieser Ansatz nicht für große Datenmengen (über 1000 beispielsweise) empfohlen.

Der Adaptor File hat ein Attribut namens `all_instances`, eine Hashtabelle aller Objekte, die an die `store`-Methode übergeben wurden (indiziert mit `_id`, siehe Abbildung 11-2).

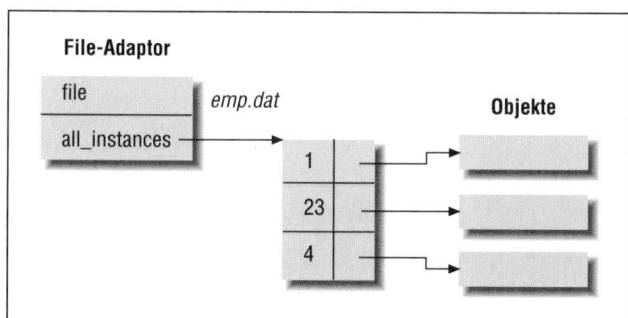

Abbildung 11-2: Struktur des File-Adaptors

Objekte speichern

Lassen Sie uns zunächst die beiden Methoden zum Speichern von Objekten, `store()` und `flush()`, ansehen.

`store` alloziert einen neuen, einzigartigen Identifikator für das Objekt (wenn nötig) und steckt einfach nur das Objekt in den Hash `all_instances`. Die Daten werden nicht auf die Festplatte geschrieben.

```
sub store {                      # adaptor->store($obj)
    (@_ == 2) || die  'Aufruf adaptor->store ($obj_to_store)';
    my ($this, $obj_to_store) = @_;  # $this ist 'all_instances'
    my ($id) = $obj_to_store->get_attributes('_id');
```

```
        my $all_instances = $this->{all_instances};
        if (!defined ($id )) {
            # Dieses Objekt kam noch nicht vor. Wir erzeugen eine ID.
            # (Es ist hier unerheblich, wie die ID erzeugt wird.)
            $id = $this->_get_next_id();
            $obj_to_store->set_attributes('_id'=> $id);
        }
        $all_instances->{$id} = $obj_to_store;
        $id;                # Objektidentifikator zurückgeben
    }
```

Beachten Sie, daß dem Objekt sein neuer Identifikator (mit `set_attributes`) mitgeteilt wird. Wenn dieses Objekt dann noch einmal an `store` übergeben wird, wird kein neuer Identifikator alloziert.

Die eigentliche Arbeit, die Daten in der Datei zu speichern, wird von `flush` erledigt:

```
sub flush {      # adaptor->flush();
    my $this = $_[0];
    my $all_instances = $this->{'all_instances'};
    my $file          = $this->{'file'};
    return unless defined $file;
    open (F, ">$file") || die "Fehler beim Öffnen von $file: $!\n";
    my ($id, $obj);
    while (($id, $obj) = each %$all_instances) {
        my $class = ref($obj);
        my @attrs =
            $obj->get_attributes(@{$this->get_attrs_for_class($class)});
        Storable::store_fd([$class, $id, @attrs], \*F);
    }
    close(F);
}
```

`flush` durchläuft einfach den Hash `all_instances` und ruft zu jedem benutzerdefinierten Objekt dessen Methode `get_attributes` auf. `get_attrs_for_class` gibt eine Liste von persistenten Attributen zu jeder Klasse (als Arrayreferenz) zurück, die aus der Konfigurationsdatei, die im Konstruktor des Adaptors angegeben wurde, geladen werden.

Die Attributwerte werden zusammen mit den Identifikatoren der Klasse und der Instanz in einem anonymen Array zusammengepackt, bevor sie an `Storable::store_fd` übergeben werden.

Diese Implementierung ist unangenehm langsam (ein oder zwei Sekunden, um 1000 Objekte zu speichern), hauptsächlich, weil so viele Zugriffsfunktionen für jedes Objekt aufgerufen werden. In dieser Prototypenphase halte ich das aber nicht für ein großes Problem.

Objekte zurückholen

Die Methode `load_all`, die von `new` aufgerufen wird, macht einfach das Gegenteil von `flush`. Sie liest die Datei, erzeugt jedes Objekt neu und fügt es in das `all_instances`-Attribut ein:

```
sub load_all {  # $all_instances = load_all($file);
    my $file = shift;
    return undef unless -e $file;
    open(F, $file) || croak "Konnte $file nicht laden: $!";
    # Zuerst die globale Information
    my ($class, $id, $obj, $rh_attr_names, @attrs, $all_instances);
    eval {
        while (1) {
            ($class, $id, @attrs) = @{Storable::retrieve_fd(\*F)};
            $obj = $all_instances->{$id};
            $obj = $class->new() unless defined($obj);
            $rh_attr_names = $this->get_attrs_for_class($class);
            $obj->set_attributes(
                "_id" => $id,
                map {$rh_attr_names->[$_] => $attrs[$_]}
                    (0 .. $#attrs)
            );
            $all_instances->{$id} = $obj;
        }
    };
    $all_instances;
}
```

load_all ruft die retrieve_fd-Funktion von Storable und den Konstruktor der je-
weiligen Klasse (new) auf, um ein uninitialisiertes Objekt dieser Klasse zu konstruieren.
Dann wird set_attributes an diesem frisch erzeugten Objekt aufgerufen. Die
map-Anweisung konstruiert eine Liste von Namen-Wert-Paaren der Attribute. Wenn
Storable::retrieve_fd keine Daten mehr hat, löst es mit die eine Ausnahme aus.
Diese beendet die Endlosschleife, wird aber von eval abgefangen.

Verarbeitung von Abfragen

Die Methode retrieve_where erwartet einen Klassennamen und einen Abfrageausdruck, der einer Teilmenge der SQL-Syntax gehorchen muß. Die Abfrage funktioniert
nicht unbedingt mit SQL-Schlüsselworten wie LIKE, BETWEEN oder IN, auf jeden Fall
aber mit dem Datenbankadaptor, weil sie dort unübersetzt an die Datenbank geschickt
wird.

Das Schreiben eines Abfrageverarbeitungsprogramms zum Parsen und Ausführen beliebiger Abfrageausdrücke ist keine einfache Aufgabe. Aber wir wissen, daß Perl selbst ja
schon die Abfrage von Ausdrücken beherrscht. Wenn wir also eine Abfrage in einen
Perl-Ausdruck konvertieren können, dann können wir einfach eval für die Schmutzar-
beit benutzen (siehe Kapitel 5).

retrieve_where ruft also parse_query auf, um den Ausdruck in einen mit eval auswertbaren Booleschen Perl-Ausdruck zu konvertieren und dynamisch ein Stück Code
zu erzeugen, das diesen Ausdruck enthält und alle Objekte im all_instances-Attribut
durchläuft. Ein Aufruf wie

```
retrieve_where ('Mitarbeiter', 'alter < 45 && name != 'Joachim')
```

wird in das folgende Stück Perl-Code übersetzt und mit `eval` ausgeführt.

```perl
my $dummy_key; my $obj;
while (($dummy_key, $obj) = each %$all_instances) {
    next unless ref($obj) eq "Mitarbeiter";
    my ($alter, $name) = $obj->get_attributes(qw(alter name));
    push (@retval, $obj) if $alter < 45 && $name ne 'Joachim';
}
```

Der Boolesche Ausdruck in der `push`-Anweisung und die Liste der Attributnamen werden beide von der weiter unten besprochenen Funktion `parse_query` zurückgegeben. `retrieve_where` wird folgendermaßen implementiert:

```perl
sub retrieve_where {
    my ($this, $class, $query) = @_;
    my $all_instances = $$this;
    # Leere Abfragen geben eine Liste aller Objekte zurück
    return $this->retrieve_all() if ($query !~ /\S/);

    my ($boolean_expression, @attrs) = parse_query($query);
    # @attrs enthält die in der Abfrage verwendeten Attributnamen
    # Zusammenbauen einer Anweisung der Form
    #    my ($name, $alter) = $obj->get_attributes(qw(name alter));
    # um die benötigten Attribute zu holen
    my $fetch_stmt = "my (" . join(",",map{'$' . $_} @attrs) . ") = " .
                "\$obj->get_attributes(qw(@attrs))";

    my (@retval);

    my $eval_str = qq{
        my \$dummy_key; my \$obj;
        while ((\$dummy_key, \$obj) = each \%\$all_instances) {
            next unless ref(\$obj) eq "$class";
            $fetch_stmt;
            push (\@retval, \$obj) if ($boolean_expression);
        }
    };
    print STDERR "EVAL:\n\t$eval_str\n" if $debugging ;
    eval ($eval_str);
    if ($@) {
        print STDERR "Fehlerhafte Abfrage:\n\t$query\n";
        print STDERR $@ if $debugging;
    }
    @retval;
}
```

Anstatt bei jeder Abfrage eine Liste von Objekten zu konstruieren, sollte `retrieve_where` als optionalen dritten Parameter eine Referenz auf eine Callback-Funktion akzeptieren, die dann für jedes Objekt, auf das die Abfrage zutraf, ausgeführt wird.

Lassen Sie uns jetzt einen Blick auf `parse_query` werfen. Wie bereits erwähnt, übersetzt diese Funktion eine SQL-`where`-Klausel in einen Perl-Ausdruck. Der Abfrageausdruck ist im wesentlichen eine Folge von Abfragetermen der Form *variable operand wert*, die mit den logischen Operatoren (&& und ||) verknüpft werden. Die Transformationsregeln lauten wie folgt:

1. Wenn eine Abfrage leer ist, wird sie zu WAHR ausgewertet.

2. Geschützte Anführungszeichen sollten erhalten bleiben. Ein String wie zum Beispiel `"foo\'bar"` sollte also nicht zu Problemen führen.

3. = wird auf == abgebildet.

4. *variable* wird auf *$variable* abgebildet. Während dieser Transformation merkt sich `parse_query` auch den Namen des Attributs. Diese Liste wird an die aufrufende Prozedur `retrieve_where` zurückgegeben.

5. Wenn *wert* ein String in Anführungszeichen ist, dann wird *op* auf den passenden Stringvergleichsoperator abgebildet (siehe unten die Definition von `%string_op`).

`parse_query` wird folgendermaßen implementiert:

```
my %string_op = ( # Abbildung von einem Operator auf den zugehörigen String-Operator
             '==' => 'eq',
             '<'  => 'lt',
             '<=' => 'le',
             '>'  => 'gt',
             '>=' => 'ge',
             '!=' => 'ne',
             );
my $ANY_OP = '<=|>=|<|>|!=|==';       # Alle Vergleichsoperatoren
sub parse_query {
    my ($query) = @_;
    # Regel 1.
    return 1 if ($query =~ /^\s*$/);
    # Erst einmal alle geschützten Anführungsstriche versorgen - Regel 2.
    # Dadurch sind sie nicht im Weg, wenn wir Regel 5 bearbeiten.
    $query =~ s/\\[          # Hoffentlich werden \200 und \201
    $query =~ s/\\["]/\201/g; # nicht benutzt.
    # Regel 3 - Alle '=' durch '==' ersetzen
    $query =~ s/([^!><=])=/$1 == /g;
    my %attrs;
    # Regel 4 - Felder extrahieren und var durch $var ersetzen
    $query =~ s/(\w+)\s*($ANY_OP)/$attrs{$1}++, "\$$1 $2"/eg;
    # Regel 5 - Vergleichsoperatoren vor Strings in Anführungszeichen
    # durch Stringvergleichsoperatoren ersetzen
    $query =~
        s{
            ($ANY_OP)        (?# Beliebiger Vergleichsoperator)
            \s*              (?#  gefolgt von beliebig vielen Leerzeichen,)
            ['               (?#  und einem String in Anführungsstrichen )
        }{
            $string_op{$1} . ' \'' . $2 . '\''
        }goxse;   # global, einmal kompilieren, erweitert,
                  # als einzelne Zeile betrachtet, eval
    # Alle geschützten Anführungszeichen restaurieren
    $query =~ s/\200/\\'/g;
```

```
    $query =~ s/\201/\\"/g;
    ($query, keys %attrs);   # Modifizierte Abfrage und Feldliste zurückgeben
}
```

Adaptor::DBI

Adaptor::DBI ist deutlich einfacher als Adaptor::File. Es verwaltet keine Tabelle der Objekte im Speicher, schickt ein zu speicherndes Objekt einfach an die Datenbank, und wenn es eines oder mehrere Objekte zurückholen soll, gibt es diese Anfrage auch einfach an die Datenbank weiter. Dieses Verfahren ist auch gleichzeitig das größte Manko des Moduls, wie wir im Abschnitt »Einzigartigkeit von Objekten im Speicher« bereits erläutert haben.

Die Methode `new` öffnet einfach nur, wie in Kapitel 10 beschrieben, eine DBI-Verbindung und legt ein Adaptor-Objekt mit dem Verbindungshandle als einzigem Attribut an. Das ist nicht gerade Hochtechnologie hier.

Objekte speichern

Die Methode `store` legt ein Objekt in der Datenbank ab.

```perl
sub store {      # adaptor->store($obj)
    (@_ == 2) || croak  'Aufruf adaptor->store ($obj)';
    my $sql_cmd;
    my ($this, $obj) = @_;
    my $class = ref($obj);
    my $rh_class_info = $map_info{$class};
    my $table = $rh_class_info->{"table"};
    croak "Für das Package $class ist keine Abbildung definiert."
        unless defined($table);
    my $rl_attr_names = $rh_class_info->{"attributes"};
    my ($id)          = $obj->get_attributes('_id');
    my ($attr);
    if (!defined ($id )) {
        $id = $this->_get_next_id($table);
        $obj->set_attributes('_id'=> $id);
        # Erzeugen einer Anweisung wie etwa
        #       insert into Mitarbeiter (_id, name,    alter)
        #                         values (100, "jörg", 33)
        $sql_cmd  = "insert into $table (";
        my ($col_name, $type, $attr);
        my (@attrs) = $obj->get_attributes(@$rl_attr_names);
        $sql_cmd .= join(",",@$rl_attr_names) . ") values (";
        my $val_cmd = "";
        foreach $attr (@attrs) {
            my $quote = ($attr =~ /\D/)
                            ? "'"
                            : "";
            $val_cmd .= "${quote}${attr}${quote},";
        }
        chop ($val_cmd);
        $sql_cmd .= $val_cmd . ")" ;
    } else {
```

```
# Objekt existiert bereits in der Datenbank. Es wird aktualisiert
# mit einer Anweisung wie
#       update Mitarbeiter set name = "jörg", alter = 33
#                 where _id  = 100;

$sql_cmd = "update $table set ";
my ($name, $quote);
my @attrs = $obj->get_attributes(@$rl_attr_names);
foreach $name (@$rl_attr_names) {
    if ($name eq '_id') {
        shift @attrs;   # Primärzeile kann nicht aktualisiert werden
        next;
    }
    $attr = shift @attrs;
    $quote = ($attr =~ /\D/)
                    ? "'"
                    : "";
    $sql_cmd .= "$name=${quote}${attr}${quote},";
}
chop($sql_cmd); # Komma am Ende entfernen
$sql_cmd .= " where _id = $id";
}
# SQL-Abfrage ist fertig zusammengebaut und wird jetzt an die
# passende Datenbankverbindung zur Ausführung übergeben.
$this->{dbconn}->do($sql_cmd); #
die "DBI-Fehler: $DBI::errstr" if $DBI::err;
$id;
}
```

Die globale Variable %map_info speichert folgende Datenbankinformationen zu jedem in der Konfigurationsdatei erwähnten Package ab: den Namen der zugehörigen Datenbanktabelle, die Liste der persistenten Attribute und die zugehörigen Namen der Datenbankspalten. Wenn das Objekt bereits ein Attribut namens _id hat, wird das zugehörige Datenbanktupel aktualisiert, ansonsten wird ein neuer Identifikator alloziert und ein neues Datenbanktupel eingefügt. Alle Attribute mit String-Werten werden automatisch mit Anführungszeichen versehen.

Natürlich läßt sich diese Implementierung noch deutlich verbessern. Wenn wir 1000 Objekte einfügen, dann werden mit dem obenstehenden Code 1000 SQL-insert-Anweisungen erzeugt und ausgeführt. Besser wäre es, insert/delete/update/fetch-Anweisungen für jede Klasse vorzubereiten, wenn das erste Mal ein Objekt dieser Klasse auftritt:

```
$insert{'Mitarbeiter'} = $dbh->prepare (
                   "insert into Mitarbeiter (_id, name, alter)
                                 values (? , ?  , ? )");
$delete{'Mitarbeiter'} = $dbh->prepare (
                   "delete from Mitarbeiter where _id = ?";
$update{'Mitarbeiter'} = $dbh->prepare (
                   "update Mitarbeiter (name=?, alter=?)";
$fetch {'Mitarbeiter'} = $dbh->prepare (
                   "select name, alter, from Mitarbeiter where _id = ?");
```

store kann diese Anweisungen einfach mit den passenden Anweisungen ausführen. Noch schneller wäre die Verwendung von Stored Procedures. Für einen Prototyp funktioniert die vorliegende Implementierung aber hinreichend gut.

Übrigens macht die flush()-Methode von Adaptor::DBI überhaupt nichts, weil store() keine Objekte im Speicher zurückhält.

Abfragen

retrieve_where erzeugt eine select-Anfrage anhand der Abbildungsinformationen der Klasse. Wie bereits erwähnt, bekommen Sie zwei verschiedene Objektmengen, deren Daten Duplikate voneinander sind, wenn Sie die gleiche Abfrage zweimal ausführen:

```
sub retrieve_where {
    my ($this, $class, $query) = @_;
    my $where;
    $where = ($query =~ /\S/)
                        ? "where $query"
                        : "";
    my $rh_class_info = $map_info{$class};
    my $table = $rh_class_info->{"table"};
    croak "Für das Package $class ist keine Abbildung definiert."
        unless defined($table);
    my $rl_attr_names = $rh_class_info->{"attributes"};
    my $rl_col_names  = $rh_class_info->{"columns"};
    my $sql_cmd       = "select "
                        . join(",", @{$rl_col_names})
                        . " from $table $where";
    print $sql_cmd if $debugging;
    my $rl_rows       = $this->{d}->do($sql_cmd);
    my @retval;
    my $size = @$rl_attr_names - 1;

    if ($rl_rows && @$rl_rows) {
        my $i; my $rl_row;
        foreach $rl_row (@$rl_rows) {
            my $obj = $class->new;
            $obj->set_attributes(map {
                            $rl_attr_names->[$_] => $rl_row->[$_]
                            }(0 .. $size));
            push (@retval, $obj);
        }
    }
    @retval;
}
```

Die set_attributes-Anweisung ist vielleicht erklärungsbedürftig. Das Ziel dieser Anweisung ist es, alle von der Datenbank zurückgelieferten Attribute zu setzen. Weil set_attributes eine Liste von Name-Wert-Paaren verlangt, benutzen wir die eingebaute map-Funktion, um eine Liste zurückzugeben. Diese Funktion erwartet zwei Parameter, einen Codeblock und eine Liste, und wertet für jedes Element der Liste den

Codeblock in einem Listenkontext aus. Die Funktion gibt eine Liste zurück, die das Ergebnis der Blockausführung in allen Schleifendurchläufen ist.

Wenn Ihre Begeisterung an dieser Stelle noch nicht verebbt ist, dann würde es sich vielleicht lohnen, zurück zum Abschnitt »Anmerkungen zum Design« in diesem Kapitel zu gehen, um zu verstehen, wie Adaptor die dort besprochenen Entwurfsfragen behandelt.

Ressourcen

Die folgenden Bücher und Web-Seiten enthalten gute Beiträge zum Thema Objektpersistenz.

1. *Object-Oriented Modeling and Design.* James Rumbaugh, Michael Blaha, William Premerlani, Frederick Eddy und William Lorensen. Prentice-Hall, 1991.

    Eine ausgezeichnete Beschreibung, wie man OO-Modelle in Relationalen Datenbanken implementiert.

2. *Object Persistence.* Roger Sessions. Prentice Hall, 1996.

    Eine Besprechung der Persistenzarchitektur von CORBA. Genauso interessant wie das technische Material ist die Beschreibung der politischen Diskussionen, die hinter den Kulissen in solchen Komitees ablaufen.

3. CORBA Persistence Service Specification, Object Management Group (OMG), unter *http://www.omg.org*.

4. PJava: Orthogonal Persistence for Java, unter *http://www.dcs.gla.ac.uk/pjava/*. Halten Sie besonders nach dem Designartikel namens »Design Issues for Persistent Java: a Type-Safe, Object-Oriented, Orthogonally Persistent System« Ausschau.

5. Object Database Management Group (ODMG): *http://www.odmg.org*.

6. *Taming C++: Pattern Classes and Persistence for Large Projects.* Jiri Soukup. Addison-Wesley, 1994.

7. »Equal Rights for Functional Objects, or, The More Things Change, The More They Are the Same.« Henry Baker.

    Dieses Papier zeigt Ihnen, daß zum Thema Identität von Objekten sehr viel mehr gehört, als es auf den ersten Blick den Anschein hat. Zu finden unter *ftp://ftp.netcom.com/pub/hb/hbaker/ObjectIdentity.html*.

12

Netzwerk-programmierung mit Sockets

> *I plugged my phone in where the blender used to be. I called someone. They went »Aaaaahhh...«*
> Steven Wright

Programme können miteinander auf verschiedene Arten kommunizieren. Sie können Dateien, anonyme oder benannte Pipes, die System V-Funktionen zur Interprozeßkommunikation, BSD Sockets und TLI (Transport Layer Interface) benutzen. Sockets und TLI fallen schon unter »Netzwerkprogrammierung«, sind also einen Schritt weiter als die anderen IPC-(Interprocess Communication-)Mechanismen, weil sie nicht erwarten, daß die kommunizierenden Prozesse auf dem gleichen Rechner liegen. Dieses Kapitel enthält eine Einführung in die Netzwerkprogrammierung. Sie lernen, einfache Client/Server-Systeme mit der IO-Bibliothek von Graham Barr (in der Standard-Perl-Distribution enthalten) zu implementieren. Dieses Wissen wenden wir dann im nächsten Kapitel an, in dem wir ein Modul zur asynchronen Nachrichtenübermittlung und ein weiteres für Remote Procedure Calls (RPC) programmieren werden.

Netzwerke sind die zweite der vier wichtigen Technologien, die wir in diesem Buch besprechen werden. Die anderen sind Benutzerschnittstellen, Persistenz und Codegenerierung. Es geht in diesem Kapitel wie in den anderen dreien genauso um die zugrundeliegende Technologie wie um die Unterstützung von Perl dafür. Andrew Tanenbaums Buch über Computernetzwerke [Ressource 2] ist eine *wundervolle* Einführung in das Thema. (Ich halte dieses Buch sogar für eines der besten je geschriebenen Computerbücher.) Dieses Kapitel enthält gerade genug Informationen, damit Sie mit Perl, Sockets und TCP/IP arbeiten können.

Einführung in Netzwerke

Briefe (konventionelle und elektronische) und Telefongespräche sind zwei verschiedene Kommunikationsformen. Ein Telefongespräch ist *verbindungsorientiert*, weil der Anrufer und der Angerufene eine »eigene« Leitung (eine kontinuierliche Verbindung) haben, bis das Gespräch beendet ist. In verbindungsorientierter Kommunikation wird die Zustellung von Nachrichten garantiert, die Reihenfolge, in der die Nachrichten geschickt werden, bleibt erhalten, und es können Datenströme gesendet werden. Briefe sind dagegen eine verbindungslose Transportart, bei der Informationen in Paketen (*packets*, auch *Datagramme* genannt) transportiert werden und es keine Garantien über die Zustellung oder die Reihenfolge, in der die Pakete beim Empfänger ankommen, gibt. Der Aufwand ist größer, weil jedes Paket den Sender und den beabsichtigten Empfänger enthalten muß; im Gegensatz dazu verläuft ein verbindungsorientiertes Gespräch ohne weiteren Aufwand, nachdem die Parteien sich gegenseitig identifiziert haben. Es muß hier allerdings erwähnt werden, daß es verbindungslose Protokolle wie Reliable UDP gibt, die die Zustellung und die Einhaltung der Reihenfolge garantieren.

In der Welt der Netzwerke bekommt jeder Rechner eine Internetadresse oder auch IP-Adresse (IP steht für Internet Protocol) zugewiesen. Das ist eine Folge von vier Bytes, die üblicherweise durch Punkte getrennt dargestellt werden, etwa so: 192.23.34.1. (Das wird sich mit IPv6 ändern, denn es gibt langsam keine Vier-Byte-IP-Adressen mehr.) Weil Menschen sich aber solche Zahlenkombinationen schwer merken können, bekommen Computer meistens leichter merkbare Namen wie *www.yahoo.com*. Nun können aber viele Programme auf einem Rechner laufen, und es reicht daher nicht, eine Nachricht einfach nur an den Rechner auszuliefern, sondern sie muß an das richtige Anwendungsprogramm auf diesem Rechner gehen. Ein Programm kann einen oder mehrere *Ports* öffnen lassen. Das entspricht einem privaten Briefkasten oder Telefonanschluß. Um eine Nachricht an ein Programm zu schicken, benötigen Sie die vollständige Adresse: den Rechnernamen und den Port, auf dem das Programm auf Nachrichten *lauscht* (*listen*). Standardapplikationen wie *ftp*, *telnet* und *mail* gibt es immer paarweise; beispielsweise kommuniziert das Programm *ftp*, das Sie verwenden, mit seinem Server-Gegenstück *ftpd* (FTP-Dämon) auf dem entfernten Rechner. Solche Server-Programme lauschen an standardisierten Portnummern; wenn Sie *www.yahoo.com* in Ihrem Web-Browser eingeben, dann verbindet der Web-Browser sich automatisch mit Port 80 auf dem Rechner, weil er annimmt, daß auf diesem Port ein Web-Server lauscht. Die Portnummern 1 bis 1024 sind für bekannte Standard-Internetanwendungen reserviert. Viele Plattformen bezeichnen mit dem Namen »localhost« (und der Adresse 127.0.0.1) den Rechner, auf dem das Programm läuft.

Nachdem einmal ein Socket zugewiesen wurde, kann Ihr Programm entweder ein verbindungsorientiertes Protokoll namens TCP/IP (Transport Control Protocol/IP) oder ein verbindungsloses namens UDP/IP (User Datagram Protocol) verwenden. Natürlich müssen Sender und Empfänger das gleiche Protokoll verwenden. TCP/IP wird UDP normalerweise vorgezogen, weil es die Reihenfolge der Pakete, die Verläßlichkeit der Kommunikation von Endgerät zu Endgerät (mit Prüfsummen, positiven Bestätigungen und Timeouts) und die Flußkontrolle von Endgerät zu Endgerät gewährleistet (wenn der Sender seine Daten schneller schickt, als der Empfänger sie verarbeiten kann, dann wird der Sender blockiert, wenn die Puffer des Empfängers voll sind). Wenn das Medium, über das kommuniziert wird, sehr gut ist wie beispielsweise ein LAN, dann bietet UDP bessere Performanz, weil es nicht viel Zeit damit verbringt, für den Ernstfall vorzusorgen. In einem ernsthaft verwendeten System sollten Sie jedoch kein Risiko eingehen, weswegen wir uns hier auf TCP beschränken werden.

Die Socket-Abstraktion und -API wurden in BSD 4.2 eingeführt, um eine einheitliche Schnittstelle für verschiedene Arten von Protokollen bereitzustellen (es gibt noch andere als TCP und UDP). Ein Socket verhält sich entweder wie ein Telefon oder wie ein Briefkasten. Auf jeden Fall wird aber auf jeder Seite ein Socket benötigt, um eine Verbindung aufzubauen. Das Socket-API erlaubt es Ihnen, eine *Domäne* für die an der Kommunikation beteiligten Parteien anzugeben. Die »Unix-Domäne« wird für Prozesse auf demselben Rechner und die »Internetdomäne« für Prozesse auf verschiedenen Rechnern verwendet. In diesem Kapitel verwenden wir die weiter verbreitete (und nützlichere) »Internetdomäne«.

TLI (Transport Layer Interface eine andere API, die in System V (Version 3.0, 1986) eingeführt wurde, ist eine sehr ähnlich aussehende Alternative zur Socket-Abstraktion. Sie ist aber nicht so weit verbreitet wie BSD-Sockets und wird deswegen in diesem Kapitel nicht besprochen.

Socket-API und IO::Socket

Perl enthält eine eingebaute Unterstützung für Sockets und ein Modul namens Socket, das einige der rauhen Kanten im eingebauten `socket`-Aufruf abschleift. Wie sich herausstellt, gibt es aber trotzdem noch eine ganze Reihe von Optionen, mit denen wir umgehen müssen, weswegen wir ein wirklich bequemes Modul namens IO::Socket verwenden werden, das auf Socket aufbaut.

In diesem Abschnitt werden wir dieses Modul benutzen, um ein Sende- und ein Empfangsprogramm zu schreiben.

Empfänger

Genauso wie wir von der Telekom eine Telefonnummer und ein Telefon selbst bestellen würden, bitten sowohl der Sender als auch der Empfänger das Modul, Sockets zu erzeugen. Sockets sind wie Telefone bidirektionale Endpunkte: Sobald eine Verbindung aufgebaut worden ist, kann jede Seite entweder Daten senden oder empfangen, sofern sich die beiden Programme darin einig sind, in welcher Richtung gerade gesendet wird.

Weil nur die empfangende Seite eine allgemein bekannte Adresse haben muß, erzeugen wir den empfangenden Socket folgendermaßen:

```
use IO::Socket;
$socket = new IO::Socket::INET (LocalHost => 'tigger',
                                LocalPort => 1200,
                                Proto     => 'tcp',
                                Listen    => 5,
                                Reuse     => 1,
                                );
die "Konnte keinen Socket erzeugen: $!" unless $socket;
```

Das IO::Socket::INET-Modul ist ein schöner Wrapper um Internetdomänen-Sockets. Die Parameter `LocalHost` und `LocalPort` geben den Rechner und den Port an, an dem dieser Socket lauschen soll. Die Zahl 1200 ist willkürlich gewählt, aber Sie müssen sicherstellen, daß es keinen Konflikt mit einer anderen Applikation auf diesem Rechner gibt, die ebenfalls diesen Port benutzt (in diesem Fall würden Sie die Fehlermeldung »Address already in use« erhalten). Wir verwenden die Option `Reuse`, denn wenn sich das Programm beendet, ohne den Socket ordnungsgemäß geschlossen zu haben, und dann neu gestartet wird, dann wird es sich darüber beschweren, daß der Socket bereits verwendet wird. Die Option `Listen` gibt an, wie viele Anrufer sich bildlich gesprochen in der Warteschleife befinden können, wenn sie diese Nummer *wählen*.

Wenn ein Socket einmal angelegt ist, ist er sofort bereit, eingehende Anrufe entgegenzunehmen. Die Methode `accept()` lauscht am angegebenen Port, bis ein anderes Programm versucht, sich mit ihm zu verbinden (wir sehen gleich, was dazu auf der anrufenden Seite gemacht werden muß). In diesem Moment gibt `accept()` einen neuen Socket zurück:

```
$neues_socket = $sock->accept();
```

Das entspricht einer Vermittlungsstelle, die Ihnen ein anderes Telefon für die Konversation zuweist, während sie selbst wieder auf der Hauptnummer auf Anrufe wartet. Nachrichten, die vom Client gesendet werden, können nun durch Lesen von `$neues_socket` empfangen werden. Sie können diesen Socket als Dateihandle benutzen und jeden der Eingabeoperatoren <>, `read` oder `sysread` verwenden:

```
$buf = <$neues_socket>;
# oder
$bytes_read = sysread ($neues_socket, $buf, $anzahl_zu_lesender_bytes);
```

Beide geben `undef` zurück, wenn keine Daten mehr anstehen.

Der folgende Code faßt die obige Darstellung zusammen. Er bindet einen Socket an eine Adresse und wartet auf eine eingehende Verbindungsanfrage. Wenn eine solche eintrifft, wird vom neu angelegten Socket gelesen, bis die andere Seite ihr Ende der Verbindung schließt, woraufhin der Operator <> `undef` zurückgibt (`sysread` gibt 0 zurück, die Anzahl der gelesenen Bytes).

```
use IO::Socket;
$socket = new IO::Socket::INET (LocalHost => 'tigger',
                                LocalPort => 1200,
                                Proto     => 'tcp',
                                Listen    => 5,
```

```
                            Reuse    => 1
                           );
    die "Socket konnte aus folgendem Grund nicht angelegt werden: $!" unless $socket;
    while ($neues_socket = $socket->accept()) {
        while (defined ($buf = <$neues_socket>)) {
            print $buf;
        }
    }
    close ($socket);
```

Sie können auch `$neues_socket->get_line()` anstelle von `<$neues_socket>` verwenden.

Sender

Die anrufende Seite ist noch einfacher. Dort wird ein Socket mit der Adresse des Empfängers angelegt, und, falls das erfolgreich war, werden Daten dorthin geschickt:

```
    use IO::Socket;
    $socket = new IO::Socket::INET (PeerAddr => 'tigger',
                                    PeerPort => 1200,
                                    Proto    => 'tcp'
                                   );
    die "Socket konnte aus folgendem Grund nicht erzeugt werden: $!\n" unless $socket;
    foreach (1 .. 10) {
        print $socket "Nachricht $_: Wie geht's?\n";  $socket->flush();
    }
    close ($socket);
```

Beachten Sie, wie die Parameter in der Methode `IO::Socket::INET::new` angeben, ob es sich um einen server- oder client-seitigen Socket handelt. Die Parameter `Listen` und `Reuse` werden bei sendenden Sockets ignoriert.

Bidirektionale Kommunikation

Sie können mit Sockets Daten senden und empfangen, aber wie aus den beiden obenstehenden Skripten hervorgeht, müssen die beiden kommunizierenden Prozesse sich darüber einig sein, wer gerade redet und wer zuhört. Ein Programm kann in einen *Deadlock* kommen, wenn beide Seiten zu höflich sind und von ihren jeweiligen Sockets lesen wollen (`sysread` und andere Eingabeoperatoren blockieren, bis die angeforderte Menge an Daten vorliegt). Es kann ebenfalls zu einem Deadlock kommen, wenn beide Seiten zu unhöflich sind und – bildlich gesprochen – zur gleichen Zeit anfangen, in den Hörer zu sprechen (`syswrite` blockiert, wenn die Buffer voll sind, und da die andere Seite nicht zuhört, sind Deadlocks dann ziemlich wahrscheinlich). In einer normalen Client/Server-Konfiguration ist dieses Protokoll aber festgelegt. Der Client beginnt die Konversation, startet seine Verbindungsanfrage und wartet auf eine Antwort. Ein typischer Server versucht nie, eine Verbindung zu einem Client-Programm aufzubauen oder Anfragen zu starten; er wartet nur auf Anfragen und antwortet. Deadlocks können also nur in der Kommunikation zwischen gleichberechtigten Partnern vorkommen.

Mehrere Clients bedienen

Die Tatsache, daß `accept()`, `read()` und `sysread()` blockieren können, hat noch weitere Folgen für den Server.[1] Ein Prozeß mit einem einzigen Thread kann nur einen dieser Aufrufe zur Zeit benutzen. Das ist kein Problem, wenn nicht zu viele Clients etwas von diesem Server wollen *und* wenn keiner der Clients den Server zu lange belegt. Die Welt da draußen ist aber eine häßliche, weswegen Sie sich um dieses Problem kümmern müssen. Es gibt drei Lösungsmöglichkeiten:

1. Mehrere Threads (oder Prozesse) verwenden; jeder Aufruf blockiert dann nur seinen eigenen Thread.

2. Die Aufrufe nur verwenden, wenn Sie sich absolut sicher sind, daß sie nicht blokkieren werden. Wir werden dies den »select«-Ansatz nennen, weil wir den `select`-Aufruf verwenden können, um sicherzustellen, daß ein Socket auch wirklich Daten zu bieten hat.

3. Die Sockets mit `fcntl` oder `ioctl` auf »nicht blockierend« schalten.

Wie wir noch sehen werden, sollten die Möglichkeiten 2 und 3 in Produktionssystemen gemeinsam genutzt werden. Keines der Verfahren hat aber Einfluß auf den Client-Code.

Übrigens gibt es noch eine vierte Möglichkeit. Auf manchen Systemen gibt es eine asynchrone I/O-Benachrichtigung: Wenn ein Socket bereit für I/O-Operationen ist, wird dem Prozeß ein `SIGIO`-Signal geschickt. Wir werden diesen Ansatz aber nicht weiter verfolgen, weil man im Signalhandler nicht wissen kann, *welcher* Socket bereit zum Lesen oder Schreiben ist.

Mehrere Threads

Perl unterstützt noch keine Threads (zumindest nicht offiziell[2]), aber auf Unix- und anderen vernünftigen Betriebssystemen unterstützt es `fork`, um Parallelität auf Prozeßebene zu erhalten. Der Server-Prozeß arbeitet dann als Vollzeitempfangsperson: Er blockiert im `accept`-Aufruf, und wenn eine Verbindungsanfrage eintrifft, startet er einen Kindprozeß und ruft selbst wieder `accept` auf. Der neu angelegte Kindprozeß hat die gleiche Umgebung wie sein Erzeuger und verfügt auch über dessen offene Dateideskriptoren. Daher kann er den neuen Socket, der von `accept` zurückgegeben wurde, zum Lesen und Schreiben benutzen. Wenn der Kindprozeß mit der Konversation fertig ist, beendet er sich einfach. Jeder Prozeß kümmert sich also um seine eigene Aufgabe und kommt sich nicht mit den anderen in die Quere. Im folgenden Code sehen Sie ein Beispiel eines Servers, der `fork` benutzt:

```
# Server mit Fork
use IO::Socket;
$SIG{CHLD} = sub {wait ()};
$hauptsocket = new IO::Socket::INET (LocalHost => 'tigger',
```

---

1   accept blockiert so lange, bis jemand versucht, sich mit dem Socket zu verbinden.
2   Malcolm Beattie hat bereits einen funktionierenden Prototyp eines Perl-Interpreters mit Threads, der in der Version 5.005 in die Hauptdistribution einfließen wird.

```
                        LocalPort => 1200,
                        Listen    => 5,
                        Proto     => 'tcp',
                        Reuse     => 1,
                        );
    die "Socket konnte nicht angelegt werden. Grund: $!\n" unless ($hauptsocket);
    while ($neues_socket = $hauptsocket->accept()) {
        $pid = fork();
        die "Konnte fork nicht ausführen: $!" unless defined($pid);
        if ($pid == 0) {
            # Kindprozeß
            while (defined ($buf = <$neues_socket>)) {
                # irgendetwas mit $buf machen...
                print $neues_socket "Ihre Eingabe: $buf\n";
            }
            exit(0);    # Kindprozeß beendet sich, wenn er fertig ist
        } # else - das hier ist der Erzeugerprozeß, der wieder zum accept() zurückspringt
    }
    close ($hauptsocket);
```

Der Aufruf fork führt zu zwei identischen Prozessen, dem Erzeuger und dem Kindprozeß, die mit der Anweisung hinter dem fork weitermachen. Der Erzeuger erhält einen positiven Rückgabewert, nämlich die Prozeß-ID ($pid) des Kindprozesses. Beide Prozesse überprüfen diesen Rückgabewert und führen dann ihre eigene Aufgabe aus; der Hauptprozeß springt zum accept zurück, und der Kindprozeß liest eine Zeile vom Socket und schickt sie an den Client zurück.

Übrigens hat das CHLD-Signal nichts mit IPC selbst zu tun. Unter Unix gibt das System den Speicher, die Dateien und andere Ressourcen eines Prozesses frei, wenn dieser beendet wird (planmäßig oder außerplanmäßig). Es werden aber einige Informationen zurückbehalten (der Rückgabewert von exit(), falls der Kindprozeß noch exit() aufrufen konnte, oder ein Abbruchstatus sonst), falls der Erzeugerprozeß noch wait oder waitpid verwenden will, um den Status abzufragen. Der beendete Kindprozeß wird auch als *Zombie* bezeichnet. Es ist daher immer sinnvoll, diesen mit wait zu entfernen, weil sonst die Prozeßtabellen unnötig gefüllt werden. In obigem Code blockiert wait nicht, weil die Funktion nur aufgerufen wird, wenn wir sicher sind, daß der Kindprozeß beendet worden ist – dafür sorgt das CHLD-Signal. Lesen Sie die Online-Dokumentation, um sich über Probleme mit Signalen im allgemeinen und SIGCHLD im besonderen zu informieren.

Multiplexen mit select

Wir haben im vorangegangenen Abschnitt einen neuen Prozeß gestartet, um nicht während accept, read oder write zu blockieren, weil wir sonst verpassen könnten, was auf den anderen Sockets geschieht. Wir können statt dessen auch den Aufruf select verwenden, der in BSD Unix eingeführt wurde und der zurückkehrt, wenn von einem Socket (oder genauer: einem beliebigen Dateihandle) gelesen oder auf es geschrieben werden kann. Mit diesem Ansatz können wir einen Prozeß mit einem Thread verwenden – also etwa so, als ob wir die Empfangsperson feuern und alle eingehenden Gespräche und Konversationen selbst erledigen.

Die Schnittstelle für den nativen `select`-Aufruf ist nicht gerade sehr schön, weswegen wir statt dessen das Wrapper-Modul IO::Select verwenden:

```
use IO::Socket;
use IO::Select;
$socket1 = new IO::Socket (....);
$socket2 = new IO::Socket (....);
$lese_menge = new IO::Select;
$lese_menge->add($socket1);
$schreib_menge = new IO::Select;
$schreib_menge->add($socket1, $socket2);
```

Die new-Methode des Moduls IO::Select erzeugt ein Objekt, das eine Menge von Dateihandles repräsentiert. Diese Menge können Sie mit `add` und `remove` manipulieren. Die Methode `select` (die wiederum die native `select`-Funktion von Perl aufruft), erwartet drei solche Dateihandle-Mengen oder IO::Socket-Objekte, deren Dateihandles jeweils auf Lesbarkeit, Schreibbarkeit und Fehler überwacht werden. Im obigen Codeschnipsel erzeugen wir zwei solche Mengen; ein Dateihandle kann beliebig vielen solcher Mengen zugeordnet werden. Diese Mengen werden dann folgendermaßen an die Methode `select` übergeben:

```
($l_fertig, $s_fertig, $fehler) =
    IO::Select->select($lese_menge, $schreib_menge, $fehler_menge, $timeout);
```

`select` blockiert, bis ein interessantes Ereignis eintritt (d.h., einer oder mehrere Dateihandles sind zum Lesen oder Schreiben bereit oder melden einen Fehler) oder bis der Timeout erreicht ist. In diesem Fall werden drei getrennte Listen von Dateihandles erzeugt, die für den jeweiligen Zweck bereit sind, und es wird eine Referenz auf diese zurückgegeben. Der Timeout wird zwar in Sekunden angegeben, kann aber durch Angabe einer Fließkommazahl auch im Millisekundenbereich liegen.

Lassen Sie uns diese Informationen jetzt verwenden, um ein Programm zu schreiben, das Nachrichten von einem oder mehreren Clients entgegennimmt.

```
# $hauptsocket wie zuvor erzeugen
# ....

use IO::Select;
$lesbare_handles = new IO::Select();
$lesbare_handles->add($hauptsocket);
while (1) { # Endlosschleife
    # select() blockiert, bis ein Socket zum Lesen oder Schreiben bereit ist
    ($neu_lesbare) = IO::Select->select($lesbare_handles,
                                         undef, undef, undef);
    # Wenn wir hierhin kommen, ist mindestens ein Handle lesbar.
    foreach $socket (@$neu_lesbare) {
        if ($socket == $hauptsocket) {
            $neues_socket = $socket->accept();
            # Socket der Liste hinzufügen und wieder zu select springen,
            # weil der neue Socket eventuell noch nicht lesbar ist
            $lesbare_handles->add($neues_socket);
        } else {
```

```
                    # ein normaler Client-Socket, bereit zum Lesen
                    $buf = <$socket>;
                    if ($buf) {
                        # .... irgendetwas mit $buf machen
                    } else {
                        # Der Client hat den Socket geschlossen. Wir machen das
                        # gleiche und entfernen den Socket aus der Liste.
                        $lesbare_handles->remove($socket);
                        close($socket);
                    }
                }
            }
        }
```

Wir erzeugen einen Socket $hauptsocket, der dafür konfiguriert ist, auf einem allgemein bekannten Port zu lauschen. Dann fügen wir diesen Socket dem neu erzeugten IO::Select-Mengenobjekt hinzu. Wenn select das erste Mal zurückkehrt, steht auf $hauptsocket etwas zum Lesen an (oder es ist im select-Aufruf ein Fehler passiert, was wir im Moment ignorieren). Das bedeutet für uns, daß eine Verbindungsanfrage eingegangen ist und wir sicher sein können, daß der Aufruf von accept nicht blockieren wird. Weil wir auch nicht blockiert werden wollen, wenn auf dem Socket, der von accept zurückgegeben wird, noch keine Daten liegen, fügen wir diesen Socket der Liste der auf Lesbarkeit zu überwachenden Sockets hinzu. Wenn socket das nächste Mal zurückkehrt, wissen wir, daß mindestens einer der beiden Sockets bereit zum Lesen ist. Wenn das wieder $hauptsocket ist, wiederholen wir die Prozedur, ansonsten haben wir jetzt einen Socket, von dem es etwas zu lesen gibt.

select kehrt auch zurück, wenn einer oder mehrere entfernte Sockets geschlossen worden sind. Die korrespondierenden Sockets auf der wartenden Seite geben dann bei Benutzung der I/O-Operatoren 0 zurück (0 Bytes wurden gelesen oder geschrieben). Der oben gezeigte Server entfernt dann diese Sockets aus der IO::Select-Menge, um zu vermeiden, daß select immer wieder die gleichen, jetzt funktionslosen Sockets zurückliefert.

Und immer noch lauern Blockaden

Wir haben uns bisher nur darauf verlassen, daß select uns mitteilt, wenn ein Dateihandle bereit zum Lesen oder Schreiben ist, bevor wir versucht haben, wirklich davon zu lesen oder darauf zu schreiben. Unglücklicherweise wissen wir aber immer noch nicht, *wie viele* Daten sich in den I/O-Buffern (zum Lesen) angesammelt haben oder wieviel auf den Socket geschrieben werden kann (die andere Seite könnte langsam beim Lesen sein, und es könnte eine Beschränkung geben, wieviel auf dieser Seite in den Socket hineingesteckt werden darf). Sowohl sysread als auch syswrite geben die Anzahl der tatsächlich gelesenen oder beschriebenen Bytes zurück, so daß diese in einer Schleife aufgerufen werden müssen, um sicherzugehen, daß wirklich die gesamte Nachricht gelesen oder geschrieben wird. Wenn Sie die Buffer einmal völlig geleert (oder beim Schreiben völlig gefüllt) haben, besteht die Möglichkeit, daß beim nächsten Lese- oder Schreibversuch wieder blockiert wird, wenn die andere Seite nicht inzwischen wieder Daten nachgeliefert oder abgenommen hat. Sie könnten natürlich in jedem Schleifendurchlauf `select` aufrufen und nur lesen oder schreiben, wenn `select` den Socket für bereit erklärt. Aber das macht das Programm langsamer, wenn die Sokkets eigentlich durchaus noch Daten liefern oder entgegennehmen *können*. Außerdem müssen Sie die Schleife ohnehin beenden, wenn `select` Ihnen mitteilt, daß ein Dateihandle nicht bereit ist, und später noch einmal probieren, ob sich der Zustand des Dateideskriptors geändert hat.

In Programmen mit einem einzigen Thread besteht die nächste Möglichkeit darin, den Dateihandle nicht-blockierend zu machen. Lesen Sie weiter.

Nicht-blockierende Dateihandles

Jeder Dateihandle kann mit den betriebssystemspezifischen Systemaufrufen `fcntl` und `ioctl` nicht-blockierend gemacht werden:

```
use POSIX;
fcntl($socket, F_SETFL(), O_NONBLOCK());
```

Das Fcntl-Modul (File Control) macht die Konstanten in der Header-Datei *fcntl.h* als Funktionen verfügbar. Die Funktion `fcntl` erwartet einen Befehl wie `F_SETFL` (»set flag«) und ein befehlsspezifisches Argument. Je nach Betriebssystem heißt der Schalter zur Auswahl nicht-blockierender I/O manchmal auch `O_NDELAY` oder `FNDELAY`.

Auf jeden Fall geben `sysread` und `syswrite` bei nicht-blockierenden Dateihandles `undef` (nicht 0) zurück und setzen `$!` auf `EAGAIN` (oder `EWOULDBLOCK` auf BSD 4.3), wenn die Operation nicht sofort ausgeführt werden kann. Der folgende Code berücksichtigt diese Rückgabe- und Fehlerwerte beim Lesen von einem Socket:

```
# 1024 Bytes sollen gelesen werden
$noch_zu_lesen = 1024; $msg = '';
while ($noch_zu_lesen) {
    $gelesene_bytes = sysread($socket, $buf, $noch_zu_lesen);
    if (defined($gelesene_bytes)) {
        if ($gelesene_bytes == 0) {
            # Gegenseite hat die Verbindung geschlossen
            close($socket);
            last;
        } else {
            $msg .= $buf;
            $noch_zu_lesen -= $gelesene_bytes;
        }
    } else {
        if ($! == EAGAIN()) {
            # Wir könnten jetzt eigentlich zum select zurückspringen.
            # Hier warten wir einfach nur, daß etwas zum Lesen anliegt.
        } else {
            last;
        }
    }
}
```

Eine einfache Möglichkeit ist es, den `select`-Aufruf wegzulassen und einfach nur in einer Schleife immer wieder `read` (oder `sysread`) auf jedem Socket aufzurufen (beziehungsweise `accept` beim Hauptsocket), von dem gelesen werden soll, oder `write` (oder `syswrite`) von jedem Socket, auf den geschrieben werden soll. Hier brauchen wir keine Angst zu haben, daß es zu einer Blockierung kommen könnte. Dieser Ansatz belegt aber ständig CPU-Ressourcen, weil der Prozeß nie im Wartezustand ist. Sie sollten immer versuchen, einen passiven Server zu programmieren.

Es ist Ihnen vielleicht aufgefallen, daß wir uns in dieser Diskussion überhaupt nicht um die Client-Seite gekümmert haben. Wenn ein Client Blockierungen akzeptieren kann, dann ist das überhaupt kein Problem, weil ein Client im Gegensatz zu Servern nie mit mehr als einer Gegenseite kommuniziert. Wenn der Client aber über eine grafische Oberfläche verfügt, kann er sich keine Blockierungen leisten, womit wir wieder bei demselben Problem wären. Wir werden uns in Kapitel 14 wieder mit diesem Thema beschäftigen. In einem System, in dem es keine klare Abgrenzung zwischen »Clients« und »Servern« gibt – ein Beispiel eines solchen Systems von gleichberechtigten Computern wäre ein Cluster von Bankcomputern –, wird jeder Prozeß entsprechend dem Server-Modell implementiert, das auf den letzten Seiten vorgestellt wurde.

Sie sehen, daß alle drei Ansätze Ihre Probleme und Schwierigkeiten haben. Der nächste Abschnitt führt in die Techniken und Strategien ein, die in typischen Produktionsservern eingesetzt werden.

Server für die rauhe Wirklichkeit

Server mit nur einem Thread sind im wesentlichen ereignisgesteuert; Sie führen eine Aufgabe als Antwort auf einen Timeout oder ein I/O-Ereignis aus. Normalerweise verbrauchen sie pro Anfrage nicht sehr viel CPU-Zeit, weil sie schnell wieder in den `select`-Aufruf kommen müssen, um andere Ereignisse zu bedienen, die in der Zwischenzeit aufgelaufen sein können. Die meisten Produktionsserver mit nur einem Thread verwenden zusätzlich noch nicht-blockierende Dateihandles, kombinieren also die zweite und die dritte Möglichkeit aus dem Abschnitt »Mehrere Server bedienen«. Im nächsten Kapitel werden wir auf dieser Basis eine kleine Bibliothek zum Nachrichtentransport implementieren. Der Vorteil, nur einen Thread zu verwenden, liegt darin, daß häufige, schnell zu bearbeitende Anfragen mit sehr wenig Verwaltungsaufwand bewältigt werden können. Darüber hinaus können die Datenstrukturen leicht zwischen allen parallelen Konversationen geteilt oder für zukünftige Konversationen abgespeichert werden. Ein Chat-Server profitiert beispielsweise besonders von einer solchen Architektur.

Die Lösung mit mehreren Prozessen wird gewählt, wenn der Server nicht garantieren kann, wie lange die Bearbeitung einer bestimmten Anfrage dauern wird. Web-Server verwenden diesen Ansatz und starten einfach ein CGI-Programm (Common Gateway Interface), um die eigentliche Konversation mit dem Web-Browser am anderen Ende auszuführen. Der Trend geht heute dazu, kleine, schnelle Aufgaben im Web-Server selbst zu erledigen und andere Programme nur dann zu starten, wenn die Aufgabe den ganzen Server aufhalten könnte. Das Problem liegt natürlich darin, daß das Starten von neuen Prozessen teuer ist, weswegen gern eine feste Zahl von Prozessen im voraus gestartet wird, die dann die jeweilige Aufgabe bei Bedarf übertragen bekommen. Wenn natürlich sehr viel mehr Sockets als vorsorglich gestartete Prozesse vorliegen, dann muß der Serverprozeß select verwenden, um die Anfragen zu verteilen. Wie Sie sehen, sind die im vorangegangenen Abschnitt vorgestellten Möglichkeiten keinesfalls unabhängig voneinander.

Multithreading kommt in Frage, wenn die Umgebung es unterstützt (Perl tut das noch nicht). Im Java-Bereich herrscht große Begeisterung über diesen Ansatz. Dort wird erwartet, daß ein Thread in I/O-Aufrufen blockiert wird; es gibt nicht einmal eine Schnittstelle zu select. Der Vorteil dieses Ansatzes ist der sehr viel geringere Verwaltungsaufwand im Vergleich zur Mehrprozeßversion. Außerdem stehen Ihnen Parallelismus *und* gemeinsame Daten zur Verfügung. Der Nachteil ist die schlechte Performanz typischer Workstations, wenn Sie mehr als etwa vierzig Threads auf Kernel-Ebene starten, so daß nur eine begrenzte Anzahl an Clients gleichzeitig bedient werden kann. Threads unter Solaris sind günstiger, weil hier zwischen niedrigschwelligen Threads auf Benutzerebene und Kernel-Threads unterschieden wird. Die Diskussion erübrigt sich aber, weil dem Perl-Programmierer zur Zeit ja noch keine Threads zur Verfügung stehen.[3]

IO-Objekte und Dateihandles

Perl unterstützt den socket-Aufruf von BSD, der einen Dateihandle zurückliefert – genau wie open das für Dateien und Pipes macht. Dieser Dateihandle kann als Argument für alle eingebauten Ein-/Ausgabeoperatoren wie <>, read, sysread, print, write, syswrite usw. verwendet werden, darüber hinaus auch für socketspezifische Funktionen wie send, recv und setsockopt.

Die Methode new aus dem Modul IO::Socket gibt ein Objekt zurück, das ebenfalls als Parameter für diese I/O-Routinen verwendet werden kann. Intern ruft sie socket auf und verwendet den zum Dateihandle gehörenden Typeglob, um andere Attribute zu speichern; diesen häßlich aussehenden Trick haben Sie bereits in Kapitel 8 im Abschnitt »Effiziente Speicherung von Attributen« kennengelernt. Der Rückgabewert ist also das gleiche Objekt wie das, das an socket übergeben wurde, weswegen es den I/O-Operationen egal ist, welche Option Sie wählen. Ich empfehle, das deutlich einfacher zu benutzende IO::Socket-Modul zu verwenden.

IO::Select ist allerdings eine ganz andere Sache. Wenn die Performanz ein absolut kritischer Punkt ist, sollten Sie das, was sonst IO::Select implementiert, lieber selbst machen:

```
$l_bitmenge = $s_bitmenge = $f_bitmenge = '';
# $socket1 zum Lesen überwachen
vec($l_bitmenge, $socket1->fileno(), 1) = 1;
```

---

3 Wenn Sie dies lesen, könnte sich das mit einem neuen Release von Perl bereits geändert haben. (A. d. Ü.)

```
# $socket2 zum Schreiben überwachen
vec($s_bitmenge, $socket2->fileno(), 1) = 1;
# beide auf Fehler überwachen
$f_bitmenge = $r_bitmenge | $w_bitmenge;

($gefunden, $verbliebene_zeit) =
    select ($l_bitmenge, $s_bitmenge, $f_bitmenge, $timeout);
```

Die native Funktion `select` erwartet drei Bitvektoren, die Mengen von offenen Datei-en, Sockets oder Pipes repräsentieren. Jedes Bit in diesen Bitmengen entspricht einem Dateideskriptor, der wiederum von den dazugehörigen Dateihandles oder IO-Objekten verwaltet wird. Die Methode `fileno()` des Moduls IO::Socket oder die eingebaute Funktion `fileno` können verwendet werden, um diesen Dateideskriptor zu erhalten. Der Rest ist einfach: Wir erzeugen die Bitmengen für die Überprüfung auf Lesbarkeit, Schreibbarkeit und Fehler und benutzen `vec`, um die entsprechenden Bits in jeder Bit-menge zu setzen. Bevor `select` zurückkehrt, verändert es die Bitmengen, um anzuzei-gen, welche Dateideskriptoren zur Ein- oder Ausgabe bereit sind.

Weil diese Bitmengen verändert werden, müssen wir sie immer wieder neu zusammen-setzen, bevor wir `select` erneut aufrufen. Das kann ziemlich teuer werden. Daher wer-den meistens Kopien dieser Mengen angelegt, bevor sie von `select` überschrieben werden:

```
# $l_bitmenge und $s_bitmenge einmal einrichten
...

while (1) {
    ($gefunden, $timeout) = select ($l_kopie = $l_bitmenge,
                                    $s_kopie = $s_bitmenge,
                                    $f_kopie = $f_bitmenge, $timeout);

    # $l_kopie und $w_kopie auf Bereitschaft überprüfen
}
```

Beachten Sie, daß die Zuweisung ausgeführt wird, bevor `select` die Kontrolle erhält. `select` sieht nur $l_kopie, s_kopie und f_kopie, die es gern modifizieren darf.

Die einzige Stelle, an der wir im Vergleich zu IO::Select wirklich Zeit einsparen, ist die direkte Verwendung einer Bitmenge anstelle einer erst aufzubauenden Liste von Datei-handles. In den Applikationen, die ich geschrieben habe, war dieser geringe Effizienz-gewinn den Aufwand nicht wert, weswegen ich IO::Select verwendet habe.

Vorgefertigte Client-Module

Applikationen wie Mailprogramme, FTP, Web-Browser, Telnet und Newsreader ver-wenden TCP/IP und Sockets. Es gibt im CPAN mehrere Bibliotheken, mit denen Sie ei-gene FTP- oder Mailprogramme schreiben können, ohne daß Sie sich über das verwen-dete Protokoll Gedanken machen müssen. (Es gibt allerdings keine Bibliotheken mit diesen Protokollen für die Server-Seite.) In diesem Abschnitt werden wir kurz einen

Blick auf einige interessante Client-Module werfen, die Sie in der Net-Hierarchie als *libnet* im CPAN finden. Diese Packages wurden ebenfalls von Graham Barr geschrieben.

Net::FTP

Dieses Modul implementiert die Client-Seite des File Transfer Protocol und wird folgendermaßen verwendet:

```
use Net::FTP;
$ftp = Net::FTP->new("ftp.digital.com");
die "Konnte keine Verbindung aufbauen: $!" unless $ftp;
$ftp->login('anonymous', 'me@foo.com'); # Gastbenutzer, E-Mail-Adresse als Passwort
$ftp->cwd('/pub/plan/perl/CPAN');       # cwd: Aktuelles Arbeitsverzeichnis wechseln
$ftp->get('index');
$ftp->quit();
```

Dieses Modul unterstützt alle Befehle, die Sie auch im normalen ftp-Programm eingeben können.

So wie dieses Modul derzeit implementiert ist, blockiert der Aufruf von get, bis die gesamte Datei übertragen worden ist. Während es also in Batch-Anwendungen nützlich ist (wie zum Beispiel die nächtliche Spiegelung eines FTP-Servers), können Sie das Modul nicht zum Schreiben grafischer FTP-Clients verwenden.

Net::POP3

Diese Bibliothek stellt eine Schnittstelle zum programmgesteuerten Zugriff auf einen POP-Server (Post Office Protocol) bereit, wie sie beispielsweise bei Einwählverbindungen verwendet wird. Der POP-Server bewahrt die eingehenden E-Mails auf, bis der Mailreader »sie vom Postamt abholt«. Lassen Sie uns ein kleines Beispiel auf der Basis von Net::POP3 ansehen.

Ärgerlicherweise geben Ihnen die meisten PC-basierten Mailprogramme keine Vorschau auf die Nachrichten und lassen Sie nicht entscheiden, ob Sie überhaupt eine davon herunterladen möchten. Es gibt genug Leute, die die Bandbreite des Internets als ihren Privatbesitz betrachten, weswegen Sie oft hilflos zuschauen müssen, wie das letzte Foto von Madonnas Baby langsam durch die Leitung tröpfelt. Der unten gezeigte, in Perl geschriebene POP-Client gibt Ihnen einen Überblick über die Nachrichten, die auf Ihrem POP-Server für Sie liegen: Er zeigt einfach die ersten drei Zeilen aller verfügbaren Nachrichten.

```
use Net::POP3;
$m =
Net::POP3->new('pop.myhost.com');       # Name des POP-Servers
die "Konnte Postfach nicht öffnen" unless $m;
$n = $m->login('sriram', 'foofoo');     # Benutzername, Paßwort
print "Anzahl vorliegender Nachrichten: $n\n";
$r_nachrn = $m->list();                 # Gibt eine Referenz auf einen Hash zurück,
                                        # der die ID auf die Größe abbildet
```

```
foreach $nachr_id (keys %$r_nachrn) {
    print "Nachr $nachr_id (", $r_nachrn->{$nachr_id}, "):\n";
    print "----------------\n";
    $rl_nachr =
    $m->top($nachr_id, 3);  # Die ersten drei Zeilen einer Nachricht abholen
    $, = "\n";
    print @$rl_nachr;
}
$m->quit();
```

Ich benutze eine etwas aufgepeppte Version dieses Skripts, die auf Wunsch auch Nachrichten löschen kann und dann mein normales Mailprogramm startet, um die verbliebenen Nachrichten herunterzuladen.

Ressourcen

1. *perlipc* Dokumentation.

    Behandelt alle verfügbaren IPC-Mechanismen, darunter auch Sockets.

2. *Computer Networks*, 3rd edition. Andrew S. Tanenbaum. Prentice-Hall, 1996.

    Das beste Buch, das jemals über Computernetzwerke geschrieben worden ist.

3. *Unix Network Programming*. W. Richard Stevens. Prentice-Hall, 1990.

4. *Advanced Programming in the Unix Environment*. W. Richard Stevens. Prentice-Hall, 1992.

13

Netzwerkprogrammierung: RPC-Implementierung

> *I waited and waited and waited, and when no message came, I knew it must have been from you.*
> Ashleigh Brilliant

In diesem Kapitel bauen wir auf dem im letzten Kapitel Gelernten auf und implementieren zwei Schichten über den Sockets. Die erste Schicht, Msg, ist ein asynchrones System zur Weiterleitung von Nachrichten, das nicht-blockierende I/O-Operationen benutzt, wo sie verfügbar sind. Darauf aufbauend implementieren wir dann ein Modul für Remote Procedure Call namens RPC. RPC unterstützt solche Bequemlichkeiten wie synchrone Prozeduraufrufe und berücksichtigt Ausnahmen, `wantarray`, das Ver- und Entpacken von Parametern und so weiter.

Bevor wir weitermachen, müssen wir uns aber erst einmal auf eine grundlegende Definition einigen. In Kapitel 12 sind wir über die Definition von »Nachricht« großzügig hinweggegangen. Eine Socket-Verbindung ist einfach nur ein Strom von Bytes und überläßt es der Applikation, die Grenzen zwischen den einzelnen Nachrichten zu definieren, so daß der Empfänger wissen kann, wann eine Nachricht endet und die nächste anfängt. Einige Protokolle verwenden ein spezielles Zeichen, um das Ende einer Nachricht anzuzeigen (zum Beispiel ein beliebig gewähltes Byte wie ASCII 4 (Ctrl-D) oder einen einzelnen Punkt in einer Zeile), andere schicken die Länge der Nachricht vorweg, so daß der Empfänger weiß, wie viele Bytes er zu erwarten hat. Wir benutzen in diesem Kapitel den letzteren Weg.

Msg: ein Toolkit für Nachrichten

In diesem Abschnitt implementieren wie ein Modul namens Msg, ein ereignisgesteuertes Client/Server-Nachrichten-Framework, das die Module IO::Select und IO::Socket verwendet. Es hat folgende wichtige Charakteristiken:

Warteschlangen für Nachrichten
> Sie können Msg anweisen, die Nachrichten entweder sofort zu senden oder für einen späteren Versand in eine Warteschlange zu stellen.

Nicht-blockierende I/O
> Msg überprüft, ob Ihr System POSIX-konform ist, und verwendet in diesem Fall nicht-blockierende I/O-Operationen (wie in Kapitel 12 besprochen). Auf Systemen mit nicht-blockierender I/O, die aber nicht POSIX-konform sind, können Sie eine Klasse von Msg ableiten und zwei Methoden überschreiben, die die Blockierungseigenschaften eines Dateihandles einstellen. Auf einem System, das überhaupt keine nicht-blockierende I/O unterstützt, kann ein Versand oder Empfang blockieren. Aber weil select verwendet wird, um eine günstige Zeit für den Versand oder den Empfang von Nachrichten zu bestimmen, wird die Wahrscheinlichkeit, daß diese Aufrufe blockieren (oder zumindest lange blockieren) deutlich verringert.

Grenzen zwischen Nachrichten
> Msg stellt einfach jedem ausgehenden Buffer vier Bytes voran, die die Nachrichtenlänge enthalten. Die empfangende Seite weiß, daß sie mindestens vier Bytes empfangen muß, und kann durch Auswertung dieser vier Bytes bestimmen, wie viele noch folgen.

Transparenz der Nachrichten
> Msg kümmert sich nicht darum, was in Ihren Nachrichten steht. Das bedeutet, daß Sie vorsichtig sein müssen, wenn Sie binäre Nachrichten an eine andere Architektur schicken wollen. Eine einfache Lösung wäre es, alle Nachrichten in ASCII zu codieren (mit sprintf oder pack). Das RPC-Modul, das wir weiter unten in diesem Kapitel beschreiben werden, benutzt die FreezeThaw-Bibliothek, um eine netzwerktransparente Codierung zu erreichen.

Der folgende Code zeigt einen Client, der Msg verwendet:

```
use Msg;
$conn = Msg->connect('localhost', 8080);
die "Fehler: Konnte keine Verbindung aufbauen\n" unless $conn;
$conn->send_now("Nachricht $i");
($msg, $err) = $conn->rcv_now();
```

connect ist eine statische Methode, die ein *Verbindungs*objekt (eines der Attribute des Objekts ist eine Socket-Verbindung) erzeugt. Die send_now-Methode schickt Nachrichten über diese Verbindung, und die korrespondierende Methode rcv_now wartet, bis eine Nachricht von der anderen Seite kommt. Verzögerte (in die Warteschlange gestellte) Nachrichten werden wir uns gleich noch ansehen.

So könnte ein mit Msg geschriebener Server aussehen:

```perl
use Msg;
use strict;
my $rechner = 'localhost';
my $port = 8080;
Msg->new_server($rechner, $port, \&anmelde_prozedur);
print "Server erzeugt; wartet auf Ereignisse.";
Msg->event_loop();
#-------------------------------------------------------------
sub anmelde_prozedur {
    # Alle eingehenden Verbindungsanfragen bedingungslos akzeptieren
    return \&nachricht_vom_client_empfangen;
}

sub nachricht_vom_client_empfangen {
    my ($conn, $msg, $err) = @_;
    if (defined $msg) {
        print "$msg\n";
    }
}
```

Das Skript ruft `new_server` auf, um einen Socket zu erzeugen, der an einem Port (die Netzwerkadresse des Programms) lauscht. Danach ruft es die Verteilungsschleife für die Ereignisse (einen Ereignis-Dispatcher), `event_loop`, auf, die nur ein dünner Wrapper um `select` ist.

Wenn ein Client versucht, sich zu verbinden, erzeugt Msg ein lokales Verbindungsobjekt und ruft die von Ihnen an `new_server` übergebene Anmeldeprozedur mit dem Verbindungsobjekt als Argument auf. In der Anmeldeprozedur können Sie bei Bedarf den entfernten Rechner und Port abfragen und eine Verbindung ablehnen, indem Sie `undef` zurückgeben. Um die Verbindung zu akzeptieren, geben Sie eine Referenz auf eine Subroutine zurück (in diesem Beispiel `nachricht_vom_client_empfangen`), die jedesmal aufgerufen wird, wenn eine Nachricht auf dieser Verbindung eintrifft. Wenn Sie wollen, können verschiedene Verbindungen verschiedene Empfangsprozeduren haben.

Und so senden oder empfangen Sie Nachrichten verzögert:

```perl
$conn = Msg->connect($entfernter_rechner, $entfernter_port, \&nachricht_vom_server);
$conn->send_later($msg);
Msg->event_loop();
```

Die Methode `connect` akzeptiert genau wie `new_server` eine Referenz auf eine Subroutine. `event_loop` schickt ausgehende Nachrichten, die in die Warteschlange gestellt worden sind, wenn die Verbindung beschreibbar wird, und ist dafür verantwortlich, daß eingehende Nachrichten an die zugehörigen lokalen Subroutinen verteilt werden (verzögertes Empfangen). Beachten Sie, daß auch ein Client `event_loop` verwenden muß, wenn er verzögerte Nachrichten verwenden will.

Haben Sie bemerkt, wie sich die Grenzen zwischen »Client« und »Server« verwischen? Beide haben Ereignisschleifen (*event loops*) (obwohl der Client eine solche nur zum verzögerten Verschicken von Nachrichten benötigt) und antworten auf eingehende

Nachrichten. In einer traditionellen Client/Server-Situation wie einer Datenbankverbindung leitet der Client die Konversation (mit `connect`) ein und stellt die Fragen. Der Server leitet nie von sich aus eine Anfrage ein. In einer Situation mit gleichberechtigten Partnern (*Peer-to-Peer-Modell*) wie bei einem Telefongespräch leitet eine Seite die Konversation ein, aber wenn die Verbindung einmal eingerichtet ist, können beide Seiten Nachrichten senden. Msg unterstützt dieses Modell.

Andere Dateihandles können in die Ereignisschleife mit einbezogen werden:

```
Msg->set_event_handler (\*STDIN, "read" => \&tastatur_eingabe);
```

Der Prozeß kann jetzt auf Tastatureingaben reagieren und trotzdem noch mit einem Ohr auf eingehende Nachrichten hören oder im Hintergrund ausgehende, in der Warteschlange stehende Nachrichten verschicken.

Alle ereignisgesteuerten Frameworks unterstützen Timer-Ereignisse, um periodisch eine Hintergrundverarbeitung anzustoßen. Wenn Sie eine sehr zeitaufwendige Aufgabe haben, müssen Sie diese in kleine Verarbeitungsschritte aufteilen und einen Timer (mit einem Timeout von null Sekunden) verwenden, um den nächsten Teilschritt anzustoßen. Auf diese Weise kehren Sie nach jedem Teilschritt wieder in die Ereignisschleife zurück und haben die Möglichkeit, andere Nachrichten zu verarbeiten, die seitdem eingegangen sind. Weil es in diesem Kapitel um die Netzwerkprogrammierung geht, habe ich mir nicht die Mühe gemacht, eine Timer-Unterstützung in Msg einzubauen. Es ist aber ziemlich einfach, das zu ergänzen, weil `select` selbst schon eine Timeout-Funktion mit einer Auflösung von einer Millisekunde bietet.

Die Implementierung von Msg

Msg stellt die Schnittstelle aus Tabelle 13-1 bereit.

Tabelle 13-1: Die Schnittstelle von Msg

Methode	Beschreibung
`connect(rechner, port, [empf_cb])`	Verbindet sich mit einem Server an dem Port auf dem entfernten Rechner und gibt ein Verbindungsobjekt zurück. `empf_cb` ist eine Referenz auf eine benutzerdefinierte Subroutine, die folgendermaßen aufgerufen wird, wenn die Gegenseite eine Nachricht (zu einem beliebigen Zeitpunkt) schickt: `empf_cb($conn, $msg, $err)` `verb` ist das Verbindungsobjekt, das zum Senden von Nachrichten oder zum Abbruch der Verbindung verwendet wird. `nachr` ist die empfangene Nachricht; dieser Wert ist `undef`, wenn die Verbindung von der anderen Seite geschlossen wurde. (Msg schließt die Verbindung auf dieser Seite automatisch, wenn das passiert.) `fehler` enthält, wenn vorhanden, den letzten Fehlercode von `sysread`.

Tabelle 13-1: Die Schnittstelle von Msg (Fortsetzung)

Methode	Beschreibung
`$conn->send_now($msg)`	Schickt die Nachricht sofort und blockiert falls notwendig. Wenn noch Nachrichten in der Warteschlange stehen, werden diese zuerst geschickt, bevor `nachr` an der Reihe ist.
`$conn->send_later($msg)`	Stellt die Nachricht in die Warteschlange, die zum Verbindungsobjekt gehört, und überläßt es `event_loop` (siehe unten), die Nachricht abzuschikken, wenn der Socket schreibbar wird. Sie müssen also irgendwann `event_loop` aufrufen, sonst wird die Nachricht nie abgeschickt.
`$conn->disconnect()`	Schließt die Verbindung.
`($msg, $err) = $conn->rcv_now()`	Blockiert, bis eine vollständige Nachricht empfangen werden konnte. Die an `connect` übergebene Callback-Funktion wird nicht aufgerufen. In einem skalaren Kontext wird nur die Nachricht übergeben, ansonsten auch ein eventuell vorhandener Fehlercode.
`new_server($dieserrechner, $dieserport, [anmelde_prozedur])`	Eine statische Methode, die einen Socket erzeugt, der auf `dieserrechner` an `dieserport` lauscht. Wenn ein Socket auf der Gegenseite versucht, eine Verbindung aufzubauen, wird `anmelde_prozedur` aufgerufen und bekommt das Verbindungsobjekt und den entfernten Rechner und Port als Argumente übergeben. Wenn `anmelde_prozedur` `undef` übergibt, wird die Verbindung geschlossen.
`set_event_handler( $handle, ["read" => lese_callback], ["write" => schreib_ callback])`	`handle` kann für einen Socket, eine Datei oder eine Pipe stehen oder ein Abkömmling von IO::Handle sein. Die Callback-Funktionen werden von `event_loop` gerufen, wenn die zugehörigen Dateideskriptoren lesbar oder schreibbar werden. Wenn Sie `undef` als Wert für eine Callback-Funktion übergeben, wird eine bereits registrierte Callback-Funktion entfernt. Es kann nur eine Callback-Funktion pro Handle und Typ geben.
`event_loop ([anzahl])`	Führt die select-Schleife `anzahl`-mal aus (per Default unendlich oft). Diese Schleife beendet sich, wenn keine Handles registriert worden sind. Im RPC-Modul sehen Sie ein Beispiel, wie `anzahl` verwendet werden kann.

Die Implementierung von Msg kann in vier logische Teile aufgeteilt werden:

- *Senderoutinen*: Um Verbindungen mit entfernten Prozessen aufzubauen und Daten an diese zu übertragen.

- *Empfangsroutinen*: Zum Empfang von Benachrichtigungen, wenn eine Nachricht oder eine Verbindungsanfrage eintrifft.

- *Unterstützung für nicht-blockierende I/O*: Routinen, um ein Socket blockierend oder nicht-blockierend zu machen, wenn die Plattform das POSIX-Modul unterstützt.

- *Unterstützung für Ereignisschleifen*: Um Ereignisse im Zusammenhang mit Dateien weiterzuleiten.

Lassen Sie uns mit den Senderoutinen anfangen:

```
package Msg;
use strict;
use IO::Select;
use IO::Socket;
use Carp;
use vars qw(%rd_callbacks %wt_callbacks $rd_handles $wt_handles);
%rd_callbacks = ();
%wt_callbacks = ();
$rd_handles   = IO::Select->new();
$wt_handles   = IO::Select->new();
my $blocking_supported = 0;
```

Msg: Senderoutinen

```
sub connect {
    my ($pkg, $to_host, $to_port,$rcvd_notification_proc) = @_;
    # Neuen Internet-Socket erzeugen
    my $sock = IO::Socket::INET->new (
                              PeerAddr => $to_host,
                              PeerPort => $to_port,
                              Proto    => 'tcp');

    return undef unless $sock;
    # Verbindungsendpunktobjekt erzeugen
    my $conn = bless {
        sock                   => $sock,
        rcvd_notification_proc => $rcvd_notification_proc,
    }, $pkg;

    if ($rcvd_notification_proc) {
        # _rcv und $conn in einer Closure bündeln
        my $callback = sub {_rcv($conn)};
        set_event_handler ($sock, "read" => $callback);
    }
    $conn;
}
```

`connect` erzeugt einen Client-Socket und das bereits erwähnte Verbindungsobjekt. Das Verbindungsobjekt ist der Kommunikationsendpunkt und hat die folgenden Attribute:

`sock`

> Das Socket-Objekt (der Klasse `IO::Socket::INET`)

`rcvd_notification_proc`

> Eine Callback-Funktion, die beim Empfangen einer Nachricht aufgerufen werden soll.

`queue`

> Eine Referenz auf eine Liste zwischengespeicherter Nachrichten

`send_offset`

> Im nicht-blockierenden Modus ist unvollständiges Schreiben möglich. Wenn ein Socket blockiert, merken wir uns, wieviel von der nächsten Nachricht in der Warteschlange bereits gesendet worden ist.

`msg`

> Im nicht-blockierenden Modus enthält `msg` eine unvollständige eingehende Nachricht...

`bytes_to_read`

> ...und `bytes_to_read` enthält die Anzahl der Bytes, die noch fehlen.

Wenn die Verbindung einmal aufgebaut ist, kann jede Seite ihr lokales Verbindungsobjekt verwenden, um mit der anderen Seite Nachrichten auszutauschen.

Wenn der Benutzer eine Callback-Funktion angibt (`$rcvd_notification_proc`), dann wird der Ereignishandler so aufgesetzt, daß er zunächst eine interne Routine namens `_rcv` aufruft, welche wiederum die Callback-Funktion aufruft, wenn eine Nachricht vollständig empfangen worden ist.

```
sub disconnect {
    my $conn = shift;
    my $sock = delete $conn->{sock};
    return unless defined($sock);
    set_event_handler ($sock, "read" => undef, "write" => undef);
    close($sock); undef $!; # Idealerweise sollten hier Fehler aus dem close-Aufruf
                            # behandelt werden
}

sub send_now {
    my ($conn, $msg) = @_;
    _enqueue ($conn, $msg);
    $conn->_send (1); # 1 ==> Warteschlange leeren
}
```

`send_now` stellt die Nachricht in die Warteschlange und ruft `_send` auf, um diese und andere möglicherweise noch in der Schlange stehende Nachrichten sofort abzuschikken.

```
sub send_later {
    my ($conn, $msg) = @_;
    _enqueue($conn, $msg);
    my $sock = $conn->{sock};
    return unless defined($sock);
    set_event_handler ($sock, "write" => sub {$conn->_send(0)});
}
```

send_later stellt die Nachricht in die Warteschlange und meldet einen »Schreib«-Callback an, der später aufgerufen werden wird, wenn event_loop aufgerufen wird und der Dateideskriptor geschrieben werden kann.

```
sub _enqueue {
    my ($conn, $msg) = @_;
    # Länge voranstellen (als long-Wert in Netzwerkdarstellung)
    my $len = length($msg);
    $msg = pack ('N', $len) . $msg;
    push (@{$conn->{queue}}, $msg);
}
```

_enqueue stellt jeder Nachricht die Länge voran und stellt sie in die Warteschlange, die zur jeweiligen Verbindung gehört. Die Länge wird als »netzwerkunabhängiger long-Wert« (eine 32 Bit große Zahl) codiert, so daß die empfangende Seite weiß, daß sie genau vier Bytes lesen muß, um diese Zahl zu erhalten. Wie bereits erwähnt, werden in der Nachricht selbst Probleme der Byte-Reihenfolge nicht berücksichtigt.

```
sub _send {
    my ($conn, $flush) = @_;
    my $sock = $conn->{sock};
    return unless defined($sock);
    my ($rq) = $conn->{queue};    # rq steht für eine Ref. auf eine Queue

    # Wenn $flush gesetzt ist, wird Socket auf blockierend geschaltet. Alle Nachrichten
    # in der Queue werden abgeschickt. Im Fehlerfall wird sofort zurückgesprungen.
    # Wenn $flush 0 ist (verzögerter Modus), dann wird der Socket auf nicht-blockierend
    # geschaltet und nach jeder Nachricht in die Ereignisschleife zurückgesprungen
    # (oder wenn es zu einer Blockierung während des Verschickens einer Nachricht kommt).

    $flush ? $conn->set_blocking() : $conn->set_non_blocking();
    my $offset = (exists $conn->{send_offset}) ? $conn->{send_offset} : 0;
    while (@$rq) {
        my $msg           = $rq->[0];
        my $bytes_to_write = length($msg) - $offset;
        my $bytes_written  = 0;
        while ($bytes_to_write) {
            $bytes_written = syswrite ($sock, $msg,
                                       $bytes_to_write, $offset);
            if (!defined($bytes_written)) {
                if (_err_will_block($!)) {
                    # Sollte nur im verzögerten Modus passieren.
                    # Wir merken uns, wieviel bereits gesendet worden ist.
                    $conn->{send_offset} = $offset;
                    # Der Ereignishandler sollte bereits eingerichtet sein,
```

```
                # so daß wir irgendwann wieder gerufen werden und mit dem Versand
                # weitermachen.
                return 1;
            } else {     # Au weh
                $conn->handle_send_err($!);
                return 0; # Fehler. Die Nachrichten bleiben in der Warteschlange.
            }
        }
        $offset          += $bytes_written;
        $bytes_to_write -= $bytes_written;
    }
    delete $conn->{send_offset};
    $offset = 0;
    shift @$rq;
    last unless $flush; # Zurück zum select und warten, daß es wieder auslöst.
}
# Diese Funktion wieder aufrufen, wenn noch etwas in der Warteschlange steht.
if (@$rq) {
    set_event_handler ($sock, "write" => sub {$conn->_send(0)});
} else {
    set_event_handler ($sock, "write" => undef);
}
1;  # Alles klar!
}
```

_send leistet die eigentliche Arbeit beim Versand einer Nachricht und wird entweder direkt von send_now oder als Callback-Funktion aus event_loop gerufen. Wenn der Aufruf aus send_now heraus geschah, wird der Socket in den blockierenden Modus geschaltet, und alle Nachrichten werden versendet. Kam der Aufruf dagegen aus der Ereignisschleife, dann wird der Socket in den nicht-blockierenden Modus geschaltet und höchstens eine Nachricht zur Zeit verschickt, bevor in die Ereignisschleife zurückgesprungen wird. So können auch andere Verbindungen an die Reihe kommen. Wenn syswrite mitteilt, daß es blockieren wird, merkt sich _send, wieviel von der Nachricht bereits gesendet wurde (im Attribut send_offset), und springt in die Ereignisschleife zurück. In allen Fällen wird berücksichtigt, daß syswrite eventuell nur einen Teil des Puffers senden kann.

```
sub handle_send_err {
    # Wenn Sie eine bessere Fehlerbehandlung haben wollen, leiten Sie
    # eine Klasse von Msg ab.
    my ($conn, $err_msg) = @_;
    warn "Fehler beim Senden: $err_msg \n";
    set_event_handler ($conn->{sock}, "write" => undef);
}
```

Das ist eine ziemlich schwache Fehlerbehandlung, die nichts weiter macht, als die Benachrichtigung aus der Ereignisschleife abzuschalten. Das Verbindungsobjekt wird überhaupt nicht angefaßt, so daß Sie eventuell dort weitermachen können, wo Sie aufgehört haben. Dazu müssen Sie diese Methode in einer abgeleiteten Klasse überschreiben (ein Beispiel finden Sie im weiter unten beschriebenen RPC-Modul).

Msg: Empfangsseitige Routinen

Die Prozeduren in diesem Abschnitt implementieren die wartende Seite:

```perl
my ($g_login_proc, $g_pkg);  # Das Präfix g_ steht für global.
my $main_socket = 0;
sub new_server {
    @_ == 4 || die "new_server (myhost, myport, login_proc)\n";
    my ($pkg, $my_host, $my_port, $login_proc) = @_;

    $main_socket = IO::Socket::INET->new (
                                LocalAddr => $my_host,
                                LocalPort => $my_port,
                                Listen    => 5,
                                Proto     => 'tcp',
                                Reuse     => 1);
    die "Konnte den Socket nicht anlegen: $! \n" unless $main_socket;
    set_event_handler ($main_socket, "read" => \&_new_client);
    $g_login_proc = $login_proc; $g_pkg = $pkg;
}
```

new_server ist connect in gewissem Sinne ähnlich. Es erzeugt einen lauschenden Socket und registriert die benutzerdefinierte Anmeldeprozedur beim Ereignishandler. (Client-Programme, die keine verzögerten Nachrichten senden oder empfangen wollen, brauchen weder new_server noch event_loop aufrufen.) Diese Anmeldeprozedur wird nicht aufgerufen, bevor der Server event_loop aufruft *und* eine Verbindungsanfrage eintrifft. Im Gegensatz zu connect legt new_server noch kein Verbindungsobjekt an, das ist die Aufgabe von _new_client:

```perl
sub _new_client {
    my $sock = $main_socket->accept();
    my $conn = bless {
        'sock' => $sock,
        'state' => 'connected'
    }, $g_pkg;
    my $rcvd_notification_proc = &$g_login_proc ($conn);
    if ($rcvd_notification_proc) {
        $conn->{rcvd_notification_proc} = $rcvd_notification_proc;
        my $callback = sub {_rcv($conn)};
        set_event_handler ($sock, "read" => $callback);
    } else {   # Anmeldung fehlgeschlagen
        $conn->disconnect();
    }
}
```

_new_client wird aufgerufen, wenn eine Verbindungsanfrage eintrifft. Nach dem accept erhält die benutzerdefinierte Anmeldeprozedur die Möglichkeit, die Verbindung zu akzeptieren oder abzulehnen. Wenn die Anmeldeprozedur die Verbindung akzeptiert, gibt sie eine Referenz auf eine Subroutine zurück. Diese Codereferenz wird mit dem frisch angelegten Verbindungsobjekt verknüpft und wird aufgerufen, wenn eine Nachricht auf dieser Verbindung eintrifft. _rcv wird als Standard-Callback-Funktion für alle eintreffenden Nachrichten (auf allen Verbindungen) installiert und sammelt eine Nachricht vollständig ein, bevor die erwähnte Codereferenz aufgerufen wird.

```perl
sub _rcv {                            # Gegenstück zu send
    my ($conn, $rcv_now) = @_; # $rcv_now ist das Gegenstück zu $flush
    # Herausfinden, ob und wieviel bereits empfangen worden ist
    my ($msg, $offset, $bytes_to_read, $bytes_read);
    my $sock = $conn->{sock};
    return unless defined($sock);
    if (exists $conn->{msg}) {
        $msg          = $conn->{msg};
        delete $conn->{'msg'};               # Wir haben eine Kopie
        $offset        = length($msg);       # sysread hängt hinten an
        $bytes_to_read = $conn->{bytes_to_read};
    } else {
        # Der typische Fall...
        $msg          = "";                  # Sonst beschwert sich -w
        $offset        = 0 ;
        $bytes_to_read = 0 ;                 # Wird bald gesetzt
    }
    # Im blockierenden Modus wollen wir die Nachrichtenlänge lesen.
    # Es ist unwahrscheinlich, daß wir schon in den ersten 4 Bytes blockiert werden.
    if (!$bytes_to_read)  {               # Neue Länge holen
        my $buf;
        $conn->set_blocking();
        $bytes_read = sysread($sock, $buf, 4);
        if ($! || ($bytes_read != 4)) {
            goto FINISH;
        }
        $bytes_to_read = unpack ('N', $buf);
    }
    $conn->set_non_blocking() unless $rcv_now;
    while ($bytes_to_read) {
        $bytes_read = sysread ($sock, $msg, $bytes_to_read, $offset);
        if (defined ($bytes_read)) {
            if ($bytes_read == 0) {
                last;
            }
            $bytes_to_read -= $bytes_read;
            $offset         += $bytes_read;
        } else {
            if (_err_will_block($!)) {
                # Hierhin sollten wir nur im nicht-blockierenden Modus kommen
                $conn->{msg}          = $msg;
                $conn->{bytes_to_read} = $bytes_to_read;
                return ; # ... in die Ereignisschleife. _rcv wird
                         # später aufgerufen, wenn der Socket wieder lesbar ist.
            } else {
                last;
            }
        }
    }
    # Nachricht erfolgreich gelesen
```

```
FINISH:
    if (length($msg) == 0) {
        $conn->disconnect();
    }
    if ($rcv_now) {
        return ($msg, $!);
    } else {
        &{$conn->{rcvd_notification_proc}}($conn, $msg, $!);
    }
}
```

_rcv ist das Gegenstück zu _send und macht die Drecksarbeit beim Empfangen von Daten. Im Gegensatz zu _send weiß _rcv nicht, wie viele Daten es zu erwarten hat, aber die Methode weiß, daß die ersten vier Bytes jeder Nachricht die codierte Länge des Restes der Nachricht enthalten. Um die Angelegenheit zu vereinfachen, schaltet sie den Socket in den blockierenden Modus, bevor sie versucht, diese vier Bytes zu lesen. Das geschieht in der (nicht unbegründeten) Hoffnung, daß eine Blockierung beim Lesen dieser vier Bytes nicht zu lange dauern wird, wenn sie überhaupt vorkommt. Wenn die Länge einmal bestimmt worden ist, wird der Modus wenn nötig wieder auf nicht-blockierend geschaltet, und das Lesen vom Socket geht weiter. Wie _send muß auch _rcv berücksichtigen, daß sysread weniger Daten als gewünscht zurückliefert oder eine Fehlermeldung zurückgibt, daß es blockieren würde. Wenn der Socket blockieren würde, kopiert _rcv den bereits empfangenen Teil der Nachricht in das Verbindungsobjekt, merkt sich die Anzahl der Bytes, die noch gelesen werden müssen, und springt zurück. Die Methode wird später wieder von der Ereignisschleife aus aufgerufen. Wenn ein Fehler aufgetreten ist, wird die Verbindung automatisch abgebrochen.

```
sub rcv_now {
    my ($conn) = @_;
    my ($msg, $err) = _rcv ($conn, 1); # 1 bedeutet sofort empfangen
    return wantarray ? ($msg, $err) : $msg;
}
```

Msg: Unterstützung nicht-blockierender I/O

```
BEGIN {
    eval {
        require POSIX; POSIX->import(qw(F_SETFL O_NONBLOCK EAGAIN));
    };
    $blocking_supported = 1 unless $@;
}
```

BEGIN überprüft, ob es das POSIX-Modul laden kann und setzt in diesem Fall $blocking_supported auf 1. Das wird in den folgenden Routinen verwendet:

```
sub _err_will_block {
    if ($blocking_supported) {
        return ($_[0] == EAGAIN());
    }
    return 0;
}
```

```
sub set_non_blocking {
    if ($blocking_supported) {
        # andere fcntl-Schalter erhalten
        my $flags = fcntl ($_[0], F_GETFL(), 0);
        my $conn = shift;
        fcntl ($conn->{sock}, F_SETFL(), $flags | O_NONBLOCK());
    }
}
sub set_blocking {
    if ($blocking_supported) {
        my $flags = fcntl ($_[0], F_GETFL(), 0);
        $flags &= ~O_NONBLOCK(); # Blockieren-Schalter entf., die anderen erhalten
        my $conn = shift;
        fcntl ($conn->{sock}, F_SETFL(), $flags);
    }
}
```

set_blocking und set_non_blocking rufen beide, wie im letzten Kapitel beschrieben, fcntl auf. F_SETFL setzt die Schalter des Dateideskriptors auf die von Ihnen angegebene Bitmaske, so daß wir aufpassen müssen, bereits gesetzte Schalter nicht zu beeinflussen.

Msg: Routinen für die Ereignisschleife

Die Hilfsroutinen für die Ereignisschleife verwenden IO::Select, um Mengen von Datei- und Sockethandles zu verwalten. Die Sende- und Empfangsroutinen, die wir schon beschrieben haben, rufen diese Routinen auf, aber weil diese Prozeduren keine Vermutungen darüber anstellen, wer sie aufruft, sind sie logisch gesehen auf einer niedrigeren Ebene angesiedelt. Das bedeutet, daß Sie nur die unten gezeigten Routinen neu schreiben müssen (unter Beibehaltung der Schnittstelle), um Msg zusammen mit einem anderen ereignisgesteuerten Toolkit zu verwenden. Um beispielsweise Msg zusammen mit Tk zu verwenden, können Sie set_event_handler (siehe unten) einfach seine Funktionalität an die äquivalente Tk-Prozedur namens fileevent (siehe Kapitel 14) delegieren lassen. Entsprechend könnte event_loop einfach die run-Methode von Tk verwenden, anstatt IO::Select aufzurufen.

```
sub set_event_handler {
    shift unless ref($_[0]); # shift, wenn das erste Argument der Package-Name ist
    my ($handle, %args) = @_;
    my $callback;
    if (exists $args{'write'}) {
        $callback = $args{'write'};
        if ($callback) {
            $wt_callbacks{$handle} = $callback;
            $wt_handles->add($handle);
        } else {
            delete $wt_callbacks{$handle};
            $wt_handles->remove($handle);
        }
    }
    if (exists $args{'read'}) {
        $callback = $args{'read'};
```

```
        if ($callback) {
            $rd_callbacks{$handle} = $callback;
            $rd_handles->add($handle);
        } else {
            delete $rd_callbacks{$handle};
            $rd_handles->remove($handle);
        }
    }
}
```

set_event_handler merkt sich einfach die Lese- und Schreib-Callback-Funktionen, indem es den Handle als Index in einer Hashtabelle verwendet. Um eine Callback-Funktion zu entfernen, rufen Sie einfach set_event-handler mit undef als Callback-Wert auf.

```
sub event_loop {
    my ($pkg, $loop_count) = @_;
    my ($conn, $r, $w, $rset, $wset);
    while (1) {
        # Schleife beenden, wenn keine Handles mehr zu bearbeiten sind
        last unless ($rd_handles->count() || $wt_handles->count());
        ($rset, $wset) =
            IO::Select->select ($rd_handles, $wt_handles, undef, undef);
        foreach $r (@$rset) {
            &{$rd_callbacks{$r}} ($r) if exists $rd_callbacks{$r};
        }
        foreach $w (@$wset) {
            &{$wt_callbacks{$w}}($w) if exists $wt_callbacks{$w};
        }
        if (defined($loop_count)) {
            last unless --$loop_count;
        }
    }
}
```

event_loop ist normalerweise eine Endlosschleife, kann aber angewiesen werden, nur eine begrenzte Anzahl von Schleifendurchläufen durchzuführen. Dahinter steckt die Idee, daß man andere Ereignisse verteilen will, ohne die Kontrolle an eine Endlosschleife abzugeben. In der RPC-Implementierung im nächsten Abschnitt wird ein Wert von 1 verwendet, um Nachrichten kontrolliert zu verteilen.

Remote Procedure Calls (RPC)

In diesem Abschnitt verwenden wir die Msg-Bibliothek, um ein Modul für Remote Procedure Calls namens *RPC.pm* zu implementieren. Mit RPC kann man eine Subroutine in einem anderen Prozeß aufrufen, und diese verhält sich genauso, als wäre sie im eigenen Prozeß. Die folgenden Merkmale halten wir bei normalen Subroutinen für selbstverständlich; beim RPC-Modul müssen sie implementiert werden:

Synchronizität

Der Aufrufer wartet, bis die aufgerufene Prozedur fertig abgelaufen ist. Das RPC-Modul ruft `Msg::send_now` und `MSG::rcv_now` auf, um dieses blockierende Verhalten zu erreichen.

Parameter

Eine Perl-Subroutine kann eine beliebige Anzahl von Parametern beliebiger Typen (einschließlich Objektreferenzen, komplexen Datenstrukturen und anderen Subroutinen) verwenden. Das RPC-Modul benutzt das in Kapitel 10 beschriebene Modul FreezeThaw, um die Parameter einzupacken (*marshalling*): Alle Parameter werden serialisiert, in einen einzigen String codiert (*eingefroren*) und auf der anderen Seite wieder herausgeholt (*aufgetaut*). Das bedeutet, daß alle Datenstrukturen, die als Referenz geschickt werden, in Gänze kopiert werden, so daß die empfangende Subroutine auf der anderen Seite eine Referenz auf ein Objekt bekommen kann (als ob sie im gleichen Prozeß wäre). FreezeThaw – und deswegen auch RPC – behandeln Codereferenzen nicht, weil es (in Perl) keine Möglichkeit gibt, eine Codereferenz zu decodieren und den Text der Subroutine herauszuholen (weil sie in Maschinencode kompiliert sein könnte). Wir könnten eine Dummy-Subroutine auf der entfernten Seite anlegen und diese wiederum zu einem verschachtelten RPC-Aufruf auf die echte Codereferenz veranlassen. Das ist aber in der derzeitigen Implementierung nicht vorgesehen (wenn auch nicht ausgeschlossen).

Kontext

Eine Subroutine kann `wantarray` benutzen, um herauszufinden, ob der Aufrufer einen Listen- oder einen skalaren Kontext verwendet hat. Es sollte dabei keine Rolle spielen, daß die Subroutine von einem entfernten Prozeß aufgerufen wird. Das RPC-Modul sorgt für die notwendige Transparenz. Ein anderes Beispiel von zu erhaltendem Kontext (hier nicht zu verwechseln mit der Perl-Sonderbedeutung von Kontext) ist das Package des Aufrufers. Wenn Sie `foo()` schreiben, meinen Sie damit `foo()` im aktuellen Package.

Ausnahmen

Eine Subroutine kann `die` aufrufen und erwarten, daß der Aufrufer das abfängt. Die empfangende Seite von RPC ruft die gewünschte Subroutine in einem `eval` auf und schickt im Ausnahmefall eine Nachricht an den aufrufenden Prozeß zurück, der dann wiederum `die` mit der übertragenen Fehlermeldung in seinem eigenen Prozeßraum aufruft.

Wechselseitige Rekursion

Die Subroutine A kann die Subroutine B aufrufen, die dann wiederum A aufrufen kann. Das nennt man wechselseitige Rekursion (*mutual recursion*). RPC erlaubt das, weil es eingehende Nachrichten verarbeiten kann, während es durch ein send blockiert wird.

Keine Deadlocks

Traditionelle RPC-Systeme können mit Deadlocks Probleme bekommen, wenn zwei gleichberechtigte Prozesse einander zur selben Zeit aufrufen; denn wie wir bereits in Kapitel 12 gesehen haben, sind beide zu unhöflich, um zuzuhören, was der andere zu sagen hat.

Keine Codegenerierung

Typische RPC-Systeme generieren client- und server-seitige Code-Stubs, aber unser RPC-Modul hat das nicht nötig – ein Vorteil der dynamischen Aspekte von Perl.

RPC benutzen

Lassen Sie uns jetzt an einem Beispiel sehen, wie das RPC-Modul benutzt wird. Zunächst der Client:

```
# Codebeispiel für den Client
use RPC;
my $conn = RPC->connect($rechner, $port);
my $antwort = $conn->rpc('fragen_sie_frau_erika',
                         "Warum ist die Banane krumm?");
print "$antwort\n";
```

Der Client richtet zu einem gegebenen Rechner und Port eine RPC-Verbindung ein. Eine Subroutine, die normalerweise als

```
$antwort = fragen_sie_frau_erika ($frage);
```

aufgerufen wird, wird mit RPC folgendermaßen aufgerufen:

```
$antwort = $conn->rpc ("fragen_sie_frau_erika", $frage);
```

Der Client-Code *weiß*, daß er einen RPC-Aufruf macht. Es ist aber wirklich ziemlich einfach, das transparent zu machen (wie es die meisten RPC-Systeme tun). Mit `eval` können wir dynamisch ein Dummy-Codestück namens `fragen_sie_frau_erika` erzeugen, das dann `rpc()` aufruft.

Die aufgerufene Subroutine weiß dagegen nicht, ob sie lokal oder von einem entfernten Prozeß aufgerufen worden ist (es sei denn, sie verwendet `caller()`, um das herauszufinden).

Der entfernte Prozeß (nennen wir ihn den RPC-Server) stellt die gewünschten Subroutinen bereit und ruft `new_server` und `event_loop` auf, um eingehende RPC-Aufrufe anzunehmen; `fragen_sie_frau_erika` wird zum richtigen Zeitpunkt aufgerufen. So einfach ist das.

```
# Server Ccito
RPC->new_server($rechner, $port);
RPC->event_loop();

sub fragen_sie_frau_erika {  # Beispielroutine, die vom Client aufgerufen werden kann
    print "Frage: @_\n";
    return "Keine Ahnung";
}
```

Schauen wir uns jetzt ein Beispiel für eine RPC-Kommunikation zwischen *gleichberechtigten Prozessen* an. Prozeß 1 (gekennzeichnet durch `$rechner1`, `$port1`) ruft die Subroutine `zwei` im Prozeß 2 (`$rechner2`, `$port2`) auf, der wiederum die Subroutine `eins` im Prozeß 1 aufruft.

Prozeß 1 sieht folgendermaßen aus:

```
sub eins {
    print "Eins aufgerufen\n";
}
$conn2 = RPC->new_server($rechner2, $port2);
$conn2->rpc ("zwei");
```

Prozeß 2 sieht so aus:

```
sub zwei {
    print "Zwei aufgerufen\n";
}
$conn1 = RPC->new_rpc_server($rechner1, $port1);
$conn1->rpc ("eins");
```

Jeder Prozeß ruft `new_rpc_server` auf, um einen wartenden Port einzurichten. Weil die Funktion `rpc` auf eingehende Nachrichten hört, während noch Daten herausgeschickt werden, muß kein Prozeß ausdrücklich `event_loop` aufrufen. Länger laufende Prozesse sollten das natürlich trotzdem tun.

RPC: Implementierung

Die RPC-Implementierung ist dank der Module FreezeThaw und Msg überraschend klein. Sie ist von Msg abgeleitet, um die gleichen Abstraktionen für Verbindungen und die Ereignisschleife bereitzustellen.

Schauen wir uns zunächst die aufrufende Seite an:

```
package RPC;
use Msg;
use strict;
use Carp;
@RPC::ISA = qw(Msg);
use FreezeThaw qw(freeze thaw);

sub connect {
    my ($pkg, $host, $port) = @_;
    my $conn = $pkg->SUPER::connect($host,$port, \&_incoming_msg);
    return $conn;
}
```

`connect` ruft einfach die Methode `connect` aus dem Package Msg auf, wobei `_incoming_msg` als zu rufende Subroutine für alle eingehenden Nachrichten (einschließlich Antworten auf Subroutinenaufrufe und Dateiendebenachrichtigungen) registriert wird. Die connect-Methode legt ein Verbindungsobjekt an und markiert dieses durch `bless` mit dem Package RPC. Sowohl Msg als auch RPC sind so geschrieben worden, daß andere Module von ihnen abgeleitet werden können; der Name des Packages ist nicht hart codiert.

```perl
my $g_msg_id = 0;
my $send_error = 0;
sub handle_send_error {
    $send_error = $!;
}
```

`handle_send_err` überschreibt `Msg::handle_send_err` und speichert die Fehler ab, die beim Versenden einer Nachricht aufgetreten sein könnten. Dieser Fehlercode wird in der gleich gezeigten Methode `rpc` abgefragt. Die Fehlerbehandlung sowohl in RPC als auch in Msg ist sicherlich nicht besonders wasserdicht und muß noch deutlich verbessert werden, bevor sie sicher in einer im echten Einsatz befindlichen Applikation angewendet werden kann.

```perl
sub rpc {
    my $conn = shift;
    my $subname = shift;

    $subname = (caller() . '::' . $subname) unless $subname =~ /:/;
    my $gimme = wantarray ? 'a' : 's';  # Array oder Skalar
    my $msg_id = ++$g_msg_id;
    my $serialized_msg = freeze ('>', $msg_id, $gimme, @_);
    # Senden und Empfangen
    $conn->send_later ($serialized_msg);
    do {
        Msg->event_loop(1); # Andere Nachrichten weiterleiten, bis eine Antwort kommt
    } until (exists $conn->{rcvd}->{$msg_id} || $send_error);
    if ($send_error) {
        die "RPC_Fehler: $send_error";
    }

    # Nachricht aus der Warteschlange nehmen
    my $rl_retargs = delete $conn->{rcvd}->{$msg_id}; # Referenz auf Liste
    if (ref($rl_retargs->[0]) eq 'RPC::Error') {
        die ${$rl_retargs->[0]};
    }
    wantarray ? @$rl_retargs : $rl_retargs->[0];
}
```

`rpc` verwendet die Methode `freeze` aus dem Modul FreezeThaw, um die folgenden Informationen in einen großen String zu packen:

*   Der Name der entfernten Subroutine. Der Name des aufrufenden Moduls wird vorangestellt, wenn der Name der Subroutine nicht voll qualifiziert ist. Das ist das normale, erwartete Verhalten einer Subroutine.

*   Die Parameter der Subroutine.

*   Der Wert von `wantarray` (`$gimme`): ein »s« für einen Skalar oder ein »a« für ein Array.

- Ein Zeichen, ob es sich um einen Aufruf oder eine Antwort handelt. »>« bezeichnet einen Aufruf, »<« eine Antwort. Wenn der Empfänger eine Nachricht erhält, muß er wissen, ob es sich um eine ausgehende Nachricht oder einen eingehenden Funktionsaufruf handelt, den er auswerten muß.

- Ein Identifikator für die Nachricht. Damit können Antworten den Aufrufen zugeordnet werden.

freeze kümmert sich um zyklische Datenstrukturen und Objekte und gibt einen einzigen ASCII-String zurück, so daß wir uns keine Sorgen über die Größen oder das Speicherlayout (die Bytereihenfolge) von Ganz- oder Fließkommazahlen machen müssen. Msg::send_later wird verwendet, weil es, wo möglich, nicht-blockierenden I/O verwendet. Die Nachricht wird erst dann gesendet, wenn event_loop aufgerufen wurd, weil sie bestimmt, wann ein Socket schreibbar ist. Zugleich nimmt event_loop eingehende Nachrichten entgegen und verteilt sie. Der an event_loop übergebene Parameter 1 sorgt dafür, daß nur eine Runde von Nachrichten verteilt wird, so daß wir schnell die Kontrolle zurückerhalten. Wenn die Antwort von einem entfernten Rechner kommt, ruft event_loop _incoming_msgs auf, was wiederum die Nachrichten decodiert und die Rückgabewerte im Verbindungsobjekt speichert. Lesen Sie weiter.

Schauen wir uns jetzt die empfangende Seite an:

```
sub new_server {
    my ($pkg, $my_rechner, $my_port) = @_;
    $pkg->SUPER::new_server($my_rechner, $my_port,
                        sub {$pkg->_login(@_)});
}
sub _login {
    \&_incoming_msg;
}
```

new_server ist wie connect ein einfacher Wrapper um das Gegenstück aus dem Package Msg. Alle eingehenden Verbindungen werden defaultmäßig akzeptiert, und die Nachrichten werden an die Subroutine _incoming_msgs (siehe unten) weitergereicht. Der indirekte Aufruf der Prozedur _login über $pkg gibt Ihnen die Möglichkeit, eine Klasse von RPC abzuleiten, Ihre eigene Prozedur _login zu verwenden und Verbindungen bei Bedarf abzulehnen.

```
sub _incoming_msg {
    my ($conn, $msg, $err) = @_;
    return if ($err);     # Bessere Fehlerbehandlung notwendig.
    return unless defined($msg);
    my ($dir, $id, @args) = thaw ($msg);
    my ($result, @results);
    if ($dir eq '>') {
        # Nachricht mit einer neuen Anfrage
        my $gimme = shift @args;
        my $sub_name = shift @args;
        eval {
            no strict 'refs';     # Weil wir die Subroutine über
                                  # eine symbolische Referenz aufrufen.
```

```
            if ($gimme eq 'a') {  # Ein Array muß zurückgegeben werden
                @results = &{$sub_name} (@args);
            } else {
                $result = &{$sub_name} (@args);
            }
        };
        if ($@) {
            $msg = bless \$@, "RPC::Error";
            $msg = freeze('<', $id, $msg);
        } elsif ($gimme eq 'a') {
            $msg = freeze('<', $id, @results);
        } else {
            $msg = freeze('<', $id, $result);
        }
        $conn->send_later($msg);
    } else {
        # Antwort auf eine bereits abgeschickte Nachricht
        $conn->{rcvd}->{$id} = \@args;
    }
}
```

_incoming_msgs ist das Gegenstück zur Methode rpc. Es packt die von rpc gesendete Nachricht wieder aus und überprüft die Richtung, also ob es sich um einen Aufruf oder eine Antwort handelt. Wenn es ein Aufruf ist, wird die gewünschte Subroutine über eine symbolische Referenz aufgerufen. Beachten Sie, daß je nach wantarray-Markierung die Subroutine in einem skalaren oder einem Arraykontext aufgerufen wird. Wenn eval einen Fehler meldet, wird die Variable $@ als RPC::Error-Modul markiert und an den rufenden Prozeß zurückgeschickt (der dann die aufruft).

Ressourcen

In den folgenden Ressourcen finden Sie nützliche Informationen über den Transport von Nachrichten und RPC:

1. EventServer

    Das Modul EventServer, das Sie im CPAN finden, ist ein Ersatz für die Prozedur event_loop von Msg und unterstützt Callback-Funktionen für Datei- und Timeout-Ereignisse.

2. *Unix Network Programming.* W. Richard Stevens. Prentice-Hall, 1990.

3. *Programmieren in der Unix Umgebung – Die Referenz für Fortgeschrittene.* W. Richard Stevens. Addison-Wesley, 1997.

4. »A Note on Distributed Computing.« Jim Waldo, Geoff Wyant, Ann Wollrath und Sam Kendall. Erhältlich unter *http://www.sunlabs.com/techrep/1994/abstract-29. html* (Technical Report TR-94-29).

    Ein sehr gut geschriebener Bericht über die Probleme mit dem Konzept von RPC und verteilten Rechnersystemen im allgemeinen. (Auch andere technische Berichte der Forschungslabors von SUN sind übrigens lesenswert.)

14

Benutzer-schnittstellen mit Tk

> *Programming the X Window System is like trying to find the square root of pi using Roman numerals.*
> Anonymous

In diesem Kapitel werden Sie lernen, wie man grafische Benutzerschnittstellen mit einem der umfassendsten und am professionellsten arbeitenden Toolkits, das es überhaupt gibt, programmiert: dem Tk Toolkit [1]. Wir beginnen mit einer kurzen Übersicht über die meisten der in Tk vorhandenen Widgets sowie über einige weitere aus der Erweiterung Tix. Danach beschäftigen wir uns mit *Geometriemanagement*, also wie man die Widgets in einem Fenster anordnet. Anschließend schauen wir uns kurz die Unterstützung von Perl für Timer an, die wir in Kapitel 15 intensiv benutzen werden. Als nächstes folgen Bindungen von Ereignissen, mit denen wir beliebige Kombinationen von Maus- und Tastaturereignissen an Callback-Funktionen binden können. Schließlich beschäftigen wir uns mit Fragen im Zusammenhang mit Ereignisschleifen, wobei wir auf die gleichen Probleme und Lösungen stoßen werden wie in Kapitel 12.

Um die Beispiele in diesem Kapitel einfach zu halten, verwenden wir kleine, relativ isolierte Codeschnipsel, um die Widgets und die anderen Features von Tk zu demonstrieren. Dafür werden wir dann in den nächsten beiden Kapiteln etwas großzügiger herangehen und praktische Probleme mit Tk lösen.

Wo wir gerade dabei sind und über Benutzerschnittstellen reden: Tun Sie sich (und Ihren Benutzern) den Gefallen, und lesen Sie das hervorragende und pointierte Buch *About Face: The Essentials of User Interface Design* [Ressource 3] von Alan Cooper[1].

---

1 Alan Cooper gilt als »der Vater von Visual Basic«.

Einführung in GUIs, Tk und Perl/Tk

Auf der untersten Ebene sind alle Fenstersysteme (Apple Macintosh, X Windows und Microsoft Windows) sehr einfach. Sie stellen eine Lowlevel-API bereit, um Fenster anzulegen und zu verwalten, um interessante Vorfälle wie Maus- und Tastaturereignisse zu melden und um grafische Elemente wie Linien, Kreise und Bitmaps zu zeichnen. Leider benötigt man damit aber selbst zum Zeichnen eines einfachen Formulars eine große Menge an Code und muß (im wahrsten Sinne des Wortes) Tausende von Seiten Dokumentation lesen.

Oft benutzte Codeelemente haben sich zu *Widgets* (in der Microsoft-Windows-Welt »Controls« genannt) entwickelt. Dazu gehören Buttons, Scrollbars und Listboxen. Um eine grafische Benutzerschnittstelle zu programmieren, müssen Sie heutzutage nur noch einen sogenannten GUI-Designer starten und diese fertigen Komponenten in einem Layout Ihrer Wahl anordnen. Objektorientierte Programmierung ist nie einfacher gewesen.

Es stellt sich heraus, daß Widgets und Skriptsprachen perfekt zueinander passen. Widgets haben einfache Schnittstellen, und bei formularbasierten GUIs kommt es nicht auf die Performanz an. Diese beiden Merkmale machen GUIs zu einem idealen Anwendungsgebiet für Skriptsprachen. Kombiniert man das mit dem hohen Bedarf an Konfigurierbarkeit der meisten GUIs (denn die GUI ist das, womit der Benutzer in Kontakt kommt; in den meisten Fällen *ist* die GUI die Applikation), versteht man auch die große Popularität solcher Werkzeuge wie Visual Basic, PowerBuilder und Hypercard.

Auf Unix-Systemen wird das Fenstersystem X Windows verwendet. Darauf setzen Widget-Toolkits auf: Athena, InterViews, Motif, Tk und viele andere mehr. Was professionelles Aussehen, leichte Benutzung und Dokumentation angeht, ist Tk aber nicht zu schlagen. Und obendrein ist es auch noch kostenlos!

Im Gegensatz zu anderen Toolkits wurde Tk ausdrücklich dafür geschrieben, von einer Skriptsprache aus benutzt zu werden: der Sprache Tcl.[2] Es spricht in der Tat vieles dafür, daß Tk der Hauptgrund für die Popularität von Tcl ist. Viele mögen Tcl als Skriptsprache nicht so gern, lieben aber Tk und haben versucht, es an ihre bevorzugte Skriptsprache anzupassen – Scheme, Python, Guile und natürlich Perl. Malcolm Beattie startete den ersten Versuch, eine Perl-Anbindung für Tk zu schreiben, indem er intern den Tcl-Interpreter verwendete, um die Tk-Bibliothek anzusprechen.

Nick Ing-Simmons benutzte dann einen etwas ambitionierteren Ansatz: Er schmiß den gesamten eingebetteten Tcl-Code aus Tk heraus und entwickelte eine generische Portierungsschicht, um Tk leicht an andere Skriptsprachen anpassen zu können. Dieser Ansatz wird pTk (portable Tk) genannt. Dazu schrieb er einen Wrapper für Perl 5 (in der Absicht, später noch weitere Wrapper hinzuzufügen). Diese Kombination aus pTk und dem Perl-Wrapper-Modul *Tk.pm*, die auch als Perl/Tk bezeichnet wird, ist das Thema dieses Kapitels.

---

2   Sowohl Tcl als auch Tk wurden von Dr. John Ousterhout entwickelt, damals an der University of California in Berkeley und heute bei Sun Microsystems. Mehr dazu unter *http://www.sunlabs.com/research/Tcl*.

Inzwischen portierte das Team von Dr. Ousterhout sowohl Tcl als auch Tk auf Microsoft Windows und den Macintosh; die Perl/Tk-Kombination folgte kurz darauf. Andere portable Möglichkeiten zur GUI-Programmierung sind natürlich Tcl/Tk, aber auch Python/Tk (das übrigens pTk nicht benutzt). Microsoft portiert sein ActiveX und VBA (Visual Basic for Applications) auf Unix, so daß es bald einen ganz schönen Wettbewerb geben könnte. Das VB-Toolkit selbst kann der Funktionalität von Perl und Tk überhaupt nicht das Wasser reichen, aber die Entwicklungsumgebung und die Unterstützung durch Drittfirmen ist unschlagbar. Wir leben in einer spannenden Zeit!

Zu Tk sind mehrere professionell aussehende Widgets in Form einer Erweiterungsbibliothek namens Tix hinzugekommen, die von Ioi Kim Lam entwickelt wurden. Dazu gehören Ballonhilfe, Notebooks und Raster-Widgets, wie sie in Tabellenkalkulationen verwendet werden. Glücklicherweise enthält die Perl/Tk-Distribution auch hierzu eine Perl-Anbindung.

Der Einstieg in Perl/Tk

Alle mit Perl/Tk entwickelten Benutzerschnittstellen folgen dem gleichen Muster:

1. Erzeugen eines *Haupt*fensters, auch *Toplevel-Fenster* genannt.

2. Erzeugen eines oder mehrerer Widgets, die dann konfiguriert und im Hauptfenster angeordnet werden. Ein Widget ist einfach eine Sammlung von Daten und Methoden, die auf der Benutzerschnittstelle ein sichtbares Element wie einen Button oder eine Listbox erzeugen und dafür sorgen, daß dieses sich erwartungsgemäß verhält, wenn der Benutzer es betätigt.

3. Starten der Ereignisschleife. Danach bestimmen die Eingaben des Benutzers, was das Programm macht.

Beispiel 14-1 zeigt diese Schritte; sie ergeben das einfache GUI in Abbildung 14-1.[3]

Beispiel 14-1: Einfacher GUI-Code

```
use Tk;                              # Das Modul laden
# --------------------------------------------------------
# Erzeugen eines Hauptfensters
# --------------------------------------------------------
$top = MainWindow->new();
$top->title ("Erstes Beispiel");
# --------------------------------------------------------
# Widgets erzeugen und anordnen
# --------------------------------------------------------
$l = $top->Label(text   => 'Hallo',         # Eigenschaften des Labels
                 anchor => 'n',             # Text im »Norden« verankern
                 relief => 'groove',        # Darstellung des Randes
                 width  =>  10, height => 3); # 10 Zeichen breit, 3 hoch.
```

---

3 Da ist nicht viel Interaktivität daran – und auch nicht viel Grafik.

```
$l->pack();        # Das Label bekommt einen Default-Platz im Hauptfenster
# ----------------------------------------------------
# Und eine Endlosschleife starten, die die eingehenden Ereignisse verteilt
# ----------------------------------------------------
MainLoop();
```

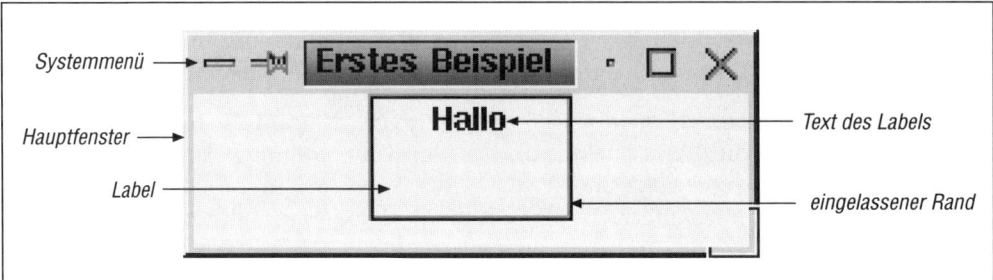

Abbildung 14-1: Unsere erste Perl/TK-Anwendung

Dieses Beispiel enthält eine Reihe von wichtigen Tk-Konzepten (die übrigens auch auf die meisten anderen GUI-Toolkits zutreffen).

Das Hauptfenster ist die äußerste Shell und wird von den Griffen zum Vergrößern und Verkleinern, dem Systemmenü und den Schaltflächen zum Minimieren und Maximieren umschlossen (diese Elemente werden auch unter dem Namen *decorations* zusammengefaßt).

Als nächstes wird das Hauptfenster gebeten, ein Text-Widget (*Label*) mit vorkonfigurierten Eigenschaften zu erzeugen. Sie können die Eigenschaften eines Widgets später mit der Methode configure ändern:

```
$label->configure (text => 'foobar', foreground => 'red');
```

Manche Widgets wie Frame und Notebook können selbst wieder andere Widgets enthalten, so daß die Hierarchie der Widgets beliebig tief verschachtelt sein kann. An der Spitze einer solchen Hierarchie steht immer ein Hauptfenster.

Die Methode pack des Widgets wird dann aufgerufen, um das *Geometriemanagement* durchzuführen. Zum Geometriemanagement gehört unter anderem das Ermitteln der Position, Breite und Höhe des Widgets. Dieser Aufruf wird einfach nur an den *Container* des Widgets weitergeleitet (in diesem Fall das Hauptfenster), der den jedem Widget zugestandenen Platz berechnet. Das ist ungefähr so, als ob Sie socken->pack aufrufen und es dem Koffer überlassen würden, den richtigen Platz für die Socken zu finden und das Format, wie stark sie zusammengefaltet werden müssen, zu ermitteln.

Das Packen ist nur eines der vielen verfügbaren Schemata für das Geometriemanagement. Es gibt in Tk noch die Geometriemanager *grid (Raster)* und *placer (Plazierer)*, die wir im Abschnitt »Geometriemanagement« weiter unten in diesem Kapitel studieren werden.

Sie können ein Widget auch in einem Rutsch erzeugen und packen:

```
$l = $top->Label (text => 'Ohauerha')->pack();
```

In den meisten Fällen müssen Sie sich nicht einmal den Rückgabewert merken; es sei denn, Sie wollen später noch Methoden an dem Widget aufrufen. Normalerweise werden alle Parameter beim Erzeugen des Widgets eingestellt, bevor dann `MainLoop` aufgerufen wird. Diesen Stil werden wir auch in diesem Buch hauptsächlich verwenden.

Wir haben uns bereits in Kapitel 12 mit dem Konzept der Ereignisschleifen beschäftigt und werden im Abschnitt »Ereignisschleifen« in diesem Kapitel auf dieses Thema zurückkommen. Im Moment reicht es uns zu wissen, daß `MainLoop` die Ereignisse verteilt und nur zurückkehrt, wenn Sie das Fenster (zum Beispiel durch Doppelklick im Systemmenü) schließen. Sie müssen diese Funktion unbedingt aufrufen; anderenfalls werden Sie nie etwas auf Ihrem Bildschirm zu sehen bekommen. (Übrigens ist es genauso wichtig, daß Sie `pack` an einem Widget aufrufen, weil Sie sonst das Widget nicht zu sehen bekommen werden.)

Das ist aber auch schon alles. Nun müssen Sie nur noch wissen, welche Widgets es gibt, welche Eigenschaften sie haben und wie sie zusammengesetzt werden. Bleiben Sie dran!

GUI-Formulare: Der einfache Weg

Warum sollte man Code schreiben, um statische Bildschirme zu programmieren, wenn man sie auch zeichnen kann? Stephen Uhler aus dem Tcl/Tk-Team bei Sun Microsystems hat einen WYSIWYG-GUI-Designer namens SpecTcl (ausgesprochen wie das englische »spectacle«) geschrieben, der für die Unterstützung mehrerer Sprachen ausgelegt ist. Dieses Programm ist inzwischen an Perl/Tk, Java/Tk und Python/Tk angepaßt worden, wobei die entstandenen Varianten SpecPerl, SpecJava und SpecPython heißen. Die Portierung von Perl/Tk wurde von Mark Kvale vorgenommen und ist auf seiner Homepage erhältlich:[4] *http://www.keck.ucsf.edu/~kvale/specPerl/*.

Mit SpecPerl können Sie Widgets visuell anordnen, widget-spezifische Eigenschaften in Formularen einstellen und Farben und Zeichensätze aus Paletten auswählen – wirklich sehr bequem!

In diesem und in den nächsten beiden Kapiteln werden wir unseren GUI-Code aber von Hand schreiben, anstatt SpecPerl zu benutzen. Dafür gibt es mehrere Gründe: Zum einen programmieren wir ja keine besonders komplizierten Formulare, zum anderen werden sich die meisten Beispiele mehr um die dynamischen Aspekte von Tk drehen; ein GUI-Designer kann Ihnen aber immer nur bei statischen Formularen helfen. Und zum dritten verstehen Sie auch besser, was SpecPerl produziert, wenn Sie dieses Kapitel gelesen haben.

---

4 Sun hat inzwischen angefangen, SpecTcl kommerziell zu vertreiben, weswegen SpecPerl auf einer älteren (und freien) Version von SpecTcl basiert.

Ein Rundgang durch die Widgets

In diesem Abschnitt finden Sie in eine Einführung in die meisten der interessanten Widget-Klassen, die es in Tk und Tix gibt, und in üblicherweise verwendete Konfigurationsoptionen und -methoden. Um dieses Kapitel übersichtlich zu halten und Ihnen später, wenn Sie wissen, was Sie suchen, ein leichteres Nachschlagen zu ermöglichen, fassen wir in Anhang A die Eigenschaften und Methoden zusammen. Beachten Sie, daß dieses Kapitel trotz seines Umfangs nur eine (wenn auch signifikante) Untermenge aller Möglichkeiten der Tk-Widgets enthält. Auch werden nicht alle Widgets beschrieben, die in Tk und Tix enthalten sind. Perl/Tk enthält die originale, vollständige, gut geschriebene und umfassende Tk-Dokumentation.

Eigenschaften von Widgets

Werfen Sie bitte einen flüchtigen Blick auf Tabelle A-1, um einen Eindruck von den konfigurierbaren Eigenschaften zu erhalten, die allen Widgets gemein sind. Die meisten dieser Eigenschaften sind gewöhnliche Strings oder Zahlen, aber drei weitere Arten von Eigenschaften sind es wert, daß wir uns etwas detaillierter mit ihnen beschäftigen, bevor wir auf die eigentlichen Widgets eingehen: Zeichensätze, Bilder und Farben.

Zeichensätze

Zeichensätze werden im XLFD-Format (X Logical Font Description) angegeben, das aus vierzehn Feldern besteht, die durch Bindestriche getrennt werden (siehe Abbildung 14-2):

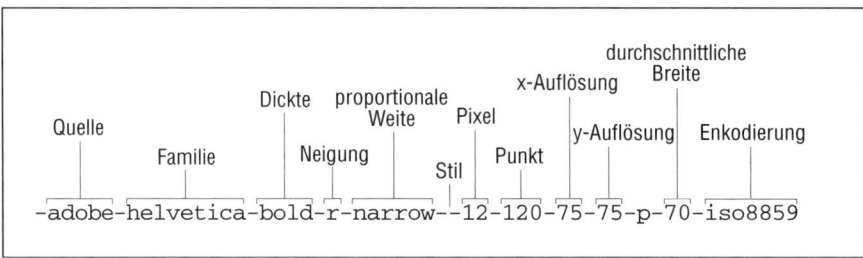

Abbildung 14-2: Die Felder in einer Zeichensatzbeschreibung

Glücklicherweise müssen wir uns die meisten dieser Felder nicht merken. Jedes dieser Felder kann lediglich die Jokerzeichen * oder ? enthalten, aber die Anzahl der Bindestriche muß stimmen! Auf dem X-Window-System gibt es zwei Hilfsprogramme, ein grafisches namens *fontsel* und ein nicht-grafisches namens *xlsfonts*, die alle verfügbaren Kombinationen aufführen, so daß Sie nur noch eine davon auswählen müssen. Im wesentlichen müssen Sie auf die Felder Quelle (*foundry*), Familie (*family*), Dickte (*weight*), Neigung (*slant*) und Punkt (*points*) achten und können den Rest ignorieren. Beachten Sie, daß das »Punkt«-Feld in Zehntelpunkten angegeben wird, d.h. 120 steht für einen Zwölf-Punkt-Zeichensatz. Als Neigung kann »i« (kursiv) oder »r« (aufrecht) angegeben werden. Um den Zeichensatz eines Widgets einzustellen, konfigurieren Sie die Eigenschaft `font`:

```
$label->configure (
    font => '-adobe-helvetica-medium-r-normal--8-80-75-75-p-46-*-1');
```

Bei Perl/Tk für Windows und MacOS können die Zeichensätze entweder im XLFD-Format oder im einfacheren Windows-Stil (beispielsweise `Helvetica 24 bold`) angegeben werden. Das alte Format wird aber weiterhin auf allen Plattformen unterstützt werden.

Bilder

Manche Widgets wie Buttons und Labels (Beschriftungselemente) können zweifarbige *Bitmaps* oder mehrfarbige *Pixmaps* anzeigen. Weil ein und dieselbe Bitmap oder ein und dasselbe Bild verwendet werden kann, um mehr als ein Widget zu verschönern, betrachtet Tk diese als Objekte, die an einer oder mehreren Stellen auf den Bildschirm gebracht werden. Das Bildobjekt enthält also die Daten, und die Widgets wissen, wie sie diese Daten anzeigen müssen. Das Anzeigen einer Bitmap oder einer Pixmap in einem Widget geschieht also in zwei Schritten: Zunächst muß ein Bildobjekt aus einer Bilddatei angelegt werden und dann die `bitmap`- oder `pixmap`-Eigenschaft des Widgets mit dieses Bildobjekt konfiguriert werden.

Abhängig von der Art der Bilddatei, müssen Sie einen der folgenden Aufrufe durchführen, um ein entsprechendes Bildobjekt anzulegen:

```
#Nur XBM (X Bitmaps)
$bild = $label->Bitmap(file => 'gesicht.xbm');

#Nur XPM (X Pixmaps)
$bild = $label->Pixmap(file => 'smiley.xpm');

#GIF- oder PPM-(Portable Pixmap-)Formate benutzen den Photo-Konstruktor
$bild = $label->Photo(file => 'frown.gif');
```

Jetzt können Sie problemlos das Bild eines Labels ändern:

```
$label->configure (image => $bild);
```

Beachten Sie, daß Sie statt `image` die Option `bitmap` verwenden müssen, wenn es sich um eine Bitmap handelt; ansonsten nehmen Sie wie gezeigt `image`. Bei Bitmaps bestimmen die Optionen »`background`« und »`foreground`« die beiden Farben, bei den anderen Typen sind die Farben in den Dateien enthalten.

Farben

Farben können mit symbolischen Namen wie »red« und »yellow« bezeichnet werden. Das Bibliotheksverzeichnis einer X-Installation enthält eine Datei namens *rgb.txt*, die alle verfügbaren symbolischen Namen enthält. Sie können aber auch RGB-Werte direkt in der Form #RGB, #RRGGBB, #RRRGGGBBB und #RRRRGGGGBBBB angeben, wobei R, G und B jeweils für eine hexadezimale Ziffer der Rot-, Grün- und Blau-Intensität stehen.

Unser kleiner Abstecher ist nun beendet, schauen wir uns jetzt die Widgets von Tk und Tix an.

Labels und Buttons

Die allgemeinen Widget-Eigenschaften aus Tabelle A-1 enthalten so ziemlich alles, was Labels (*Label*) zu bieten haben. Außerdem erklären sie sich einigermaßen selbst. Wir werden daher nicht weiter auf sie eingehen.

Buttons sind Labels mit einer zusätzlichen Eigenschaft: der Option »command«, mit der Sie eine Callback-Funktion mit einem Klick auf diesen Button verknüpfen können. Das nächste Beispiel enthält die Callback-Prozedur `beschriftung_wechseln`, die den Beschriftungstext eines Widgets ändert:

```
use Tk;
$top = MainWindow->new();
$button = $top->Button(text    => 'Start',
                       command => \&beschriftung_wechseln);
$button->pack();
MainLoop();
sub beschriftung_wechseln {
    $button->cget('text') eq "Start"        ?
        $button->configure(text => 'Stop') :
        $button->configure(text => 'Start');
}
```

Die Methode `cget` gibt die Werte einer konfigurierbaren Eigenschaft zurück.

Die Callback-Funktion kann auch eine Closure wie in dem folgenden Beispiel sein (nur der entscheidende Teil des Codes ist dargestellt):

```
$button = $top->Button(
           text    => 'Start',
           command => sub {
                           $button->cget('text') eq "Start"        ?
                           $button->configure(text => 'Stop') :
                           $button->configure(text => 'Start')
                         }
          )
```

Es gibt noch eine dritte Möglichkeit, um die `command`-Eigenschaft zu konfigurieren: Sie können ihr ein anonymes Array übergeben, dessen erstes Element eine Referenz auf die Callback-Funktion ist. Die anderen Elemente werden beim Aufruf an die Callback-Funktion übergeben:

```
$button->configure (command => [\&beschriftung_wechseln, "Neue Beschriftung"]);
```

Wir werden diesen Ansatz weiter unten in diesem Kapitel beim applikationsdefinierten Scrolling benutzen.

Radio-Buttons und Check-Buttons

Ein Radio-Button[5] ist ein Widget, das einen Text, eine Bitmap oder ein mehrfarbiges Bild sowie daneben ein auf der Spitze stehendes Quadrat anzeigt, das Indikator genannt wird (siehe Abbildung 14-3). Radio-Buttons unterstützen wie normale Buttons die Option »command«. Im Gegensatz zu normalen Buttons werden Radio-Buttons jedoch üblicherweise in Gruppen verwendet, damit der Benutzer eine von verschiedenen Möglichkeiten auswählen kann. Daher hat ein Radio-Button zwei Eigenschaften namens `variable` und `value`, um sich mit den anderen Radio-Buttons in der Gruppe zu synchronisieren, damit immer nur eine von ihnen »an« ist. Wenn Sie auf einen Radio-Button klicken, wird der Indikator eingeschaltet gezeichnet und der Wert der mit `variable` verknüpften Variablen auf den Wert der `value`-Eigenschaft gesetzt. Das funktioniert auch andersherum: Wenn der Wert der Variablen geändert wird, überprüft der Radio-Button, ob der Wert mit dem ihrer eigenen `value`-Eigenschaft übereinstimmt und schaltet in diesem Fall den Indikator ein. Wie Sie vielleicht schon vermutet haben, wird intern `tie` verwendet, um die Variable zu überwachen.

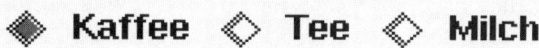

Abbildung 14-3: Ein Beispiel für Radio-Buttons

Im folgenden Beispiel wird eine Gruppe aus Radio-Buttons angelegt. Die synchronisierende Variable ist `$getr`.

```
$getr = "coffee";                   # Initialer Wert
$kaffee = $top->Radiobutton ( variable => \$getr,
                              text    => 'Kaffee',
                              value   => 'kaffee');

$tee    = $top->Radiobutton ( variable => \$getr,
                              text    => 'Tee',
                              value   => 'tee');

$milch = $top->Radiobutton ( variable => \$getr,
                             text    => 'Milch',
                             value   => 'milch');
# Radio-Buttons anordnen
$kaffee->pack (side => 'left');
$tee->pack    (side => 'left');
$milch->pack  (side => 'left');
```

Indem die Radio-Buttons verschiedene Werte haben und sie sich alle eine Variable teilen, haben wir sichergestellt, daß nur jeweils einer der Indikatoren zur selben Zeit eingeschaltet ist.

---

5 Auswahl-Button: Man muß sich ein altes Radio vorstellen, mit Knöpfen, die mit »LW«, »MW« und »UKW« bezeichnet sind. Von diesen Knöpfen kann immer nur einer gedrückt sein, es sind »gegenseitig auslösende Tasten«.

In Tabelle A-3 finden Sie weitere Eigenschaften und Methoden von Radio-Buttons.

Die Check-Buttons (Ja-Nein-Buttons) sind den Radio-Buttons sehr ähnlich. Der Indikator ist hier ein Quadrat, das abhängig vom verknüpften Variablenwert ein- oder ausgeschaltet gezeichnet wird. Im Gegensatz zu Radio-Buttons muß die Änderung dieses Wertes nicht die Werte anderer Check-Buttons beeinflussen, auch wenn das problemlos programmierbar ist. Check-Buttons werden verwendet, wenn der Benutzer auch alle angebotenen Optionen auswählen können soll.

Canvas

Ein Canvas-Widget (engl.: Leinwand) implementiert strukturierte Grafiken. Es stellt Methoden zur Verfügung, mit denen grafische *Elemente* wie Kreise, Rechtecke, Bögen, Linien, Bitmaps, Polylinien und Texte erzeugt und manipuliert werden können. Sie können sogar andere Widgets einbetten und als normale Canvas-Elemente betrachten.

Im Gegensatz zur Implementierung von Canvas im Abstract Windowing Toolkit von Java (und so ziemlich allen anderen GUI-Toolkits, die ich kenne), sind die Canvas-Elemente von Tk selbständige Objekte: Sie haben genau wie Widgets auch wieder konfigurierbare Eigenschaften, die sich entweder auf einzelne Elemente oder benannte Gruppen von Elementen beziehen können. Außerdem können sie mit Callback-Funktionen verknüpft werden. (Damit können Sie beispielsweise folgende Anweisung implementieren: »Rufe die Prozedur foo auf, wenn die Maus über diesen Kreis bewegt wird.«)

Canvas-Elemente unterscheiden sich insoweit von Widgets, als Widgets ein eigenes Fenster auf dem X Server enthalten, die Canvas-Elemente jedoch nicht. Im Gegensatz zu Widgets können Canvas-Elemente auch nicht am Geometriemanagement teilnehmen (sie können also nicht in ihrer Größe von ihrem Container verändert werden). Es ist mir immer unklar geblieben, warum dieser Unterschied für den Benutzer sichtbar ist. Im Toolkit Interviews (eine C++-basierte X-Windows-Bibliothek, die später den Namen »Fresco« erhielt) erben beispielsweise Widgets und strukturierte Grafiken beide von einem generischen grafischen Objekt namens *Glyph*. Dieses Design wirkt sehr viel sauberer. Auf der anderen Seite bin ich dankbar, daß so eine schöne Implementierung strukturierter Grafiken, noch dazu mit guter Dokumentation, frei erhältlich ist, was meine Bedenken ziemlich relativiert.

Um eine Linie in einem Canvas-Widget zu zeichnen, rufen Sie die Methode Canvas::create auf:

```
$top = MainWindow->new();
# zunächst ein Canvas erzeugen
$canvas = $top->Canvas(width => 200, height => 100)->pack();

# Eine Linie auf Canvas zeichnen
$id = $canvas->create ('line',
                       10, 10, 100, 100,  # von x0,y0  bis x1, y1
                       fill => 'red');  # Füllfarbe des Objekts
```

Der erste Parameter des `create`-Befehls ist der Typ des Canvas-Elements, das erzeugt werden soll. Die übrigen Parameter sind davon abhängig. `create` gibt einen Identifikator zurück, der später dazu verwendet werden kann, um auf das Objekt Bezug zu nehmen. Beispielsweise können Sie die Koordinaten des Objekts mit der Methode `coords` verändern:

```
$canvas->coords ($id, 10, 100);
```

Alle Koordinaten in Tk beziehen sich auf die obere linke Ecke. Die X-Koordinaten wachsen von links nach rechts, die Y-Koordinaten von oben nach unten.

Sie können das Objekt mit `move` relativ zu seiner aktuellen Position bewegen:

```
$canvas->move ($id, 15, 23); # 15 und 23 sind die x- und y-Offsets
```

Canvas-Elemente werden mit der Methode `itemconfigure` konfiguriert. Tabelle A-5 zeigt die Eigenschaften und Methoden jedes Elementtyps sowie des gesamten Canvas-Widgets.

Eines der angenehmsten Merkmale des Canvas-Widgets ist es, daß Sie ein oder mehrere Elemente mit einem String kennzeichnen (engl.: to tag) können. Jedes Objekt kann mit beliebig vielen Strings gekennzeichnet werden. Sie können so eine Markierung (in Tk Tag genannt) entweder beim Anlegen des Objekts oder später mit der Methode `addtag` vergeben. Das Tag `current` bezeichnet das Element, über dem die Maus gerade steht. Alle Canvas-Methoden, die einen Elementidentifikator erwarten, akzeptieren auch eine solche Markierung. Um beispielsweise alle Objekte mit der Bezeichnung »gruppe« um zehn Pixel nach rechts zu bewegen, verwenden Sie den folgenden Aufruf:

```
$canvas->move('gruppe', 10, 0); # xoffset = 10, yoffset = 0
```

Wir werden dieses Feature in Kapitel 15 noch intensiv nutzen.

Beispiel 14-2 zeichnet eine Reihe von Kreisen, deren Mittelpunkte entlang einer archimedischen Spirale liegen. Eine archimedische Spirale wird durch die Gleichung $r = a\theta$ beschrieben, wobei r, der Radius (der in Abbildung 14-4 durch die Linien abgebildet wird), proportional zum Winkel θ ist. Um den optischen Effekt noch zu erhöhen, verhalten sich auch die Größen der Kreise proportional zum Winkel.

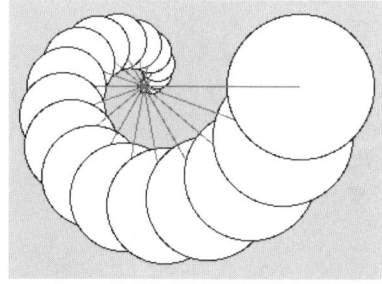

Abbildung 14-4: Strukturierte Grafiken mittels Canvas

Beispiel 14-2: Zeichnen einer archimedischen Spirale

```
use Tk;
$top = MainWindow->new();
$canvas = $top->Canvas(width => 300, height => 245)->pack();
# Eine Reihe von Kreisen entlang einer archimedischen Spirale zeichnen.
# Die Mittelpunkte dieser Kreise bewegen sich entlang der Spirale.
# (Radius der Spirale = Konstante * Theta)

$ursprung_x = 110; $ursprung_y = 70;      # Ursprung der Spirale
$PI = 3.1415926535;
$kreis_radius = 5;                        # Radius des ersten Kreises
$pfad_radius = 0;

for ($winkel = 0; $winkel <= 360;
     $pfad_radius += 7, $kreis_radius += 3, $winkel += 20)
{
    # Offset der Pfad-Koordinaten: r.cos(theta) und r.sin(theta)
    # sin() und cos() erwarten die Winkel im Bogenmaß (Grad*PI/180)
    $pfad_x = $ursprung_x + $pfad_radius * cos ($winkel * $PI / 180);
    $pfad_y = $ursprung_y - $pfad_radius * sin ($winkel * $PI / 180);
    # pfad_x und pfad_y sind die Koordinaten des Mittelpunktes des neuen Kreises
    # Canvas::create erwartet die obere linke und die untere rechte Ecke
    $canvas->create ('oval',
            $pfad_x - $kreis_radius,
            $pfad_y - $kreis_radius,
            $pfad_x + $kreis_radius,
            $pfad_y + $kreis_radius,
            fill => 'yellow');
    $canvas->create ('line',
            $ursprung_x, $ursprung_y,
            $pfad_x, $pfad_y,
            fill => 'slategray');

}

MainLoop();
```

Ein- und mehrzeilige Textfelder

Das Text-Widget zeigt eine oder mehrere Zeilen Text an, den Sie auch editieren kön-
nen. (Die standardmäßigen Tastaturbindungen entsprechen denen von Emacs, wenn
Sie also immer noch, äh, *vi* benutzen...) Das Widget ist mächtig genug, um auch die
Darstellung von Inhalten in einem Web-Browser übernehmen zu können, wovon auch
schon mehrere Projekte Gebrauch gemacht haben. Die Perl/Tk-Distribution enthält
eine Implementierung eines Web-Browsers namens *tkweb*, und Guido van Rossum, der
Schöpfer von Python, hat Python und Tk zur Entwicklung eines Web-Browsers namens
Grail benutzt, der Python-Applets ausführen kann.

In diesem Abschnitt werden wir uns kurz die Fähigkeiten des Text-Widgets anschauen.
In Kapitel 16 werden wir uns intensiver mit dem Text-Widget auseinandersetzen und
darauf aufbauend eine Applikation entwickeln

Text an absoluten Positionen einfügen

Wenn Sie vom Programm aus an einer Stelle ein Stück Text einfügen oder einen Bereich markieren wollen, müssen Sie einen oder mehrere Indizes angeben. Ein Index ist ein String wie »2.5«, der die zweite Zeile und die sechste Spalte bezeichnet (die Zeilennummern beginnen bei 1, die Spaltennummern bei 0). Der folgende Code erzeugt ein Text-Widget und fügt einen String an dieser Position ein:

```
$t = $top->Text(width => 80, height => 10)->pack();
$t->insert('2.5', 'Beispiel');
```

Text an logischen Positionen einfügen

Das Text-Widget kennt den Begriff einer *Marke* (*Mark*). Dabei handelt es sich um einen benutzerdefinierten Namen, der einer bestimmten Position im Text-Widget zugewiesen wird. Diese Position bezieht sich auf die Nahtstelle zwischen zwei Zeichen, nicht auf ein Paar aus Zeile und Spalte. Damit kann bequem ein Zeichen an einer Marke eingefügt werden. Das Widget kennt einige eingebaute Markennamen wie insert (die Stelle, an der sich der Einfügecursor befindet), current (das Zeichen, das dem Mauszeiger am nächsten ist), wordend (das Ende des Wortes, auf dem der Einfügecursor steht), end (das Ende der Zeile, in der der Einfügecursor steht) usw. Diese Markennamen können anstelle der oben erwähnten Zeilen- und Spaltennummern verwendet werden:

```
$t->insert("end", "Beispiel");          # Text am Zeilenende einfügen
```

Nähere Details finden Sie im Text vor Tabelle A-6. Die Beispielprogramme in den folgenden Abschnitten erzeugen ein Text-Widget und fügen Strings an verschiedenen Stellen mit verschiedenen Arten von Indexbezeichnern ein.

Einfügen mit relativen Indizes

Indizes können auch relativ zu einem Basisindex sein. Beispiel:

```
$t->insert('insert +5',
           'Beispiel'); # fünf Zeichen hinter der Position des Einfügecursors
$t->insert('insert linestart', 'Beispiel'); # erst zur Position des Einfügecursors
                                             # dann zum Anfang der Zeile springen
```

Eigenschaften von Textbereichen mit Tags verändern

Das Text-Widget kennt das Konzept von Markierungen (*Tags*) oder markierten Stilen. Das sind benutzerdefinierte Strings, die eine Liste von Texteigenschaften repräsentieren (Zeichensatz, Farbe und so weiter). Betrachten Sie folgenden Aufruf:

```
$text->tagConfigure('foo',
                    foreground => 'yellow', background => 'red');
```

Der String »foo« kann nun auf einen oder mehrere zusammenhängende Textbereiche im Widget angewendet werden:

```
$text->tagAdd('foo', '3.5', '3.7');
```

Damit wird das Stück Text, das in Zeile drei, Zeichenindizes fünf bis sieben, steht, hervorgehoben. Die Indizes, die den Bereich bezeichnen, können auch absolute oder relative Markenpositionen sein. Der folgende Codeschnipsel ändert die Eigenschaften der Zeile, in der sich der Einfügecursor befindet:

```
$text->tagAdd('foo', 'insert linestart', 'insert lineend');
```

Mehrere Tags können auf überlappende Textbereiche angewendet werden, genauso wie ein Tag auf viele Bereiche angewendet werden kann. Alle Text-Widgets unterstützen einen speziellen Tag namens sel, der den aktuell selektierten Bereich bezeichnet. Sie können neuen Text einfügen und gleich eine Formatierung anwenden, indem Sie den Tag-Namen als dritten Parameter an insert übergeben:

```
$t->insert('3.5', 'Sample', 'foo');
```

Das Text-Widget ermöglicht es auch, jedes andere Widget einzubetten und als einzelnes Zeichen zu behandeln. Sie können also Buttons und Listboxen in Ihrem Text haben, die sich mitbewegen, wenn Sie davor mehr Text eingeben.

Das einzeilige Text-Widget

Für einzeilige Eingaben bietet Perl/Tk noch das Widget Entry an, das weder Tags noch Marken noch eingebettete Fenster unterstützt. Es ist im wesentlichen eine kleinere Variante des Text-Widgets.

Perl/Tk (aber nicht das native Tk) stellt darüber hinaus noch ein Widget namens TextUndo bereit, das vom Text-Widget abgeleitet ist. Es enthält eine unbeschränkte Undo-Funktion (allerdings leider kein Redo; Sie können also ein Undo nicht wieder rückgängig machen), und hat auch Methoden zum Laden und Speichern von Text in Dateien. Dieses Widget gehört nicht zur originalen Tcl/Tk-Distribution.

Text-Widgets und Ties

Das Text-Widget unterstützt die Methoden TIEHANDLE und print, mit denen es als Modul verwendet werden kann, um Dateihandles zu simulieren. Diese Möglichkeit können Sie folgendermaßen nutzen, um Daten von einem Dateihandle in das Text-Widget umzuleiten:

```
use Tk;
my $mw = MainWindow->new;          # Toplevel-Fenster erzeugen
my $t  = $mw->Scrolled('Text');     # Textfenster mit Scrollbar erzeugen
$t->pack(-expand => 1,
         -fill -> 'both'),          # Konfigurieren
tie (*TEXT, 'Tk::Text',$t);         # Dateihandle und Widget mit tie verknüpfen
print TEXT "Hallo, hallo\n";        # Das erscheint im Widget
```

Listbox

Eine Listbox stellt eine Liste von Strings Zeile für Zeile dar (siehe Abbildung 14-5). Alle Strings haben dieselben Anzeigecharakteristiken. Wenn Sie verschiedene Zeichensätze und Farben mischen wollen, können Sie einen einfachen Wrapper um das Text-Widget legen und eine besonders kunstvolle Listbox simulieren.

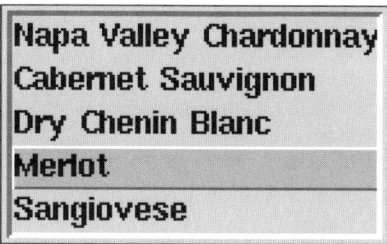

Abbildung 14-5: Listbox, die die Weinliste präsentiert

Die Default-Bindungen einer Listbox selektieren und deselektieren Elemente, aber wenn Sie etwas Besonderes benötigen (wie beispielsweise eine Sonderbehandlung für einen Doppelklick), dann müssen Sie das jeweilige Ereignis selbst an eine Funktion Ihrer Wahl binden. Die Modi für die Selektion sind »single«, »browse« (der Default), »multiple« und »extended«. Im Single- und im Browse-Modus kann jeweils nur ein Element gleichzeitig selektiert sein. Im Browse-Modus kann darüber hinaus die Selektion mit der ersten Maustaste verschoben werden. Im Multiple-Modus können Sie beliebig viele Elemente selektieren, das Selektieren und Deselektieren eines Elements hat keinen Einfluß auf die anderen. Im Extended-Modus können Sie darüber hinaus auch mehrere Elemente mit Klicken und Ziehen selektieren; ein einfacher Klick deselektiert aber die vorherige Selektion, bevor das aktuelle Element selektiert wird.

Wie das Text-Widget kennt auch die Listbox verschiedene Möglichkeiten, über den Index hinaus Listpositionen zu identifizieren. Dazu gehören unter anderem end und active (die Position des Cursors). Tabelle A-8 beschreibt diese Indizes sowie die Eigenschaften und Methoden der Listbox. Beispiel 14-3 erzeugt die Listbox aus Abbildung 14-5.

Beispiel 14-3: Listbox mit Callbacks

```
use Tk;
$top = MainWindow->new();
$weinliste = $top->Listbox("width" => 20, "height" => 5
                      )->pack();
$weinliste->insert('end', # Die folgende Liste am Ende einfügen
            "Napa Valley Chardonnay", "Cabernet Sauvignon",
            "Dry Chenin Blanc", "Merlot", "Sangiovese" );
$weinliste->bind('<Double-1>', \&wein_kaufen);
sub wein_kaufen {
    my $wein = $weinliste->get('active');
    return if (!$wein);   # zurück, wenn kein Element aktiv ist
    print "Ah, '$wein'. Eine vorzügliche Wahl!\n";
    # Wein ist jetzt nicht mehr verfügbar
    $weinliste->delete('active');
}
MainLoop();
```

Die Listbox stellt keine Eigenschaft wie command zur Verfügung. Daher müssen wir die allgemeinere Methode bind verwenden, um eine Bindung zwischen einem Doppelklick und einer benutzerdefinierten Subroutine herzustellen. Mehr zu dieser Technik erfahren Sie in »Bindungen von Ereignissen«.

Frame

Frame-Widgets sind ziemlich uninteressant, aber dafür praktisch, wenn Sie komplizierte Layouts benötigen oder zusammengesetzte Widgets erzeugen wollen.

Wenn Sie ein kompliziertes GUI-Formular haben, ist es besser, wenn Sie das Formular in größere Bereiche aufteilen, die alle eine bestimmte Funktion haben. Jeder dieser Bereiche bekommt dann einen eigenen Rahmen (*Frame*). Im Abschnitt »Geometriemanagement« weiter unten in diesem Kapitel finden Sie Genaueres zu dieser Thematik. Frame-Widgets können in ihrer Eigenschaft als Container dazu veranlaßt werden, andere »fundamentale« Widgets wie Buttons, Text-Widgets und Scrollbars zu erzeugen.

Menüs

Der Begriff »Menü« bezieht sich im allgemeinen auf eine Situation, bei der der Benutzer auf einen Menü-Button klickt und eine Ansammlung von Beschriftungs- oder Button-Widgets erscheint. Es gibt drei verschiedene Konfigurationen für Menüs: Pulldown-Menü, Optionsmenü und Popup-Menü.

Es gibt in Tk einen Button für Menüs (*MenuButton*), die bei Betätigung ein Menü-Widget aufklappen kann. Das Menü-Widget ist wiederum nur ein Container für die Widgets der Menüeinträge und bezeichnet nicht die Gesamtheit des Menüs. Wir werden verschiedene Zeichensatzstile benutzen, um die Unterschiede zwischen dem Menü und dem Menü-Widget klarzumachen. In Abbildung 14-6 können Sie die einzelnen Komponenten sehen.

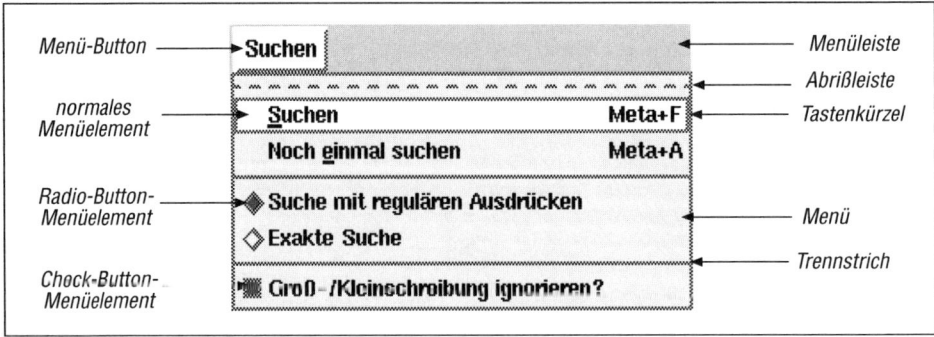

Abbildung 14-6: Pulldown-Menü und Menü-Buttons

Um ein Menü zu konstruieren, sind die folgenden Schritte notwendig:

1. Erzeugen Sie eine *Menüleiste* (*menu bar*), die das Menü-Button enthält. Die Menüleiste ist ein normales Frame-Widget.

2. Erzeugen Sie ein oder mehrere Menü-Button-Widgets, und packen Sie sie in die Menüleiste.

3. Bitten Sie die Menü-Button-Widgets, Menüeinträge zu erzeugen und zu verwalten.

Sie finden die Eigenschaften und Methoden der Menü-Button- und Menü-Widgets in Tabelle A-9 bzw. Tabelle A-10. In Beispiel 14-4 sehen Sie, wie das Menü aus Abbildung 14-6 erzeugt wurde.

Beispiel 14-4: Ein Pulldown-Menü zum Suchen von Text

```
use Tk;
$top = MainWindow->new();
# Ein Frame-Widget als Container für die Menü-Buttons
$menueleiste = $top->Frame()->pack(side => 'top');

# Menü-Button "Suchen"
$suchen_ms = $menueleiste->Menubutton(text       => 'Suchen',
                                      relief     => 'raised',
                                      borderwidth => 2,
                                     )->pack(side => 'left',
                                             padx => 2
                                            );
# "Suchen"-Menü-Button
$suchen_ms->command(label       => 'Suchen',
                    accelerator => 'Meta+F',
                    underline   => 0,
                    command     => sub {print "suchen\n"}
                   );
# "Noch einmal suchen"-Menü-Button
$suchen_ms->command(label       => 'Noch einmal suchen',
                    accelerator => 'Meta+A',
                    underline   => 5,
                    command     => sub {print "noch einmal suchen\n"}
                   );

$suchen_ms->separator();
$match_type = 'regexp';     # Suche per Default mit regulaeren Ausdruecken
$case_type = 1;             # Gross-/Kleinschreibung defaultmaessig ignorieren
# Suche mit regulaeren Ausdruecken
$suchen_ms->radiobutton(label    => 'Suche mit regulären Ausdrücken',
                        value    => 'regexp',
                        variable => \$match_typ);
# Exakte Suche
$suchen_ms->radiobutton(label    => 'Exakte Suche',
                        value    => 'exact',
                        variable => \$match_typ);
$suchen_ms->separator();
# Gross-/Kleinschreibung ignorieren
$suchen_ms->checkbutton(label    => 'Groß-/Kleinschreibung ignorieren?',
                        variable => \$grkl_typ);

MainLoop();
```

In diesem Beispiel werden am Menü-Button-Widget ($suchen_ms) Methoden wie com-
mand, separator, checkbutton und cascade aufgerufen. Interessanterweise gehört
diese Methode eigentlich zur Schnittstelle des Menü-Widgets, nicht zu der des Menü-
Buttons (siehe Tabelle A-9 und Tabelle A-10). Um die Programmierung bequem zu machen, akzeptiert das Menü-Button von Perl/Tk diese Befehle und leitet sie stillschweigend an das zugehörige Menü-Widget weiter.

Normalerweise werden die Menüeinträge in der Reihenfolge, in der sie erzeugt werden,
in das Menü geschrieben; Sie können aber die Position explizit mit der Methode add
angeben. Die Syntax für die Indizes ähnelt der der Listbox und wird in Anhang A beschrieben. Wir werden diese Methode in Kapitel 16 verwenden, um dynamisch Menüs
zu erzeugen.

Scrollbars und Verschieben

Obwohl Scrollbars (Verschiebebalken) vollwertige Widgets sind, werden sie selten
selbständig verwendet; sie kontrollieren vielmehr fast immer andere, zugeordnete Widgets. Wegen dieser engen Verbindung stellt Perl/Tk eine Bequemlichkeitsfunktion namens Scrolled zur Verfügung, die Scrollbars um ein Widget Ihrer Wahl packt, ohne
daß Sie die Scrollbars explizit anlegen, ihre Größe bestimmen und sie packen müssen.
Das folgende Beispiel erzeugt eine Listbox mit Scrollbar:

```
$scrolled_list = $top->Scrolled('Listbox', listbox-optionen,
                    scrollbars => 'se');
```

Intern werden damit ein Frame-Widget, horizontale und vertikale Scrollbars (wenn nötig) und eine Listbox erzeugt, alles wird zusammengepackt und eine Referenz auf das
Frame-Widget (den Container) zurückgegeben. Ist das nicht praktisch? Für die gängigsten Anwendungsfälle wie Listboxen und Text-Widgets mit Scrollbars stellt Perl/Tk zwei
bequeme Methoden namens ScrlListBox und ScrlText bereit, mit denen Sie noch
weniger zu tippen haben:

```
$liste_mit_scrollbar = $top->ScrlListBox(listbox-optionen);
```

Das ist normalerweise alles, was Sie zum Thema »Verschieben« wissen müssen, so daß
Sie jetzt beruhigt zum Abschnitt »Scale« springen können, ohne daß Ihnen später etwas
fehlt.

Benutzerdefiniertes Verschieben

Es kommt allerdings vor, daß Sie das Verschieben lieber selbst in die Hand nehmen
wollen. Stellen Sie sich beispielsweise vor, daß Sie drei Listboxen haben, die Sie synchron verschieben wollen. Das bedeutet, daß Sie dafür sorgen müssen, daß der Scrollbar an alle drei Widgets eine Nachricht verschickt, wenn er betätigt wird. Hinterhältiger-
weise muß das aber auch anders herum funktionieren: Wenn die Widgets auf andere
Art und Weise verschoben werden, sollten sie ebenfalls Nachrichten verschicken. Wenn
Sie beispielsweise auf eine Listbox klicken und den Cursor ziehen, dann verschiebt die
Listbox ihren eigenen Inhalt. Sie muß aber auch sicherstellen, daß ihr zugeordneter
Scrollbar und die anderen beiden Listboxen mit ihren Scrollbars synchron dazu sind.

Mit anderen Worten ist der Scrollbar nicht immer derjenige, der den Takt vorgibt. Das Verhältnis funktioniert nach dem Motto: »Ich verschiebe dich, du verschiebst mich«.

Wie Sie in Tabelle A-11 sehen können, gibt es keine spezielle Eigenschaft, die einen Scrollbar an ein Widget bindet. Der Scrollbar hat aber eine Callback-Eigenschaft namens `command`, die benachrichtigt wird, wenn der Scrollbar bewegt wird. Darüber hinaus unterstützen praktischerweise alle Widgets, die verschoben werden können (Listboxen, Text-Widgets, Frames und Canvas) zwei Methoden namens `xview` und `yview` (siehe Tabelle A-12), die dem verschiebbaren Widget mitteilen, welchen Teil seines Inhalts es in seinem Fenster anzeigen soll. Damit also ein Scrollbar eine Nachricht an ein Widget schickt, das sich verschieben soll, konfigurieren wir die `command`-Eigenschaft des Scrollbar folgendermaßen:

```
$scrollbar->configure (command => [N$widget]);
```

Der Scrollbar ruft automatisch die angegebene Methode (`xview` oder `yview`) am Widget auf. Und woher weiß das Widget, wie weit es sich verschieben soll? Ach so, das hatten wir noch nicht gesagt: Der Scrollbar übergibt einige Argumente beim Aufruf von `yview`, so daß intern die Nachricht des Scrollbars an das Widget so aussehen könnte:

```
$widget->yview('moveto', 30);
```

Damit wird das Widget aufgefordert, seinen Inhalt so auszurichten, daß die oberste Zeile oder das oberste Pixel 30% des Inhalts entspricht.

Betrachten wir nun den umgekehrten Fall, in dem das Widget den Scrollbar benachrichtigt.

Alle verschiebbaren Widgets unterstützen die beiden Methoden `xscrollcommand` und `yscrollcommand`, die die `set`-Methode des Scrollbars folgendermaßen aufrufen sollten:

```
$listbox->configure ('yscrollcommand', [$scrollbar]);
```

Abbildung 14-7 zeigt dieses symbiotische Verhältnis. Die genauen Details der Befehle und Eigenschaften finden Sie in Tabelle A-11 und Tabelle A-12.

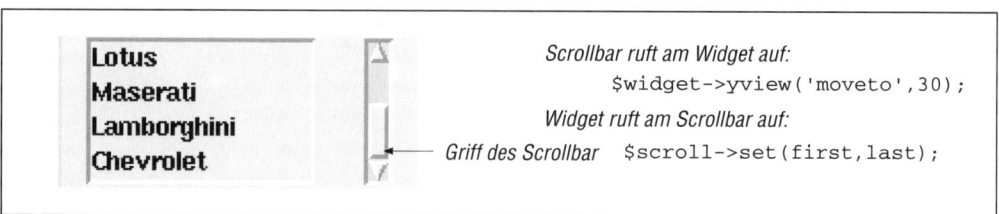

Abbildung 14-7: Interaktion zwischen einem Scrollbar und einem assoziierten Widget (hier eine Listbox)

In diesem Beispiel müssen Sie übrigens nicht jede Listbox jede der anderen beiden Listboxen steuern lassen. Es reicht, wenn jede Listbox den Scrollbar beeinflußt, der selbst wiederum mit den anderen beiden verknüpft ist.

In Beispiel 14-5 werden die diversen Konfigurationsbefehle für eine Liste zusammengesetzt.

Beispiel 14-5: Einrichten eines Scrollbars und einer Listbox, die sich gegenseitig verschieben

```
use Tk;
$top = MainWindow->new();
$auto_liste = $top->Listbox("width" => 15, "height" => 4,
                           )->pack(side => 'left',
                                    padx => 10);

$auto_liste->insert('end', # Am Ende einfügen
                    "Acura", "Volvo", "Ferrari", "Lotus", "Maserati",
                    "Lamborghini", "Chevrolet"
                    );

# Scrollbar erzeugen und über die Listbox informieren
$scroll = $top->Scrollbar(orient => 'vertical',
                          width   => 10,
                          command => ['yview', $auto_liste]
                         )->pack(side => 'left',
                                 fill => 'y',
                                 padx => 10);

# Listbox über den Scrollbar informieren
$auto_liste->configure(yscrollcommand => ['set', $scroll]);
MainLoop();
```

Scale

Das Scale-Widget (*Schieberegler*) ist wie ein Thermometer. Entlang der horizontalen oder vertikalen Vertiefung werden kleine Markierungsstriche dargestellt, und in der Vertiefung ist ein Knopf, der programmgesteuert oder manuell verschoben werden kann (mit der Maus oder der Tastatur). Tabelle A-13 enthält die Eigenschaften und Methoden des Scale-Widgets.

Abbildung 14-8 enthält zwei Regler, die Werte in Celsius und Fahrenheit anzeigen (wobei letztere 0-100 Grad Celsius entsprechen). Die Regler sind so synchronisiert, daß ein Bewegen des einen eine entsprechende Bewegung des anderen nach sich zieht.

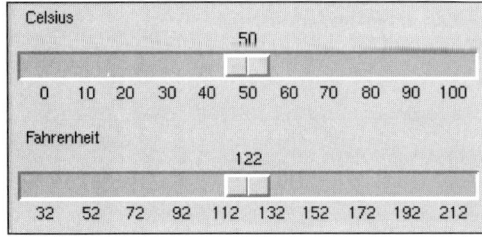

Abbildung 14-8: Synchronisierte Regler für Celsius- und Fahrenheit-Skalen

Beispiel 14-6 zeigt, wie das implementiert werden könnte.

Beispiel 14-6: Celsius/Fahrenheit-Konvertierung mit zwei Scale-Widgets

```
use Tk;
# Celsius/Fahrenheit-Verhältnis mit zwei Reglern demonstrieren.
$top = MainWindow->new();

$celsius_wert = 50;
compute_fahrenheit();
#-------------------- CELSIUS-Scale ---------------------------
$top->Scale(orient      => 'horizontal',
            from        => 0,                  # Von 0 Grad C
            to          => 100,                # bis 100 Grad C
            tickinterval => 10,
            label       => 'Celsius',
            font        => '-adobe-helvetica-medium-r-normal'
                         . '--10-100-75-75-p-56-iso8859-1',
            length      => 300,                # in Pixeln
            variable    => \$celsius_wert,     # globale Variable
            command     => \&fahrenheit_berechnen # Fahrenheit-Wert ändern
            )->pack(side => 'top',
                    fill => 'x');
#-------------------- FAHRENHEIT-Scale -------------------------
$top->Scale(orient      => 'horizontal',
            from        => 32,                 # Von 32 Grad F
            to          => 212,                # Bis 212 Grad F
            tickinterval => 20,                # alle 20 Grad eine Markierung
            label       => 'Fahrenheit',
            font        => '-adobe-helvetica-medium-r-normal'
                         . '--10-100-75-75-p-56-iso8859-1',
            length      => 300,                # In Pixeln
            variable    => \$fahrenheit_wert,  # globale Variable
            command     => \&celsius_berechnen # Celsius-Wert ändern
            )->pack(side => 'top',
                    fill => 'x',
                    pady => '5');

sub celsius_berechnen {
    # Der Knopf des Celsius-Scale bewegt sich automatisch,
    # wenn der Wert von $celsius_wert geaendert wird
    $celsius_wert = ($fahrenheit_wert - 32)*5/9;
}

sub fahrenheit_berechnen {
    $fahrenheit_wert = ($celsius_wert * 9 / 5) + 32;
}

MainLoop();
```

In diesem Beispiel ruft der Celsius-Scale `fahrenheit_berechnen()` auf, wenn der Knopf bewegt wird. Diese Prozedur ändert den Wert der Variablen `$fahrenheit_wert`, die wiederum mit dem Fahrenheit-Scale verknüpft ist. Wie Sie

sehen, reicht die richtige Belegung der Eigenschaften `command` und `variable` üblicherweise aus, um mit Reglern zu arbeiten. Sie müssen die Methode `set()` nicht explizit
aufrufen.

HList

Hierarchische Daten können wie Dateisystemstrukturen oder betriebliche Organigram-
me mit dem hierarchischen Listen-Widget (*HList*) angezeigt werden. Jeder Eintrag wird
gegenüber seinem Eltern-Eintrag um eine Ebene nach rechts eingerückt. HList zeichnet
optional Linien zwischen den Einträgen und kann jedem Eintrag Icons oder andere
Widgets zuordnen. Ein Eintrag wird nicht durch seinen Index (wie bei der Listbox), sondern durch seinen »Pfad« identifiziert. Tabelle A-14 enthält einige der interessanten Eigenschaften und Methoden dieses Widgets.

Beispiel 14-7 erzeugt einen Verzeichnis-Browser mit HList. Wenn Sie zweimal auf einen
Verzeichniseintrag klicken, wird dieser expandiert oder eingeklappt und ändert sein
Icon entsprechend.

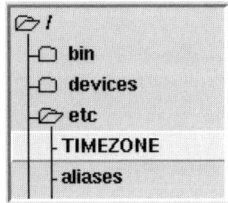

Abbildung 14-9: Das HList-Widget als Verzeichnis-Browser

Beispiel 14-7 ist nur eine Möglichkeit, den Browser aus Abbildung 14-9 zu erzeugen.
Achten Sie besonders auf den Code, der Bitmaps öffnet und zuweist, sowie auf den
Teil, der die Form des Cursors ändert.

Beispiel 14-7: Ein Verzeichnis-Browser mit dem HList-Widget

```
use Tk;
require Tk::HList;
$top = MainWindow->new();
$hlist = $top->Scrolled('HList',
                    drawbranch    => 1,    # ja, Linien darstellen
                    separator     => '/', # Trennzeichen für Dateinamen
                    indent        => 15,  # Pixel
                    command       => \&verzeichnis_anzeigen_oder_verstecken);
$hlist->pack(fill    => 'both',expand => 'y');
# Bitmap-Dateien einlesen und Image-Objekte erzeugen
$offen_bitmap       = $top->Bitmap(file => './open_folder.xbm');
$geschlossen_bitmap = $top->Bitmap(file => './folder.xbm');

# Mit dem Wurzelverzeichnis anfangen
verzeichnis_anzeigen_oder_verstecken("/");
MainLoop();
```

Beispiel 14-7: Ein Verzeichnis-Browser mit dem HList-Widget (Fortsetzung)

```
#----------------------------------------------------------------------
sub verzeichnis_anzeigen_oder_verstecken { # Wird aufgerufen, wenn doppelt auf
                                           # einen Eintrag geklickt wird
    my $path = $_[0];
    return if (! -d $path);  # Kein Verzeichnis
    if ($hlist->info('exists', $path)) {
        # Zustand des Verzeichnisses umschalten
        # Wir wissen, dass ein Verzeichnis offen ist, wenn der naechste
        # Eintrag ein Substring des aktuellen Pfades ist
        $naechster_eintrag = $hlist->info('next', $path);
        if (!$naechster_eintrag || (index ($naechster_eintrag, "$path/") == -1)) {
            # Nein, oeffnen
            $hlist->entryconfigure($path, image => $offen_bitmap);
            verzeichnisinhalt_hinzufuegen($path);
        } else {
            # Ja, schliessen, indem Icon geaendert wird und Kinder gelöscht werden
            $hlist->entryconfigure($path,
                            image => $geschlossen_bitmap);
            $hlist->delete('offsprings', $path);
        }
    } else {
        die "'$path' ist kein Verzeichnis\n" if (! -d $path);
        $hlist->add($path, itemtype => 'imagetext',
                        image   => $icons{"open"},
                        text    => $path );
        verzeichnisinhalt_hinzufuegen($path);
    }
}

sub verzeichnisinhalt_hinzufuegen {
    my $path = $_[0];
    my $alter_cursor; = $top->cget('cursor'); # Aktuellen Cursor merken und
    $top->configure(cursor => 'watch');        # als Cursor Armbanduhr verwenden
    $top->update();
    my @dateien = glob "$path/*";
    foreach $datei (@dateien) {
        $datei =~ s|//|/|g;
        ($text = $datei) =~ s|^.*/||g;
        if (-d $datei) {
            $hlist->add($datei, itemtype => 'imagetext',
                    image => $icons{"closed"}, text => $text);
        } else {
            $hlist->add($datei, itemtype => 'text',
                    text => $text);
        }
    }
    $top->configure(cursor => $alter_cursor);
}
```

Damit ist unser Rundgang durch die Widgets von Tk und Tix beendet. In der Tk-Dokumentation finden Sie noch weitere Widgets, und im *contrib*-Verzeichnis der Tk-Distribution gibt es Widgets, die von Dritten zur Verfügung gestellt wurden. Schauen wir uns jetzt noch die anderen Dinge an, die Tk bereitstellt: Geometriemanagement, Timer, Ereignisbindungen und Ereignisschleifen.

Geometriemanagement

Sie haben schon gesehen, wozu die Methode pack verwendet wird. Das Ganze nennt sich »Geometriemanagement« und bezeichnet die Kunst, die Widgets auf dem Bildschirm anzuordnen und eine Richtlinie festzulegen, wie die Widgets neu angeordnet werden sollen, wenn das umgebende Fenster verkleinert oder vergrößert wird. Es gibt in Tk drei verschiedene Geometriemanager: Der Placer, der Packer und das Raster (*grid*). Der Placer ist der einfachste. Wie beim BulletinBoard-Widget von Motif oder dem Geometriemanagement von Visual Basic müssen Sie die x- und y-Koordinaten jedes Widgets angeben. Ich verweise hier lediglich auf die Tk-Dokumentation, wenn Sie weitere Informationen zum Placer benötigen.

Packer

Der Packer ist wie das Form-Widget in Motif ein mächtiger, constraint-basierter Geometriemanager. Es handelt sich beim Packer nicht um ein Objekt, sondern lediglich um einen Algorithmus, der in Form der Methode pack() implementiert ist. Der Aufruf $widget->pack() fordert das Widget also auf, sich in den nächsten verfügbaren Platz im umgebenden Widget zu packen.

Wenn Sie einen Koffer packen, fangen Sie üblicherweise an einem Ende an und füllen dann mit jedem weiteren Gegenstand den verbleibenden Platz. Der Packer arbeitet genauso, aber es gibt einen entscheidenden Unterschied. Wenn ein Widget einmal an eine Kante des Container-Widgets gesetzt worden ist, wird die gesamte Kante vom verbleibenden verfügbaren Platz abgezogen. Der Pack-Algorithmus wird in Abbildung 14-10 illustriert.

Wenn in dieser Abbildung side als top oder bottom angegeben worden wäre, würde die *Höhe* des Labels die Höhe des abgetrennten Stücks bestimmen.

Sie können mit pack drei Dinge erreichen:

- Die Reihenfolge angeben, in der die Widgets beim Packen berücksichtigt werden sollen.

  Die Reihenfolge, in der Sie pack aufrufen, bestimmt die Pack-Reihenfolge, welche wiederum die Menge verfügbaren Platzes bestimmt, auf die ein Widget Zugriff hat. Wenn der Container verkleinert oder vergrößert wird, wird der Pack-Algorithmus noch einmal in der gleichen Reihenfolge durchlaufen.

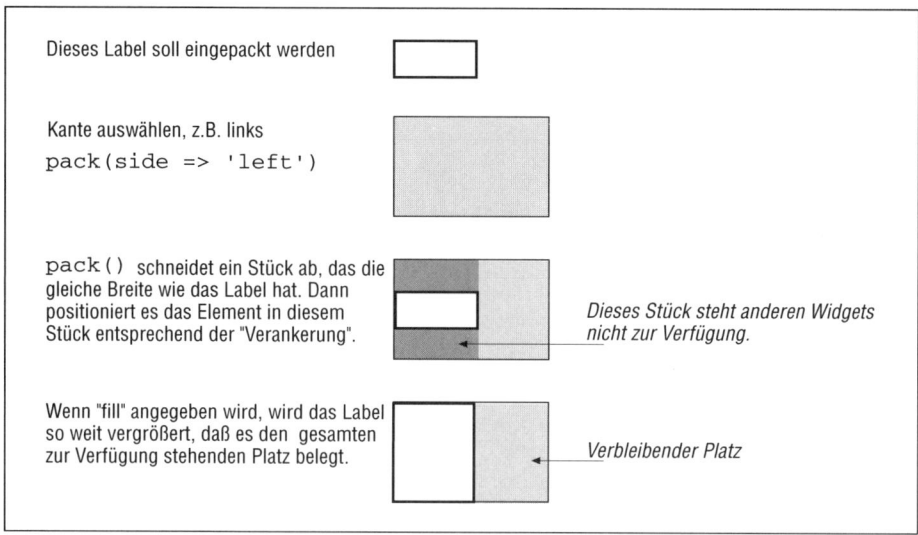

Abbildung 14-10: Pack-Algorithmus

- Angeben, wie das abzutrennende Stück ausgefüllt wird.

  Diese Option wird mit dem Wert von `fill` gewählt. Mögliche Werte sind `x` (das Widget in x-Richtung vergrößern, um das ganze Stück auszufüllen), `y` (das Widget in y-Richtung vergrößern, um das ganze Stück auszufüllen), `both` (in beide Richtungen vergrößern) und `none`. Die Optionen `ipadx` und `ipady` belegen noch zusätzlichen Zwischenraum um das Widget herum, so daß das abgetrennte Stück entsprechend größer wird als das Widget selbst. Die Option `anchor` gibt an, an welche Ecke oder Kante sich das Widget »anlehnt«. Die Voreinstellung ist `center`.

- Angeben, was mit dem verbleibenden Platz geschehen soll, wenn alle Widgets eingefügt worden sind.

  Diese Einstellung nehmen Sie mit dem Parameter `expand` vor. Normalerweise bekommt das letzte eingefügte Widget den gesamten noch verbliebenen Platz und kann ihn ausfüllen. Wenn aber andere Widgets mit dem Wert `y` für `expand` gepackt worden sind, dann wird der verbleibende horizontale Platz zu gleichen Teilen unter all den Widgets aufgeteilt, die diese Option angegeben haben und deren Wert für `side` entweder `left` oder `right` ist. Entsprechend wird verbleibender vertikaler Platz unter all den Widgets aufgeteilt, die die Werte »top« oder »bottom« haben. Beachten Sie, daß der Pack-Algorithmus keine überlappenden Widgets zuläßt.

Sie wundern sich vielleicht, wie man drei Widgets entlang der linken Kante (wie in Abbildung 14-11 dargestellt) einfügen kann, wenn das erste eingefügte Widget schon die ganze Seite blockiert.

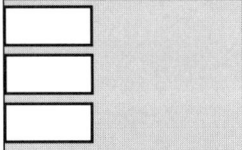

Abbildung 14-11: Drei Widgets entlang der linken Kante packen

Es gibt nur eine Möglichkeit, um dieses Problem zu lösen. Sie müssen ein Frame-Widget erzeugen und an die linke Kante des zu füllenden Fensters setzen. Weil ein Frame ein Container für andere Widgets ist, können diese drei Widgets wiederum in diesen Frame gepackt werden:

```
$frame->pack(-side => 'left', -fill => 'y', -expand => 'y');
# Jetzt die Buttons b1, b2 und b3 als Kinder des Frames
# erzeugen und von oben nach unten packen
$b1 = $frame->Button (-text => 'Eins  ')->pack();
$b2 = $frame->Button (-text => 'Zwei')->pack();
$b3 = $frame->Button (-text => 'Drei')->pack();
```

pack packt die Widgets per Voreinstellung von oben nach unten.

Möglicherweise finden Sie aber auch den Rastergeometriemanager einfacher zu handhaben.

Raster

Die Methode grid weist das Widget an, den Rastergeometriemanager (*grid*) zu benutzen. Alle Kinder in einem Container müssen den gleichen Geometriemanager benutzen, aber Sie sind frei in der Wahl Ihres Geometriemanagers für eine gegebene Kombination aus Container und darin enthaltenen Widgets oder für Widgets, die in jedem Kind verschachtelt sind.

Mit dem Rastergeometriemanager können Sie Widgets in Zeilen und Spalten anordnen, etwa so wie mit dem TABLE-Tag in HTML. Die maximale Breite aller Widgets einer Spalte bestimmt die Breite der Spalte, und die maximale Höhe aller Widgets einer Zeile bestimmt die Höhe der Zeile. Der Rastergeometriemanager wird folgendermaßen verwendet:

```
$button->grid (row => 0, column => 0);
```

Dieser Befehl setzt den Button in die linke obere Ecke.

Wie bei HTML-Tabellen kann auch in Tk ein Widget eine beliebige Zahl von Zeilen oder Spalten abdecken. Dazu verwenden Sie die Optionen rowspan und columnspan. Die Position des Widgets ist trotzdem noch die mit »row« und »column« angegebene Position, es deckt aber die angegebenen Zeilen beziehungsweise Spalten ab. Ein Beispiel:

```
$button->grid(row => 1, col => 2,
           columnspan => 2, sticky => 'ns');
```

Der Button in diesem Beispiel erstreckt sich über zwei Spalten, benutzt aber nicht den gesamten verfügbaren Platz. Wir weisen das Raster in diesem Fall mit der Option `sticky` an, sich an die nördlichen und südlichen Wände der Zelle anzulehnen. Wenn Sie hier als Wert »nsew« angeben, dann füllt das Widget die gesamte Zelle aus. Standardmäßig wird das Widget zentriert und belegt nur so viel Platz wie notwendig. Wie der Packer unterstützt auch das Raster die Optionen `ipadx` und `ipady`.

Timer

Tk enthält einen leicht zu benutzenden Timer-Mechanismus, der nach einem in Millisekunden vorgegebenen Zeitraum eine Prozedur aufrufen kann. Um einen nur einmal auslösenden Timer zu erzeugen, benutzen Sie die `after`-Methode eines beliebigen Widgets. Wiederholt auslösende Timer bekommen Sie mit `repeat`. Im folgenden Beispiel wechselt der Button seine Beschriftung für 300 Millisekunden, wenn er gedrückt wird.

```
$button->configure (text => 'Hallo',
                    command => \&titel_aendern));
sub titel_aendern {
    my ($alter_titel) = $button->cget('text');
    $button->configure (text => 'Aua!');
    $button->after (300, sub {$button->configure(text => $alter_titel)});
}
```

Wir werden `after` in Kapitel 15 für Animationen benutzen.

Sowohl `after` als auch `repeat` geben Timer-Objekte zurück. Weil diese Mechanismen ziemlich effizient und leicht sind (im Gegensatz zur Verwendung von `alarm()` und `SIGALRM`), können Sie eine große Anzahl von Timern verwenden. Um einen Timer abzubrechen, benutzen Sie `cancel`:

```
$timer = $button->after(100, sub {print "foo"});
$timer->cancel();
```

Im Gegensatz zu `SIGALRM` sind Tk-Timer nicht präemptiv. Die Kontrolle muß an die Ereignisschleife zurückgegeben werden, bevor der nächste Timer auslösen kann. Eine lang dauernde Subroutine kann zu Verspätungen bei Timer-Ereignissen führen.

Bindungen von Ereignissen

Eine Ereignisbindung verknüpft eine Callback-Funktion mit einem beliebigen Ereignistyp. Sie haben bereits einige Ereignisbindungen gesehen: Beispielsweise sorgt die Eigenschaft `command` eines Buttons dafür, daß eine benutzerdefinierte Prozedur bei einem Mausklick auf den Button aufgerufen wird. Der Befehl `bind()` bietet einen allgemeineren (also zwangsläufig auf niedrigerer Ebene angesiedelten) Zugriff auf die grundlegendsten Ereignisse wie das Drücken einer Taste auf der Tastatur oder das

Drücken und Loslassen einer Maustaste. (Ein Mausklick besteht aus Drücken *und* Loslassen, wir reden hier also über eine wirklich niedrige Ebene.) Andere »interessante« Ereignistypen sind beispielsweise das Bewegen der Maus, der Ein- oder Austritt des Mauszeigers in ein oder aus einem Fenster und das Anzeigen, Verkleinern oder Vergrößern von Fenstern auf dem Bildschirm. Alle Widgets verlassen sich selbst wiederum auf die bind-Methode, um ihre Funktionalität bereitzustellen. Darüber hinaus können Sie noch selbst weitere Bindungen anlegen. Die gebundenen Prozeduren werden ausgeführt, wenn das entsprechende Ereignis in dem Widget auftritt oder mit diesem Widget verbunden ist (wie beispielsweise das Verkleinern oder Vergrößern des Fensters).

Die Syntax von bind sieht folgendermaßen aus:

```
$widget->bind(ereignisfolge, callback);
```

Die Ereignisfolge ist ein String, der eine Folge von grundlegenden Ereignissen enthält. Jedes grundlegende Ereignis muß dabei in spitze Klammern eingeschlossen sein. Einige Beispiele für Ereignisfolgen:

```
"<a>"                    # Taste "a" gedrückt (Strg/Shift/Alt nicht gedrückt)
"<Control-a>"            # Strg und "a" gedrückt
"<Escape> <Control-a>"   # Folge aus zwei Ereignissen
"<Button1>"              # Maustaste 1 gedrückt
"<Button1-Motion>"       # Maus wird bewegt, während Maustaste 1 gedrückt ist
```

Ein einzelnes Ereignis (in spitzen Klammern) hat die folgende allgemeine Syntax:

```
"<modifikator-modifikator...-modifikator-typ-detail>"
```

Beispiele für die *Modifikatoren* sind Control, Meta, Alt, Shift, Button1 (oder B1), Button2, Double (Doppelklick) und Triple. Der Modifikator Any ist ein Joker, er paßt auf alle möglichen Modifikatoren (und auch auf gar keinen).

Der *Typ* eines Events ist eines der folgenden Schlüsselwörter: KeyPress, KeyRelease, ButtonPress (oder Button), ButtonRelease, Enter, Leave und Motion.

Bei Tastaturereignissen ist das *Detail* ein String, der die genaue Taste beschreibt. Unter X Windows wird dies ein *Keysym* genannt. Bei druckbaren ASCII-Zeichen entspricht der Keysym dem gedruckten Zeichen. Andere Beispiele für Keysyms sind Enter, Right, Pickup, Delete, Backspace, Escape, Help, F1 (Funktionstaste) und so weiter.

Die wichtigsten Ereignistypen sind das Drücken von Tasten (auf der Tastatur und der Maus.) Deswegen gibt es dafür eine verkürzte Form: Anstelle von <KeyPress-a> können Sie auch einfach <a> verwenden, anstelle von <Button1-ButtonPress> auch <1>.

Die Text- und Canvas-Widgets erlauben noch eine feinere Unterscheidung. In diesen Widgets können auch Bindungen für bestimmte Tags angelegt werden, nicht nur für das Widget selbst. Sie geben dazu als ersten Parameter von bind den Namen des Tags an. Die Ereignisfolge und die Callback-Funktion folgen dann als zweiter und dritter Parameter:

```
$text->bind('hyperlink', '<1>', \&seite_laden);
```

Dieser Code sorgt dafür, daß beim Anklicken eines beliebigen Textstücks, das mit »hyperlink« markiert ist, die Prozedur `seite_laden` aufgerufen wird.

Mehrfachbindungen

Sie können mehrere Bindungen haben, die auf das gleiche Ereignis reagieren. Wenn beispielsweise eine Maustaste betätigt wird, dann könnte das sowohl `<Button1>` als auch `<Double-Button1>` werden. Wenn es einen Konflikt innerhalb eines Widgets (oder eines Tags) gibt, dann gilt die spezifischste Bindung. `<Double-Button1>` ist spezifischer als `<Button1>`, weil es die längere Spezifikation hat.

Abgesehen davon, daß Tk auf Widget-Ebene die spezifischste Bindung verwendet, sucht es danach auch nach der spezifischsten Bindung auf der Klassenebene (zum Beispiel in der Klasse, die alle Buttons repräsentiert), dann auf der Ebene des zugehörigen Toplevel-Widgets und schließlich auf einer Ebene namens »all«. Alle vier Kategorien von Bindungen werden ausgeführt. Diese Reihenfolge kann mit der Methode `bindtags()` geändert werden, aber ich rate Ihnen davon ab.

Obwohl Sie in Tk auch die Default-Bindungen ändern können, empfehle ich Ihnen, das nicht zu tun, weil die Benutzer sich daran gewöhnen, daß ein Widget auf eine bestimmte Art und Weise arbeitet. Ein Doppelklick in einem Text-Widget selektiert üblicherweise das Wort unterhalb des Mauszeigers, und es würde die Benutzer ziemlich irritieren, wenn Sie dieses Verhalten ändern würden. Auf der anderen Seite gibt es aber auch viele Stellen, an denen Sie Ihre eigenen Bindungen hinzufügen können oder gar müssen. Die Canvas- und Text-Widget-Tags werden oft für Ereignisbindungen gewählt. Wir werden das in den nächsten beiden Kapiteln noch sehen.

Ereignisdetails

Sie haben schon gesehen, wie man ein Ereignis genau beschreibt. Es gibt aber auch Situationen, in denen wir lieber das Gegenteil tun würden, also ein Ereignis allgemeiner beschreiben, beispielsweise wie `<Any-KeyPress>`. Vermutlich wollen Sie nicht für jede Taste Ihrer Tastatur eine eigene Bindung anlegen. Wenn aber eine Taste gedrückt wird, dann will die Callback-Funktion möglicherweise wissen, welche Taste gedrückt worden ist. Hier kommen die Ereignisdetails ins Spiel.

Jedes Ereignis enthält alle Details, die mit ihm in Verbindung stehen. Mit der Funktion `Ev()` (event, Ereignis) kommen Sie an diese Daten heran. Der Parameter von `Ev()` ist ein einzelnes Zeichen, das angibt, an welcher Information über das Ereignis Sie interessiert sind. `Ev('k')` bezeichnet den Tastencode, `Ev('x')` und `Ev('y')` die x- und y-Koordinaten des Mauszeigers und `Ev('t')` den Zeitpunkt des Ereignisses. Es gibt mehr als dreißig solcher Parameter. Das folgende Beispiel zeigt, wie man `Ev()` einsetzen kann:

```
$beschriftung->bind("<Any-KeyPress>" => [\&bewegen, Ev('k')]);
sub bewegen {
    my $taste = shift;
    if ($taste eq 'k') {
```

```
        nach_links();
    } elsif ($taste eq 'l') {
        nach_rechts();
    }
}
```

In diesem Beispiel wird `bind` mitgeteilt, daß wir den Keycode bei jedem Aufruf an die Callback-Funktion übergeben möchten.

Ereignisschleifen

`MainLoop` führt eine Ereignisschleife aus, die Ereignisse vom zugrundeliegenden Fenstersystem entgegennimmt und an die passenden Widgets weiterleitet. Wenn eine Callback-Prozedur als Folge eines Ereignisses aufgerufen wird, liegt es in der Verantwortung der Callback-Prozedur, die Kontrolle so schnell wie möglich wieder an die Ereignisschleife zurückzugeben, weil sonst alle anderen Ereignisse, die in der Zwischenzeit eingetroffen sind, aufgehalten werden.

Wenn Sie CPU-intensive, lange dauernde Berechnungen durchzuführen haben, dann müssen Sie diese Berechnungen in kleine Teile aufteilen und einen Timer einrichten, der die Berechnungsroutine regelmäßig aufruft. Damit hat die Ereignisschleife eine Chance, wartende Ereignisse zu verteilen. Man nennt diese Form der CPU-Zuteilung kooperatives Multitasking. Frühere Versionen von Microsoft Windows (bis Version 3.11) haben sich genauso darauf verlassen, daß die Applikationen brav mitspielen, anderenfalls war das gesamte Betriebssystem blockiert.

Wenn Sie Aufgaben durchführen, die sowohl CPU- als auch GUI-intensiv sind (beispielsweise Raytracing und Animationen), können Sie die Methode `$widget->update` verwenden, um alle ausstehenden Ereignisse zu verarbeiten. Diese Methode kehrt erst zurück, wenn alle ausstehenden Ereignisse (einschließlich Repaint-Ereignissen) in der Ereigniswarteschlange verarbeitet worden sind.

In einer ereignisgesteuerten Umgebung sind blockierende Systemaufrufe, wie bereits in Kapitel 12 besprochen, keine besonders gute Idee. Die häufigsten blockierenden Systemaufrufe sind `read` und `write`, insbesondere wenn auf Sockets oder Pipes geschrieben oder davon gelesen wird. Beispielsweise blockiert der Diamant-Operator (<>), bis er eine Textzeile einlesen kann. Anstatt solche Aufrufe direkt zu verwenden, müssen Sie sich von Perl/Tk Bescheid sagen lassen, wann ein solcher Aufruf sicher ist, weil keine Blockade zu erwarten ist. Tk stellt dafür eine Prozedur namens `fileevent` bereit, die einer Callback-Funktion mitteilt, daß ein Dateideskriptor les- oder beschreibbar ist. `fileevent` wird folgendermaßen verwendet:

```
open (F, "/tmp/foo");
$button->fileevent(F, "readable", \&datei_lesen);
sub datei_lesen {
    if (eof(F)) {
        $button->fileevent(F, "readable", undef); # Bindung loeschen
            return ;
```

```
    }
    if (sysread (F, $buf, 1024)) {
        $text->insert('end', $buf); # Gelesene Daten anhängen
    } else {
        # sysread hat undef zurückgegeben. Es gibt ein Problem mit der Datei.
        $text->insert('end', "FEHLER !!!");
        button->fileevent(F, "readable", undef); # Bindung loeschen
    }
}
```

Wenn die Callback-Funktion aufgerufen wird, garantiert Tk (das unter Unix intern den Systemaufruf `select` verwendet), daß mindestens ein Zeichen gelesen oder geschrieben werden kann. Darüber hinaus kann es wieder zu Blockaden kommen; es gibt keine weiteren Garantien. Die Callback-Funktion wird auch aufgerufen, wenn ein Dateiende oder ein Fehler auftritt, so daß Sie diese beiden Bedingungen ebenfalls überprüfen müssen. Anderenfalls wird die Callback-Funktion nach dem Rücksprung erneut aufgerufen, und es kommt zu einer Endlosschleife.

Wir haben uns in diesem Kapitel mit Widgets, Ereignisschleifen, Timern und Ereignisbindungen beschäftigt. In den nächsten beiden Kapiteln setzen wir all diese Konzepte bei einigen praktischen Problemen ein. Damit können wir uns auch über einfache Tests hinaus mit den beiden wirklich guten Tk-Widgets beschäftigen: Canvas und Text.

Ressourcen

1. Die offiziellen Tcl/Tk-Bibliotheken und die Dokumentation finden Sie unter *http:// www.sunlabs.com/research/Tcl*, alles,was irgendwie zu Tcl/Tk gehört, unter *http:// www.neosoft.com*.

2. *Perl/Tk* Dokumentation.

    Ausführliche Dokumentation aller Widgets. Halten Sie zunächst nach der Datei *index.html* Ausschau.

3. *About Face: The Principles of User-Interface Design*. Alan Cooper. IDG Books Worldwide, 1995.

    Ein fundiertes und pointiertes Buch, wie GUIs entworfen werden sollten.

4. *Bringing Design to Software*. Terry Winograd. Addison-Wesley, 1996.

    Spezialisten aus verschiedenen Gebieten sprechen über gutes Design, speziell von Benutzerschnittstellen.

15

GUI-Beispiel: Tetris

> – *Is this a game of chance?*
> – *Not the way I play it, no.*
> W.C. Fields

Ein Spiel zu schreiben, ist eine der besten Möglichkeiten, um auszuprobieren, wie weit man die Programmierung eines GUIs beherrscht, weil drei wichtige Bereiche abgedeckt werden: Formulare, strukturierte Grafiken und Animation. In diesem Kapitel werden wir das populäre Spiel Tetris nachprogrammieren und uns danach mit stundenlangem, unproduktivem Spielvergnügen belohnen. Dabei kommen die folgenden Tk-Kenntnisse zum Einsatz:

- Die Verwendung von Canvas-Tags, um effizient Gruppen von Canvas-Elementen zu bewegen oder zu löschen.

- Verwenden von Timern, um Animationen zu steuern: Blöcke bewegen und abschießen. (Ja, wir werden noch ein mieses Arcade-artiges Abballern der Blöcke hinzufügen!)

- pack effektiv verwenden, um ein Formular zu gestalten. Dieses Kapitel benutzt nur zwei Buttons und ein Canvas, von daher ist das nur eine leichte Übung.

Man schätzt (oder behauptet zumindest immer wieder), daß bei den meisten Applikationen mit Benutzerschnittstelle etwa 70% des Codes in den GUI-spezifischen Details stecken. In diesem Kapitel werden wir sehen, wie Tk diese Belastung auf etwa 30% drückt, selbst bei einer so GUI-orientierten Applikation wie einem Spiel.

Einführung in Tetris

Tetris kam 1985 in die PC-Welt, als die Entwickler Alexej Paschitnow, Dimitrij Pawlowsky und Vadim Gerasimow das Spiel auf den IBM PC portierten. Kurz danach machte Nintendo das Spiel zu einem Riesenerfolg, indem sie es auf den tragbaren

Gameboy-Spielecomputern implementierten. Daß dieses Spiel auch heute noch verfügbar ist, wo Nintendo 64-Bit-Systeme vertreibt, beweist, wie genial die Spielidee ist.

Wenn Sie Tetris noch nie gespielt haben, schlage ich vor, daß Sie es zunächst ein paarmal spielen, um ein Gefühl dafür zu bekommen.[1] In jeder Runde fällt ein Block[2] vom oberen Ende Zeile für Zeile herunter und fügt sich schließlich in den Haufen am unteren Ende ein (siehe Abbildung 15-1). Wenn sich dabei volle Reihen ergeben, löscht Tetris die Reihe und zieht alle darüberliegenden um eine Zeile nach unten. Dann fängt die nächste Runde an, wobei der Block möglicherweise eine andere Form hat. Die Aufgabe des Spielers ist es, zu verhindern, daß der Haufen ganz nach oben wächst. Er kann den Block dazu während des Falls (mit den Tasten »j« und »l«) nach links und rechts bewegen und mit der Taste »k« drehen und so dafür sorgen, daß sich die Reihen im Haufen möglichst schnell füllen und damit gelöscht werden. Wenn der Spieler die Leertaste drückt, fällt der Block sofort auf den Haufen (anstatt Zeile für Zeile nach unten zu rutschen), und wird dort eingebaut.

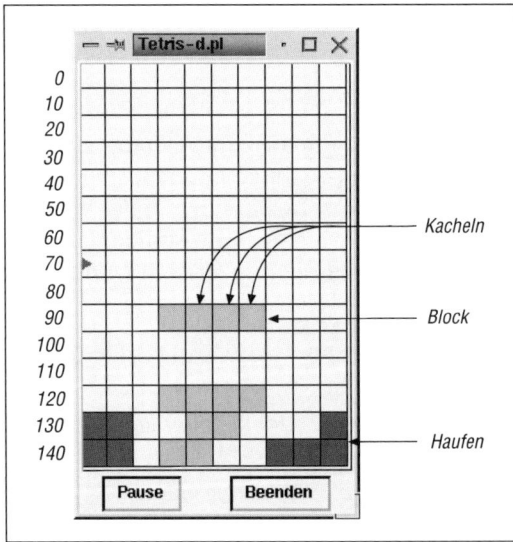

Abbildung 15-1: Tetris

Entwurf

Lassen Sie uns einen Blick auf das Design der Benutzerschnittstelle (insbesondere darauf, wie wir das Canvas-Widget effektiv nutzen wollen) und die Datenstrukturen werfen. Letztere speichern den aktuellen Zustand des Spiels und sind nicht von der Benutzerschnittstelle abhängig.

---

1 Der vollständige Code ist auf O'Reillys FTP-Server unter dem Namen *tetris.pl* erhältlich.
2 Der Block besteht aus vier Kacheln, daher auch der Name des Spiels.

Benutzerschnittstelle

Das in Abbildung 15-1 gezeigte Bildschirmlayout ist ziemlich offensichtlich. Wir brauchen zwei Button-Widgets für »Start/Pause« und »Beenden«, ein Canvas-Widget für die Grafik und ein Hauptfenster, das all diese Widgets enthält.

Das Raster und die Blöcke werden auf dem Canvas gezeichnet. Jeder Block besteht aus vier quadratischen Kacheln, die sich zusammen bewegen. Der Haufen ist eine ähnliche Ansammlung von Kacheln. Jede Kachel ist ein Canvas-Element. Alternativ dazu könnten wir einen Block auch als gefülltes Polygon darstellen, aber die Version mit den Kacheln ist sehr viel einfacher zu implementieren. Die Kacheln eines Blocks werden mit dem String »Block« markiert, so daß sie einfach mit der move-Methode als Einheit bewegt werden können. Zusätzlich merken wir uns die ID jedes Canvas-Elements, um diese einzeln löschen oder bewegen zu können.

Ein Problem, das wir bei jeder Animation bedenken müssen, ist das Flackern, wenn der Bildschirm aktualisiert wird und dazu periodisch die Änderungen im Videospeicher ausliest. Um dieses Flackern zu vermeiden, verwendet man das sogenannte *Double Buffering*: Wir malen den nächsten Schritt einer Animation zunächst in eine Pixmap und kopieren diese dann auf einmal und schnell in den Videospeicher. Glücklicherweise macht das Canvas-Widget das schon selbst, so daß wir einfach die Canvas-Elemente bewegen können, ohne vor dem Flackern Angst haben zu müssen.

Datenstrukturen

Sowohl der Block als auch der Haufen enthalten für jede Kachel zwei Informationen: die Position (also die Zelle) im Raster und die vom Canvas-Widget zugewiesene ID. Die Position kann entweder als Reihe und Spalte oder als Zellenindex angegeben werden. Letzterer wird mit der Formel (Zeile * (Spalten im Raster) + Spalte) ermittelt. Diese Formel geht davon aus, daß die Zählung der Zeilen und Spalten jeweils bei Null anfängt. Die Zellen werden also von links nach rechts und von oben nach unten mit aufsteigenden ganzen Zahlen, beginnend bei Null, numeriert. In Abbildung 15-1 ist die Zuordnung der Nummern zu den jeweils ganz links stehenden Zellen einer Zeile zu sehen. Dieser Ansatz erweist sich als praktisch, weil er sowohl die Zeile als auch die Spalte in einer einzigen Zahl kodiert und gut in die als nächstes besprochenen Datenstrukturen paßt.

Bei meinem ersten Versuch hatte ich die Blöcke und den Haufen als Objekte implementiert. Eine Kachel hat dann zwei Attribute, die *Kachel-ID*, die vom Canvas-Widget zugewiesen wird, und die *Position*. Block und Haufen haben je ein Attribut, eine Folge von Kacheln. Aber weil es jeweils nur einen Block und nur einen Haufen zur selben Zeit gibt, habe ich dann doch einen einfacheren Ansatz gewählt. Der Block wird durch das Array `@block_zellen` repräsentiert. Jedes Element dieses Arrays enthält die Zellennummer, die von der zugehörigen Kachel belegt wird. Entsprechend enthält jedes Element des Arrays `@kachel_ids` die ID des Canvas-Elements, das die Kachel des Blocks an der Position repräsentiert. Der Haufen wird aber anders organisiert. Das Array `@haufen` enthält so viele Elemente, wie es Zellen im Raster gibt. Ein Element dieses Arrays hat entweder den Wert undef oder enthält die zugehörige Canvas-Element-ID einer Kachel, die im Haufen liegt. Ich habe verschiedene Möglichkeiten ausprobiert, um die Informationen über den Block und den Haufen zu verwalten, aber diese Repräsentation hat sich als die praktischste für die beiden komplexesten Operationen herausgestellt: das Rotieren eines Blockes und das Verschmelzen von Block und Haufen.

Implementierung

Wir werden uns hier auf die Routinen konzentrieren, die entweder besonders elementar für das Spiel sind oder Tk in Aktion zeigen.

Das Hauptprogramm besteht nur aus den beiden Aufrufen init() und MainLoop(). init erzeugt die Bildschirmdarstellung, installiert die Tastenbindungen und legt einen Timer an, der tick aufruft. Springen wir jetzt mitten in das Spiel hinein, indem wir uns diese Prozedur anschauen:

tick bewegt einen Block nach unten und startet dann den Timer neu, wobei es sich selbst als Callback-Funktion angibt:

```
sub tick {
    return if ($zustand == $PAUSE);
    if (!@block_zellen) {
        if (!zufallsblock_erzeugen()) {
            game_over();              # Haufen ist voll: kein neuer Block kann
            return;                   # beim nächsten Intervall eingefügt werden
        }
        $w_top->after($intervall, \&tick);
        return;
    }
    nach_unten();                     # Block nach unten bewegen
    $w_top->after($intervall, \&tick); # Timer fuer naechste Runde fertig machen
}
```

fall() wird aufgerufen, wenn die Leertaste betätigt wird. Diese Prozedur bewegt den Block nach unten, bis er auf eine Kachel im Haufen oder das untere Ende trifft. nach_unten gibt falsch zurück, wenn einer dieser beiden Fälle eintritt.

```
sub fall {                          # Wird aufgerufen, wenn die Leertaste gedrückt wird
    return if (!@block_zellen);     # Zurück, wenn noch nicht initialisiert
    1 while (nach_unten());         # Einen Schritt nach unten, bis der Haufen oder die
                                    # untere Kante erreicht ist.
}
```

nach_unten addiert einfach nur $MAX_COLS zur Zellposition jeder Kachel des Blocks, um den Block eine Zeile nach unten zu bewegen. Dann überprüft die Prozedur, ob eine dieser neuen Positionen das untere Ende des Rasters berührt oder mit einer schon im Haufen existierenden Kachelposition übereinstimmt. Falls das der Fall ist, wird block_und_haufen_verschmelzen aufgerufen und falsch zurückgegeben. Falls nicht, merkt sich die Prozedur einfach die neuen Positionen und benutzt die Methode move, um alle Blockkacheln auf einen Rutsch nach unten zu bewegen (genauer gesagt um $KACHEL_HOEHE Pixel nach unten). Der Rückgabewert ist 1, damit `fall` (siehe oben) weiß, daß es weitermachen muß.

```
sub nach_unten {
    my $zelle;
    my $erste_zelle_letzte_zeile = ($MAX_ZEILEN-1)*$MAX_SPALTEN;
    # wenn wir schon ganz unten sind, oder die Bewegung nach unten
    # den Haufen beeinflussen würde, beide verschmelzen
    foreach $zelle (@block_zellen) {
        if (($zelle >= $erste_zelle_letzte_zeile) ||
            ($haufen[$zelle+$MAX_SPALTEN])) {
            block_und_haufen_verschmelzen();
            return 0;
        }
    }
    foreach $zelle (@block_zellen) {
        $zelle += $MAX_SPALTEN;
    }
    $w_haufen->move('block', 0,  $KACHEL_HOEHE);
    return 1;
}
```

`block_und_haufen_verschmelzen` macht hauptsächlich zwei Dinge: Alle Kacheln eines Blocks werden an den Haufen übergeben und die Felder von %block_zellen auf Null gesetzt. Dann wird @haufen nach Zeilen durchsucht, in denen alle Spalten besetzt sind. Wenn solche Zeilen gefunden werden, werden sie mit einem zusätzlichen Tag namens `delete` markiert. Dazu wird die Methode `addtag` benutzt:

```
$w_canvas->addtag('delete', 'withtag' => $haufen[$i]);
```

Der direkte Weg, eine Zeile zu löschen, würde darin bestehen, die entsprechenden Einträge im Haufen zu entfernen und die zugehörigen Kacheln auf dem Canvas zu entfernen. Aber damit würde der Benutzer keinen Eindruck erhalten, welche Zeilen entfernt werden; außerdem ist das auch zu langweilig. Deswegen füllt `block_und_haufen_verschmelzen` alle mit `delete` markierten Kacheln mit einem weißen Hintergrund und löscht diese Elemente nach 300 Millisekunden. Der Benutzer sieht also, wie eine volle Reihe für einen kurzen Moment weiß wird und dann verschwindet. Beachten Sie, wie bequem mit einer Closure bei `after` ein Stückchen Code angegeben werden kann, das später ausgeführt werden soll. Die gleiche Closure bewegt den Rest der Kacheln auf dem Haufen an ihre neuen Plätze, da ja einige Zeilen entfernt worden sind.

```
my $letzte_zelle = $MAX_SPALTEN * $MAX_ZEILEN;
sub block_und_haufen_verschmelzen {
    my $zelle;
    # Block verschmelzen
    foreach $zelle (@block_zellen) {
        $haufen[$zelle] = shift @tile_ids;
    }
    $w_haufen->dtag('block'); # Block vergessen, er ist jetzt schließlich im Haufen
    # Volle Zeilen suchen und entfernen
```

```perl
# Alle Zeilen darueber muessen nach unten bewegt werden,
# sowohl in @haufen als auch auf Canvas $w_haufen
my $letzte_zelle = $MAX_ZEILEN * $MAX_SPALTEN;
my $anzahl_gefuellter_zellen;
my $zu_loeschende_zeilen = 0;
my $i;
for ($zelle = 0; $zelle < $letzte_zelle; ) {
    $anzahl_gefuellter_zellen = 0;
    my $erste_zelle_der_zeile = $zelle;
    for ($i = 0; $i < $MAX_SPALTEN; $i++) {
        $anzahl_gefuellter_zellen++ if ($haufen[$zelle++]);
    }
    if ($anzahl_gefuellter_zellen == $MAX_SPALTEN) {
        # diese Zeile ist voll
        for ($i = $erste_zelle_der_zeile; $i < $zelle; $i++) {
            $w_haufen->addtag('delete', 'withtag' => $haufen[$i]);
        }
        splice(@haufen, $erste_zelle_der_zeile, $MAX_SPALTEN);
        unshift (@haufen, (undef) x $MAX_SPALTEN);
        $zu_loeschende_zeilen = 1;
    }
}
@block_zellen = ();
@kachel_ids = ();
if ($zu_loeschende_zeilen) {
    $w_haufen->itemconfigure('delete',
                             '-fill'=> 'white');
    $w_top->after (300,
                   sub {
                       $w_haufen->delete('delete');
                       my ($i);
                       my $letzte = $MAX_SPALTEN * $MAX_ZEILEN;
                       for ($i = 0; $i < $letzte; $i++) {
                           next if !$haufen[$i];
                           # Position ermitteln
                           my $spalte = $i % $MAX_SPALTEN;
                           my $zeile = int($i / $MAX_SPALTEN);
                           $w_haufen->coords(
                               $haufen[$i],
                               $spalte * $KACHEL_BREITE,      #x0
                               $zeile * $KACHEL_HOEHE,        #y0
                               ($spalte+1) * $KACHEL_BREITE,  #x1
                               ($zeile+1) * $KACHEL_HOEHE);   #y1
                       }
                   });
}
}
```

Schauen wir uns nun zwei der anderen Routinen an, die den Block manipulieren: nach_links und rotieren. Wir überspringen nach_rechts hier, weil diese Routine nach_links entspricht.

nach_links bewegt jede Kachel eines Blocks nach links, indem es einfach 1 von den jeweiligen Zellpositionen abzieht. Wenn die neue Position jenseits der linken Kante liegen würde oder bereits von einer Kachel auf dem Haufen belegt ist, macht die Funktion nichts. Wenn die Bewegung zulässig ist, werden alle Canvas-Elemente, die mit »block« markiert sind, einfach um $KACHEL_BREITE Pixel nach links bewegt:

```perl
sub nach_links {
    my $zelle;
    foreach $zelle (@block_zellen) {
        # Ueberpruefen, ob die Zelle schon am linken Rand ist. Wenn nicht,
        # ueberpruefen, ob die Zelle links davon schon besetzt ist.
        if ((($zelle % $MAX_SPALTEN) == 0) ||
            ($haufen[$zelle-1])){
            return;
        }
    }
    foreach $zelle (@block_zellen) {
        $zelle--; # Das beeinflusst den Inhalt von @block_zellen
    }

    $w_haufen->move('block', - $KACHEL_BREITE, 0);
}
```

rotate ist ein bißchen schwieriger. Die Funktion berechnet eine Drehposition eines Blocks anhand der Kachelpositionen und ermittelt die neuen Kachelpositionen dann durch eine einfache Transformation, die in folgendem Code erläutert wird. Außerdem stellt sie sicher, daß die neuberechnete Position nicht illegal ist (die Kacheln dürfen nicht aus dem Raster herauswandern oder sich mit dem Haufen überschneiden). Dann wird die Methode coords des Canvas aufgerufen, um jede Kachel einzeln auf den neuen Platz zu stellen.

```perl
sub rotate {
    # dreht den Block gegen den Uhrzeigersinn
    return if (!@block_zellen);
    my $zelle;
    # Berechnen der Drehposition, um die gedreht wird
    # Diese Position liegt an (Durchschnitt der x-Werte, Durchschnitt der y-Werte)
    # aller block_zellen
    my $zeile_total = 0; my $spalte_total = 0;
    my ($zeile, $spalte);
    my @spalten = map {$_ % $MAX_SPALTEN} @block_zellen;
    my @zeilen = map {int($_ / $MAX_SPALTEN)} @block_zellen;
    foreach (0 .. $#spalten) {
        $zeile_total += $zeilen[$_];
        $spalte_total += $spalten[$_];
    }
    my $dreh_zeile = int ($zeile_total / @spalten + 0.5);   # Drehzeile
    my $dreh_spalte = int ($spalte_total / @spalten + 0.5); # Drehspalte
    # Um jede Zelle gegen den Uhrzeigersinn zu positionieren, ist eine
    # kleine Transformation notwendig. Ein Reihen-Offset vom Drehpunkt
    # wird ein aequivalenter Spalten-Offset und ein Spalten-Offset
    # ein negativer Zeilen-Offset.
```

```perl
my @neue_zellen = ();
my @neue_zeilen = ();
my @neue_spalten = ();
my ($neue_zeile, $neue_spalte);
while (@zeilen) {
    $zeile = shift @zeilen;
    $spalte = shift @spalten;
    # Neue $zeile und $spalte berechnen
    $neue_spalte = $dreh_spalte + ($zeile - $dreh_zeile);
    $neue_zeile = $dreh_zeile - ($spalte - $dreh_spalte);
    $zelle = $neue_zeile * $MAX_SPALTEN + $neue_spalte;
    # Überprüfen, ob die neue Position ungültig ist (d.h., ob die Zelle
    # außerhalb des Rasters liegt oder ob die Zelle schon belegt ist).
    # Wenn die Position gültig ist, sollte dort nichts anderes liegen.
    if (($neue_zeile < 0) || ($neue_zeile > $MAX_ZEILEN) ||
        ($neue_spalte < 0) || ($neue_spalte > $MAX_SPALTEN) ||
        $haufen[$zelle]) {
        return 0;
    }
    push (@neue_zeilen, $neue_zeile);
    push (@neue_spalten, $neue_spalte);
    push (@neue_zellen, $zelle);
}
# Kacheln auf Canvas an die neu berechneten Koordinaten verschieben
my $i= @neue_zeilen-1;
while ($i >= 0) {
    $neue_zeile = $neue_zeilen[$i];
    $neue_spalte = $neue_spalten[$i];
    $w_haufen->coords($kachel_ids[$i],
                $neue_spalte * $KACHEL_BREITE,       #x0
                $neue_zeile * $KACHEL_HOEHE,         #y0
                ($neue_spalte+1) * $KACHEL_BREITE,   #x1
                ($neue_zeile+1) * $KACHEL_HOEHE);
    $i--;
}
@block_zellen = @neue_zellen;
1; # Rotation war erfolgreich
}
```

Wenn dieser Tetris-Mutant startet, wird eine kleine, dreieckige »Kanone« (Zelle Nummer 70 in Abbildung 15-1) gezeichnet. Wenn »a« oder »s« gedrückt wird, wird schuss aufgerufen. Mit »a« wird ein Pfeil aus der Kanone abgefeuert, der die am weitesten links stehende Kachel des Blocks beseitigt, wenn der Block gerade vorbeikommt. »s« zielt auf die am weitesten rechts stehende Kachel. Das ist eine ziemlich miese Ergänzung, die aber nützlich für uns ist, um zu sehen, wie eine Animation mit Hilfe des Canvas durchgeführt werden kann. Der erste Teil der Prozedur bestimmt einfach nur, welche Kachel des Blocks entfernt werden soll (wenn überhaupt eine). Dann wird ein Pfeil (eine Linie mit einer Pfeilspitze) von der Kanone zur ermittelten Kachel erzeugt, das Linienmuster geändert, und nach 200 Millisekunden Pause wird sowohl die Linie als auch die Kachel gelöscht. Das hat den visuellen Effekt, als würde die Kachel abgeschossen.

```
sub schuss {
    my ($richtung) = @_;
    my $erste_zelle_schuss_zeile = $schuss_zeile*$MAX_SPALTEN;
    my $letzte_zelle_schuss_zeile = $erste_zelle_schuss_zeile + $MAX_SPALTEN;
    my $zelle;
    my (@indizes) =
        sort {
            $richtung eq 'left' ?
                $block_zellen[$a] <=> $block_zellen[$b] :
                    $block_zellen[$b] <=> $block_zellen[$a]
                } (0 .. $#block_zellen);
    my $gefunden = -1;
    my $i;
    foreach $i (@indizes) {
        $zelle = $block_zellen[$i];
        if (($zelle >= $erste_zelle_schuss_zeile) &&
            ($zelle < $letzte_zelle_schuss_zeile)) {
            $gefunden = $i;
            last;
        }
    }
    if ($gefunden != -1) {
        my $ziel_kachel = $kachel_ids[$gefunden];
        ($zelle) = splice (@block_zellen, $gefunden, 1);
        splice (@kachel_ids, $gefunden, 1);
        my $y = ($schuss_zeile + 0.5)*$KACHEL_HOEHE;
        my $arrow = $w_haufen->create(
                                'line',
                                0,
                                $y,
                                (($zelle % $MAX_SPALTEN) + 0.5)
                                            * $KACHEL_BREITE,
                                $y,
                                '-fill' => 'white',
                                '-arrow' => 'last',
                                '-arrowshape' => [7,7,3]
                                );

        $w_haufen->itemconfigure($ziel_kachel,
                            '-stipple' => 'gray25');
        $w_top->after (200,sub {
            $w_haufen->delete($ziel_kachel);
            $w_haufen->delete($arrow);
        });
    }
}
```

Zum Schluß schauen wir uns noch die beiden Routinen an, die für den Bildschirmaufbau zuständig sind: `bildschirmaufbau` und `tasten_binden`. Beide Funktionen werden von `init()` aufgerufen. Beachten Sie besonders, wie `pack` in `bildschirmaufbau` benutzt wird und wie das Leerzeichen in `tasten_binden` in eine Ereignisbindung übersetzt wird.

```perl
sub bildschirmaufbau {
    $w_top = MainWindow->new('Tetris - Perl/Tk');
    $w_haufen = $w_top->Canvas('-width'  => $MAX_SPALTEN * $KACHEL_BREITE,
                               '-height' => $MAX_ZEILEN  * $KACHEL_HOEHE,
                               '-border' => 1,
                               '-relief' => 'ridge');
    $w_start = $w_top->Button('-text' => 'Start',
                              '-command' => \&start_pause,
                             );
    my $w_beenden = $w_top->Button('-text' => 'Beenden',
                                   '-command' => sub {exit(0)}
                                  );
    $w_haufen->pack();
    $w_start->pack('-side'=> 'left', '-fill' => 'y', '-expand' => 'y');
    $w_beenden->pack('-side'=> 'right', '-fill' => 'y', '-expand' => 'y');
}

sub tasten_binden {
    my ($taste, $callback) = @_;
    if ($taste eq ' ') {
        $taste = "KeyPress-space";
    }
    $w_top->bind("<${taste}>", $callback);
}
```

16

GUI-Beispiel: Anzeigeprogramm für Man-Pages

Help wanted. Telepath. You know where to apply.
Anonymous

Das Hauptziel dieses Kapitels ist es, einige der wichtigsten Fähigkeiten des Text-Widgets auszuprobieren. Ein Anzeigeprogramm für Man-Pages namens *perlman* ist dafür ein idealer Testfall.[1] In diesem Kapitel werden Sie sich näher mit den Möglichkeiten des Text-Widgets zum Einfügen, Löschen und Abfragen von Text bekanntmachen, diverse Primitive zur Indizierung benutzen, Tags erzeugen und konfigurieren sowie Text hervorheben und mit regulären Ausdrücken durchsuchen.

perlman wurde nach dem Modell von *TkMan* [Ressource 1] geschrieben, einem sehr schönen Betrachter für Man-Pages, der von Thomas Phelps an der University of California at Berkeley in Tcl/Tk geschrieben wurde. *perlman* enthält aber nur eine kleine Untermenge der Funktionalität von *TkMan*.

Thomas hat auch einen Bericht über seine Erfahrungen mit dem Namen »Two Years with TkMan: Lessons and Innovations. Or, Everything I Needed to Know about Tcl/Tk I Learned from TkMan« [Ressource 2] geschrieben. Er plädiert in dem Bericht dafür, das gesamte Hilfsprogramm in einer Skriptsprache zu schreiben und überzeugt damit unbeabsichtigterweise uns selbstgefällige Perl-Programmierer, die wir nun einmal sind, daß Perl die ideale Wahl gewesen wäre. Im Abschnitt »Ressourcen« am Ende dieses Kapitels finden Sie Verweise auf *TkMan* und Thomas' Bericht.

---

1 Wenn Sie ein etwas ambitionierteres Projekt mit dem Text-Widget verfolgen wollen, können Sie versuchen, ein Anzeigeprogramm für HTML-Seiten zu schreiben.

man und perlman

Man-Pages unter Unix werden üblicherweise mit dem Befehl man(1) angezeigt. Wenn Sie auf der Kommandozeile man perl eingeben, wird die mit Doppelpunkten getrennte Liste der Verzeichnisnamen in der Umgebungsvariable MANPATH durchsucht. (Wenn MANPATH nicht gesetzt ist, sucht man(1) an einigen standardisierten Stellen wie */usr/man*.) Sobald man eine Datei namens *perl.1* gefunden hat, ruft es *tbl* auf, um die Tabellen und *nroff*, um den Text zu formatieren. Die Ausgabe dieser Programme wird dann an einen geeigneten Pager wie more(1) oder less(1) weitergeleitet.

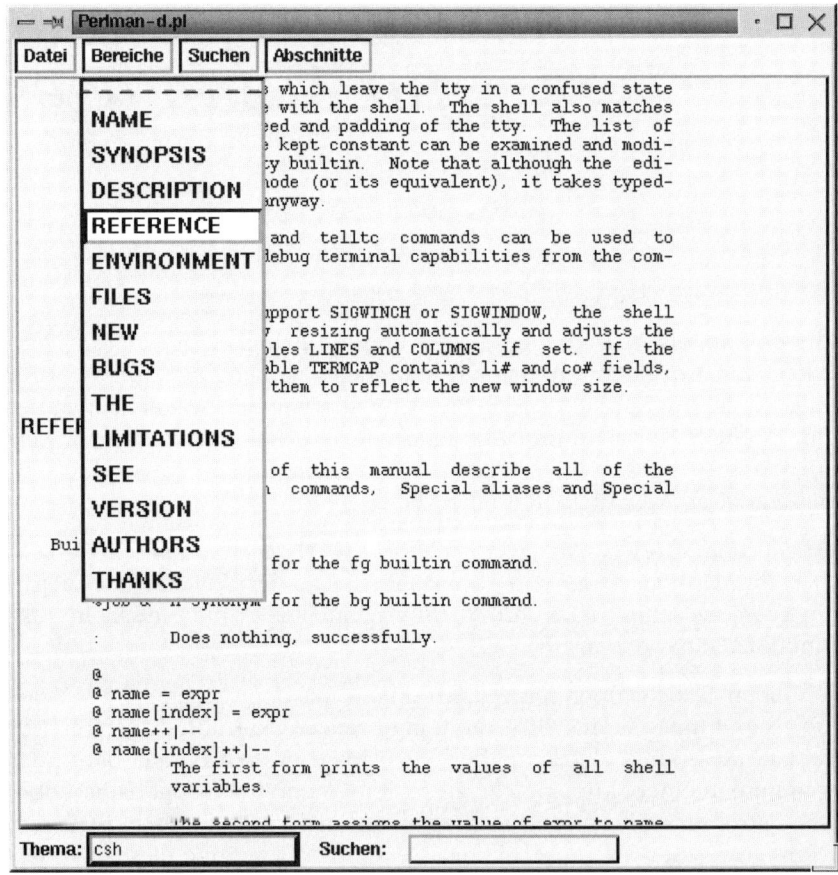

Abbildung 16-1: Bildschirm von perlman

perlman, zu sehen in Abbildung 16-1, ist ein GUI-Wrapper um man. Um Informationen zu einem Thema zu bekommen, müssen Sie einen String im Eingabefeld »Thema« eingeben und die Eingabetaste drücken. Um alle Textstücke hervorzuheben, die auf einen gegebenen regulären Ausdruck passen, geben Sie letzteren einfach in das »Suchen«-Eingabefeld ein. Außerdem können Sie optional exakte Suchvorgänge durchführen und die Groß-/Kleinschreibung ignorieren. Darüber hinaus verfügt *perlman* noch über die folgenden Features:

Hypertext

Wenn Sie doppelt auf ein Wort klicken, zeigt *perlman* die Man-Page zu diesem Thema an, sofern es eine gibt. Mit `man(1)` müssen Sie dagegen immer die aktuelle Man-Page verlassen, bevor Sie eine andere ansehen können. Im Gegensatz zu anderen Hilfesystemen wie der Microsoft Windows-Hilfe oder HTML-Seiten müssen Sie mit *perlman* nicht einen Text extra als Hypertext-Link markieren. Darüber hinaus können Sie auch auf einen String wie `strcmp(3)` klicken, worauf *perlman* nach `strcmp` in Abschnitt drei des Manuals sucht. Das ist besonders hilfreich im »SEE ALSO«-Abschnitt.

Bereichsüberschriften

Einige Man-Pages wie `csh(1)`, `gcc(1)` oder `perlfunc(1)` sind sehr groß. *perlman* hilft dem Benutzer, schneller durch solche Dokumente zu navigieren, indem es ein spezielles Menü namens »Bereiche« bereitstellt. In diesem Menü werden alle (englischen) Bereichsüberschriften des Dokuments wie »NAME«, »DESCRIPTION« und »SEE« angezeigt (siehe Abbildung 16-1). Wenn der Benutzer eine dieser Optionen auswählt, wird der entsprechende Bereich angezeigt.

Abschnitte

perlman zeigt alle verfügbaren Abschnitte in einem Menü namens »Abschnitte« an. Wenn Sie einen Abschnitt davon auswählen, werden alle in diesem Bereich verfügbaren Themen angezeigt. Sie können dann mit einem Doppelklick auf eines der Themen zur jeweiligen Seite springen.

Implementierung

Die Implementierung von *perlman* kann in vier logische Abschnitte aufgeteilt werden:

*   Formatieren und Anzeigen der Man-Pages im Text-Widget: die Routinen `man_anzeigen` und `kommandozeile_holen`.

*   Suchen: `suchen`

*   Bildschirmdarstellung: `ui_erzeugen`

*   Anzeigen der Hilfethemen, die in jedem Abschnitt zur Verfügung stehen. Da hierin wenig Code steckt, der mit der Benutzerschnittstelle zusammenhängt, werden wir hier nicht darauf eingehen.

Bevor wir uns auf die oben genannten Subroutinen stürzen, schauen wir uns jetzt aber noch kurz alle Fähigkeiten des Text-Widgets an, die von *perlman* benutzt werden:

*   Text am Ende einfügen und markieren (»section«):

    ```
    $text->insert('end', 'Beispieltext', 'section');
    ```

- Ein Stück Text zwischen zwei Indizes herausholen:

```
$zeile = $text->get($start_index, $end_index);
```

- Sicherstellen, daß ein bestimmter Index sichtbar ist:

```
$text->see($index)
```

- Den gesamten Inhalt löschen:

```
$text->delete('1.0', 'end'); # Von Zeile 1, Spalte 0 bis zum Ende
```

- Einen Tag erzeugen und konfigurieren:

```
$text->tagConfigure('search',
                  'foreground' => yellow, 'background' => 'red');
```

- Einen Tag löschen:

```
$text->tagDelete('search');
```

- Einen Tag einem Textbereich zuweisen, der durch eine Indexposition und die Anzahl der Zeichen darin definiert wird:

```
$text->tagAdd('search', $aktuell, "$aktuell + $length char");
```

- Alle Marken aufzählen und jede einzelne löschen:

```
foreach $mark ( $text->markNames() ) { $text->markUnset($mark); }
```

- Die Zeilen- und Spaltennummer (den Index) einer logischen Position bestimmen:

```
# Zeile und Spalte der aktuellen end-Position
$index = $text->index('end');

# zur aktuellen Einfügeposition und von da zum Anfang des Wortes springen
# und die Zeile und Spalte zurückgeben
$start_index = $text->index('insert wordstart');

# Nach Reihe 10, Spalte 3 springen, fünf Zeichen vorrücken und die
# neue Zeile und Spalte zurückgeben
$i = $text->index("10.3 + 5 char");
```

Die Methode index ändert den Zustand des Widgets übrigens nicht.

- Eine exakte Suche oder eine Suche mit regulären Ausdrücken durchführen, wobei Start- und Endpunkt der Suche angegeben wird:

```
$aktuell = $text->search('-count' => \$length,
                 '-regex', '-nocase','--', # Suchoptionen
                 $suchmuster
                 $aktuell, 'end');         # von, bis
```

Die Methode search gibt den Index des Textes zurück, der gefunden wurde, und setzt die Variable, die mit der Eigenschaft -count verknüpft ist, auf die Anzahl der gefundenen Zeichen. Wenn nichts gefunden wurde, wird undef zurückgegeben.

- Einen Doppelklick mit der Maus an eine Subroutine binden:

```
$text->bind('<Double-1>', \&wort_auswaehlen);
```

Man-Pages anzeigen

Lassen Sie uns jetzt mitten in die Applikation eintauchen, in die Prozedur `man_anzeigen`. Wie Sie in Abbildung 16-1 sehen können, akzeptiert ein Eingabefeld namens »Thema« einen Themennamen. Wenn der Benutzer in dieses Widget namens `$thema` einen Text eingibt und die Eingabetaste drückt, wird `man_anzeigen` aufgerufen. Diese Prozedur liest den String aus `$thema` aus und ruft `kommandozeile_holen`, um eine Befehls-Pipeline zu erzeugen, mit der Daten von `man` gelesen werden (diese Pipeline wird von `open` verwendet). Dann liest die Prozedur eine Zeile nach der anderen aus dieser Pipe und untersucht die Zeilen, ob es sich möglicherweise um eine Bereichsüberschrift wie »NAME« oder »DESCRIPTION« handelt. Bereichsüberschriften in Man-Pages sind typischerweise vollständig in Großbuchstaben geschrieben und fangen in der ersten Spalte an. Wenn eine Zeile wie eine Überschrift aussieht, fügt `man_anzeigen` diese Zeile ein und weist ihr einen Tag namens »section« zu, ansonsten wird die Zeile als normaler, unmarkierter Text eingefügt. Der Tag »section« ist mit einem größeren Zeichensatz vorkonfiguriert. Außerdem hängt `man_anzeigen` einen neuen Eintrag an das »Bereiche«-Menü an und richtet die mit diesem Eintrag verknüpfte Callback-Funktion so ein, daß sie zur Zeile mit der Bereichsüberschrift springt.

```perl
sub man_anzeigen {
    my $eingabe = $thema->get(); # Eingabe aus $thema holen
    # $eingabe kann beispielsweise 'csh' oder 'csh(1)'
    my ($man, $abschnitt) = ($eingabe =~ /^(\w+)(\((.*\))?/);
    if ($abschnitt && (!gueltiger_abschnitt($abschnitt))) {
        undef $abschnitt ;
    }
    my $kommandozeile = kommandozeile_holen($man, $abschnitt); # von open verwendet

    # Alles Löschen, was mit der aktuellen Seite zusammenhaengt (Menues, Marken)
    $text->delete('1.0', 'end');  # aktuelle Seite loeschen
    # 'Bitte warten'-Meldung einfuegen; wir verwenden den Tag 'section',
    # weil sie einen schoenen grossen Zeichensatz hat.
    $text->insert('end',
                  "Formatiere \"$man\" .. bitte warten", 'section');
    $text->update();  # Anzeige des Text-Widgets aktualisieren
    $bereich_menue->menu()->delete(0,'end'); # Aktuelle Bereichsueberschriften
                                             # loeschen
    my $mark;
    foreach $mark ($text->markNames) {  # alle Marken entfernen
        $text->markUnset($mark);
    }

    # UI ist jetzt sauber. Datei oeffnen
    if (!open (F, $kommandozeile)) {
        # Text-Widget fuer Fehlermeldungen benutzen
        $text->insert('end', "\nFehler in man oder rman");
        $text->update();
        return;
    }
```

```perl
    # "Bitte warten"-Meldung loeschen
    $text->delete('1.0', 'end');
    my $neue_zeilen = 0; my $zeile;

    while (defined($zeile = <F>)) {
        $neue_zeilen = 1;
        # Wenn das erste Zeichen ein Grossbuchstabe ist, dann handelt es sich
        # wahrscheinlich um eine Bereichsueberschrift
        if ($zeile =~ /^[A-Z]/) {
            # Vermutlich eine Bereichsueberschrift
            ($marke = $zeile) =~ s/\s.*$//g;  # $marke enthaelt die Ueberschrift
            my $index = $text->index('end');# aktuelles Ende merken
            # Bereichsueberschrift bekommt 'section'-Tag
            $text->insert('end', "$marke\n\n", 'section');
            # Einen Eintrag im Bereichsmenue erzeugen. Die zugehoerige
            # Callback-Funktion ruft die Methode 'see' des
            # Text-Widgets auf, um zum oben gemerkten Index zu springen.
            $bereichs_menue->command(
                    '-label' => $marke,
                    '-command' => [sub {$text->see($_[0])},$index])
        } else {
            $text->insert('end', $zeile); # Normaler Text, einfach nur einfuegen
        }
    }
    if ( ! $neue_zeilen ) {
        $text->insert('end', "Leider nichts zu $man gefunden.");
    }
    close(F);
}
```

`kommandozeile_holen` erwartet die Namen der Man-Page und akzeptiert auch einen optionalen Abschnitt. Daraus baut die Funktion die Kommandozeile zusammen, die im open-Befehl verwendet wird. Die Kommandozeilen können sich von System zu System unterscheiden; das folgende Listing erzeugt eine für Solaris. Weil *man* (oder genauer gesagt *nroff*) die Seite zur Anzeige auf einem Terminal formatiert (und dazu Fluchtsequenzen einfügt, damit bestimmte Worte in Fettdruck sowie auf jeder Seite Kopf- und Fußzeilen angezeigt werden), benutzen wir ein frei verfügbares Hilfsprogramm namens *rman* (»RosettaMan«, siehe dazu den Abschnitt »Ressourcen« am Ende dieses Kapitels), um alles Überflüssige herauszufiltern.

```perl
    sub kommandozeile_holen {
        my ($man, $abschnitt) = @_;
        if ($abschnitt) {
            $abschnitt =~ s/[()]//g; # Klammern entfernen
            return "man -s $abschnitt $man 2> /dev/null | rman |";
        } else {
            return "man $man 2> /dev/null | rman |";
        }
    }
```

Die Prozedur `wort_auswaehlen` wird aufgerufen, wenn Sie im Text-Widget doppelklicken. Sie verwendet die Methode `index`, um den Index am Anfang des angeklickten Wortes und den am Ende der Zeile zu bestimmen, und extrahiert den dazwischenliegenden Text. Dann sucht `wort_auswaehlen` nach einem gewöhnlichen String (dem Thema), der von einem weiteren String (dem Abschnitt) gefolgt sein kann. Vor dem Aufruf von `man_anzeigen` wird dieser String in das Eingabefeld `$thema` eingesetzt und somit eine Benutzereingabe simuliert.

```
sub wort_auswaehlen {
    my $start_index = $text->index('insert wordstart');
    my $end_index = $text->index('insert lineend');
    my $zeile = $text->get($start_index, $end_index);
    my ($seite, $abschnitt) = ($zeile =~ /^(\w+)(\((.*?)\))?/);
    return unless $seite;
    $thema->delete('0', 'end');
    if ($abschnitt && gueltiger_abschnitt($abschnitt)) {
        $thema->insert('end', "$seite${abschnitt}");
    } else {
        $thema->insert('end', $seite);
    }
    man_anzeigen();
}
```

Nach Text suchen

Die Menüleiste enthält ein Suchen-Menü, das genau dem in Kapitel 14 im Abschnitt »Benutzerschnittstellen mit Tk« beschriebenen entspricht. Wenn der Menüeintrag »Suchen« ausgewählt wird, wird die Subroutine `suchen` aufgerufen. Diese ruft zunächst `tagDelete` auf, um alle Hervorhebungen zu löschen (die noch von der letzten Suche vorhanden sein könnten). Dann fängt die Prozedur am Anfang des Textes (Zeile 1, Spalte 0) an und ruft die Methode `search` des Text-Widgets auf, um das erste passende Textstück zu finden. Wenn eine Übereinstimmung gefunden wurde, aktualisiert diese Methode die Variable, die beim Parameter `-count` übergeben wurde, indem die Länge der Übereinstimmung eingetragen wird. Dieser Bereich wird dann durch Zuweisung des Tags »search« hervorgehoben. Der Cursor wird hinter den Text positioniert und die Suche fortgesetzt.

```
sub suchen {
    my $suchmuster = $search->get();
    $text->tagDelete('search');  # Durch Entfernen des Tags erhalten die damit
                                 # markierten Regionen ihren Defaultstil zurueck
    $text->tagConfigure('search',
                    '-background' => 'yellow',
                    '-foreground' => 'red');

    my $aktuell = '1.0';# Anfang bei Zeile 1, Spalte 0 (Anfang der Datei)
    my $laenge = '0';
    while (1) {
        if ($gross_klein_ignorieren) {
            $aktuell = $text->search('-count' => \$laenge,
                            $match_typ, '-nocase','--',
                            $suchmuster,
                            $aktuell,
                            'end');
```

```
        } else {
            $aktuell = $text->search('-count' => \$laenge,
                                     $match_typ, '--',
                                     $suchmuster,
                                     $aktuell,
                                     'end');
        }
        last if (!$aktuell);
        # Übereinstimmenden Textbereich mit 'search' markieren
        $text->tagAdd('search', $aktuell, "$aktuell + $laenge char");
        # Cursor dahinterstellen und weitersuchen
        $aktuell = $text->index("$aktuell + $laenge char");
    }
}
```

Bildschirmlayout

ui_erzeugen richtet die einfache Benutzerschnittstelle ein. Achten Sie besonders auf
die Leerraum-(*Padding-*)Optionen, die an pack übergeben werden, sowie auf die Ereignisbindungen, die für das Text- und die Eingabefeld-Widgets eingerichtet werden.

```
sub ui_erzeugen {
    my $top = MainWindow->new();
    #----------------------------------------------------------------
    # Menues erzeugen
    #----------------------------------------------------------------
    # Menueleiste
    my $menue_leiste = $top->Frame()->pack('-side' => 'top',
                                           '-fill' => 'x');

    #---------- Menue Datei -----------------------
    my $dateimenue = $menue_leiste->Menubutton('-text' => 'Datei',
                                               '-relief' => 'raised',
                                               '-borderwidth' => 2,
                                               )->pack('-side' => 'left',
                                                       '-padx' => 2,
                                                       );
    $dateimenue->separator();
    $dateimenue->command('-label' => 'Beenden',
                         '-command' => sub {exit(0)});

    #---------- Menue Bereiche -----------------------
    $bereich_menue = $menue_leiste->Menubutton('-text' => 'Bereiche',
                                               '-relief' => 'raised',
                                               '-borderwidth' => 2,
                                               )->pack('-side' => 'left',
                                                       '-padx' => 2,
                                                       );
    $bereich_menue->separator();
```

```
#---------- Menue Suchen ----------------------
my $suchen_menue = $menue_leiste->Menubutton('-text'        => 'Suchen',
                                             '-relief'      => 'raised',
                                             '-borderwidth' => 2,
                                             )->pack('-side' => 'left',
                                                     '-padx' => 2
                                                    );
$match_type = "-regexp"; $gross_klein_ignorieren = 1;
$suchen_menue->separator();

# Suche mit regulaeren Ausdruecken
$suchen_menue->radiobutton('-label'    => 'Suche mit regulären Ausdrücken',
                           '-value'    => '-regexp',
                           '-variable' => \$match_typ);
# Exact match
$suchen_menue->radiobutton('-label'    => 'Exakte Suche',
                           '-value'    => '-exact',
                           '-variable' => \$match_typ);
$suchen_menue->separator();
# Gross-/Kleinschreibung nicht beruecksichtigen
$suchen_menue->checkbutton('-label'    => 'Ignore case?',
                           '-variable' => \$gross_klein_ignorieren);
#---------- Menue Abschnitte ----------------------
my $abschnitte_menue = $menue_leiste->Menubutton('-text' => 'Abschnitte',
                                                 '-relief' => 'raised',
                                                 '-borderwidth' => 2,
                                                 )->pack('-side' => 'left',
                                                         '-padx' => 2,
                                                        );
# Menue mit den Schluesseln aus %abschnitte fuellen
my $abschnitt_name;
foreach $abschnitt_name (sort keys %abschnitte) {
    $abschnitte_menue->command (
            '-label' => "($abschnitt_name)",
            '-command' => [\&abschnitt_inhalt_anzeigen, $bereich_name]);
}


#-----------------------------------------------------------------
# Text-Widget, Thema- und Suchen-Eingabefelder erzeugen und anzeigen
#-----------------------------------------------------------------
$text = $top->Text ('-width' => 80,
                    '-height' => 40)->pack();
$text->tagConfigure('section',
                    '-font' =
                    '-adobe-helvetica-bold-r-normal--14-140-75-75-p-82-iso8859-1');
# Font-Spezifikation mit xlsfonts(1) ermittelt.
$text->bind('<Double-1>', \&wort_auswaehlen);
$top->Label('-text' => 'Thema:')->pack('-side' => 'left');

$thema = $top->Entry ('-width'   => 20,
                      )->pack('-side' => 'left');
$thema->bind('<KeyPress-Return>', \&man_anzeigen);
```

```
        $top->Label('-text' => 'Suchen:'
                   )->pack('-side' => 'left', '-padx' => 10);
        $suchen = $top->Entry ('-width' => 20,
                               )->pack('-side' => 'left');
        $suchen->bind('<KeyPress-Return>', \&suchen);
    }
```

Werfen Sie bitte einen Blick auf die Datei *perlman.pl*, die zusammen mit den anderen Programmen aus diesem Buch von O'Reillys FTP-Server heruntergeladen werden kann.Wenn Sie möchten, können Sie diesem Programm noch ein paar einfache, aber wirkungsvolle Funktionen hinzufügen: Speichern Sie einmal formatierte Man-Pages zwischen, um sie nicht jedesmal neu formatieren zu müssen, und bieten Sie die Möglichkeit an, sich alle Man-Pages zu einem gegebenen Thema anzeigen zu lassen (nicht nur die erste, die im MANPATH gefunden wurde).

Ressourcen

1. TkMan und RosettaMan (*rman*). Thomas Phelps. Herunterzuladen von *ftp:// ftp.cs.berkeley.edu/pub/people/phelps/tcl*.

2. »Two Years with TkMan: Lessons and Innovations. Or, Everything I Needed to Know about Tcl/TK I learned from TKMan.« Thomas Phelps.

    Eine interessante Fallstudie zur Benutzung von Tcl/Tk. Unter der gleichen Adresse wie oben zu finden.

17

Mustergesteuerte Codegenerierung

I'd rather write programs to write programs than write programs.
Programming Pearls
Communications of the ACM, Sept. 1985

In diesem Kapitel werden wir einen mustergesteuerten Codegenerator programmieren, ein unverzichtbares Werkzeug für jeden C-, C++- oder Java-Programmierer. Damit verfolge ich zwei Ziele: Zum einen plädiere ich für die Codegenerierung als eine Methode der Wiederverwendung von Code, zum anderen stelle ich damit ein kleines, aber gleichwohl nicht triviales Problem vor, anhand dessen wir all die Perl-Konzepte, die wir in der ersten Hälfte des Buches besprochen haben – komplexe Datenstrukturen, Module, Objekte und `eval` – anwenden können. Viel Spaß dabei!

Einführung in die Codegenerierung

Programmierer erschaffen und benutzen ständig kleine Spezifikationssprachen. Beispiele für solche Sprachen sind Datenbankschemata, Ressourcen (*rc*-Dateien unter Unix wie *.kwmrc* oder *.openwinrc*), Spezifikationen für Benutzerschnittstellen (beispielsweise die UIL-Dateien von Motif) und Netzwerkschnittstellen (beispielsweise RPC- oder CORBA-IDL-Dateien). Mit diesen Sprachen können Sie Ihre Anforderungen in einem problemorientierten, deklarativen Format angeben; beispielsweise können Sie in der UIL (User Interface Language) von Motif einfach angeben, daß Sie zwei Schaltflächen in einem Dialog haben wollen, ohne dafür zwanzig oder mehr Zeilen C-Code schreiben zu müssen.

Die semantische Lücke zwischen diesen Spezifikationssprachen und konventionellen Sprachen zur Systemprogrammierung wie C oder C++ kann auf zweierlei Art und Weise geschlossen werden. In dem ersten Ansatz betrachtet die C-Applikation die Spezifikation als Metadaten. Dazu enthält die Applikation einen Parser für die Spezifikation und tauscht mit dieser Informationen über C-Datenstrukturen und eine interne Programmierschnittstelle aus. Der zweite Ansatz benutzt einen unabhängigen Compiler, der die Spezifikation in C-Code übersetzt, der dann wiederum zur Applikation hinzugelinkt wird. Gerade RPC-Systeme und CASE-Werkzeuge benutzen diesen Ansatz.

Auf den folgenden Seiten werden wir uns mit dem zweiten Ansatz beschäftigen und uns ein konfigurierbares System zur Codegenerierung namens Jeeves[1] ansehen.

Die Codegeneratoren, die wir bisher erwähnt haben, sind offensichtlich für einen ganz bestimmten Zweck ausgelegt. Ich finde, daß die meisten von ihnen in der Praxis auch unnötig spezifisch in dem sind, was sie ausgeben können. Betrachten Sie die folgenden Beispiele:

RPC

HINWEIS   Mit Hilfe des RPC-Systems (Remote Procedure Call) können Sie eine Prozedur in einem anderen Adreßraum aufrufen. Sie geben eine Liste der Prozeduren, die Sie exportieren möchten, in einer Interface Definition Language (IDL) an und lassen diese von einem IDL-Compiler in C-Code für die Client- und Server-Seite übersetzen. Wenn Sie diese Codestückchen zu Ihrer Applikation hinzulinken, ist Ihr Programm bereits netzwerktransparent.

Die meisten kommerziellen IDL-Compiler sind bemerkenswert unflexibel, was Veränderungen im erzeugten Code angeht. Sie machen es Ihnen schwer, Testfunktionen zur Ermittlung der Netzwerkperformanz oder zur Überwachung des Datenflusses im Netzwerk einzufügen. Wenn Sie Ihre Daten transparent verschlüsseln wollen, bevor Sie sie hinaus ins Netzwerk schicken, stehen Sie oft im Regen. Natürlich können Sie den vom IDL-Compiler erzeugten C-Code verändern, aber diese Änderungen werden beim nächsten Lauf des IDL-Compilers gleich wieder überschrieben.

CASE

Viele CASE-Werkzeuge erzeugen C-Code aus den Spezifikationen für das Objektmodell. In der folgenden Musterspezifikation werden einige Entitätenklassen und ihre Attribute aufgeführt, außerdem werden noch der Grad und die Kardinalität der Beziehungen zwischen diesen Klassen festgelegt:

```
Mitarbeiter {
        int        mit_id    key
        string[40] name
        Abteilung  abt_id
        double     gehalt
}

Abteilung {
        int        abt_id    key
```

---

1 Jeeves ist der effiziente Butler in den Romanen von P.G. Woodhouse, der alle Aufgaben für seinen Dienstherrn erledigt, ohne mit der Wimper zu zucken.

```
            string[20]  name
}
Relationship Abteilung(1) contains Mitarbeiter
(n)
```

Mit dieser kleinen Spezifikationssprache können wir beispielsweise automatisch C-und Embedded SQL-Code erzeugen, um die entsprechenden Datenbanktabellen zu verwalten:

```
int erzeuge_mitarbeiter_tabelle
{
    exec sql create table mitarbeiter_tabelle (
        mitarbeiter_id integer,
        name varchar, gehalt float);
    return ueberpruefe_db_fehler();
}
int erzeuge_mitarbeiter (mitarbeiter *e) {
    if (!ueberpruefe_abt(e->abt))
        return 0;
    e->mitarbeiter_id = ++g_mitarbeiter_id;
    exec sql insert into table mitarbeiter_tabelle (
        mitarbeiter_id, name, gehalt)
        values (:*e);
    return ueberpruefe_db_fehler();
}
```

Diese Spezifikation enthält auch bereits genügend Informationen, um C++-Klassen für jede Entität sowie zur Verwaltung der referentiellen Integrität (»ein Abteilungs-Objekt kann nicht gelöscht werden, wenn es noch mindestens einen Mitarbeiter enthält«) zu generieren.

Die meisten CASE-Tools sind leider dahingehend eingeschränkt, daß sie nur bestimmte Codemuster erzeugen können. Wenn Sie morgen eine objektorientierte Datenbank kaufen, wird Ihnen der oben gezeigte erzeugte Code nichts mehr nützen. Wenn dieses Muster hart codiert ist, haben Sie nur noch ein Hilfsprogramm zum Zeichnen von Programmen (und ein ziemlich teures noch dazu).

POD, Javadoc

Die gesamte Perl-Dokumentation ist in einem Format namens POD (plain old documentation) geschrieben. POD stellt einfache, problemorientierte Primitiven zur Spezifikation von Absatz- (`=head1`, `=item`) und Zeichenformaten (`B<foo>` gibt beispielsweise ein Wort im Fettdruck aus) zur Verfügung. Die Perl-Distribution enthält Werkzeuge wie *pod2text*, *pod2html*, *pod2man* usw. POD-Dokumente können in Code eingebettet und von diesen Programmen wieder extrahiert werden (der Perl-Interpreter ignoriert diese Anweisungen). Damit wird die Gefahr, daß Code und Dokumentation nicht übereinstimmen, reduziert, weil sie dicht beieinander sind.

Ähnlich sind auch alle Java-Bibliotheken mit einem Format namens Javadoc dokumentiert. Die Dokumentation wird mit einem Hilfsprogramm namens *javadoc* extrahiert und nach HTML konvertiert.

Bei beiden Werkzeugsammlungen sind die Ausgaben (ASCII, HTML usw.), die Sie mit ihnen erzeugen können, begrenzt. Wenn Sie beispielsweise einen *pod2rtf*-Konverter schreiben wollen (RTF ist das auf MSWindows-Systemen verwendete Rich Text Format), dann müssen Sie von vorn anfangen, weil der POD-Parser nicht als separates Package zur Verfügung steht. Es wäre besser gewesen, wenn der POD-Parser das zentrale Programm wäre, für das verschiedene Plug-and-Play-Backends programmiert werden könnten.

SWIG, XS

In Kapitel 18 werden wir uns zwei Werkzeuge namens SWIG und XS ansehen. Sie generieren anhand einer gegebenen Schnittstellenspezifikation den notwendigen Code, um Perl und benutzerdefinierte C-Erweiterungen zusammenzubringen. SWIG ist ein klassisches Beispiel für die Art von Codegenerator, die wir programmieren wollen: Es kann aus einer Spezifikationssprache eine Vielzahl von Ausgaben erzeugen, weil das Backend mustergesteuert ist.

In den meisten Fällen übersteigt der Bedarf an verschiedenen Ausgabeformen die Anzahl der Änderungen, die am Format der Eingabespezifikation gemacht werden. Daraus können wir zwei Schlüsse ableiten. Zum einen sind das Parsen der Eingabe und das Erzeugen der Ausgabe zwei verwandte, aber getrennte Aufgaben, und zum anderen muß die Ausgabe konfigurierbar sein. Das kann man erreichen, indem man entweder einen *parametrisierbaren* Ausgabegenerator verwendet oder diverse Ausgabegeneratoren bereitstellt, die jeweils ausgetauscht werden können und die alle mit dem Eingabe-Parser zusammenarbeiten. Ich habe die Erfahrung gemacht, daß die erste Variante in der Praxis oft nicht durchführbar ist. Es macht beispielsweise keinen Sinn, einen Ausgabegenerator für POD-Dateien zu schreiben, der HTML-, ASCII und RTF-Dateien nur durch Änderungen einiger Parameter erzeugen kann. Dafür sind die Formate einfach zu verschieden.

Das Jeeves-System verwendet daher die zweite Möglichkeit. Mit ihm schreiben Sie konfigurierbare Konverter, indem Sie ein mustergesteuertes, codeerzeugendes Backend bereitstellen. Sie können Ihre konfigurierbaren Muster in Jeeves mit Schleifen, if/then-Bedingungen, Variablen und Stückchen von Perl-Code versehen; es ist also kein normaler compilerkompilierender Compiler (sonst würde Jeeves auch *yaccc* heißen).

Das Jeeves-System läßt sich besser anhand eines Beispiels erklären.

Jeeves-Beispiel

Wir werden uns mit einer sehr einfachen Datei beschäftigen, die ein Objektmodell spezifiziert. Die Datei enthält eine Liste von Klassen, und zu jeder Klasse gibt es wiederum eine Liste von getypten Attributen:

```
// File: mit.om (om steht für Objekt-Modell)
class Mitarbeiter {
    int       id;
    string    name;
```

```
    int        abt_id;
};
class Abteilung {
    int    id;
    string name;
};
```

Aus dieser Spezifikation wollen wir eine C++-Header-Datei für jede Klasse erzeugen. Nehmen wir beispielsweise an, daß die Datei *Mitarbeiter.h* folgendermaßen aussehen soll (und *Abteilung.h* entsprechend):

```
#ifndef _Mitarbeiter_h_
#define _Mitarbeiter_h_
#include <Object.h>
// File : 'Mitarbeiter.h'
// User : "sriram"
class Mitarbeiter : Object {
    int id;
    string name;
    int abt_id;
    Mitarbeiter(); // privater Konstruktor, Objekt wird mit Create erzeugt
public:
    // Methoden
    static Mitarbeiter* Create();
     ~Mitarbeiter();
    // Zugriffsmethoden
    int    get_id();
    void set_id(int);
    string   get_name();
    void set_name(string);
    int    get_abt_id();
    void set_abt_id(int);
}
#endif
```

Anstatt der Versuchung nachzugeben und einfach nur ein Wegwerfskript zu schreiben, das diese eine Aufgabe erledigen kann, verwenden wir Jeeves. Das geschieht in drei Schritten:

1. Schreiben eines Parser-Moduls für die Objektspezifikation.

2. Schreiben eines Musters (*Template*), um die gewünschte Ausgabe zu erzeugen.

3. Jeeves mit dem Namen des Spezifikations-Parsers, der Musterdatei und der Beispielspezifikationsdatei aufrufen.

Mit diesem Ansatz werden Sie dazu gezwungen, die Parsing- und Ausgabestufen in zwei verschiedene Module aufzuteilen. Vielleicht denken Sie jetzt, daß es einfacher ist, ein Wegwerfskript zu schreiben, aber das ist nicht wahr, denn Sie müssen ja immer noch die Spezifikation parsen und die Ausgabe erzeugen. Wenn Sie sich den Regeln von Jeeves unterwerfen, dann können Sie seine musterverarbeitenden Funktionen nutzen. Jeeves erwartet, daß der Parser die Spezifikation auf eine Datenstruktur namens »abstrakter Syntaxbaum« (*abstract syntax tree, AST*) reduziert. Jeeves hilft Ihnen nicht beim Schreiben des Parsers; wie sollte es auch, wo wir uns die Sprache doch erst vor wenigen Minuten ausgedacht haben.

Der Syntaxbaum ist eine einfache hierarchische Anordnung von Eigenschaften und Eigenschaftslisten. Abbildung 17-1 zeigt einen solchen Syntaxbaum für unser Beispielproblem.

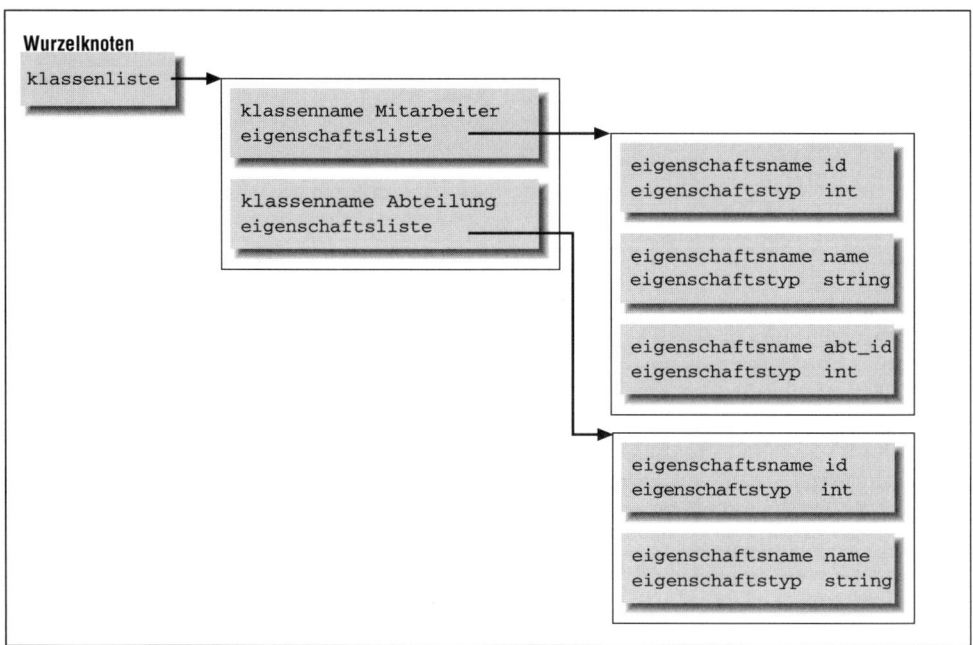

Abbildung 17-1: Beispielsyntaxbaum

Schattierte Kästen repräsentieren AST-Knoten; äußere Kästen Darstellungen dieser Knoten (Vektoreigenschaften). Jeder Knoten im Syntaxbaum hat eine oder mehrere Eigenschaften (Name-Wert-Paare). Der Wert einer Eigenschaft ist entweder ein Skalar (*klassenname, eigenschaftsname, eigenschaftstyp*) oder ein Vektor aus anderen Knoten (*eigenschaftsliste* und *klassenliste*). In der derzeitigen Implementierung dürfen Knoten keine anderen Wertetypen (beispielsweise Referenzen auf andere Arraytypen oder auf Hashes) haben.

Um einen schnellen Überblick über die Arbeit mit Jeeves zu bekommen, nehmen wir im Moment an, daß der Parser für die Eingabespezifikation bereits besteht und den Syntaxbaum aus Abbildung 17-1 erzeugen kann. Die Implementierung dieses Parsers wird weiter unten im Abschnitt »Beispiel eines Spezifikations-Parsers« beschrieben.

Der nächste Schritt besteht dann darin, eine Musterdatei zu schreiben (nennen wir sie *oo.tpl*), die die gewünschten Dateien ausgibt. Jeeves ermöglicht es uns, die Eigenschaften im Syntaxbaum als Variablen anzusprechen, und stellt Schlüsselwörter bereit, um über Vektoreigenschaften zu iterieren. Das Muster in Beispiel 17-1 erzeugt die beiden Dateien auf einen Schlag.

Beispiel 17-1: oo.tpl: Musterdatei

```
@foreach klassenliste
@//----------------------------------------------------------------
@// Anm.: Wir öffnen eine neue ".h"-Datei innerhalb des obigen foreach
  @openfile ${klassenname}.h
#ifndef _${klassenname}_h_
#define _${klassenname}_h_
#include <Object.h>
  @perl $user = $ENV{"USER"};
// Datei : '${klassenname}.h'
// Benutzer : "$user"
class $klassenname : Object {
  @foreach eigenschaftsliste
    $eigenschaftstyp $eigenschaftsname;
  @end
    $klassenname(); // privater Konstruktor, Objekte werden mit Create() erzeugt
public:
    // Methoden
    $klassenname* Create();
     ~$klassenname();
    // Zugriffsmethoden
  @foreach eigenschaftsliste
    $eigenschaftstyp   get_${eigenschaftsname}();
    void set_${eigenschaftsname}($eigenschaftstyp);
  @end .. eigenschaftsliste
}
#endif
@end .. klassenliste
```

Die Musterdatei enthält eine Mischung aus Kontrollstrukturen (die hervorgehobenen Zeilen, die mit einem @ anfangen), Attributen (erkennbar an *$varname*) und gewöhnlichem Text. Die hervorgehobenen Zeilen sind eingerückt, um die Verschachtelung der Kontrollstrukturen darzustellen. Gewöhnlicher Text wird nach den Variableninterpolationen einfach ausgegeben; Leerraum bleibt originalgetreu erhalten.

Der Autor eines Musters muß die Art des Syntaxbaumes, die der Eingabe-Parser erzeugt, und die Menge der verwendeten Eigenschaften an jedem Knotentyp kennen. Im obenstehenden Beispiel muß der Musterautor also wissen, daß die Liste der Klassen `klassenliste` heißt und jedes Element dieser Liste Eigenschaften wie `klassenname` und `eigenschaftsliste` hat.

Gewöhnlicherweise wird eine Zeile im Muster einfach nur interpoliert (alle skalaren Variablen werden *in situ* durch ihre Werte ersetzt) und in die letzte mit `@openfile` geöffnete Datei geschrieben. Wenn die Zeile innerhalb eines `@foreach ... @end`-Blocks steht, wird sie mehrfach interpoliert und ausgegeben. Ein `@foreach`-Block iteriert über eine listenwertige Eigenschaft im Syntaxbaum und stellt die Eigenschaften des *aktuellen* AST als globale Variablen bereit. Beispielsweise untersucht `@foreach klassenliste` jeden

Knoten, auf den in der Eigenschaft *klassenliste* verwiesen wird, und macht die Variablen $klassenname und $eigenschaftsliste für den folgenden Text verfügbar (siehe auch Abbildung 17-1). Weil @openfile im oben gezeigten Beispielmuster in so einem Block steht und die Variable $klassenname verwendet, erzeugt das Muster in jedem Schleifendurchlauf eine neue Datei. Normale Musterzeilen werden einfach an die aktuell geöffnete Datei weitergereicht. Mit dem Befehl @perl können Sie zusätzlichen Perl-Code einfügen, wenn die eingebauten Primitive nicht ganz ausreichen. Wir werden einige weitere Anweisungen für Muster besprechen, wenn wir die Implementierung des Muster-Parsers behandeln.

Nachdem wir nur den Parser für die Spezifikation von Objektmodellen namens *OO_Schema.pm*, das Muster *oo.tpl* und eine Beispielspezifikation *mit.om* geschrieben haben, rufen wir Jeeves folgendermaßen auf:

```
% jeeves -s OO_Schema -t oo.tpl mit.om
Translated oo.tpl to oo.tpl.pl
Parsed emp.om
% ls *.h
Abteilung.h Mitarbeiter.h
```

Dieses Muster kann jetzt C++-Code für jede Klasse in Ihrer Spezifikation erzeugen. Eine kleine Änderung im Muster schlägt unmittelbar auf alle Codestücke durch.

Aha, und geht das hier auch?

Als Sie gerade mit dem obengenannten Beispiel fertig sind und nach Hause gehen wollen, kommt Ihr Chef mit seinem bemerkenswerten Zeitgefühl herein und bittet Sie, noch eine weitere Datei zu generieren: ein SQL-Skript, das das zugehörige Datenbankschema erzeugen kann. Das Skript namens *db.sql* soll so aussehen:

```
create table Mitarbeiter (
      id      integer,
      name    varchar,
      abt_id  integer,
)
create table Abteilung (
      id      integer,
      name    varchar,
)
```

Glücklicherweise dauert das mit Jeeves nur zwei Minuten. Erzeugen Sie einfach nur eine weitere Musterdatei (oder fügen Sie das Codestückchen aus Beispiel 17-2 dem vorigen Muster hinzu).

Beispiel 17-2: sql.tpl: Musterdatei, um ein Schema für eine relationale Datenbank zu erzeugen

```
@openfile db.sql
@perl %db_typtabelle = ("int" => 'integer', string => 'varchar');
@foreach klassenliste
create table $klassenname (
  @foreach eigenschaftsliste
```

Beispiel 17-2: sql.tpl: Musterdatei, um ein Schema für eine relationale Datenbank zu erzeugen (Fortsetzung)

```
@perl my $db_typ = $db_typtabelle{$eigenschaftstyp};
    $eigenschaftsname $db_typ,
@end
)
@end .. klassenliste
```

Dieses Muster bildet unter Verwendung einer Zeile Perl-Code den Typ jedes Attributs auf den passenden SQL-Datentyp ab.

Wie Sie sehen, können wir mit dieser Architektur Parser für Spezifikationen wiederverwenden. Wir haben die vom Parser generierte Information benutzt, um eine vollständig andersartige Ausgabe zu erzeugen.

Überblick über Jeeves

Abbildung 17-2 stellt dar, wie die einzelnen Komponenten eines Jeeves-basierten Konverters zusammenarbeiten. Die grauen Rechtecke bilden das Jeeves-System.

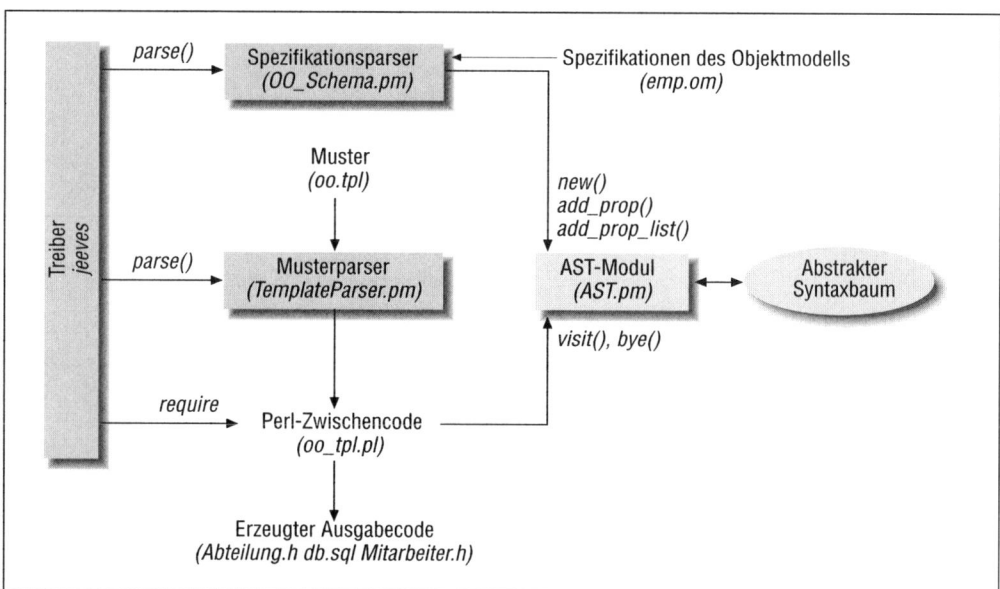

Abbildung 17-2: Komponenten eines Jeeves-basierten Konverters

Das Jeeves-System selbst stellt einen Treiber, `jeeves`, ein Modul zum Parsen von Mustern, *TemplateParser.pm*, und ein Hilfsmodul, *AST.pm*, bereit, mit dem Sie einen Syntaxbaum erzeugen und auf ihn zugreifen können.

Sie fügen noch einen Spezifikations-Parser für eine gegebene Anwendungsdomäne wie *OO_Schema.pm*, eine Spezifikationsdatei (*mit.om*) und eines oder mehrere Muster wie *oo.tpl* hinzu.

Der Treiber ruft zunächst die Funktion `parse` im Spezifikations-Parser auf. Diese ruft wiederum die AST-Funktionen `new`, `add_prop` und `add_prop_list` auf, um alle »relevanten« Daten aus der Spezifikationsdatei in einen Baum von Eigenschaften zu konvertieren.

Als nächstes ruft der Treiber die Funktion `parse` des Muster-Parsers auf, der die übergebene Musterdatei in eine Perl-Datei umwandelt. (Erinnern Sie sich an die Zeile `Translated oo.tpl to oo.tpl.pl` im weiter oben gezeigten Aufruf.) Das Muster enthält Variablen, Schleifen- und Bedingungskonstrukte. Alles das wird von Perl hinreichend unterstützt, so daß wir uns der Mächtigkeit von Perl bedienen können, wenn wir das Muster konvertieren. Das entspricht den ersten C++-Compilern (`cfront`), die einfach nur C++-Dateien in C-Zwischendateien konvertierten und dadurch von der Mächtigkeit, Optimierung und Portabilität der existierenden C-Compiler Gebrauch machen konnten.

Schließlich lädt der Treiber den Perl-Zwischencode mit `require`, was ja auch nur ein verkleidetes `eval` ist. Nach der Auswertung traversiert dieser Code den Syntaxbaum und erzeugt die gewünschten Ausgabedateien.

Vorteile dieser Architektur

Was haben wir also durch dieses vermeintlich komplizierte Vorgehen gewonnen? Der Eingabe-Parser wird nur einmal geschrieben und erzeugt eine standardisierte Datenstruktur. Der Muster-Parser weiß, wie er diese Struktur dem Muster zur Verfügung stellen und auf kontrollierte Art und Weise traversieren muß. Deswegen können Sie alle möglichen Muster schreiben und den Eingabe-Parser immer wieder verwenden.

Dieses Vorgehen funktioniert besonders gut in großen Projekten. Jemand mit Parsing-Kenntnissen schreibt den Parser, und jemand anderes, der die Anwendung gut kennt, schreibt die Muster. Wenn Sie als Anwendungsentwickler morgen ein Muster schreiben, um automatisch eine Motif-basierte Benutzerschnittstelle aus einem Objektmodell zu generieren, dann müssen die anderen nicht Motif lernen, um spezielle Benutzeroberflächen für ihre Objektmodelle zu programmieren.

Der Treiber `jeeves` liest den Namen eines Spezifikations-Parsers von der Kommandozeile. Sie können also eine ganze Bibliothek mit Spezifikations-Parsern für alle Arten von Problemen sowie eine Bibliothek von Mustern haben, die zu diesen Parsern passen. Das System selbst ist von den Anwendungsdomänen unabhängig.

Es ist sinnvoll, Jeeves in Perl zu implementieren, weil keine andere Sprache in Sachen Textbearbeitung an Perl auch nur annähernd herankommt. Außerdem können Sie in Ihren Mustern Module wie Tk und IO::Socket verwenden.

Der Perl-Zwischencode

Der größte Teil von Jeeves ist ziemlich einfach zu verstehen. Das einzige Codestück, bei dem man ein bißchen aufpassen muß, ist der Muster-Parser.

Das folgende Stückchen zeigt an einem Beispiel die Konvertierung eines Musters in Perl-Zwischencode.

```
@foreach klassenliste
Name: $klassenname
  @foreach eigenschaftsliste
  Attr: $eigenschaftsname, $eigenschaftstyp
  @end
@end
```

Wenn wir uns auf den Kern beschränken, sieht der zugehörige Zwischencode so aus:

```
$ROOT->visit();
foreach $klassenliste_i (@klassenliste) {
    $klassenliste_i->visit();
    print "Name : $klassenname\n";
    foreach $eigenschaftsliste_i (@eigenschaftsliste) {
        $eigenschaftsliste_i->visit();
        print "Attr: $eigenschaftsname, $eigenschaftstyp\n";
        Ast->bye();
    }
    Ast->bye();
}
```

`Ast::visit` konvertiert alle Eigenschaften eines AST-Knotens in globale Perl-Variablen im Package `main`. Der Wurzelknoten des Syntaxbaums wird zuerst »besucht«. Daraus wird eine globale Variable namens `@klassenliste` generiert, denn das ist die einzige Eigenschaft des Wurzelknotens. `@klassenliste` besteht selbst wiederum aus einem oder mehreren AST-Knoten. Wenn einer dieser Knoten erreicht wird, dann werden die Eigenschaften *klassenname* und *eigenschaftsliste* als `$klassenname` und `@eigenschaftsliste` bereitgestellt. Dieser Code muß auch berücksichtigen, daß eine gegebene Variable bereits existiert: entweder, weil es eine Eigenschaft mit einem ähnlichen Namen auf einer äußeren Verschachtelungsebene gibt, oder weil sie von einem Musterautor mit einer `@perl`-Anweisung erzeugt wurde. Aus diesem Grund merkt sich die Funktion `visit()` wenn nötig den alten Wert der Variablen. `bye()` restauriert den alten Wert am Ende jedes `@foreach`-Blocks. Mit anderen Worten implementiert dieser Code dynamische Gültigkeitsbereiche.

Die Implementierung von Jeeves

Auf den folgenden Seiten werden wir alle Komponenten des Jeeves-Systems implementieren. Es hilft Ihnen möglicherweise, wenn Sie `jeeves` für ein Beispielproblem benutzen, sich einen Ausdruck der Ausgabe daneben zu legen.

AST-Modul

Das AST-Modul ist eine sehr einfache Bibliothek. Wir werden uns daher nur einige der interessanten Prozeduren ansehen.

Weil ein AST-Knoten ein Container für Eigenschaften ist, ist eine Hashtabelle eine ideale Wahl für die Datenrepräsentation. Um das Debuggen leichter zu machen, erhält jeder Knoten einen Namen.

```perl
package Ast;
use strict;
sub new {
    my ($pkg, $name) = @_;
    bless {'ast_node_name' => $name}, $pkg;
}
```

new, add_prop und add_prop_list werden von allen Spezifikations-Parsern benutzt, um AST-Objekte zu erzeugen.

```perl
sub add_prop {
    my ($node, $prop_name, $prop_value) = @_;
    $node->{$prop_name} = $prop_value;
}
sub add_prop_list {
    my ($node, $prop_name, $node_ref) = @_;
    if (! exists $node->{$prop_name}) {
        $node->{$prop_name} = [];
    }
    push (@{$node->{$prop_name}}, $node_ref);
}
```

add_prop fügt lediglich dem AST-Objekt ein weiteres Namen-Wert-Paar hinzu. add_prop_list erzeugt eine listenwertige Eigenschaft. Der Eigenschaftswert ist ein anonymes Array, das Referenzen auf andere AST-Knoten enthält. Sie können auch eigene listenwertige Eigenschaften definieren, dürfen diese aber niemals als Argument einer @foreach-Anweisung benutzen, weil diese erwartet, daß die Elemente dieser Liste AST-Knoten sind.

```perl
my @saved_values_stack;
sub visit {
    no strict 'refs';
    my $node = shift;
    package main;
    my ($var, $val, $old_val, %saved_values);
    while (($var,$val) = each %{$node}) {
```

```
            if (defined ($old_val = $$var)) {
                $saved_values{$var} = $old_val;
            }
            $$var = $val;
        }
        push (@saved_values_stack, \%saved_values);
    }
```

Die Methoden `visit` und `bye` werden vom Perl-Zwischencode verwendet. `$node` ist der aktuell bearbeitete Knoten, `%$node` also die zugehörige Hashtabelle. `$var` enthält den Namen einer Eigenschaft wie `klassenname`. Um also zu überprüfen, ob eine Variable wie `$klassenname` bereits existiert, benutzen wir symbolische Referenzen: `if defined($$var)`. Alle Variablen, die es vorher schon gab, werden in der Hashtabelle `%saved_values` gesichert, die anschließend auf einen Stack geschoben wird. Der Stack enthält also eine Ansammlung solcher gesicherten Werte.

```
sub bye {
    my $rh_saved_values = pop(@saved_values_stack);
    no strict 'refs';
    package main;
    my ($var,$val);
    while (($var,$val) = each %$rh_saved_values) {
        $$var = $val;
    }
}
```

`bye` nimmt einfach nur einen Wert von diesem Stack und restauriert die früheren Werte der globalen Variablen. Übrigens: Da use `strict` symbolische Referenzen bemängelt, müssen wir es für kurze Zeit mit `no strict 'refs'` abschalten.

Der Muster-Parser

Der Muster-Parser versteht die in Tabelle 17-1 angegebenen Anweisungen.

Tabelle 17-1: Von Jeeves verstandene Anweisungen

Anweisung	Beschreibung
`@//`	Kommentar. Diese Zeile wird nicht ausgegeben.
`@foreach var [bedingung]` `@end`	Diese Anweisung durchläuft jedes Element von *var*, wobei angenommen wird, daß *var* ein Array ist. Wenn die Bedingung wahr ist, wird jeweils der Schleifenkörper ausgeführt. Die Bedingungen sind einfache Stückchen eingebetteten Perl-Codes und können folgendermaßen verwendet werden: `@foreach eigenschaftsliste ($klassenname eq "Test")`
`@if @elsif @else @end`	Wird direkt in die `if`-Anweisung von Perl übersetzt.

Tabelle 17-1: Von Jeeves verstandene Anweisungen (Fortsetzung)

Anweisung	Beschreibung
`@openfile dateiname` `[optionen]`	Alle Anweisungen nach dieser Zeile werden einfach an *dateiname* weitergeleitet. Dies gilt bis zur nächsten `@openfile`-Anweisung. Es gibt folgende Optionen: `-append`: Datei im Anhängemodus öffnen `-no_overwrite`: die Datei nicht überschreiben, wenn sie bereits existiert `-only_if_different`: die Datei nur überschreiben, wenn sie unterschiedlich ist. Das ist bei Verwendung von make nützlich, wenn Sie die Datei nicht unnötig anfassen wollen.
`@perl`	Damit können Sie Perl-Code einbetten, falls die Jeeves-Anweisungen nicht ausreichen. `@perl $benutzername = $ENV{USER};` `@perl print $benutzername;`

Der folgende Codeausschnitt aus dem Muster-Parser übersetzt einfach alle Direktiven in den Musterdateien in den korrespondierenden Perl-Code. Die Erklärungen stehen jeweils nach der Definition einer jeden Subroutine.

```perl
package TemplateParser;
use strict;

sub parse {
    # Argumente: Musterdatei, Datei mit Perl-Zwischencode
    my ($pkg,$template_file, $inter_file) = @_;
    unless (open (T, $template_file)) {
        warn "$template_file : $@";
        return 1;
    }
    open (I, "> $inter_file") ||
        die "Error opening intermediate file $inter_file : $@";

    emit_opening_stmts($template_file);
    my $line;
    while (defined($line = <T>)) {
        if ($line !~ /^\s*\@/) { # Handelt es sich um einen Befehl?
            emit_text($line);
            next;
        }
        if ($line =~ /^\s*\@OPENFILE\s*(.*)\s*$/i) {
            emit_open_file ($1);
        } elsif ($line =~ /^\s*\@FOREACH\s*(\w*)\s*(.*)\s*/i) {
            emit_loop_begin ($1,$2);
        } elsif ($line =~ /^\s*\@END/i) {
            emit_loop_end();
        } elsif ($line =~ /^\s*\@PERL(.*)/i) {
            emit_perl("$1\n");
        };
    }
```

```
        emit_closing_stmts();

        close(I);
        return 0;
}
```

`TemplateParser::parse` wird vom Treiberprogramm mit dem Namen der Musterdatei aufgerufen. Bei jeder Zeile wird überprüft, ob es sich um einen Befehl oder normalen Text handelt, und die entsprechende Routine aufgerufen. Der ausgegebene Code ist in kursiver Schrift dargestellt.

```perl
sub emit_opening_stmts {
    my $template_file = shift;
    emit("# Created automatically from $template_file ");
    emit(<<'_EOC_');
use Ast;
use JeevesUtil;

$tmp_file = "jeeves.tmp";
sub open_file;
if (! (defined ($ROOT) && $ROOT)) {
    die "ROOT not defined \n";
}

$file = "> -"; # STDOUT annehmen, solange Ausgabedatei nicht durch @openfile geändert
open (F, $file) || die $@;
$code = "";
$ROOT->visit();
_EOC_
}
```

Der Code, der in die Zwischendatei geschrieben (*emit*) wird, ist in kursiver Schrift dargestellt. Wir benutzen hier ausgiebig die »here«-Dokumente von Perl, weil wir damit Anführungszeichen und Zeilenwechsel ohne Einschränkungen benutzen können. Die Prozedur `emit_opening_statement` untersucht den Wurzelknoten des Syntaxbaums (der vom Treiber als globale Variable `$ROOT` zur Verfügung gestellt wird). Per Default werden alle Ausgaben aus der Zwischendatei auf die Standardausgabe geschrieben. Das gilt so lange, bis die erste `@openfile`-Anweisung auftritt.

```perl
sub emit_open_file {
    my $file = shift;
    my $no_overwrite      = ($file =~ s/-no_overwrite//gi) ? 1 : 0;
    my $append            = ($file =~ s/-append//gi) ? 1 : 0;
    my $only_if_different = ($file =~ s/-only_if_different//gi) ? 1 : 0;
    $file =~ s/\s*//g;
    emit (<<"_EOC_");
# Line $.
open_file(\"$file\", $no_overwrite, $only_if_different, $append);
_EOC_
}
```

`emit_open_file` enthält den Code, der für `@openfile` erzeugt wird, und ruft einfach nur die später besprochene Hilfsfunktion `open_file` auf.

```perl
sub emit_loop_begin {
    my $l_name = shift; # Name der Listenvariable
    my $condition = shift;
    my $l_name_i = $l_name . "_i";
emit (<<"_EOC_");
# Line $.
foreach \$$l_name_i (\@\${$l_name}) {
    \$$l_name_i->visit ();
_EOC_
    if ($condition) {
        emit ("next if (! ($condition));\n");
    }
}
sub emit_loop_end {
    emit(<<"_EOC_");
# Line $.
Ast->bye();
}
_EOC_
}
```

Wir haben weiter oben schon den Code gesehen, der für eine `@foreach`-Anweisung erzeugt wird. Beachten Sie, wie wir den Namen des Iterators zusammenbauen und einige Ausdrücke davor schützen, interpoliert zu werden. Sie werden diesen Code wahrscheinlich besser verstehen, wenn Sie sich die Beispielausgabe ansehen.

```perl
sub emit {
    print I $_[0];
}
sub emit_perl {
    emit($_[0]);
}
sub emit_text {
    my $text = $_[0];
    chomp $text;
    # Anführungsstriche im Text schützen
    $text =~ s/"/\\"/g;
    $text =~ s/'/\\'/g;
    emit(<<"_EOC_");
output("$text\n");
_EOC_
}

sub emit_closing_stmts {
    emit(<<'_EOC_');
Ast::bye();
close(F);
unlink ($tmp_file);
sub open_file {
    my ($a_file, $a_nooverwrite, $a_only_if_different, $a_append) = @_;
```

```
        # Erst einmal die bisher geöffnete Datei versorgen
        close (F);
        if ($only_if_different) {
            if (JeevesUtil::compare ($orig_file, $curr_file) != 0) {
                rename ($curr_file, $orig_file) ||
                die "Error renaming $curr_file to $orig_file";
            }
        }
        # Und jetzt die neue Datei...
        $curr_file = $orig_file = $a_file;
        $only_if_different = ($a_only_if_different && (-f $curr_file))
                            ? 1 : 0;
        $no_overwrite = ($a_nooverwrite && (-f $curr_file)) ? 1 : 0;
        $mode = ($a_append) ? ">>" : ">";
        if ($only_if_different) {
            unlink ($tmp_file);
            $curr_file = $tmp_file;
        }
        if (! $no_overwrite) {
            open (F, "$mode $curr_file") || die "could not open $curr_file";
        }
    }

    sub output {
        print F @_ (! $no_overwrite);
    }
    1;
    _EOC_
    }
```

Die Routinen `open_file` und `output` sind in allen Zwischencodedateien vorhanden (dafür gibt es keinen besonderen Grund, wir hätten sie auch in das Package JeevesUtil stecken können). `open_file` schließt die bisher geöffnete Datei. Wenn Sie `@openfile foo -only_if_different` verwenden, dann schreibt die Zwischendatei die Musterausgabe in eine temporäre Datei, vergleicht am Ende diese temporäre Datei mit dem Inhalt von `foo` und überschreibt `foo` nur, wenn die beiden Dateien verschieden sind.

Jeeves-Treiber

Das Skript *jeeves* ist einfach nur ein Treiberprogramm, das zunächst den Muster-Parser aufruft, um den Zwischencode zu erzeugen, dann den Eingabe-Parser (oder genauer dessen Methode `parse()`), um den Syntaxbaum zu erzeugen, und schließlich führt es den Zwischencode aus. Die Musterdatei wird nur dann neu compiliert, wenn sie neuer ist als die Datei mit dem Zwischencode.

Beispiel 17-3 enthält den Code von *jeeves* (abgesehen von den uninteressanten Teilen wie `process_args()`).

Beispiel 17-3: Jeeves

```perl
#!/opt/bin/perl
# process_args initialisiert die folgenden globalen Variablen
#   $spec_file     - Name der Eingabespezifikation (mit.om)
#   $template_file - Name der Musterdatei (oo.tpl)
#   $inter_file    - Name der Zwischendatei
#                         (defaults to "${template_file}.pl"
process_args();
#-----------------------------------------------------------------------
# Musterdatei parsen
#-----------------------------------------------------------------------
# Wir verwenden "require", damit process_args() zunächst @INC setzen kann
require 'TemplateParser.pm';
my $compile_template = 1;
if ((-e $inter_file) && (-M $inter_file) >= (-M $template_file)) {
        $compile_template = 0; # Nicht kompilieren, wenn inter-file neuer ist.
}
if ($compile_template) {
    if (TemplateParser->parse ($template_file, $inter_file) == 0) {
        print STDERR ("Translated $template_file to $inter_file\n")
            if $verbose;
    } else {
        die " Could not parse template file - exiting\n ";
    }
}
#-----------------------------------------------------------------------
# Eingabespezifikationsdatei parsen
#-----------------------------------------------------------------------
require "${spec_parser}.pm"; $spec_parser->import;
$ROOT = $spec_parser->parse($spec_file);
print STDERR ("Parsed $spec_file\n") if $verbose;
$ROOT->print() if $debugging;
#-----------------------------------------------------------------------
# Datei mit Perl-Zwischencode auswerten
#-----------------------------------------------------------------------
require "$inter_file";
die "$@\n" if $@;
exit(0);


#-----------------------------------------------------------------------
sub usage {
    print STDERR <<"_EOT_";

Aufruf: jeeves <optionen> <Spezifikationsdatei>
 verfügbare Optionen:
 -t <Musterdatei>              : Name der Musterdatei
                                 Default : "./jeeves.template"
                                 Default-Musterverzeichnis = ".", kann
                                 durch Ändern der Umgebungsvariable
                                 "JEEVESTEMPLATEDIR"
```

Beispiel 17-3: Jeeves (Fortsetzung)

```
                              geändert werden.
 -q                          : Stilles Arbeiten
 -d                          : Trace zum Debuggen. Nicht besonders still!
 -s <Spezifikations-Parser>  : Parser-Modul, das die Eingabe-
                               Spezifikationsdatei parsen kann
                               Default : "oo_schema"
[-ti <Perl-Zwischendatei>]   : Jeeves übersetzt die Musterdatei in
                             : Perl-Code. Default : "<template>.pl"
-D var[=wert]                : Variablen auf der Kommandozeile definieren

Die Kommandozeile kann auch in der Umgebungsvariablen "JEEVESOPTIONS"
angegeben werden.

Der Pfad für alle Jeeves-Module kann in der Umgebungsvariablen
        "JEEVESLIBDIR" (durch Doppelpunkte getrennt) angegeben werden.
_EOT_
    exit(1);
}
```

Beispiel eines Spezifikations-Parsers

Der Eingabespezifikations-Parser ist von der jeweiligen Anwendungsdomäne abhängig. Wir schauen uns in diesem Abschnitt den Parser an, den wir für unsere kleine Objektmodellspezifikation benötigen. Dabei geht es hauptsächlich darum, wie man die AST-Bibliothek verwendet, der Parser-Code selbst ist ziemlich trivial. Wenn Sie kompliziertere Parsing-Aufgaben zu bewältigen haben, können Sie eine gehackte Version von Berkeley *yacc* [1] verwenden, die Perl-Code anstelle von C-Code ausgibt. Ich habe diese Kombination erfolgreich verwendet, um IDL-Parser für die CORBA-Spezifikation zu erzeugen.

Der Parser aus Beispiel 17-4 läßt zusätzliche Anmerkungen bei Attributen zu:

```
class Foo {
    int id,  access=readonly, db_col_name=id, index=yes;
};
```

Im Muster können diese »Eigenschaftseigenschaften« genau wie »normale« Eigenschaften, wie zum Beispiel *eigenschaftsname* oder *klassenname*, verwendet werden.

Beispiel 17-4: OO_Schema.pm: Der Spezifikations-Parser

```
package SchemaParser;
use Ast;
use Carp;
sub parse{
    my ($package, $filename) = @_;
    open (P, $filename) || die "Konnte $filename : $@ nicht öffnen";
    my $root = Ast->new("Root");
```

Beispiel 17-4: OO_Schema.pm: Der Spezifikations-Parser (Fortsetzung)

```
       eval {
           while (1) {
               get_line();
               next unless ($line =~ /^\s*class +(\w+)/);
               $c = Ast->new($1);
               $c->add_prop("klassenname" => $1);
               $root->add_prop_list("klassenliste", $c);
               while (1) {
                   get_line();
                   last if $line =~ /^\s*}/;
                   if ($line =~ s/^\s*(\w+)\s*(\w+)//) {
                       $a = Ast->new($2);   # Attributname
                       $a->add_prop ("eigenschaftsname", $2);
                       $a->add_prop ("eigenschaftstyp", $1);
                       $c->add_prop_list("eigenschaftsliste", $a);
                   }
                   $curr_line = $line;
                   while ($curr_line !~ /;/) {
                       get_line();
                       $curr_line .= $line;
                   }
                   @props = split (/[,;]/,$curr_line);
                   foreach $prop (@props) {
                       if ($prop =~ /\s*(\w*)\s*=\s*(.*)\s*/) {
                           $a->add_prop($1, $2);
                       }
                   }
               }
           }
       };
       # Hierher kommen wir, wenn eine "END OF FILE"-Ausnahme ausgelöst wird.
       die $@ if ($@ && ($@ !~ /END OF FILE/));
       return $root;
   }
   sub get_line {
       while (defined($line = <P>)) {
           chomp $line;
           $line =~ s#//.*$##;            # Kommentare entfernen
           return if $line !~ /^\s*$/;    # Zurück, wenn kein Leerraum
       }
       die "END OF FILE";
   }
   1;
```

OO_Schema::parse beginnt damit, einen neuen AST-Wurzelknoten zu erzeugen. Wann immer diese Methode auf eine neue Klassendeklaration stößt, fügt sie sie der Eigenschaft *klassenliste* des Wurzelknotens hinzu. Entsprechend wird für jedes Attribut ein neuer Knoten erzeugt und der Eigenschaft *eigenschaftsliste* desjenigen AST-Knotens hinzugefügt, der die gerade bearbeitete Klasse behandelt.

Die Prozedur `get_line` löst eine Dateiende-Ausnahme aus, wenn nichts mehr zum Lesen vorhanden ist. Damit kann der Benutzer von `get_line` mehrfache Aufrufe von `get_line` in ein `eval` verpacken, ohne an jeder Stelle überprüfen zu müssen, ob das Ende der Eingabedatei erreicht wurde.

Ressourcen

1. Berkeley *yacc* für Perl, erhältlich aus dem CPAN unter *src/misc/perl-byacc.tar.Z*

2. Lex für Perl. `Parse::Lex` ist im CPAN erhältlich.

   Generiert lexikalische Analyseprogramme *à la* Lex. Die Dokumentation ist in Französisch, aber Sie können auch leicht herausfinden, wie die Bibliothek benutzt wird, wenn Sie kein Fanzösisch sprechen.

3. »Research Issues with Application Generators,« *Proceedings of the 6th Annual Workshop on Software Reuse.* Prem Devanbu.

4. »A Configurable Code Generator for OO Methodologies.« A. Aimar, A. Khodabandeh, P. Palazzi und B. Rousseau. Erhältlich von *http://www1.cern.ch/WebMaker/ examples/CHEP94_codegene_1/www/codegene_1.html*

5. »Little Languages,« *More Programming Pearls: Confessions of a Coder.* John Bentley. Association for Computing Machinery, 1988.

6. »Building Application Generators.« J. Craig Cleaveland. *IEEE Software*, July 1988.

7. »Tools for Building Application Generators.« J. Craig Cleaveland und Chandra M.R. Kintala. *AT&T Technical Journal*, July/August 1988.

8. *Thank You, Jeeves.* P.G. Wodehouse. Aeonian Press, 1983.

18

Perl erweitern: Eine Einführung

Thompson's rule for first-time telescope makers:
»It is faster to make a four-inch mirror, then a six-inch mirror, than to make a six-inch mirror.«
Programming Pearls
Communications of the ACM, Sept. 1985

Das Programmieren in Skriptsprachen ist fast immer angenehmer und produktiver als die Verwendung einer Systemprogrammiersprache. Skriptsprachen sind jedoch nicht entworfen worden, um alles[1] damit zu machen, und es kommt oft der Zeitpunkt, an dem Sie auf C/C++ ausweichen müssen, weil Sie die höhere Geschwindigkeit, die spezifischeren Datenstrukturen, die Typsicherheit oder den Zugriff auf existierende Bibliotheken benötigen. Die Fähigkeit von Sprachen wie Perl, Visual Basic, Python und Tcl, sich gut mit C verbinden zu lassen, macht sie zu ernsthaften Entwicklungssprachen, im Gegensatz zu *awk* und frühen BASIC-Versionen, die selten verwendet wurden, um damit »richtige« Applikationen zu schreiben.

In diesem Kapitel werden wir untersuchen, was man braucht, um Perl- und C-Code zusammenzukitten, und uns dann mit zwei Werkzeugen beschäftigen, die sehr hilfreich dabei sind, diese Verbindung für uns zu erzeugen. Das erste ist ein Paar von Programmen namens *h2xs* und *xsubpp*, das mit Perl mitgeliefert wird. Wir werden dieses Paar aus Platzgründen XS[2] nennen, weil es mit einer Zwischensprache dieses Namens arbeitet. Das andere Werkzeug ist SWIG (Simplified Wrapper and Interface Generator), das von Dave Beazley von der University of Utah geschrieben wurde.

Wir werden uns mit den am häufigsten benutzen Features dieser Werkzeuge beschäftigen und dabei feststellen, daß wir bereits eine ganze Menge erreichen können, ohne irgend etwas über die interne Perl-API zu wissen. Einige besonders mächtige Features

---

1 Im Falle von Perl könnte die Definition von *alles* allerdings schwierig zu bestimmen sein!
2 Sowohl XSUB als auch XS steht für eXterne SUBroutine.

werden allerdings bis zum Abschnitt »Raffinierte Erweiterungen« in Kapitel 20 warten müssen.

Sie benötigen für dieses Kapitel die beiden Module C::Scan und Data::Flow, die beide von *h2xs* verwendet werden und aus dem CPAN erhältlich sind, außerdem die *gd*-Bibliothek, um die GIF-Dateien zu erzeugen. Diese können Sie von *www.boutell.com* herunterladen.

Eine Erweiterung programmieren: Überblick

Abbildung 18-1 zeigt eine Datei namens *testmatrix.pl*, die eine zugrundeliegende, in C geschriebene Matrixbibliothek aufruft. Um die beiden Codeteile zusammenzubinden, benötigen wir *Kitt* (*glue code*), der durch die dunkelgrauen Kästen symbolisiert wird.

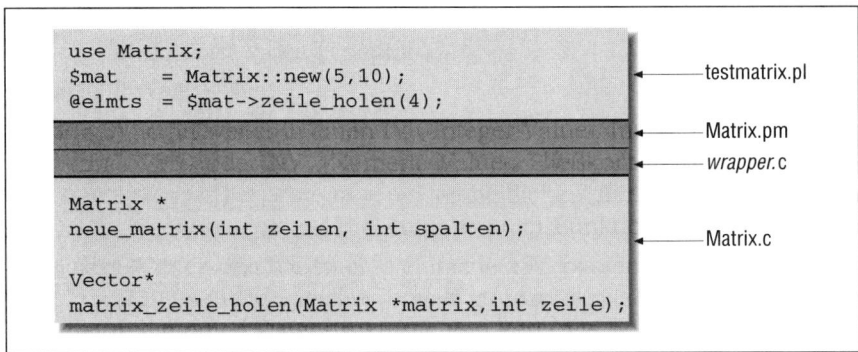

Abbildung 18-1: C von Perl aus aufrufen

XS und SWIG erzeugen den Kitt in Form von zwei Dateien, einem Perl-Modul und einer C-Wrapper-Datei, und lösen dabei die folgenden Aufgaben:

Übersetzung der Datentypen

Ein skalares Perl-Argument kann leicht in einen fundamentalen C-Datentyp wie *int, double* oder *char ** (und umgekehrt) übersetzt werden. Benutzerdefinierte Datenstrukturen wie `Matrix *` oder `Vector *` sind etwas schwieriger zu behandeln. In Abbildung 18-1 enthält `$mat` einen C-Zeiger auf einen benutzerdefinierten Datentyp. Sowohl *xsubpp* als auch SWIG kennen das sogenannte *type mapping* (Typenabbildung), bei dem Sie eigenen Code für die Übersetzungen zwischen Perl- und unbekannten C-Datentypen schreiben können. Sie müssen allerdings ein bißchen über die interne API wissen, bevor Sie solche Übersetzungen schreiben können, so daß wir die Besprechung dieser Funktionalität auf Kapitel 20 verschieben müssen.

Speicherverwaltung

Perl verwaltet automatisch den für benutzerdefinierte Variablen allozierten Speicher, während in C der Programmierer alles selbst machen muß. Dieser Unterschied ist besonders wichtig, wenn Daten die Grenze zwischen Perl und C überschreiten. Unglücklicherweise kann man der Signatur einer C-Funktion nicht ansehen, welches Protokoll zur Speicherverwaltung sie verwendet. Das ist schon für Menschen schwierig zu ermitteln, also erst recht für automatisierte Werkzeuge wie SWIG und XS. Lassen Sie uns annehmen, daß die C-Matrixbibliothek ihre Daten intern als Reihe von Vektorobjekten abspeichert (jede Zeile wird als ein Vektor repräsentiert), und daß `matrix_zeile_holen` den zu dieser Reihe gehörenden Vektor zurückgibt. Wie Sie sehen werden, geben sowohl `neue_matrix` als auch `matrix_zeile_holen` einen Zeiger auf ein Objekt zurück. Im ersten Fall muß sich aber der Aufrufer dieses Objekts annehmen (d.h. das Objekt löschen, wenn es nicht mehr benötigt wird), während im zweiten Fall der Speicher der Matrixbibliothek gehört. Die Erweiterungswerkzeuge stellen zwar einige Möglichkeiten per Default bereit, aber Sie müssen ständig aufpassen. Sie sollten auch sicherstellen, daß der Speicher mit der richtigen Funktion freigegeben wird – `free`, `delete` oder `delete[]` für mit `malloc`, `new` respektive `new[]` allozierte Objekte.

Bequemlichkeiten in Perl
Ein einfacher Aufruf wie

```
($a,$b,$c) = $mat->get_row(10);
```

benutzt schon eine ganze Reihe von Perl-Merkmalen wie Packages, Funktionen mit einer variablen Anzahl von Argumenten, objektorientierte Notation, `wantarray` usw. Ein Perl-Programmierer sollte sich in einer Erweiterung zu Hause fühlen.

Bootstrapping und Initialisierung
Damit die C-Bibliothek von Perl aufgerufen werden kann, muß sie statisch oder dynamisch zum Perl-Interpreter hinzugelinkt werden. Die Perl-Module, die von XS und SWIG generiert werden, enthalten den Code für das Bootstrapping und die Initialisierung der Bibliothek. (Der Rest der oben beschriebenen Funktionalität ist im C-Wrapper-Code enthalten.)

Das Vorgehen beim Schreiben von Erweiterungen

C-Header-Dateien (wie *Matrix.h*) enthalten Deklarationen von Datenstrukturen, Präprozessormakros, öffentlich verfügbare Variablen und Prototypen für Funktionen, also die Schnittstelle einer C-Bibliothek. Normalerweise wollen Sie nicht alles für Perl-Skripten verfügbar machen; es gibt nichts schlimmeres, als zu versuchen, in Perl C-Programme zu schreiben. Meistens reicht es aus, eine Teilmenge der öffentlichen Funktionen und einige Konstanten (die als initialisierte Variablen, `#definess` oder `enums` zur Verfügung stehen) bereitzustellen. Wir werden diese jetzt als die öffentliche Schnittstelle der Bibliothek bezeichnen und in eine öffentliche Header-Datei extrahieren.

Abbildung 18-2 zeigt, wie die Header-Datei der Matrixbibliothek als Eingabe für die beiden Werkzeuge dient.

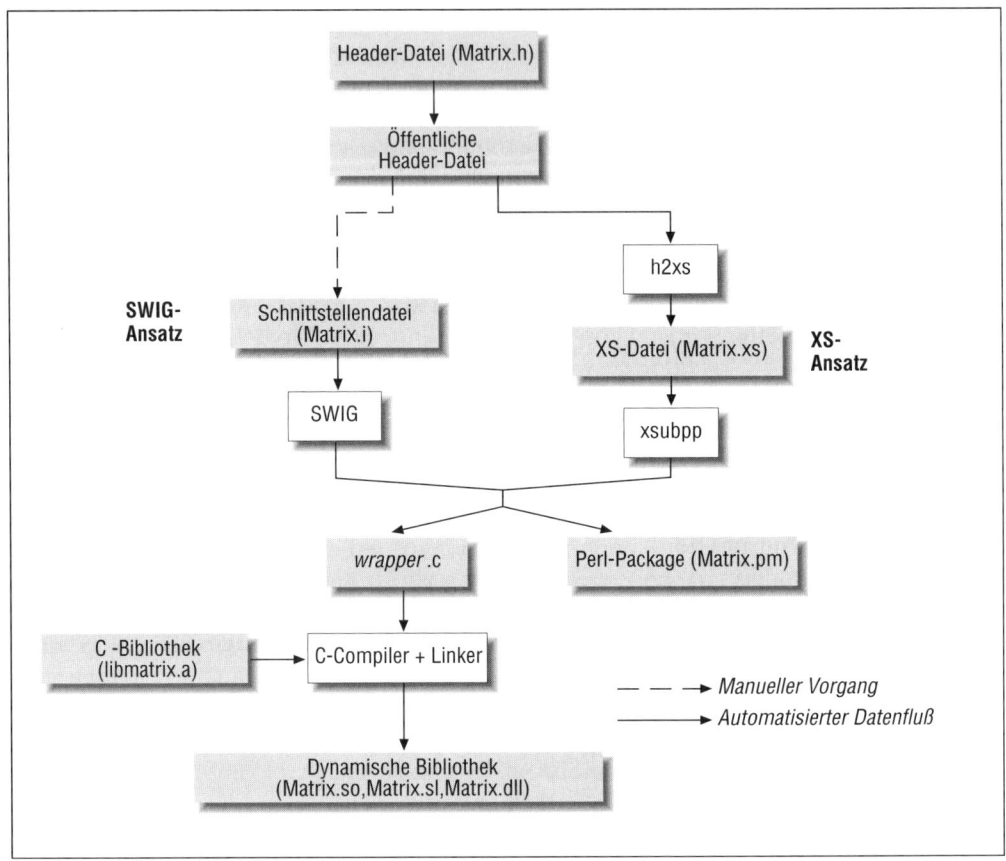

Abbildung 18-2: Das Arbeiten mit SWIG und XS

Die öffentliche Header-Datei kann komplexe C-Deklarationen enthalten. SWIG erwartet, daß Sie, der Programmierer der Erweiterung, die Schnittstelle noch weiter vereinfachen und in seiner Schnittstellendefinitionssprache formulieren. Glücklicherweise ist diese Sprache ANSI C und einfachem C++ so ähnlich, daß eine große Anzahl an C-Header-Dateien überhaupt nicht verändert werden muß. Aus der Beschreibung der Schnittstelle erzeugt SWIG den Kitt; im Fall der Matrixbibliothek sind das die Dateien *Matrix.pm* und *Matrix_wrap.c*. Wenn Ihr System dynamisches Linken (dynamische Bibliotheken unter Unix, DLLs unter Windows) unterstützt und der Perl-Interpreter so kompiliert worden ist, daß er davon auch Gebrauch macht, dann müssen nur noch der Kitt und Ihre C-Bibliothek in eine dynamische Bibliothek konvertiert werden. Wenn dynamisches Linken nicht möglich ist, dann wird ein neuer Perl-Interpreter erzeugt, indem die Perl-Bibliothek (*libperl.a* unter Unix, *perl.lib* unter Microsoft Windows) mit den obengenannten Codestücken zusammengelinkt wird.

h2xs und *xsubpp* verwenden einen geringfügig anderen Ansatz. *h2xs* versteht C-Header-Dateien (allerdings keine C++-Header-Dateien) und konvertiert alle Konstanten und Funktionsprototypen in eine Metasprache namens XS. Eine Funktionsdeklaration kann aber für die Verwendung in Skriptsprachen noch zu komplex sein, so daß Sie die von *h2xs* erzeugte *.xs*-Datei noch nachbearbeiten müssen, um die Schnittstelle zu vereinfachen. Das ist natürlich nicht notwendig, wenn die Schnittstelle bereits einfach genug ist. Die Sprache XS ist eine Mischung aus C und merkwürdigen Schlüsselwörtern und stellt Anweisungen bereit, mit denen Sie den von *xsubpp* erzeugten Kitt überschreiben können.

Übrigens ist der von beiden Werkzeugen erzeugte Code ziemlich ähnlich, und man kann problemlos mit XS und mit SWIG erzeugte Erweiterungen nebeneinander benutzen. Damit kommen wir zu der Frage, welches Werkzeug das bessere ist.

SWIG oder XS?

Die Unterschiede in der Funktionalität von SWIG und XS ergeben sich aus ihren unterschiedlichen Entwurfszielen. SWIG wurde entwickelt, um einen Skriptsprachen-Wrapper um eine C-Bibliothek zu legen, und unterstützt neben Perl auch Python, Tcl und Guile. XS wurde dagegen nur für Perl entwickelt und erlaubt damit eine Reihe von »Perlismen«, die SWIG nicht einfach auf andere Sprachen verallgemeinern kann.

Ich ziehe SWIG vor, weil es sich sehr viel sauberer *anfühlt*, sich sehr viel weniger an den Interna orientiert und mehrere Sprachen unterstützt. Außerdem enthält es eine exzellente Unterstützung für Datenstrukturen (und nicht nur Funktionen), während XS nur Funktionen unterstützt. Ich verdiene meinen Lebensunterhalt mit der Programmierung von Anwendungen in C++ und Java, weswegen ich mich meistens mehr auf die Applikation als auf das Skriptsprachen-Frontend konzentriere; ich überlasse dem Benutzer die Wahl der Skriptsprache. Bei Ihnen kann die Situation natürlich anders sein.

Sie werden feststellen, daß *alle* Module in der Perl-Distribution und im CPAN derzeit mit XS geschrieben worden sind. Das liegt vor allem daran, daß XS mit Perl mitgeliefert wird. Außerdem hatte XS mächtige Funktionen wie Typemaps schon von Anfang an, während SWIG erst in letzter Zeit deutlich erweitert wurde. Wenn Sie CPAN-Module verstehen oder ändern wollen, müssen Sie sich mit XS auskennen.

Beide Werkzeuge bieten genug Freiraum, um die meisten Unzulänglichkeiten zu umgehen. Ich rate Ihnen daher, eines auszuwählen und dabei zu bleiben.

Beispiel: Fraktale mit Perl

Jetzt ist aber Schluß mit den Allgemeinplätzen! Wir probieren beide Werkzeuge mit einem einfachen Programm zum Darstellen von Fraktalen aus. Dieses Problem ist maßgeschneidert für C, weil das Erzeugen von fraktalen Bildern aus einer Reihe von Berechnungen zu jedem Pixel besteht, was kompakte Datenstrukturen *und* schnelle numerische Verarbeitung verlangt. Das Programm aus dieser Übung erzeugt das bekannte Bild einer Mandelbrot-Menge aus Abbildung 18-3.

Abbildung 18-3: Mandelbrot-Menge

Unser Mandelbrot-Code ist in den beiden Dateien *mandel.c* und *mandel.h* implementiert. Um eine unportable GUI-Lösung zu vermeiden, benutzen wir die Public-Domain-Bibliothek *gd* von Tom Boutell [6], mit der Sie eine GIF-Datei als Leinwand benutzen und Punkte, Linien und Kreise hineinzeichnen können. Diese GIF-Datei kann dann mit einem beliebigen Web-Browser betrachtet werden.

mandel.c implementiert genau eine Funktion namens `mandel_zeichnen`. Diese hat die in Beispiel 18-1 angegebene Signatur.

Beispiel 18-1: Mandel.h

```
extern int
mandel_zeichnen (char *dateiname,
          int breite, int hoehe,
          double reeller_ursprung, double imaginaerer_ursprung,
          double bereich, double tiefe);
```

Wir erklären die Bedeutung dieser Parameter im Abschnitt »Ein Abstecher zu den Fraktalen« weiter hinten in diesem Kapitel. Jetzt konzentrieren wir uns zunächst darauf, die Funktion von Perl aus aufrufbar zu machen.

Fraktale mit SWIG

Als erstes schreiben wir eine SWIG-Schnittstellendatei *Fraktal.i*, wie in Beispiel 18-2 angegeben.

Beispiel 18-2: Fraktal.i—SWIG-Schnittstellendatei

```
%module Fraktal
%{
#include "mandel.h"
%}
%include mandel.h
```

Die Anweisung `%module` erzeugt einen eigenen Namensraum, zu dem alle Schnittstellendefinitionen dieser Datei gehören werden. Wir nennen das Modul Fraktal, weil wir gern einen Namensraum für alle Funktionen zum Zeichnen von Fraktalen haben möchten. Die Mandelbrot-Menge ist ja nur eines von vielen Beispielen.

Die Anweisungen zwischen `%{` und `%}` sind für »rohen« C-Code gedacht. Wir binden hier *mandel.h* ein, weil wir die Schnittstellendatei bald in C-Kitt konvertieren werden, der diese Header-Datei benötigt. Als nächstes folgt der Teil, in dem alle Datenstrukturen und exportierten Funktionen aufgeführt werden. Weil das Format der Schnittstellendateien dem von ANSI C sehr ähnlich ist, können wir einfach *mandel.h* mit `%include` einbinden. Die erste `include`-Anweisung begann mit einem `#`, weil sie später vom C-Compiler aufgelöst werden wird; hier müssen wir aber `%include` verwenden, weil diese Zeile direkt von SWIG ausgeführt wird.

Als nächstes rufen wir SWIG auf dieser Schnittstellendatei auf und geben Perl 5 als Skriptsprache an:

```
% swig -perl5 Fraktal.i
Generating wrappers for Perl 5
% ls
mandel.h     mandel.c        Fraktal_wrap.doc
Fraktal.i    Fraktal.pm      Fraktal_wrap.c
```

SWIG erzeugt vier Dateien aus der Schnittstellendatei. *Fraktal.pm* enthält Code, um die C-Bibliothek dynamisch ladbar zu machen. *Fraktal_wrap.c* enthält den Wrapper-Code. Zu einer Funktion *foo* in der Schnittstellendatei enthält diese Wrapper-Datei eine Funktion namens `_wrap_foo`, die die Perl-Argumente nach C übersetzt, `foo` aufruft und die Resultate in ein für Perl verständliches Format einpackt. Sie müssen den Inhalt von *Fraktal.pm* und *Fraktal_wrap.c* nicht verstehen. Weiterhin extrahiert SWIG die Dokumentation aus der Schnittstellendatei in *Fraktal_wrap.doc* (ASCII), *Fraktal_wrap.html* (HTML) oder *Fraktal_wrap.tex* (LATEX).

Wir müssen jetzt nur noch die beiden *.c*-Dateien kompilieren und dynamisch ladbar machen.[3] SWIG vereinfacht diesen Teil (genau wie XS), indem es Ihnen hilft, ein Makefile zu erstellen. Weil Makefiles abhängig von maschinen- und installationsspezifischen Details wie Betriebssystemeigenheiten, Compiler- und Linkeroptionen, Perl-Installationsverzeichnissen, dem Namen und der Lage des C-Compilers usw. sind, erzeugen diese Werkzeuge nicht direkt ein Makefile, sondern statt dessen ein Perl-Skript namens *Makefile.PL*, welches bei der Ausführung ein Makefile erzeugt, das für Ihr System angepaßt ist. Dieses Skript ist sehr einfach; nachdem wir die LIBS- und OBJECT-Zeile von Hand hinzugefügt haben, sieht es folgendermaßen aus:

```
use ExtUtils::MakeMaker;
WriteMakefile(
    'NAME'   => 'Fraktal',              # Name des Moduls
```

---

3   Weil es sehr viel einfacher ist, als statisch zu linken, und jedes anständige Betriebssystem ohnehin dynamisches Linken unterstützt, beschäftigen wir uns in diesem Buch nur mit dynamischem Linken.

```
        'LIBS'   =>['-L/usr/local/lib -lgd']   # Spezielle Bibliotheken,
        'OBJECT' => 'mandel.o Fraktal_wrap.o'   # Alle Objektdateien
    );
```

Das Standardmodul ExtUtils::MakeMaker enthält die ganze Zauberei, um die Konfiguration Ihres Systems zu ermitteln und ein angepaßtes Makefile zu schreiben.

Die nächsten drei Schritte übersetzen und installieren die Erweiterung:

```
% perl Makefile.PL     # Makefile erzeugen
% make                 # Quellen übersetzen und dynamische Bibliotheken erzeugen
% make install         # Optional. Installiert die Bibliothek.
```

(Könnten Sie sich das noch einfacher und portabler vorstellen?)

Wir haben jetzt alles beisammen, um fraktale Bilder zu erzeugen. Der folgende Aufruf von `mandel_zeichnen` erzeugt das schöne Bild aus Abbildung 18-3.

```
use Fraktal;
Fraktal::mandel_zeichnen('mandel.gif', 300, 300,   # datei, breite, hoehe
                         -1.5, 1.0,                # Ursprung x, y
                          2.0, 20);                # bereich, maximale Iterationen
```

Weil wir Ihnen in diesem Kapitel ja zeigen wollen, wie man Erweiterungen schreibt, verschieben wir die Besprechung von `mandel_zeichnen` widerstrebend ans Ende des Kapitels.

Fraktale mit XS

Das Vorgehen mit XS ist genauso einfach. *h2xs* versteht normale C-Header-Dateien; wir können also eine Fraktalerweiterung folgendermaßen erzeugen:

```
% h2xs -x -n Fraktal mandel.h
```

Damit werden das Perl-Modul *Fraktal.pm*, das Skript zum Erzeugen des Makefiles *Makefile.PL* und *Fraktal.xs* erzeugt. Sie müssen hier noch nicht wissen, was diese Datei enthält.

Da *Makefile.PL* automatisch erzeugt wird, müssen Sie, wie oben gezeigt, die Zeilen für OBJECT und LIBS selbst hinzufügen. Kompilation und Installation funktionieren wie oben gezeigt.

```
% perl Makefile.PL
% make
% make install
```

Das im ersten Schritt erzeugte Makefile sucht nach *Fraktal.xs* und leitet diese Datei an xsubpp weiter, um den Kitt in *Fraktal.c* zu erzeugen. Beachten Sie, daß der Name nicht wie bei SWIG *Fraktal_wrap.c* ist. Die OBJECT-Zeile in *Makefile.PL* muß also folgendermaßen aussehen:

```
        'OBJECT' => 'mandel.o Fraktal.o' # mandel.o enthaelt die eigentliche Funktion
                                         # Fraktal.o enthaelt den Kitt
```

Eigenschaften von SWIG

Nachdem wir uns jetzt angesehen haben, wie man eine Erweiterung erzeugt, schauen wir uns die Eigenschaften von SWIG näher an. Wir hatten schon erwähnt, daß SWIG eine sinnvolle Teilmenge von ANSI C/C++ unterstützt; es werden sowohl Datenstrukturen als auch Funktionen unterstützt. Im einzelnen handelt es sich um die folgenden Merkmale:

Konstanten und globale Variablen

Eine C-Variable kann in den Perl-Namensraum als gleichnamige skalare Variable exportiert werden. SWIG unterstützt die fundamentalen C-Datentypen, enums und mit `#define` definierte Konstanten. Variablen mit komplexen oder benutzerdefinierten Typen werden automatisch als ein Paar aus get/set-Zugriffsfunktionen abgebildet.

Zeiger

Jeder Zeiger wird per Default als `void*` behandelt, unabhängig davon, ob es sich um ein `char**`, ein `Matrix*` oder ein `double***` handelt. Dieses Verfahren funktioniert besonders gut bei benutzerdefinierten Datentypen, weil die meisten C-Bibliotheken nicht erwarten, daß Sie diese Zeiger dereferenzieren. Beispielsweise gibt `fopen` ein `FILE*` zurück, der einfach an `fread()` und `fwrite()` übergeben wird. In Perl steht dieser Zeiger als Skalar zur Verfügung. Perl muß gar nicht wissen, ob der Zeiger auf ein Array, eine Struktur oder ein Typedef zeigt. Wenn Sie auf der anderen Seite aber gern möchten, daß ein `Vector*` auch auf eine Liste von Skalaren mit Integer-Werten zeigt, dann müssen Sie SWIG auf die Sprünge helfen, indem Sie eine Typemap angeben.

Typemaps

Nicht jeder Datentyp läßt sich einfach von Perl nach C oder umgekehrt konvertieren. SWIG kennt (wie *xsubpp*) eine Möglichkeit, beliebige benutzerdefinierte Transformationen anzugeben, also beispielsweise die Konvertierung eines Perl-Arrays in eine 10-mal-10-Matrix. Um eine Typemap zu programmieren, müssen Sie die Perl-API zum Zugriff auf die internen Datentypen kennen; wir werden dieses Thema daher auf den Abschnitt »SWIG-Typemap« in Kapitel 20 verschieben. Typemaps können nicht nur auf Funktionsparameter, sondern auch auf Elemente von Strukturen und globale Variablen angewendet werden. Optional können Sie auch benannte Typemaps schreiben, die nur auf bestimmte benannte Entitäten (Funktionsargumente, Variablennamen oder Funktionsnamen) angewendet werden und nicht auf alle Instanzen dieses Typs.

Arrays

Sowohl einfache Arrays (`vector[100]`) als auch mehrdimensionale Arrays (`vector[10][10]`) werden auf einen einfachen Zeiger abgebildet (`vector *`). SWIG unterstützt Typemaps für Arrays, aber es gibt trotzdem noch eine Reihe von schwierigen Problemen, für die SWIG keine allgemeinen Lösungen anbieten kann. In der SWIG-Dokumentation erfahren Sie mehr dazu.

Strukturen und C++-Klassen

SWIG erzeugt automatisch Zugriffsfunktionen für jedes Element einer Struktur oder Klasse, das in der Schnittstellendatei definiert ist. Wie anderenorts auch, kann auch hier nicht die volle Generalität einer C-Struktur oder C++-Klasse ausgeschöpft werden. Sie sind aber mächtig genug, um die gängigsten Schnittstellenaufgaben zu behandeln.

Methoden

SWIG erzeugt Konstruktor- und Destruktorprozeduren, mit denen Sie C-Strukturen von Perl aus allozieren und wieder freigeben können. Sie können mit einem Primitiv namens `%addmethods` grundlegende C-Strukturen in Perl-Objekte umwandeln.

Gewöhnliche Funktionen

SWIG erzeugt Funktions-Wrapper, die ihren C-Gegenstücken ziemlich ähnlich sehen. Jeder Parameter kann optional auch mit einer Typemap abgebildet werden, aber weil eine Typemap eine von anderen Parametern isolierte Übersetzung vornimmt, kann die *Anzahl* der Parameter nicht geändert werden. Diese Einschränkung gibt es in XS nicht.

Sie können also mit SWIG die C-Funktion

```
char ** permutieren(char *string); // gibt die Permutationen eines Strings zurück
```

nicht in

```
@array = permutieren ($str);
```

konvertieren, weil ein Parameter (`char **`) in eine variable Anzahl von Skalaren (die an `@array` zugewiesen werden) konvertiert werden muß. Sie können statt dessen eine Typemap schreiben, die `char **` in ein Array konvertiert und dessen *Referenz zurückgeben*, so daß in Perl folgendermaßen darauf zugegriffen werden kann:

```
$rarray = permutieren ($str);
print join(' ', @$rarray);
```

Sie können natürlich auch selbst eine Wrapper-Funktion in Perl schreiben und in die von SWIG automatisch erzeugte *.pm*-Moduldatei einfügen:

```
sub raffiniertes_permutieren {
    @{permutieren($_[0])}; # dereferenziert das Array
}
```

Default- und optionale Parameter

Parameter können Default-Werte haben, aber wie in C++ ist das nur beim am weitesten rechts stehenden Parameter möglich. Sie müßten dann die Funktionssignatur in der Schnittstellendatei folgendermaßen angeben:

```
mandel_zeichnen
(datei,breite,hoehe,reeller_ursprung,imaginaerer_ursprung,bereich,tiefe=30);
```

Damit können Sie den letzten Parameter bei einem Aufruf von Perl aus weglassen.

Zentralisierte Ausnahmebehandlung

SWIG stellt die Anweisung `%except` bereit, um alle externen Bibliotheksaufrufe in einen generischen Ausnahmehandler zu verpacken. Auf diese Weise können Sie alle benutzerdefinierten Fehler und C++-Ausnahmen an einer zentralen Stelle abfangen und in Perl-Ausnahmen übersetzen. Beispiele finden Sie in der SWIG-Dokumentation.

Schattenklassen (Shadow Classes)

SWIG erzeugt optional Wrapper-Code in Perl, mit dem Sie auf die Member-Funktionen und -Variablen von C- oder C++-Objekten mit der Hashnotation von Perl zugreifen können, also beispielsweise `$person->{alter}`. Dieser Mechanismus baut auf den weiter oben beschriebenen Zugriffsfunktionen auf.

Verschachtelte Strukturen

Eine verschachtelte Struktur wird genauso behandelt wie eine äußere Struktur, nämlich mit Zugriffsfunktionen und Unterstützung durch Schattenklassen.

Die folgende Schnittstellendatei zeigt, wie man Klassen und Zugriffsmethoden benutzen sowie Schattenklassen erzeugen kann:

```
%module Grafikobjekte

class Grafikobjekt {
public:
    int x, y; // Ursprung
    int w, h; // Breite, Hoehe (definiert das umgebende Rechteck)
    zeichnen();
};
class Polygon : public Grafikobjekt {
public:
    Polygon(int x, int y, int w, int h);
    zeichnen();
};
```

Wir rufen SWIG mit dem Schalter −c++ auf, weil die C++-Unterstützung nicht per Default eingeschaltet ist. Außerdem benutzen wir −shadow, um Schattenklassen zu generieren:

```
% swig -c++ -shadow Grafikobjekte.i
```

SWIG erzeugt eine identische Vererbungshierarchie in der Skriptsprache. Die Verwendung dieser Klasse in Perl wirkt völlig natürlich:

```
use Grafikobjekte;
$poly = new Polygon(10, 10, 30, 40);
printf "Ursprung: %d %d \n", $poly->{x}, poly->{y};
$poly->zeichnen();
```

Es wird Sie freuen zu hören, daß SWIG die Beziehung zwischen Basisklassen und abgeleiteten Klassen korrekt behandelt. Beispielsweise wird eine Funktion, die auf einer Basisklasse arbeitet, Zeiger erkennen, die mittels `bless` mit einer abgeleiteten Klasse markiert worden sind. Bei Mehrfachvererbung führt SWIG das korrekte C++-Type-casting durch, um sicherzustellen, daß die Zeigerwerte korrekt sind. XS verfügt nicht über diese Fähigkeit.

Die Schattenklassen sind zwar bequem zu benutzen, Sie sollten sich aber darüber im klaren sein, daß für jedes mit `new` generierte Objekt ein zusätzliches internes Objekt generiert wird. Das liegt daran, daß `new` einen mit `tie` gebundenen Hash zurückgibt, um die Notation des Zugriffs auf Methoden (`$poly->{x}`) zu unterstützen. Die Subroutine `FETCH` dieses Hash ruft dann die passende Zugriffsfunktion auf. Sie sollten inzwischen wissen, daß das `tie`-Verfahren mit einem Zwischenobjekt funktioniert.

XS-Merkmale

Wie bereits erwähnt, ist XS eine Schnittstellendefinitionssprache. Im Gegensatz zu SWIG konzentriert sich XS ausschließlich auf C-Funktionen und mit `#define` definierte Konstanten; es gibt keine Unterstützung für `struct`- oder `class`-Definitionen (auch wenn das für die Zukunft geplant ist). Ich habe das bisher in der Praxis nicht besonders vermißt, weil ich selten Datenstrukturen exportiere, um die Prinzipien der Kapselung nicht zu verletzen.

Der Ansatz von XS ermöglicht es Ihnen, die XS-Datei zu bearbeiten und selbst Kitt (in C) in verschiedenem Maße hinzuzufügen. Das entspricht C- oder Pascal-Compilern, bei denen Sie nativen Assembler-Code in das Programm einfügen können. Diese Funktionalität ist sehr mächtig, wenn Sie wissen, was Sie tun, aber Sie müssen sich gut mit der internen Perl-API und den internen Protokollen auskennen, wenn Sie sie sinnvoll einsetzen wollen.

Wenn Sie eine XS-Datei bearbeiten, können Sie Funktionswrapper schreiben, die eine variable Anzahl von Eingabeparametern akzeptieren, Eingabeparameter modifizieren (wie `read` es macht) und ein Array von Ergebnissen zurückgeben. Wenn Sie das mit der Fähigkeit, eigene Typemaps zuschreiben und das (von *b2xs* erzeugte) Perl-Modul zu bearbeiten, kombinieren, haben Sie mehrere Möglichkeiten, Erweiterungen zu schreiben.

Lassen Sie uns kurz auf die Syntax von XS schauen. Das weiter oben erzeugte *Fraktal.xs* sieht im großen und ganzen so aus:

```
#include <mandel.h>

MODULE = Fraktal     PACKAGE = Fraktal

int
mandel_zeichnen
(dateiname,breite,hoehe,reeller_ursprung,imaginaerer_ursprung,bereich,tiefe)
        char*  dateiname
        int    breite
        int    hoehe
        double reeller_ursprung
```

```
double imaginaerer_ursprung
double bereich
double tiefe
```

Alles, was vor der Anweisung MODULE steht, wird als roher C-Code betrachtet und unübersetzt an den Kitt *Fraktal.c* weitergeleitet (so wie der %{ ... %}-Block in SWIG). Ein XS-Modul kann mehr als ein Package enthalten, aber weil das nicht der Normalfall ist, haben die Schlüsselwörter MODULE und PACKAGE in diesem Beispiel denselben Wert. Alle exportierten Funktionen werden auf eine spezielle Art und Weise aufgeführt. Zuerst steht der Rückgabewert in einer eigenen Zeile (wenn es keinen Rückgabewert gibt, müssen Sie void angeben). Danach folgt der Name der Funktion mit einer Liste der Parameternamen und schließlich jeder Parameter in einer separaten Zeile. Es ist wichtig, daß das »*« beim Typ und nicht beim Namen steht – char* dateiname ist richtig, char *dateiname dagegen falsch. Die nächste Funktionsdeklaration beginnt nach einer Leerzeile.

Und was macht xsubpp?

Es zahlt sich aus, wenn man ein wenig über den von *xsubpp* erzeugten Kitt weiß. Wenn *xsubpp* den oben gezeigten XS-Schnipsel bearbeiten soll, erzeugt es daraus eine Funktion namens Fraktal_xs_mandel_zeichnen (in *Fraktal.c*), die die gleiche Signatur wie die XS-Deklaration hat. Diese Funktion übersetzt die in Perl übergebenen Argumente in C-Funktionsparameter, ruft die eigentliche Funktion mandel_zeichnen auf und verpackt schließlich den Rückgabewert in einen Perl-Wert.

XS stellt mehrere Schlüsselwörter zur Verfügung, mit denen Sie entweder eigenen Code an passender Stelle in die erzeugte Funktion einfügen oder den erzeugten Kitt vollständig durch eigenen Code ersetzen können. Sie können beispielsweise Typemap-Funktionen schreiben, die bestimmen, wie Perl-Argumente nach C übersetzt werden, oder das Schlüsselwort CODE (siehe unten) verwenden, um kundzutun, daß Sie Ihren eigenen Code verwenden wollen.

Behalten wir diesen kurzen Überblick im Hinterkopf, und schauen wir uns einige der wichtigeren Aspekte von XS an.

Default- und optionale Parameter

Parameter können Defaultwerte haben, das gilt aber wie in C++ nur für den am weitesten rechts stehenden Parameter:

```
mandel_zeichnen
(datei,breite,hoehe,reeller_ursprung,imaginaerer_ursprung,bereich,tiefe=30)
```

Sie können also den letzten Parameter weglassen, wenn Sie die Funktion von Perl aus aufrufen.

Parameter modifizieren

Sie können in XS Parameter modifizieren, bevor diese an die eigentliche Funktion `mandel_zeichnen` weitergegeben werden:

```
int
mandel_zeichnen
(dateiname,breite,hoehe,reeller_ursprung,imaginaerer_ursprung,bereich,tiefe)
        char*   dateiname
        int     breite
        int     hoehe
        double  reeller_ursprung
        double  imaginaerer_ursprung
        double  bereich
        double  tiefe
    INIT:
    if (breite > 400) {
        fprintf (stderr, "Breite darf 400 nicht übersteigen. Wert wird auf 400
                gesetzt.\n";
        breite = 400;
    }
```

Das Schlüsselwort `INIT:` teilt XS mit, daß der darauf folgende Code zwischen der Übersetzung der Argumente von Perl nach C und dem Aufruf der eigentlichen Funktion eingefügt werden soll.

In SWIG würden Sie eine benannte Typemap verwenden, um den gleichen Effekt zu erzielen. Der Ansatz von XS ermöglicht es Ihnen allerdings, eine Entscheidung auf der Basis von mehr als einem Parameter zu treffen. Wenn Sie beispielsweise ein bestimmtes Höhe/Breite-Verhältnis gewährleisten wollen, dann müssen Sie sich sowohl die Höhe als auch die Breite ansehen und dann einen der beiden Parameter verändern. Diese Flexibilität ist mit Typemaps nicht möglich, weil diese jeden Parameter isoliert von den anderen betrachten.

Übrigens kann das Schlüsselwort `PREINIT:` verwendet werden, um Variablendeklarationen einzufügen. *xsubpp* fügt diese Deklarationen vor dem erzeugten Code ein. Wenn Sie den Kitt mit einem C++-Compiler übersetzen, benötigen Sie dieses Schlüsselwort natürlich nicht, weil Sie damit Variablen an beliebiger Stelle im Code erzeugen können.

Spezieller Code

Sie können den Kitt auch gern selbst schreiben, wenn Sie das möchten. Nehmen Sie beispielsweise die Funktion `sin()` aus der Mathematikbibliothek. Diese erwartet den Winkel im Bogenmaß. Sie können in Perl eine neue Funktion erzeugen, die den Winkel in Grad erwartet, indem Sie das Schlüsselwort `CODE` folgendermaßen verwenden (die Einrückung ist willkürlich):

```
double
d_sin(winkel)
    double Winkel
    CODE:
```

```
    RETVAL = sin(winkel * PI / 180);
    OUTPUT:
    RETVAL
```

Wenn *xsubpp* auf das Schlüsselwort CODE stößt, bildet es einfach nur die Argumente von Perl-Datentypen auf C-Datentypen ab und überläßt es Ihnen, den restlichen Code einzufügen. Das bedeutet, daß Sie die zugrundeliegende Funktion selbst aufrufen müssen. Die Anweisung CODE ändert nicht die Struktur des C-Aufrufs. Sie können lediglich die Eingabeparameter modifizieren und maximal einen Rückgabewert zurückliefern.

Die Anweisung OUTPUT: teilt *xsubpp* mit, daß es Code erzeugen soll, der den Rückgabewert entsprechend verpackt und an Perl zurückgibt. RETVAL wird von *xsubpp* automatisch so deklariert, daß es auf den Rückgabewert der Funktion paßt. Im vorstehenden Beispiel ist der Rückgabewert von sin() der einzige Ausgabeparameter und wird unter OUTPUT aufgeführt.

Die Anweisung CODE nützt Ihnen allerdings nichts, wenn Sie eine variable Anzahl von Eingabeparametern oder Ergebnissen benötigen. In diesem Fall verwenden Sie die Anweisung PPCODE und verwalten den gesamten Argument-Stack selbst. Wir kommen darauf in Kapitel 20 zurück.

Weitere Schlüsselwörter, Details und Beispiele finden Sie in der XS-Dokumentation.

C++-Code

XS unterstützt zwei spezielle Prozeduren, um automatisch C++-Objekte zu erzeugen und zu zerstören. Betrachten Sie den folgenden XS-Code für ein Modul namens Auto:

```
Auto*
Auto::new()

void
Auto::DESTROY()

void
Auto::links_abbiegen()
```

Wenn Sie in Perl new Auto sagen, macht der zu Auto::new gehörende Wrapper-Code daraus den C++-Aufruf new Auto(). Wenn Sie dann später in Perl $auto-> links_abbiegen aufrufen, wird automatisch die passende C++-Funktion aufgerufen. Wenn Sie CODE- oder PPCODE-Anweisungen für C++-Schnittstellen verwenden wollen, können Sie auf das Objekt über THIS und auf die Klasse über CLASS zugreifen.

Dieses Beispiel hat aber noch ein kleines Problem: Es ist nicht bekannt, was in dem Datentyp Auto steckt. Im Gegensatz zu SWIG, das ungerührt Auto* als void* behandelt, braucht *xsubpp* ein wenig Hilfe in Form einer Typemap. Da wir die interne Perl-API kennen müssen, um eine Typemap zu programmieren, verschieben wir dieses Thema auf Kapitel 20.

Freibeitsgrade

Bevor wir den Hauptteil dieses Kapitels abschließen, wollen wir noch einmal zusammenfassen, an welchen Stellen Sie eigenen Code einbringen können, um dem Skript-Programmierer ein angenehmes Interface zu bieten:

Perl-Modul

Wir haben das von diesen Werkzeugen erzeugte Perl-Modul bisher nur verwendet, um den C-Code aufzurufen, aber es gibt keinen Grund, warum wir dort nicht noch weitere Subroutinen einfügen sollten. Das XS-Beispiel aus dem Abschnitt »Parameter modifizieren« hätte genausogut in Perl implementiert werden können.

Typemaps

Hier können Sie Codeschnipsel einfügen, um Konvertierungen zwischen Perl- und C-Datentypen vorzunehmen.

Wrapper-Code in den Schnittstellendateien

Mit den Anweisungen CODE und PPCODE können Sie eine ganze Reihe von eigenen Übersetzungen einfügen. In SWIG können Sie folgendermaßen eigenen C-Code einfügen:

```
%module SpassMitMathe
%inline %{
    int Faktorial(int n){return (n == 1) ? 1 : n *(n -1)};
%}
```

Ein Abstecher zu den Fraktalen

Dieses Kapitel wäre unvollständig und zu trocken, wenn wir nicht wenigstens einen kurzen Abstecher zu den Mandelbrot-Mengen und der Implementierung von mandel_zeichnen machen würden.

Für den Einstieg empfehle ich *The Mathematical Tourist* [Ressource 5] von Ivars Peterson, eine mitreißende Abhandlung einer erstaunlich großen Menge von mathematischen Themen. Ich nehme hier an, daß Sie über komplexe Zahlen Bescheid wissen.

Wir wissen, daß eine komplexe Zahl a + bi aus zwei Teilen besteht: dem reellen Teil a und dem imaginären Teil b, die zusammengenommen einen Punkt auf einem Graphen ergeben. Betrachten Sie nun den Ausdruck z = z^2 − 1, wobei z eine komplexe Zahl ist. Wir fangen mit einer komplexen Zahl (z^0) an und zeichnen einen Punkt für sie. Dann setzen wir diese Zahl in den obigen Ausdruck ein, berechnen eine neue komplexe Zahl und geben auch für diese einen Punkt aus. Das wiederholen wir etwa zwanzig- bis dreißigmal. Wir werden feststellen, daß verschiedene Startwerte für z^0 entweder dazu führen, daß die Serie gegen unendlich geht oder daß sie innerhalb eines bestimmten Intervalls beschränkt bleibt. Alle z^0-Werte, die zu einer beschränkten Folge führen, gehören zu einer *Julia-Menge*, so benannt nach dem Mathematiker Gaston Julia. Wenn wir also alle z^0-Werte, die zu einer beschränkten Folge führen, ausgeben, erhalten wir ein schönes fraktales Bild (nein, nicht das, das wir schon gesehen haben).

Lassen Sie uns jetzt die Gleichung etwas verallgemeinern: $z = z^2 + c$, wobei c eine komplexe Zahl sei (in der obigen Diskussion war c also $-1 + 0i$). Wenn wir jetzt Julia-Mengen für verschiedene Werte von c ausgeben, werden wir feststellen, daß manche Ausgaben zu schönen Formen führen, während andere lediglich in einer Wolke unverbundener Punkte auseinanderlaufen. Wir interessieren uns natürlich nur für die ersteren; man sagt, daß alle Werte von c, die zu solchen gutaussehenden Julia-Mengen führen, zur Mandelbrot-Menge gehören, benannt nach Benoit Mandelbrot.

Das Berechnen der Mandelbrot-Menge ist offensichtlich ziemlich aufwendig, denn wir müssen für jedes c (also eine unendliche Menge) die Julia-Menge ausgeben, um festzustellen, ob sie auseinanderläuft oder nicht. Hier betreten die Mathematiker John Hubbard und Adrien Douady die Szene. Sie bewiesen, daß es für einen gegebenen Wert c ausreicht, zu überprüfen, ob der Startpunkt von $z^0 = 0$ (also $0 + 0i$) zu einer beschränkten Folge führt. Wenn das der Fall ist, dann erzeugt dieser Wert von c eine verbundene (nicht auseinanderlaufende) Julia-Menge. Es ist weiterhin bewiesen worden, daß alle Werte für c, die zur Mandelbrot-Menge gehören, in einem kleinen Bereich liegen, der »wie ein kleiner, pickliger Schneemann aussieht, der auf der Seite liegt«, wie es Ivars Peterson beschrieben hat. Das ist der weiße Bereich in der Mitte von Abbildung 18-3, der sich in x-Richtung von -2 bis $+0,5$ und in y-Richtung von $-1,0$ bis $+1,0$ erstreckt. Sobald die Folge 2 überschreitet, wissen Sie, daß sie nicht beschränkt ist und c deswegen nicht zur Mandelbrot-Menge gehört. Um unser Bild optisch etwas interessanter zu machen, weisen wir jedem Punkt in unserem Bild eine Farbe zu, je nachdem, ob er zur Mandelbrot-Menge gehört oder nicht. Die Punkte aus der Menge werden weiß eingefärbt, die anderen mit einem Grauton, der davon abhängig ist, wie weit die zugehörige Folge versucht, aus dem Bereich herauszuspringen.

`mandel_zeichnen` (in der Datei *Fraktal.c* und zu sehen in Beispiel 18-3) implementiert den oben beschriebenen Algorithmus. Die Parameter haben die folgende Bedeutung; die Werte in Klammern sind die, die verwendet wurden, um Abbildung 18-3 zu erzeugen.

dateiname
Der Name der zu erzeugenden GIF-Datei

breite, hoehe (400, 400)
Breite und Höhe des GIF-Bildes in Pixeln

reeller_ursprung, imaginaerer_ursprung (-1.4, 1.0)
Der Wert als komplexe Zahl, die dem Pixel oben links entspricht.

Bereich (2.0)
Die Breite und Höhe der aufgespannten komplexen Ebene. Wenn der Ursprung $-1.0 + 1.4i$ und der Bereich 2 ist, erstreckt sich die Grafik von $-1.0 + 1.4i$ bis $1.0 - 0.6i$ (y nimmt von oben nach unten ab, x von links nach rechts zu). Wenn Sie diese Zahl verkleinern, wird die »Leinwand« für einen kleineren Bereich der komplexen

Ebene verwendet. Folglich verhält sich der Bereich auch als Skalierungsfaktor, das Bild ist umgekehrt proportional von diesem Wert abhängig.

maximale_iterationen (20)

Legt fest, wie oft durch $z \leftarrow z^2 + c$ iteriert wird, bevor entschieden wird, ob die Folge beschränkt ist oder nicht.

Beispiel 18-3: mandel.c

```c
#include <math.h>
#include <stdio.h>
#include <gd.h>
typedef struct {
    double r, i;
} complex;

int mandel_zeichnen (char *dateiname,
                int breite, int hoehe,
                double reeller_ursprung,
                double imaginaerer_ursprung,
                double bereich,
                double maximale_iterationen)
{
    complex    ursprung;
    int        farben[51], farbe, weiss, x, y, i;
    FILE       *ausgabe;
    gdImagePtr ausgabe_bild;

    ursprung.r = reeller_ursprung;  /* Von links oben gerechnet */
    ursprung.i = imaginaerer_ursprung;

    if (!(ausgabe = fopen(dateiname, "wb"))) {
        fprintf(stderr, "Datei %s konnte nicht geöffnet werden\n");
        return 1;
    }

    ausgabe_bild = gdImageCreate(breite, hoehe); /* Leinwand erzeugen */
    /* Einige Grauwerte erzeugen. Wir fangen bei Schwarz an und erhoehen
       r, g und b gleichmaessig. Damit wird die Helligkeit
       variiert, der Farbton aber beibehalten.
       (Schwarz = 0,0,0 und Weiss = 255, 255,255 */
    for (i = 0; i < 50; i++) {
        farbe = i * 4;
        farben[i] = gdImageColorAllocate(ausgabe_bild, farbe,farbe,farbe);
    }
    weiss = gdImageColorAllocate(ausgabe_bild, 255,255,255);
    /* Iteriere ueber jeden Pixel auf der Leinwand ... */
    for (y = 0; y < hoehe; y++) {
        for (x = 0; x < breite; x++) {
            complex z, c ;
            int  iter;
            /* Konvertiere den Pixel in die aequivalente
```

Beispiel 18-3: mandel.c (Fortsetzung)

```
        komplexe Zahl c unter Beruecksichtigung des Ursprungs und
        des Bereiches. Der Bereich fungiert als inverser
        Skalierungsfaktor. */

    c.r = ursprung.r + (double) x / (double) breite * bereich;
    c.i = ursprung.i - (double) y / (double) hoehe * bereich;

    /* Untersuche jeden gerade berechneten Punkt, ob wiederholte
        Substitutionen in einer Gleichung wie z(naechster) = z**z + c
        zu einer beschränkten Folge führen.
        Wenn nach <maximale_iterationen> der weisse Bereich
        noch nicht verlassen worden ist, dann gehoert diese Zahl
        zur Mandelbrot-Menge. Wenn der weisse Bereich aber
        verlassen wird, dann weisen wir abhaengig davon, wie weit
        die Serie den Bereich verlassen wollte, eine Farbe zu. */
    farbe = weiss;
    z.r = z.i = 0.0; /* Startpunkt */
    for (iter = 0; iter < maximale_iterationen; iter++) {
        double abstand, neu_reell, neu_imaginaer;
        /* Berechne  z = z^2 + c */
        /* Denken Sie daran, dass z^2 = a^2 - b^2 + 2abi, wenn z = a + bi, */
        neu_reell = z.r * z.r - z.i * z.i + c.r;
        neu_imaginaer = 2 * z.r * z.i + c.i;
        z.r = neu_reell; z.i = neu_imaginaer;
        /* Pythagoräischer Abstand von 0,0 */
        abstand = neu_reell * neu_reell + neu_imaginaer * neu_imaginaer;
        if (abstand >= 4) {
            /* Kein Punkt der Mandelbrot-Menge ist mehr als zwei Einheiten
                vom Ursprung entfernt. Wenn diese Grenze ueberschritten wird,
                dann weise 'c' eine interessante Farbe zu, die davon abhaengig
                ist, wie weit die Folge den Bereich verlassen wollte. */
            farbe = farben[(int) abstand % i];
            break;
        }
    }
    gdImageSetPixel(ausgabe_bild, x,y, farbe);
  }
 }
 gdImageGif(ausgabe_bild,ausgabe);
 fclose(ausgabe);
 return 0;
}
```

Ressourcen

1. SWIG. David Beazley.

   Kann frei von *http://www.cs.utah.edu/~beazley/SWIG/swig.html* heruntergeladen werden. SWIG enthält eine *wundervolle*, zweihundert Seiten starke einführende Dokumentation, die viele interessante Beispiele enthält. Und wenn Sie gerade auf der Web-Seite sind, dann werfen Sie auch ein Blick auf Davids Artikel darüber, wie man SWIG in großen Projekten anwendet.

2. *perlxstut* von Jeff Okamoto und *perlxs* von Dean Roehrich.

   Diese beiden Standard-Perl-Dokumente enthalten eine Einführung respektive eine Referenz zu XS. Sie müssen sich entweder mit dem in Kapitel 20 Beschriebenen oder der Dokumentation der Perl-Interna (*perlguts*) gut auskennen. (Ersteres ist eine etwas leichter zu lesende Einführung.)

3. Standarderweiterungen

   Die Module Socket, POSIX und SDBM aus der Perl-Distribution sind gute Fallstudien zur Benutzung von XS.

4. XS Cookbook. Dean Roehrich.

   Diese »Kochbücher« sind im CPAN erhältlich (schauen Sie im Verzeichnis *authors/ Dean_Roehrich* nach) und enthalten Lösungen zu einer Reihe von Beispielproblemen, die alle Merkmale von XS abdecken. Sie sind sehr empfehlenswert. Es ist auch eine gute Übung, diese Probleme mit SWIG zu lösen.

5. *The Mathematical Tourist*. Ivars Peterson. W.H.Freeeman and Co., 1988

6. GD-Bibliothek zum Zeichnen in GIF-Dateien. Herunterzuladen von *http://www. boutell.com/*.

In diesem Kapitel:
- *Warum Einbetten?*
- *Das Einbetten im Überblick*
- *Beispiele*
- *Erweiterungen hinzufügen*
- *Ressourcen*

19

Perl einbetten auf die leichte Tour

> *A rock pile ceases to be a rock pile the moment a single man contemplates it, bearing within him the image of a cathedral.*
> Antoine de Saint-Exupery

Genauso wie es gute Gründe gibt, C-Erweiterungen für Perl zu schreiben, gibt es viele Gründe, Perl-Skripten von C/C++-Applikationen aus aufzurufen. Wir nennen das »den Perl-Interpreter *einbetten*«. Einbetten bedeutet nicht, daß der Interpreter versteckt wird, gemeint ist nur, daß die Applikation die Kontrolle behält und bei Bedarf Funktionen aus der internen Perl-API aufruft.

In diesem Kapitel führe ich eine einfache API ein, mit der Sie den Perl-Interpreter in Ihre C-Applikationen einbetten können. Diese Funktionen sind nicht standardisiert (d.h. sie tauchen in diesem Buch zum ersten Mal auf) und schirmen Sie von den Perl-Interna wie Referenzzählern, Speicherverwaltung und Aufrufkonventionen ab. Obwohl wir diese Details im nächsten Kapitel besprechen werden, sollten Sie darüber nichts wissen *müssen*, um nützliche Dinge zu tun. Das Dokument *perlembed* von Jon Orwant und Doug MacEachern [Ressource 1] enthält eine sehr schöne einführende Behandlung dieses Themas. Es erwartet aber, daß Sie sich mit den Interna auskennen.

Warum Einbetten?

Eine C-Applikation kann eine Skriptsprache auf verschiedene Weisen benutzen:

Mächtigkeit durch Erweiterungen in Skriptsprachen
Applikationen wie Emacs, Microsoft Office und Autocad enthalten Frontends zu Skriptsprachen. Obwohl sie auch allein ziemlich gut funktionieren, liegt ihre wirkliche Stärke darin, daß eine große Anzahl von Entwicklern Erweiterungen in diesen Skriptsprachen schreibt. Um es mit den Worten von Brian Kernighan zu sagen: Ein

gutes Werkzeug ist eines, das zu Dingen benutzt wird, an die seine Entwickler nie gedacht haben. Das Paket *calc* im Emacs kann beispielsweise symbolische mathematische Berechnungen durchführen. Wer wäre auf die Idee gekommen, so etwas in einen Texteditor einzubauen?![1]

Als Kitt

Emacs ist ein ausgezeichnetes Beispiel für eine Applikation, bei der die grundlegende Funktionalität aus Gründen der Geschwindigkeit und der Anpassung an das Betriebssystem in C, alles andere aber in LISP geschrieben worden ist (Emacs hat einen eingebetteten LISP-Interpreter). Ohne den zentralen LISP-Code würde der Editor nicht einmal starten.

Die Mächtigkeit der Skriptsprachen benutzen

Ich mußte früher einmal an einer Unix-basierten Applikation arbeiten, die mit einem Mainframe-Rechner kommunizierte. Die Dateien, die vom Mainframe geschickt wurden, waren merkwürdig formatiert und entsprachen natürlich nicht den Spezifikationen. Weil es sehr viel einfacher ist, Dateien mit Perl als mit C zu konvertieren, benutzte ich Perl-Skripten und einen eingebetteten Perl-Interpreter, um diese Dateien zu parsen, so daß ich die Parsing-Strategie beliebig ändern konnte.

Ich hätte natürlich auch ein externes Perl-Skript mit `system(3)` oder `popen(3)` starten und die Ausgabe aus einer temporären Datei oder einer Pipe abholen können. Dieser Ansatz funktioniert bei einer großen Anzahl von Applikationen, wie der große Erfolg von CGI beweist. Es spricht einiges dafür, die Funktionalität einer Applikation in zwei separate Programme aufzuteilen, die auch separat auf Fehler abgesucht werden können. In meinem Falle war das aber einfach nicht schnell genug. Außerdem waren die Daten, die durch die Schnittstelle flossen, nicht einfach genug, so daß ich viel Code hätte schreiben müssen, um die Daten an einem Ende zu formatieren und am anderen Ende wieder zu parsen. Als weiteres Problem kommt hinzu, daß Sie keinen persistenten Kontext haben, wenn Sie externe Skripten aufrufen, d.h. jedesmal, wenn Sie ein Perl-Skript starten, weiß dieses Skript nichts über seinen letzten Aufruf und muß Socket- und Datenbankverbindungen neu öffnen, Transaktionen neu starten und so weiter. Der Webserver Apache [2] berücksichtigt den Ansatz des eingebetteten Perl-Interpreters.

Besserer C-Code

Wenn Sie ein Skript-Frontend schreiben, werden Sie dazu gezwungen, die Schnittstellenfunktionen zu vereinfachen, um die Integration mit der Skriptsprache zu erleichtern. Das macht das Leben auch für andere C-Programmierer einfacher, die Ihre Bibliotheken benutzen.

Instrumentierung

Eine Skript-Funktionalität eröffnet die Möglichkeit, programmgesteuert auf Instrumentierungen zuzugreifen, die in den Code eingebettet sind (z.B. um die Performanz oder den Speicherverbrauch zu protokollieren, oder auch für dynamische

---

1 *vi*-Leute fragen jetzt natürlich, warum man das tun sollte.

Assertions). Beispielsweise könnten Sie automatisch alle eingehenden Benutzer-
verbindungen protokollieren, wenn mehr als fünfzig Benutzer im System sind.

Mächtige Konfigurationsdateien
   Für manche Applikationsdateien sind einfache Konfigurationsdateien (Name-Wert-
   Paare wie in der Registry von Microsoft Windows) nicht genug.

Das Einbetten im Überblick

So merkwürdig es auch scheinen mag: Es gibt keine Werkzeuge, die das Einbetten von
Perl ähnlich wie das Erweitern automatisieren würden. Warum ist das so? Schließlich
müssen Erweiterungen doch auch Daten (Ein- und Ausgabeparameter) von Perl nach C
und zurück übersetzen. Der Grund ist folgender: Wenn Perl den C-Code steuert, gibt es
genau an, wann und wie eine C-Erweiterung geladen wird. Als Autor einer Erweiterung
müssen Sie einfach nur XSUBs in einem callback-artigen Stil schreiben und einige Initialisierungen bereitstellen. Die XSUBs werden aufgerufen, wenn das Skript die dazugehörenden Funktionen aufruft. Da es aber auf der anderen Seite keinen Standard für das
Schreiben von C-Applikationen gibt, müssen Sie selbst entscheiden, wann Sie einen
eingebetteten Perl-Interpreter initialisieren und wie Sie die Kontrolle an ein Perl-Skript
übergeben wollen.

Um das Einbetten zu vereinfachen, zeige ich Ihnen in diesem Kapitel sehr einfach zu
benutzenden syntaktischen Zuckerguß über Perls interner API. Ich habe diese Routinen
entwickelt, um es Ihnen zu ersparen, sich durch mehr als fünfzig Seiten interner Dokumentation hindurchzuarbeiten. Wenn Sie aber gerade zu den Leuten gehören, die an
diesen Details besonders interessiert sind, dann finden Sie in Kapitel 20 genug Lesestoff.
Dort wird auch der Code für diese Bequemlichkeitsroutinen erläutert.

Glücklicherweise besteht der Perl-Interpreter aus zwei Teilen: aus einer Bibliothek mit
Kernroutinen[2] von Perl (*libperl.a* auf Unix-Systemen, *perl.lib* unter Microsoft Windows
oder die jeweiligen dynamischen Äquivalente), und aus einem einfachen Treiber namens *perlmain.c*, der die Funktion main() enthält, die – einmal abgesehen von speziellen Portabilitätskonstrukten – folgendermaßen aussieht:

```
#include <EXTERN.h>
#include <perl.h>
static PerlInterpreter *my_perl;
int main(int argc, char **argv, char **env)
{
    my_perl = perl_alloc();
    perl_construct(my_perl);                    /* Initialisieren */

    perl_parse(my_perl, xs_init, argc, argv, env);
    perl_run(my_perl);                          /* Starten */
```

---

2   Nicht zu verwechseln mit dem Verzeichnis *lib* in der Perl-Distribution.

```
        perl_destruct(my_perl);                    /* Beenden */
        perl_free(my_perl);
    }
```

`perl_alloc` und `perl_construct` erzeugen ein Interpreter-Objekt. `perl_parse` erzeugt einige weitere Initialisierungen, parst die in `argc` und `argv` übergebenen Kommandozeilenparameter, ruft eine Initialisierungsroutine namens `xs_init` auf, um andere Erweiterungen zu laden (oder doch zumindest den dynamischen Lader zu initialisieren), und parst schließlich das auf der Kommandozeile übergebene Skript. `perl_run` führt dieses Skript dann aus. Schließlich beendet `perl_destruct` den Interpreter, und `perl_free` gibt den belegten Speicher wieder frei.

Um sich die ganze Mächtigkeit von Perl zunutze zu machen, müssen Sie lediglich die Perl-Bibliothek zu Ihrer Applikation hinzulinken und im wesentlichen den Code aus *perlmain.c* nachahmen. Wir behandeln `xs_init` im Abschnitt »Erweiterungen hinzufügen« weiter hinten in diesem Kapitel und nehmen bis dahin an, daß wir keine Erweiterungen benötigen. Deswegen übergeben wir `NULL` anstelle von `xs_init` an `perl_parse`. Nach dem Aufruf von `perl_parse` ist der Interpreter voll arbeitsfähig, und Sie können alle von der Perl-Bibliothek exportierten Funktionen aufrufen. Wir werden uns in diesem Kapitel aber auf einige wenige Aufrufe beschränken, die in Tabelle 19-1 aufgeführt sind.

Tabelle 19-1: Perl API-Aufrufe zum leichten Einbetten

Funktionsname	Beschreibung

`perl_call_argv(`
`    char *sub,`
`    I32 flags,`
`    char **argv);`
	Dieser Aufruf ist in der Standard-Perl-Distribution verfügbar. Er ruft eine Subroutine mit einem NULL-terminierten Array von String-Argumenten auf. Unglücklicherweise werden die Rückgabewerte nicht so zurückgeliefert, daß man leicht damit weiterarbeiten könnte. Aus diesem Grund benutzen wir in diesem Kapitel nur den Schalter G_DISCARD, der Perl anweist, alle zurückgegebenen Ergebnisse stillschweigend zu verwerfen.

`perl_call_va(`
`    char *sub,`
`    [char *type, arg,]*`
`    ["OUT",]`
`    [char *type, arg,]*`
`    NULL`
`);`
	Diese Funktion ist eine bequeme Schnittstelle, um eine null-terminierte Liste von getypten Parametern an eine Perl-Subroutine zu übergeben und die zurückgegebenen Ergebnisse in einer Parameterliste zu sammeln (ähnlich wie `printf` und `scanf`). Das Argument `type` kann entweder i, s oder d (Integer, String oder Double) sein. Der String OUT leitet eine Liste von Rückgabeparametern ein, die aus Paaren von Typangaben und entsprechend getypten Zeigern besteht. Zurückgegebene Strings werden in die angegebenen Buffer kopiert; diese sollten also groß genug sein, um die zurückgegebenen Strings aufnehmen zu können. Die Parameterliste muß immer durch NULL abgeschlossen werden. Die Funktion gibt im Fehlerfall −1 und ansonsten die Anzahl der zurückgegebenen Parameter zurück.

Tabelle 19-1: Perl API-Aufrufe zum leichten Einbetten (Fortsetzung)

Funktionsname	Beschreibung
```int perl_eval_va(char *str, [char *type, *arg], NULL);```	Wertet einen beliebigen String aus (nicht nur eine Subroutine). Dem String kann eine beliebige Anzahl von Ausgabe-Parametern im oben dargestellten Stil folgen. Eingabeparameter sind nicht notwendig, weil diese bereits im String codiert sind. Im Fehlerfall gibt `perl_eval_va` −1 zurück, ansonsten die Anzahl der zurückgegebenen Parameter.
```set_int(char *var, int value); int get_int(char *var, int *pvalue);```	Holt oder beschreibt einen global verfügbaren, integer-wertigen Skalar. var darf normale Namen von Skalarvariablen oder Array- und Hashindizes in der folgenden Schreibweise enthalten: `foo`, `foo[10]` und `foo{hallo}`. `get_int` erwartet einen Zeiger auf eine Integervariable und gibt im Erfolgsfall 1 bzw. im Fehlerfall 0 zurück. `set_int` erzeugt die Variable, wenn sie noch nicht existiert.
```set_double(char *var, double value); int get_double(char *var, double *pvalue);```	Ähnlich wie oben.
```set_str(char *var, char *value); int get_str(char *var, char **value);```	`get_str` gibt die Adresse des Strings zurück. Sie müssen den Wert in einen eigenen Buffer kopieren.

Die Funktionen `get_*` und `set_*` können nur einen Skalar gleichzeitig bearbeiten. Ich habe diese Beschränkung hingenommen, weil Perl bereits eine ganze Reihe von Funktionen enthält, die in allen möglichen Formen auf Arrays und Hashes zugreifen beziehungsweise über diese iterieren können. Wir werden uns diese Funktionen in Kapitel 20 anschauen. Sie sind zwar schneller und erlauben einen genaueren Zugriff auf die Daten, sind aber eng mit internen Details (Speicherverwaltung, temporäre Variablen usw.) verknüpft. Zum Verständnis dieser Funktionen sind also auch Kenntnisse dieser Aspekte notwendig. Die Funktionen `get_*` und `set_*` sind einfacher.

Beispiele

Lassen Sie uns jetzt ein wenig Code schreiben, um diese API in voller Aktion zu sehen. Nehmen wir an, Sie hätten ein Perl-Skript, *suchen.pl*, das eine Subroutine namens `dateien_durchsuchen` enthält (siehe Beispiel 19-1).

Beispiel 19-1: suchen.pl

```
# dateien_durchsuchen - ein einfaches grep. Aufruf:
#    dateien_durchsuchen ("struct", "*.h")
sub dateien_durchsuchen {
    my ($muster, $dateimuster) = @_;
    local (@ARGV) = glob($dateimuster);
    return unless (@ARGV);
    while (<>) {
        if (/$muster/o) {
            print "$ARGV\[$.\]: $_"; # Datei, Zeilennummer, passende Zeile
        }
    }
}
```

`dateien_durchsuchen` erwartet zwei String-Parameter und gibt nichts zurück. Es gibt mehrere Möglichkeiten, diese Prozedur von C aus aufzurufen. Fangen wir mit `perl_call_argv()` an, weil diese Funktion String-Argumente verarbeitet. Das Code-stück in Beispiel 19-2 sucht in allen C-Header-Dateien nach dem Wort »struct«.

Beispiel 19-2: beispiel.c: Perl einbetten

```
#include <EXTERN.h>
#include <perl.h>
static PerlInterpreter *my_perl;
main(int argc, char **argv, char **env) {
    char *my_argv[] = {"struct", "*.h", NULL};
    my_perl = perl_alloc();
    perl_construct(my_perl);
    perl_parse(my_perl, NULL, argc, argv, env);

    perl_call_argv("dateien_durchsuchen", G_DISCARD, my_argv);

    perl_destruct(my_perl);
    perl_free(my_perl);
}
```

Indem wir NULL anstelle von `xs_init` übergeben, teilen wir `perl_parse` mit, daß wir keine Erweiterungen laden wollen. Außerdem rufen wir nicht `perl_run` auf, sondern `dateien_durchsuchen` über `perl_call_argv` (wobei wir mit dem Schalter G_DISCARD mitteilen, daß die Rückgabewerte verworfen werden sollen). Diesen Code kann ich auf einem Linux-Rechner folgendermaßen kompilieren und linken:[3]

---

3 Sie müssen sich das nicht merken oder die Include- und Bibliothekspfade immer nachschlagen. Im letzten Abschnitt dieses Kapitels werden wir ein Modul namens ExtUtils::Embed vorstellen, mit dem eingebettete Interpreter kinderleicht erzeugt werden können.

```
% gcc -o beispiel -I/usr/local/lib/perl5/i586-linux/5.004/CORE \
                -L/usr/local/lib/perl5/i586-linux/5.004/CORE \
                -Dbool=char -DHAS_BOOL                        \
        beispiel.c -lperl -lm
```

Wir haben jetzt unseren ersten eigenen Perl-Interpreter erzeugt. Weil `perl_parse` alle
Kommandozeilenparameter übergeben bekommt, können wir *beispiel* genauso wie Perl
aufrufen:

% beispiel suchen.pl

Wenn wir das im Perl-Quellverzeichnis aufrufen, sieht die Ausgabe etwa so aus:

```
av.h[10]: struct xpvav {
cop.h[58]: struct cop {
cop.h[60]:    char *  cop_label;      /* label for this construct */
cop.h[75]: struct block_sub {
cop.h[98]:       { struct block_sub cxsub;
...
```

Wir müssen den Namen des Skripts als Argument übergeben, weil `perl_parse` die
Kommandozeilenargumente unübersetzt bekommt.

Anstatt `perl_call_argv` zu verwenden, hätten wir auch die anderen beiden Aufrufe
benutzen können:

```
perl_eval_va("dateien_durchsuchen (qw(struct *.h))",
            NULL);              // Keine Rückgabewerte
```

oder

```
perl_call_va ("dateien_durchsuchen",
            "s", "struct",    // Erster Parameter, Typ String
            "s", "*.h",       // Zweiter Parameter, ebenfalls Typ String
            NULL);
```

Natürlich ist der Ansatz mit `perl_eval_va` der einfachste für dieses spezielle Beispiel.
Ist Ihnen übrigens aufgefallen, daß wir den Operator `qw` verwendet haben, um eingebettete Anführungsstriche zu vermeiden?

Schauen wir uns jetzt ein anderes kleines Beispiel an, bei dem wir eine Mischung verschiedener Parametertypen übergeben müssen. Dieses Mal rufen wir eine Perl-Subroutine namens `zahlen_formatieren` auf, die Tausenderpunkte in große Zahlen einfügt
(1000000 wird als »1.000.000« formatiert). Die unten gezeigte Subroutine schiebt einen
Punkt ein, wann immer sie eine Gruppe von vier aufeinanderfolgenden Ziffern vorfin-
det, und setzt dies so lange fort, bis dieses Muster nicht mehr paßt. Um diese Subroutine
zu testen, verwenden wir eine weitere Subroutine namens `test_formatierer`, die zu
einer gegebenen Zahl *n* eine *n*-stellige Zahl aus Einsen erzeugt und an `zahlen_`
`formatieren` weiterreicht:

```
sub zahlen_formatieren {
    my $num = shift;
    1 while ($num =~ s/(.*\d)(\d\d\d)/$1\.$2/g);
```

```
        $num;
    }
    sub test_formatierer {              # test_formatierer(4) ergibt 1.111
        my $len = shift;
        zahlen_formatieren(1 x $len);
    }
```

Anstatt diesen Code in eine Datei zu stecken und ihn wie oben mit `perl_parse` zu parsen, benutzen wir `perl_eval_va`, um diese Subroutine zu parsen und zu laden. Allerdings übernimmt `perl_parse` einige unabdingbare Initialisierungen, so daß wir diese Funktion auf jeden Fall aufrufen *müssen*.[4] Wenn wir ein leeres `argc`/`argv`-Array übergeben, dann hat das die unangenehme Eigenart, auf der Standardeingabe auf Daten zu warten – was man von Perl ja eigentlich auch erwartet. Aus diesem Grunde übergeben wir das kürzestmögliche Skript, das sich sauber übersetzen läßt und keine Zeit benötigt:

```
    perl -e 0
```

Ein noch kürzeres Skript würden wir nur durch Verkleinern der Zeichensatzgröße bekommen! Beachten Sie den Aufruf von `perl_parse` in Beispiel 19-3.

Beispiel 19-3: beispiel2.c: Perl einbetten

```
    #include <EXTERN.h>
    #include <perl.h>
    static PerlInterpreter *my_perl;
    main() {
        static char *dummy_argv[] = {"","-e","0"}; int num;
        my_perl = perl_alloc();
        perl_construct(my_perl);

        perl_parse(my_perl, NULL, 3, dummy_argv, env);

        if (perl_eval_va (                      #
    /* Perl-Programm inline definieren */
                    "sub main::zahlen_formatieren {"
                        "my $num = shift;"
                        "1 while ($num =~ s/(.*\\d)(\\d\\d\\d)/$1,$2/g);"
                        "$num;"
                    "}"
                    "sub main::test_formatierer {"
                        "my $num = shift;"
                        "zahlen_formatieren (1 x $num);"
                    "}",
                    NULL ) == -1) {
            fprintf (stderr, "Eval fehlgeschlagen. Abbruch\n");
            exit(1);
        }
        # Subroutinen sind definiert; wir rufen jetzt test_formatierer auf
```

---

4 `perl_parse` sollte übrigens nicht mehr als einmal aufgerufen werden, weil die Funktion den Perl-Interpreter initialisiert, ohne zu überprüfen, ob das nicht vielleicht schon erledigt wurde.

Beispiel 19-3: beispiel2.c: Perl einbetten (Fortsetzung)

```
for (num = 1; num <= 7; num++) {
    char buf[20];      *buf = '\0';
    perl_call_va ("test_formatierer",
                    "i",  num,         /* Eingabe-Parameter */
                    "OUT",
                    "s",  buf,         /* Ausgabe-Parameter */
                    NULL);             /* Nicht vergessen! */
    printf ("%d: %s\n", num, buf);
}
perl_destruct(my_perl);
perl_free(my_perl);
return 0;
}
```

Dieses Programm erzeugt folgende Ausgabe

```
1: 1
2: 11
3: 111
4: 1.111
5: 11.111
6: 111.111
7: 1.111.111
```

Erweiterungen hinzufügen

Auf den vorangegangenen Seiten haben wir C-Applikationen programmiert, die die Perl-Bibliothek aufrufen, Skripten parsen und Daten zwischen Perl und C hin- und herschicken. Wir haben dabei absichtlich vermieden, Erweiterungen zu verwenden. Sie erinnern sich sicherlich, daß wir an `perl_parse` immer NULL anstelle der Adresse einer Subroutine zur Initialisierung übergeben haben. Das bedeutet, daß wir keine C-basierten Erweiterungen in den Skripten verwenden konnten, nicht einmal so gewöhnliche wie Socket und SDBM. Das ist natürlich für richtige Anwendungen ein unannehmbarer Zustand.

In diesem Abschnitt werden wir ein einfaches Verfahren kennenlernen, um Standard- und eigene Erweiterungen für den eingebetteten Perl-Interpreter verfügbar zu machen.

Die Subroutine zur Initialisierung, die wir `xs_init` nennen werden, ist dafür zuständig, die Initialisierungsroutinen aller *statisch gelinkten* Erweiterungen aufzurufen. Wenn Sie lieber dynamisches Laden verwenden möchten, muß `xs_init` einfach nur den eingebauten dynamischen Lader initialisieren.

Anstatt `xs_init` von Hand zu schreiben, verlassen wir uns lieber auf ein sehr praktisches Modul namens ExtUtils::Embed, das diese Funktion für uns erzeugt. Dieses Modul ist in der Perl-Distribution enthalten und wird folgendermaßen aufgerufen:

```
perl -MExtUtils::Embed -e xsinit -- -o xsinit.c -std IO::Socket DBI
```

Die Option −M macht das gleiche wie use ExtUtils::Embed;. Der hier gezeigte Aufruf erzeugt eine Datei namens *xsinit.c* mit einer öffentlichen Funktion xs_init, die (dank des −std-Schalters) wiederum den Code enthält, um alle Standardmodule und die beiden zusätzlichen Module IO::Socket und DBI zu initialisieren.

Woher weiß dieses Modul, welche Module Standardmodule sind, und ob wir sie dynamisch oder statisch linken möchten? Nun, wenn Perl kompiliert und installiert wird, speichert es eine Liste ab, die alle statisch gelinkten Erweiterungen (wenn es überhaupt welche gibt) und die an das configure-Skript übergebenen Parameter enthält (beispielsweise Compiler- und Linker-Optionen, den Installationsort von Perl usw.). Diese Liste wird in einem Modul namens *Config.pm* aufbewahrt. Das Modul Embed zapft diese Informationen an, um die richtigen Initialisierungen zu erzeugen. Wir können Embed auch darum bitten, die Compiler- und Linker-Optionen auszugeben und uns das folgendermaßen auf der Kommandozeile zunutze machen:

```
% cc -c xsinit.c              `perl -MExtUtils::Embed -e ccopts`
% cc -c beispiel.c            `perl -MExtUtils::Embed -e ccopts`
% cc -o beispiel beispiel.o xsinit.o `perl -MExtUtils::Embed -e ldopts`
```

Wir ersparen es uns damit nicht nur, den Initialisierungscode von Hand zu schreiben und die korrekten Compiler- und Linker-Optionen herauszusuchen und einzusetzen, sondern machen es uns auch leicht, in Zukunft weitere Erweiterungen einzufügen. Wenn der eingebettete Interpreter natürlich zum dynamischen Laden konfiguriert ist, müssen wir *xsinit.c* nicht neu erzeugen, weil es dann ja nur den einen Aufruf zur Initialisierung des dynamischen Laders enthält.

Ressourcen

1. *perlembed* (Standard-Perl-Dokument). Doug MacEachern und Jon Orwant.
2. Apache und mod_perl unter *http://www.apache.org/*.

   Apache ist ein frei verfügbarer Webserver, in den ein Perl-Interpreter eingebettet ist. Das von Doug MacEachern geschriebene mod_perl ist ein Perl-Modul, das den Kitt zwischen der C-API von Apache und Perl enthält und es Ihnen ermöglicht, die Apache-API anstelle von CGI-Skripten zu verwenden. Dies bringt Geschwindigkeitsgewinne von 400–2000%.

20

Perl-Interna

It cannot be seen, cannot be felt,
Cannot be heard, cannot be smelt.
It lies behind stars and under hills,
And empty holes it fills.[1]
J.R.R. Tolkien,
The Hobbit[2]

Dieses Kapitel ist ein bescheidener Versuch, etwas Licht in das Dunkel der wesentlichen Datenstrukturen und Funktionen des Perl-Interpreters zu bringen. Wenn Sie sich ein wenig mit solchen (zugegebenermaßen trockenen) Details auskennen, werden Sie auch die nötige Sicherheit haben, um mächtige Erweiterungen zu schreiben, und können besser beurteilen, wie beziehungsweise in welchem Maße Perl für eine gegebene Applikation eingesetzt werden sollte. Ein guter Perl-Programmierer zeichnet sich dadurch aus, daß er Fragen beantworten kann, die *nicht* in der Liste der Häufig Gestellten Fragen (*Frequently Asked Questions, FAQ*) stehen. Dazu gehören beispielsweise die folgenden Fragen:

- Warum sind Objekte Closures vorzuziehen?

- Warum ist my schneller als local?

- Die API aus dem letzten Kapitel, mit der der Perl-Interpreter einfach eingebettet werden kann, ist nicht bequem genug. Wie kann ich eine eigene schreiben?

- Was erzeugen *xsubpp* und SWIG eigentlich wirklich?

- Warum sich nicht der Java-Bewegung anschließen und den Perl-Interpreter Java-Bytecode ausgeben lasse?

Und immer so weiter. Alles, was Sie benötigen, sind C-Kenntnisse, Forschergeist und einen bequemen Stuhl.

---

1 Lösung: Dunkelheit
2 Deutsche Ausgabe: *Der kleine Hobbit* (Anm. d. Ü.)

Wenn Sie die schnelle Befriedigung suchen und nicht abwarten können, endlich eine coole Erweiterung zu schreiben, dann können Sie auch den kalorienarmen Schnelldurchlauf durch dieses Kapitel nehmen. Dieser besteht aus den Abschnitten »Die Wertetypen von Perl«, »Stacks und das Datenübertragungsprotokoll« und »Raffinierte Erweiterungen«. Sie können auf jeden Fall beim ersten Lesen alle Abschnitte auslassen, die »... unter der Lupe« heißen, ohne daß Ihnen bei den anderen Abschnitten etwas fehlen wird.

Die Quellen lesen

Man erzählt sich von einem Programmierer, der von einem Stück Code wie verzaubert war. Der Code enthielt überhaupt keine Kommentare, und der Programmierer konnte absolut nicht herausfinden, wie der Code das machte, was er machte. Er verfluchte den Autoren des Codes jahrelang, aber der Code faszinierte und beunruhigte ihn weiterhin. Eines Tages durchfuhr es ihn wie ein Blitz. Er verstand auf einmal alles. Ja, es war alles so offensichtlich, daß er jetzt auch verstand, warum es keine Kommentare im Code gab.

Zwar sind die Perl-Quellen die endgültige Antwort auf alle Fragen, aber diese Antwort ist nicht gerade leicht zugänglich. Fehlende Kommentare, großzügige Verwendung von Makros und einige atemberaubende Optimierungen machen es fast unmöglich, den Code zu verstehen, selbst für hartgesottene und entschlossene Profis. Wenn Sie zu denen gehören, die daran herumbasteln und so Ruhm und Ehre erringen wollen, dann finden Sie in diesem Kapitel das nötige Grundwissen zum Einstieg. Darüber hinaus können Sie auch mit folgenden Tips das System besser verstehen:

Die Option –D
> Perl kann optional mit der Option *–DDEBUGGING* übersetzt werden. Damit wird die Kommandozeilenoption *–D* aktiviert. Diese akzeptiert mehrere Schalter, die alle in *perlrun* dokumentiert sind. Wie ein Röntgenschirm bieten diese Schalter zur Laufzeit Momentaufnahmen wichtiger Strukturen, ohne das Programm zu beinflussen. Beispielsweise führt der Aufruf von Perl mit `perl -Dts` dazu, daß Perl die Folge der Opcode-Ausführung (`-t`) und einen Auszug des Argumenten-Stacks (`-s`) vor der Ausführung jedes Opcodes ausgibt.

Entwicklungswerkzeuge
> In der *Devel*-Hierarchie des CPANs stehen drei Module zur Verfügung, die auch Skripten Zugriff auf wichtige Datenstrukturen geben. Es handelt sich um Devel::Peek (um die internen Informationen, die einer Variablen zugeordnet sind, auszugeben), Devel::Symdump (um die Symboltabelle auszugeben) und Devel::RegExp (um einen regulären Ausdruck zu untersuchen). Wir werden in diesem Kapitel häufig das Modul Devel::Peek verwenden.

Debugger (gdb, dbx, Microsoft Developer Studio)
> Das Untersuchen von Perl mit einem Debugger gibt natürlich einen direkten Einblick in den gesamten Prozeß. Zur Laufzeit durchläuft der Prozeß drei Haupt-

phasen: Initialisierung, Parsing und Ausführung. Diese drei Phasen können ziemlich unabhängig voneinander untersucht werden. Ich würde Ihnen raten, zunächst die Wertetypen und das Stack-Protokoll von Perl zu verstehen, dann zum Verständnis der Ausführungsphase einen Haltepunkt in `run.c:runops`[3] zu setzen und hier weiterzumachen. Der Parser und der Codegenerator sind die kompliziertesten Teile von Perl; ich empfehle Ihnen daher, daß Sie sich erst mit diesen beschäftigen, wenn Sie den Rest des Systems einigermaßen verstanden haben. Übrigens helfen Werkzeuge wie *cxref* kaum, weil die interessanten Zugriffe hinter Makros, Casts und Zeiger-Indirektionen versteckt sind. Der Einzelschrittablauf in einem Source-Code-Debugger ist daher oft die einzige Möglichkeit, um den Programmablauf zu analysieren.

Dieses Kapitel bezieht sich oft auf die Quelldateien. Es ist zwar nützlich, diese vor Augen zu haben, aber auf keinen Fall notwendig.

Architektur

Abbildung 20-1 zeigt die verschiedenen Komponenten eines laufenden Perl-Systems. Dunkel schattierte Rechtecke repräsentieren Datenstrukturen, von denen es einige auch mehrfach in einem Programm geben kann. Auch der Quellcode kann etwa so aufgeteilt werden.

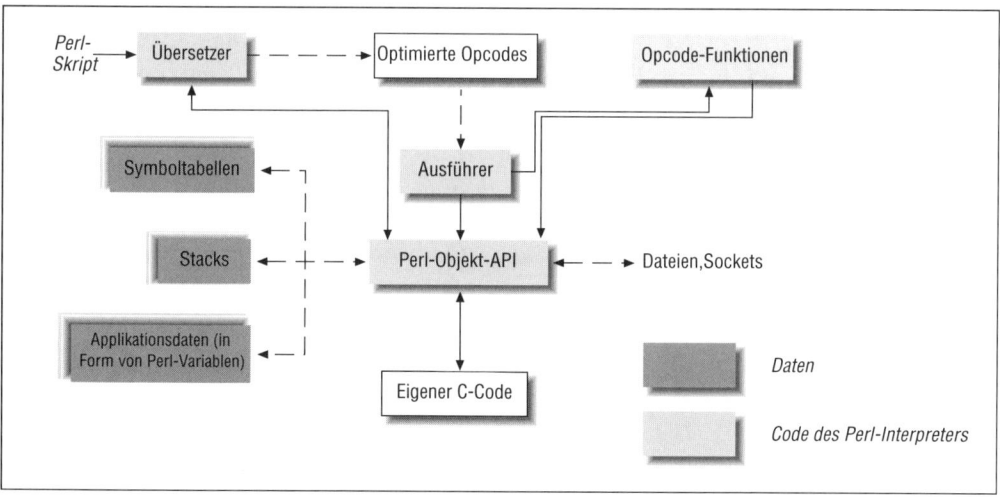

Abbildung 20-1: Momentaufnahme eines laufenden Systems

---

3 Ich sagte ja: hartgesotten und entschlossen sollte man schon sein.

Perl-Objekte

Der Kasten »Perl-Objekt-API« in Abbildung 20-1 repräsentiert die API, mit der interne Datenstrukturen wie Variablen, Symboltabellen, Stacks und Ressourcen wie Dateien und Sockets manipuliert werden.

Variablen

Wir wissen noch aus Kapitel 3, daß der Begriff »Variable« ein Name-Wert-Paar bezeichnet. In diesem Kapitel werden wir uns die API anschauen, mit der die verschiedenen *Wertetypen* manipuliert und optional an Namen gebunden werden. Ein Wert[4] kann einen der folgenden Typen haben.

SV: Skalarer Wert

AV: Arraywert

HV: Hashwert

CV: Codewert

GV: Glob-Wert (oder Typeglob)

RV: Referenz-Wert

Ein SV kann weiter in einen IV (»Integer Value«, Integer-Wert), PV (»Pointer Value«, String-Wert) oder NV (»Numeric Value«, Fließkommawert) aufgeteilt werden. Die Abkürzungen gehören zu einer einheitlichen Benennungskonvention, so daß es leicht ist, beispielsweise die Aufgabe einer Funktion namens `newSViv` zu erraten.

Diese Wertetypen haben eine einfache API, passen ihre Größe automatisch an und benutzen einfache Speicherverwaltungsprotokolle. Aus diesem Grund werden die meisten internen Datenstrukturen von Perl (wie beispielsweise Stacks und Symboltabellen) ebenfalls mit diesen Werten implementiert.

Symboltabellen

Symboltabellen sind einfach nur HVs, deren Schlüssel Bezeichnernamen (Strings) und deren Werte Zeiger auf GVs sind. Aber müssen Werte in einer Hashtabelle nicht Skalare sein? Die Antwort auf diese Frage erfahren Sie im Abschnitt »Glob-Werte und Symboltabellen«.

Stacks

Während Perl ein Skript ausführt, hält es Laufzeitinformationen in diversen Stacks. Der wichtigste dieser Stacks ist der »Argument-Stack«, der in den Perl-Quellen einfach nur `stack` heißt. Die Idee, die dahinter steht, ist einfach: Wenn `foo` mit zwei Argumenten `bar` aufrufen will, dann schiebt es diese beiden Skalare auf den `stack` und ruft `bar` auf. `bar` nimmt diese Skalare vom Stack, erfüllt seine Aufgabe und legt die Ergebnisse wieder auf den Stack. Der Stack ist ein einfacher AV, in dem jeder verschachtelte Aufruf einen eigenen Bereich mit seinen Parametern belegt.

---

4 Wir verwenden die Begriffe »Skalarer Wert«, »Arraywert« usw., wenn aus dem Kontext heraus klar ist, daß die Perl-Datenstruktur und nicht ihr Inhalt gemeint ist.

C-Programmierer erwarten von einem Stack, daß er Parameter von Subroutinen, temporäre Werte und lokale (Auto-)Variablen enthält. Der Perl-Interpreter verwendet ein anderes Modell. Der oben beschriebene `stack` enthält nur die Parameter von Subroutinen, und es gibt weitere Stacks, auf denen temporäre Variablen, die während Berechnungen erzeugt wurden, Werte für lokale Variablen, Schleifeniteratoren, der nächste nach einem `last`, `redo` oder `return` auszuführende Opcode usw. gespeichert werden. Nähere Details finden Sie im Abschnitt »Stacks und das Datenübertragungsprotokoll«.

I/O-Abstraktion

Perl benutzt intern ein Objekt namens `PerlIO` für alle seine I/O-Bedürfnisse. Diese Abstraktion ist nur eine dünne Portierungsschicht über zwei Bibliotheken: *stdio* und die sehr viel schnellere Alternative *sfio* [4]. Wir werden uns in diesem Kapitel nicht weiter mit der I/O-Abstraktion beschäftigen, weil diese einfach ist und ihre Untersuchung keine besonderen Erkenntnisse bringt. Lesen Sie dazu das Dokument *perlapio*.

Mehrfache Interpreter

Die oben genannten Datenstrukturen werden normalerweise in globalen C-Variablen gehalten. Wenn Perl aber mit *–DMULTIPLICITY* kompiliert wird, stopft es all diese globalen Variablen in eine Struktur namens `PerlInterpreter`. Damit können Sie mehrere Instanzen des Interpreters haben, die alle über ihren eigenen »globalen« Namens- und Adreßraum verfügen. (Erinnern Sie sich an die Funktionen aus Kapitel 19, mit denen ein Objekt des Typs `PerlInterpreter` alloziert und konstruiert werden konnte?) Wenn diese Option bei der Kompilation von Perl nicht verwendet wurde, dann ist `PerlInterpreter` nur eine Dummy-Struktur; die internen Datenstrukturen sind aus Geschwindigkeitsgründen in diesem Falle echt global. Die API ist aber in beiden Fällen die gleiche.

Sie können mehrfache Interpreter verwenden, um vollständig voneinander getrennte Namensräume zu erzwingen. Jeder Interpreter hat dann sein »main«-Package und seinen eigenen Baum von geladenen Packages. Ich habe noch nicht gesehen, daß dieses Merkmal in ernsthaften Applikationen verwendet wurde, aber in Tcl gibt es ein Sicherheits-Framework namens SafeTcl, das in ähnlicher Weise mehrfache Interpreter-Objekte verwendet. Diese Interpreter können beschränkt oder unbeschränkt sein. Das äquivalente Perl-Modul, Safe, benutzt einen anderen Mechanismus, auch wenn das Ergebnis (die isolierten Namensräume) ähnlich ist. Darüber mehr im nächsten Abschnitt.

Übersetzer

Der Übersetzer konvertiert ein Perl-Skript in einen Baum aus *Opcodes* (siehe unten). Er besteht aus einem handcodierten lexikalischen Analyseprogramm (*toke.c*), dem *yacc*-basierten Parser (*perly.y*) und dem Codegenerator (*op.c*). Reguläre Ausdrücke, die eine eigene Teilsprache bilden, werden in *toke.c* erkannt und in *regcomp.c* in ein internes Format kompiliert.

Opcodes ähneln dem Konzept nach Maschinencode, aber während Maschinencode von der Hardware (genauer gesagt, dem Prozessor) ausgeführt wird, werden Opcodes (manchmal auch Bytecode oder P-Code genannt) von einer »virtuellen Maschine« ausgeführt. Da endet die Ähnlichkeit aber auch. Moderne Interpreter emulieren aus Geschwindigkeitsgründen nie die innere Funktionsweise einer CPU. Statt dessen erzeugen sie zur Ausführung besonders geeignete komplexe Strukturen, so daß jeder Opcode direkt einen Zeiger auf den nächsten auszuführenden Opcode sowie einen Zeiger auf die Daten, die er zur Laufzeit bearbeiten soll, enthält. Diese Opcodes sind also mit anderen Worten keine reinen Anweisungen, sondern enthalten genau den Teil der Arbeit, der an der Stelle im Programm ausgeführt werden soll.

Java und Perl sind beides Beispiele solcher Interpreter. Aber während viele von Javas Bytecodes den Anweisungen eines RISC-Prozessors ähneln, repräsentieren die Opcodes von Perl eine höhere Abstraktionsebene. Eine große Anzahl dieser Opcodes entspricht direkt der auf der Skriptebene verfügbaren Funktionalität wie dem Arbeiten mit regulären Ausdrücken, `chop`, `push`, `rindex`, `grep`[5] usw. Das erklärt auch, warum es im Moment 343 Opcodes gibt! Darüber hinaus erklärt es auch die hohe Geschwindigkeit von Perl: Anstatt viel Zeit im Interpreter zu verbringen, wird der größte Teil der Arbeit in liebevoll handoptimiertem C-Code getan. Sie verstehen jetzt sicherlich auch, warum es so schwierig ist, einen Bytecode-Übersetzer von Perl nach Java zu schreiben: Es gibt keine Übereinstimmung zwischen den beiden Opcode-Mengen.[6]

Opcodes unter der Lupe[7]

op.h definiert eine grundlegende Struktur namens OP, die von allen Opcodes verwendet wird. Die wichtigen Felder (und damit die, die wir in diesem Abschnitt besprechen werden), sind:

```
OP*        op_next;
OP*        op_sibling;
OP*        (*op_ppaddr)();
OPCODE     op_type;
```

Das Feld `op_type` enthält den eigentlichen Typ des Opcodes. Sie finden ein Listing mit allen Opcode-Typen in *opcode.h*. Diese Datei wird automatisch während der Kompilation des Perl-Interpreters durch das Skript *opcode.pl* erzeugt.[8] Dieses Skript enthält eine schöne tabellarische Zusammenstellung aller Opcodes und ist daher eine viel bessere Informationsquelle als *opcode.h* selbst.

---

5 Gemeint ist hier der `grep`-Operator von Perl, nicht das Unix-Hilfsprogramm. Wir sind noch nicht so weit, daß ganze Befehle durch Opcodes repräsentiert werden!

6 Ein solcher Bytecode-Übersetzer ist mit der UNIX-Edition des Perl Resource Kits seit kurzem verfügbar (Anm. d. Ü.).

7 Wenn Sie nicht gerade unbedingt einen Eindruck bekommen wollen, was ganz unten passiert, dann müssen Sie diesen Abschnitt nicht überfliegen oder gar lesen, wenn Sie dieses Kapitel zum ersten Mal lesen. Alle Abschnitte mit dem Namen »... unter der Lupe« können ziemlich unabhängig von den anderen gelesen werden.

8 opcode.h

Der Zeiger `op_ppaddr` ist das Kernstück des Opcodes. Es handelt sich dabei um einen Zeiger auf eine eingebaute Funktion – nennen wir sie *Opcode-Funktion* – die die Funktionalität des Opcodes implementiert. Allen Opcode-Funktionen ist ein `pp` vorangestellt (`pp_push`, `pp_grep` usw.). Sie sind verteilt über die Dateien *pp.c*, *pp_ctl.c*, *pp_sys.c* und *pp_hot.c*. Die letzte Datei enthält die Opcode-Funktionen, die »heiß« sind, d.h. häufig ausgeführt werden, so daß es wahrscheinlich ist, daß diese Funktionen im Cache der meisten RISC-Systeme bleiben. Tom Christiansen erwähnte einmal, daß das auch für den Code zum Überprüfen von regulären Ausdrücken gilt, weswegen ähnliche Systeme für Java bei weitem nicht diese Performanz erreichen werden. (Ich werde diese Behauptung noch einmal überprüfen, sobald die Java-Prozessoren von Sun verfügbar sind.) Wie Sie später noch sehen werden, sehen die Opcode-Funktionen dem Kitt, der von *xsubpp* und *SWIG* ausgegeben wird, äußerst ähnlich. Das liegt daran, daß sie über den Argument-Stack zusammenarbeiten und den gleichen Protokollen zur Parameterübergabe gehorchen.

Je nach Typ haben Opcodes noch weitere Strukturelemente. Beispielsweise ist der Opcode `add` ein binärer Operator und enthält daher zwei Zeiger auf seine *Kinder*, die er auswerten muß, bevor er die Ergebnisse addieren kann. Der Opcode `print` ist ein Listenoperator und enthält daher einen Zeiger auf den ersten Opcode in der Liste seiner Kinder, die dann wiederum mit ihren *Geschwistern* über den Zeiger `op_sibling` (den alle Opcodes besitzen), verbunden sind.

Dieser komplexe, untereinander verknüpfte Haufen von Opcodes wird als *Syntaxbaum* bezeichnet. Abbildung 20-2 zeigt einen solchen Baum, der das Ergebnis des Parsens von `print $a + 2` ist.

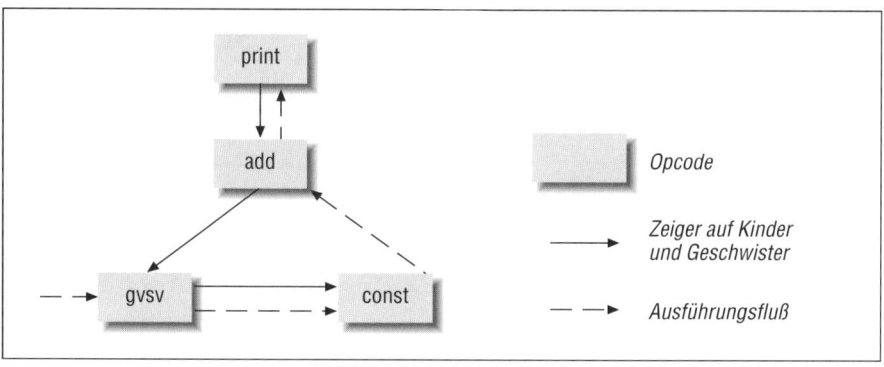

Abbildung 20-2: Syntaxbaum und Kontrollfluß für »print $a + 2«

Die Top-Down-Hierarchie des Syntaxbaumes weist auf die Präzedenz der Ausdrücke hin; der Teilausdruck `$a + 2` muß zunächst berechnet werden, bevor mit der Ausgabe angefangen werden kann. Entsprechend müssen der Wert von `$a` und die Konstante 2 zunächst ermittelt und auf den Stack gelegt werden, bevor die Addition durchgeführt werden kann. Der Opcode `gvsv` (der den Wert von `$a` holt) und der Opcode `const` sind also Kinder des Opcodes `add` und stehen untereinander in einer Geschwisterbeziehung. Wie Sie sehen, gibt das Netzwerk aus Kinder- und Geschwister-Zeigern die syntaktische Struktur des Programms wieder.

Der Zeiger op_next zeigt auf den nächsten Opcode, der *ausgeführt* werden soll, und repräsentiert daher den Kontrollfluß. Ein Opcode wird einfach ausgeführt, indem zu ihm hingesprungen und die Opcode-Funktion aufgerufen wird. Die gestrichelten Linien in Abbildung 20-2 deuten das an.

Wenn Sie Perl mit *-DDEBUGGING* kompiliert haben, können Sie die Kommandozeilenoption –Dx verwenden, um Perl seinen Syntaxbaum ausgeben zu lassen, nachdem es das Skript vollständig geparst hat. Die Ausgabe eines Beispielaufrufs perl –Dx –e 'print $a + 2' ist in Beispiel 20-1 zu sehen. Die Verschachtelungsebene (gewissermaßen Abbildung 20-2 auf die Seite gedreht) gibt die Hierarchie wieder, die Numerierung die Ausführungsreihenfolge. (Ich habe die Kommentare rechts hinzugefügt, der Rest stammt von Perl.)

Beispiel 20-1: Opcode-Folge und -Hierarchie für »print $a + 2« unter Verwendung von –Dx

```
      {
   8     TYPE = leave   ===> DONE          # Aufräumen, die letzte Anweisung
         FLAGS = (SCALAR,KIDS,PARENS)
         {
   1       TYPE = enter   ===> 2           # Hier geht es los
         }
         {
   2       TYPE = nextstate   ===> 3       # nextstate wird nach jeder Anweisung
                                           # eingefügt, um die temporären Werte
                                           # aufzuräumen
           FLAGS = (SCALAR)
           LINE = 1
         }
         {
   7       TYPE = print   ===> 8           # print aufrufen. Enthält die
                                           # Kind-Ausdrücke, die zuerst ausgewertet
                                           # werden müssen
           FLAGS = (SCALAR,KIDS)
           {
   3         TYPE = pushmark   ===> 4
             FLAGS = (SCALAR)
           }
           {
   6         TYPE = add   ---> 7           # add benötigt zwei Argumente,
             TARG = 1                      # die oben auf dem Argument-Stack
             FLAGS = (SCALAR,KIDS)         # (siehe unten) liegen müssen
             {
               TYPE = null   ===> (5)
               (was rv2sv)
               FLAGS = (SCALAR,KIDS)
               {
   4             TYPE = gvsv   ===> 5 # Skalaren Wert holen,
                 FLAGS = (SCALAR)    # der mit dem Namen »main::a« verknüpft ist
```

Beispiel 20-1: Opcode-Folge und -Hierarchie für »print $a + 2« unter Verwendung von –Dx (Fortsetzung)

```
                    GV = main::a
                }
            }
            {
5                   TYPE = const  ===> 6     # Konstante »2« auf den Stack legen
                    FLAGS = (SCALAR)
                    SV = IV(2)
                }
            }
        }
    }
```

Jedes Paar von geschweiften Klammern enthält Informationen über einen spezifischen Opcode. Der erste Opcode, der ausgeführt wird, ist `enter`. Er gibt dann die Kontrolle an `nextstate` weiter, der wiederum die Kontrolle an `pushmark` weiterreicht usw. Der Opcode `nextstate` räumt alle temporären Werte auf, die in einer Anweisung erzeugt worden sind, und bereitet so den Boden für die nächste Anweisung im selben Gültigkeitsbereich vor. Der Zweck des Opcodes `pushmark` wird deutlich, wenn wir uns weiter unten in diesem Kapitel mit dem Protokoll zur Parameterübergabe beschäftigen werden.

Der Opcode `gvsv` (der globale und lokale Variablen holt) wird zur Kompilierzeit mit der Adresse des Wertes versehen, die er zur Ausführungszeit holen und deren Wert er auf den Stack legen soll. Das bedeutet auch, daß der Opcode überhaupt nicht auf die Symboltabelle zugreifen muß – er verfügt schon über den Wert. Die Symboltabelle wird nur verwendet, wenn Sie Funktionalitäten wie symbolische Referenzen, dynamische Bindung von Funktionen und `eval` verwenden, denen all diese Informationen zur Kompilierzeit noch nicht zur Verfügung stehen.

Die Kompilations- und Codeerzeugungsphasen

yacc arbeitet von unten nach oben, die Opcodes auf Blattebene eines Syntaxbaumes werden also als erstes erzeugt. Während des Parsing-Vorganges fassen die Opcodes höherer Ebenen die Knoten auf den darunterliegenden Ebenen im Syntaxbaum zusammen. Jeder unäre und binäre Opcode (beispielsweise ein arithmetischer Operator) wird überprüft, ob er unmittelbar ausgeführt werden kann (man nennt das auch *constant folding*). Wenn das der Fall ist, werden der Opcode und seine Kinder entfernt, und statt dessen wird ein neuer `const`-Opcode eingefügt. Anschließend werden Opcodes, die zu eingebauten Funktionen gehören, dahingehend überprüft, ob sie die richtige Anzahl von Parametern mit den richtigen Typen haben.

Als nächstes folgt die *Kontext-Propagierung*. Bei der Erzeugung gibt jeder Opcode seinen Kontext (void, Boolesch, Liste, Skalar oder lvalue) und die Kontexte seiner Kinder an. Betrachten Sie dazu den Ausdruck `substr( foo(), 0, 1)`. Die Opcodes, die den Aufruf von `foo` sowie die Konstanten 0 und 1 repräsentieren, werden als erste erzeugt. Wenn anschließend der Opcode für `substr` erzeugt wird, teilt er dem Opcode, der den

Aufruf von `foo` repräsentiert, mit, daß er einen Skalar als Ergebnis von `foo` benötigt. Die Kontext-Propagierung arbeitet also von oben nach unten.

Wenn der Parsing-Vorgang abgeschlossen ist, geht der *Schlüsselloch-Optimierer (peephole optimizer)* an die Arbeit (Er befindet sich in der Funktion `peep` in *op.c*). Er sucht alle Ausführungszweige ab, folgt den `op_next`-Zeigern genauso, wie es auch zur Laufzeit gemacht werden würde, und sucht dabei nach möglichen lokalen Optimierungen. (Er macht also einen Testlauf durch den Ausführungspfad.) Diese Prozedur untersucht normalerweise die nächsten paar Opcodes (zur Zeit höchstens zwei) und überprüft, ob sie zu einfacheren Opcodes oder zu weniger Opcode optimiert werden können. Der Optimierer schaut also gewissermaßen durch ein Schlüsselloch auf die Opcodes. Lassen Sie uns das anhand eines kleineren Beispiels näher untersuchen.

Auf ein '$' kann ein Bezeichnername (`$a`), ein Arrayelement (`$1[0]`) oder, im allgemeinsten Fall, ein Ausdruck folgen, der zu einer skalaren Referenz ausgewertet werden kann (`$$ra` oder `${foo()}`). Im ersten Durchlauf verwendet der Parser nur einen sehr allgemeinen Ansatz, so daß selbst etwas so einfaches wie `$a` zu zwei Opcodes expandiert wird: `gv` und `rv2sv`. Der erste dieser Opcodes holt einen GV (einen Typeglob, der ja eine Referenz auf einen skalaren Wert ist) und schiebt ihn auf den Stack, der zweite Opcode nimmt diesen Wert und konvertiert ihn in einen SV. Jetzt kommt der Schlüsselloch-Optimierer und ersetzt diese Folge durch einen Opcode, `gvsv`, der das gleiche allein erledigen kann. Problematisch bei dieser Optimierung ist das Löschen von überflüssigen Opcodes. Das ist mühsam und zeitaufwendig, weil diese Opcodes wiederum Links auf andere Opcodes enthalten. Aus diesem Grund werden unbenutzte Opcodes einfach als leer markiert und vom `op_next`-Zeiger der letzten Opcodes einfach übersprungen. Beispiel 20-1 zeigt ein Beispiel eines so geleerten Opcodes, suchen Sie nach der Zeile TYPE = NULL (was rv2sv).

Sicherheitsmerkmale

Perl kennt den Schalter *−T*, mit dem das »Taint Checking« (eine Kontrolle auf *Verunreinigungen*) eingeschaltet werden kann. Dieses markiert alle Variablen als verunreinigt, die Daten enthalten, die von außerhalb des Programms stammen. Dazu gibt es einen Datenflußmechanismus, der alle von diesen Variablen abgeleiteten Variablen ebenfalls als »verunreinigt« markiert. (Wenn ein verunreinigter Skalar mit `push` in ein Array geschoben wird, gilt das ganze Array als verunreinigt.) Das bedeutet im wesentlichen, daß Sie sich darauf verlassen können, daß der Code korrekt zwischen verunreinigten und sauberen Daten unterscheiden kann. Wenn aber der Code selbst verdächtig ist, können Sie das Standardmodul Safe und das dazugehörige Package Opcode verwenden.[9] Mit diesen Modulen können Sie einen *sicheren Bereich* erzeugen und diesem Bereich eine Operator-Maske (eine Liste der erlaubten Opcodes) zuweisen. Sie können in diesem Bereich verdächtigen Code mit `eval` auswerten. Wenn im Zuge der Übersetzungsphase ein Opcode erzeugt wird, der nicht in der Operator-Maske enthalten ist, wird ein Fehler zurückgegeben. In den nächsten Versionen wird Perl wahrscheinlich auch an-

---

9 Beide stammen von Malcolm Beattie (schauen Sie in das Unterverzeichnis *ext/Opcode* der Standard-Perl-Bibliothek).

dere böswillige Angriffe wie übermäßige Speicheranforderung (`@l = (1..1000000)`) oder CPU-Auslastung (`1 while (1)`) abfangen können. Diese Angriffe werden auch als *denial of service*-Angriffe bezeichnet.

Prozessor

Der Prozessor (*executor*, zu finden in der Funktion `runops` in *run.c*) ist ein einfacher Treiber, der den Ausführungspfad im Syntaxbaum abläuft und jede zugehörige Opcode-Funktion aufruft. Aber weil Perl eine so dynamische Sprache ist, kann der Ausführungspfad nicht immer von vornherein bestimmt werden. Daher muß jede Opcode-Funktion den nächsten auszuführenden Opcode zurückgeben. In den meisten Fällen wird das der nächste Opcode in der normalen Reihenfolge sein (also der Opcode, auf den der während der Kompilierungsphase gesetzte Zeiger `op_next` zeigt). Einige Opcodes (beispielsweise Bedingungsoperatoren wie `if` oder indirekte Ausdrücke wie `$foo->func()` können den nächsten auszuführenden Opcode erst zur Laufzeit bestimmen.

Damit ist unsere kurze Tour durch die Architektur von Perl beendet.

Die Wertetypen von Perl

In diesem Abschnitt werden wir uns mit den Funktionen und Makros auseinandersetzen, mit denen die internen Wertetypen manipuliert werden. Darüber hinaus werden wir in den Abschnitten »SV unter der Lupe«, »AV unter der Lupe« usw. auch den internen Aufbau jedes Objekts untersuchen. Diese Abschnitte können Ihnen zwar dabei helfen, fundierte Beurteilungen über Speicherplatzverbrauch und Performanz abzugeben, Sie können diese Abschnitte aber auch überspringen, wenn Sie sich von den Details erschlagen fühlen.

Skalare Werte

Ein skalarer Wert (SV) enthält den Wert eines Skalars, einen Referenzzähler und eine Bitmaske, die den Zustand des Skalars beschreibt. Der Skalar kann ein Integer-Wert (»IV«), ein Fließkommawert (»NV«), ein String (»PV« für »pointer value«), eine Referenz (»RV«) oder ein spezielles Objekt (»magical«) sein. Wir werden diese magischen Variablen gesondert behandeln.

Tabelle 20–1 zeigt die Funktionen und Makros, mit denen SVs erzeugt, gelöscht und modifiziert werden. Sie sind in *sv.h* aufgeführt und in *sv.c* implementiert. Makros fangen per Konvention mit einem Großbuchstaben an. Alle Tabellen in diesem Kapitel verwenden zwei wichtige Typdefinitionen, `I32` und `U32`, die vorzeichenbehaftete und vorzeichenlose integrale Quantitäten bezeichnen, die *mindestens* 32 Bit breit und groß genug sind, um einen Zeiger aufzunehmen (also 64 Bits auf 64-Bit-Rechnern haben).

Tabelle 20-1: API für skalare Werte

Funktion/Makro	Beschreibung

`SV* newSViv(I32);`
`SV* newSVnv(double);`
`SV* newSVpv(char* str,`
`        int   len);`
	Erzeugt einen neuen SV aus einer Integer-Zahl, einer Fließkommazahl oder einem String. `newSVpv` berechnet die Länge des Strings, wenn `len` 0 ist.

`SV* newSVsv(SV *);`	Erzeugt einen Klon eines existierenden SVs. Um einen leeren SV zu erzeugen, verwenden Sie anstelle von NULL den globalen Skalar `sv_undef`: `newSVsv(&sv_undef);` Das gilt für alle Funktionen, die einen SV als Argument erwarten.

`SV* newSVrv`
`    (SV*   rv,`
`      char *pkgname);`
	Erzeugt einen neuen SV und läßt `rv` darauf zeigen. Wenn `pkgname` nicht Null ist, wird `rv` zusätzlich durch `bless` mit diesem Package markiert.

`SV *newRV (SV* other)`
`SV* newRV_inc (SV* other)`
`SV* newRV_noinc(SV *)`
	Erzeugt eine Referenz, die auf einen beliebigen Wertetyp, also nicht nur SVs, zeigen kann. Sie können andere Werte in einen SV* umdeklarieren. Das wird deutlich werden, wenn wir AVs, HVs und CVs untersuchen. `newRV_inc` inkrementiert den Referenzzähler des referenzierten Objekts (und ist ein Alias für `newRV`).

`SvIOK(SV*)`, `SvNOK(SV*)`, `SvPOK(SV*)`, `SvROK(SV*)`, `SvOK (SV*)`, `SvTRUE(SV*)`	Diese Makros überprüfen, ob SV einen Wert des entsprechenden Typs hat, und geben in diesem Fall 1 zurück. Sie führen nicht selbst eine Konvertierung durch. `SvOK` gibt 1 zurück, wenn der Wert nicht `undef` ist. `SvTRUE` gibt 1 zurück, wenn der Skalar wahr ist.

`IV     SvIV(SV*)`
`double SvNV(SV*)`
`char*  SvPV(SV*,int len)`
`SV*    SvRV(SV*)`
	Diese Makros holen die Werte aus einem SV heraus und erzwingen wenn nötig – außer im Falle von `svRV` – eine implizite Konvertierung in passende Werte. `SvIV` ergibt 0, wenn der Skalar einen nicht-numerischen String enthält. `SvPV` gibt einen Zeiger auf einen String zurück und schreibt die Länge nach `len`. Der String gehört dem Skalar, Sie dürfen ihn also nicht selbst freigeben. Bevor Sie `SvRV` aufrufen, müssen Sie mit `SvROK` sichergehen, daß es sich wirklich um eine Referenz handelt.

`sv_setiv (SV*, int)`
`sv_setnv (SV*, double)`
`sv_setsv (SV* dest,`
`          SV* src)`
	Modifiziert die Werte eines SV. Der SV verwirft den alten Wert automatisch und nimmt den neuen Typ an. `sv_setsv` kopiert den Quell-SV src in den Ziel-SV dest, nachdem überprüft wurde, daß die beiden Zeiger unterschiedlich sind.

Tabelle 20-1: API für skalare Werte (Fortsetzung)

Funktion/Makro	Beschreibung

`sv_setpv (SV*, char *)`
`sv_setpvn(SV*, char *,`
       `int  len`
`sv_catpv (SV*, char*);`
`sv_catpvn(SV*, char*,`
       `int);`
`sv_catsv (SV*, SV*);`
	String-Funktionen, die den Skalar dazu zwingen, den String-Typ anzunehmen (falls nötig). `sv_setpv` erwartet einen null-terminierten String, `sv_setpvn` dagegen zusätzlich zum String die Länge. Beide Funktionen legen eine Kopie des übergebenen Strings an.

`SvTYPE(SV*)`	Gibt einen enum-Wert zurück und ist äquivalent zur Funktion `ref`. Die üblichen Werte sind in *sv.h* aufgeführt:

           `SVt_IV`   (Integer) `SVt_NV`   (Fließkomma)
           `SVt_PV`   (String)   `SVt_RV`   (Referenz)
           `SVt_PVAV` (Array)   `SVt_PVHV` (Hash)
           `SVt_PVCV` (Code)   `SVt_PVGV` (Glob)
           `SVt_PVMG` (»gesegneter« oder magischer Skalar)

Funktion/Makro	Beschreibung

`sv_setref_iv(`
    `SV* rv,`
    `char* classname,`
    `int i)`
(und entsprechend für `nv` und `pv`)
	Erzeugt einen neuen SV, setzt den Wert auf `i` und läßt `rv` auf diesen neuen SV zeigen. Die anderen beiden Funktionen sind ähnlich. Beachten Sie, daß `sv_setref_pv` den Zeiger abspeichert; es macht keine Kopie des Strings. Wenn `classname` nicht Null ist, markieren diese Funktionen die Referenz mittels `bless` mit dem jeweiligen Package.

`svREFCNT_dec(SV *)`	Dekrementiert den Referenzzähler und ruft `sv_free` auf, wenn der Referenzzähler auf 0 gefallen ist. Sie sollten *nie* selbst `sv_free` aufrufen.

`SV* sv_bless (`
   `SV *rv, HV* stash);`
`int sv_isa(`
   `SV *, char *pkgname);`
`int sv_isobject(SV*);`
	`sv_bless` markiert `rv` mit dem Package, das durch `stash` repräsentiert wird. Im Abschnitt »Glob-Werte und Symboltabellen« finden Sie eine Erläuterung zu Stashes. `sv_isa` gibt 1 zurück, wenn es von der Klasse `pkgname` abgeleitet ist.

`SV* sv_newmortal()`
`SV* sv_2mortal(SV*)`
`SV* sv_mortalcopy(SV*)`
	Per Default sind Sie selbst für die Löschung eines von Ihnen angelegten SV zuständig. Wenn Sie aber eine *sterbliche (mortal)* oder temporäre Variable anlegen, dann löscht Perl diese Variable automatisch am Ende des aktuellen Gültigkeitsbereichs (es sei denn, jemand hält eine Referenz darauf).
	`sv_2mortal` markiert einen bereits bestehenden SV als sterblich, und `sv_mortalcopy` erzeugt einen sterblichen Klon.

Tabelle 20-1: API für skalare Werte (Fortsetzung)

Funktion/Makro	Beschreibung

`SV* perl_get_sv(`
`    char* varname,`
`    int    create)`
	Um eine skalare Variable zu bekommen, wie Sie sie aus Skripten kennen, müssen Sie explizit einen SV an einen Namen binden. Wenn `create` TRUE ist, wird damit das Erzeugen einer Variable erzwungen, wenn diese noch nicht existierte. `varname` muß immer mit dem Namen des Packages qualifiziert sein. Um beispielsweise `$Foo::a` zu erzeugen, verwenden Sie:
	`SV *s = perl_get_sv("Foo::a", 1);`

`sv_dump(SV*)`	Der Name ist etwas irreführend, weil diese Funktion in der Lage ist, den Inhalt aller Perl-Wertetypen optisch ansprechend auszugeben (die Werte werden, wo nötig, auf SVs gecastet). Das ist besonders nützlich, wenn Sie Perl von einem Debugger aus (beispielsweise `gdb`) verwenden. Sie können dann `call sv_dump(sv)` aufrufen.

Die `mortal`-Aufrufe aus Tabelle 20–1 erzeugen einen temporären SV oder markieren einen existierenden Wert als temporär. Im wesentlichen wird Perl damit befohlen, den SV auf einen Stack namens `tmps_stack` zu legen und am Ende des aktuellen Gültigkeitsbereich mit `svREFCNT_dec` den Referenzzähler des SVs herunterzuzählen. (Mehr dazu im Abschnitt »Die übrigen Stacks unter der Lupe«.) Normalerweise werden alle Parameter, die zwischen zwei Funktionen übergeben werden, als sterblich markiert, weil sich weder der Aufrufer noch der Aufgerufene Gedanken über den richtigen Zeitpunkt zum Löschen des SVs und seines Inhalts machen wollen. Perl kümmert sich automatisch um die Speicherverwaltung.

Verwendung dieser API

Vielleicht tränen Ihre Augen jetzt ein wenig, und Sie fühlen sich etwas verwirrt von all diesen Details. Wir entspannen uns daher ein wenig, indem wir mit der bisher besprochenen API einen eigenen Interpreter schreiben (das ist im Moment unsere Vorstellung von »Spaß«!). Beispiel 20-2 enthält eine Funktion namens `create_envt_vars`, die für jede Umgebungsvariable eine skalare Variable erzeugt.

Beispiel 20-2: Skalare für Umgebungsvariablen erzeugen – die harte Tour!

```
#include <EXTERN.h>
#include <perl.h>
void create_envt_vars (char **environ)
{
    /*
     * Jedes Element aus der Umgebung hat die Form »<envt. var name>=<value>«
     */
    SV * sv = NULL;
    char **env = environ; /* um über die Umgebung zu iterieren */
```

Beispiel 20-2: Skalare für Umgebungsvariablen erzeugen – die harte Tour! (Fortsetzung)

```
    char buf[1000];        /* enthält später eine Kopie der Umgebungsvariable */
    char *envt_var_name;   /* Name der Umgebungsvariable, z.B. PATH */
    char *envt_var_value;  /* der zugehörige Wert */
    char var_name[100];    /* Voll qualifizierter Name der Umgebungsvariable */
    while (*env) {
        strcpy (buf, *env);
        /* Nach »=« suchen und durch '\0' ersetzen. Damit wird
         * der String in zwei logische Teile aufgetrennt: in den Namen
         * und den Wert der Umgebungsvariablen
         */
        envt_var_name = buf; envt_var_value = buf;
        while (*envt_var_value != '=') envt_var_value++;
        *envt_var_value++ = '\0';
        /* Die Umgebungsvariable mit dem Package-Namen qualifizieren.
         * PATH wird zu $main::PATH
         */
        strcpy (var_name, "main::"); strcat(var_name, envt_var_name);
        sv = perl_get_sv (var_name, TRUE); /* TRUE => Anlegen erzwingen */
        /* String-Wert des SV setzen */
        sv_setpv(sv, envt_var_value);
        env++;  /* Auf geht's zur naechsten Umgebungsvariable */
    }
}

static PerlInterpreter *my_perl;
main(int argc, char **argv, char **env) {
    my_perl = perl_alloc();
    perl_construct(my_perl);
    perl_parse(my_perl, NULL, argc, argv, env);
    create_envt_vars();
    perl_run(my_perl);
    perl_destruct(my_perl);
    perl_free(my_perl);
}
```

Auf einer DEC Alpha können Sie diesen Code folgendermaßen kompilieren und linken:

```
% cc -o beispiel  -I/usr/local/lib/perl5/alpha-dec_osf/5.004/CORE \
                  -L/usr/local/lib/perl5/alpha-dec_osf/5.004/CORE \
                  beispiel.c -lperl -lsocket -lm
```

Jetzt kommt der große Test:

```
% ./beispiel -e 'print $USER'
sriram
```

Wunderbar, es funktioniert! Versuchen Sie das einmal mit Ihrem normalen Perl. O.K., so bahnbrechend ist das nun auch wieder nicht, aber Sie sind jetzt definitiv auf dem besten Weg, Ihre Hände schmutziger zu machen, als Sie das jemals für möglich oder denkbar gehalten haben!

SVs unter der Lupe

Ein SV kann ziemlich groß werden, um für jeden seiner möglichen Subtypen Platz zu haben. Um das zu vermeiden, merkt sich Perl die Informationen in zwei Teilen (siehe Abbildung 20-3): eine generische Struktur »sv« enthält eine Bitmaske, einen Referenzzähler und einen Zeiger sv_any, der auf den »spezifischen Teil« zeigt.

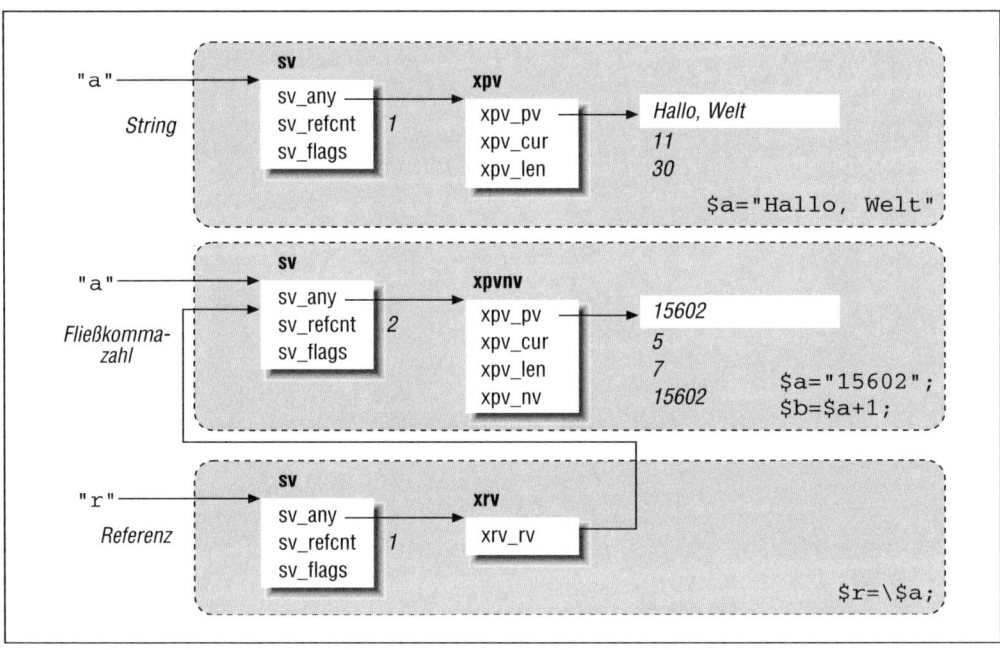

Abbildung 20-3: Ein Blick in das Innere von Skalaren. Jeder schattierte Kasten repräsentiert einen SV.

Der spezifische Teil ist eine Struktur des passenden Typs. Möglich sind xpv, xpviv, xpvnv usw., je nach dem Inhalt des Skalars, den die Bitmaske angibt. Ein Skalar kann sein Dasein als Zahl beginnen, aber in dem Moment, in dem er in einem String-Kontext verwendet wird, ändert er seine Struktur in eine, die sowohl eine Zahl als auch einen String enthält. Abbildung 20-3 zeigt so ein Beispiel eines SV (der mittlere), der zur gleichen Zeit eine Fließkommazahl und einen String enthält. Wenn Sie diesen Wert jetzt mit beispielsweise sv_setnv modifizieren, wird der Bit-Schalter, der anzeigt, daß der String-Teil jetzt nicht mehr gültig ist, in sv_flags entsprechend gesetzt. Perl verändert eine Struktur nur dann, wenn es absolut notwendig ist.

Das Modul Devel::Peek gibt Ihnen auch auf Skriptebene Zugriff auf die soeben besprochenen internen Informationen:

```
use Devel::Peek 'Dump';   # Dump-Subroutine importieren
$a = 15602;
Dump ($a);
```

Das führt zu folgender Ausgabe:

```
SV = IV(0x663f1c)
  REFCNT = 1
  FLAGS = (IOK,pIOK)
  IV = 15602
```

Modifizieren Sie $a zu einem String und schauen Sie, was passiert:

```
use Devel::Peek 'Dump';
$a = 10;          # Mit einem Integer-Wert anfangen
$a .= " Ten";     # In einen String konvertieren
Dump ($a);
```

Das führt dann zu folgender Ausgabe:

```
SV = PVIV(0x7b2ef0)
  REFCNT = 1
  FLAGS = (POK,pPOK)
  IV = 10
  PV = 0x7b2f00 "10 Ten"
  CUR = 6
  LEN = 11
```

Beachten Sie, daß SV immer noch den alten Integer-Wert (10) enthält, dieses Feld aber ignoriert wird, weil das Feld FLAGS anzeigt, daß nur der String-Inhalt gültig ist.

Ein einfacher Integer-Wert kostet Sie auf einer typischen Workstation mindestens 28 Bytes (sizeof(SV) + sizeof(XPVIV) + der Verwaltungsaufwand von malloc). Strings und Arrays kosten mehr Speicherplatz, als man von der Länge oder Größe her glauben mag. Die obige Ausgabe weist darauf hin, daß Perl für den String elf Bytes alloziert hat (abzulesen am Feld xpv_len). Nötig wären nur sechs gewesen (die Länge des Strings, die im Feld xpv_cur abgelegt ist). Das bedeutet, daß Sie dem String fünf weitere Bytes hinzufügen können, ohne daß eine Reallozierung notwendig ist. Weil Perl für hohe Ablaufgeschwindigkeit und Bequemlichkeit (es kann schließlich Zahlen und Strings gleich behandeln) optimiert worden ist, ist es überhaupt nicht sparsam mit Speicherplatz. Sie werden fast überall in Perl feststellen, daß Speicherplatz gegen Geschwindigkeit und Bequemlichkeit für den Skript-Programmierer eingetauscht worden ist.[10]

Es gibt keine einfachen xiv- oder xnv-Strukturen, die nur eine Integer- oder Fließkommazahl enthalten. Ich weiß nicht, warum das so ist und kann nur vermuten, daß in einem typischen Skript fast immer Zahlen in Strings (zum Beispiel bei print) oder umgekehrt (zum Beispiel beim Einlesen aus Dateien) umgewandelt werden müssen.

Abbildung 20-3 zeigt auch die Referenzzähler der drei Skalare. Der Referenzzähler des mittleren Skalars ist 2, weil zwei Pfeile darauf zeigen. Die von links kommenden Pfeile

---

10 Eine bemerkenswerte Ausnahme sind die Hashtabellen, die ihre Schlüssel-Strings in einer zentralen String-Tabelle ablegen und damit zwar die Speicherplatzanforderungen minimieren, aber einen kleinen Performanz-verlust hinnehmen.

implizieren einen Eintrag in der Symboltabelle (für globale und lokale Variablen) oder ein »Scratchpad« für lexikalische Variablen, wie wir es in Kapitel 3 kennengelernt haben. Beachten Sie, daß alle Zeiger, die auf einen SV (und nicht nur das: auf jeden Perl-Wert) weisen, auf die äußere Struktur zeigen und nie auf den »spezifischen« Teil.

SVs und Objektzeiger

Wenn Sie Erweiterungen schreiben, möchten Sie oft einen Zeiger auf ein C- oder C++-Objekt abspeichern, das von einem XSUB zurückgegeben wurde. Denken Sie daran, daß der Integer-Slot (IV) eines Skalars garantiert groß genug ist, um einen Zeiger aufzunehmen. Das können wir uns folgendermaßen zunutze machen:

```
Matrix *m = new_matrix();
sv_setiv(sv, (IV) m);          # Zeiger auf einen IV casten. Schluck!
```

Ziemlich häßlich, aber so ist es nun mal.

In der Praxis werden C/C++-Objekte immer mit »gesegneten« Referenzen verknüpft, weil der Perl-Programmierer so die Pfeilnotation ($matrix->transponieren()) verwenden kann. Das sieht dann so aus:

```
RV *rv = newRV();
sv_setref_iv(rv, "Matrix", (IV) m);
```

Damit wird intern ein neuer SV erzeugt, auf den »Integer-Wert« m gesetzt und von rv referenziert. Außerdem wird rv mit dem Modul Matrix markiert. Das ist das gleiche, als hätten Sie in Perl folgenden Code geschrieben:

```
my $m = 0xfffa34a;     # Irgendein Zeigerwert, der in einen Integer-Wert
                       # konvertiert wird
bless \$m, "Matrix";   # Gesegnete Referenz auf $m zurückgeben
```

Wir werden so ein Stückchen Code verwenden, wenn wir im Abschnitt »Objektschnittstelle mit XS-Typemaps« über Typemaps für Objekte sprechen.

Arraywerte (AV)

Ein AV ist ein dynamisches, zusammenhängendes Array von Zeigern auf SVs. Wie wir es aus Perl-Skripten gewohnt sind, führt die Speicherung eines Wertes an einer Position jenseits der aktuellen Kapazität des Arrays zu einer automatischen Vergrößerung des Arrays. Tabelle 20–2 enthält die API, mit der Sie Arrays im ganzen manipulieren und auf einzelne Elemente zugreifen können. Beachten Sie, daß die Referenzzähler der enthaltenen SVs nicht verändert werden, solange Sie den AV selbst nicht mit clear oder undef löschen.

Tabelle 20-2: API für Arraywerte

Funktion/Makro	Beschreibung

`AV * newAV()`
`AV * av_make(int num,`
`          SV  **ptr)`
	Erzeugt einen leeren AV oder klont ein anderes Array aus SV*.

`I32  av_len(AV*);`	Gibt den höchsten Index des Arrays zurück (entspricht also $#array).

`SV** av_fetch (AV*,`
`          I32 index,`
`          I32 lval)`
	Holt den SV* am angegebenen Index. Wenn `lval` nicht Null ist, wird der existierende Wert (an der Stelle) durch `undef` ersetzt. Beachten Sie, daß `av_fetch` einen SV** (und keinen SV*) zurückgibt. Das ist ein Zeiger auf die Position im Array, an dem der SV gespeichert worden ist. Auf diese Weise können Sie nicht nur den SV ändern, sondern auch das Array selbst (beispielsweise indem Sie eine Splice-Operation an der Stelle durchführen).

`SV** av_store(AV*,`
`          I32 index,`
`          SV* val)`
	Speichert einen SV* an diesem Index ab und gibt wie `av_fetch` einen SV** zurück. Beide Funktionen aktualisieren den Referenzzähler des indizierten Elements nicht.

`void av_clear (AV*)`	Dekrementiert die Referenzzähler der enthaltenen Skalare und ersetzt diese durch `undef`. Das Array bleibt intakt.
`void av_undef (AV*)`	Dekrementiert die Referenzzähler aller Skalare und des Arrays selbst. Im Normalfall dealloziert diese Funktion das Array. Das ist anders als bei SVs, die implizit gelöscht werden, indem der Referenzzähler dekrementiert wird (`SvREFCNT_dec`).
`void av_extend(AV*,` `          int num)`	Erweitert das Array auf num Elemente. Auch wenn die anderen Funktionen das Array automatisch erweitern, können Sie doch nur heuristisch bestimmen, wie weit sie das tun sollen. Wenn Sie damit rechnen, demnächst viele Werte abzuspeichern, können Sie viel Zeit und viele mögliche Reallozierungen einsparen, indem Sie das Array im voraus erweitern.
`void av_push (AV*, SV*)`	Schiebt *einen* SV auf das Ende eines AVs. Sie müssen mehr Code schreiben, wenn Sie eine ganze Liste anhängen wollen. Diese und die folgenden Funktionen lassen den Referenzzähler des SVs unverändert.
`SV* av_pop (AV* )`	Entnimmt einen SV vom Ende, ändert aber dessen Referenzzähler nicht. Sie müssen also `SvREFCNT_dec` aufrufen oder den SV mit `sv_2mortal` als temporäre Variable kennzeichnen. Im letzteren Fall löscht Perl den SV beim Verlassen des aktuellen Gültigkeitsbereichs.
`SV* av_shift(AV*)`	Wie `av_pop`, entnimmt den SV aber vom Anfang des Arrays.

Tabelle 20-2: API für Arraywerte (Fortsetzung)

Funktion/Makro	Beschreibung
`void av_unshift(AV*,` `I32 num)`	Erzeugt num leere Speicherplätze am Anfang der Liste (die mit `undef` gefüllt werden). Sie müssen `av_store()` aufrufen, um auf diesen Plätzen Werte unterzubringen.
`AV *perl_get_av (` `char* varname,` `int create)`	Holt den AV, der zu `varname` gehört. Wenn create TRUE ist, wird die Variable nötigenfalls erzeugt.

AVs unter der Lupe

AVs sind wie SVs in einen generischen und einen spezifischen Teil aufgeteilt. Das trifft übrigens auch auf die anderen Wertetypen zu.

Wie in Abbildung 20-4 zu sehen ist, zeigt das Feld `xav_alloc` auf ein dynamisch alloziertes Array von SV*'s, den eigentlichen Inhalt des AV. `av_fill` enthält den letzten gültigen (»gefüllten«) Index in diesem Array und `av_max` die Gesamtzahl der für dieses Array allozierten SV*'s. Perl versucht immer, den Speicher in »sinnvollen« Mengen zu allozieren, so daß es nicht jedesmal `realloc` aufrufen muß, wenn Sie ein Element in das Array schieben. `xav_array` zeigt auf das erste gültige Element. Der Anfangswert ist `xav_alloc[0]`. Dieser Wert wird bei einem `unshift` inkrementiert, um zu vermeiden, daß der Rest der Elemente nach links geschoben werden muß. Das bedeutet also, daß der eigentliche Inhalt des AVs durch `xv_array` und `av_fill` eingegrenzt wird.

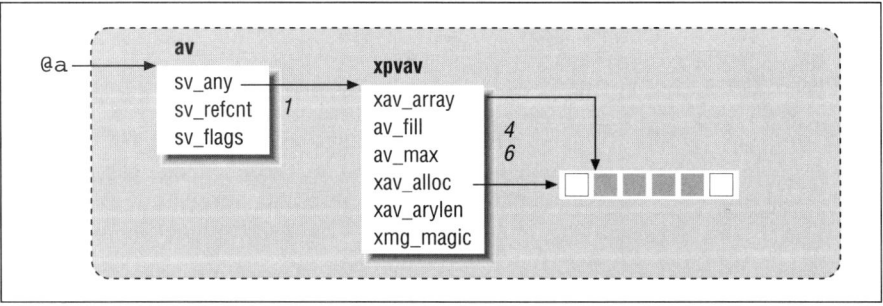

Abbildung 20-4: Die interne Struktur eines AV. Die schattierten Rechtecke enthalten die eigentlichen Daten.

Der Zeiger `xmg_magic` ist normalerweise NULL, zeigt aber auf eine »magische« Struktur, wenn das Array etwas Besonderes (wie beispielsweise `@ISA`) ist, ein gesegnetes Objekt repräsentiert oder mit `tie` an ein Package gebunden ist.[11] `xv_arylen` ist ein SV*, der zunächst NULL ist, aber zu einem magischen Skalar wird, sobald Sie das erste Mal die $#-Notation auf einem Array verwenden, um die Arraylänge abzufragen oder zu setzen.

---

11 Sie müssen diesen Absatz nicht verstehen, bevor wir nicht magische Variablen behandelt haben.

Devel::Dump ermöglicht Ihnen von Perl-Skripten aus den Zugriff auf die internen Details eines Arrays und der enthaltenen Skalare. Dump erwartet, daß nicht-skalare Werte als Referenz übergeben werden:

```
use Devel::Dump;
@l = (1,2,3,4);
Dump(\@l);  # @l als Referenz übergeben
```

Hashwerte (HVs)

Ein HV ist eine Tabelle von Hasheinträgen (HEs). Jeder dieser Einträge repräsentiert ein Paar aus einem String-Schlüssel und einem SV*. Keine zwei Hasheinträge in einer Hashtabelle können den gleichen Schlüssel haben. Mit der in Tabelle 20-3 aufgeführten API können Sie so einen HV als Ganzes bearbeiten, einzelne Elemente abspeichern oder zurückholen oder durch das ganze Array Eintrag für Eintrag iterieren.

Tabelle 20-3: API für Hashwerte

Funktion/Makro	Beschreibung
`HV * newHV()`	Erzeugt einen Hashwert.

`SV**`
`hv_store(`
`    HV *hash,`
`    char* key, U32 klen,`
`    SV* val,   U32 hash)`
	Speichert ein Schlüssel-Wert-Paar. Diese Funktion besteht nicht darauf, daß der Schlüssel ein *Text*-String ist; Sie *müssen* also die Schlüssellänge `klen` selbst angeben. Wenn `hash` 0 ist, berechnet Perl den Hash automatisch. Das funktioniert für normale ASCII-Schlüssel sehr gut. Wie bei AVs ändern auch diese Funktionen den Referenzzähler des Wertes `val` nicht.

`SV**`
`hv_fetch(`
`    HV *hash,`
`    char* key, U32 klen,`
`    I32 lval)`
	Wie bei AVs wird aus Effizienzgründen (und nicht, damit es für Sie bequem ist) ein SV** zurückgegeben. Wenn er einen Eintrag abspeichern möchte, muß der Interpreter `hv_fetch` aufrufen, um zu überprüfen, ob bereits ein Eintrag zu diesem Schlüssel existiert. Wenn dies der Fall ist, kann er einfach den Werte-Teil des Eintrags ersetzen, ohne noch einmal die ganze Struktur durchlaufen zu müssen. Normalerweise sollten Sie das Ergebnis dereferenzieren und den zurückgegebenen SV* mit `SvREFCNT_dec` selbst löschen, oder Sie sollten eine Löschung mit `sv_2mortal` veranlassen.

`SV*`
`hv_delete(`
`    HV *hash,`
`    char* key, U32 klen,`
`    I32 flags)`
	Löscht einen Eintrag und dekrementiert den Referenzzähler des Wertes. Wenn Sie den gelöschten Wert nicht benötigen, können Sie `G_DISCARD` im Parameter `flag` übergeben; ansonsten wird eine sterbliche Kopie dieses Werts zurückgegeben. Weil der Eintrag aus den Datenstrukturen des Hash gelöscht wird, reicht es, einen SV* anstelle eines SV** zurückzugeben.

Tabelle 20-3: API für Hashwerte (Fortsetzung)

Funktion/Makro	Beschreibung
`void hv_clear(HV *hash)`	Entspricht `%h=()`. Wie bei `av_clear()` bleibt das äußere Array erhalten, es werden aber alle Hasheinträge, Schlüssel und Werte gelöscht. Außerdem wird der Referenzzähler jedes Wertes (nicht aber des Hash selbst) dekrementiert.
`void hv_undef(HV *hash)`	Löscht den HV und dekrementiert den Referenzzähler.
`I32 hv_iterinit(HV *hash)`	Bereitet eine Iteration durch die Liste der Einträge im HV vor und gibt die Anzahl der Einträge darin zurück. `hv_iterinit` und `hv_iternextsv` werden von den Operatoren `each`, `keys` und `values` verwendet.

`SV*`
`hv_iternextsv(`
`   HV *hash,`
`   char** key,`
`   I32* pkeylen)`
	Holt das nächste Schlüssel-Wert-Paar. Der Schlüssel wird zusammen mit seiner Länge als Referenz zurückgegeben. Im Gegensatz zu `hv_fetch()` gibt diese Funktion nur einen SV* zurück. Das entspricht dem Aufruf von `each()`.

`HV *`
`perl_get_hv (`
`   char * varname,`
`   int create)`
	Holt den HV zu dem Variablennamen `varname`. Wenn `create` TRUE ist, wird die Variable nötigenfalls erzeugt. `varname` muß durch den Namen des Packages ersetzt werden.

Die iterierenden Funktionen (`hv_iter*`) sind lösch-, aber nicht einfügesicher. Das bedeutet, daß Sie zwar während einer Iteration mit `hv_iternextsv` den aktuellen Eintrag mit `hv_delete` löschen können, Sie dürfen aber nicht `hv_store` aufrufen, da dies zu einer vollständigen Reorganisation der Hashtabelle führen könnte.

HVs unter der Lupe

Ein HV ist eine naheliegende Implementierung einer Hashtechnik namens *collision chaining*. Die Idee dahinter besteht darin, einen String-Schlüssel auf einen Integer-Wert zu reduzieren und diesen als Index eines normalen dynamischen Arrays zu verwenden. Natürlich können wir nicht erwarten, daß jeder mögliche String-Schlüssel auf einen eindeutigen Arrayindex abgebildet werden kann. Daher zeigt jedes Element dieses dynamischen Arrays auf eine verkettete Liste aller Hasheinträge, deren Schlüssel zu eben diesem Integer-Wert reduziert wurden.

`xhv_array` ist das bereits erwähnte dynamische Array, `xhv_fill` gibt die Anzahl der Elemente an, an denen verkettete Listen hängen, und `xhv_keys` enthält die Gesamtanzahl der Hasheinträge. Zu einem gegebenen String berechnet `hv_fetch()` den Index und traversiert die zugehörige verkettete Liste, wobei der Schlüssel mit jedem Schlüsselwert der in der Liste enthaltenen Hasheinträge verglichen wird.

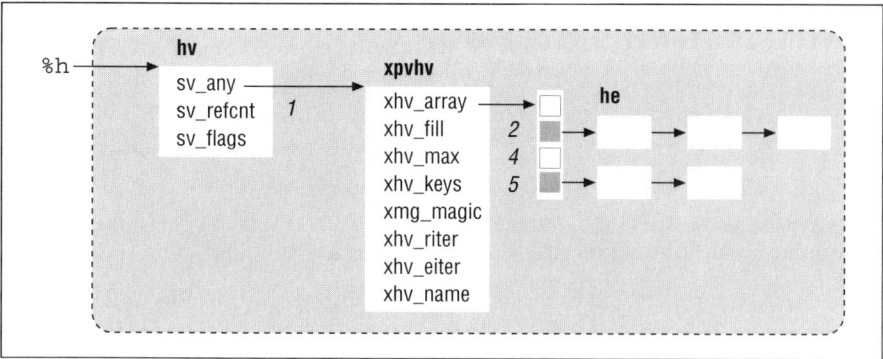

Abbildung 20-5: Hashwert, der Hasheinträge enthält

Die Übersetzung eines Strings in einen Arrayindex ist ein zweistufiger Prozeß (auf die Gründe dafür kommen wir gleich). Zunächst wird der String an einen als *Hashfunktion* bezeichneten Algorithmus übergeben, der eine Integer-Zahl aus dem String berechnet, ohne sich darum zu kümmern, ob diese Zahl als Arrayindex praktisch verwendbar ist. Die Hashfunktion von Perl ist folgendermaßen implementiert:

```
int i = klen;
unsigned int hash = 0;
char *s = key;
while (i--)
    hash = hash * 33 + *s++;
```

Die resultierende Zahl wird als *Hash* bezeichnet. Es gibt keine Garantie dafür, daß verschiedene Strings auch verschiedene Hashwerte ergeben. Beachten Sie, daß Sie auch den Hashwert selbst berechnen und an `hv_store` übergeben können (siehe Tabelle 20-3), wenn Sie einen eigenen Hashalgorithmus verwenden möchten.

Um den Hash in einen praktischen Arrayindex zu konvertieren, paßt Perl ihn der Maximalgröße des Arrays an:

```
index = hash % xhv_max;
```

Idealerweise sollten sich die Einträge gleichmäßig im Array verteilen, um die verketteten Listen kurz zu halten. Der Hashalgorithmus von Perl macht das überraschend gut, aber wie wir bereits erwähnt haben, gibt es keine Garantie dafür, daß sich eine gegebene Menge von Strings im Array gut verteilen wird. Wenn `xhv_keys` größer wird als `xhv_fill`, dann betrachtet Perl das als einen Hinweis darauf, daß eine oder mehrere der verketteten Listen zu lang geworden ist, was dazu führen würde, daß `hv_fetch` vermutlich ziemlich lange brauchen würde, um diese Listen zu durchlaufen. Darum reorganisiert Perl in diesem Fall sofort die gesamte Hashtabelle: das dynamische `xhv_array` wird doppelt so groß gemacht, und die Einträge werden neu indiziert. Jeder Hasheintrag speichert seinen Hashwert ab, so daß bei einer Reorganisation der Tabelle nicht alle Hashwerte neu berechnet werden müssen.

Sie können einen Eindruck von der Effizienz des Hash bekommen, indem Sie ein assoziatives Array in einem skalaren Kontext ausgeben:

```
# Hash erzeugen
for (1 .. 1000) {$h{'foo' . $_} = 1;} # 1000 Eintraege erzeugen
print scalar(%h);
```

Das gibt auf meinem Rechner »406/1024« aus. Dabei handelt es sich um das Verhältnis von `xhv_fill` zu `xhv_max`. Je kleiner das Verhältnis ist, um so schneller erfolgt der Zugriff auf die Elemente, weil die verketteten Listen im Durchschnitt ziemlich kurz sind.

Wenn Sie im voraus wissen, daß Sie demnächst eine große Anzahl an Einfügeoperationen in einen Hash vornehmen werden, können Sie die Geschwindigkeit des Skripts steigern, indem Sie von vornherein ein dynamisches Array einer bestimmten Größe anlegen lassen:

```
keys %h = 400; # xhv_max setzen
```

Perl rundet diesen Wert auf die nächste Zweierpotenz auf, in diesem Fall also auf 512.

Die Felder `xhv_riter` und `xhv_eiter` werden von den Iterator-Funktionen `hv_iterinit` und `hv_iternextsv` benutzt und bilden einen Cursor über die Hasheinträge. `xhv_riter` enthält den aktuellen Zeilenindex und `xhv_eiter` den Zeiger auf den aktuellen Eintrag.

Die meisten objektorientierten Perl-Implementierungen verwenden Hashtabellen, um Objektattribute abzuspeichern. Das bedeutet, daß alle Instanzen einer gegebenen Klasse typischerweise die gleiche Menge von Schlüssel-Strings verwenden. Um unnötige Doppelungen zu vermeiden, werden alle tatsächlich verwendeten Schlüssel-Strings in einer systemweiten, gemeinsam genutzten String-Tabelle (`strtab` in *strtab.h*) verwendet. `strtab` ist ein vereinfachter HV: Jeder Wert in dieser Tabelle hat einen Referenzzähler, der angibt, wie oft dieser String bereits benutzt wird. Wenn Sie in Ihrem Skript »`$h{'foo'}`« verwenden, wird der String `foo` als erstes in `strtab` eingetragen, falls er dort noch nicht vorhanden ist. Danach wird der Hasheintrag für `$h{foo}` im HV von `%h` angelegt. Es hat sich herausgestellt, daß die Performanz darunter nur wenig leidet; wenn es viele Duplikate gibt, dann spart die gemeinsame Schlüsselspeicherung Zeit, weil jeder Schlüssel nur einmal mit `malloc` alloziert werden muß. Und weil der Hashalgorithmus nur einmal ausgeführt werden muß, ist die Performanz auch dann ziemlich gut, wenn es nicht so viele Duplikate gibt.

Die gemeinsame String-Tabelle wird nur für konstante Strings verwendet (denken Sie daran, daß die Schlüssel-Strings in einer Hashtabelle nicht verändert werden können). Benutzerdefinierte SVs, die Strings enthalten, benutzen diese Tabelle nicht.

Glob-Werte und Symboltabellen

Sie haben in Kapitel 3 schon gelernt, daß Typeglobs – auch Glob-Werte oder GVs genannt – andere Wertetypen mit einem Eintrag in der Symboltabelle verbinden. Ein Bezeichnername wie »foo« wird durch den GV mit `$foo`, `@foo`, `%foo`, `&foo`, einem Dateihandle namens `foo` und einem Format namens `foo` verbunden.

GVs und Symboltabellen stecken so sehr unter einer Decke, daß der gesamte Code zur Manipulation von Symboltabellen mit nach *gv.c* gepackt worden ist. Symboltabellen werden intern als Hashtabellen implementiert und daher als *Stashes* (die Abkürzung für Symboltabellen-Hash) bezeichnet. Jedes Package hat seinen eigenen Stash und enthält Zeiger auf die Stashes der eingeschachtelten Packages. Der Haupt-Stash, auf den über die globale Variable[12] zugegriffen wird, enthält Zeiger auf die Stashes anderer Packages der obersten Ebene. Tabelle 20-4 enthält die wichtigsten Funktionen, um auf GVs und die Symboltabelle zuzugreifen.

Tabelle 20-4: API für Glob-Werte und Stashes

Funktion/Makro	Beschreibung
GvSV, GvAV, GvHV, GvIO, GvFORM	Gibt die entsprechenden Wertezeiger zurück, die am GV hängen.
HV *gv_stashpv(char *name, int create)	Holt zu einem Package-Namen den zugehörigen HV. An den Namen muß – anders als in Perl-Skripten – kein »::« angehängt werden.
HV *gv_stashsv(SV *, int create)	Wie oben. SV* enthält den Namen des Packages.
HV *SvSTASH (SV* sv)	Den Stash eines »gesegneten« Objekts holen. Wenn sv eine Referenz ist, muß diese zunächst dereferenziert werden: SvSTASH (SvRV(sv)).
char* HvNAME(HV* stash)	Gibt zu einem Stash den Package-Namen zurück.

Standardvariablen in Perl-Skripten wie $_, $@, $&, $`, $' stehen in C als globale Variablen zur Verfügung: defgv, errgv, ampergv, leftgv respektive rightgv. Wenn Sie beispielsweise wissen, daß $_ eine Zahl enthält, dann können Sie diese in C folgendermaßen bekommen:

```
int i = SvIV(GvSV(defgv)); /* $_ und @_ werden durch defgv repräsentiert */
```

Glob-Werte und Symboltabellen unter der Lupe

Abbildung 20-6 zeigt die interessantesten Komponenten eines GV.

Das Feld xgv_name speichert den Namen der Variable (ohne Präfix) ab. Die Zeiger auf die enthaltenen Werte ($foo, @foo usw.) sind in einer weiteren Struktur namens gp gekapselt. Das ermöglicht schnelleres Aliasing. Üblicherweise werden Sie nicht den gleichen Namen für verschiedene Variablentypen verwenden, so daß dann alle Wertezeiger außer einem NULL sind.

---

12 Oder eine Variable pro Interpreter, falls MULTIPLICITY definiert ist.

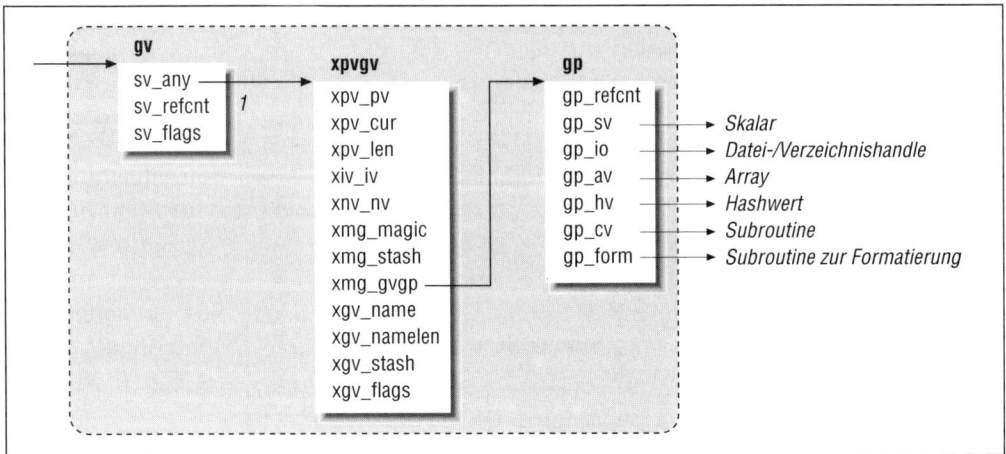

Abbildung 20-6: Struktur von Glob-Werten

Symboltabellen sind HVs, die Variablennamen auf GVs abbilden. Aber können nicht HVs nur SVs abspeichern? Nun, Ihnen ist vielleicht aufgefallen, daß alle Wertetypen identisch aussehende Wrapper-Strukturen haben, die den Referenzzähler, Schalter und den Zeiger auf eine interne Struktur verwalten. Weil diese identisch sind, können Sie einen AV*, HV* oder CV* auf einen SV* casten und so den HV überlisten und ihn dazu bringen, alles abzuspeichern, was Sie wollen. Wenn Sie das selbst machen wollen, dann müssen Sie vorsichtig sein, um nicht von den HV-Aufrufen hereingelegt zu werden, die den Referenzzähler des enthaltenen SVs herabsetzen (beispielsweise hv_delete). Denn diese rufen sv_free() auf, wenn der Referenzzähler auf Null fällt, und wenn der Wert dann kein SV ist, bekommen Sie ernsthafte Schwierigkeiten.

Codewerte

Wir haben uns jetzt alle fundamentalen Datentypen, die in Perl verwendet werden, angesehen. Als nächstes beschäftigen wir uns mit den Codewerten, die Subroutinen, eval-Blöcke und Formatdeklarationen repräsentieren. Mit den Erläuterungen in diesem Abschnitt werden Sie in der Lage sein, Perl-Subroutinen effizient von C aus aufzurufen und darüber hinaus auch durch und durch zu verstehen, wie lexikalische Variablen und Closures implementiert werden.

Tabelle 20 5 enthält die API für CVs. Sie können CVs im wesentlichen nur aufrufen. Außer perl_call_sv erwarten alle API-Funktionen den Namen einer Prozedur anstelle des eigentlichen CVs.

Tabelle 20-5: API für Codewerte

Funktion/Makro	Beschreibung

`CV*`
`perl_get_cv(char *name,`
`           int create)`
	Holt den CV zu einem gegebenen Namen. Sie sollten `create` immer auf FALSE setzen, da automatisch ein leerer CV erzeugt wird, wenn die Subroutine nicht vorhanden ist, was für einen Applikationsprogrammierer wenig nützlich ist.

`int`
`perl_call_sv(SV* cv,`
`            int flags)`
	Ruft die Subroutine auf, die durch den Parameter `cv` bezeichnet wird (ja, Sie müssen tatsächlich den CV* auf einen SV* casten). Die Funktion gibt die Anzahl der auf den Stack gelegten Rückgabeparameter zurück. `flags` wird weiter unten erklärt.

`perl_call_argv(`
`    char *sub,`
`    I32  flags,`
`    char **argv);`
	Siehe Tabelle 19-1.

`perl_call_va (`
`    char *sub,`
`    [char *type, arg],*`
`    ["OUT",]`
`    [char *type, arg,]*`
`);`
	Siehe Tabelle 19-1. Wir werden diese Bequemlichkeitsfunktion weiter hinten im Abschnitt »API zum leichten Einbetten von Perl« implementieren.

`int perl_call_pv (`
`    char* sub_name,`
`    int flags)`
	Ruft eine Subroutine anhand ihres Namens auf. Diese Funktion ist nur ein dünner Wrapper um `perl_call_sv`.

`int perl_call_method(`
`    char *method_name,`
`    int flags)`
	Ruft eine Methode einer Klasse anhand ihres Namens auf. Der erste Parameter auf dem Stack muß entweder ein SV mit dem Namen der Klasse oder eine »gesegnete« Referenz auf diese Klasse sein.

Es gibt noch andere Möglichkeiten, Perl-Subroutinen aufzurufen, darunter `perl_call_argv` und `perl_call_va`, die Sie bereits aus dem letzten Kapitel kennen. All diese Funktionen sind Wrapper um `perl_call_sv`, die versuchen, die Details des Übertragungsprotokolls so weit wie möglich zu verbergen. Der Parameter *flags* ist eine Kombination der folgenden, in *perl.h* definierten Bitmasken:

`G_DISCARD`
Verwirft alle Rückgabeparameter der Funktion.

`G_SCALAR, G_ARRAY`
Gibt an, ob der Kontext ein skalarer oder ein Arraykontext sein soll. Skalare Kontexte sind der Defaultwert. Die aufgerufene Subroutine kann `wantarray` verwenden, um herauszufinden, was der Aufrufer gern haben möchte. Das ist auch dann nützlich, wenn Sie beeinflussen wollen, wie eine Funktion arbeitet, die `wantarray` benutzt, selbst, wenn Sie an den Resultaten gar nicht interessiert sind.

G_EVAL, G_KEEPERR

> Verpackt den Aufruf in einen eval-Block. perl_eval_sv() nimmt diesen Schalter als gegeben an. Wenn ein in eval eingeschachtelter Block mit die beendet wird, weist Perl das String-Argument von die an errgv ($@) zu und löscht alle in diesem Block erzeugten temporären Variablen. Perl überprüft auch, ob eine dieser Variablen ein »gesegnetes« Objekt ist, und ruft gegebenenfalls die DESTROY-Routine des Objekts auf. Es kann passieren, daß auch diese Routine wieder die aufruft (schließlich handelt es sich um benutzerdefinierten Code). Wir haben hier eine Situation, in der errgv bereits berechnet worden ist und noch eine zusätzliche Ausnahme ausgelöst wird. Wenn Sie G_KEEPERR angeben, hängt Perl diesen neuen Ausnahme-String an errgv an, anstatt errgv zu überschreiben.

CVs unter der Lupe

Ein CV hat die gleiche allgemeine Struktur wie die anderen Wertetypen: einen generischen und einen spezifischen Teil. Betrachten Sie den folgenden Code, der eine Funktion in einem anderem Package definiert (indem er den Namen voll qualifiziert) und diese Funktion mit Devel::Peek untersucht:

```
package Foo;
sub main::bar {   # Eine Funktion in einem anderen Package erzeugen
    my $a = 10;
}
use Devel::Peek;
Dump(\&main::bar);
```

Die Ausgabe sieht folgendermaßen aus:

```
SV = PVCV(0x774300)
  REFCNT = 2
  FLAGS = ()
  IV = 0
  NV = 0
  COMP_STASH = 0x6635f0 "Foo"
  START = 0x7744d0
  ROOT = 0x774650
  XSUB = 0x0
  XSUBANY = 0
  GVGV::GV = 0x66365c    "main" :: "bar"
  FILEGV = 0x660418      "_<foo.pl"
  DEPTH = 0
  PADLIST = 0x66362c
```

Das Feld COMP_STASH zeigt an, daß bei der Ausführung von bar() der Stash »foo« aktiv wäre, obwohl die Subroutine im Package main definiert ist. Das Feld ROOT gibt den Opcode an der Wurzel des Syntaxbaums dieses CVs an, und START bezeichnet die Adresse des Opcodes, der ausgeführt werden soll, wenn die Funktion gestartet wird. Das Feld XSUB ist entweder NULL oder enthält einen Zeiger auf eine C-Subroutine. Das Feld DEPTH bezeichnet die Rekursionstiefe. PADLIST verweist auf eine Liste von *Schmierzetteln* (*Scratchpads*), in denen lexikalische Variablen abgespeichert werden, die innerhalb dieser Subroutine definiert wurden. Mehr dazu gleich.

So funktionieren local und my

Wie wir bereits wissen, können Perl-Variablen global, dynamisch (als `local` gekennzeichnet) oder lexikalisch (`my`) sein. Auf globale Variablen wird über den Stash und den zugehörigen Typeglob zugegriffen. Wenn Perl auf die globale Variable `$a` zugreift, erzeugt es den Opcode `gvsv`, der den Skalarwert des zugehörigen GVs zur Laufzeit auf den Stack legt.

Wenn Perl »`local $a`« parst, dann gibt es immer noch den gleichen Opcode `gvsv` aus, setzt aber dieses Mal eine spezielle Markierung in dem Opcode, um den Skalar zu »lokalisieren«. Zur Laufzeit fragt die zugehörige Opcode-Funktion `pp_gvsv` diese Markierung ab. Falls die Markierung gesetzt ist, ersetzt sie den Skalarwert des GVs durch einen neuen Skalarwert und legt diesen neuen Wert auf den Stack. Währenddessen wird der alte SV sicher in einer Struktur namens Savestack abgelegt (wir kommen darauf im Abschnitt »Die übrigen Stacks unter der Lupe« noch zurück. Weitere Zugriffe auf `$a` in diesem (oder einem eingeschachtelten) Gültigkeitsbereich greifen immer über den GV von `$a` auf den neu angelegten Skalarwert zu.

`my`-Variablen werden ganz anders gespeichert und behandelt. Wir haben bereits erwähnt, daß jeder CV eine *padlist*, eine Liste von Schmierzetteln (*scratchpads*), enthält. Das ist in Abbildung 20-7 bildlich dargestellt.

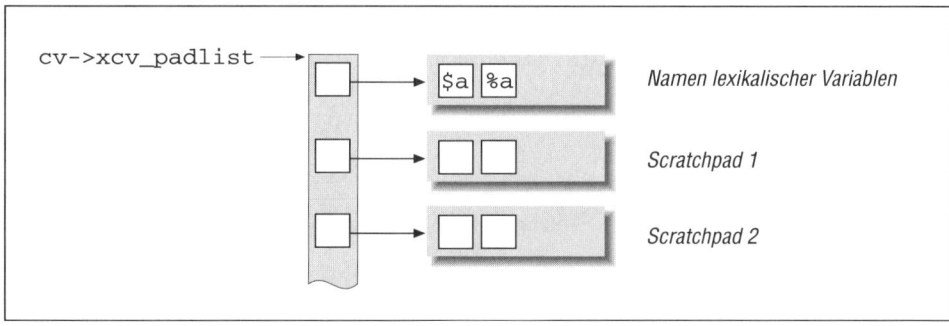

Abbildung 20-7: Ein Einblick in my-Variablen

Die Padlist ist ein normaler AV. Das nullte Element zeigt auf einen AV, der alle lexikalischen Variablennamen enthält, die in dieser Subroutine *benutzt* (und nicht nur deklariert) werden. Die Namen enthalten auch ihre Präfixsymbole; `$a` und `%a` haben also jeweils eigene Einträge. Das erste Element der Padlist zeigt auf ein *scratchpad*-Array (ebenfalls ein AV), dessen Elemente die Werte zu den lexikalischen Variablen in der nullten Reihe enthalten. Sie sehen, die Padlist ist eine alternative Symboltabelle, denn sie enthält eine logische Paarbildung von Variablennamen und zugeordneten Werten.

Wenn die Subroutine rekursiv ist, wird auf jeder Rekursionsebene ein neues Scratchpad angelegt. Ein CV benötigt also mindestens drei AVs (einen für `xcv_padlist`, einen zum Abspeichern der Namen und einen weiteren zum Abspeichern der Werte).

Wenn Perl (ab der Version 5.005) Multithreading beherrschen wird, wird jeder Thread sein eigenes Scratchpad enthalten,[13] was dazu führt, daß lexikalische Variablen weiterhin vollständig auf eine Rekursionsebene und einen Thread beschränkt sind. (Package-globale Variablen werden aber selbstverständlich weiterhin global sein.)

my-Variablen sind etwas schneller als local-Variablen. Das liegt daran, daß local zur Laufzeit einen neuen Wert allozieren muß, um zeitweilig den globalen Wert zu verschatten. my-Variablen sind dagegen bereits eindeutig innerhalb eines CVs, so daß sie normalerweise bereits zur Parsing-Zeit alloziert werden können. Der einzige Grund, eine my-Variable zur Laufzeit frisch anzulegen, ist die Rekursion, was aber nicht so häufig vorkommt. In zukünftigen Perl-Versionen werden auch mehrere Threads, die den gleichen CV ausführen, lokale Variablen zur Laufzeit anlegen müssen.

Wenn Sie auf eine lexikalische Variable zugreifen, erzeugt Perls Codegenerator einen Opcode namens padsv, der äquivalent zu dem für globale oder lokale Variablen verwendeten gvsv ist. padsv merkt sich die Position der Variablen im Scratchpad (das wäre 1 für %a in Abbildung 20-7). Auf diese Weise muß Perl zur Laufzeit keine Zeit damit verschwenden, den entsprechenden Wert zu holen und auf den Stack zu legen.

Closures

Diese kurze Einführung in CVs und lexikalische Variablen führt uns direkt zum Thema »Closures«. Wenn eine Closure erzeugt wird, alloziert Perl einen CV, läßt ihn auf den Start-Opcode der Subroutine zeigen und übergibt ihm seine eigene private Padlist. Die Padlist enthält Zeiger auf alle lexikalischen Variablen, die von dieser Closure *verwendet* werden, egal ob sie in diesem Block erzeugt worden sind oder nicht (siehe Abbildung 20-8).

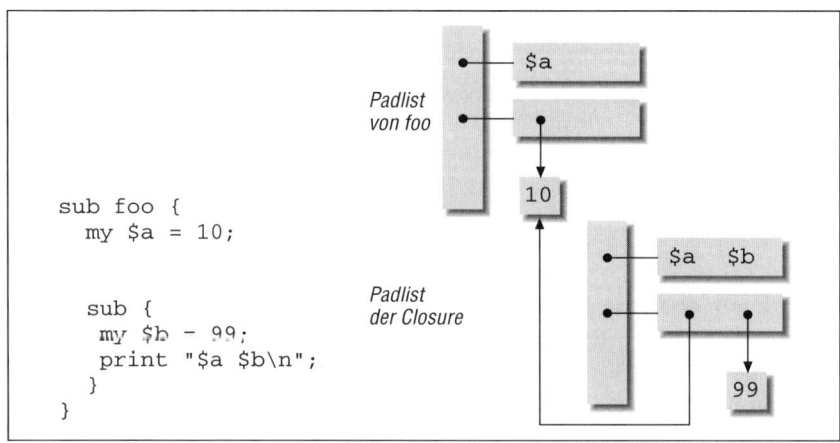

Abbildung 20-8: Das Scratchpad holt lexikalische Variablen aus den Scratchpads der umgebenden CVs.

---

13 Zumindest ist das in Malcolm Beatties aktuellen Prototyp-Patches, mit denen POSIX-Threads unterstützt werden, der Fall.

Für die lexikalischen Variablen, die aus dem CV stammen, der die Closure umgibt ($a in Abbildung 20-8), enthält das Scratchpad direkte Zeiger auf die zugehörigen Werte. Außerdem wird der Referenzzähler dieser Werte inkrementiert. Lexikalische Variablen wie $b, die erst in der Closure angelegt werden, werden neu alloziert. In beiden Fällen wird der Speicherplatz für die lexikalische Variable aber nicht freigegeben, solange die Subroutine, die sie verwendet, noch aufgerufen werden kann.

Objekte versus Closures

In Kapitel 4 ist uns bereits aufgefallen, wie ähnlich sich Objekte und Closures sind: Beide repräsentieren eine Verknüpfung zwischen Code und Daten. Ein Objekt mit drei Methoden kann also auch als drei Closures repräsentiert werden, die über private Variablen verfügen, die sie aus ihrer Umgebung »geliehen« haben.

Natürlich verbraucht die Verwendung von Closures sehr viel mehr Platz. Um die Informationen von hundert Objekten zu repräsentieren, brauchen Sie 300 einzelne Closures, was wiederum 900 AVs ergibt. Wenn Sie dagegen die Objektattribute in einer Hashtabelle ablegen, benötigen Sie hundert Hashtabellen und neun AVs (drei pro Subroutine).

Auf der anderen Seite ist es schneller, eine Closure aufzurufen als eine Objektmethode. Das liegt daran, daß die Variablen einer Closure unmittelbar nach dem Aufruf der Closure zur Verfügung stehen, während eine Objektmethode immer noch die Objektreferenz dereferenzieren und dann für jedes Attribut auf die Hashtabelle zugreifen muß. Das folgende Benchmark-Programm vergleicht die Geschwindigkeit einer Objektzugriffsmethode mit einer äquivalenten Closure – die Closure ist auf meinem PC zwei- bis dreimal schneller.

```
#-------------------------------------------------------------
package OBJECT;                    # Package, um Objektzugriffe zu messen
sub new {
   bless {'abc' => 10};
}
sub abc {                          # Attribut abc holen
    $_[0]->{'abc'};
}
sub increment {                    # Attribut abc inkrementieren
    $_[0]->{'abc'}++;
}
#-------------------------------------------------------------
package CLOSURE;                    # Package, um Closures zu messen
sub new {
  my $abc = 10;                    # »Objektdaten«
  my ($rs_increment, $rs_abc);
  $rs_increment = sub {$abc++};    # entspricht OBJECT::increment
  $rs_abc       = sub {$abc}  ;    # entspricht OBJECT::abc
  ($rs_increment, $rs_abc);
}
#-------------------------------------------------------------
package main;
use Benchmark;
$a = OBJECT->new();                # Erzeugt neues Objekt
($inc, $fetch) = CLOSURE->new();   # Erzeugt zwei Closures
```

```
timethese(1000000, {
   Object => '$a->increment',     # Eine Objektmethode aufrufen
   Closure => '&$inc'             # Eine Closure aufrufen
});
```

Auf meinem PC erzeugt das folgende Ausgabe:

```
Benchmark: timing 1000000 iterations of Closure, Object...
   Closure: 13 secs (14.39 usr  0.00 sys = 14.39 cpu)
    Object: 45 secs (45.14 usr  0.00 sys = 45.14 cpu)
```

Magische Variablen[14]

Es gibt gewöhnliche benutzerdefinierte Variablen, die Strings, Zahlen und Referenzen
enthalten. Aber es gibt auch *magische* Variablen, die eine oder mehrere spezielle Eigenschaften haben. Eine mit `tie` gebundene Variable ist beispielsweise magisch, weil sie
Zeiger auf ein gebundenes Objekt enthält und die Methoden FETCH und STORE dieses
Objekts aufruft, wenn die Variable ausgelesen oder beschrieben wird (siehe Kapitel 9).
Eingebaute Variablen wie $! und %SIG werden ebenfalls gesondert behandelt: Wenn
$! ausgelesen wird, liest Perl implizit die C-Variable `errno`. Wenn %SIG beschrieben
wird, richtet Perl den Signalhandler entsprechend ein.

Abbildung 20-9 zeigt eine magische Skalarvariable. Sie enthält die normalen Skalarfel-
der, die Sie schon kennen, und zusätzlich einen Zeiger auf eine verkettete Liste von Eigenschaften. Eine Struktur namens MAGIC repräsentiert jeweils eine Eigenschaft und
verleiht damit den verschiedenen Arten von Eigenschaften eine gewisse Einheitlichkeit.
Wie werden das noch genauer zu sehen bekommen. Lassen Sie uns zunächst diese
Struktur etwas detaillierter ansehen, bevor wir davon Gebrauch machen.

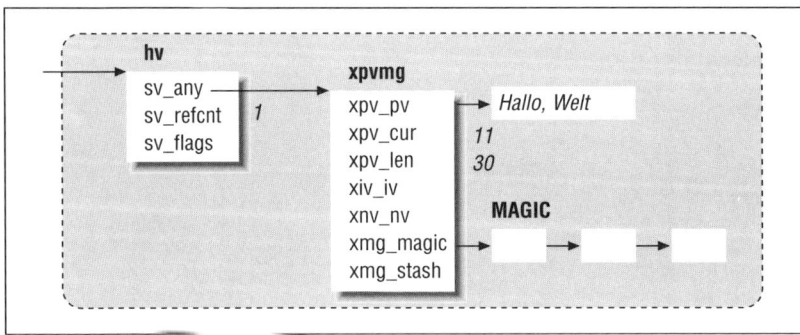

Abbildung 20-9: Magische Skalare

Eine Eigenschaft (dargestellt in Abbildung 20-10) ist ein Objekt, das einen Eigenschaftstyp, einen Zeiger auf Daten, die zur Eigenschaft gehören, und einen Zeiger auf eine *virtuelle Tabelle* (in der C++-Sprache eine *vtbl*, eine Tabelle von Zeigern auf Funktionen)
enthält. Wenn eine Variable ausgelesen, beschrieben, gelöscht, zerstört wird oder wenn

---

14 Sie können diesen Abschnitt beim ersten Lesen überspringen.

ihre Länge abgefragt wird, aktualisiert Perl zunächst den Wert der Variablen (also das String-, Integer- oder Fließkommafeld) und ruft dann die Zugriffsfunktion auf, die für die jeweilige Aktion (Lesen, Schreiben, Löschen usw., siehe Abbildung 20-10) zuständig ist. Wenn die Variable mehr als eine Eigenschaft hat, wird die Zugriffsfunktion jeder Eigenschaft aufgerufen, damit jede Eigenschaft die Gelegenheit hat, den Wert der Variablen zu verändern. Auch eine Zugriffsfunktion kann Seiteneffekte haben. Wenn Sie beispielsweise `%SIG` modifizieren, wird die Funktion `svt_set` jeder Eigenschaft aufgerufen. Eine dieser Funktionen aktualisiert den Signalhandler.

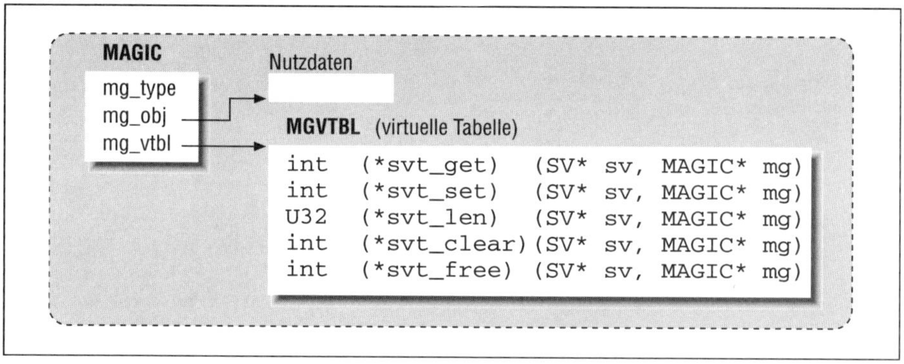

Abbildung 20-10: MAGIC: Eine einheitliche Schnittstelle zur Repräsentation spezieller Eigenschaften

Perl enthält eine Reihe von vorgefertigten virtuellen Tabellen, die jeweils mit eindeutigen *Eigenschaftstypen* verknüpft sind. Dabei handelt es sich einfach um eindeutige Zeichen. Beispielsweise wird die virtuelle Tabelle für gebundene Arrays durch das Zeichen »P« symbolisiert. Wenn Sie wissen wollen, was die anderen Typen sind, sollten Sie einen Blick in das Dokument *perlguts* werfen. Ein Wert kann pro Eigenschaftstyp höchstens eine Eigenschaft in seiner Liste haben. Es gibt einen speziellen Eigenschaftstyp, der durch das Zeichen ˜ symbolisiert wird und eine Ansatzstelle für Autoren von Erweiterungen darstellt, die eigene virtuelle Tabellen angeben können. Schauen wir uns an, wie man diesen bestimmten Typ benutzt.

Um einem Skalar spezielle Eigenschaften zu verleihen, verwenden Sie die Funktion `sv_magic`:

```
sv_magic(sv, obj, '~', "foo", 3);
```

Diese Funktion erweitert den Skalarwert intern zu einer XPVMG-Struktur und teilt Perl mit, daß es keine seiner eigenen virtuellen Tabellen anhängen soll (wegen des ˜). Außerdem legt Perl eine MAGIC-Struktur an und hängt diese an den Skalar. `obj` ist ein Skalar Ihrer Wahl, der benutzerdefinierte Daten enthält und es den Zugriffsfunktionen ermöglicht, zwischen verschiedenen magischen Variablen zu unterscheiden. Die letzten beiden Parameter geben einfach nur der Eigenschaft einen Namen. Es handelt sich um einen Bezeichnerstring und dessen Länge. Normalerweise werden Sie den Namen der Variablen verwenden.

Um eine bestimmte Eigenschaftsstruktur zu einem Skalar zu finden, können Sie die Funktion mg_find verwenden:

```
MAGIC *m = mg_find(sv(,'~'));
```

Mit diesen beiden Funktionen wollen wir jetzt einen eigenen Tie-Mechanismus implementieren: Es soll eine eigene Funktion aufgerufen werden, wenn irgendetwas mit der Variablen passiert. Im folgenden Beispiel demonstriert die Prozedur foo_tie, wie man eine Variable $foo in Perl mit der C-Variablen my_foo verknüpft:

```
int my_foo;    /* soll auf Skriptebene an $foo gebunden werden */
int foo_get (SV *sv, MAGIC *mg)
{
    sv_setiv(sv, my_foo);    /* den Wert von my_foo zurückgeben */
    printf ("GET foo => %d\n", my_foo);
    return 1; /* Rückgabewert wird nicht benutzt */
}
int foo_set (SV *sv, MAGIC *mg)
{
    my_foo = SvIV(sv);       /* Wert von my_foo setzen */
    printf ("SET foo => %d\n", my_foo);
    return 1; /* Rückgabewert wird nicht verwendet */
}
MGVTBL foo_accessors = {    /* Eigene virtuelle Tabelle */
    foo_get, foo_set, NULL,  NULL,   NULL
};
void foo_tie ()
{
    MAGIC *m;
    /* Variable erzeugen */
    char *var = "main::foo";
    SV *sv = perl_get_sv(var,TRUE);
    /* sv zu einer magischen Variablen machen */
    sv_magic(sv, NULL, '~', var, strlen(var));
    /* sv_magic fügt dem SV eine MAGIC-Struktur des Typs '~' hinzu.
       Die holen wir uns und setzen den Zeiger auf die virtuelle Tabelle. */
    m = mg_find(sv, '~');
    m->mg_virtual = &foo_accessors;
    SvMAGICAL_on(sv);
}
```

Weil foo_tie den Eigenschaftstyp '~' verwendet, stellt Perl keine vorgefertigte virtuelle Tabelle bereit. foo_tie macht das wieder wett, indem es eine eigene virtuelle Tabelle (foo_accessors) verwendet, die zwei Zeiger auf foo_get und foo_set enthält. Beachten Sie, daß diese beiden Funktionen den Integer-Wert des übergebenen Skalars benutzen.

Der tie-Mechanismus, der auf Skriptebene zur Verfügung steht, ist natürlich noch umfassender. Er verlangt zunächst von einem Modul ein Objekt (mit TIESCALAR, TIEHASH usw.) und verwendet dieses Objekt als Parameter von sv_magic. Wenn später aus der gebundenen Variable gelesen werden soll, wird die Zugriffsfunktion sv_get aufgerufen, die den Aufruf an die private FETCH-Methode des Objekts weiterreicht.

Stacks und das Datenübertragungsprotokoll

Uff! Wir sind jetzt mit unserer ziemlich intensiven Untersuchung der von Perl angebotenen Wertetypen fertig. Die nächste Hälfte dieses Kapitels beschäftigt sich mit den Datenstrukturen, der API und dem Protokoll, die zwischen einem Aufrufer und den aufgerufenen Subroutinen verwendet werden.

Wir haben bereits erwähnt, daß der Argument-Stack eine Datenstruktur ist, die verwendet wird, um Parameter und Ergebnisse von Funktion zu Funktion weiterzureichen. Abbildung 20-11 zeigt den Stack, nachdem zunächst `foo(10, 20)` aufgerufen wurde und diese Funktion wiederum `bar( "hello", 30.2, 100)` aufgerufen hat.

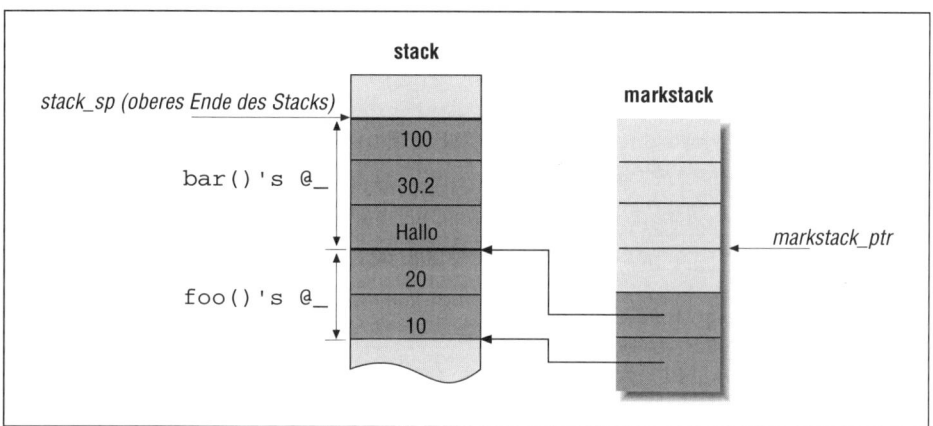

Abbildung 20-11: Argument- und Markstack, nachdem foo aufgerufen wurde und selbst bar aufgerufen hat

Woher weiß `bar`, wie viele Parameter es sich von `stack` herunternehmen soll? Nun, Perl verwaltet die Bereiche im Argument-Stack mit einem anderem Stack namens `markstack`, gewissermaßen ein Stack von Lesezeichen (*bookmarks*). `bar` erfährt, welche Parameter es sich nehmen soll, indem es einfach die Differenz zwischen dem aktuellen Ende von `stack` und dem Lesezeichen oben auf `markstack` berechnet. Dieser Bereich des Stacks entspricht dem Array `@_` von `bar`. Wenn `bar` zurückspringen will, legt es entsprechend ein oder mehrere Ergebnisse in seinen Bereich auf dem Stack. `foo` erfährt dann durch einen Blick auf den `markstack`, wie viele Skalare zurückgegeben worden sind.

Sie merken von all diesen Vorgängen nichts, wenn Sie Perl-Skripten schreiben. Aber wenn Sie C-Routinen schreiben, die von Perl aufgerufen werden (also Perl erweitern), oder Perl-Funktionen von C aufrufen (also Perl einbetten), dann müssen Sie einige dieser Details beachten. Obwohl es Ihnen Hilfsprogramme wie XS und SWIG leicht machen, Erweiterungen zu schreiben, werden Sie feststellen, daß die folgenden Abschnitte Ihnen den Weg ebnen, noch mächtigere und intuitivere Erweiterungen zu schreiben (wobei »intuitiv« natürlich auf den Benutzer der Erweiterungen bezogen ist).

Eine Perl-Subroutine aufrufen

Fangen wir damit an, eine Perl-Subroutine von C aufzurufen, wie es normalerweise der Fall ist, wenn Sie den Perl-Interpreter in Ihre Applikation einbetten. Tabelle 20-6 enthält die Makros aus *pp.h*, die Sie dazu *in der angegebenen Reihenfolge* benötigen. Es ist wahrscheinlich schwierig, sich diese Makros beim ersten Lesen zu merken, aber da sie jedesmal in genau der gleichen Reihenfolge aufgerufen werden, werden Sie sie bald verinnerlicht haben.

Tabelle 20-6: Makros, die zum Aufruf einer Perl-Routine benötigt werden (Einbetten)

Funktion/Makro	Beschreibung
dSP	Deklariert einige Variablen, die von den folgenden Makros verwendet werden.
ENTER	Gültigkeitsbereich beginnen.
SAVETMPS	Alle sterblichen Variablen, die nach diesem Aufruf erzeugt werden, werden beim Aufruf von FREETMPS gelöscht. Lesen Sie dazu auch die Erläuterungen zu tmps_stack im nächsten Abschnitt.
PUSHMARK	Merkt sich das aktuelle Ende von stack (markstack wird aktualisiert). ENTER, SAVETMPS und PUSHMARK werden aufgerufen, um den Stack für den Subroutinenaufruf vorzubereiten.
XPUSHs(SV*)	Jetzt können Sie eine beliebige Anzahl von Argumenten auf den Stack schieben. Wenn Sie frisch angelegte SVs auf den Stack schieben, können Sie sie als sterblich markieren. Perl wird sie dann am Ende des Gültigkeitsbereichs automatisch löschen.
PUTBACK	Zeigt an, daß alle Argumente auf den Stack geschoben worden sind. PUSHMARK und PUTBACK klammern gewissermaßen die Argumente. An dieser Stelle kann die Perl-Routine mit perl_call_pv oder perl_call_sv aufgerufen werden (siehe dazu das folgende Beispiel).
SPAGAIN	Wie PUSHMARK wird hier eine Reihe von Stack-Operationen eingeleitet, diesmal, um die zurückgegebenen Resultate abzuholen. Sie müssen dieses Makro auch dann aufrufen, wenn es keine zurückgegebenen Resultate gibt.
POPi POPl POPn POPp POPs	Nimmt einen Skalar vom Stack und konvertiert ihn in den entsprechenden Typ (int, long, double, Zeiger (üblicherweise auf einen String)) und SV. perl_call_pv gibt die Anzahl der Ergebnisparameter auf dem Stack zurück. Sie müssen aufpassen, daß Sie diese Makros nicht öfter aufrufen. Denken Sie daran, daß POP die Ergebnisse nicht in der Reihenfolge zurückgibt, in der die Perl-Routine sie auf den Stack gelegt hat, sondern umgekehrt.
PUTBACK	Rufen Sie dieses Makro auf, nachdem Sie alle Parameter vom Stack geholt haben.
FREETMPS	Siehe SAVETMPS.
LEAVE	Beendet den Gültigkeitsbereich. Siehe ENTER.

Das folgende Codestück illustriert, wie man eine Perl-Prozedur namens `add` mit den beiden Eingabeparametern 10 und 20 aufruft und wie man dann die Ergebnisse abholt. Achten Sie noch einmal darauf, wie die Makros in der in Tabelle 20-6 angegebenen Reihenfolge verwendet werden.

```
#include <perl.h>
void foo() {
    int n;          /* die Anzahl der von add zurückgegebenen Parameter       */
    dSP;
    ENTER;          /* Perl mitteilen, daß wir neuen Gültigkeitsbereich anfangen */
    SAVETMPS;       /* Sicherstellen, daß FREETMPS nur die sterblichen Variablen
                       freigibt, die nach dieser Anweisung deklariert wurden    */
    PUSHMARK(sp);   /* Aktuellen Stack-Zeiger merken. sp wird von dSP deklariert */
    /* Argumente auf den Stack legen */
    XPUSHs(sv_2mortal(newSViv(10)));        /* Integer auf den Stack legen */
    XPUSHs(sv_2mortal(newSViv(20)));        /* und noch einen    */
    PUTBACK;                                /* Ende der Argumente */

    /* Subroutine anhand ihres Namens aufrufen; die Subroutine wird einen Skalar
       zurückgeben */
    n = perl_call_pv ("add", G_SCALAR);

    SPAGAIN;                /* Gleich holen wir die Rückgabewerte ab */

    /* Rückgabewert vom Stack holen */
    if (n == 1)
        printf ("Result: %d \n", POPi);
    /* Aufraeumen                                                    */
    PUTBACK;            /* Fertig mit dem Abholen der Resultate      */
    /* Es ist Zeit aufzuräumen und Schluss zu machen ..             */
    FREETMPS;  /* Gibt die beiden an add übergebenen sterblichen Parameter frei */
    LEAVE;     /* Gültigkeitsbereich verlassen                       */
}
```

Das ist eigentlich alles, was Sie wissen müssen, um den Abschnitt »API zum leichten Einbetten von Perl« zu verstehen, in dem die in Kapitel 19 eingeführte Bequemlichkeitsfunktion `perl_call_va` implementiert wird.

Die aufgerufene Seite: eine XSUB von Hand programmieren

Nachdem wir jetzt gesehen haben, wie man eine Perl-Subroutine aufruft, schauen wir uns den Stack aus der Sicht der aufgerufenen Subroutine an. In dieser Situation sind alle XSUBs, und wenn Sie diesen Abschnitt gelesen haben, werden Sie auch den von SWIG und *xsubpp* erzeugten Code verstehen.

Lassen Sie uns zunächst klarstellen, wie Perl Ihre XSUB überhaupt findet, d.h. woher Perl wissen soll, ob es die C-Funktion `add`, `my_add` oder eine ganz andere aufrufen soll, wenn in einem Skript »add($a,$b,$c)« auftaucht. Damit Perl Ihre Funktion findet, müssen Sie eine Bindung zwischen einem Subroutinennamen (wie er im Perl-Skript bekannt ist) und einer C-Prozedur erzeugen. Das geschieht mit der Prozedur `newXS`.

```
    extern XS(add);           /* Das Makro XS wird in Tabelle 20-7 erläutert. */
    newXS("add", add, "add.c"); /* Dateiname wird zu Debugging-Zwecken übergeben */
```

XS und SWIG generieren zu einem Modul namens `foo` eine Prozedur namens `boot_foo`, die `newXS` verwendet, um alle XSUBs in diesem Modul an die entsprechenden Namen zu binden. Das Elegante daran ist die Tatsache, daß `boot_foo` selbst wiederum eine XSUB ist, die vom Modul Dynaloader zur Laufzeit aufgerufen wird, falls Sie dynamisches Laden verwenden.

XSUBs verwenden die in *XSUB.h* definierten Makros aus Tabelle 20-7, um den Stack zu untersuchen und Ergebnisse zurückzugeben.

Tabelle 20-7: Makros zu Stack-Manipulation (Einbetten)

Funktion/Makro	Beschreibung
`XS`	Erzeugt die Standardsignatur, die für Ihre XSUB benötigt wird. Beispielsweise sollte die Prozedur `foo` folgendermaßen deklariert werden: `XS(foo) {    }`
`dXSARGS`	Definiert einige lokale Variablen, die von den anderen Makros verwendet werden. Wichtig ist davon besonders eine Integer-Variable namens `items`, die die Anzahl der Parameter enthält, die der Aufrufer auf den Stack gelegt hat.
`SV* ST(n)`	Holt den *n*-ten Parameter (ein SV*) vom Stack. `ST(0)` bezeichnet den ersten Parameter (`$_[0]`) und `ST(items-1)` den letzten.
`XSRETURN(n)`	Gibt an, daß Sie *n* Parameter auf dem Stack gelassen haben und springt zurück. Wenn Sie – wie in den meisten Fällen – nur einen Wert zurückgeben wollen, können Sie eines der unten aufgeführten, bequemeren Makros verwenden.

`XSRETURN_NO`
`XSRETURN_YES`
`XSRETURN_UNDEF`
	Führt `XSRETURN(1)` aus, nachdem es einen SV mit dem Wert 0, 1 oder `undef` auf den Stack gelegt hat.

`XSRETURN_EMPTY`	Entspricht `XSRETURN(0)`.

`XSRETURN_IV (int)`
`XSRETURN_NV (double)`
`XSRETURN_PV (char *)`
	Hinterläßt einen sterblichen Skalar mit dem passenden Wertetyp. Dieser Skalar wird gelöscht, wenn der Aufrufer `FREETMPS` aufruft.

Das folgende Codestück zeigt die von Hand kodierte XSUB `add`, die alle Eingabeparameter addiert und das Ergebnis zurückgibt:

```
    #include <perl.h>
    #include <XSUB.h>
    XS(add)                        /* Alle XSUBs haben diese Signatur */
    {
        int sum = 0;
        dXSARGS;                   /* definiert 'items' und initialisiert die
                                      Variable  mit der Anzahl der Parameter    */
```

```
    if (items == 0)
        XSRETURN_IV(0);      /* Gibt 0 zurück, wenn keine Parameter da sind.  */

    for (--items ; items >= 0 ; --items) {
        if (SvIOK(ST(items))        /* Wenn SV einen Integer enthält...   */
            sum += SvIV(ST(items));
    }
    XSRETURN_IV (sum);
}
```

Eine variable Anzahl von Ergebnissen zurückgeben

Die Subroutine im letzten Beispiel gibt immer nur einen Parameter zurück. Es ist aber auch nicht schwieriger, mehrere Parameter zurückzugeben. Im folgenden Beispiel sehen Sie, wie ein null-terminiertes Array von Strings (argv) in die gleiche Anzahl von Ergebnisparametern auf dem Stack umgewandelt wird:

```
int i = 0;
for ( ; *argv; argv++, i++) {
    ST(i) = sv_2mortal(newSVPV(*argv,0));
}
XSRETURN(i);
```

Sie sehen, daß die zurückgegebenen Parameter auf dem Argument-Stack den Bereich zwischen ST(0) und ST(n-1) belegen. XSRETURN paßt den Markstack an, so daß der Aufrufer die Anzahl der zurückgegebenen Skalare erfahren kann. Es ist wichtig, daß Sie verstehen, daß dieser Code nicht die *Eingabe-Argumente* verändert, die vorher im gleichen Bereich des Stacks gelegen haben. Der *Stack* wird vielmehr dahingehend aktualisiert, daß er auf die neuen SVs zeigt. (Denken Sie daran, daß ein Stack ein Array von SV*s ist.) Um einen Eingabeparameter direkt zu verändern, müßten Sie folgendes schreiben:

```
sv_setpv(ST(i), "hello", 0); /* Entspricht einer Modifikation von $_[i] */
```

Funktionen wie read machen so etwas zwar; ich würde Ihnen aber trotzdem davon abraten und statt dessen lieber empfehlen, daß Sie neue SVs erzeugen. Weiterhin können Sie es dem aufrufenden Code ersparen, sich über die Speicherverwaltung oder die Anpassung der Referenzzähler Gedanken machen zu müssen, indem Sie diese neuen Werte sterblich machen und damit die Verantwortung an Perl abtreten. Sie werden dann automatisch am Ende des Gültigkeitsbereichs gelöscht.

Sicherstellen, daß der Stack groß genug ist

Das ST-Makro bezieht sich direkt auf einen bestimmten Punkt auf dem Stack. Da es sein kann, daß der Stack nicht groß genug ist, um ein Argument aus dem Makro aufzunehmen, können Sie nicht einfach ST(100) verwenden, ohne einen Crash zu riskieren. Das Makro EXTEND stellt sicher, daß der Stack groß genug für Ihre Daten ist:

```
EXTEND(sp, 100); /* Stack um 100 Elemente erweitern */
```

Dieses Makro kann sowohl vom Aufrufer als auch von den aufgerufenen Subroutinen verwendet werden. Die Variable sp (der Stack-Zeiger) wird automatisch für Sie (von den Makros dSP und dXSARGS) definiert. ST() hätte auch av_store() verwenden können, um den Stack automatisch zu erweitern, aber das wäre deutlich langsamer.

Es gibt noch eine andere Möglichkeit. Wenn wir den Stack-Zeiger zurück auf das untere Ende unseres Bereichs auf dem Stack setzen, dann können wir das Makro XPUSHs verwenden, das den Stack automatisch erweitert:

```
i = 0;
sp -= items;           /* Setzt den Stack-Zeiger zurück */
for ( ; *argv; argv++, i++) {
    /* Einen frischen, sterblichen, string-wertigen Skalar auf den Stack legen */
    XPUSHs(sv_2mortal(newSVpv(*argv, 0)));
}
XSRETURN(i);
```

Das ist – wie wir noch sehen werden – genau die gleiche Strategie, die von der Anweisung PPCODE in XS verwendet wird. Wie ich bereits erwähnt habe, verändert der Code die Eingabeparameter nicht, er ersetzt nur diese Zeiger auf dem Stack durch neue. Wenn wir vergessen hätten, den Stack-Zeiger zurückzusetzen, dann hätten wir unseren Kram oben auf die Eingabeparameter gelegt, was beim Verlassen der Prozedur zur Katastrophe geführt hätte.

Die übrigen Stacks unter der Lupe

Schauen wir uns jetzt kurz noch die anderen Stacks neben dem Argument-Stack und dem Markstack an, die innerhalb von Perl zur Verfügung stehen, damit wir besser verstehen, was die Makros, die in den anderen Abschnitten beschrieben wurden, intern eigentlich machen. Wenn Sie nicht an diesen Details interessiert sind, können Sie diesen Abschnitt überspringen, ohne daß Ihnen später etwas fehlen wird.

*Savestack (*savestack*)*

Dieser Stack wird als Ablage für alle möglichen globalen Informationen benutzt, die innerhalb eines eingeschachtelten Gültigkeitsbereichs verändert werden können. Um beispielsweise einen Integer-Wert in Sicherheit zu bringen, benutzt Perl ein Makro namens SSPUSHINT (aus *scope.h*). Dieses Makro schiebt drei Informationsstückchen auf den Stack: den Wert des Integers, seine Adresse und die Tatsache der Speicherung selbst. Der Wert dieses Integers kann nun im eingeschachtelten Gültigkeitsbereich beliebig verändert werden. Am Ende des aktuellen Gültigkeitsbereichs entnimmt Perl die Werte vom Savestack und weiß, daß es auch den alten Zeiger und den alten Wert restaurieren muß, da ein Integer abgespeichert worden ist. Auf diese Weise wird ein Integer effizient gespeichert.

Wenn der Perl-Interpreter auf Anweisungen wie local($a) stößt, werden der zu »a« gehörende GV und sein skalarer Wert auf dem Savestack gesichert. Am Ende des Gültigkeitsbereichs werden der GV und sein Skalarzeiger automatisch restauriert.

Gültigkeitsbereich-Stack (`scopestack`*)*

Der Gültigkeitsbereich-Stack wird verwendet, um sich Positionen im Savestack zu merken, die zu verschiedenen Gültigkeitsbereichen gehören (das entspricht dem Markstack, der Lesezeichen für den Argument-Stack enthält).

Temporär-Stack (`tmps_stack`*)*

Wenn Sie eine sterbliche Variable anlegen oder eine Variable als sterblich kennzeichnen (von C aus mit `sv_2mortal`, in Skripten mit `local`), dann legt Perl diesen SV auf den Temporär-Stack (ohne den Referenzzähler zu verändern). Am Ende des Gültigkeitsbereichs dekrementiert es den Referenzzähler aller temporären Variablen, die in diesem Gültigkeitsbereich auf den Temporär-Stack geschoben worden sind. Denken Sie daran, daß `my`-Variablen (lexikalische Variablen) in CV-spezifischen Scratchpads liegen und daher nie auf den Temporär-Stack wandern.

Returnstack (`retstack`*)*

Bevor es eine Subroutine aufruft, merkt Perl sich den Start-Opcode der auf diesen Subroutinenaufruf folgenden Anweisung, indem es ihn auf den `retstack` schiebt.

Kontext-Stack (`cxstack`*)*

Dieser Stack wird zur Verwaltung von Kontextinformationen des aktuellen Blocks wie dem Block-Label und dem CV, der nach einem `last`, `redo` oder `next` angesprungen werden soll, benötigt. Am Ende eines Blocks werden die vorherigen Werte restauriert. Ich weiß nicht, warum es zwei Stacks gibt, die Kontextinformationen im Zusammenhang mit Gültigkeitsbereichen abspeichern.

Raffinierte Erweiterungen

Nachdem wir uns jetzt bis an die Zähne mit Informationen bewaffnet und auch schon einige Erweiterungen von Hand programmiert haben, können wir jetzt SWIG und XS voll und ganz ausnutzen. Wir werden uns in diesem Abschnitt zunächst von XS erzeugten Code ansehen. SWIG erzeugt aber fast identischen Code, so daß die Erklärungen hier für beide Werkzeuge ausreichen sollten. Anschließend werden wir Typemaps und Codeschnipsel schreiben, die XS helfen, mit C-Strukturen klarzukommen, C-Strukturen in Perl-Objekte zu verpacken und schließlich Schnittstellen zu C++-Objekten zu schaffen. Das meiste des hier Gesagten trifft auch auf SWIG zu, weswegen wir nur ein einziges SWIG-Beispiel anführen. Es sollte noch ergänzt werden, daß die XS-spezifischen Typemap-Beispiele auf den folgenden Seiten in SWIG einfach und elegant ganz ohne benutzerdefinierte Typemaps bewältigt werden können.

Anatomie einer XS-Erweiterung

Es lohnt sich, einen Blick auf den von *xsubpp* erzeugten Kitt zu werfen, um XS-Typemaps und die Wirkungsweise von Schlüsselwörtern wie CODE und PPCODE zu verstehen. Betrachten Sie die folgende XS-Deklaration eines Moduls `Test`, die eine Funktion enthält, die zwei Argumente erwartet und einen Integer-Wert zurückgibt:

```
MODULE = Test   PACKAGE = Test
int
func_2_args(a, b)
    int    a
    char*  b
```

Das wird von *xsubpp* in den folgenden Code übersetzt (Die Kommentare in kursiver Schrift habe ich hinzugefügt.):

```
XS(XS_Test_func_2_args) /* gemangelter Funktionsname, */
                        /* der Package-Name macht ihn eindeutig  */
{
    dXSARGS;             /* "items" deklarieren und mit der Anzahl */
    if (items != 2)     /* der Items auf dem Stack initialisieren */
        croak("Aufruf: Test::func_2_args(a, b)");

    {   /* Frischen Block anfangen, damit wir Variablen deklarieren können. */
        /* Eingebaute Typemaps übersetzen den Stack in C-Variablen */
        int     a = (int)SvIV(ST(0));
        char*   b = (char *)SvPV(ST(1),na);
        /* Der Typ von RETVAL entspricht dem Rückgabewert der Funktion. */
        int     RETVAL;

        RETVAL = func_2_args(a, b);
        ST(0)  = sv_newmortal();

        /* Typemap für die Rückübersetzung, die C-Variablen in den Stack übersetzt.*/
        sv_setiv(ST(0), (IV)RETVAL);
    }
    XSRETURN(1); /* Perl mitteilen, daß ein Rückgabewert auf den Stack gelegt worden
                    ist. */
}
```

Das ist fast identisch mit dem Code, den wir im Abschnitt »Die aufgerufene Seite: eine XSUB von Hand programmieren« analysiert haben. Beachten Sie, wie die Argumente auf dem Stack in die beiden Argumente a und b übersetzt werden. Die Funktion XS ruft dann die eigentliche C-Funktion `func_2_args` auf, holt den Rückgabewert, packt ihn ein und legt ihn auf den Argument-Stack.

Lassen Sie uns jetzt einige der häufiger verwendeten Schlüsselwörter hinzufügen, um zu sehen, was *xsubpp* aus ihnen macht. Der XS-Codeschnipsel

```
int
func_with_keywords(a, b)
    int    a
    char*  b
  PREINIT:
    double c;
  INIT:
    c = a * 20.3;
  CODE:
    if (c > 50) {
        RETVAL = test(a,b,c);
```

```
    }
  OUTPUT:
    RETVAL
```

wird in folgenden Code übersetzt:

```
XS(XS_Test_func_with_keywords)
{
    dXSARGS;
    if (items != 2)
        croak("Aufruf: Test::func_with_keywords(a, b)");
    {
        int    a = (int)   SvIV(ST(0));
        char*  b = (char *)SvPV(ST(1),na);
        double c;                    /* PREINIT-Abschnitt              */
        int    RETVAL;
        c = a * 20.3;                /* INIT-Abschnitt                 */
        if (c > 50) {                /* CODE-Abschnitt                 */
            RETVAL = test(a,b,c);    /* beliebige Funktion aufrufen    */
        }
        ST(0) = sv_newmortal();      /* Entsprechend OUTPUT generiert  */
        sv_setiv(ST(0), (IV)RETVAL);
    }
    XSRETURN(1);
}
```

Sie sehen, daß der Code aus PREINIT unmittelbar nach den Typemaps kommt, um sicherzugehen, daß alle Deklarationen vollständig aufgeführt worden sind, bevor der Hauptcode anfängt. Diese Lage ist für alte C-Compiler wichtig, aber nicht für C++-Compiler, die Variablendeklarationen an beliebigen Stellen im Block zulassen. Der Abschnitt INIT wird vor dem automatisch generierten Funktionsaufruf eingefügt, in diesem Fall vor dem CODE-Abschnitt. Die Anweisung CODE gibt uns die zusätzliche Flexibilität, beliebigen Code einfügen zu können. Ohne CODE hätte *xsubpp* einfach einen Aufruf von func_with_keywords(a,b) eingefügt, wie wir es in den vorangegangenen Beispielen gesehen haben.

Das Schlüsselwort CODE verhält sich wie ein normaler C-Aufruf: Sie können Eingabeparameter verändern und maximal einen Parameter zurückgeben. Um eine variable Anzahl von Eingabe- oder Ausgabeparametern verwenden zu können, benötigen Sie das Schlüsselwort PPCODE. Wir wollen PPCODE anhand einer C-Funktion namens permute erklären, die einen String erwartet, sämtliche Permutationen davon berechnet und ein dynamisch alloziertes String-Array (ein null-terminiertes char**) zurückgibt. Nehmen wir an, wir wollten darauf in Perl folgendermaßen zugreifen:

```
@list = permute($str);
```

Wir verwenden hier PPCODE, weil die Funktion eine variable Anzahl von Skalaren zurückgibt. Der folgende Codeschnipsel enthält die XS-Datei:

```
void
permute(str)
    char *    str
```

```
    PPCODE:
      int i = 0;

      /* permute aufrufen. Gibt ein null-terminiertes Array von Strings zurück */
      char ** ret = permute (str);

      /* Die Parameter in sterbliche Skalare kopieren und auf den
       * Stack legen. */
      char **p = ret;
      for ( ; *p ; p++, ++i) {
          XPUSHs (sv_2mortal(newSVpv(*p, 0)));
      }
      free(p);
      XSRETURN(i);
```

Daraus macht *xsubpp*:

```
    XS(XS_Test_permute)
    {
        dXSARGS;
        if (items != 1)
            croak("Aufruf: Test::permute(str)");

        /* PPCODE paßt den Stack-Zeiger an (CODE macht das nicht selbst). */
        SP -= items;

        {
            char *  str = (char *)SvPV(ST(0),na);
            int     i   = 0;
            /* permute aufrufen. Gibt ein null-terminiertes Array von Strings zurück. */

            char ** ret = permute (str);
            /* Die Parameter in sterbliche Skalare kopieren und auf den
             * Stack legen. */
            char **p = ret;
            for ( ; *p ; p++, ++i) {
               XPUSHs (sv_2mortal(newSVpv(*p, 0)));
            }
            free(p);
            XSRETURN(i);
            PUTBACK;         /* Diese beiden Anweisungen sind redundant, */
            return;          /* weil XSRETURN das schon macht.           */
        }
    }
```

Die Anweisung PPCODE unterscheidet sich an einer kleinen, aber wichtigen Stelle von
CODE: Sie paßt den Stack-Zeiger SP so an, daß er auf das untere Ende des Perl-Stackfra-
mes für diesen Funktionsaufruf zeigt (also auf ST(0)). Damit können wir die XPUSH-
Makros verwenden, um den Stack zu erweitern und beliebig viele Argumente darauf zu
legen (denken Sie zurück an unsere Diskussion im Abschnitt »Sicherstellen, daß der
Stack groß genug ist«). Wir werden in Kürze sehen, warum das mit Typemaps nicht
geht.

XS-Typemaps: Eine Einführung

Eine Typemap ist ein Stückchen Code, das einen skalaren Wert auf dem Argument-Stack in eine passende skalare C-Entität (int, double, Zeiger) oder umgekehrt konvertiert. Eine Typemap gilt immer nur für eine Richtung. Es ist an dieser Stelle wichtig zu betonen, daß sowohl die Eingabe als auch die Ausgabe einer Typemap auf der jeweiligen Seite Skalare sind. Eine Typemap kann beispielsweise nicht aus einem skalaren Wert eine C-Struktur machen, es ist allerdings möglich, einen *Zeiger* auf die Struktur zurückzugeben. Aus diesem Grund kann in dem Beispiel mit `permute` im vorangegangenen Abschnitt keine Typemap verwendet werden. Wir könnten eine Typemap schreiben, die einen char** in eine *Referenz* auf ein Array konvertiert und es dem Skript-Programmierer überlassen, diese Referenz zu dereferenzieren. In SWIG, wo es kein Äquivalent zu PPCODE gibt, ist das die einzige Möglichkeit.

Eine weitere Beschränkung von Typemaps ist die folgende: Sie konvertieren nur ein Argument zur selben Zeit und haben dabei Scheuklappen auf: Wie wir bereits in Kapitel 18 erwähnt haben, ist es nicht möglich, eine Entscheidung auf der Basis mehrerer Argumente zu treffen (z.B. »wenn Argument 1 'foo' ist, dann addiere 10 zum Argument 2 hinzu«). XS hilft Ihnen in dieser Situation mit CODE und PPCODE, während SWIG keine Hilfe anbietet. Denken Sie aber an die Diskussion im Abschnitt »Freiheitsgrade« in Kapitel 18 zurück und daran, daß diese beiden SWIG-Einschränkungen im Skript selbst einfach und effizient umgangen werden können.

xsubpp kann zwar gewöhnliche C-Argumente übersetzen, aber für alle benutzerdefinierten Typen müssen wir eigene Typemaps schreiben. Nehmen wir an, wir hätten eine C-Bibliothek mit den folgenden beiden Funktionen:

```
Car*  new_car();
void  drive(Car *);
```

In Perl wollen wir diese Bibliothek folgendermaßen verwenden:

```
$car = Car::new_car;
Car::drive($car);
```

Schreiben wir zunächst die XS-Datei:

```
/* Car.XS */
#include <EXTERN.h>
#include <perl.h>
#include <XSUB.h>

#include <Car.h>  /* Es interessiert uns nicht, wie Car* aussieht. */

MODULE = Car  PACKAGE = Car
Car *
new_car ()

void
drive (car)
   Car *    car
```

Wie Sie sehen, benötigen wir zwei Typemaps: eine zur Ausgabe, die `Car*` in `$car` konvertiert, und eine zur Eingabe für die umgekehrte Richtung. Wir fangen mit einer Typemap-Datei namens *typemap*[15] an, die die drei Abschnitte TYPEMAP, INPUT und OUTPUT enthält:

```
TYPEMAP
Car *        CAR_OBJ

INPUT
CAR_OBJ
         $var = (Car *)SvIV($arg);
OUTPUT
CAR_OBJ
         sv_setiv($arg, (I32) $var);
```

Der Abschnitt TYPEMAP legt einen einfach zu benutzenden Alias (in diesem Fall CAR_OBJ) für Ihren möglicherweise komplexen C-Typ (`Car *`) an. Die Abschnitte IN-PUT und OUTPUT können diesen Alias verwenden und enthalten Code, der ein Objekt dieses Typs in einen Perl-Wert oder umgekehrt konvertiert. Wenn eine Typemap verwendet wird, wird `$arg` durch den entsprechenden Skalar auf dem Argument-Stack und `$var` durch den zugehörigen C-Variablennamen ersetzt. In diesem Beispiel stellt die Ausgabe-Typemap einen `Car*` in den Integer-Slot des Skalars (denken Sie noch einmal an den Abschnitt »SVs und Objektzeiger« zurück).

Der Vorteil der Aliasnamen im Abschnitt TYPEMAP liegt darin, daß verschiedene Typen auf ein und denselben Alias abgebildet werden können. `Car*` und `Plane*` können also beide VEHICLE als Alias verwenden, und da INPUT und OUTPUT nur den Alias verwenden, teilen sich beide Typen den Übersetzungscode. Die Perl-Distribution enthält eine Typemap-Datei, die die grundlegenden Typemaps enthält (siehe *lib/ExtUtils/typemap*). Sie können einfach einen der dort definierten Aliasnamen verwenden. Wenn Sie beispielsweise den Alias T_PTR (anstelle von CAR_OBJ) verwenden, benutzen Sie auch die entsprechenden INPUT- und OUTPUT-Abschnitte dieses Alias. Dann muß in unserer Typemap-Datei einfach nur noch folgendes stehen:

```
TYPEMAP
Car *        T_PTR
```

Die Abschnitte INPUT und OUTPUT von T_PTR sehen tatsächlich genauso aus, wie oben für CAR_OBJ gezeigt.

---

15 Wir haben gerade diesen Namen verwendet, weil das von *h2xs* generierte Makefile diesen Namen erkennt und an *xsubpp* weiterleitet. Es ist auch möglich, mehrere Typemap-Dateien aus verschiedenen Verzeichnissen zu holen.

Objektschnittstelle mit XS-Typemaps

Angenommen, wir wollen dem Skript-Programmierer etwa folgenden Code ermöglichen, ohne die C-Bibliothek irgendwie zu verändern:

```
$car = Car::new_car(); # Wie oben
$car->drive();
```

Mit anderen Worten, der OUTPUT-Abschnitt unserer Typemap muß einen Car* (der von new_car zurückgegeben wurde) in eine »gesegnete« Skalarreferenz konvertieren (siehe den Abschnitt »SVs und Objektzeiger«). Der Abschnitt INPUT enthält das Gegenstück dazu:

```
TYPEMAP
Car *      CAR_OBJ

OUTPUT
CAR_OBJ
        sv_setref_iv($arg, "Car", (I32) $var);

INPUT
CAR_OBJ
        $var = (Car *)SvIV((SV*)SvRV($arg));
```

sv_setref_iv übergibt einen Integer-Wert an einen frisch erzeugten SV und konvertiert das erste Argument in eine Referenz, läßt diese auf den neuen Skalar zeigen und markiert ihn mittels bless mit dem passenden Modul (siehe Tabelle 20–1). In diesem Beispiel casten wir den Zeiger auf I32 und gaukeln der Funktion vor, daß wir einen Integer-Wert übergeben.

XS-Typemaps generischer machen

Die Typemap aus dem vorangegangenen Beispiel ist auf Objekte des Typs Car beschränkt. Wir können die Alias-Funktionalität des TYPEMAP-Abschnitts verwenden, um diese Typemap zu verallgemeinern und jeden Objektzeiger verarbeiten zu können. Betrachten Sie die folgende Typemap; die Änderungen sind hervorgehoben:

```
TYPEMAP
Car *      ANY_OBJECT

OUTPUT
ANY_OBJECT
    sv_setref_pv($arg, CLASS, (void*) $var);

INPUT
ANY_OBJECT
    $var = ($type) SvIV((SV*)SvRV($arg));
```

Wir haben lediglich den Alias, den Cast und den Klassennamen generalisiert. $type ist der Typ des aktuellen C-Objekts (die linke Seite des Alias im Abschnitt TYPEMAP), in diesem Fall also Car*. Weil wir den Klassennamen generisch machen wollen, verwenden wir die aus Kapitel 7 bekannte Strategie – wir bitten den Skript-Programmierer, die Pfeilnotation zu verwenden:

```
$c = Car->new_car();
```

Dieser Aufruf übergibt den Namen des Moduls als ersten Parameter, den wir im Argument CLASS in der XS-Datei entgegennehmen:

```
Car *
new_car (CLASS)
    char *CLASS
```

Jetzt bleibt nur noch eines zu tun: Der Benutzer soll auch Car->new anstelle von Car->new_car aufrufen können. Nur weil C keine Polymorphie kennt, muß ja nicht der Skript-Programmierer darunter leiden. Das Schlüsselwort CODE erledigt das mit links:

```
Car *
new (CLASS)
    char *CLASS
    CODE:
      RETVAL = new_car();
    OUTPUT:
      RETVAL
```

Die Methode drive muß nicht verändert werden.

Nachdem wir diesen Alias generalisiert haben, können wir den Alias ANY_OBJECT auch auf die anderen Objekte anwenden, solange diese ebenfalls der Konvention gehorchen, eine CLASS-Variable in jeder Methode zu deklarieren und zu initialisieren, die einen Zeiger auf den im Abschnitt TYPEMAP deklarierten Typ zurückgibt. Im vorangegangenen Abschnitt funktionierte die Initialisierung automatisch, weil Perl den Namen der Klasse als erstes Argument übergab.

C++-Objekte und XS-Typemaps

Nehmen wir an, Sie hätten eine C++-Klasse namens Car, die einen Konstruktor und eine Methode namens drive enthält. Sie können die zugehörigen Schnittstellen in der XS-Datei folgendermaßen deklarieren:

```
Car *
Car::new ()

void
Car::drive()
```

xsubpp übersetzt die new-Deklaration nach der Übersetzung eventueller Parameter in einen äquivalenten Konstruktoraufruf:

```
XS(XS_Car_new)
{
    dXSARGS;
    if (items != 1)
        croak("Aufruf: Car::new(CLASS)");
```

```
{
    char *  CLASS = (char *)SvPV(ST(0),na);
    Car *   RETVAL;
    RETVAL = new Car();
    ST(0) = sv_newmortal();
    sv_setref_pv(ST(0), CLASS, (void*) RETVAL);
}
XSRETURN(1);
}
```

Im Gegensatz zum vorigen Beispiel erzeugt *xsubpp* die Variable CLASS automatisch. Sie benötigen allerdings trotzdem noch die Typemaps, um Car* in eine äquivalente Perl-Objektreferenz zu konvertieren. Die Schnittstellendeklaration von drive wird folgendermaßen übersetzt:

```
XS(XS_Car_drive)
{
    dXSARGS;
    if (items != 1)
        croak("Aufruf: Car::drive(THIS)");
    {
        Car *   THIS;
        THIS = (Car *) SvIV((SV*)SvRV(ST(0)));;
        THIS->drive();
    }
    XSRETURN_EMPTY;
}
```

xsubpp erzeugt automatisch die Variable THIS, die auf das Objekt verweist. Sowohl CLASS als auch THIS können im Abschnitt CODE verwendet werden.

Die XS-Cookbooks von Dean Roehrich [Ressource 3] enthalten mehrere exzellente Beispiele für XS-Typemaps. Lesen Sie also zunächst dort nach, bevor Sie eigene programmieren.

Speicherverwaltung mit XS

Bisher haben wir das Problem der Speicherverwaltung stillschweigend übergangen. In den vorangegangenen Abschnitten hat die Funktion new ein Objekt alloziert, das dann vom Typemap-Code in einen skalaren Wert gepackt wird. Wenn der Gültigkeitsbereich des Skalars verlassen oder dem Skalar etwas anderes zugewiesen wird, ignoriert Perl diesen Zeiger einfach, wenn der Skalar nicht »gesegnet« worden ist. Das ist wenig überraschend, wenn man bedenkt, daß der Skalar einfach nur einen Integer-Wert enthält, aber es handelt sich hier natürlich um ein Speicherleck. Wenn der Skalar jedoch »gesegnet« wird, dann ruft Perl seine DESTROY-Routine auf, wenn der Skalar gelöscht wird. Wenn diese Routine in der XS-Datei aufgeführt wird (siehe unten), dann können wir dort den allozierten Speicher freigeben:

```
void
DESTROY(car)
    Car *car
```

```
CODE:
    delete_car(car); /* Objekt deallozieren */
```

Die C++-Schnittstelle ist noch einfacher:

```
void
Car::DESTROY()
```

xsubpp ruft in diesem Fall automatisch »delete THIS« auf, wobei THIS wie oben das Objekt repräsentiert.

Empfohlene Routinen zur Allozierung und Deallozierung von Speicher

Die Perl-Bibliothek enthält eine Reihe von Funktionen und Makros, die die konventionellen Routinen zur dynamischen Speicherverwaltung (in der linken Tabellenspalte) ersetzen:

Anstelle von:	verwenden Sie:
malloc	New
free	Safefree
realloc	Renew
calloc	Newz
memcpy	Move
memmove	Copy
memzero	Zero

Die Perl-Versionen verwenden per Default Perls eigenes malloc und führen auf Wunsch eine Statistik über den Speicherverbrauch. Ich empfehle Ihnen dringend, diese Routinen anstatt der konventionellen zu verwenden.

SWIG-Typemaps

SWIG erzeugt praktisch den gleichen Code wie *xsubpp*. Entsprechend sind auch die Typemaps sehr ähnlich (oder sogar identisch). Gehen wir noch einmal von der Funktion permute aus. Wir wollen einen char** in eine Liste konvertieren lassen, aber da Typemaps erwarten, daß die Eingabe- und Ausgabeparameter Skalare sind, übersetzt die folgende Typemap char** in eine Listen-*Referenz*:

```
%typemap(per15,out) char ** {    // Alle Funktionen  geben char** zurück
                                 // diese Typemap holen
    // $source ist vom Typ char**
    // $target ist vom Typ RV (Referenz auf ein AV)
    AV *ret_av = newAV();
    int i      = 0;
    char **p   = $source;
    /* Zunaechst einen AV der richtigen Groesse allozieren */
    while (*p++)
```

```
       ;               /* p inkrementieren, solange nicht null */
    av_extend(ret_av, p - $source);

    /* Zu jedem Element im String-Array einen neuen sterblichen
     * Skalar erzeugen und in das obige Array stecken. */
    p = $source;
    for (i = 0, p = $source; *p; p++, i++ {
        av_store(ret_av, i, sv_2mortal(newSVPV(*p, 0)));
        p++;
    }
    /* Zum Schluß eine Referenz auf das Array erzeugen, das "target"
       dieser Typemap. */
    $target = sv_2mortal(newRV((SV*)ret_av));
}
```

SWIG-Typemaps sind sprachspezifisch, weswegen das Argument `perl5` benötigt wird. `out` bezieht sich auf die Rückgabeparameter von Funktionen; diese Typemap gilt für *alle* Funktionen mit einem Rückgabewert des Typs `char**`. `$source` und `$target` sind Variablen der passenden Typen: In einer in-Typemap ist `$source` ein Perl-Typ und `$target` der Datentyp, der vom entsprechenden Funktionsparameter erwartet wird. Im Gegensatz zu `$arg` und `$val` in XS wechseln `$source` und `$target` in SWIG je nach Richtung der Typemap die Bedeutung.

Wenn Sie nicht möchten, daß diese Typemap für alle Funktionen benutzt wird, die einen Rückgabewert des Typs `char**` haben, können Sie auch genau angeben, auf welchen Parameter oder welche Funktion diese Typemap angewendet werden soll:

```
%typemap(perl5,out) char ** permute {
    ...
}
```

Näheres über andere Typemap-bezogene Eigenschaften finden Sie in der Dokumentation von SWIG.

API zum leichten Einbetten von Perl

Wir wissen jetzt mehr als genug, um die in Kapitel 19 eingeführten Bequemlichkeitsroutinen zum Einbetten von Perl zu implementieren. Es handelt sich um `perl_call_va`, `perl_eval_va` und die Funktionen, mit denen Sie auf skalare Werte zugreifen oder diese verändern können: `get_int`, `set_int` usw. Wir implementieren in diesem Abschnitt lediglich `perl_call_va`. `perl_eval_va` ist eine verkürzte Form dieser Prozedur, die keine Eingabeparameter erwartet (der an `eval` übergebene String enthält alle benötigten Informationen). Die API-Funktionen zum Verändern von Skalaren sind einfache Wrapper um `sv_set*`, `av_store` und `hv_store`. Ihre Implementierung ist dem Leser als Übungsaufgabe überlassen.[16]

---

16 Das wollte ich schon immer einmal sagen. (Im Vorwort finden Sie Informationen, wo Sie diesen Code (und den anderer Beispiele in diesem Buch) herunterladen können.)

Denken Sie daran, daß `perl_call_va` eine NULL-terminierte Liste getypter Argumente erwartet. Die folgende Implementierung verarbeitet die gesamte Liste, indem sie die Eingabeparameter mit XPUSH auf dem Stack ablegt und die Ausgabeparameter in einem Array von `Out_Param`-Strukturen abspeichert. Da wir wissen, wie viele Ausgabeparameter der Aufrufer erwartet, können wir G_SCALAR, G_ARRAY oder G_DISCARD verwenden. Sie finden den vollständigen Code in Beispiel 20-3.

Beispiel 20-3: Implementierung von perl_call_va

```
#define MAX_PARAMS 20
typedef struct {
    char type;
    void *pdata;
} Out_Param;                    /* "Out"-Teil merken */

int perl_call_va (char *subname, ...)
{
    char       *p   = NULL;
    char       *str = NULL; int i = 0; double d = 0;
    int        nret = 0;            /* Anzahl der erwarteten Rückgabeparameter*/
    int        ii   = 0;
    va_list    vl;
    int        out = 0;
    int        result = 0;
    Out_Param op[MAX_PARAMS];

    dSP;                            /* Standard ...    */
    ENTER;                          /*    ... Prolog */
    SAVETMPS;
    PUSHMARK(sp);
    va_start (vl, subname);
    while (p = va_arg(vl, char *)) {    /* Naechstes Argument holen */
        switch (*p) {
        case 's' :                  /* String */
            if (out) {
                /* Hierhin kommen wir, wenn der "Out"-Abschnitt abgearbeitet wird. */
                op[nret].pdata = (void*) va_arg(vl, char *);
                op[nret++].type = 's';
            } else {
                str = va_arg(vl, char *);
                ii = strlen(str);
                XPUSHs(sv_2mortal(newSVpv(str,ii)));
            }
            break;
        case 'i' :                  /* Integer */
            if (out) {
                op[nret].pdata = (void*) va_arg(vl, int *);
                op[nret++].type = 'i';
            } else {
                ii = va_arg(vl, int);
                XPUSHs(sv_2mortal(newSViv(ii)));
            }
```

Beispiel 20-3: Implementierung von perl_call_va (Fortsetzung)

```
                break;
        case 'd' :                         /* Double */
            if (out) {
                op[nret].pdata = (void*) va_arg(vl, double *);
                op[nret++].type = 'd';
            } else {
                d = va_arg(vl, double);
                XPUSHs(sv_2mortal(newSVnv(d)));
            }
            break;
        case 'O':
            out = 1;                        /* Die Ausgabeparameter fangen hier an. */
            break;
        default:
             fprintf (stderr, "perl_eval_va: Unbekannte Option \'%c\'.\n"
                               "Haben Sie die abschließende NULL vergessen?\n", *p);
            return 0;
        }
        if (nret > MAX_PARAMS) {
            printf (stderr, "Kann nicht mehr als %d Parameter verarbeiten.\n",
                    MAX_PARAMS);
            return -1;
        }
    }
    va_end(vl);
    PUTBACK;
    /* Alle Eingabeparameter liegen auf dem Stack; "nret" enthält
     * die Anzahl der Werte, die von der Perl-Funktion zurückerwartet werden. */
    result = perl_call_pv(subname, (nret == 0) ? G_DISCARD :
                                   (nret == 1) ? G_SCALAR  :
                                                 G_ARRAY  );
    /* Ausgabe_Argumente verarbeiten */
    SPAGAIN;
    if (nret > result)
        nret = result;

    for (i = --nret; i >= 0; i--) {
        switch (op[i].type) {
        case 's':
            str = POPp;
            strcpy((char *)op[i].pdata, str);
            break;
        case 'i':
            *((int *)(op[i].pdata)) = POPi;
            break;
        case 'd':
            *((double *) (op[i].pdata)) = POPd;
            break;
        }
    }
```

Beispiel 20-3: Implementierung von perl_call_va (Fortsetzung)

```
        FREETMPS ;
        LEAVE ;
        return result;
}
```

Ein Blick in die Zukunft

In diesem Abschnitt werde ich einige der aufregenden Dinge beschreiben, auf die wir uns jetzt schon freuen können und mit denen in den nächsten Hauptversionen von Perl zu rechnen ist.

Multithread-Interpreter

Malcolm Beattie hat eine frühe Version eines thread-sicheren Perl-Interpreters auf der Basis von POSIX-Threads freigegeben. (Suchen Sie nach »Perl 5.004054« im Perl 5 Porters-Archiv [Ressource 2]). Dieser modifizierte Interpreter ist nicht Thread-hot, d.h. er benutzt nicht selbst Threads (im Gegensatz beispielsweise zur Java-Umgebung, die verschiedene Threads zur Auffrischung der Benutzerschnittstelle und zur Garbage Collection verwendet). Der Benutzer kann damit so viele Threads wie nötig erzeugen. Standardprimitive aus der Thread-Welt wie Monitore und Bedingungsvariablen werden unterstützt. In der derzeitigen Implementierung sind alle in diesem Kapitel besprochenen globalen Datenstrukturen einfach einmal pro Thread vorhanden. Jeder Thread hat also seine eigene Reihe von Stacks, seine eigenen Stashes und thread-lokale Variablen wie `errgv` (`$@`). Lexikalische Variablen werden in subroutinen- und thread-spezifischen Scratchpads alloziert.

Statische Typisierungshinweise

Die statischen Typisierungshinweise ermöglichen dem Interpreter bessere Optimierungen und Typprüfungen. Larrys Beispiel, das auf der *p5p*-Liste fast schon so bekannt ist wie »Hallo, Welt«, sieht folgendermaßen aus:

```
my Dog $spot = new Dog;
```

Jetzt ist `$spot` bereits zur Kompilierzeit als zur Klasse `Dog` gehörig markiert, so daß ein Aufruf wie `$spot()->miau` zu einem Kompilierfehler führt (es sei denn, Sie haben einen mutierten Hund).

Schnellere Objekte

Sie können mit besserer Unterstützung für Objekte und eventuell auch mit einem standardisierten Ersatz für das Modul ObjectTemplate rechnen. Sie könnten dann vermutlich folgenden Code schreiben:

```
package Dog;
use Fields qw(breed color);
$spot = new Dog;
print $spot->{color};
```

Die letzte Anweisung sieht zwar wie ein Zugriff auf eine Hashtabelle aus, kann aber zur *Kompilierzeit* zu einem Arrayzugriff optimiert werden, indem der Attributname durch die Feldposition ersetzt wird; `$spot->{color}` wird also zu `$spot->[1]`.

Perl-Compiler

Malcolm hat auch eine Perl-Compiler-Erweiterung [Ressource 5] zur Verfügung gestellt, die ein Skript in C-Code übersetzen kann, der dann in eine Binärdatei kompiliert werden kann. Diese ist dann aber nicht sehr viel schneller als das interpretierte Skript, weil die meiste Zeit immer noch in den Opcode-Funktionen verlorengeht. Statische Typisierungshinweise könnten aber zu agressiven Optimierungen führen. Wenn Sie beispielsweise

```
my integer $i;
```

schreiben, könnte der Compiler den nativen Integer-Typ von C anstelle eines SV verwenden – das würde Schleifen und arithmetische Ausdrücke beschleunigen.

Der Compiler kann alternativ auch eine Bytecode-Datei erzeugen, die dann vom Interpreter per `eval` ausgewertet wird. Das entspricht den Möglichkeiten von Python und Java. Weiterhin liefert der Compiler sehr viel bessere Debugging-Möglichkeiten als derzeit der Schalter *–D*.

Ressourcen

Hier sollten Sie zuerst nach weiteren Informationen suchen, wenn Ihnen dieses Kapitel immer noch nicht gereicht hat:

1. *perlguts*-Dokumentation. Jeff Okamoto et al.

   Die Dokumentation *perlguts* ist zusammen mit *perlembed* und *perlcall* eine ziemlich erschöpfende Informationsquelle. Die API-Referenz in diesem Dokument enthält sehr viel mehr Funktionen und Makros, als wir in diesem Kapitel besprochen haben.

2. News-Gateway und Archiv von Perl 5 Porters.

   Die Usenet-Newsgruppe *perl.porters-gw* ist das Gateway der *p5p*-Mailing-Liste, auf der leidenschaftliche Diskussionen über Perl-Interna mehr Raum einnehmen als Portierungsfragen selbst. Archivierte Artikel können unter der Adresse *http://www.rosat.mpe-garching.mpg.de/mailing-lists/Perl5-Porters/* gesucht werden.

3. XS-Cookbooks. Dean Roehrich.

   Diese Cookbooks, die im CPAN erhältlich sind (suchen Sie unterhalb des Verzeichnisses *authors/Dean_Roehrich*), enthalten Lösungen zu einer Reihe von Beispielproblemen, die alle XS-Merkmale behandeln.

4. *sfio* (Safe/Fast I/O-Bibliothek). David Korn und Kiem-Phong Vo.

   Schnellere, erweiterbare und insgesamt bessere Alternative zu `stdio`, aber dazu abwärtskompatibel. Sie bekommen *sfio* aus dem *Misc*-Verzeichnis im CPAN. Eine

Zusammenfassung finden Sie unter der URL *http://www.research.att.com/sw/tools/ reuse/packages/sfio.html.*

5.   Perl-Compiler. Zu finden im Verzeichnis *authors/Malcolm_Beattie* im CPAN.

The Road goes ever on and on
     Now far ahead the Road has gone,
And I must follow, if I can,
     Pursuing it with eager feet,
Until it joins some larger way
     Where many paths and errands meet.
And whither then? I cannot say.
          J.R.R. Tolkien,
          The Lord of the Rings

Tk Widget-Referenz

*The least flexible component of any
system is the user.*
Lowell Jay Arthur

Dieser Anhang enthält die am häufigsten verwendeten Eigenschaften und Methoden
der Tk-Widgets. Nähere Details finden Sie in der ausführlichen Online-Dokumentation,
die zur Tk-Distribution gehört.

Tabelle A-1 enthält die Eigenschaften und Methoden, über die fast alle Widgets verfügen.

Tabelle A-1: Generische Widget-Eigenschaften

Eigenschaft	Beschreibung
font	Behandelt im Abschnitt »Zeichensätze« in Kapitel 14.
background, foreground	Ein Name (»red«) oder ein RGB-Wert (»#FF00FFA«). Die Eigenschaften können auch mit `bg` und `fg` abgekürzt werden. Behandelt im Abschnitt »Farben« in Kapitel 14.
text	Der im Widget anzuzeigende String. Der String wird in der Vordergrundfarbe im oben angegebenen Zeichensatz dargestellt.
image, bitmap	Gibt eine Bitmap an, die im Widget angezeigt werden soll. Im Abschnitt »Bilder« in Kapitel 14 erfahren Sie, wie Bitmaps erzeugt und verwaltet werden.
relief	Darstellung des Randes. Mögliche Werte sind `raised`, `sunken`, `flat`, `ridge` und `groove`. Nur sinnvoll, wenn die Eigenschaft `borderwidth` auf einen von Null verschiedenen Wert gesetzt wird.
height, width	Normalerweise die Höhe und Breite in Pixeln, außer bei Labels, Buttons und Text-Widgets, bei denen hiermit die Anzahl der Zeichen angegeben wird (ein Vielfaches der durchschnittlichen Zeichenbreite und -höhe im Zeichensatz dieses Widgets).

Tabelle A-1: Generische Widget-Eigenschaften (Fortsetzung)

Eigenschaft	Beschreibung
textvariable	Gibt den Namen einer Variablen an. Wenn sich der Wert des Widgets ändert, wird auch die Variable aktualisiert, und umgekehrt.
anchor	Gibt an, wie das Widget oder die darin enthaltenen Informationen positioniert werden sollen. Erlaubte Werte: n, ne, e, se, s, sw, w, nw und center. Der Wert »nw« bedeutet beispielsweise, daß ein Label seinen Text in der linken oberen Ecke des Widgets anzeigen soll.
Methoden	
configure()	Ändert mehrere Attribute auf einmal: `$widget->configure ('bg' =>'red','width' => 20);`
cget()	Holt den aktuellen Wert einer Eigenschaft: `$color = $widget->cget('bg');`

Beachten Sie, daß Eigenschaften wie `text` und `textvariable` nicht auf alle Widgets zutreffen, beispielsweise wird `text` bei einem Scrollbar nicht benutzt. Den Eigenschaften kann optional auch ein Bindestrich vorangestellt werden (in Tcl/Tk muß das so gemacht werden, in Perl/Tk ist das optional).

Button

Buttons (Schaltflächen) sind Label mit einer zusätzlichen Eigenschaft, der in Tabelle A-2 dargestellten Eigenschaft `command`. Wie bereits erwähnt, kommen dazu die Eigenschaften aus Tabelle A-1 hinzu.

Tabelle A-2: Methoden und Eigenschaften von Buttons

Eigenschaft	Beschreibung
command	Enthält eine Referenz auf eine Perl-Subroutine, die aufgerufen wird, wenn (per Default) die erste Maustaste über dem Button gedrückt wird.
width, height	Geben die Breite und die Höhe in Zeichen an.
Methoden	
flash()	Läßt den Button kurz aufblitzen, indem die Farben vertauscht werden.
invoke()	Ruft die mit dem Button verknüpfte Perl-Subroutine (wenn vorhanden) auf.

Radio-Button

Tabelle A-3: Eigenschaften und Methoden von Radio-Buttons

Eigenschaft	Beschreibung
command	Enthält eine Referenz auf eine Perl-Subroutine, die aufgerufen wird, wenn (per Default) die erste Maustaste über dem Button gedrückt wird. Die mit `variable` verknüpfte Variable wird aktualisiert, bevor die Subroutine aufgerufen wird.
variable	Enthält eine Referenz auf eine Variable und aktualisiert die Variable mit dem Wert der Eigenschaft »value«, wenn der Button betätigt wird. Entsprechend wird der Button selektiert, wenn die Variable den gleichen Wert wie die Eigenschaft »value« zugewiesen bekommt (und sonst deselektiert).
value	Gibt den Wert an, der der mit dem Button verknüpften Variable zugewiesen werden soll, wann immer dieser Button betätigt wird.
Methoden	
select()	Selektiert den Radio-Button und weist der mit diesem Widget verknüpften Variable den Wert der Eigenschaft »value« zu.
flash()	Läßt den Button kurz aufblitzen, indem die Farben vertauscht werden.
invoke()	Ruft die mit dem Button verknüpfte Perl-Subroutine (wenn vorhanden) auf.

Check-Button

Tabelle A-4: Eigenschaften und Methoden von Check-Buttons

Eigenschaft	Beschreibung
command	Enthält eine Referenz auf eine Perl-Subroutine, die aufgerufen wird, wenn (per Default) die erste Maustaste über dem Button gedrückt wird. Die mit `variable` verknüpfte Variable wird aktualisiert, bevor die Subroutine aufgerufen wird.
variable	Enthält eine Referenz auf eine Variable und weist dieser den Wert der Eigenschaft »onvalue« oder den der Eigenschaft »offvalue« zu, je nach dem Zustand des Indikators. Umgekehrt wird bei einer Veränderung dieser Variablen der Zustand des Indikators entsprechend angepaßt und das Widget selektiert oder deselektiert.
onvalue, offvalue	Der Indikator wird danach eingestellt, welche dieser beiden Eigenschaften auf den Wert von `variable` paßt. Die Defaults sind 1 und 0.
indicatoron	Wenn diese Eigenschaft falsch ist, wird der Indikator nicht angezeigt. Statt dessen wird die Eigenschaft »relief« des gesamten Widgets umgeschaltet. (Der Button sieht dann so aus wie eine gedrückte Taste.)

Tabelle A-4: Eigenschaften und Methoden von Check-Buttons (Fortsetzung)

Eigenschaft	Beschreibung
Methoden	
select()	Selektiert den Check-Button und weist der verknüpften Variablen den Wert der Eigenschaft »onvalue« zu.
flash()	Läßt den Button kurz aufblitzen, indem die Farben vertauscht werden.
invoke()	Ruft die mit dem Button verknüpfte Perl-Subroutine (wenn vorhanden) auf.
toggle()	Schaltet den Zustand des Widgets und den Wert der verknüpften Variablen um.

Canvas

Tabelle A-5 enthält die Eigenschaften jedes Elements, das in einem Canvas-Widget vorkommen und mit der Methode `itemconfigure` des Widgets konfiguriert werden kann. Das Widget selbst hat keine besonders interessanten Eigenschaften. Die Methoden in der zweiten Hälfte der Tabelle gehören jedoch zum Widget, auch wenn sie meistens die einzelnen Canvas-Elementtypen beeinflussen. Beachten Sie, daß alle Methoden, die eine Element-ID als Parameter erwarten, auch einen vorkonfigurierten Tag-Namen als Parameter akzeptieren.

Tabelle A-5: Canvas-Klasse

Elementeigenschaften	Beschreibung
Allgemeine Eigenschaften	
fill, outline	Farben, mit denen Region und Umriß gefüllt werden.
tags	Eine Liste von Strings. Diese Strings sind die Tags, die mit diesem Element benutzt werden können. Sie können dieser Liste weitere Strings mit `addtag` hinzufügen.
stipple, outlinestipple	Malt das Innere oder den Umriß mit einem Füllmuster. Der Bitmap-Wert gibt das Muster an.
width	Breite des Umrisses.
Arc	
start, extent	Winkel in Grad, gegen den Uhrzeigersinn gerechnet.
style	`pieslice`, `chord` oder `arc`. Im letzteren Fall wird die Eigenschaft `fill` ignoriert.
Bitmap	
anchor	Wie bei den obengenannten Widget-Eigenschaften.
bitmap	Die anzuzeigende Bitmap.
background, foreground	Farben für jeden der Bitmap-Pixel.

Tabelle A-5: Canvas-Klasse (Fortsetzung)

Elementeigenschaften	Beschreibung
Image	
anchor	Wie bei den obengenannten Widget-Eigenschaften.
image	Das anzuzeigende Image.
Line	
arrow	Das Ende, an dem der Pfeil gezeichnet werden soll. Mögliche Werte: first, last, both oder none.
arrowshape	Eine Referenz auf eine Liste, die die drei Dimensionen a, b und c entsprechend der folgenden Zeichnung enthält:
fill	Farbe.
smooth, splinesteps	Wenn der Wert dieser Eigenschaften 1 ist, wird eine Bezier-Kurve anstelle einer Polylinie gezeichnet. Jedes Spline wird mit der Anzahl der Spline-Schritte angenähert.
Polygon	
smooth, splinesteps	Siehe oben unter »Line«.
Oval	
Normale Element-eigenschaften	
Rectangle	
Normale Element-eigenschaften	
Text	
text, anchor	Text relativ zum Anchor positionieren.
justify	Textausrichtung. Mögliche Werte: left, right und center.
Window	
window	Gibt das Widget an, das mit diesem Element verknüpft werden soll. Das Widget muß als Kind des Canvas erzeugt worden sein.
Methoden	
create (typ, x, y [x1, y1], [optionen...])	typ kann einer der aufgeführten Elementtypen (in Kleinbuchstaben) sein. Gibt eine eindeutige Ganzzahl-ID zurück.
itemconfigure (ID, optionen..)	Konfiguriert einen oder mehrere der oben angegebenen Parameter.

Tabelle A-5: Canvas-Klasse (Fortsetzung)

Elementeigenschaften	Beschreibung
addtag, dtag	Fügt den Elementen Tags hinzu bzw. löscht diese. Näheres finden Sie in der Tk-Dokumentation.
bind	Im Kapitel 14 im Abschnitt »Bindungen von Ereignissen« behandelt.
coords (ID [x0, y0 ...]), move (id, xwert, ywert)	Bewegt das Element an einen neuen Platz. coords arbeitet mit absoluten Koordinaten, move mit Werten relativ zur aktuellen Position.
delete (ID, [ID, ...])	Löscht das Element (oder die Elemente), das zum Tag oder zur ID gehört.
find (searchCommand? arg ...?)	Findet alle Elemente, auf die eine bestimmte Bedingung zutrifft. Die Bedingungen haben die Form »above $id«, »all«, »below $id«, »closest x y«, »enclosed x1 y1 x2 y2«, »withtag id« usw.
postscript (?option wert option wert ...?)	Erzeugt eine PostScript-Repräsentation des Canvas oder eines Teils davon. Die PostScript-Optionen finden Sie in der Tk-Dokumentation zum Canvas-Widget.
raise, lower	Element in der Lagereihenfolge nach oben oder unten bewegen.
scale (ID, xUrsprung, yUrsprung, xFaktor, yFaktor)	Reskaliert alle mit der ID bezeichneten Elemente.

Text

Viele der Methoden des Text-Widgets erwarten einen oder mehrere Indizes als Argumente. Ein Index kann eine absolute (»base«) oder eine relative Zahl (»base« + Modifikator) sein. Beide Indextypen werden als Strings angegeben. Die folgenden Basisindizes werden am häufigsten verwendet:

zeile.zeichen
> Bezeichnet das *zeichen*-te Zeichen in der Zeile *zeile*. Die Zeilennumerierung beginnt bei 1, um mit anderen Unix-Programmen konsistent zu sein. Innerhalb einer Zeile beginnt die Numerierung der Zeichen bei 0.

end
> Bezeichnet das Textende (das Zeichen direkt nach dem letzten Zeilenwechsel).

insert
> Bezeichnet die Stelle, an der sich der Einfüge-Cursor gerade befindet.

mark
> Bezeichnet das Zeichen direkt hinter der Marke namens *mark*.

tag.first, *tag*.last
> Bezeichnet das erste und das letzte Zeichen eines Tags.

Diese absoluten Positionen können mit einem oder mehreren der folgenden Modifikatoren ergänzt werden:

+*anzahl* chars, −*anzahl* chars, +*anzahl* lines, −*anzahl* lines
> Addiert oder subtrahiert *anzahl* Zeichen oder Zeilen.

wordstart, wordend, linestart, lineend
> Paßt den Index so an, daß er auf das erste Zeichen eines Wortes oder einer Zeile oder auf das Zeichen nach dem letzten Zeichen eines Wortes oder einer Zeile verweist.

Tabelle A-6: Eigenschaften und Methoden des Text-Widgets

Text	Beschreibung
tabs	Gibt eine Menge von Tabulatorpositionen für das Fenster in Form einer Referenz auf eine String-Liste an. Jeder String ist eine Zahl, gefolgt von »l«, »c« oder »r« (links, Mitte oder rechts; der Buchstabe gibt an, wie der Text am Tabulator ausgerichtet wird).
height, width	Gibt die Höhe bzw. Breite in Zeichen an.
state	normal oder disabled (Text ist nicht mehr änderbar).
Methoden	
Textmanipulation	
insert (index, {string, [tag]}+,)	Fügt einen oder mehrere Strings mit einem optionalen Tag an der angegebenen Position ein. Der Index kann eine der oben beschriebenen Formen annehmen.
delete(index1, [index2])	Das Zeichen am index1 oder den Bereich von index1 bis index2 löschen.
get (index1, [index2])	Das Zeichen am index1 oder den Bereich von index1 bis index2 holen.
see (index)	Widget so verschieben, daß die Indexposition sichtbar ist.
search([optionen], muster, index, [stopIndex])	Sucht nach Text und gibt den ersten Index zurück, auf den das Muster paßt. Die Suche hört bei stopIndex auf, wenn angegeben, ansonsten beginnt sie von vorn. Einige mögliche Optionen sind forward, backward, exact (exaktes Aufeinanderpassen, das ist der Default), regexp, −nocase (Groß-/Kleinschreibung ignorieren), −count *var* (*var* ist eine Referenz auf eine Variable, in der search die Länge des passenden Strings anlegt. Die Optionsliste wird durch »--« beendet.

Tabelle A-6: Eigenschaften und Methoden des Text-Widgets (Fortsetzung)

Text	Beschreibung
Indexmanipulation	
index (index)	Akzeptiert eine beliebige Indexform und gibt einen absoluten Index der Form *zeile.spalte* zurück.
see (index)	Stellt sicher, daß der Text an der Position *index* sichtbar ist.
markSet (lesezeichenName, index)	Weist einem Index ein logisches Lesezeichen zu.
markUnset (lesezeichenName)	Entfernt ein Lesezeichen.
Manipulation von Tags	
tagAdd (tagName, {index1. [index2]}+)	Fügt Positionen oder Bereichen von Zeichen Tags hinzu. Auch mit `insert` kann Text mit einem Tag versehen werden.
tagRemove (tagName, {index1. [index2]}+	Entfernt das Tag vom angegebenen Bereich, löscht aber nicht das Tag selbst.
tagDelete	Entfernt und löscht das Tag.
tagConfigure	Konfiguriert eine oder mehrere Eigenschaften eines Tags. Die Tag-Eigenschaften sind unten aufgeführt.
Tag-Eigenschaften	
-foreground, -background, -fgstipple, -bgstipple, -font	Das Übliche: Übertreiben Sie es nicht mit diesen Tags, sonst wird Ihr Text wie eine Lösegeldforderung aussehen – Buchstaben, die aus verschiedenen Zeitungen und Zeitschriften ausgeschnitten worden sind.
-justify	`center`, `left`, `right`.
-relief, -borderwidth	Sowohl Rahmenbreite (`borderwidth`) als auch Hintergrund (`background`) sollten gesetzt sein, damit eine Hervorhebung zu sehen ist.
-tabs	Gilt nur, wenn das erste Zeichen in der Zeile zum gleichen Tag gehört.
-underline	Boolesche Option.

Eingabe-Widget

Eingabe-Widgets sind einfache einzeilige Text-Widgets. Sie kennen keine Tags, keine Marken und keine eingebetteten Fenster. Die Syntax der Indizes ist entsprechend einfacher:

zahl
> Index in den Inhalt, Zählung beginnt bei 0.

`end`
> Textende.

`insert`
> Die Position unmittelbar hinter dem Einfüge-Cursor.

`sel.first, sel.last`
> Bezeichnet das erste und letzte Zeichen eines Selektions-Bereich.

Das Argument `index` aller Methoden in Tabelle A-7 akzeptiert alle oben angegebenen Arten.

Tabelle A-7: Eigenschaften und Methoden des Eingabe-Widgets

Eigenschaft	Beschreibung
show	Wenn diese Eigenschaft falsch ist, werden Sternchen (»*«) anstelle des eigentlichen Inhalts angezeigt. Nützlich zur Eingabe von Paßwörtern. Beachten Sie aber, daß der Text sichtbar wird, wenn er selektiert und an anderer Stelle eingefügt wird.
Methoden	
get (index)	Gibt den gesamten String zurück.
insert (index, string)	Fügt an der angegebenen Position einen String ein.
index (index)	Gibt den numerischen Index zurück.
selectionFrom (index) selectionTo (index) selection (von,bis) selectionClear	Selektion einstellen oder verändern.
selectionPresent	Ergibt wahr, wenn es eine Selektion gibt.

Listbox

Bevor wir uns mit Tabelle A-8 befassen, die die Eigenschaften und Methoden der List-box aufführt, sehen wir uns noch kurz die Syntax der Indizes an:

zahl
> Der Index der Zeile, die Zählung beginnt bei 0.

`end`
> Bezeichnet das Zeilenende.

`active`
> Wo sich der Cursor gerade befindet. Die aktive Position ist hervorgehoben.

`anchor`
> Der Verankerungspunkt der Selektion.

Tabelle A-8: Eigenschaften und Methoden des Listbox-Widgets

Eigenschaft	Beschreibung
height, width	Höhe in Zeilen, Breite in Zeichen. Wenn als Wert 0 angegeben wird, paßt sich das Widget in der Größe so an, daß alle Elemente hinein-passen.
selectMode	Selektionsmodus. Mögliche Werte: `single`, `browse`, `multiple` und `extended`.
Methoden	
get (index)	Gesamten String zurückgeben.
insert (index, string)	Einen String an der angegebenen Position einfügen.
delete (index, [letzter])	Angegebene Position oder Bereich löschen.
index (index)	Gibt den numerischen Index zurück.
see (index)	Das *index*-te Element sichtbar machen.
selectionFrom (index) selectionTo (index) selection (von,bis) selectionClear ()	Selektion einstellen oder anpassen.
selectionPresent ()	Gibt wahr zurück, wenn es eine Selektion gibt.
curselection()	Eine Liste der Indizes der selektierten Elemente.

Menüs

Menü-Buttons kennen die in Tabelle A-9 genannten Methoden. Darüber hinaus verstehen sie die Methoden aus Tabelle A-10 und leiten diese Aufrufe an das zugrundeliegende Menü-Widget weiter.

Tabelle A-9: Eigenschaften und Methoden des MenuButton-Widgets

Eigenschaft	Beschreibung
indicatorOn	Zeigt ein auf der Spitze stehendes Quadrat neben dem Eintrag an, wenn der Wert dieser Eigenschaft wahr ist.
state	`normal`, `active` oder `disabled`.
Methoden	
command separator radiobutton checkbutton cascade	Diese Methoden werden einfach an das zugrundeliegende Menü weitergeleitet. Lesen Sie dazu die Objektbeschreibung des Menü-Widgets in Tabelle A-10.
menu	Gibt das zugrundeliegende Menü zurück, das zu diesem Menü-Button gehört.

Jede Methode des Menü-Widgets versteht die folgenden Index-Bezeichnungen:

zahl
> Der Index des Eintrags; die Zählung beginnt bei 0. Wenn die Abreißoption eingeschaltet ist, dann ist der nullte Eintrag ein automatisch eingefügter Trennstrich.

`end`, `last`
> Bezeichnen den letzten Eintrag.

`active`
> Zeigt an, wo sich der Cursor gerade befindet. Die aktive Position wird hervorgehoben.

`none`
> Gibt an, daß kein Eintrag aktiv ist. Wird im Zusammenhang mit `activate()` verwendet, um alle Einträge zu deaktivieren.

muster
> Ein Muster, mit dem alle Einträge verglichen werden. Zur Zeit funktionieren nur genaue Übereinstimmungen sicher.

Tabelle A-10 enthält die Eigenschaften des Menü-Widgets sowie die Optionen, die für jeden Eintrag zur Verfügung stehen.

Tabelle A-10: Eigenschaften und Methoden des Menü-Widgets

Eigenschaften des Menü-Widgets	Beschreibung
indicatorOn	Zeigt ein auf der Spitze stehendes Quadrat neben dem Eintrag an, wenn der Wert dieser Eigenschaft wahr ist.
selectColor	Die Farbe des Indikators, falls ein solcher angezeigt wird.
tearOff	Wenn dieser Wert wahr ist, ist der nullte Eintrag des Menüs ein Separator. Wenn Sie darauf klicken, wird das Menü »abgerissen« und bekommt ein eigenes Toplevel-Fenster.
Eigenschaften von Menüeinträgen	
Erscheinungsbild:	
foreground, background, font, image, indicatorOn, label	Die üblichen Eigenschaften. Beachten Sie, daß es `label` anstelle von `text` heißt.
underline	Der Integer-Index des zu unterstreichenden Zeichens.
accelerator *tastenfolge*	Zeigt einen String rechts vom Eintragstext an. Im Gegensatz zu Motif müssen Sie selbst für die Tastenbindung (üblicherweise am Toplevel-Fenster) sorgen. Diese Option ist nur für die Darstellung gut.
Aktionen und Werte:	
state	`normal`, `active` oder `disabled`.
command	Bei Button-ähnlichen Einträgen eine Referenz auf die aufzurufende Subroutine.
value *var*	Für Radio-Button-Einträge. Siehe Tabelle A-3.
variable *var*	Steht nur bei Check-Buttons und Radio-Buttons zur Verfügung.
onvalue *val*, offvalue *val*	Für Check-Buttons. Die Werte werden in der mit dem Button verknüpften Variable abgespeichert.
Methoden	
command (optionen) separator (optionen) radiobutton (optionen) checkbutton (optionen) cascade (optionen)	Erzeugt einen Eintrag des entsprechenden Typs. Jeder Eintrag hat eigene Konfigurationsoptionen (siehe oben).
add (typ,optionen)	Die obigen Befehle rufen diese Methode auf.
delete (index1, [index2])	Löscht einen Eintrag oder einen Bereich von Einträgen.
insert (index1, typ, optionen)	Wie `add`, fügt aber an der gewünschten Stelle ein.
entryconfigure (index, optionen), entryget (index)	Konfiguriert Eigenschaften von Menüeinträgen und fragt diese ab.

Scrollbar und verschiebbare Widgets

Scrollbars haben die in Tabelle A-11 genannten Methoden und Eigenschaften.

Tabelle A-11: Eigenschaften und Methoden von Scrollbars

Eigenschaft	Beschreibung
command	Die unter dieser Eigenschaft gespeicherte Callback-Funktion wird normalerweise verwendet, um die Ansicht auf das mit dem Scrollbar verknüpfte Widget zu ändern (also `xview` oder `yview` am Widget aufzurufen).
Methoden	
set (erster, letzter)	Diese Methode wird normalerweise von dem Widget aufgerufen, das mit dem Scrollbar verknüpft ist, um dem Scrollbar die aktuelle Ansicht des Widgets mitzuteilen. Sowohl *erster* als auch *letzter* sind Zahlen zwischen 0 und 1. Werte von 0.2 und 0.6 teilen dem Scrollbar mit, daß das Widget gerade den Bereich von 20% bis 60% des Dokuments anzeigt.
get	Gibt die Einstellungen des Scrollbars als Liste (erster, letzter) zurück.

Alle verschiebbaren Widget-Typen, die mit Scrollbars verknüpft werden können (Listbox, Text-Widget, Canvas), unterstützen zusätzlich zu ihren eigenen Methoden (und den generischen aus Tabelle A-1) auch die Methoden und Eigenschaften aus Tabelle A-12.

Tabelle A-12: Eigenschaften und Methoden verschiebbarer Widgets

Eigenschaft	Beschreibung
xscrollincrement, yscrollincrement	Wenn diese Werte angegeben werden, bezeichnen sie die Schrittweite beim Verschieben.
xscrollcommand, yscrollcommand	Teilt dem Widget mit, was zu ist, wenn es intern umpositioniert wird. Normalerweise wird hier etwas verwendet wie `$scrollbar->configure`.
Methoden	
yview ('moveto', *bruchteil)*	`xview` und `yview` gibt es in zwei Varianten. Wenn das erste Argument »moveto« ist, dann wird das Widget angewiesen, seine Ansicht so anzupassen, daß *bruchteil* das am weitesten links stehende (bzw. das oberste im Falle von `yview`) Pixel oder die jeweilige Zeile ist.
yview('scroll', anzahl, was) (entsprechend für xview)	Befiehlt dem Widget, seine Ansicht *anzahl* Schritte nach oben oder nach unten zu verschieben. Die Schritte werden durch den Parameter `was` bestimmt. Mögliche Werte sind hier `units` oder `pages`. Wenn `was` `units` ist, dann gelten die mit `xscrollincrement` bzw. `yscrollincrement` eingestellten Werte.

Scale

Tabelle A-13: Methoden und Eigenschaften des Scale-Widgets

Eigenschaft	Beschreibung
command	Enthält eine Referenz auf eine Perl-Subroutine, die aufgerufen wird, wenn sich der Wert des Scale ändert.
variable	Referenz auf eine Variable, die aktualisiert wird, wenn der Scale bewegt wird. Umgekehrt können Sie den Scale bewegen, indem Sie dieser Variable einen neuen Wert zuweisen.
width, length	Gibt die Breite und Länge des Scale in Pixeln an. Das Scale-Widget hat keine Eigenschaft namens `height`.
orient	Die Ausrichtung. Mögliche Werte sind `horizontal` und `vertical`.
from, to	Fließkommazahlen, die den Wertebereich des Reglers angeben.
resolution	Wenn der Wert dieser Eigenschaft größer als 0 ist, dann ist der angezeigte und zurückgemeldete Wert immer ein Vielfaches davon. Der Default ist 1.
tickinterval	Der Abstand zwischen den Skalenstrichen. Bei einem Wert von 0 werden keine Skalenstriche angezeigt.
label, font	Eine Beschriftung, die je nach Ausrichtung über dem Scale oder links von ihm angezeigt wird.
Methoden	
set(wert)	Entspricht dem Aktualisieren der verknüpften Variable.

HList – Hierarchische Listen

Dieses Widget gehört zur Tix-Distribution und wird von Perl/Tk wie jedes andere Tk-Widget unterstützt. Tabelle A-14 enthält die Eigenschaften.

Tabelle A-14: Eigenschaften und Methoden des HList-Widgets

Eigenschaft	Beschreibung
command	Enthält eine Referenz auf eine Perl-Subroutine, die aufgerufen wird, wenn ein Eintrag doppelt angeklickt wird.
drawbranch	Wenn dieser Wert wahr ist, werden Verbindungslinien zwischen Eltern und Kindern sowie zwischen Geschwistern gezeichnet.
browsecmd	Wird aufgerufen, wenn ein Eintrag angeklickt oder die Maus darüber gezogen wird.
columns	Jede Einrückebene ist eine Spalte. Die Spaltengrößen können individuell angepaßt werden.

Tabelle A-14: Eigenschaften und Methoden des HList-Widgets (Fortsetzung)

Eigenschaft	Beschreibung
separator	Das Trennzeichen. Der Default ist ».«.
selectmode	Selektionsmodus. `single`, `browse`, `multiple` oder `extended`.
indent	Einrückabstand zwischen aufeinanderfolgenden Ebenen in Pixeln.
Methoden	
add (pfaddeseintrags, option, werte)	Erzeugt einen neuen Eintrag. Mögliche Optionen: `at` *position*, `before` *pfad*, `after` *pfad* und alle unten genannten Eigenschaften von Einträgen.
delete (option, pfaddeseintrags)	Mögliche Optionen: `all`, `entry`, `offsprings`, `siblings`.
column (spalte, breite) column (spalte, 'zeichen', anzahl)	Stellt die Breite in Pixeln oder in Zeichenbreiten ein.
entryconfigure, entrycget	Fragt die Eigenschaften von Einträgen (siehe unten) ab resp. konfiguriert sie.
info (option, pfaddeseintrags)	Mögliche Optionen: `children`, `exists`, `hidden`, `next`, `prev`, `selection` usw.
hide, show	Einen Eintrag anzeigen oder verbergen.
Eigenschaften von Einträgen	
'elementtyp'	Mögliche Werte: `text`, `imagetext` und `widget`.
'text'	Die Beschriftung des Eintrags.
'image'	Eine Bitmap oder eine Pixmap. Wird verwendet, wenn itemtype den Wert `imagetext` hat.

Es handelt sich um ein verschiebbares Widget, so daß auch die generischen Eigenschaften `xscrollcommand` und `yscrollcommand` aus Tabelle A-12 unterstützt werden. Das bedeutet, daß eine verschiebbare HListbox einfach durch einen Aufruf von $vater->
`ScrlHList`(*optionen*) erzeugt werden kann.

B

Syntax-
Zusammenfassung

Thus spake the Master Ninjei:
»To the intelligent man, one word, to the fleet
horse, one flick of the whip, to the well-written
program, a single command.«
The Zen of Programming

Dieser Anhang enthält einen gerafften Überblick über die gesamte in diesem Buch verwendete Syntax.

Referenzen

1. Skalare Referenzen:

```
$ra  = \$a;              # Referenz auf einen Skalar
$$ra = 2;                # Skalare Referenzen dereferenzieren
$ra  = \1.6;             # Referenz auf konstanten Skalar
```

2. Arrayreferenzen:

```
$rl  = \@l;              # Referenz auf existierendes Array
$rl  = [1,2,3];          # Referenz auf anonymes Array
push (@$rl, "a");        # Dereferenzieren
print $rl->[3]           # das vierte Element des Arrays, auf das $rl zeigt
```

3. Hashreferenzen:

```
$rh = \%h;               # Referenz auf einen Hash
$rh = {"laurel" => "hardy", "romeo" => "julia"}; # Referenz auf einen anonymen Hash
print keys (%$rh);       # Dereferenzieren
$x = $rh->{"laurel"};    # Pfeilnotation, um auf ein einzelnes Element zuzugreifen
@slice = @$rh{"laurel","romeo"}; # Hash-Slice
```

4. Codereferenzen:

```
$rs = \&foo;              # Referenz auf die existierende Subroutine foo
$rs = sub {print "foo"};  # Referenz auf eine anonyme Subroutine
                          # (denken Sie an das Semikolon am Ende)
&$rs();                   # Dereferenzieren: die Subroutine aufrufen
```

5. Generalisiertes Dereferenzieren: Jeder Code in einem Block, der eine Referenz zurückgibt, kann dereferenziert werden:

```
@a = @{foo()};            # Arrayreferenz, die von foo
                          # zurückgegeben wird, dereferenzieren
```

6. Fallen bei Referenzen: Alle untenstehenden Beispiele sind fehlerhaft. Benutzen Sie während der Entwicklung und des Testens immer die Kommandozeilenoption *-w*.

```
@foo = [1,3,4];           # Eine Arrayreferenz an ein Array zuweisen
                          # Verwenden Sie statt dessen runde Klammern.
%foo = {"foo" => "bar"};  # Eine Hashreferenz an ein Hash zuweisen
                          # Verwenden Sie statt dessen runde Klammern.
$foo = \($a, @b);         # Identisch mit $foo = (\$a, \@b)
                          # Zuweisung einer Aufzählungsliste an einen
                          # Skalar gibt das letzte Element zurück
                          # ($foo wird also \@b). Verwenden Sie [ ], wenn Sie
                          # eine Arrayreferenz benötigen.
```

Verschachtelte Datenstrukturen

Jedes Array und jeder Hash ist eine Ansammlung von Skalaren, von denen einige oder alle wiederum Referenzen auf andere Strukturen sein können.

7. So werden Listen *nicht* eingeschachtelt:

```
@foo = (1, 3, ("Hallo", 5), 5.66);
```

Zum Einschachteln müssen Sie aus dem dritten Element eine Referenz auf ein anonymes Array machen:

```
@foo = (1, 3, ["Hallo", 5], 5.66);
```

8. Ein Beispiel einer verschachtelten Datenstruktur (ein Hash aus Arrays aus Hashes):

```
$person = {    # Anonymer Hash
    "name" => "Joachim",  # '=>' ist ein Alias für das Komma
    "alter" => 23,
    "kinder" => [  # Anonymes Array der Kinder
        {
            "name" => "Jan Lennart", "alter" => 3,
        },
        {
            "name" => "Patricia","alter" => 4
        }
    ]
};
print $person->{alter}        ; # Joachims Alter ausgeben
```

```
print $person->{children}->[0]->{age}; # Jan Lennarts Alter ausgeben
print $person->{children}[0]{age};      # Jan Lennarts Alter ausgeben, die Pfeile
                                        # zwischen den Indizes werden weggelassen.
```

9. $person aus dem obigen Beispiel übersichtlich formatiert ausgeben:

```
use Data::Dumper;
Data::Dumper->Dumper($person);
# Oder
require dumpVar.pl;
main::dumpValue($person);
```

Closures

10. Eine anonyme Subroutine, die lexikalische Variablen aus ihrer umschließenden Umgebung entnimmt, wird als Closure bezeichnet. Denken Sie daran, daß die Closure nicht einfach nur eine Momentaufnahme des Wertes zum Zeitpunkt des Auftretens der anonymen Subroutine ist.

```
# eine anonyme Subroutine deklarieren und eine Referenz darauf zurückgeben
my $foo = 10;
$rs = sub {
print "Foo ist $foo\n"; # Nimmt sich $foo
};
&$rs();    # Die Closure über die Referenz aufrufen
```

11. Die Closure behält den Wert der entnommenen Variable selbst dann, wenn der Gültigkeitsbereich dieser Variable verlassen wird.

```
sub zaehler_initialisieren {
    my $zahl = shift;  # lexikalische Variable, die entnommen werden soll
    $rs = sub { print $num++,""; };
    return $rs;
}
$rs_zaehler = zaehler_initialisieren(10); # $rs_zaehler ist eine Referenz auf eine
                                          # Subroutine
for (1..5) {&$rs_zaehler()};              # Gibt die Zahlen von 10 bis 14 aus.
```

Module

12. Das Schlüsselwort `package` leitet einen neuen Namensraum ein (der so lange gültig ist, bis eine andere Package-Deklaration oder das Ende des Blocks auftritt). Alle benutzerdefinierten globalen Bezeichner (Variablen, Subroutinen, Dateihandles) gehören zu diesem Package. Lexikalische Variablen gehören zu überhaupt keinem Package.

```
package Mitarbeiter; # Gehoert in die Datei Mitarbeiter.pm
@mitarbeiter = ("Joachim", "Fred", "Maria", "Susanne");
sub mitarbeiter_ausgeben { print @mitarbeiter; }
1;          # Letzte ausgeführte Anweisung in der Datei muß einen von Null
            # verschiedenen Wert zurückgeben, um erfolgreiches Laden anzuzeigen.
```

13. Laden des Moduls Mitarbeiter:

```
use Mitarbeiter;
# oder
require Mitarbeiter;
```

Der Suchpfad für Module kann mit der Kommandozeilenoption -I, mit der Umgebungsvariable PERL%LIB oder mit @INC angegeben werden.

14. Zugriff auf die Variablen und Subroutinen anderer Packages mit voll qualifizierten Namen:

```
print @Mitarbeiter::mitarbeiter;
Mitarbeiter::print();
```

Es gibt keine erzwungenen Zugriffsbeschränkungen.

15. Wenn eine Subroutine in einem Package nicht gefunden wird, wird eine Default-Subroutine namens AUTOLOAD() aufgerufen, sofern diese vorhanden ist. $AUTOLOAD enthält dann den voll qualifizierten Namen der fehlenden Subroutine.

16. Um ein Modul C von den Modulen A und B erben zu lassen, werden die Namen der Superklassenmodule in das Array @ISA von C geschrieben:

```
package A;
sub foo{ print "A::foo aufgerufen \n";}
package C;
@ISA = ("A", "B");
C->foo();              # Ruft A::foo auf, weil es B nicht gibt
```

Objekte

Die wichtigsten Punkte:

- Eine Klasse ist ein Package. Es gibt kein Schlüsselwort wie struct oder class, um das Layout eines Objekts zu definieren.

- Sie können die Repräsentation des Objekts frei wählen, das Objektlayout wird Ihnen nicht aufgezwungen.

- Es gibt keine besondere Syntax für Konstruktoren. Sie können den Namen der Subroutine, die das Objekt alloziert und eine »gesegnete« oder getypte Referenz auf das Objekt zurückgibt, selbst aussuchen.

17. Erzeugen eines objektorientierten Pakets – Methode 1 (siehe auch #19).

Die C++-Klasse:

```
class Mitarbeiter {
String _name; int _alter; double _gehalt;
Mitarbeiter (String n, int alter) : _name(n), _alter(alter), _gehalt(0) {}
~Mitarbeiter {printf ("Oh ... %s stirbt\n", _name)}
gehalt_eintragen (double neues_gehalt) { this->_gehalt = neues_gehalt}
};
```

wird zu:

```
package Mitarbeiter;
sub erzeugen {                    # Allozieren und initialisieren
    my ($pkg, $name, $alter) = @_;
    # Anonymen Hash allozieren, segnen und zurueckgeben
    return (bless {name => $name, alter=> $alter, gehalt=>0}, $pkg);
}
sub DESTROY {                     # Destruktor (wie finalize in Java)
    my $obj = shift;
    print "Oh ... ", $obj->{name}, " stirbt\n";
}
sub gehalt_eintragen {
    my ($obj, $neues_gehalt) = @_;
    $obj->{gehalt} = $neues_gehalt; # $obj ist eine Referenz auf einen Hash
    return $neues_gehalt;
}
```

18. Verwendung des Packages:

```
use Mitarbeiter;
$emp = Mitarbeiter->erzeugen("Lisa", 35);
$emp->gehalt_eintragen(1000);
```

19. Erzeugen eines objektorientierten Pakets – Methode 2 (siehe auch #17). Erben von ObjectTemplate, Verwenden der Methode attributes, um Attributnamen zu deklarieren und den Konstruktor new und die Zugriffsfunktionen für Attribute frei Haus zu bekommen:

```
package Mitarbeiter;
use ObjectTemplate;
@ISA = ("ObjectTemplate");
attributes("name", "alter", "gehalt");
sub DESTROY {
    my $obj = shift;
    print "Oh ... ", $obj->name(), " stirbt\n";
}
sub gehalt_eintragen {
    my ($obj, $neues_gehalt) = @_;
    $obj->gehalt($neues_gehalt);
}
```

20. Klassenmethoden:

```
Mitarbeiter->print();      # 1. "Pfeilnotation" auch für Klassenmethoden
new Mitarbeiter ();        # 2. Klassenmethode mit der »indirekten Notation«.
```

Diese beiden Klassenmethoden müssen als erstes Argument den Namen des Packages entgegennehmen, danach folgen die weiteren Argumente.

21. Instanzmethoden. Es gibt zwei Möglichkeiten, Methoden an einem Objekt aufzurufen:

```
$mit->befoerdern();
befoerdern $mit;
```

Dynamisches Verhalten

22. Symbolische Referenzen:

```
$i = "foo";
$$i = 10;              # Weist $foo den Wert 10 zu
${"i"} = 10;           # Weist $foo den Wert 10 zu
&$i();                 # Ruft foo() auf
push (@$i, 10, 20);    # Schiebt 10, 20 nach @foo
```

23. Auswertung von Ausdrücken zur Laufzeit:

```
while (defined($str = <STDIN>)) {
    eval ($str);
    print "Fehler: $@" if $@;
}
```

Dieses Codestück enthält eine kleine Perl-Shell, die von der Standardeingabe liest, $str als kleines Programm betrachtet und die Compiler- und Laufzeitfehler in $@ ablegt.

24. Dynamische Substitutionen: Verwenden Sie die Option /e des Operators s///, um einen Ausdruck anstelle eines Musters anzugeben:

```
$l = "Sie schulden mir 400+100 Mark";
$l =~ s/(\d+)\+(\d+)/$1 + $2/e;
print $l; # Ausgabe: "Sie schulden mir 500 Mark"
```

25. Aufrufe von Modul- und Objektmethoden (siehe auch #20 und #21):

```
$modulname->foo(); # Ruft foo() im durch $modulname bezeichneten Modul auf
```

Ausnahmebehandlung

26. die löst eine Ausnahme aus, eval fängt Ausnahmen ab. Der Fehlertext steht in $@. Der folgende Code kann zwei Laufzeitfehler auslösen:

```
eval {
    $c = $a / $b;                                   #1
    die "Nenner darf nicht negativ sein" if ($b < 0);   #2
};
print "Laufzeitfehler: $@";
```

$@ kann bei (1) den Text »Illegal division by zero« und bei (2) den Text »Nenner darf nicht negativ sein« enthalten.

Metainformationen

27. Informationen über die Aufrufhierarchie: Mit caller() können Sie herausfinden, wer die aktuelle Subroutine aufgerufen hat:

```
($package, $datei, $zeile) = caller();
```

28. Ausgeben der globalen Variable eines Packages: Zu einem Package `Foo` enthält `%Foo::` die Symboltabelle, deren Schlüssel die Namen der globalen Bezeichner dieses Packages und deren Werte Typeglobs sind.

29. Herausfinden, was eine Referenz enthält: `ref($r)` gibt `undef` zurück, wenn `$r` ein gewöhnlicher Skalar ist, »SCALAR«, wenn es sich um eine Referenz auf einen Skalar handelt (und entsprechend »ARRAY«, »HASH«, »CODE« und »REF«), oder den Namen eines Packages, wenn `$r` eine »gesegnete« Objektreferenz ist.

30. Objektinformationen:
```
$obj->isa("Foo"); # gibt wahr zurück, wenn $obj von Foo erbt
$obj->can("bar"); # gibt wahr zurück, wenn das Package die Methode »bar« kennt
```

Typeglobs

31. Zuweisungen von Typeglobs erzeugen Aliase auf Bezeichner. Im folgenden Beispiel können alle Bezeichner namens `a` (Skalar, Array, Hash, Subroutine, Dateihandle, Format) auch als `b` angesprochen werden:
```
*a = *b ;      # Alias
$b = 10;       # Wie eine Modifikation von $a
b();           # Wie ein Aufruf von a()
```

32. Selektive Aliasbildung:
```
*a = \$b ;     # Nur $a ist ein Alias auf $b
```

33. Konstanten:
```
*a = \10;      # Aliasname von einem Typeglob auf eine Referenz auf eine Konstante
$a = 20;       # Laufzeitfehler - "Attempt to modify read-only variable"
```

Dateihandles und Formate

Es gibt keine direkte Möglichkeit, Dateihandles oder Formate zuzuweisen, sie als Parameter an Subroutinen zu übergeben, sie in Datenstrukturen zu speichern oder sie zu lokalisieren. Verwenden Sie statt dessen die entsprechenden Typeglobs.

Index

Über den Autor

Sriram Srinivasan (»Ram«) ist Experte auf dem Gebiet der verteilten Objekt-Technologien und entwickelt aus Spaß und zum Lebensunterhalt bei WebLogic in San Francisco Java-Middleware. Er beschäftigt sich mit Programmiersprachen, Datenbanken, Transaktionsverarbeitung, Netzwerken und aussagekräftigen Benutzerschnittstellen. Sriram ist seit sechs Jahren ein begeisterter Benutzer und Lehrer von Perl und hält derzeit einen Kursus über fortgeschrittene Perl-Programmierung an der University of California in Berkeley ab.

In seiner Freizeit beschäftigt er sich mit klassischer indischer Musik, Kohlezeichnen, Kochen und Radfahren und träumt von dem Tag, an dem er sagen kann, »In meiner Freizeit beschäftige ich mich mit Programmiersprachen ...« Sriram und seine Frau Alka, eine erklärtermaßen lebenslange Studentin, lassen es sich in Berkeley, Kalifornien, gut gehen.

Über den Übersetzer

Matthias Kalle Dalheimer arbeitet als freier Autor, Übersetzer, Gutachter und Software-Entwickler in Meilsdorf bei Hamburg, wo er mit seiner Frau und seinem Sohn zusammenlebt. Nach dem Studium der Informatik und Allgemeinen Sprachwissenschaft arbeitete er zunächst bei Star Division und war dort maßgeblich an der Portierung von StarOffice auf Linux beteiligt. Im Frühjahr 1997 gab er seiner Liebe zu Büchern nach und wechselte die Branche. Kalle arbeitet unter Linux und benutzt XEmacs 19.15 für den Großteil seiner Arbeit. In seiner Freizeit spielt er mit seinem Sohn, wandert oder liest Geschichtsbücher.

Kolophon

Auf dem Einband von *Fortgeschrittene Perl-Programmierung* ist ein Schwarzer Leopard dargestellt. Die meisten Leoparden sind leicht an der rosettenförmigen Fleckung ihres Fells zu erkennen. Schwarze Leoparden, auch »Schwarze Panther« genannt, besitzen diese Flecken ebenfalls, sie sind aufgrund der Schwärze des Fells jedoch schwer erkennbar. Schwarze Leoparden kommen in denselben Würfen wie die verbreiteteren gelblichen Leoparden zur Welt. Besonders häufig sind sie in feuchten, bewaldeten Gebieten Indiens und Südostasiens, wo die dunkle Färbung zur Tarnung auf der Jagd von Vorteil ist.

Leoparden gehören zu den am weitesten verbreiteten Raubkatzen. Ihr Verbreitungsgebiet reicht von einem Großteil Afrikas und Indiens in den Mittleren Osten bis hin zum Malaiischen Archipel. Als hoch anpassungsfähige Tiere können Leoparden fast alle Tiere jagen und sowohl in sehr feuchten als auch extrem trockenen Gebieten leben. Da sie ihren Lebensraum fast immer mit größeren Raubkatzen wie Löwen oder Tigern teilen, sind sie sehr vorsichtig. Nach dem Fang einer Beute trägt der Leopard sie zum Verzehr hoch auf einen Baum. Dank seiner unglaublichen Stärke kann er dabei mit einem Beutetier mit dem Dreifachen seines Eigengewichtes emporklettern.

Der Entwurf dieses Umschlags stammt von Edie Freedman, genau wie das gesamte Bestiarium, das die Bücher der Nutshell-Reihe ziert. Die Tiere selbst wurden Stichen aus dem 19. Jahrhundert aus dem Dover Pictorial Archive entnommen. Das Umschlaglayout wurde von Hanna Dyer mit Quark XPress 3.32 und der Schriftart ITC Garamond von Adobe erstellt. Das Layout des Innenteils wurde von Nancy Priest entworfen, unter Verwendung der Schriften ITC Garamond Light und ITC Garamond Book. Die Illustrationen in diesem Buch wurden von Robert Romano mit Macromedia Freehand 5.0 angefertigt. Das Kolophon schrieb Clairemarie Fisher O'Leary.